W

C. G. JUNG
GESAMMELTE WERKE
DREIZEHNTER BAND

C. G. JUNG

STUDIEN ÜBER ALCHEMISTISCHE VORSTELLUNGEN

WALTER-VERLAG
SOLOTHURN UND DÜSSELDORF

HERAUSGEBER
LILLY JUNG-MERKER †
DR. PHIL. ELISABETH RÜF

Die Deutsche Bibliothek – CIP-Einheitsaufnahme

Jung, Carl G.:
Gesammelte Werke / C. G. Jung. – [Sonderausg.]. – Düsseldorf: Walter
NE: Jung, Carl G.: [Sammlung]
[Sonderausg.]
13. Jung, Carl G.: Studien über alchemistische Vorstellungen. – [Sonderausg.]. – 1995

Jung, Carl G.:
Studien über alchemistische Vorstellungen / C. G. Jung.
– [Sonderausg.].– Düsseldorf : Walter, 1995
(Gesammelte Werke / Carl G. Jung ; 13)
ISBN 3-530-40089-0

Sonderausgabe
1. Auflage 1995

Alle Rechte vorbehalten
Druck und Einband:
Clausen & Bosse, Leck
Printed in Germany
ISBN 3-530-40089-0

INHALT

Vorwort der Herausgeber 9

I. KOMMENTAR ZU «DAS GEHEIMNIS DER GOLDENEN BLÜTE» 11
Vorrede zur zweiten Auflage 13
1. Einleitung 16
   A. Warum es dem Europäer schwerfällt, den Osten zu verstehen 16
   B. Die moderne Psychologie eröffnet eine Verständnismöglichkeit 20
2. Die Grundbegriffe 28
   A. Tao 28
   B. Die Kreisbewegung und der Mittelpunkt 30
3. Die Erscheinungen des Weges 37
   A. Die Auflösung des Bewußtseins 37
   B. Animus und Anima 46
4. Die Loslösung des Bewußtseins vom Objekt 51
5. Die Vollendung 56
6. Schlußwort 62

II. DIE VISIONEN DES ZOSIMOS 65
1. Die Texte 67
2. Der Kommentar 74
   A. Allgemeines über die Deutung 74
   B. Die Opferhandlung 78
   C. Die Personifikationen 101
   D. Die Steinsymbolik 105
   E. Die Wassersymbolik 113
   F. Der Ursprung der Vision 117

III. PARACELSUS ALS GEISTIGE ERSCHEINUNG 123
Vorwort 125

1. Die beiden Quellen des Wissens: das Licht der Natur und das Licht der Offenbarung 127
   A. Magie 132
   B. Alchemie 138
   C. Die Arkanlehre 141
   D. Der Urmensch 145
2. «De vita longa»: eine Darlegung der Geheimlehre 149
   A. Der Iliaster 150
   B. Der Aquaster 155
   C. Ares 159
   D. Melusina 161
   E. Filius regius als Arkansubstanz (Michael Maier) 163
   F. Die Herstellung des Einen oder Zentrums durch Destillation 167
   G. Die Konjunktion im Frühling 172
3. Das natürliche Wandlungsmysterium 176
   A. Das Licht der Finsternis 180
   B. Die Vereinigung der beiden Naturen des Menschen 183
   C. Die Quaternität des homo maximus 187
   D. Die Annäherung an das Unbewußte 191
4. Kommentar zu Gerardus Dorneus 193
   A. Die Melusine und der Individuationsprozeß 195
   B. Der hierosgamos des ewigen Menschen 200
   C. Geist und Natur 203
   D. Das kirchliche Sakrament und das alchemische opus 206
Schlußwort 209

IV. DER GEIST MERCURIUS 211
1. Teil 213
   A. Das Märchen vom Geist in der Flasche 213
   B. Erläuterungen zu Wald und Baum 214
   C. Der Geist in der Flasche 216
   D. Die Beziehung des Geistes zum Baume 219
   E. Das Problem der Freilassung des Mercurius 221
2. Teil 223
   A. Vorbemerkungen 223
   B. Der Mercurius als Quecksilber respektive Wasser 226
   C. Der Mercurius als Feuer 227
   D. Der Mercurius als Geist und Seele 230
      a. Mercurius als Luftgeist 231
      b. Mercurius als Seele 232
      c. Mercurius als Geist in unkörperlichem, metaphysischem Sinne 234
   E. Mercurius als Doppelnatur 236
   F. Mercurius als Einheit und Dreiheit 240
   G. Die Beziehungen des Mercurius zur Astrologie und zur Archontenlehre 243
   H. Mercurius und der Gott Hermes 248
   I. Der Geist Mercurius als die Arkansubstanz 252
   K. Zusammenfassung 254

V. DER PHILOSOPHISCHE BAUM 271
1. Individuelle Darstellungen des Baumsymbols 273
2. Beiträge zur Geschichte und Deutung des Baumsymbols 292
   A. Der Baum als archetypisches Bild 292
   B. Der Baum im Traktat des Iodocus Greverus 294
   C. Die Tetrasomie 299
   D. Über das Ganzheitsbild in der Alchemie 304
   E. Über Wesen und Entstehung des philosophischen Baumes 307
   F. Die Deutung des Baumes bei Gerardus Dorneus 311
   G. Das rosenfarbene Blut und die Rose 314
   H. Der Geisteszustand des Alchemisten 319
   I. Verschiedene Aspekte des Baumes 325
   K. Standort und Ursprung des Baumes 331
   L. Der umgekehrte Baum 334
   M. Vogel und Schlange 338
   N. Das weibliche Numen des Baumes 341
   O. Der Baum als Stein 343
   P. Die Gefährlichkeit der Kunst 346
   Q. Verstehen als Abwehrmittel 352
   R. Das Motiv der Qual 354
   S. Die Beziehung der Qual zum Problem der Konjunktion 359
   T. Der Baum als Mensch 364
   U. Deutung und Integration des Unbewußten 369

Anhang 377
Bildernachweis 379
Bibliographie 380
Personenregister 397
Sachregister
Schriftenverzeichnis

VORWORT DER HERAUSGEBER

Wenn wir die Abhandlungen des vorliegenden Bandes mit JUNGS «*Mysterium Coniunctionis*», mit «*Psychologie und Alchemie*» und – in gewisser Hinsicht – mit «*Aion*» vergleichen, werden wir uns ihrer besonderen Bedeutung als Einführung in seine Forschungen über Alchemie bewußt. Die drei monumentalen Bände, die im Rahmen der Gesammelten Werke bereits erschienen sind, haben ein Gewicht, das dem Unvorbereiteten überwältigend vorkommen mag. Nach ihnen kann er sich diesen kürzeren und leichter überblickbaren Arbeiten zuwenden, als vorbereitenden Studien für die genannten Werke, die sie in gewisser Weise zusammenfassen.

Auf vieles von dem symbolischen Material war in früheren Publikationen Bezug genommen worden: «Die Visionen des Zosimos» in «*Das Wandlungssymbol in der Messe*», Mercurius in allen obenerwähnten Schriften, besonders aber in «*Die Psychologie der Übertragung*». Im «Philosophischen Baum» wird das Thema des Baumsymbols, das in «*Psychologie und Alchemie*» sowie in «*Symbole der Wandlung*» mehrfach behandelt wurde, weiterentwickelt. Der «Europäische Kommentar» zum «*Geheimnis der Goldenen Blüte*» ist von erheblichem historischem Interesse. JUNG sagt dazu in «*Erinnerungen, Träume, Gedanken*» (herausgegeben von ANIELA JAFFÉ) im Kapitel «Zur Entstehung des Werkes»: «Erst durch den Text der ‹Goldenen Blüte›, der zur chinesischen Alchemie gehört und den ich 1928 von Richard Wilhelm erhalten hatte, ist mir das Wesen der Alchemie näher gekommen. Damals entstand in mir der Wunsch, die Alchemisten kennenzulernen.» In «Paracelsus als geistige Erscheinung», ursprünglich Bestandteil des Bändchens «*Paracelsica*», setzt sich JUNG mit den alchemistischen Schriften dieser explosiven und dynamischen Persönlichkeit einfühlsam deutend auseinander («Paracelsus als Arzt» ist in Band XV enthalten).

Das Personen- und Sachregister wurde einmal mehr mit großer Sorgfalt von Frau Magda Kerényi (Mitglied der Londoner Society of Indexers) erstellt.

Dezember 1977   Die Herausgeber

I
KOMMENTAR ZU
«DAS GEHEIMNIS DER GOLDENEN BLÜTE»

[Ende 1929 veröffentlichten C. G. JUNG und der Sinologe RICHARD WILHELM *Das Geheimnis der Goldenen Blüte. Ein chinesisches Lebensbuch* (Dornverlag, München). Das Buch enthielt die Übersetzung eines alten chinesischen Textes, *Tai I Gin Hua Dsung Dschï* (Das Geheimnis der Goldenen Blüte), mit seinem eigenen und einem «europäischen» Kommentar von JUNG. Zuvor, im gleichen Jahr, hatten die beiden Autoren in der *Europäischen Revue* V:2/8 (Berlin, November) pp. 530–542, eine Kurzfassung unter dem Titel «Dschang Scheng Schu: Die Kunst, das menschliche Leben zu verlängern» (einer Alternativbezeichnung der *Goldenen Blüte*).
1930 hielt JUNG anläßlich der Gedächtnisfeier für den am 1. März verstorbenen RICHARD WILHELM am 10. Mai in München eine Rede, erstmals veröffentlicht als «Nachruf für Richard Wilhelm» in: *Neue Zürcher Zeitung* CLI/I (6. März 1930), dann in: *Chinesisch-Deutscher Almanach* (Frankfurt a. M. 1931); schließlich in der zweiten, revidierten Auflage von *Das Geheimnis der Goldenen Blüte* (Rascher, Zürich 1938). Weitere, im wesentlichen unveränderte Auflagen folgten 1939, 1944, 1948. 1957 erschien eine fünfte, vollständig neu gesetzte Ausgabe (Rascher, Zürich), die zusätzlich einen verwandten Text umfaßte, nämlich *Liu Hua Yang, Hui Ming Ging. Das Buch von Bewußtsein und Leben,* mit einem Vorwort von SALOMÉ WILHELM, der Witwe des Sinologen. Neuauflagen 1965 (Rascher, Zürich) und 1974 (Walter, Olten). – JUNGS «Nachruf für Richard Wilhelm» in: Ges. Werke XV (1971).]

KOMMENTAR ZU
«DAS GEHEIMNIS DER GOLDENEN BLÜTE»

VORREDE ZUR ZWEITEN AUFLAGE

Mein verstorbener Freund RICHARD WILHELM, der Mitherausgeber dieses Buches, sandte mir den Text von *Das Geheimnis der Goldenen Blüte* in einem Augenblick, der für meine eigene Arbeit problematisch war. Das war im Jahre 1928. Seit dem Jahre 1913 war ich mit der Untersuchung der Prozesse des kollektiven Unbewußten beschäftigt und war zu Resultaten gelangt, welche mir in mehr als einer Hinsicht fragwürdig erschienen. Sie lagen nicht nur weit jenseits von allem, was der «akademischen» Psychologie bekannt war, sondern sie überschritten auch die Grenzen der medizinischen, rein personalistischen Psychologie. Es handelte sich um eine umfangreiche Phänomenologie, auf welche bisher bekannte Kategorien und Methoden nicht mehr angewendet werden konnten. Meine Resultate, die auf fünfzehnjährigen Bemühungen beruhen, schienen in der Luft zu hängen, indem sich nirgends eine Vergleichsmöglichkeit bot. Es war mir kein Gebiet menschlicher Erfahrung bekannt, an welches sich meine Ergebnisse mit einiger Sicherheit hätten anlehnen können. Die einzigen, zeitlich allerdings weit entfernten Analogien, welche mir bekannt waren, fand ich verstreut in den Berichten der Häresiologen. Diese Beziehung erleichterte meine Aufgabe keineswegs, sie wirkte im Gegenteil erschwerend, indem die gnostischen Systeme nur zum geringeren Teil aus unmittelbar seelischen Erfahrungen, zum größeren Teil aber aus spekulativen und systematisierenden Überarbeitungen bestehen. Da wir nur sehr wenige ausführliche Texte besitzen und das meiste, das bekannt ist, aus den Berichten der christlichen Gegner stammt, so haben wir eine mindestens unzulängliche Kenntnis der Geschichte sowohl wie des Inhalts dieser schwer überblickbaren, verworrenen und fremdartigen Literatur. Eine Anlehnung an dieses Gebiet erschien mir auch in Anbetracht des Umstandes, daß eine Zeitspanne von nicht weniger als siebzehnhundert bis achtzehnhundert Jahren die Gegenwart von jener Vergangenheit trennt, als überaus gewagt. Überdies waren die Beziehungen zum Teil nebensächlicher Natur und ließen gerade in der Hauptsache Lücken, welche mir die Verwendung gnostischen Materials verunmöglichten.

Aus dieser Verlegenheit half mir der Text, den mir WILHELM sandte. Er enthielt gerade diejenigen Stücke, welche ich bei den Gnostikern vergeblich gesucht hatte. So wurde mir der Text zur willkommenen Gelegenheit, einige wesentliche Resultate meiner Untersuchungen wenigstens in einer vorläufigen Form veröffentlichen zu können.

Daß das «*Geheimnis der Goldenen Blüte*» nicht nur ein taoistischer Text des chinesischen Yoga, sondern zugleich auch ein alchemistischer Traktat ist, erschien mir damals als unwichtig. Ein nachträgliches vertieftes Studium der lateinischen Traktate hat mich aber eines Besseren belehrt und mir gezeigt, daß der alchemistische Charakter des Textes von wesentlicher Bedeutung ist. Es ist hier allerdings nicht der Ort, hierauf näher einzutreten. Es soll nur hervorgehoben werden, daß es der Text der «*Goldenen Blüte*» war, der mir zuerst auf die richtige Spur half. Denn in der mittelalterlichen Alchemie haben wir das längstgesuchte Bindeglied zwischen Gnosis und den Prozessen des kollektiven Unbewußten, welche wir beim heutigen Menschen beobachten [1].

Ich möchte bei dieser Gelegenheit nicht versäumen, auf gewisse Mißverständnisse aufmerksam zu machen, welche auch gebildeten Lesern bei der Lektüre dieses Buches unterlaufen sind. Es ist mehrfach vorgekommen, daß man meinte, der Zweck der Veröffentlichung bestehe darin, dem Publikum eine Methode zum Seligwerden in die Hände zu geben. Solche Leute haben dann versucht – in völliger Verkennung alles dessen, was ich in meinem Kommentar sage –, die «Methode» des chinesischen Textes nachzuahmen. Hoffen wir, daß dieser Vertreter geistigen Tiefstandes nur wenige waren.

Ein anderes Mißverständnis bestand darin, daß die Meinung aufkam, ich hätte mit meinem Kommentar gewissermaßen meine psychotherapeutische Methode geschildert, welche demnach darin bestünde, daß ich meinen Patienten östliche Vorstellungen zu Heilzwecken suggeriere. Ich glaube nicht, daß ich durch meinen Kommentar irgendwelchen Anlaß zu einem derartigen Aberglauben gegeben habe. Auf alle Fälle ist eine solche Meinung durchaus irrig und basiert auf der weitverbreiteten Auffassung, Psychologie sei eine Erfindung zu einem bestimmten Zweck und keine empirische Wissenschaft.

---

[1] Näheres hiezu findet der Leser in zwei Abhandlungen, die ich im *Eranos-Jahrbuch* 1936 und 1937 veröffentlicht habe. [Dieses Material findet sich jetzt in: JUNG, *Psychologie und Alchemie,* II. und III.]

In diese Kategorie gehört auch die ebenso oberflächliche wie unintelligente Meinung, die Idee des kollektiven Unbewußten sei «metaphysisch». Es handelt sich um einen *empirischen* Begriff, der dem Instinktbegriff an die Seite zu stellen ist, was jedermann, der mit einiger Aufmerksamkeit liest, ohne weiteres versteht.

Der zweiten Auflage habe ich die Rede auf RICHARD WILHELM, die ich bei der Gedächtnisfeier am 10. Mai 1930 in München hielt, beigegeben. Sie ist bereits veröffentlicht in der ersten englischen Ausgabe von 1931 [2].

C. G. JUNG

---

[2] *The Secret of the Golden Flower: A Chinese Book of Life.*

1. EINLEITUNG

A. WARUM ES DEM EUROPÄER SCHWERFÄLLT, DEN OSTEN ZU VERSTEHEN

1 Insofern ich ein durchaus westlich fühlender Mensch bin, kann ich nicht anders, als die Fremdartigkeit dieses chinesischen Textes aufs tiefste zu empfinden. Gewiß, einige Kenntnisse der östlichen Religionen und Philosophien helfen meinem Intellekt und meiner Intuition, diese Dinge einigermaßen zu verstehen, so wie es mir auch gelingt, die Paradoxien primitiver religiöser Anschauungen «ethnologisch» oder «vergleichend religionshistorisch» zu begreifen. Das ist ja die westliche Art, unter dem Mantel des sogenannten wissenschaftlichen Verstehens das eigene Herz zu verhüllen, einesteils, weil die «misérable vanité des savants» die Anzeichen der lebendigen Anteilnahme fürchtet und zugleich perhorresziert, anderenteils, weil eine gefühlsmäßige Erfassung den fremden Geist zu einem ernstzunehmenden Erlebnis gestalten könnte. Die sogenannte wissenschaftliche Objektivität müßte diesen Text dem philologischen Scharfsinn des Sinologen reservieren und ihn jeder anderen Auffassung eifersüchtig vorenthalten. Aber RICHARD WILHELM hat tieferen Einblick in die hintergründige und geheimnisvolle Lebendigkeit chinesischen Wissens, als daß er eine solche Perle höchster Einsicht in der Schublade der Fachwissenschaft könnte verschwinden lassen. Es gereicht mir zu besonderer Ehre und Freude, daß seine Wahl eines psychologischen Kommentators gerade auf mich gefallen ist.

2 Damit läuft dieses erlesene Stück überfachlicher Erkenntnis allerdings Gefahr, in eine andere fachwissenschaftliche Schublade zu geraten. Wer aber die Verdienste abendländischer Wissenschaft verkleinern wollte, würde den Ast absägen, auf dem der europäische Geist sitzt. Wissenschaft ist zwar kein vollkommenes, aber doch ein unschätzbares, überlegenes Instrument, das nur dann Übles wirkt, wenn es Selbstzweck beansprucht. Wissenschaft muß dienen; sie irrt, wenn sie einen Thron usurpiert. Sie muß sogar anderen beigeordneten Wissenschaften dienen, denn jede bedarf, eben wegen ihrer Unzulänglichkeit, der Unterstützung anderer. Wissenschaft ist das Werkzeug des westlichen Geistes, und man kann mit ihr mehr Türen öffnen als mit bloßen Händen. Sie gehört zu unserem Verstehen und verdunkelt die Einsicht nur dann, wenn sie das durch sie vermittelte Begreifen für das Begreifen überhaupt hält.

Es ist aber gerade der Osten, der uns ein anderes, weiteres, tieferes und höheres Begreifen lehrt, nämlich das Begreifen durch das Leben. Letzteres kennt man eigentlich nur noch blaß, als ein bloßes, fast schemenhaftes Sentiment aus der religiösen Ausdrucksweise, weshalb man auch gerne das östliche «Wissen» in Anführungszeichen setzt und in das obskure Gebiet des Glaubens und Aberglaubens verweist. Damit ist aber die östliche «Sachlichkeit» gänzlich mißverstanden. Es sind nicht sentimenthafte, mystisch übersteigerte, ans Krankhafte streifende Ahnungen von asketischen Hinterwäldlern und Querköpfen, sondern praktische Einsichten der Blüte chinesischer Intelligenz, welche zu unterschätzen wir keinerlei Anlaß haben.

Diese Behauptung dürfte vielleicht reichlich kühn erscheinen und wird darum etliches Kopfschütteln erregen, was aber bei der außerordentlichen Unbekanntheit der Materie verzeihlich ist. Überdies ist ihre Fremdheit dermaßen in die Augen springend, daß unsere Verlegenheit, wie und wo die chinesische Gedankenwelt an die unsrige angeschlossen werden könnte, durchaus begreiflich ist. Der gewöhnliche Irrtum (nämlich der theosophische) des westlichen Menschen ist, daß er, wie der Student im *«Faust»*, vom Teufel übel beraten, der Wissenschaft verächtlich den Rücken kehrt und östliche Ekstatik anempfindet, Yogapraktiken wortwörtlich übernimmt und kläglich imitiert. Dabei verläßt er den einzig sicheren Boden des westlichen Geistes und verliert sich in einem Dunst von Wörtern und Begriffen, die niemals aus europäischen Gehirnen entstanden wären und die auch niemals auf solche mit Nutzen aufgepfropft werden können.

Ein alter Adept sagte: «Wenn aber ein verkehrter Mann die rechten Mittel gebraucht, so wirkt das rechte Mittel verkehrt.»[1] Dieser leider nur zu wahre chinesische Weisheitsspruch steht in schroffstem Gegensatz zu unserem Glauben an die «richtige» Methode, abgesehen vom Menschen, der sie anwendet. In Wirklichkeit hängt in diesen Dingen alles am Menschen und wenig oder nichts an der Methode. Die Methode ist ja nur der Weg und die Richtung, die einer einschlägt, wobei das Wie seines Handelns der getreue Ausdruck seines Wesens ist. Ist es das aber nicht, so ist die Methode nicht mehr als eine Affektation, künstlich hinzugelernt, wurzel- und saftlos, dem illegalen Zweck der Selbstverschleierung dienend, ein Mittel, sich über sich selbst zu täuschen und dem vielleicht unbarmherzigen Gesetz des eigenen Wesens zu entgehen. Mit der Bodenständigkeit und Selbsttreue des chinesi-

---

[1] [*Das Geheimnis der Goldenen Blüte. Ein chinesisches Lebensbuch* (1965), p. 114.]

schen Gedankens hat dies weniger als nichts zu tun; es ist im Gegenteil Verzicht auf das eigene Wesen, Selbstverrat an fremde und unreine Götter, ein feiger Schlich, seelische Überlegenheit zu usurpieren, all das, was dem Sinn der chinesischen «Methode» im tiefsten zuwider ist. Denn diese Einsichten sind aus völligem, echtestem und treuestem Leben hervorgegangen, aus jenem uralten, über tiefsten Instinkten logisch und unauflösbar zusammenhängend erwachsenen chinesischen Kulturleben, das uns ein für allemal fern und unnachahmlich ist.

5   Westliche Nachahmung ist tragisches, weil unpsychologisches Mißverständnis, ebenso steril wie die modernen Eskapaden nach Neu-Mexiko, seligen Südseeinseln und Zentralafrika, wo mit Ernst «primitiv» gespielt wird, wobei unterdessen der abendländische Kulturmensch seinen drohenden Aufgaben, seinem «Hic Rhodus, hic salta» heimlich entwichen ist. Nicht darum handelt es sich, daß man unorganisch Fremdes imitiert oder gar missioniert, sondern, daß man die abendländische Kultur, die an tausend Übeln krankt, an Ort und Stelle aufbaut und dazu den wirklichen Europäer herbeiholt in seiner westlichen Alltäglichkeit, mit seinen Eheproblemen, seinen Neurosen, seinen sozialen und politischen Wahnvorstellungen und mit seiner ganzen weltanschaulichen Desorientiertheit.

6   Man gestehe es besser ein, daß man die Weltentrücktheit eines solchen Textes im Grunde genommen nicht versteht, ja sogar nicht verstehen will. Sollte man wohl wittern, daß jene seelische Einstellung, die den Blick dermaßen nach innen zu richten vermag, von der Welt nur darum so losgelöst sein kann, weil jene Menschen die instinktiven Forderungen ihrer Natur in solchem Maße erfüllt haben, daß wenig oder nichts sie hindert, die unsichtbare Wesenheit der Welt zu erschauen? Sollte vielleicht die Bedingung solchen Schauens die Befreiung von jenen Gelüsten und Ambitionen und Leidenschaften sein, die uns ans Sichtbare verhaften, und sollte diese Befreiung gerade aus der sinnvollen Erfüllung der instinktiven Forderung und nicht aus deren vorzeitiger und angstgeborener Unterdrückung erfolgen? Wird vielleicht dann der Blick für das Geistige frei, wenn das Gesetz der Erde befolgt wird? Wer der chinesischen Sittengeschichte gewahr ist und überdies den *I Ging*, jenes alles chinesische Denken seit Jahrtausenden durchdringende Weisheitsbuch, sorgfältig studiert hat, der wird wohl diese Zweifel nicht ohne weiteres von der Hand weisen. Er wird überdies wissen, daß die Ansichten unseres Textes in chinesischem Sinne nichts Unerhörtes, sondern geradezu unvermeidbare psychologische Konsequenz sind.

Für unsere eigentümliche christliche Geisteskultur war der Geist und die Leidenschaft des Geistes für die jüngste Zeit das Positive und Erstrebenswerte schlechthin. Erst als im ausgehenden Mittelalter, das heißt im Laufe des 19. Jahrhunderts, der Geist anfing in Intellekt auszuarten, setzte in jüngster Zeit eine Reaktion gegen die unerträgliche Vorherrschaft des Intellektualismus ein, welche allerdings zunächst den verzeihlichen Fehler beging, Intellekt mit Geist zu verwechseln und letzteren der Untaten des ersteren anzuklagen (KLAGES). Der Intellekt ist tatsächlich dann ein Schädiger der Seele, wenn er sich vermißt, das Erbe des Geistes antreten zu wollen, wozu er in keiner Hinsicht befähigt ist, denn Geist ist etwas Höheres als Intellekt, indem er nicht nur diesen, sondern auch das Gemüt umfaßt. Er ist eine Richtung und ein Prinzip des Lebens, das nach übermenschlichen, lichten Höhen strebt. Ihm aber steht das Weibliche, Dunkle, das Erdhafte (Yin) entgegen mit seiner in zeitliche Tiefen und in körperliche Wurzelzusammenhänge hinabreichenden Emotionalität und Instinktivität. Zweifellos sind diese Begriffe rein intuitive Anschauungen, deren man aber wohl nicht entraten kann, wenn man den Versuch macht, das Wesen der menschlichen Seele zu begreifen. China konnte ihrer nicht entraten, denn es hat sich, wie die Geschichte der chinesischen Philosophie zeigt, nie so weit von den zentralen seelischen Gegebenheiten entfernt, daß es sich in die einseitige Übertreibung und Überschätzung einer einzelnen psychischen Funktion verloren hätte. Deshalb fehlte es nie an der Anerkennung der Paradoxie und Polarität des Lebendigen. Die Gegensätze hielten sich stets die Waage – ein Zeichen hoher Kultur; während Einseitigkeit zwar immer Stoßkraft verleiht, dafür aber ein Zeichen der Barbarei ist. Die Reaktion, die im Abendland gegen den Intellekt zugunsten des Eros oder zugunsten der Intuition einsetzt, kann ich nicht anders denn als ein Zeichen des kultürlichen Fortschrittes betrachten, eine Erweiterung des Bewußtseins über die zu engen Schranken eines tyrannischen Intellektes hinaus.

Es liegt mir ferne, die ungeheure Differenzierung des westlichen Intellektes zu unterschätzen; an ihm gemessen ist der östliche Intellekt als kindlich zu bezeichnen. (Das hat natürlich mit Intelligenz nichts zu tun!) Wenn es uns gelingen sollte, eine andere oder gar noch eine dritte seelische Funktion zu solcher Dignität zu bringen, wie es mit dem Intellekt geschehen ist, so hat der Westen alle Anwartschaft darauf, den Osten um ein beträchtliches zu überflügeln. Es ist darum so beklagenswert, wenn der Europäer sich selbst aufgibt und den Osten imitiert und affektiert, wo er doch soviel größere Möglichkeiten hätte, wenn er er selber bliebe und aus seiner Art und seinem Wesen heraus all das entwickelte, was der Osten aus seinem Wesen im Laufe der Jahrtausende herausgebar.

9   Im allgemeinen und von dem unheilbar äußerlichen Standpunkt des Intellektes aus gesehen, will es erscheinen, als ob das, was der Osten so überaus schätzte, für uns nichts Begehrenswertes sei. Der bloße Intellekt kann allerdings zunächst nicht verstehen, welch praktischen Belang die östlichen Ideen für uns haben könnten, weshalb er sie auch bloß als philosophische und ethnologische Kuriosa einzuordnen weiß. Das Unverständnis geht dermaßen weit, daß selbst gelehrte Sinologen die praktische Anwendung des *I Ging* nicht begriffen und das Buch deshalb als eine Sammlung abstruser Zaubersprüche angesehen haben.

B. DIE MODERNE PSYCHOLOGIE ERÖFFNET EINE VERSTÄNDNISMÖGLICHKEIT

10 Ich habe eine praktische Erfahrung gemacht, die mir einen ganz neuen und unerwarteten Zugang zur östlichen Weisheit eröffnet hat. Dabei bin ich, wohlverstanden, nicht von einer mehr oder weniger unzulänglichen Kenntnis der chinesischen Philosophie ausgegangen, sondern vielmehr habe ich, in gänzlicher Unkenntnis letzterer, als praktischer Psychiater und Psychotherapeut meine Laufbahn begonnen, und erst meine späteren ärztlichen Erfahrungen haben mir gezeigt, daß ich durch meine Technik unbewußt auf jenen geheimen Weg geführt worden war, um den sich die besten Geister des Ostens seit Jahrtausenden gemüht haben. Man könnte dies wohl für subjektive Einbildung halten – ein Grund, weshalb ich bis jetzt mit der Veröffentlichung zögerte – aber WILHELM, der treffliche Kenner der Seele Chinas, hat mir die Koinzidenz freimütig bestätigt, und damit hat er mir Mut gegeben, über einen chinesischen Text zu schreiben, der seiner ganzen Substanz nach zu den geheimnisvollen Dunkelheiten des östlichen Geistes gehört. Sein Inhalt ist aber zugleich – und das ist das ungemein Wichtige – eine lebendigste Parallele zu dem, was sich in der seelischen Entwicklung meiner Patienten, die alle keine Chinesen sind, ereignet.

11 Um diese seltsame Tatsache dem Verständnis des Lesers näherzurücken, muß erwähnt werden, daß, wie der menschliche Körper über alle Rassenunterschiede hinaus eine gemeinsame Anatomie aufweist, auch die Psyche jenseits aller Kultur- und Bewußtseinsunterschiede ein gemeinsames Substrat

besitzt, das ich als das *kollektive Unbewußte* bezeichnet habe. Diese unbewußte Psyche, die aller Menschheit gemeinsam ist, besteht nicht etwa aus bewußtseinsfähigen Inhalten, sondern aus latenten Dispositionen zu gewissen identischen Reaktionen. Die Tatsache des kollektiven Unbewußten ist einfach der psychische Ausdruck der Identität der Gehirnstruktur jenseits aller Rassenunterschiede. Daraus erklärt sich die Analogie, ja sogar Identität der Mythenmotive und der Symbole und der menschlichen Verständnismöglichkeit überhaupt. Die verschiedenen seelischen Entwicklungslinien gehen von einem gemeinsamen Grundstock aus, dessen Wurzeln in alle Vergangenheiten hinunterreichen. Hier liegt sogar der seelische Parallelismus mit dem Tier.

Es handelt sich – rein psychologisch genommen – um gemeinsame *Instinkte des Vorstellens (Imagination) und des Handelns.* Alles bewußte Vorstellen und Handeln hat sich über diesen unbewußten Vorbildern entwickelt und hängt mit ihnen stetig zusammen, namentlich dann, wenn das Bewußtsein noch keinen zu hohen Helligkeitsgrad erreicht hat, das heißt wenn es noch in allen seinen Funktionen vom Trieb mehr abhängig ist als vom bewußten Willen, vom Affekt mehr als vom rationalen Urteil. Dieser Zustand garantiert eine primitive seelische Gesundheit, die aber sofort zur Unangepaßtheit wird, sobald Umstände eintreten, die höhere moralische Leistungen erfordern. Instinkte genügen eben nur für eine im großen und ganzen gleichbleibende Natur. Das Individuum, welches mehr vom Unbewußten als von bewußter Wahl abhängt, neigt daher zu ausgesprochenem psychischem Konservatismus. Dies ist der Grund, warum der Primitive sich auch in Jahrtausenden nicht ändert und warum er vor allem Fremden und Außerordentlichen Furcht empfindet. Es könnte ihn zur Unangepaßtheit verleiten und damit in die größten seelischen Gefahren bringen, nämlich in eine Art von Neurose. Höheres und weiteres Bewußtsein, das nur durch Assimilation von Fremdem entsteht, neigt zur Autonomie, zur Empörung gegen die alten Götter, welche nichts anderes sind als die mächtigen unbewußten Vorbilder, die bis dahin das Bewußtsein in Abhängigkeit hielten.

Je kräftiger und selbstverständlicher das Bewußtsein und damit der bewußte Wille wird, desto mehr wird das Unbewußte in den Hintergrund gedrängt, und desto leichter entsteht die Möglichkeit, daß die Bewußtseinsbildung sich vom unbewußten Vorbild emanzipiert, dadurch an Freiheit gewinnt, die Fesseln der bloßen Instinktmäßigkeit sprengt und schließlich in einem Zustand der Instinktlosigkeit oder -widrigkeit anlangt. Dieses entwurzelte Bewußtsein, das sich nirgends mehr auf die Autorität der Urbilder berufen kann, ist zwar von prometheischer Freiheit, aber auch von gottloser Hybris. Es schwebt zwar über den Dingen, sogar über dem Menschen, aber die Gefahr des Umkippens ist da, nicht für jeden individuell, aber doch kollektiv für die Schwächeren einer solchen Sozietät, welche dann, ebenfalls prometheisch, vom Unbewußten an den Kaukasus gefesselt werden. Der weise Chinese würde mit den Worten des *I Ging* sagen, daß, wenn Yang seine größte Kraft erreicht hat, die dunkle Macht des Yin in seinem Inneren geboren wird, denn um Mittag beginnt die Nacht, und Yang zerbricht und wird zu Yin.

14   Der Arzt ist in der Lage, eine solche Peripetie in wortgetreuer Übersetzung ins Lebendige zu sehen, zum Beispiel einen erfolgreichen Nur-Geschäftsmann, der alles erreichte, was er wollte, unbekümmert um Tod und Teufel, und der auf der Höhe seines Erfolges sich von seiner Tätigkeit zurückzieht und in kürzester Zeit in eine Neurose verfällt, die ihn in ein chronisches Klageweib verwandelt, ihn ans Bett fesselt und damit sozusagen endgültig zerbricht. Alles ist da, sogar die Verwandlung des Männlichen ins Weibische. Eine genaue Parallele hiezu ist die Nebukadnezar-Legende im *Buche Daniel*, und der Cäsarenwahnsinn überhaupt. Ähnliche Fälle von einseitiger Überspannung des bewußten Standpunktes und der entsprechenden Yinreaktion des Unbewußten bilden einen erheblichen Bestandteil der nervenärztlichen Praxis in unserer Zeit der Überbewertung des bewußten Willens («Wo ein Wille ist, ist auch ein Weg»!). Wohlverstanden, ich möchte nichts vom hohen sittlichen Werte des bewußten Wollens wegnehmen. Bewußtsein und Wille mögen als höchste Kulturerrungenschaften der Menschheit ungeschmälert erhalten bleiben. Aber was nützt eine Sittlichkeit, die den Menschen zerstört? Wollen und Können in Einklang zu bringen, scheint mir mehr zu sein als Sittlichkeit. Moral à tout prix – ein Zeichen der Barbarei? Des öfteren scheint mir Weisheit besser. Vielleicht ist es die professionelle Brille des Arztes, durch welche er die Dinge anders sieht. Er hat ja die Schäden zu flicken, welche im Kielwasser der übertriebenen Kulturleistung folgen.

15   Sei dem, wie ihm wolle, auf alle Fälle ist es eine Tatsache, daß ein durch notwendige Einseitigkeit gesteigertes Bewußtsein sich so weit von den Urbildern entfernt, daß der Zusammenbruch folgt. Und schon lange vor der Katastrophe melden sich die Zeichen des Irrtums, nämlich als Instinktlosigkeit, als Nervosität, als Desorientiertheit, als Verwicklung in unmögliche Situationen und Probleme usw. Die ärztliche Aufklärung entdeckt zunächst ein Unbewußtes, welches sich in völliger Revolution gegen die Bewußtseinswerte befindet und daher unmöglich dem Bewußtsein assimiliert werden kann, und

das Umgekehrte ist erst recht unmöglich. Man steht zunächst vor einem anscheinend heillosen Konflikt, dem keine menschliche Vernunft anders beikommen kann als mit Scheinlösungen oder faulen Kompromissen. Wer das eine sowohl wie das andere verschmäht, ist vor die Frage, wo denn die notwendig zu fordernde Einheit der Persönlichkeit sei, und vor die Notwendigkeit gestellt, diese zu suchen. Und hier nun fängt jener Weg an, der vom Osten seit uralters begangen wurde, ganz offenbar infolge der Tatsache, daß der Chinese niemals imstande war, die Gegensätze der menschlichen Natur so auseinanderzureißen, daß sie sich gegenseitig bis zur Unbewußtheit aus dem Gesicht verloren. Diese Allgegenwärtigkeit seines Bewußtseins verdankt er der Tatsache, daß das sic et non in ursprünglicher Nachbarschaft, wie es dem primitiven Geisteszustand entspricht, zusammenblieb. Immerhin konnte er nicht umhin, den Zusammenprall der Gegensätze zu fühlen und infolgedessen jenen Weg aufzusuchen, auf dem er, wie es der Inder nennt, nirdvandva, das heißt frei von Gegensätzen, wurde.

Um diesen Weg handelt es sich in unserem Texte, um diesen selben Weg handelt es sich auch bei meinen Patienten. Es gäbe hier allerdings keinen größeren Irrtum, als den Abendländer die chinesische Yogaübung direkt vornehmen zu lassen, denn so bliebe sie die Angelegenheit seines Willens und seines Bewußtseins, wodurch einfach das Bewußtsein wieder gegenüber dem Unbewußten verstärkt und eben gerade die Wirkung erzielt würde, die man hätte vermeiden sollen. Damit würde die Neurose einfach gesteigert. Man kann nicht eindringlich genug betonen, daß wir keine Orientalen sind und daher in diesen Dingen von einer ganz anderen Basis ausgehen. Auch würde man sich sehr täuschen in der Annahme, daß dies der Weg jedes Neurotischen oder jeder Stufe der neurotischen Problematik sei. Es handelt sich zunächst nur um solche Fälle, wo die Bewußtheit einen abnormen Grad erreicht und daher vom Unbewußten ungebührlich weit abgewichen ist. Diese hochgradige Bewußtheit ist die conditio sine qua non. Nichts wäre verkehrter, als mit Neurotischen, die wegen ungebührlicher Vorherrschaft des Unbewußten krank sind, diesen Weg einschlagen zu wollen. Aus eben diesem Grunde hat auch dieser Entwicklungsweg vor der Lebensmitte (normalerweise fünfunddreißig bis vierzig Jahre) kaum einen Sinn, kann sogar durchaus schädlich sein.

Wie schon angedeutet, war die wesentliche Veranlassung, einen neuen Weg einzuschlagen, der Umstand, daß mir das Grundproblem des Patienten unlösbar erschien, wenn man nicht die eine oder die andere Seite seines Wesens vergewaltigen wollte. Ich arbeitete stets mit der temperamentmäßigen Überzeugung, daß es, im Grunde genommen, keine unlösbaren Probleme gebe. Und die Erfahrung gab mir insofern recht, als ich des öfteren sah, wie Menschen ein Problem einfach überwuchsen, an dem andere völlig scheiterten. Dieses «Überwachsen», wie ich es früher nannte, stellte sich bei weiterer Erfahrung als eine Niveauerhöhung des Bewußtseins heraus. Irgendein höheres und weiteres Interesse trat in den Gesichtskreis, und durch diese Erweiterung des Horizontes verlor das unlösbare Problem die Dringlichkeit. Es wurde nicht in sich selber logisch gelöst, sondern verblaßte gegenüber einer neuen und stärkeren Lebensrichtung. Es wurde nicht verdrängt und unbewußt gemacht, sondern erschien bloß in einem anderen Licht, und so wurde es auch anders. Was auf tieferer Stufe Anlaß zu den wildesten Konflikten und zu panischen Affektstürmen gegeben hätte, erschien nun, vom höheren Niveau der Persönlichkeit betrachtet, wie ein Talgewitter, vom Gipfel eines hohen Berges aus gesehen. Damit ist dem Gewittersturm nichts von seiner Wirklichkeit genommen, aber man ist nicht mehr darin, sondern darüber. Da wir aber in seelischer Hinsicht Tal und Berg zugleich sind, so sieht es aus wie eine unwahrscheinliche Einbildung, daß man sich jenseits des Menschlichen fühlen sollte. Gewiß empfindet man den Affekt, gewiß ist man erschüttert und gequält, aber zugleich ist auch eine jenseitige Bewußtheit fühlbar vorhanden, eine Bewußtheit, die verhindert, daß man mit dem Affekt identisch wird, eine Bewußtheit, die den Affekt zum Objekt nimmt, die sagen kann: Ich weiß, daß ich leide. Was unser Text von der Trägheit sagt, nämlich «Trägheit, deren man nicht bewußt ist, und Trägheit, deren man bewußt wird, sind tausend Meilen weit voneinander entfernt»[2], das gilt auch in vollem Maße vom Affekt.

Was sich hie und da in dieser Hinsicht ereignete, nämlich daß einer aus dunkeln Möglichkeiten sich selber überwuchs, wurde mir zu wertvollster Erfahrung. Ich hatte nämlich inzwischen einsehen gelernt, daß die größten und wichtigsten Lebensprobleme im Grunde genommen alle unlösbar sind; sie müssen es auch sein, denn sie drücken die notwendige Polarität, welche jedem selbstregulierenden System immanent ist, aus. Sie können nie gelöst, sondern nur überwachsen werden. Ich fragte mich daher, ob diese Möglichkeit des Überwachsens, nämlich der weiteren seelischen Entwicklung, nicht überhaupt das normal Gegebene und darum das Steckenbleiben an oder in einem

[2] [l. c., p. 96.]

Konflikt das Krankhafte sei. Jeder Mensch müßte eigentlich jenes höhere Niveau wenigstens als Keim besitzen und diese Möglichkeit unter günstigen Umständen entwickeln können. Wenn ich den Entwicklungsgang jener betrachtete, welche stillschweigend, wie unbewußt, sich selber überwuchsen, so sah ich, daß ihre Schicksale insofern alle etwas Gemeinsames hatten, nämlich das Neue trat aus dem dunkeln Felde der Möglichkeiten von außen oder von innen an sie heran; sie nahmen es an und wuchsen daran empor. Es schien mir typisch zu sein, daß die einen es von außen und die anderen es von innen nahmen, oder vielmehr, daß es dem einen von außen und dem anderen von innen zuwuchs. Nie aber war das Neue ein Ding allein von außen oder allein von innen. Kam es von außen, so wurde es innerstes Erlebnis. Kam es von innen, so wurde es äußeres Ereignis. Nie aber war es absichtlich und bewußt gewollt herbeigeschafft worden, sondern es floß vielmehr herbei auf dem Strom der Zeit.

Die Versuchung, aus allem eine Absicht und eine Methode zu machen, ist für mich so groß, daß ich mich absichtlich sehr abstrakt ausdrücke, um nichts zu präjudizieren, denn das Neue soll weder dieses noch jenes sein, ansonst daraus ein Rezept gemacht wird, das man «maschinell» vervielfältigen kann, und es wäre dann wiederum «das richtige Mittel» in der Hand «des verkehrten Mannes». Es hat mir nämlich den tiefsten Eindruck gemacht, daß das schicksalhaft Neue selten oder nie der bewußten Erwartung entspricht, und, was noch merkwürdiger ist, den eingewurzelten Instinkten, wie wir sie kennen, ebenfalls widerspricht und doch ein seltsam treffender Ausdruck der Gesamtpersönlichkeit ist, ein Ausdruck, den man sich völliger gar nicht erdenken könnte.

Und was taten diese Menschen, um den erlösenden Fortschritt herbeizuführen? Soweit ich sehen konnte, taten sie nichts (wu wei[3]), sondern ließen geschehen, wie der Meister LÜ DSU es lehrt, daß das Licht nach eigenem Gesetz rotiere, wenn man seinen gewöhnlichen Beruf nicht aufgebe. Das Geschehenlassen, das Tun im Nicht-Tun, das «Sich-Lassen» des MEISTER ECKHART wurde mir zum Schlüssel, mit dem es gelingt, die Türe zum Weg zu öffnen: *Man muß psychisch geschehen lassen können.* Das ist für uns eine wahre Kunst, von welcher unzählige Leute nichts verstehen, indem ihr Bewußtsein ständig helfend, korrigierend und negierend dazwischenspringt und auf alle Fälle das einfache Werden des psychischen Prozesses nicht in Ruhe lassen kann. Die

---

[3] [Die taoistische Idee von Tun durch Nicht-Tun.]

Aufgabe wäre ja einfach genug. (Wenn nur nicht Einfachheit das Allerschwierigste wäre!) Sie besteht einzig und allein darin, daß zunächst einmal irgendein Phantasiefragment in seiner Entwicklung objektiv beobachtet wird. Nichts wäre einfacher als das, aber schon hier beginnen die Schwierigkeiten. Man hat anscheinend keine Phantasiefragmente – oder doch – aber es ist zu dumm – tausend gute Gründe dagegen. Man kann sich nicht darauf konzentrieren – es ist langweilig – was sollte dabei herauskommen? – es ist «nichts als» – usw. Das Bewußtsein erhebt ausgiebige Einwände, ja es zeigt sich öfters wie erpicht darauf, die spontane Phantasietätigkeit auszulöschen, obschon die höhere Einsicht und sogar die feste Absicht besteht, den psychischen Prozeß ohne Einmischung gewähren zu lassen. Zuweilen besteht ein förmlicher Bewußtseinskrampf.

21 Gelingt es, die Anfangsschwierigkeit zu überwinden, so setzt doch die Kritik nachher ein und versucht, das Phantasiestück zu deuten, zu klassifizieren, zu ästhetisieren oder zu entwerten. Die Versuchung, da mitzutun, ist fast unüberwindlich. Nach vollbrachter getreuer Beobachtung kann man der Ungeduld des Bewußtseins ruhig die Zügel schießen lassen, muß es sogar, sonst entstehen hinderliche Widerstände. Aber bei jeder Beobachtung muß die Tätigkeit des Bewußtseins aufs neue zur Seite geschoben werden.

22 Die Resultate dieser Bemühungen sind zunächst in den meisten Fällen wenig ermutigend. Es handelt sich meist um eigentliche Phantasiegespinste, die kein deutliches Woher und Wohin erkennen lassen. Auch sind die Wege zur Erlangung der Phantasien individuell verschieden. Manche schreiben sie am leichtesten, andere visualisieren sie, und wiederum andere zeichnen und malen sie mit oder ohne Visualisierung. Bei hochgradigem Bewußtseinskrampf können oft nur die Hände phantasieren, sie modellieren oder zeichnen Gestalten, die dem Bewußtsein oft gänzlich fremd sind.

23 Diese Übungen müssen solange fortgesetzt werden, bis der Bewußtseinskrampf gelöst, bis man, mit anderen Worten, geschehen lassen kann, was der nächste Zweck der Übung ist. Dadurch ist eine neue Einstellung geschaffen. Eine Einstellung, die auch das Irrationale und Unbegreifliche annimmt, einfach weil es das Geschehende ist. Diese Einstellung wäre Gift für einen, der sowieso schon vom schlechthin Geschehenden überwältigt ist; sie ist aber von höchstem Wert für einen, der durch ausschließlich bewußtes Urteil stets nur das seinem Bewußtsein Passende aus dem schlechthin Geschehenden ausgewählt hat und damit allmählich aus dem Strom des Lebens heraus in ein totes Seitengewässer geraten ist.

Hier trennen sich nun anscheinend die Wege für die beiden oben erwähnten Typen. Beide haben gelernt, das zu ihnen Kommende anzunehmen. (Wie der Meister LÜ DSU lehrt: «Wenn die Geschäfte auf uns zukommen, so muß man sie annehmen; wenn die Dinge auf uns zukommen, so muß man sie bis auf den Grund erkennen.»⁴) Der eine wird nun hauptsächlich das von außen ihm Zukommende annehmen und der andere das von innen Kommende. Und wie es das Lebensgesetz will, wird der eine von außen nehmen, was er zuvor nie von außen angenommen, und der andere von innen, was er zuvor stets ausgeschlossen hätte. Diese Umkehrung des Wesens bedeutet eine Erweiterung, Erhöhung und Bereicherung der Persönlichkeit, wenn die früheren Werte, insofern sie nicht bloß Illusionen waren, neben der Umkehrung festgehalten werden. Werden sie nicht festgehalten, so verfällt der Mensch der anderen Seite, und er gerät von der Tauglichkeit in die Untauglichkeit, von der Anpassung in die Unangepaßtheit, vom Sinn in den Unsinn, ja sogar von der Vernunft in die geistige Gestörtheit. Der Weg ist nicht ohne Gefahr. Alles Gute ist kostbar, und die Entwicklung der Persönlichkeit gehört zu den kostspieligsten Dingen. Es handelt sich um das Jasagen zu sich selber – sich selbst als ernsthafteste Aufgabe sich vorsetzen, und sich dessen, was man tut, stets bewußtbleiben und es in allen seinen zweifelhaften Aspekten sich stets vor Augen halten – wahrlich eine Aufgabe, die ans Mark geht.

Der Chinese kann sich auf die Autorität seiner ganzen Kultur berufen. Betritt er den langen Weg, so tut er das anerkannt Beste, was er überhaupt tun kann. Der Abendländer aber hat alle Autorität gegen sich, in intellektueller, moralischer und religiöser Hinsicht, vorausgesetzt, er wolle diesen Weg wirklich einschlagen. Darum ist es so unendlich viel einfacher, den chinesischen Weg nachzuahmen und den mißlichen Europäer stehenzulassen, oder weniger einfach, den Rückweg zum europäischen Mittelalter der christlichen Kirche wieder zu suchen und die europäische Mauer, welche die außen herum wohnenden armen Heiden und ethnographischen Kuriositäten vom wahren Christenmenschen scheiden soll, wieder aufzurichten. Der ästhetische oder intellektuelle Flirt mit Leben und Schicksal kommt hier zu jähem Ende. Der Schritt zu höherem Bewußtsein führt aus allen Rückendeckungen und Sicherungen heraus. Der Mensch muß sich ganz darangeben, denn nur aus seiner Integrität kann er weitergehen, und nur seine Integrität kann ihm Gewähr dafür sein, daß sein Weg nicht zum absurden Abenteuer wird.

⁴ [l. c., p. 104.]

26 Ob einer nun sein Schicksal von außen oder von innen empfange, die Erlebnisse und Ereignisse des Weges bleiben die gleichen. Ich brauche daher nichts von den mannigfachen äußeren und inneren Ereignissen, deren unendliche Verschiedenheit ich sowieso nicht erschöpfen könnte, zu sagen. Es wäre auch in Anbetracht unseres zu kommentierenden Textes belanglos. Dagegen ist vieles zu sagen von den seelischen Zuständen, welche die weitere Entwicklung begleiten. Diese seelischen Zustände werden nämlich in unserem Text *symbolisch* ausgedrückt, und zwar in Symbolen, die mir aus meiner Praxis seit vielen Jahren wohlbekannt sind.

2. DIE GRUNDBEGRIFFE

A. TAO

27 Die gewaltige Schwierigkeit der Übersetzung dieses und ähnlicher Texte[5] in den europäischen Geist besteht darin, daß der chinesische Autor immer vom Zentralen ausgeht, nämlich von dem, was wir als Spitze, Ziel oder tiefste und letzte Einsicht bezeichnen würden, also etwas dermaßen Anspruchsvolles, daß ein Mensch mit kritischem Intellekt das Gefühl hat, entweder mit lächerlicher Anmaßung oder gar baren Unsinn zu reden, wenn er es wagen sollte, einen intellektuellen Diskurs über die subtilste seelische Erfahrung der größten Geister des Ostens vom Stapel zu lassen. So beginnt unser Text: «Das durch sich selbst Seiende heißt Tao.» Und der *Hui Ming Ging* beginnt mit den Worten: «Das feinste Geheimnis des Tao sind das Wesen und das Leben.»

28 Es ist kennzeichnend für den abendländischen Geist, daß er für Tao überhaupt keinen Begriff besitzt. Das chinesische Zeichen für Tao ist zusammengesetzt aus dem Zeichen für «Kopf» und dem Zeichen für «Gehen». WILHELM übersetzt Tao mit «Sinn»[6]. Andere übersetzen mit «Weg», mit «providence» und sogar, wie die Jesuiten, mit «Gott». Das zeigt die Verlegenheit. «Kopf» dürfte auf das Bewußtsein[7] deuten, das «Gehen» auf «Weg zurückle-

---

[5] Vgl. LIU HUI YANG, *Hui Ming Ging*, p. 116ff.
[6] [Auch als «Weg». Vgl. *Das Geheimnis der Goldenen Blüte*, p. 70.]
[7] Der Kopf ist ja auch der «Sitz des Himmelslichtes».

gen». Die Idee wäre demnach: «bewußt gehen» oder «bewußter Weg». Damit stimmt überein, daß «Licht des Himmels», das als «Herz des Himmels» «zwischen den Augen wohnt», synonym mit Tao gebraucht wird. Wesen und Leben sind im Licht des Himmels enthalten, und bei LIU HUA YANG sind sie die wichtigsten Geheimnisse des Tao. Nun ist «Licht» symbolisches Äquivalent des Bewußtseins, und das Wesen des Bewußtseins wird mit Analogien des Lichts ausgedrückt. Der *Hui Ming Ging* ist eingeleitet durch die Verse:

> Willst du vollenden den diamantnen Leib ohne Ausströmen,
> Mußt du mit Fleiß die Wurzel des Bewußtseins [8] und Lebens erhitzen.
> Du mußt erleuchten das stets nahe selige Land
> Und dort immer dein wahres Ich verborgen wohnen lassen.

Diese Verse enthalten eine Art von alchemistischer Anweisung, eine Methode oder einen Weg zur Erzeugung des «diamantnen Leibes», der auch in unserem Texte gemeint ist. Hierzu bedarf es einer «Erhitzung» respektive Steigerung des Bewußtseins, damit die Wohnung des Geisteswesens «erleuchtet» werde. Doch nicht nur das Bewußtsein, sondern auch das Leben muß gesteigert werden. Die Zusammensetzung beider ergibt «bewußtes Leben». Nach dem *Hui Ming Ging* verstanden es die alten Weisen, die Trennung von Bewußtsein und Leben aufzuheben, indem sie beide pflegten. Auf diese Weise wird «die Schêli (der unsterbliche Leib) herausgeschmolzen», und auf diese Weise wird «das große Tao vollendet»[9].

Wenn wir Tao als Methode oder als bewußten Weg, der Getrenntes vereinigen soll, auffassen, so dürften wir dem psychologischen Gehalt des Begriffes wohl nahekommen. Auf alle Fälle kann man unter der Trennung von Bewußtsein und Leben nicht wohl etwas anderes verstehen, als was ich oben als Abweichung oder Entwurzelung des Bewußtseins beschrieben habe. Zweifellos handelt es sich auch bei der Frage der Bewußtmachung des Gegensatzes, der «Umkehrung», um eine Wiedervereinigung mit den unbewußten Lebensgesetzen, und die Absicht dieser Vereinigung ist die Erzielung bewußten Lebens, chinesisch ausgedrückt: Herstellung des Tao.

---

[8] «Wesen» (sing) und «Bewußtsein» (hui) werden im *Hui Ming Ging* promiscue gebraucht. [Text von JUNG hervorgehoben.]
[9] Siehe p. 117.

B. DIE KREISBEWEGUNG UND DER MITTELPUNKT

31 Die Vereinigung der Gegensätze [10] auf höherem Niveau ist, wie schon hervorgehoben, keine rationale Angelegenheit und ebensowenig eine Sache des Wollens, sondern ein psychischer Entwicklungsprozeß, der sich in *Symbolen* ausdrückt. Er wurde historisch stets in Symbolen dargestellt und wird auch heute noch in der individuellen Persönlichkeitsentwicklung durch symbolische Figuren veranschaulicht. Diese Tatsache ergab sich mir aus folgenden Erfahrungen: Die spontanen Phantasieproduktionen, von denen wir oben handelten, vertiefen und konzentrieren sich allmählich um abstrakte Gebilde, welche anscheinend «Prinzipien», richtige gnostische «archai», darstellen. Wo die Phantasien hauptsächlich gedanklich ausgedrückt werden, treten intuitive Formulierungen für die dunkel geahnten Gesetze oder Prinzipien auf, die zunächst gerne dramatisiert oder personifiziert werden. (Davon werden wir unten noch zu handeln haben.) Werden die Phantasien gezeichnet, so entstehen Symbole, die hauptsächlich zum sogenannten «Mandala»[11]-Typus gehören. Mandala heißt Kreis, speziell magischer Kreis. Die Mandalas sind nicht nur über den ganzen Osten verbreitet, sondern sie sind bei uns auch aus dem Mittelalter reichlich bezeugt. Christlich besonders sind sie aus dem frühen Mittelalter zu belegen, meist mit Christus in der Mitte mit den vier Evangelisten oder ihren Symbolen in den Kardinalpunkten. Diese Auffassung muß sehr alt sein, indem auch Horus mit seinen vier Söhnen ägyptisch so dargestellt wird [12]. (Horus mit den vier Söhnen hat bekanntlich nächste Beziehungen zu Christus und den vier Evangelisten.) Später findet sich ein klares, höchst interessantes Mandala in JACOB BÖHMES Buch über die Seele [13]. Dort ist es durchaus ersichtlich, daß es sich um ein psychokosmisches System mit stark christlichem Einschlag handelt. Er heißt es «das philosophische Auge»[14] oder den «Spiegel der Weisheit», womit offenbar eine summa des geheimen Wissens gemeint ist. Meist handelt es sich um eine Blumen-, Kreuz- oder Radform mit deutlicher Neigung zur Vierzahl (an die Pythagoräische Tetraktys,

---

[10] Vgl. dazu meine Ausführungen in: *Psychologische Typen*, V.

[11] [Für eine ausführlichere Besprechung des Mandala vgl. JUNG, *Zur Empirie des Individuationsprozesses, Über Mandalasymbolik* und *Mandalas.*]

[12] Vgl. WALLIS BUDGE, *The Gods of the Egyptians*.

[13] [*Viertzig Fragen von der Seelen Vrstand* usw. Das Mandala ist reproduziert in: *Zur Empirie des Individuationsprozesses*, gegenüber p. 316.]

[14] Vgl. dazu die chinesische Vorstellung vom Himmelslicht zwischen den beiden Augen.

die Grundzahl, erinnernd). Solche Mandalas finden sich auch als Sandzeichnungen für kultischen Gebrauch bei den Pueblos[15]. Die schönsten Mandalas besitzt natürlich der Osten, besonders der tibetanische Buddhismus. Die Symbole unseres Textes sind in diesen Mandalas dargestellt. Ich habe auch bei Geisteskranken Mandalazeichnungen gefunden, und zwar bei Leuten, die sicher nicht die geringste Ahnung von diesen Zusammenhängen haben[16].

Ich habe einige Fälle unter meinen Patienten beobachtet, Frauen, die nicht zeichneten, sondern die Mandalas tanzten. In Indien existiert dafür der Terminus: Mandala nritya = Mandalatanz. Die Tanzfiguren drücken denselben Sinn aus wie die Zeichnungen. Die Patienten selber können wenig über den Sinn der Mandalasymbole aussagen. Sie sind nur davon fasziniert und finden sie irgendwie in bezug auf den subjektiven seelischen Zustand ausdrucks- und wirkungsvoll.

Unser Text verspricht, das «Geheimnis der Goldblume des Großen Einen zu eröffnen». Die Goldblume ist das Licht, und das Licht des Himmels ist das Tao. Die Goldblume ist ein Mandalasymbol, dem ich bei meinen Patienten schon oft begegnet bin. Entweder wird sie in der Aufsicht gezeichnet, also als regelmäßiges geometrisches Ornament, oder auch in der Ansicht als Blume, die einer Pflanze entwächst. Die Pflanze ist des öftern ein Gebilde in lichten, feurigen Farben, welches aus einer darunterliegenden Dunkelheit erwächst und oben die Lichtblüte trägt (ein ähnliches Symbol wie der Weihnachtsbaum). In einer solchen Zeichnung ist zugleich die Entstehung der Goldblume mit ausgedrückt, denn nach dem *Hui Ming Ging* ist die «Keimblase» nichts anderes als das «gelbe Schloß», das «himmlische Herz», die «Terrasse der Lebendigkeit», das «zollgroße Feld des fußgroßen Hauses», der «purpurne Saal der Nephritstadt», der «dunkle Paß», der «Raum des früheren Himmels», das «Drachenschloß auf dem Grunde des Meeres». Sie ist auch genannt das «Grenzgebiet der Schneeberge», der «Urpaß», das «Reich der höchsten Freude», das «grenzenlose Land» und der «Altar, auf dem Bewußtsein und Leben hergestellt werden». «Wenn ein Sterbender diese Keimstelle nicht kennt», sagt der *Hui Ming Ging,* «so wird er in tausend Geburten und zehntausend Weltaltern die Einheit von Bewußtsein und Leben nicht finden.»

---

[15] MATTHEWS, *The Mountain Chant: A Navajo Ceremony,* und STEVENSON, *Ceremonial of Hasjelti Dailjis.*

[16] Das Mandala einer Somnambulen habe ich dargestellt in: *Über die Psychologie und Pathologie sogenannter okkulter Phänomene* [Paragr. 65].

[17] Siehe p. 117 f. [bzw. p. 77: *Tai I Gin Hua Dsung Dschi*].

34   Der Anfang, in dem alles noch eins ist, der darum auch als höchstes Ziel erscheint, liegt auf dem Grund des Meeres, in der Dunkelheit des Unbewußten. In der Keimblase sind Bewußtsein und Leben (oder «Wesen» und «Leben» = sing – ming) noch «eine Einheit», «untrennbar gemischt wie der Feuersame im Läuterofen». «Innerhalb der Keimblase ist das Feuer des Herrschers.» Bei der Keimblase haben «alle Weisen ihre Arbeit begonnen». [18] Man beachte die Feueranalogie. Ich kenne eine Reihe von europäischen Mandalazeichnungen, wo etwas wie ein von Hüllen umgebener Pflanzenkeim im Wasser schwimmt, aus der Tiefe dringt Feuer in ihn ein, welches Wachstum erzeugt und solchermaßen die Entstehung einer großen Goldblume, die aus der Keimblase wächst, verursacht.

35   Diese Symbolik bezieht sich auf eine Art von alchemistischem Prozeß der Läuterung und Veredlung; das Dunkle gebiert das Licht, aus «dem Blei der Wassergegend» wächst das edle Gold, Unbewußtes wird zu Bewußtem in Form eines Lebens- und Wachstumsprozesses. (Eine völlige Analogie hierzu ist der indische Kundaliniyoga [19].) Solchergestalt ergibt sich die Vereinigung von Bewußtsein und Leben.

36   Wenn meine Patienten solche Bilder entwerfen, so geschieht dies natürlich nicht aus Suggestion, denn solche Bilder wurden gemacht, lange bevor mir ihre Bedeutung oder ihr Zusammenhang mit den mir damals gänzlich fremden Praktiken des Ostens bekannt waren. Sie entstanden ganz spontan, und zwar aus zweierlei Quellen. Die eine Quelle ist das Unbewußte, welches spontan solche Phantasien erzeugt; die andere Quelle ist das Leben, das, mit völliger Hingabe gelebt, Ahnung vom Selbst, vom individuellen Wesen gibt. Letztere Wahrnehmung wird in der Zeichnung ausgedrückt, erstere zwingt zu einer Hingebung ans Leben. Denn ganz in Übereinstimmung mit der östlichen Auffassung ist das Mandalasymbol nicht nur Ausdruck, sondern hat auch Wirkung. Es wirkt auf seinen Urheber zurück. Es steckt uralte magische Wirkung darin, denn es stammt ursprünglich vom «hegenden Kreis», vom «Bannkreis», dessen Magie sich in unzähligen Volksgebräuchen erhalten hat [20]. Das Bild hat den ausgesprochenen Zweck, einen «sulcus primigenius», eine magische Furche um das Zentrum, das templum oder den temenos (heiliger Bezirk) der innersten Persönlichkeit zu ziehen, um das «Ausströmen» zu

---

[18] l. c., p. 118f.
[19] Vgl. AVALON, *The Serpent Power*.
[20] Ich verweise auf die treffliche Sammlung bei KNUCHEL, *Die Umwandlung in Kult, Magie und Rechtsbrauch*.

verhindern oder um die Ablenkung durch Äußeres apotropäisch abzuwehren. Die magischen Gebräuche sind ja nichts anderes als Projektionen seelischen Geschehens, die hier ihre Rückanwendung auf die Seele finden als eine Art von Bezauberung der eigenen Persönlichkeit, das heißt eine durch anschauliches Handeln unterstützte und vermittelte Rückführung der Aufmerksamkeit oder, besser gesagt, der Anteilnahme auf einen inneren heiligen Bezirk, der Ursprung und Ziel der Seele ist und jene einst gehabte, dann verlorene und wiederzufindende Einheit von Leben und Bewußtsein enthält.

Die Einheit beider ist Tao, dessen Symbol das zentrale «weiße Licht» wäre (ähnlich der *Bardo Tödol*[21]). Dieses Licht wohnt im «Geviertzoll» oder im «Gesicht», das heißt zwischen den Augen. Es ist die Veranschaulichung des «schöpferischen Punktes», einer unausgedehnten Intensität, zusammengedacht mit dem Raum des «Geviertzolls», dem Symbol für das Ausgedehnte. Beides zusammen ist Tao. Wesen oder Bewußtsein (sing) haben Lichtsymbolik, sind daher Intensität. Leben (ming) würde daher mit Extensität zusammenfallen. Ersteres hat Yang-, letzteres Yincharakter. Das oben erwähnte Mandala eines fünfzehneinhalbjährigen, somnambulen Mädchens, das ich vor dreißig Jahren beobachtete, zeigt im Zentrum eine unausgedehnte «Lebenskraftquelle», welche bei ihrer Emanation unmittelbar auf ein gegensätzliches, räumliches Prinzip stößt, in völliger Analogie mit der chinesischen Grundidee.

Die «Umhegung» oder circumambulatio ist in unserem Text durch die Idee des «Kreislaufs» ausgedrückt. Der Kreislauf ist nicht bloße Kreisbewegung, sondern hat einerseits die Bedeutung einer Absonderung des heiligen Bezirks, und andererseits die Bedeutung von Fixieren und Konzentrieren; das Sonnenrad beginnt zu laufen, das heißt die Sonne wird belebt und beginnt ihre Bahn, mit anderen Worten das Tao beginnt zu wirken und die Führung zu übernehmen. Das Tun ist ins Nichttun versetzt, das heißt alles Peripherische ist dem Befehl des Zentralen unterstellt, darum heißt es: «Bewegung ist ein anderer Name für Beherrschung.» Psychologisch wäre dieser Kreislauf ein «Im Kreise um sich selber Herumgehen», wobei offenbar alle Seiten der eigenen Persönlichkeit in Mitleidenschaft gezogen werden. «Die Pole des Lichten und des Dunkeln werden in Kreisbewegung gebracht», das heißt es entsteht ein Abwechseln von Tag und Nacht. «Es wechselt Paradieseshelle mit tiefer schauervoller Nacht.»[22]

---

[21] EVANS-WENTZ, *Das tibetanische Totenbuch.*
[22] [*Faust,* Prolog im Himmel.]

39 Die Kreisbewegung hat demnach auch die moralische Bedeutung der Belebung aller hellen und dunkeln Kräfte menschlicher Natur, und damit aller psychologischen Gegensätze, welcher Art sie auch sein mögen. Das bedeutet nichts anderes als Selbsterkenntnis durch Selbstbebrütung (indisch «Tapas»). Eine ähnliche Urvorstellung vom vollkommenen Wesen ist der Platonische, allseits runde Mensch, in dem auch die Geschlechter geeint sind.

40 Eine der schönsten Parallelen zu dem hier Gesagten ist die Schilderung, die EDWARD MAITLAND, der Mitarbeiter von ANNA KINGSFORD, von seinem zentralen Erlebnis entworfen hat[23]. Ich folge soviel wie möglich seinen eigenen Worten. Er hatte entdeckt, daß beim Nachdenken über eine Idee verwandte Ideen in langen Reihen sozusagen sichtbar wurden, scheinbar bis zurück auf ihre eigentliche Quelle, welche für ihn der göttliche Geist war. Vermittels der Konzentration auf diese Reihen machte er den Versuch, bis zu deren Ursprung vorzudringen.

«Ich hatte keine Kenntnis und keine Erwartung, als ich mich zu diesem Versuch entschloß. Ich experimentierte einfach mit dieser Fähigkeit... während ich am Schreibtisch saß, um die Ereignisse in ihrer Reihenfolge aufzuschreiben, und ich beschloß, mein äußeres und peripheres Bewußtsein festzuhalten, unbekümmert darum, wie weit ich in mein inneres und zentrales Bewußtsein gehen mochte. Ich wußte nämlich nicht, ob ich zu ersterem wieder zurückgelangen könnte, wenn ich es einmal losgelassen hatte, oder ob ich mich der Ereignisse entsinnen könnte. Schließlich gelang es mir, allerdings mit großer Anstrengung, indem die Spannung, verursacht durch das Bemühen, die beiden Bewußtseinsextreme zugleich festzuhalten, sehr groß war. Zu Beginn fühlte ich, wie wenn ich eine lange Leiter hinaufstiege von der Peripherie zum Mittelpunkt eines Systems, das zugleich mein eigenes, das Sonnen- und das kosmische System war. Die drei Systeme waren verschieden und doch identisch... Schließlich, mit einer letzten Anstrengung... gelang es mir, die Strahlen meines Bewußtseins auf den ersehnten Brennpunkt zu konzentrieren. Und im gleichen Augenblick stand vor mir, wie wenn eine plötzliche Entflammung alle Strahlen zur Einheit verschmolzen hätte, ein wunderbares, unaussprechlich strahlendes weißes Licht, dessen Kraft so groß war, daß es mich beinahe zurückschlug... Obschon ich fühlte, daß es für mich nicht nötig war, dieses Licht weiter zu erforschen, so beschloß ich doch, mich nochmals zu versichern, indem ich dessen Glanz, der mich fast blind machte, zu durchdringen versuchte, um zu sehen, was es enthielt. Mit großer Anstrengung gelang es

---

[23] Ich verdanke diesen Hinweis meiner geschätzten Mitarbeiterin Dr. Beatrice Hinkle in New York. Der Titel lautet: *Anna Kingsford, Her Life, Letters, Diary and Work*. Vgl. besonders p. 129 f.

mir... Es war die Dualität des Sohnes... das Verborgene offenbar geworden, das Undefinierte definiert, das Unindividuierte individuiert, Gott als der Herr, der durch seine Dualität beweist, daß Gott Substanz sowohl ist als auch Kraft, Liebe sowohl wie Wille, weiblich sowohl wie männlich, Mutter sowohl wie Vater.»

Er fand, daß Gott Zwei in Einem ist, wie der Mensch. Er bemerkte überdies etwas, was auch unser Text hervorhebt, nämlich den «Stillstand der Atmung». Er sagt, die gewöhnliche Atmung habe aufgehört und eine Art innerer Atmung hätte sie ersetzt, wie wenn eine andere Person, verschieden von seinem physischen Organismus, in ihm geatmet hätte. Er hält dieses Wesen für die «Entelechie» des ARISTOTELES und den «inneren Christus» des Apostels Paulus, «die geistige und substantielle Individualität, erzeugt innerhalb der physischen und phänomenologischen Persönlichkeit und darum die Wiedergeburt des Menschen auf transzendentaler Stufe darstellend.»

Dieses genuine Erlebnis[24] enthält alle wesentlichen Symbole unseres Textes. Das Phänomen selber, nämlich die Lichtvision, ist ein vielen Mystikern gemeinsames Erlebnis, das unzweifelhaft von höchster Bedeutsamkeit ist, denn in allen Zeiten und Zonen erweist es sich als das Unbedingte, das größte Kraft und höchsten Sinn in sich vereinigt. HILDEGARD VON BINGEN, diese, ganz abgesehen von ihrer Mystik, bedeutende Persönlichkeit, drückt sich über ihre zentrale Vision ganz ähnlich aus:

«Seit meiner Kindheit», sagte sie, «sehe ich immer ein Licht in meiner Seele, aber nicht mit den äußeren Augen und auch nicht durch die Gedanken des Herzens; auch nehmen die fünf äußeren Sinne an diesem Gesicht nicht teil... Das Licht, das ich wahrnehme, ist nicht örtlicher Art, sondern ist viel heller als die Wolke, die die Sonne trägt. Ich kann an demselben keine Höhe, Breite oder Länge unterscheiden... Was ich in einer solchen Vision sehe oder lerne, das bleibt mir lange im Gedächtnis. Ich sehe, höre und weiß zugleich und lerne, was ich weiß, gleichsam im Augenblick... Ich kann an diesem Licht durchaus keine Gestalt erkennen, jedoch erblicke ich in ihm bisweilen ein anderes Licht, das mir das lebende Licht genannt wird... Während ich mich des Anschauens dieses Lichtes erfreue, verschwinden alle Traurigkeit und Schmerz aus meinem Gedächtnis...[25]»

---

[24] Solche Erlebnisse sind genuin. Aber ihre Echtheit beweist nicht, daß alle Schlußfolgerungen und Überzeugungen, die ihren Inhalt ausmachen, notwendigerweise gesund sind. Sogar in Fällen von Geisteskrankheit begegnet man vollkommen gültigen psychischen Erfahrungen. [Anmerkung des Autors für die erste englische Ausgabe, 1931.]

[25] [*Hildegards Brief an Mönch Wibert von Gembloux über ihre Visionen (aus dem Jahre 1171)*, p. 34 f. (In anderer Übersetzung.)]

43 Ich selber kenne einige wenige Leute, die um dieses Erlebnis aus eigener Erfahrung wissen. Soweit es mir überhaupt gelang, über ein derartiges Phänomen etwas auszumachen, so scheint es sich um einen akuten Zustand eines ebenso intensiven als abstrakten Bewußtseins zu handeln, um ein «losgelöstes» Bewußtsein (vergleiche unten), welches, wie HILDEGARD treffend andeutet, Gebiete des seelischen Geschehens zur Bewußtheit emporhebt, die sonst von Dunkel bedeckt sind. Die Tatsache, daß in Verbindung damit öfters die körperlichen Allgemeinempfindungen schwinden, weist darauf hin, daß ihre spezifische Energie ihnen entzogen und wahrscheinlich zur Verstärkung der Bewußtseinshelle verwendet wird. Das Phänomen ist in der Regel spontan, kommt und geht aus eigenem Antrieb. Seine Wirkung ist insofern erstaunlich, als es fast immer eine Lösung seelischer Komplikationen und damit eine Loslösung der inneren Persönlichkeit aus emotionalen und ideellen Verwicklungen hervorbringt und damit eine Einheit des Wesens erzeugt, welche allgemein als «Befreiung» empfunden wird.

44 Bewußter Wille kann eine solche symbolische Einheit nicht erreichen, denn Bewußtsein ist in diesem Falle Partei. Der Gegner ist das kollektive Unbewußte, das keine Bewußtseinssprache versteht. Darum bedarf es des «magisch» wirkenden Symbols, welches jenen primitiven Analogismus enthält, der zum Unbewußten spricht. Nur durch das Symbol kann das Unbewußte erreicht und ausgedrückt werden, deshalb wird auch die Individuation des Symbols nie entraten können. Das Symbol ist einerseits primitiver Ausdruck des Unbewußten, andererseits ist es Idee, die der höchsten Ahnung des Bewußtseins entspricht.

45 Die älteste mir bekannte Mandalazeichnung ist ein paläolithisches sogenanntes «Sonnenrad», das kürzlich in Rhodesien entdeckt wurde. Es basiert ebenfalls auf der Vierzahl. Dinge, die so weit in die Menschheitsgeschichte zurückreichen, rühren natürlich an tiefste Schichten des Unbewußten und vermögen diese zu ergreifen, wo bewußte Sprache sich als gänzlich impotent erweist. Solche Dinge sind nicht zu erdenken, sondern müssen wiederum aus der dunkeln Tiefe der Vergessenheit heraufwachsen, um äußerste Ahnung des Bewußtseins und höchste Intuition des Geistes auszudrücken und so *die Einmaligkeit des Gegenwartbewußtseins mit der Urvergangenheit des Lebens zu verschmelzen.*

3. DIE ERSCHEINUNGEN DES WEGES

A. DIE AUFLÖSUNG DES BEWUSSTSEINS

Das Zusammentreffen des engumschränkten, dafür aber intensiv klaren individuellen Bewußtseins mit der ungeheuren Ausdehnung des kollektiven Unbewußten ist eine Gefahr, denn das Unbewußte hat eine ausgesprochen auflösende Wirkung auf das Bewußtsein. Diese Wirkung gehört sogar, nach der Darlegung des *Hui Ming Ging,* zu den eigentümlichen Erscheinungen der chinesischen Yogaübung. Es heißt dort: «Jeder Teilgedanke gewinnt Gestalt und wird sichtbar in Farbe und Form. Die Gesamtseelenkraft entfaltet ihre Spuren.»[26] Die dem Buche beigegebene Abbildung zeigt einen in der Kontemplation begriffenen Weisen, das Haupt von Feuer umlodert und daraus hervorgehend fünf menschliche Gestalten, die sich ihrerseits wieder in fünfundzwanzig kleinere zerspalten[27]. Das wäre ein schizophrener Prozeß, wenn er sich als Zustand festsetzen sollte. Daher sagt die Anweisung: «Die durch das Geistfeuer gebildeten Gestalten sind nur leere Farben und Formen. Das Licht des Wesens strahlt zurück auf das Ursprüngliche, Wahre.»

Es ist daher begreiflich, warum auf die Schutzfigur des «hegenden Kreises» zurückgegriffen wird. Er soll das «Ausströmen» verhindern und die Einheit des Bewußtseins gegen die Zersprengung durch das Unbewußte schützen. Überdies versucht die chinesische Auffassung die auflösende Wirkung des Unbewußten dadurch abzuschwächen, daß sie die «Gedankengestalten» oder «Teilgedanken» als «leere Farben und Formen» bezeichnet und damit tunlichst entkräftet. Dieser Gedanke geht durch den ganzen Buddhismus (speziell die Mahayana) und steigert sich in der Totenbelehrung des *Bardo Tödol* (Tibetanisches Totenbuch) sogar zu der Erklärung, daß auch die günstigen und die ungünstigen Götter noch zu überwindende Illusionen seien. Die metaphysische Wahrheit oder Unwahrheit dieses Gedankens festzustellen, gehört gewiß nicht zu den Kompetenzen des Psychologen. Letzterer muß sich damit begnügen, womöglich festzustellen, was das psychisch Wirksame ist. Dabei darf er sich nicht darum kümmern, ob die betreffende Figur eine tran-

---

[26] l. c., p. 123.
[27] [l. c., p. 107.] Hierher gehören auch die in der Kontemplation auftauchenden Wiedererinnerungen früherer Inkarnationen. [Meditation 4. Stadium.]

Meditation 1. Stadium:
Sammlung des Lichts

Meditation 2. Stadium:
Entstehung der Neugeburt im Raum der Kraft

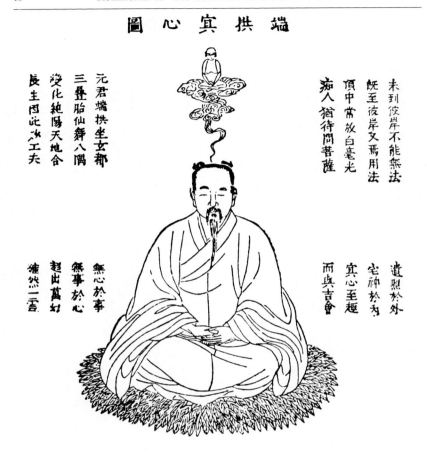

Meditation 3. Stadium:
Ablösung des Geistleibes zu selbständiger Existenz

3. Die Erscheinungen des Weges

Meditation 4. Stadium
Mitte inmitten der Bedingungen

szendentale Illusion ist oder nicht. Darüber entscheidet der Glaube und nicht die Wissenschaft. Wir bewegen uns hier sowieso in einem Gebiete, das bislang außerhalb des Bereiches der Wissenschaft zu stehen schien und deshalb in toto als Illusion bewertet wurde. Wissenschaftlich ist aber eine solche Annahme keineswegs zu rechtfertigen, denn die Substantialität dieser Dinge ist kein wissenschaftliches Problem, weil sie auf alle Fälle jenseits des menschlichen Wahrnehmungs- und Urteilsvermögens und damit auch jenseits aller Beweismöglichkeit läge. Um die Substanz dieser Komplexe handelt es sich für den Psychologen ja nicht, sondern nur um die psychische Erfahrung. Zweifellos sind es erfahrbare psychische Inhalte von ebenso unzweifelhafter Autonomie, denn es sind psychische Teilsysteme, die entweder in ekstatischen Zuständen spontan auftreten und unter Umständen gewaltige Eindrücke und Wirkungen hervorrufen oder in geistigen Störungen in Form von Wahnideen und Halluzinationen sich festsetzen und damit die Einheit der Persönlichkeit vernichten.

Der Psychiater ist allerdings geneigt, an Toxine und ähnliches zu glauben und daraus die Schizophrenie (Zerspaltung des Geistes in der Psychose) zu erklären, wobei er auf die psychischen Inhalte keinen Nachdruck legt. Bei den psychogenen Störungen dagegen (wie Hysterie, Zwangsneurose usw.), wo man schlechterdings nicht von Toxinwirkungen und Zelldegenerationen sprechen kann, finden, wie zum Beispiel in den somnambulen Zuständen, ähnliche spontane Komplexabspaltungen statt, welche FREUD allerdings aus unbewußter Verdrängung der Sexualität erklären möchte. Diese Erklärung gilt aber längstens nicht für alle Fälle, denn es können auch spontan Inhalte sich aus dem Unbewußten entwickeln, welche das Bewußtsein nicht assimilieren kann. In solchen Fällen versagt die Verdrängungshypothese. Überdies läßt sich die Autonomie im täglichen Leben an den Affekten studieren, welche gegen unseren Willen und gegen unsere angestrengtesten Verdrängungsversuche sich eigenwillig durchsetzen und, das Ich überschwemmend, es unter ihren Willen zwingen. Es ist daher nicht verwunderlich, daß der Primitive darin eine Besessenheit erblickt oder das Abwandern einer Seele, tut es doch auch unsere Sprache noch: «Ich weiß gar nicht, was heute in ihn gefahren ist», «er ist vom Teufel geritten», «es hat ihn wieder einmal», «er gerät außer sich», «er tut wie besessen». Sogar die Gerichtspraxis anerkennt eine partielle Verminderung der Zurechnungsfähigkeit im Affektzustand. Autonome seelische Inhalte sind uns daher ganz geläufige Erfahrung. Solche Inhalte haben zersprengende Wirkung auf das Bewußtsein.

3. Die Erscheinungen des Weges

Es gibt nun aber außer den gewöhnlichen allbekannten Affekten subtilere, komplexere affektive Zustände, welche nicht mehr als Affekte schlechthin bezeichnet werden können. Es sind vielmehr komplizierte seelische Teilsysteme, welche um so mehr Persönlichkeitscharakter haben, je komplizierter sie sind. Sie sind eben auch Konstituenten der psychischen Persönlichkeit und müssen darum Persönlichkeitscharakter haben. Solche Teilsysteme finden sich namentlich bei Geisteskrankheiten, bei den psychogenen Persönlichkeitsspaltungen (double personnalité) und ganz gewöhnlich bei den mediumistischen Phänomenen. Auch bei religiösen Phänomenen sind sie zu finden. Darum sind viele der früheren Götter aus Personen zu personifizierten Ideen und schließlich zu abstrakten Ideen geworden, denn belebte unbewußte Inhalte erscheinen stets zuerst als nach außen projiziert und werden im Verlaufe der geistigen Entwicklung via Raumprojektion vom Bewußtsein allmählich assimiliert und zu bewußten Ideen umgestaltet, wobei letztere ihren ursprünglich autonomen und persönlichen Charakter einbüßen. Einige der alten Götter sind bekanntlich via Astrologie zu bloßen Eigenschaften geworden (martialisch, jovial, saturnin, erotisch, logisch, lunatic usw.).

Die Anweisungen des *Bardo Tödol* besonders lassen erkennen, wie groß die Gefahr für das Bewußtsein ist, von diesen Figuren aufgelöst zu werden. Immer wieder wird der Tote belehrt, diese Figuren nicht für Wahrheit zu halten und ihren trüben Schein nicht mit dem reinen weißen Licht des Dharmakaya (des göttlichen Körpers der Wahrheit) zu verwechseln, das heißt das eine Licht des höchsten Bewußtseins nicht in konkretisierte Figuren zu projizieren und solchermaßen in eine Vielheit autonomer Teilsysteme aufzulösen. Läge darin keine Gefahr, und wären die Teilsysteme nicht bedrohlich autonome und divergierende Tendenzen, so brauchte es wohl nicht diese eindringlichen Anweisungen, die für das einfachere, polytheistisch orientierte Gemüt des östlichen Menschen fast soviel bedeuten wollen wie zum Beispiel eine Anweisung an den christlichen Menschen, sich ja nicht durch die Illusion eines persönlichen Gottes blenden zu lassen, schon gar nicht zu reden von einer Trinität, von unzähligen Engeln und Heiligen.

Wären Zerspaltungstendenzen nicht der menschlichen Psyche inhärente Eigenschaften, so wären psychische Teilsysteme überhaupt nie abgespalten worden, mit anderen Worten es hätte nie Geister oder Götter gegeben. Darum ist auch unsere Zeit so hochgradig entgöttert und entheiligt: wegen unserer Unkenntnis der unbewußten Psyche und wegen des ausschließlichen Bewußtseinskultes. Unsere wahre Religion ist ein Monotheismus des Bewußtseins, eine Bewußtseinsbesessenheit mit fanatischer Leugnung der Existenz von autonomen Teilsystemen. Darin unterscheiden wir uns aber von den buddhistischen Yogalehren, daß wir sogar die Erfahrbarkeit von Teilsystemen leugnen. Darin liegt eine große psychische Gefahr, denn dann verhalten sich die Teilsysteme wie irgendwelche verdrängte Inhalte: sie bringen zwangsläufig falsche Einstellungen hervor, indem das Verdrängte in uneigentlicher Form wiederum im Bewußtsein erscheint. Diese in jedem Neurosenfall in die Augen springende Tatsache gilt auch für die kollektiven psychischen Erscheinungen. Unsere Zeit begeht in dieser Hinsicht einen fatalen Irrtum; sie glaubt nämlich, religiöse Tatsachen intellektuell kritisieren zu können. Man meint zum Beispiel wie LAPLACE, daß Gott eine Hypothese sei, die man einer intellektuellen Behandlung, einer Bejahung oder Verneinung, unterwerfen könne. Man vergißt dabei völlig, daß der Grund, warum die Menschheit an den «Daimon» glaubt, gar nicht mit irgend etwas Äußerem zu tun hat, sondern einfach auf der naiven Wahrnehmung der gewaltigen, inneren Wirkung autonomer Teilsysteme beruht. Diese Wirkung ist nicht aufgehoben dadurch, daß man ihren Namen intellektuell kritisiert oder als falsch bezeichnet. Die Wirkung ist kollektiv stets vorhanden, die autonomen Systeme sind stets am Werk, denn die fundamentale Struktur des Unbewußten wird von den Schwankungen eines vorübergehenden Bewußtseins nicht berührt.

52   Leugnet man die Teilsysteme, indem man sie durch Kritik des Namens aufzuheben wähnt, so kann man ihre trotzdem weiter bestehende Wirkung nicht mehr verstehen und sie daher auch nicht mehr ans Bewußtsein assimilieren. Sie werden dadurch zu einem unerklärlichen Störungsfaktor, den man dann schließlich irgendwo außen vermutet. Damit ist eine Projektion der Teilsysteme eingetreten und zugleich insofern eine gefährliche Lage geschaffen, als die störenden Wirkungen nunmehr einem bösen Willen außer uns zugeschrieben werden, der natürlich nirgendwo anders aufgefunden werden kann als beim Nachbarn «de l'autre côté de la rivière». Das führt zu kollektiver Wahnbildung, Kriegsursachen, Revolutionen, mit einem Wort zu destruktiven Massenpsychosen.

53   Wahn ist eine Besessenheit durch einen unbewußten Inhalt, der als solcher nicht ans Bewußtsein assimiliert wird. Und weil das Bewußtsein die Existenz solcher Inhalte leugnet, kann es sie auch nicht assimilieren. Religiös ausgedrückt: Man hat keine Gottesfurcht mehr und meint, alles sei menschlichem

Ermessen überlassen. Diese Hybris respektive Bewußtseinsenge ist stets der kürzeste Weg zum Irrenhaus[28].

Es dürfte den aufgeklärten Europäer eher sympathisch berühren, wenn es im *Hui Ming Ging* heißt: «Die durch das Geistfeuer gebildeten Gestalten sind nur leere Farben und Formen.» Das klingt ganz europäisch und scheint unserer Vernunft vortrefflich zu passen, ja wir meinen uns schmeicheln zu dürfen, daß wir diese Klarheitshöhe schon erreicht hätten, denn solche Götterschemen scheint man schon geraume Zeit hinter sich zu haben. Was wir überwunden haben, sind aber nur die Wortgespenster, *nicht die seelischen Tatsachen, welche für die Entstehung der Götter verantwortlich waren.* Wir sind von unseren autonomen seelischen Inhalten noch genauso besessen, wie wenn sie Götter wären. Man nennt sie jetzt Phobien, Zwänge usw., kurz, neurotische Symptome. Die Götter sind Krankheiten geworden, und Zeus regiert nicht mehr den Olymp, sondern den plexus solaris und verursacht Kuriosa für die ärztliche Sprechstunde oder stört das Gehirn der Politiker und Journalisten, welche unwissentlich psychische Epidemien auslösen.

Darum ist es für den westlichen Menschen besser, er wisse zunächst nicht zuviel von der geheimen Einsicht östlicher Weiser, denn es wäre das «richtige Mittel in der Hand des verkehrten Mannes». Statt nochmals sich bestätigen zu lassen, daß der Daimon Illusion ist, sollte der Abendländer die Wirklichkeit dieser Illusion wieder erfahren. Er sollte lernen, diese psychischen Mächte wieder anzuerkennen und nicht zu warten, bis seine Launen, Nervositäten und Wahnideen ihn aufs schmerzlichste darüber aufklären, daß er nicht der einzige Herr in seinem Hause ist. Die Zerspaltungstendenzen sind wirkliche psychische Persönlichkeiten relativer Realität. Sie sind real dann, wenn sie als real nicht anerkannt werden und darum projiziert sind; relativ real, wenn sie in Beziehung zum Bewußtsein stehen (religiös ausgedrückt: wenn ein Kult besteht); irreal aber, insofern sich das Bewußtsein von seinen Inhalten zu lösen beginnt. Letzteres ist aber nur dann der Fall, wenn das Leben so erschöpfend und mit solcher Hingabe gelebt wurde, daß keine unbedingten Lebensverpflichtungen mehr existieren, und darum der innerlichen Weltüberlegenheit kein Verlangen, das nicht unbedenklich geopfert werden könnte, mehr im Wege steht. In dieser Beziehung nützt es nichts, sich selber anzulügen. Wo man noch verhaftet ist, ist man noch besessen. Und wenn man besessen ist, so

---

[28] Ich empfehle die ausgezeichnete Darstellung dieses Problems bei H. G. WELLS, *Christina Alberta's Father,* und die SCHREBERschen *Denkwürdigkeiten eines Nervenkranken.*

existiert noch ein Stärkerer, der einen besitzt. («Ich sage dir wahrlich: Du wirst nicht von dannen herauskommen, bis du... den letzten Heller bezahlest [29].») Es ist nicht ganz gleichgültig, ob man etwas als eine «Sucht» oder als einen «Gott» bezeichnet. Einer Sucht zu dienen, ist verwerflich und unwürdig, einem Gotte zu dienen dagegen, ist wegen der Unterwerfung unter ein höheres Unsichtbares und Geistiges bedeutend sinnvoller und zugleich aussichtsreicher, indem die Personifikation bereits die relative Realität des autonomen Teilsystems und damit die Möglichkeit der Assimilation und der Irrealisierung der Lebensmächte herbeiführt. Wo der Gott nicht anerkannt wird, entsteht selbstische Sucht, und aus der Sucht wird die Krankheit.

56   Die Yogalehre setzt die Anerkennung der Götter als selbstverständlich voraus. Ihre geheime Anweisung ist darum nur für den bestimmt, dessen Bewußtseinslicht sich anschickt, von den Lebensmächten sich zu lösen, um in die letzte, ungeteilte Einheit einzugehen, in «das Zentrum der Leere», wo «der Gott der äußersten Leere und Lebendigkeit wohnt», wie unser Text sagt [30]. «Solches zu hören ist in tausend Äonen schwer zu erlangen.» Offenbar kann der Schleier der Maja nicht durch einen bloßen Vernunftbeschluß gelüftet werden, sondern es bedarf der gründlichsten und langwierigsten Vorbereitung, die darin besteht, daß die Schulden ans Leben alle auch richtig abgezahlt werden. Denn solange noch unbedingte Verhaftung durch «cupiditas» besteht, ist der Schleier nicht gehoben und die Höhe des inhaltfreien, illusionslosen Bewußtseins nicht erreicht, und kein Kunststück und kein Betrug kann es herzaubern. Es ist ein Ideal, das schließlich nur im Tode zu verwirklichen ist. Bis dahin gibt es reale und relativ reale Figuren des Unbewußten.

B. ANIMUS UND ANIMA

57 Zu den Figuren des Unbewußten gehören nach unserem Text nicht nur die Götter, sondern auch Animus und Anima. Das Wort «hun» wird von WILHELM als «Animus» übersetzt, und in der Tat paßt der Begriff animus trefflich auf hun, dessen Schriftzeichen aus dem Zeichen für «Wolken» und dem Zeichen für «Dämon» zusammengesetzt ist. Hun heißt also Wolkendämon, eine höhere Hauchseele, dem Yangprinzip zugehörig, daher männlich. Nach dem

---

[29] [*Mat.* 5,26. – LUTHER-Bibel.]
[30] [*Hui Ming Ging*, pp. 111/112.]

Tode steigt hun empor und wird zu «schen», dem «sich ausdehnenden und offenbarenden» Geist oder Gott. Anima, «po» genannt, mit dem Zeichen für «weiß» und dem für «Dämon» geschrieben, also das «weiße Gespenst», die niedere, chthonische Körperseele, dem Yinprinzip zugehörig, daher weiblich. Nach dem Tode sinkt sie hinab und wird «gui», Dämon, öfters erklärt als «das Wiederkehrende» (scil. zur Erde), der revenant, der Spuk. Die Tatsache, daß Animus sowohl wie Anima sich nach dem Tode trennen und selbständig ihrer Wege gehen, beweist, daß sie für das chinesische Bewußtsein unterscheidbare psychische Faktoren sind, welche auch deutlich verschiedene Wirkung haben, obschon sie ursprünglich im «einen, wirkenden und wahren Wesen» eins sind, aber in der «Behausung des Schöpferischen» sind sie zwei. «Der Animus ist im himmlischen Herzen, bei Tag wohnt er in den Augen (d. h. im Bewußtsein), des Nachts träumt er von der Leber aus.» Er ist das, «was wir von der großen Leere bekommen haben, das mit dem Uranfang von einer Gestalt ist». Die Anima dagegen ist «die Kraft des Schweren und Trüben», verhaftet dem körperlichen, fleischlichen Herzen. «Lüste und Zornesregungen» sind ihre Wirkungen. «Wer beim Erwachen dunkel und versunken ist, ist gefesselt von der Anima.»

Schon viele Jahre, bevor mir WILHELM die Kenntnis dieses Textes vermittelt hat, gebrauchte ich den Begriff «Anima» in einer der chinesischen Definition durchaus analogen Art[31], abgesehen natürlich von jeder metaphysischen Präsumption. Für den Psychologen ist die Anima kein transzendentales, sondern ein durchaus erfahrbares Wesen, wie ja auch die chinesische Definition klar zeigt: affektive Zustände sind unmittelbare Erfahrungen. Warum aber spricht man dann von Anima und nicht einfach von Launen? Der Grund hiefür ist der folgende: Affekte haben autonomen Charakter, deshalb sind die meisten Menschen ihnen unterworfen. Affekte aber sind abgrenzbare Inhalte des Bewußtseins, Teile der Persönlichkeit. Als Persönlichkeitsteile haben sie Persönlichkeitscharakter, sie können darum leicht personifiziert werden und werden es auch noch heutzutage, wie die obigen Beispiele gezeigt haben. Die Personifikation ist insofern keine müßige Erfindung, als das affektiv erregte Individuum keinen indifferenten, sondern einen ganz bestimmten Charakter, der von dem gewöhnlichen verschieden ist, zeigt. Bei sorgfältiger Untersuchung zeigt es sich, daß der affektive Charakter beim Manne weibliche Züge

---

[31] Ich verweise auf die zusammenfassende Darstellung in meiner Schrift *Die Beziehungen zwischen dem Ich und dem Unbewußten.*

hat. Von dieser psychologischen Tatsache stammt die chinesische Lehre von der po-Seele sowohl wie meine Auffassung von der Anima. Die tiefere Introspektion oder die ekstatische Erfahrung enthüllt die Existenz einer weiblichen Figur im Unbewußten, daher die weibliche Namengebung Anima, Psyche, Seele. Man kann die Anima auch definieren als Imago oder Archetypus oder Niederschlag aller Erfahrungen des Mannes am Weibe. Darum ist das Animabild auch in der Regel in die Frau projiziert. Wie bekannt, hat die Dichtkunst die Anima öfters beschrieben und besungen [32]. Die Beziehung, welche die Anima nach chinesischer Auffassung zum Spuk hat, ist für den Parapsychologen insofern interessant, als die «controls» sehr häufig gegengeschlechtig sind.

So sehr ich WILHELMS Übersetzung von «hun» als Animus billigen muß, so gewichtig waren mir gewisse Gründe, für den Geist des Mannes, für seine Bewußtseinsklarheit und Vernünftigkeit nicht den sonst trefflich passenden Ausdruck Animus zu wählen, sondern den Ausdruck Logos. Dem chinesischen Philosophen sind eben gewisse Schwierigkeiten erspart, welche dem abendländischen Psychologen die Aufgabe erschweren. Die chinesische Philosophie ist wie alle ältere Geistestätigkeit ein ausschließlicher Bestandteil der Männerwelt. Ihre Begriffe sind nie als psychologisch genommen und darum nie darauf untersucht worden, inwiefern sie auch auf die weibliche Psyche passen. Der Psychologe kann aber unmöglich die Existenz der Frau und ihrer eigentümlichen Psychologie übersehen. Hier liegen nun die Gründe, warum ich «hun» beim Mann mit «Logos» übersetzen würde. WILHELM gebraucht «Logos» für den chinesischen Begriff «sing», den man auch als «Wesen» oder «schöpferisches Bewußtsein» übersetzen könnte. Hun wird nach dem Tode zu «schen», dem Geist, der philosophisch «sing» nahesteht. Da die chinesischen Begriffe keine in unserem Sinne logischen, sondern intuitive Anschauungen sind, so kann man ihre Bedeutungen nur aus ihrem Gebrauche und aus der Konstitution des Schriftzeichens, oder eben aus solchen Beziehungen, wie hun zu schen, ersehen. Hun wäre demnach das Licht des Bewußtseins und der Vernünftigkeit im Manne, ursprünglich aus dem logos spermatikos des sing stammend und durch schen nach dem Tode wiederum zum Tao zurückkehrend. Der Ausdruck Logos dürfte in dieser Anwendung besonders geeignet sein, als er den Begriff eines universalen Wesens in sich faßt, wie ja die Bewußtseinsklarheit und Vernünftigkeit des Mannes kein in-

---

[32] *Psychologische Typen*, V.

dividuell Gesondertes, sondern ein Universales ist; es ist auch nichts Persönliches, sondern in tiefstem Verstande Überpersönliches, in strengstem Gegensatz zu «Anima», die ein persönlicher Dämon ist und sich zunächst in allerpersönlichster Laune äußert (daher Animosität!).

In Anbetracht dieser psychologischen Tatsachen habe ich den Ausdruck Animus ausschließlich für die Weiblichkeit reserviert, weil «mulier non habet animam, sed animum». Die weibliche Psychologie weist nämlich ein Gegenstück zur Anima des Mannes auf, das primär nicht affektiver Natur ist, sondern ein quasi-intellektuelles Wesen, welches mit dem Worte «Vorurteil» am allerpassendsten charakterisiert ist. Die emotionale Natur des Mannes entspricht dem bewußten Wesen der Frau, und nicht der «Geist». Der Geist ist vielmehr die «Seele», besser der Animus der Frau. Und wie die Anima des Mannes zunächst aus minderwertiger affektiver Bezogenheit besteht, so besteht der Animus der Frau aus minderwertigem Urteil oder besser: Meinen. (Für alles Nähere muß ich den Leser auf meine oben zitierte Schrift verweisen. Hier kann ich nur das Allgemeine erwähnen.) Der Animus der Frau besteht aus einer Vielzahl vorgefaßter Meinungen und ist daher weit weniger durch eine Figur personifizierbar als vielmehr durch eine Gruppe oder Menge. (Ein gutes parapsychologisches Beispiel hiefür ist die sogenannte «Imperator»-gruppe bei Mrs. Piper[33].) Der Animus auf niederer Stufe ist ein minderwertiger Logos, eine Karikatur des differenzierten männlichen Geistes, wie die Anima auf niederer Stufe eine Karikatur des weiblichen Eros ist. Und so wie hun dem sing, das WILHELM mit «Logos» übersetzt, so entspricht der Eros der Frau dem ming, das mit Schicksal, «fatum», Verhängnis, übersetzt und von WILHELM als «Eros» gedeutet wird. Eros ist die Verflechtung, Logos die scheidende Erkenntnis, das klärende Licht. Eros ist Bezogenheit, Logos ist Diskrimination und Unbezogenheit. Daher äußert sich der minderwertige Logos im Animus der Frau als gänzlich unbezogenes und darum auch unzugängliches Vorurteil, oder als eine Meinung, die mit dem Wesen des Objektes in irritierender Weise nichts zu tun hat.

Es ist mir schon öfters vorgeworfen worden, daß ich Anima und Animus in ähnlicher Weise personifiziere, wie es die Mythologie tut. Dieser Vorwurf wäre aber nur dann berechtigt, wenn der Beweis erbracht wäre, daß ich diese

---

[33] Vgl. HYSLOP, *Science and a Future Life*. [Leonora Piper, ein amerikanisches Medium, um 1890–1910 in Amerika und England tätig, wurde von WILLIAM JAMES, Mrs. HENRY SIDGWICK, HYSLOP u. a. untersucht. Eine Gruppe von fünf ihrer «Kontrollgeister» hatten den Kollektivnamen «Imperator».]

Begriffe auch für den psychologischen Gebrauch mythologisch konkretisiere. Ich muß ein- für allemal erklären, daß die Personifikation nicht von mir erfunden, sondern dem Wesen der entsprechenden Phänomene inhärent ist. Es wäre unwissenschaftlich, die Tatsache, daß die Anima ein psychisches und daher persönliches Teilsystem ist, zu übersehen. Keiner von denen, die mir diesen Vorwurf machten, wird auch nur eine Sekunde zögern, zu sagen: «Ich habe von Herrn X geträumt», genau genommen hat er aber nur von einer Vorstellung von Herrn X geträumt. Anima ist nichts als eine Vorstellung des persönlichen Wesens des fraglichen autonomen Teilsystems. Was dieses Teilsystem transzendental, das heißt jenseits der Erfahrbarkeitsgrenze ist, können wir nicht wissen.

62   Ich habe die Anima auch als eine Personifikation des Unbewußten überhaupt definiert und sie darum auch als eine Brücke zum Unbewußten, als die *Funktion der Beziehung zum Unbewußten* aufgefaßt. Damit steht nun die Behauptung unseres Textes, daß das Bewußtsein (das heißt das persönliche Bewußtsein) aus der Anima hervorgehe, in einem interessanten Zusammenhang. Da der abendländische Geist ganz auf dem Standpunkt des Bewußtseins steht, so muß er die Anima in der Weise definieren, wie ich es eben getan habe. Umgekehrt aber sieht der Osten, der auf dem Standpunkt des Unbewußten steht, das Bewußtsein als eine Wirkung der Anima an! Zweifellos geht das Bewußtsein ursprünglich aus dem Unbewußten hervor. Daran denken wir zu wenig, und deshalb machen wir immer Versuche, die Psyche überhaupt mit dem Bewußtsein zu identifizieren oder wenigstens das Unbewußte als einen Abkömmling oder eine Wirkung des Bewußtseins (wie zum Beispiel in der FREUDschen Verdrängungslehre) hinzustellen. Es ist aber aus oben erörterten Gründen geradezu wesentlich, daß von der Wirklichkeit des Unbewußten nichts abgestrichen werde, und daß die Figuren des Unbewußten als wirkende Größen verstanden werden. Wer begriffen hat, was mit psychischer Realität gemeint ist, braucht nicht zu befürchten, damit in primitive Dämonologie zurückzufallen. Wenn nämlich den unbewußten Figuren nicht die Dignität spontan wirkender Größen zuerkannt wird, so verfällt man einem einseitigen Bewußtseinsglauben, der schließlich zur Überspanntheit führt. Dann *müssen* Katastrophen geschehen, weil man trotz aller Bewußtheit die dunkeln psychischen Mächte übersehen hat. Nicht wir personifizieren sie, sondern sie sind von Urbeginn persönlicher Natur. Erst wenn das gründlichst anerkannt ist, können wir daran denken, sie zu depersonalisieren, das heißt «die Anima zu unterwerfen», wie sich unser Text ausdrückt.

Hier wiederum tut sich ein gewaltiger Unterschied zwischen dem Buddhismus und unserer abendländischen Geisteshaltung auf, und zwar gefährlicherweise wieder in Form einer anscheinenden Übereinstimmung. Die Yogalehre lehnt alle phantastischen Inhalte ab. Wir tun desgleichen. Der Osten aber tut es auf einer ganz anderen Grundlage als wir. Dort herrschen Auffassungen und Lehren, welche die schöpferische Phantasie in reichstem Maße ausdrücken. Man muß sich dort gegen den Überfluß an Phantasie wehren. Wir dagegen halten die Phantasie für eine armselige subjektive Träumerei. Die unbewußten Figuren erscheinen natürlich nicht abstrakt und jeglichen Beiwerkes entkleidet, im Gegenteil, sie sind eingebettet und verflochten in ein Gewebe von Phantasien von unerhörter Buntheit und verwirrender Fülle. Der Osten darf diese Phantasien ablehnen, da er ihren Extrakt schon längst ausgezogen und zu den tiefen Lehren seiner Weisheit verdichtet hat. Wir aber haben diese Phantasien noch nicht einmal erlebt, geschweige denn eine Quintessenz aus ihnen gezogen. Wir haben hier ein ganzes Stück experimentellen Erlebens noch nachzuholen, und erst, wenn wir den Gehalt an Sinn im anscheinenden Unsinn gefunden haben, können wir das Wertlose vom Wertvollen scheiden. Wir dürfen jetzt schon sicher sein, daß der Extrakt, den wir aus unseren Erlebnissen ziehen, ein anderer sein wird als der, den der Osten uns heute anbietet. Der Osten kam zur Kenntnis innerer Dinge mit einer kindlichen Unkenntnis der Welt. Wir dagegen werden die Psyche und ihre Tiefe erforschen, unterstützt von einem ungeheuer ausgedehnten historischen und naturwissenschaftlichen Wissen. Zur Zeit allerdings ist das äußere Wissen das größte Hemmnis für die Introspektion, aber die seelische Not wird alle Hindernisse überwinden. Sind wir doch schon daran, eine Psychologie, das heißt eine Wissenschaft aufzubauen, die uns die Schlüssel gibt zu Dingen, zu denen der Osten nur durch seelische Ausnahmezustände den Zugang fand!

4. DIE LOSLÖSUNG DES BEWUSSTSEINS VOM OBJEKT

Durch das Verstehen lösen wir uns von der Beherrschung durch das Unbewußte. Das ist im Grunde auch der Zweck der Anweisungen unseres Textes. Der Schüler wird belehrt, wie er sich auf das Licht des innersten Bezirkes konzentrieren und sich dabei von allen äußeren und inneren Verkettungen lösen muß. Sein Lebenswille wird auf inhaltlose Bewußtheit gelenkt, die doch alle Inhalte bestehen läßt. Der *Hui Ming Ging* sagt über die Loslösung:

> Ein Lichtschein umgibt die Welt des Geistes.
> Man vergißt einander, still und rein, ganz mächtig und leer.
> Die Leere wird durchleuchtet vom Schein des Herzens des Himmels.
> Das Meerwasser ist glatt und spiegelt auf seiner Fläche den Mond.
> Die Wolken schwinden im blauen Raum.
> Die Berge leuchten klar.
> Bewußtsein löst sich in Schauen auf.
> Die Mondscheibe einsam ruht [34].

65   Diese Charakteristik der Vollendung schildert einen seelischen Zustand, den man vielleicht am besten als eine Lösung des Bewußtseins von der Welt und eine Zurückziehung desselben auf einen sozusagen extramundanen Punkt bezeichnen kann. Solchergestalt ist das Bewußtsein leer und nicht leer. Es ist nicht mehr *erfüllt* von den Bildern der Dinge, sondern *enthält* sie bloß. Die früher unmittelbar bedrängende Fülle der Welt hat zwar nichts von ihrem Reichtum und ihrer Schönheit verloren, aber sie beherrscht das Bewußtsein nicht mehr. Der magische Anspruch der Dinge hat aufgehört, denn eine ursprüngliche Verflechtung des Bewußtseins in die Welt hat sich gelöst. Das Unbewußte wird nicht mehr projiziert, daher ist die uranfängliche participation mystique mit den Dingen aufgehoben. Darum ist das Bewußtsein nicht mehr von zwangsläufigen Absichten erfüllt, sondern wird zum Schauen, wie der chinesische Text sehr schön sagt.

66   Wie kam diese Wirkung zustande? (Wir setzen nämlich voraus, daß der chinesische Autor erstens kein Lügner und zweitens bei gesunden Sinnen und drittens erst noch ein ungewöhnlich einsichtiger Mann sei.) Dieses zu verstehen oder zu erklären, bedarf es für unseren Verstand gewisser Umwege. Mit dem Anempfinden ist es nicht getan, denn nichts wäre kindischer, als einen solchen Seelenzustand ästhetisieren zu wollen. Es handelt sich hier um eine Wirkung, die ich aus meiner ärztlichen Praxis sehr gut kenne; es ist die therapeutische Wirkung par excellence, um die ich mich mit meinen Schülern und Patienten mühe, nämlich die Auflösung der participation mystique. LÉVY-BRUHL hat mit genialem Griffe das, was er «participation mystique» nannte,

---

[34] [p. 124.]

als das Kennzeichen primitiver Geistesart herausgehoben[35]. Was er bezeichnete, ist einfach der unbestimmt große Rest von *Ununterschiedenheit zwischen Subjekt und Objekt,* der bei Primitiven noch solche Dimensionen besitzt, daß er dem europäischen Bewußtseinsmenschen unbedingt auffallen muß. Insofern der Unterschied zwischen Subjekt und Objekt nicht bewußt wird, herrscht unbewußte Identität. Dann ist das Unbewußte ins Objekt projiziert und das Objekt ins Subjekt introjiziert, das heißt psychologisiert. Dann benehmen sich Tiere und Pflanzen wie Menschen, Menschen sind zugleich Tiere, und alles ist von Spuk und Göttern belebt. Der Kulturmensch glaubt sich natürlich himmelweit erhaben über diese Dinge. Aber er ist dafür oft für sein ganzes Leben mit den Eltern identisch; er ist identisch mit seinen Affekten und Vorurteilen und behauptet schamlos vom anderen, was er bei sich selber nicht sehen will. Er hat eben auch noch einen Rest von anfänglicher Unbewußtheit, das heißt von Ununterschiedenheit von Subjekt und Objekt. Vermöge dieser Unbewußtheit ist er von zahllosen Menschen, Dingen und Umständen magisch bewirkt, das heißt unbedingt beeinflußt, er ist von störenden Inhalten erfüllt, beinahe so sehr wie der Primitive, und darum gebraucht er ebensoviel apotropäischen Zauber. Er tut es nicht mehr mit Medizinbeuteln, Amuletten und Tieropfern, dagegen mit Nervenmitteln, Neurosen, Aufklärung, Willenskult usw.

Gelingt es aber nun, das Unbewußte als mitbedingende Größe neben dem Bewußtsein anzuerkennen und so zu leben, daß bewußte und unbewußte (respektive instinktive) Forderungen nach Möglichkeit berücksichtigt werden, so ist das Gravitationszentrum der Gesamtpersönlichkeit nicht mehr das Ich, welches bloßes Bewußtseinszentrum ist, sondern ein sozusagen virtueller Punkt zwischen dem Bewußten und dem Unbewußten, welchen man als das *Selbst* bezeichnen könnte. Gelingt diese Umstellung, so tritt als Erfolg die Aufhebung der participation mystique ein, und daraus entsteht eine Persönlichkeit, die sozusagen nur noch in den unteren Stockwerken leidet, in den oberen aber dem leid- wie dem freudvollen Geschehen eigentümlich entrückt ist.

Die Herstellung und Geburt dieser oberen Persönlichkeit ist das, was unser Text bezweckt, wenn er von der «heiligen Frucht», dem «diamantnen Leib» oder sonstwie von einem unverweslichen Körper spricht. Diese Ausdrücke sind psychologisch symbolisch für eine der unbedingten emotionalen Ver-

---

[35] *Les Fonctions mentales dans les sociétés inférieures.*

wicklung und damit der absoluten Erschütterung entrückte Einstellung, für ein von der Welt gelöstes Bewußtsein. Ich habe Gründe, anzunehmen, daß dies eigentlich eine nach der Lebensmitte einsetzende natürliche Vorbereitung auf den Tod ist. Der Tod ist seelisch ebenso wichtig wie die Geburt, und wie diese ein integrierender Bestandteil des Lebens. Was mit dem losgelösten Bewußtsein endgültig geschieht, darf man den Psychologen nicht fragen. Er würde mit jeder theoretischen Stellungnahme die Grenzen seiner wissenschaftlichen Kompetenz hoffnungslos überschreiten. Er kann nur darauf hinweisen, daß die Ansichten unseres Textes in bezug auf die Zeitlosigkeit des gelösten Bewußtseins mit dem religiösen Denken aller Zeiten und der überwältigenden Majorität der Menschheit in Übereinstimmung stehen, und daß daher einer, der nicht so denken sollte, außerhalb der menschlichen Ordnung stünde und darum an gestörtem psychischem Gleichgewicht litte. Als Arzt gebe ich mir deshalb alle Mühe, die Überzeugung der Unsterblichkeit, besonders bei meinen älteren Patienten, wo solche Fragen in bedrohliche Nähe kommen, nach Kräften zu unterstützen. Der Tod ist nämlich, psychologisch richtig gesehen, nicht ein Ende, sondern ein Ziel, und darum beginnt das Leben zum Tode, sobald die Mittagshöhe überschritten ist.

69 Auf der Tatsache dieser instinktiven Vorbereitung auf das Ziel im Tode baut sich unsere chinesische Yogaphilosophie auf, und in Analogie mit dem Ziel der ersten Lebenshälfte, nämlich der Zeugung und Fortpflanzung, der Mittel zur Perpetuierung des physischen Lebens, stellt sie als Zweck der geistigen Existenz die symbolische Erzeugung und Geburt eines psychischen Hauchkörpers («subtle body») hin, welcher die Kontinuität des losgelösten Bewußtseins sichert. Es ist die Geburt des pneumatischen Menschen, die dem Europäer seit alters bekannt ist, die er aber mit ganz anderen Symbolen und magischen Handlungen, mit Glauben und christlichem Lebenswandel zu erreichen sucht. Auch hier stehen wir wieder auf ganz anderer Grundlage als der Osten. Wiederum zwar klingt unser Text so, als ob er der christlich-asketischen Moral nicht fernestünde. Nichts wäre aber verkehrter, als anzunehmen, daß es sich um das gleiche handle. Hinter unserem Text steht eine Jahrtausende alte Kultur, die sich organisch über den primitiven Instinkten aufgebaut hat und daher jene gewalttätige Moral, wie sie uns erst kürzlich zivilisierten barbarischen Germanen eignet, gar nicht kennt. Daher fehlt das Moment der gewaltsamen Instinktverdrängung, welche unsere Geistigkeit hysterisch überspannt und vergiftet. Wer seine Instinkte lebt, kann sich auch von ihnen trennen, und zwar in ebenso natürlicher Weise, wie er sie gelebt hat. Unserem

Text wäre nichts fremder als heroische Selbstüberwindung, wozu es bei uns aber unfehlbar käme, wenn wir die chinesische Anweisung wortgetreu befolgten.

Wir dürfen unsere geschichtlichen Prämissen nie vergessen: erst vor etwas mehr als tausend Jahren sind wir aus den krudesten Anfängen des Polytheismus in eine hochentwickelte orientalische Religion hineingefallen, welche den imaginativen Geist des Halbwilden auf eine Höhe hob, die dem Grade seiner geistigen Entwicklung nicht entsprach. Um diese Höhe einigermaßen zu halten, war es unvermeidlich, daß die Instinktsphäre weitgehend unterdrückt werden mußte. Deshalb nahmen die Religionsübung und die Moral einen ausgesprochen gewalttätigen, ja fast bösartigen Charakter an. Das Unterdrückte wird natürlich nicht entwickelt, sondern vegetiert in ursprünglicher Barbarei im Unbewußten weiter. Wir möchten zwar, aber sind in der Tat gar nicht fähig, die Höhe einer philosophischen Religion zu erklettern. Man kann dazu höchstens emporwachsen. Noch sind die Amfortaswunde und die faustische Zerrissenheit des germanischen Menschen nicht geheilt. Sein Unbewußtes ist noch geladen mit jenen Inhalten, die zuerst noch bewußtwerden müssen, bevor man sich von ihnen befreien kann. Ich bekam kürzlich einen Brief von einer früheren Patientin, welche die nötige Umstellung mit einfachen, aber treffenden Worten folgendermaßen schildert: «Aus dem Bösen ist mir viel Gutes erwachsen. Das Stillhalten, Nichtverdrängen, Aufmerksamsein, und, Hand in Hand damit gehend, das Annehmen der Wirklichkeit – der Dinge, wie sie sind, und nicht wie ich sie wollte – hat mir seltsame Erkenntnisse, aber auch seltsame Kräfte gebracht, wie ich es mir früher nicht hätte vorstellen können. Ich dachte immer, wenn man die Dinge annehme, dann überwältigen sie einen irgendwie; nun ist dies gar nicht so, und man kann erst noch Stellung zu ihnen nehmen. ⟨Aufhebung der participation mystique!⟩ So werde ich nun auch das Spiel des Lebens spielen, indem ich annehme, was mir jeweils der Tag und das Leben bringt, Gutes und Böses, Sonne und Schatten, die ja beständig wechseln, und damit nehme ich auch mein eigenes Wesen mit seinem Positiven und Negativen an, und alles wird lebendiger. Was für ein Tor ich doch war! Wie habe ich alles nach meinem Kopf zwingen wollen!»

Erst auf der Basis einer solchen Einstellung, die auf keine in der christlichen Entwicklung erworbenen Werte verzichtet, sondern im Gegenteil mit christlicher Liebe und Langmut sich auch des Geringsten in der eigenen Natur annimmt, wird eine höhere Stufe von Bewußtsein und Kultur möglich werden.

Diese Einstellung ist in echtestem Sinne religiös und darum therapeutisch, denn alle Religionen sind Therapien für die Leiden und Störungen der Seele. Die Entwicklung des abendländischen Intellektes und Willens hat uns die beinahe teuflische Fähigkeit verliehen, eine solche Einstellung scheinbar mit Erfolg nachzuäffen, trotz den Protesten des Unbewußten. Aber es ist immer nur eine Frage der Zeit, daß die Gegenposition sich dann doch irgendwo mit einem um so grelleren Kontrast durchdrängt. Mit dem bequemen Nachäffen wird immer eine unsichere Situation geschaffen, die jederzeit vom Unbewußten über den Haufen geworfen werden kann. Eine sichere Grundlage entsteht nur dann, wenn die instinktiven Prämissen des Unbewußten die gleiche Berücksichtigung erfahren wie die Gesichtspunkte des Bewußtseins. Daß diese Notwendigkeit in heftigstem Gegensatz zum abendländisch-christlichen und besonders protestantischen Bewußtseinskult steht, darüber möge man sich keiner Täuschung hingeben. Obschon aber das Neue stets der Feind des Alten zu sein scheint, so kann tieferes Verstehenwollen nicht umhin zu entdecken, daß ohne ernsthafteste Anwendung der erworbenen christlichen Werte das Neue auch gar nicht zustande kommen kann.

5. DIE VOLLENDUNG

72 Die wachsende Bekanntschaft mit dem geistigen Osten darf uns nur symbolischen Ausdruck der Tatsache bedeuten, daß wir anfangen, mit dem noch Fremden in uns in Verbindung zu treten. Verleugnung unserer eigenen historischen Vorbedingungen wäre reine Torheit und wäre der beste Weg zu einer nochmaligen Entwurzelung. Nur indem wir feststehen auf eigener Erde, können wir den Geist des Ostens assimilieren.

73 Gu De sagt: «Die Weltleute verloren die Wurzel und hielten sich an dem Wipfel», um jene zu kennzeichnen, die nicht wissen, wo die wahren Ursprünge der geheimen Kräfte sind. Der Geist des Ostens ist aus der gelben Erde entstanden, unser Geist kann und soll nur aus unserer Erde entstehen. Darum nähere ich mich diesen Problemen in einer Art, der man öfters «Psychologismus» vorgeworfen hat. Wenn damit «Psychologie» gemeint sein sollte, so wäre ich geschmeichelt, denn es ist wirklich meine Absicht, den metaphysischen Anspruch aller Geheimlehren ohne Gnade beiseite zu schieben, denn

solche geheimen Machtabsichten der Wörter vertragen sich schlecht mit der Tatsache unseres profunden Nichtwissens, das man einzugestehen die Bescheidenheit haben sollte. Ich will mit voller Absicht metaphysisch klingende Dinge ins Tageslicht psychologischen Verstehens ziehen und mein möglichstes tun, das Publikum zu verhindern, an dunkle Machtwörter zu glauben. Wer ein überzeugter Christ ist, möge *glauben,* denn das ist seine übernommene Pflicht. Wer es nicht ist, hat die Gnade des Glaubens verscherzt. (Vielleicht war er auch von Geburt an verflucht, nicht glauben, sondern bloß wissen zu können.) Er soll daher auch nichts anderes glauben. Metaphysisch ist nichts zu begreifen, wohl aber psychologisch. Darum entkleide ich die Dinge ihres metaphysischen Aspektes, um sie zu Objekten der Psychologie zu machen. Damit kann ich wenigstens etwas Verstehbares aus ihnen herausziehen und mir aneignen, und überdies lerne ich hieraus die psychologischen Bedingungen und Prozesse, welche zuvor in Symbolen verhüllt und meinem Verständnis entzogen waren. Damit aber auch erlange ich die Möglichkeit, einen ähnlichen Weg zu gehen und ähnliche Erfahrungen zu machen, und sollte am Ende noch unvorstellbares Metaphysisches dahinter stecken, so hätte es so die beste Gelegenheit, sich zu offenbaren.

Meine Bewunderung der großen östlichen Philosophen ist so unzweifelhaft, wie meine Haltung zu ihrer Metaphysik unehrerbietig ist[36]. Ich habe sie nämlich im Verdacht, symbolische Psychologen zu sein, denen man keinen größeren tort antun könnte, als sie wörtlich zu nehmen. Wäre es wirklich Metaphysik, was sie meinen, dann wäre es aussichtslos, sie verstehen zu wollen. Ist es aber Psychologie, dann können wir sie verstehen und werden größten Nutzen davon haben, denn dann wird das sogenannte «Metaphysische» erfahrbar. Wenn ich annehme, daß ein Gott absolut und jenseits aller menschlichen Erfahrung sei, dann läßt er mich kalt. Ich wirke nicht auf ihn, und er nicht auf mich. Wenn ich dagegen weiß, daß ein Gott eine mächtige Regung meiner Seele ist, dann muß ich mich mit ihm beschäftigen; denn dann kann er sogar unangenehm wichtig werden, sogar praktisch, was ungeheuer banal klingt, wie alles, was in der Sphäre der Wirklichkeit erscheint.

Das Schimpfwort «Psychologismus» trifft nur einen Narren, der meint, seine Seele in der Tasche zu haben. Davon gibt es allerdings mehr als genug, indem die Minderbewertung der seelischen Dinge ein typisch abendländi-

---

[36] Die chinesischen Philosophen sind für eine solche Haltung – im Unterschied zu westlichen Dogmatikern – nur dankbar; denn sie sind Herren auch über ihre Götter. (R. W.)

sches Vorurteil ist, obschon man große Worte über die «Seele» zu machen versteht. Wenn ich den Begriff «autonomer seelischer Komplex» gebrauche, so steht bei meinem Publikum auch schon das Vorurteil bereit: «nichts als ein seelischer Komplex». Woher ist man denn so sicher, daß die Seele «nichts als» ist? Es ist, als ob man gar nicht wüßte oder stets wieder vergäße, daß überhaupt alles, was uns bewußt wird, Bild ist, und *Bild ist Seele*. Die gleichen Leute, welche meinen, Gott sei entwertet, wenn er als Bewegtes und Bewegendes der Seele, eben als «autonomer Komplex» verstanden wird, können von unüberwindlichen Affekten und neurotischen Zuständen heimgesucht sein, wo ihr Wille und ihre ganze Lebensweisheit kläglich versagen. Hat die Seele damit etwa ihre Ohnmacht erwiesen? Soll man dem MEISTER ECKHART auch «Psychologismus» vorwerfen, wenn er sagt: «Gott muß immerdar in der Seele geboren werden?» Psychologismus darf meines Erachtens nur einem Intellekt vorgeworfen werden, welcher die genuine Natur des autonomen Komplexes leugnet und ihn rationalistisch als Folge bekannter Tatsachen, das heißt als uneigentlich erklären möchte. Dieses Urteil ist genauso arrogant wie die «metaphysische» Behauptung, die über die menschlichen Grenzen hinweg eine nicht erfahrbare Gottheit mit der Bewirkung unserer seelischen Zustände zu betrauen versucht. Psychologismus ist einfach das Gegenstück zum metaphysischen Übergriff und genauso kindisch wie letzterer. Es scheint mir denn doch wesentlich vernünftiger zu sein, der Seele dieselbe Gültigkeit einzuräumen wie der erfahrbaren Welt und ersterer die gleiche «Wirklichkeit» zu verleihen wie letzterer. Für mich nämlich ist die Seele eine Welt, in der das Ich enthalten ist. Vielleicht gibt es auch Fische, die glauben, das Meer in sich zu enthalten. Diese bei uns gebräuchliche Illusion muß man allerdings von sich abtun, wenn man das Metaphysische psychologisch betrachten will.

Eine solche metaphysische Behauptung ist die Idee des «diamantnen Leibes», des unverweslichen Hauchkörpers, der in der Goldblume oder im Raum des Geviertzolles entsteht[37]. Dieser Körper ist, wie alles andere, Symbol für

---

[37] Unser Text läßt allerdings in einem gewissen Grade die Frage offen, ob mit der «Fortdauer des Lebens» eine Fortdauer nach dem Tode oder eine Verlängerung des physischen Daseins gemeint sei. Ausdrücke wie «Lebenselixier» und dergleichen sind verfänglich unklar. In späteren Anhängen wird es sogar deutlich, daß die Yogaanweisungen auch in rein physischem Sinne verstanden werden. Diese für uns befremdliche Vermischung physischer und geistiger Dinge hat für einen primitiveren Geist nichts Störendes, da für ihn auch Leben und Tod längstens nicht den absoluten Gegensatz bedeuten wie für uns. (Neben ethnologischem Material sind in dieser Hinsicht die «Kommunikationen» der englischen «rescue circles» mit ihren

eine merkwürdige psychologische Tatsache, die, eben weil sie objektiv ist, auch zunächst projiziert in Formen erscheint, welche durch die Erfahrungen des biologischen Lebens eingegeben sind, nämlich als Frucht, Embryo, Kind, lebender Körper usw. Man könnte diese Tatsache am allereinfachsten mit den Worten ausdrücken: *Nicht ich lebe, es lebt mich.* Die Illusion der Vormacht des Bewußtseins glaubt: Ich lebe. Bricht diese Illusion durch die Anerkennung des Unbewußten zusammen, so erscheint das Unbewußte als etwas Objektives, in welchem das Ich inbegriffen ist; analog etwa dem Gefühl des primitiven Mannes, dem ein Sohn das Fortleben garantiert; ein durchaus charakteristisches Gefühl, das sogar groteske Formen annehmen kann, wie in jenem Fall des alten Negers, der, empört über seinen unfolgsamen Sohn, ausrief: «Da steht er nun mit meinem Körper und gehorcht mir nicht einmal.»

Es handelt sich um eine Veränderung im inneren Gefühl, die jener ähnlich ist, welche ein Vater, dem ein Sohn geboren wird, erfährt, eine Veränderung, die uns auch durch das Bekenntnis des Apostels Paulus bekannt ist: «Doch nun nicht ich lebe, sondern Christus lebet in mir.»[38] Das Symbol «Christus» ist als «Sohn des Menschen» eine analoge psychische Erfahrung von einem höheren geistigen Wesen menschlicher Gestalt, das unsichtbar im Einzelnen geboren wird, ein pneumatischer Leib, der uns zur zukünftigen Behausung die-

---

durchaus archaischen Vorstellungen besonders interessant.) Die gleiche Undeutlichkeit in bezug auf das «Nicht-sterben-Werden» findet sich bekanntlich auch im Urchristentum, wo es auf ganz ähnlichen Voraussetzungen beruht, nämlich auf der Vorstellung eines «Hauchkörpers», der der wesentlichen Lebensträger wäre. (GELEYS paraphysiologische Theorie wäre die neueste Wiedergeburt dieser uralten Vorstellung.) Da wir aber in unserem Text auch Stellen haben, die vor abergläubischem Gebrauch warnen, z. B. vor dem Aberglauben der Goldmacherei, so dürfen wir wohl ruhig auf dem geistigen Sinn der Anweisungen insistieren, ohne uns dadurch mit dem Sinn des Textes in Widerspruch zu setzen. In den durch die Anweisungen bezweckten Zuständen spielt der physische Körper sowieso eine zunehmend unwesentliche Rolle, da er durch den «Hauchkörper» ersetzt wird (daher die Wichtigkeit der Atmung in den Yogaübungen überhaupt!) Der «Hauchkörper» ist nichts «Geistiges» in unserem Sinne. Es ist für den Abendländer charakteristisch, daß er zu Erkenntniszwecken Physisches und Geistiges auseinandergerissen hat. In der Seele liegen aber diese Gegensätze beisammen. Das muß die Psychologie anerkennen. «Psychisch» ist physisch *und* geistig. Die Vorstellungen unseres Textes bewegen sich alle in dieser Zwischenwelt, die uns als unklar und verworren vorkommt, weil uns der Begriff einer *psychischen Realität* vorderhand noch nicht geläufig ist, während er doch die eigentliche Lebenssphäre ausdrückt. Ohne Seele ist Geist so tot wie Stoff, weil beide künstliche Abstraktionen sind, während in der ursprünglichen Anschauung Geist ein volatiler Körper ist und Stoff der Beseelung nicht entbehrt.

[38] [*Gal.* 2,20.]

nen wird, den man, wie Paulus sich ausdrückt, anzieht wie ein Kleid («die ihr Christum angezogen habt»)[39]. Es ist natürlich immer eine mißliche Sache, subtile Gefühle, die doch für das Leben und die Wohlfahrt des Individuums unendlich wichtig sind, in intellektueller Begriffssprache auszudrücken. Es ist in einem gewissen Sinne das Gefühl des «Ersetztseins», allerdings ohne die Beimischung von «Abgesetztsein». Es ist, als wenn die Leitung der Lebensgeschäfte an eine unsichtbare Zentralstelle übergegangen wäre. NIETZSCHES Metapher «frei in liebevollstem Muß» dürfte nicht ganz unpassend hierfür sein. Die religiöse Sprache ist reich an bildhaften Ausdrücken, welche dieses Gefühl der freien Abhängigkeit, der Stille und der Ergebenheit schildern.

78 In dieser merkwürdigen Erfahrung erblicke ich eine Folgeerscheinung der Loslösung des Bewußtseins, vermöge welcher das subjektive «Ich lebe» zu einem objektiven «Es lebt mich» wird. Dieser Zustand wird als ein höherer als der frühere empfunden, ja eigentlich als eine Art von Erlösung von Zwang und unmöglicher Verantwortung, welche unweigerliche Folgen der participation mystique sind. Dieses Gefühl der Befreiung erfüllt Paulus völlig, es ist das Bewußtsein der Gotteskindschaft, welches aus dem Bann des Blutes erlöst. Es ist auch ein Gefühl von Versöhnung mit dem Geschehenden überhaupt, weshalb der Blick des Vollendeten im *Hui Ming Ging* zur Schönheit der Natur zurückkehrt.

79 Im Paulinischen Christussymbol berührt sich höchste religiöse Erfahrung von West und Ost. Christus, der leidbeschwerte Held, und die Goldblume, die im purpurnen Saal der Nephritstadt erblüht: welcher Gegensatz, welch unausdenkliche Verschiedenheit, welcher Abgrund von Geschichte! Ein Problem, das sich zum Meisterstück für einen zukünftigen Psychologen eignet.

80 Neben den großen religiösen Problemen der Gegenwart gibt es ein ganz kleines, und das ist das des Fortschrittes des religiösen Geistes. Sollte davon die Rede sein, so müßte man den Unterschied hervorheben, der in der Art der Behandlung des «Kleinods», das heißt des zentralen Symbols zwischen Ost und West liegt. Der Westen betont die Menschwerdung und sogar die Person und die Historizität Christi, der Osten dagegen sagt: «Ohne Entstehen, ohne Vergehen, ohne Vergangenheit, ohne Zukunft»[40]. Seiner Auffassung entsprechend ordnet sich der Christ der überlegenen göttlichen Person unter, in Erwartung ihrer Gnade; der östliche Mensch aber weiß, daß die Erlösung auf

---

[39] [*Gal.* 3,27; vgl. auch *Röm.* 13,4.]
[40] *Hui Ming Ging*, p. 124.

dem Werk beruht, das einer an sich selbst tut. Aus dem Einzelnen wächst das ganze Tao. Die Imitatio Christi wird auf die Dauer den Nachteil haben, daß wir einen Menschen als göttliches Vorbild verehren, der höchsten Sinn verkörperte, und vor lauter Nachahmung vergessen, unseren eigenen höchsten Sinn zu verwirklichen. Es ist nämlich nicht ganz unbequem, auf den eigenen Sinn zu verzichten. Hätte Jesus das getan, so wäre er wohl ein ehrbarer Zimmermann geworden, und kein religiöser Aufrührer, dem es heute natürlich ähnlich erginge wie damals.

Die Nachahmung Christi könnte leicht auch tiefer verstanden werden, nämlich als Verpflichtung, seine beste Überzeugung, die immer auch völliger Ausdruck des individuellen Temperamentes ist, mit solchem Mut und solcher Aufopferung zu verwirklichen, wie dies Jesus getan hat. Glücklicherweise, müssen wir sagen, hat nicht jeder die Aufgabe, ein Menschheitslehrer zu sein – oder ein großer Aufrührer. Es könnte sich also am Ende doch einer in seiner Art verwirklichen. Diese große Ehrlichkeit könnte vielleicht ein Ideal werden. Da große Neuigkeiten immer in der unwahrscheinlichsten Ecke anfangen, so könnte zum Beispiel die Tatsache, daß man sich heute seiner Nacktheit längst nicht mehr so schämt wie früher, einen Anfang zur Anerkennung des Soseins bedeuten. Darauf werden noch weitere Anerkennungen von Dingen, die früher strengstes Tabu waren, folgen, denn die Wirklichkeit der Erde wird nicht auf ewig verhüllt bleiben wie die «virgines velandae» des TERTULLIAN. Die moralische Selbstenthüllung bedeutet nur einen Schritt mehr in derselben Richtung, und schon steht einer in der Wirklichkeit, wie er ist, und bekennt sich zu sich selbst. Tut er es ohne Sinn, so ist er ein chaotischer Narr; versteht er aber den Sinn dessen, was er tut, so kann er ein höherer Mensch sein, der, ungeachtet des Leidens, das Christussymbol verwirklicht. Öfters nämlich sieht man, daß rein konkrete Tabus oder magische Riten einer religiösen Vorstufe auf der nächsten Stufe zu einer seelischen Angelegenheit oder zu rein geistigen Symbolen werden. Äußerliches Gesetz wird im Laufe der Entwicklung zu innerer Gesinnung. So könnte es gerade dem protestantischen Menschen leicht geschehen, daß die im historischen Raume außen befindliche Person Jesu zum höheren Menschen in ihm selbst werden könnte. Damit wäre jener psychologische Zustand, welcher dem des Erleuchteten in der östlichen Auffassung entspricht, europäisch erreicht.

All dies ist wohl Stufe im Entwicklungsprozeß eines höheren Menschheitsbewußtseins, das sich auf dem Wege zu ungekannten Zielen befindet, und keine Metaphysik in gewöhnlichem Sinne. Vorerst und soweit ist es nur «Psychologie», aber soweit auch erfahrbar, verstehbar und – Gott sei Dank – wirklich, eine Wirklichkeit, mit der sich etwas tun läßt, eine Wirklichkeit mit Ahnung und darum lebendig. Meine Begnügung mit dem psychisch Erfahrbaren und meine Ablehnung des Metaphysischen wollen, wie jeder Einsichtige verstehen wird, keine Geste des Skeptizismus oder Agnostizismus mit Spitze gegen den Glauben oder das Vertrauen in höhere Mächte bedeuten, sondern sie besagen ungefähr dasselbe, was KANT meinte, als er das Ding an sich einen «lediglich negativen Grenzbegriff» nannte. Jegliche Aussage über das Transzendente soll vermieden werden, denn sie ist stets nur eine lächerliche Anmaßung des menschlichen Geistes, der seiner Beschränktheit unbewußt ist. Wenn daher Gott oder das Tao eine Regung oder ein Zustand der Seele genannt wird, so ist damit nur über das Erkennbare etwas ausgesagt, nicht aber über das Unerkennbare, über welches schlechthin nichts ausgemacht werden kann.

6. SCHLUSSWORT

83 Der Zweck meines Kommentars ist der Versuch, die Brücke eines inneren, seelischen Verständnisses zwischen Ost und West zu schlagen. Die Basis jeder wirklichen Verständigung ist der Mensch, und deshalb mußte ich von menschlichen Dingen reden. Das möge entschuldigen, daß ich nur aufs Allgemeine und nicht aufs speziell Technische eingegangen bin. Technische Anweisungen sind wertvoll für solche, die wissen, was ein Photographenapparat oder ein Benzinmotor ist; sie sind aber sinnlos für einen, der von solchen Apparaten keine Ahnung hat. In dieser Lage jedoch befindet sich der abendländische Mensch, an dessen Adresse ich schreibe. Darum schien es mir vor allen Dingen wichtig, die Übereinstimmung der psychischen Zustände und der Symbolik hervorzuheben, denn in diesen Analogien ist ein Zugang zu den inneren Räumen des östlichen Geistes aufgetan, ein Zugang, der nicht das Opfer unserer Eigenart von uns fordert und uns mit Entwurzelung bedroht, aber auch nicht ein intellektuelles Teleskop oder Mikroskop, welches eine Aussicht vermittelt, die uns im Grunde genommen nichts angeht, weil sie uns nicht ergreift. Es ist vielmehr die allen Kulturmenschen gemeinsame Atmosphäre des Leidens, Suchens und Strebens, es ist das der Menschheit auferlegte,

ungeheure Naturexperiment der Bewußtwerdung, das auch die getrenntesten Kulturen als gemeinsame Aufgabe verbindet.

Das abendländische Bewußtsein ist unter keinen Umständen das Bewußtsein schlechthin. Es ist vielmehr eine historisch bedingte und geographisch beschränkte Größe, welche nur einen Teil der Menschheit repräsentiert. Die Erweiterung unseres Bewußtseins soll nicht auf Kosten anderer Bewußtseinsarten gehen, sondern soll durch die Entwicklung jener Elemente unserer Psyche, die den Eigenschaften der fremden Psyche analog sind, zustande kommen, wie der Osten unserer Technik, Wissenschaft und Industrie auch nicht entraten kann. Die europäische Invasion im Osten war eine Gewalttat großen Stiles. Sie hat uns – noblesse oblige – die Verpflichtung hinterlassen, den Geist des Ostens zu begreifen. Das ist uns vielleicht nötiger, als wir derzeit ahnen.

II

DIE VISIONEN
DES ZOSIMOS

[Vortrag, gehalten an der Eranos-Tagung in Ascona, August 1937, und veröffentlicht unter dem Titel «Einige Bemerkungen zu den Visionen des Zosimos» in: *Eranos-Jahrbuch* 1937 (Rhein-Verlag, Zürich 1938). Revidiert und erheblich erweitert unter dem jetzigen Titel in: *Von den Wurzeln des Bewußtseins. Studien über den Archetypus.* (Psychologische Abhandlungen IX) Rascher, Zürich 1954.]

DIE VISIONEN
DES ZOSIMOS

1. DIE TEXTE

Wenn ich im folgenden mich anschicke, einige kommentierende Bemerkungen zu den Visionen des ZOSIMOS VON PANOPOLIS, jenes bedeutenden Alchemisten und Gnostikers des 3. Jahrhunderts, zu machen, so muß ich gleich zu Anfang erklären, daß meine Ausführungen keineswegs den Anspruch erheben, den außerordentlich schwierigen Stoff restlos aufzuklären. Meine psychologischen Beiträge zur Erhellung dieses besonderen Falles wollen nicht mehr bedeuten als einen Versuch, wenigstens einige der durch die Visionen aufgeworfenen Fragen zu beantworten.

Die erste Vision befindet sich am Anfang des Traktates Ζωσίμου τοῦ θείου περὶ ἀρετῆς[1] (Traktat des göttlichen Zosimos über die Kunst). ZOSIMOS leitet den Traktat mit einer allgemeinen Betrachtung über die Naturprozesse und speziell über die ἕσις ὑδάτων (Zusammensetzung der Wässer) und andere Operationen ein und schließt mit den Worten: «... und auf diesem einfachen und vielfarbigen System beruht die vielfache und unendlich variierte Erforschung des Alls.» Er fährt fort, und so beginnt der Text[2]:

III, I, 2. «Und indem ich dieses sprach, schlief ich ein, und ich sah einen Priester (ἱερουργόν)[3] vor mir stehen oben auf einem Altar, der die Form einer flachen Schale (βωμὸς φιαλοειδής) hatte. Daselbst hatte dieser Altar fünfzehn Stufen, um hinaufzusteigen. Daselbst stand der Priester, und ich hörte, wie eine Stimme von oben zu mir sagte: ‹Ich habe vollendet den Abstieg über die fünfzehn Stufen der Finsternis,

---

[1] Ἀρετή ist hier nicht als «Tugend» oder «Kraft» («vertu» bei BERTHELOT), sondern als «Kunst» zu übersetzen, entsprechend der «ars nostra» der Lateiner. Von Tugend ist im Traktat überhaupt nicht die Rede.

[2] BERTHELOT, *Collection des anciens alchimistes grecs*, pp. 108 ff./117 ff.

[3] Der ἱερουργός ist der Opferpriester, der die Zeremonien ausführt. Der ἱερεύς ist mehr der ἱεροφάντης, der Prophet und Inhaber der Geheimnisse. Im Texte wird zwischen den beiden kein Unterschied gemacht.

und ich habe vollendet den Aufstieg über die Stufen des Lichtes. Und der mich erneuert, das ist der Priester (ἱερουργῶν), indem er die Dichtigkeit des Körpers wegwarf, und mit Notwendigkeit bin ich zum Priester geweiht und werde als Geist (πνεῦμα) vollendet.› Und ich vernahm die Stimme dessen, der auf dem Schalenaltar stand, und ich fragte, weil ich von ihm erfahren wollte, wer er sei. Er aber antwortete mir mit feiner Stimme und sprach: ‹Ich bin Ion [4], der Priester der innersten verborgenen Heiligtümer, und ich unterziehe mich einer unerträglichen Strafe [5]. Denn es kam einer um die Morgenfrühe in eilendem Laufe, der überwältigte mich und zerteilte mich mit dem Schwert, indem er mich durchbohrte, und zerriß mich entsprechend der Zusammensetzung der Harmonie [6]. Und er zog die Haut meines Kopfes ab mit dem Schwert, das von ihm mit Macht gehandhabt wurde, und er fügte die Knochen mit den Fleischstücken zusammen und verbrannte das Ganze der Kunst entsprechend auf dem Feuer, bis ich wahrnahm, wie mein Körper verwandelt und zu Geist wurde. Und dieses ist meine unerträgliche Qual.› Und wie er mir dies noch erklärte und ich ihn mit Gewalt zwang, mir Rede zu stehen, da geschah es, daß seine Augen wurden wie Blut. Und er spie all sein eigenes Fleisch aus. Und ich sah, wie er sich in einen verstümmelten Homunculus (ἀνθρωπάριον), in seine eigene Umkehrung, verwandelte [7]. Und mit seinen eigenen Zähnen zerfleischte er sich und sank in sich zusammen.»

III, 1, 3. «Voller Furcht erwachte ich aus dem Schlafe, und ich erwog bei mir: ‹Ist dies nicht etwa die Zusammensetzung der Wässer?› Ich meinte fest überzeugt zu sein, daß ich wohl verstanden hätte. Und ich schlief wiederum ein. Und ich sah denselben Schalenaltar, oben darauf brodelndes Wasser und viel Volks darin, eine unzählbare Menge. Niemand war da in der Umgebung des Altars, den ich hätte fragen können.

[4] Ein Ἴων begegnet uns in der sabäischen Tradition als Jûnân ben Merqûlius (Sohn des Merkur). Nach EUTYCHIUS soll er der Urahn der Jonier (el-Jûnâniûn) sein. Er gilt den Sabäern als Stifter ihrer Religion. Siehe CHWOLSOHN, *Die Ssabier und der Ssabismus* I, pp. 205 und 796, und II, p. 509. Auch Hermes gilt als Stifter (l. c. I, p. 521).

[5] Κόλασις, das hier mit «Strafe» wiedergegeben ist, bedeutet dem Sinnzusammenhang nach dasselbe wie die «Qualen», welche die prima materia erleiden muß, um gewandelt zu werden. Diese Prozedur wird als «mortificatio» bezeichnet. (Vgl. *Psychologie und Alchemie*, Paragr. 484 [ferner: Abhandlung V, Abschnitt R., dieses Bandes].)

[6] διασπάσας κατὰ σύστασιν ἁρμονίας. BERTHELOT (*Alch. grecs,* III, 1, 2, 10, pp. 118/108) übersetzt «me démembrant, suivant les règles de la combinaison». Es handelt sich um die Aufteilung in vier Körper, Naturen oder Elemente. Vgl. BERTHELOT, l. c., II, III, 11, pp. 64/68, und id., *La Chimie au moyen âge* III, p. 92. Ebenso *Visio Arislei* in: *Art. aurif.* I, p. 151, und *Exercitationes in Turbam,* IX, l. c., p. 171.

[7] Ich habe mich hier zu einer recht freien Übersetzung gezwungen gesehen. Der Text lautet: εἶδον αὐτὸν ὡς τοὐναντίον ἀνθρωπάριον κολοβόν [pp. 108/118]. Wenn ich mich nicht täusche, kommen hier Vorstellung und Begriff eines Homunculus zum erstenmal in der alchemistischen Literatur vor.

Und ich schritt hinauf zu demselben, um die Sicht auf den Altar zu erlangen. Und ich erblickte einen grauen Barbier-Homunculus[8], der sprach zu mir: ‹Was schaust du?› Ich antwortete ihm: ‹Ich staune über das Sieden des Wassers und der Menschen, die mitverbrennen und doch leben.› Er antwortete und sprach: ‹Die Schau, die du siehst, ist der Eingang und der Ausgang und die Wandlung.› Ich fragte ihn nun wiederum: ‹Welche Wandlung?› Und er antwortete und sprach: ‹Der Ort der Ausübung (ἀσκήσεως) der sogenannten Einbalsamierung. Denn die Menschen, die der Kunst[9] teilhaftig werden wollen, gehen dort hinein und werden Geister, indem sie dem Körper entfliehen.› Da sprach ich zu ihm: ‹Und bist du auch ein Geist?› Und er antwortete und sprach: ‹Ich bin ein Geist und ein Wächter über die Geister.› Während wir dies miteinander verhandelten und während das Kochen des Wassers immer mehr zunahm und das Volk aufheulte, da sah ich einen ehernen Mann, der hielt in seiner Hand eine bleierne Schreibtafel. Der sprach mit lauter Stimme, indem er die Schreibtafel anblickte: ‹All denen, die sich in den Strafen befinden, befehle ich an, zu schlafen, und jeder soll in seine Hand eine bleierne Schreibtafel nehmen und mit der Hand schreiben, die Augen emporheben, und ihr sollt euere Münder öffnen, bis euer Halszäpfchen anschwillt[10].› Und dem Wort folgte die Tat, und der Herr des Hauses sprach zu mir: ‹Du hast es geschaut, du hast deinen Nacken emporgerichtet und hast gesehen, was sich vollzogen hat.› Und ich sagte, daß ich es gesehen hätte, und er fuhr fort: ‹Dieser eherne Mann, den du sahst, der ist der Priester, der opfert und geopfert wird, und sein eigenes Fleisch ausspeit. Und ihm ist Gewalt gegeben über dieses Wasser und über die, die gezüchtigt werden.› Als ich mir dies anschaulich vorgestellt hatte, erwachte ich wieder, und ich sprach zu mir selbst: ‹Welches ist die Ursache dieser Schau? Ist also dieses weiße und gelbe siedende Wasser das Göttliche ⟨Wasser⟩?› Und ich fand, daß meine Erkenntnis immer trefflicher wurde. Und ich sagte: ‹Es ist schön zu reden und schön zu hören, schön zu geben und schön zu nehmen, schön arm zu sein und schön reich zu sein. Wie lehrt die Natur, zu geben und zu nehmen? Es gibt der eherne Mann, und es empfängt der Wasserstein; es gibt das Metall, und es

---

[8] Ich lese hier statt dem sinnlosen ξηρουργός des Textes ξυρουργός (Barbier). Vgl. dazu III, v, 1, pp. 115/125, wo der ξυρουργός tatsächlich als ἀνθρωπάριον erscheint. (Oder heißt es – adjektivisch – ξυρουγὸν ἀνθρωπάριον?). Der Homunculus ist grau, weil er, wie es sich später herausstellt, das Blei ist.

[9] Es kann heißen «der Kunst» oder «der sittlichen Vervollkommnung».

[10] Damit dürfte eine besonders krampfhafte Mundöffnung, die mit einer heftigen Pharynxkontraktion verbunden ist, gemeint sein. Diese Kontraktion hat wohl die Bedeutung einer Würgbewegung, welche das Herauswürgen von Inhalten darstellen soll. Letztere sollen auf den Tafeln niedergeschrieben werden. Es sind von oben kommende Inspirationen, welche von den emporgehobenen Augen gewissermaßen aufgefangen werden. Vermutlich handelt es sich hierbei um ein Procedere, das man mit der modernen Aktiven Imagination vergleichen kann.

empfängt die Pflanze; es geben die Sterne, und es empfangen die Blumen; es gibt der Himmel, und es empfängt die Erde; es geben die Donner vom herauszuckenden Feuer, und alle Dinge werden zusammengeflochten. Und alle Dinge werden wieder aufgelöst, und alle Dinge werden miteinander vermischt, und alle Dinge werden zusammengesetzt, und alle Dinge werden wieder entmischt. Und alles wird benetzt werden und wieder getrocknet, und alles blüht auf, und alles verwelkt auf dem Schalenaltar. Denn jedes Ding geschieht mit Methode und in bestimmtem Maß und in ⟨genauer⟩[11] Abwägung der vier Elemente. Die Verflechtung aller Dinge und die Auflösung aller Dinge und jede Verbindung überhaupt kann ohne Methode nicht geschehen. Die Methode ist natürlich (φυσική) einatmend und ausatmend, ihre gesetzmäßigen Ordnungen bewahrend; sie bringt die Mehrung und sie bringt die Abnahme. Und alle Dinge, um es zusammenzufassen, stimmen überein in der Art der Trennung und der Vereinigung, ohne daß die Methode auch nur im kleinsten außer acht gelassen wird: so kommt die Natur zum Vorschein. Denn die Natur, wenn auf sich selbst gewendet, verwandelt sich. Denn dies ist die kunstvolle Struktur und Verbindung des gesamten Kosmos.› Damit ich dir nun nicht so weitschweifig schreibe, liebster Freund, geh ans Werk und errichte einen Tempel. Dieser Tempel darf nur aus *einem* Stein gebaut werden, wie Bleiweiß scheinend, in der Art des Alabasters, ein prokonnesischer[12]. Dieser Tempel darf weder einen Anfang noch ein Ende in seinem Bau haben: innerhalb muß sich eine Quelle von reinstem Wasser befinden, und ein Licht muß von ihm ausgehen, das so hell wie die Sonne strahlt. Beobachte genau, von welcher Seite her man den Eingang des Tempels erreicht, und nimm in deine Hände ein Schwert und suche so den Eingang. Denn der Ort, wo der Zugang zur Tempeltür sich befindet, ist eng und schmal. Es liegt ein Drache hingestreckt an der Tempeltür; der bewacht den Tempel. Diesen überwältige und schlachte ihn zuerst; zieh ihm dann die Haut ab; nimm sein Fleisch mitsamt den Knochen; zerlege seine Glieder; vereinige ⟨das Fleisch der Glieder⟩ einzeln[13] mit den Knochen am Eingang des Tempels; mache dir so eine Stufe; steige hinauf und tritt ein, und du wirst dort die gesuchte Sache finden: nämlich den Priester, den ehernen Mann, den du in der Quelle die Sache zusammensetzen siehst. Jenen ⟨siehst du aber⟩ nicht als ehernen Mann, denn er hat die Farbe seiner Natur verändert und ist ein silberner Mann geworden, und wenn du willst, wirst du bald den goldenen Mann haben. Diese meine Einleitung ist der Schlüssel, dir die nachfolgende[14] Auswahl von Worten aufzutun; die Erforschungen der Künste, der Weisheit, der Besinnung (φρονήσεως) und des Verstandes und wirksame Methoden und Enthüllungen verborgener Reden, welche sich klären.»

---

[11] οὐγγιασμῷ.
[12] Prokonnesos war der berühmte Marmorbruch Griechenlands, heute Marmora genannt.
[13] Der Text hat hier μέλος.
[14] παρακάτω = daneben herab, vielleicht auch als «untenstehenden» zu übersetzen?

III, v, 1. «Unter Schwierigkeiten war ich zur Begierde gelangt, die sieben Stufen hinaufzusteigen und die sieben Arten der Züchtigungen zu schauen, und, wie es sich verhält, an einem einzigen Tage; da legte ich den Weg zurück, um hinaufzuschreiten. Indem ich viele Male daran vorbeiging, kam ich endlich auf den Weg. Und als ich im Begriffe war, hinaufzugehen, verfehlte ich gänzlich den Weg, und, in große Mutlosigkeit geratend, da ich nicht sah, in welcher Richtung ich weitergehen sollte, fiel ich in Schlaf. Und ich erblickte im Schlaf einen Barbier-Homunculus, angetan mit einem roten Mantel, und er hatte ein königliches Gewand und stand außerhalb der Strafen. Er sprach zu mir: ‹Was tust du, Mensch?› Ich aber antwortete ihm: ‹Ich stehe hier so, weil ich den Weg gänzlich verfehlt habe und nun völlig verwirrt bin.› Er aber sagte zu mir: ‹Folge mir!› Ich aber kam heraus und folgte ihm. Wie wir nun näher an den Ort der Strafen gekommen waren, da erblickte ich meinen Wegführer, jenen Barbier-Homunculus, und siehe da, er stürzte in den Ort der Strafen, und ich sah, wie sein ganzer Leib vom Feuer verzehrt wurde.

III, v, 2. Als ich das sah, geriet ich außer mir und zitterte vor Furcht und erwachte und sagte zu mir selbst: ‹Was bedeutet doch dieses Gesicht?› Und wiederum machte ich mir das Wort klar und erkannte, daß jener Barbier-Mann der eherne Mann war, nur daß er ein rotes Kleid angezogen hatte, und ich sprach: ‹Recht habe ich erkannt. Dies ist der eherne Mann. Und er muß zuerst in den Ort der Strafen geworfen werden.›

III, v, 3. Abermals begehrte meine Seele danach, auch die dritte Stufe hinaufzusteigen. Und wiederum schritt ich allein den Weg dahin, und als ich schon ganz nahe an den Ort der Strafen gekommen war, da verirrte ich mich wiederum, da ich den Weg nicht kannte, und da stand ich nun voller Verzweiflung. Und wiederum, in ähnlicher Weise wie vorher, erblickte ich einen ergrauten Alten, der war ganz weiß, so weiß, daß infolge seiner starken Weiße die Augen geblendet waren. Sein Name aber war Agathodaimon. Und jener ergraute Alte wandte sich um und betrachtete mich die längste Zeit. Ich aber drang in ihn: ‹Zeige mir den rechten Weg.› Er aber wendete sich nicht nach mir um, sondern setzte seinen Weg eifrig fort. Ich aber, daher und dorther den Weg verfolgend, erreichte endlich den Altar. Wie ich nun oben bei dem Altar stand, erblickte ich den ergrauten Alten, und er stürzte sich an den Ort der Strafen. O ihr Erschaffer der himmlischen Naturen! Sofort wurde er ganz von der Flamme in eine Feuersäule verwandelt. O ihr Brüder, welch schauderhafte Erzählung! Denn infolge der furchtbaren Gewalt der Strafe füllten sich seine Augen mit Blut. Ich aber redete ihn an und fragte: ‹Was liegst du da?› Er aber konnte kaum seinen Mund öffnen und stöhnte: ‹Ich bin der bleierne Mann und unterziehe mich einer unerträglichen Gewalt.› Und aus großer Furcht erwachte ich und suchte in mir den Grund des Geschehenen. Und wiederum machte ich mir ein Urteil in bezug auf ihn und sprach: ‹Gut habe ich erkannt, daß so das Blei hinausgeworfen werden muß, und in Wirklichkeit bezieht sich das Geschaute auf die Zusammensetzung der Flüssigkeiten.›»

III, V^bis. «Und wiederum erkannte ich den göttlichen und heiligen Schalenaltar, und ich sah einen ehrwürdigen Priester, der ein bis auf die Füße reichendes weißes Gewand trug und jene furchterregenden Mysterien zelebrierte. Und ich sprach: ‹Wer also ist dieser?› Und die Antwort lautete: ‹Dieser ist der Priester der nicht zu betretenden Heiligtümer. Dieser will die Körper in Blut verwandeln und die Augen sehend machen und die Toten auferstehen lassen.› Und alsbald fiel ich von neuem zur Erde und schlief einen kurzen Schlaf. Und während ich daran war, auf die vierte Stufe des Altars zu steigen, sah ich von Sonnenaufgang her einen schreiten, der in seiner Hand ein Schwert hielt. Und ein anderer ⟨kam⟩ hinter ihm: Der brachte einen rings mit Bildern Geschmückten, Weißgekleideten und von schönem Anblick, dessen Name ‹Mittagstand der Sonne› genannt wurde[15]. Als sie näher an den Ort der Strafen kamen, ⟨vernahm ich,⟩ daß derjenige, der das Schwert in seiner Gewalt hatte, ⟨sagte⟩[16]: ‹Schneide ihm den Kopf ab, und dann lege seine Fleischteile der Reihe nach hin und ⟨ebenso⟩ die Weichteile der Reihe nach, damit sein Fleisch zuerst technisch (ὀργανικῶς)[17] gekocht und dann der Strafe überliefert werde.› Und darauf erwachte ich wieder und sprach: ‹Ich habe alles wohl verstanden. Es handelt sich um die Flüssigkeit in der Metall⟨kunst⟩.› Der das Schwert in der Hand trug, sprach wiederum: ‹Ihr habt vollendet den Abstieg über die sieben Stufen.› Sein Begleiter aber sprach,

---

[15] Der Text lautet: Καὶ ἄλλος ὀπίσω αὐτοῦ φέρων περιηκονισμένον τινὰ λευκοφόρον καὶ ὡραῖον τὴν ὄψιν, οὗ τὸ ὄνομα ... ἐκαλεῖτο μεσουράνισμα ἡλίου (*Alch. grecs,* III, V^bis, pp. 118/126). BERTHELOT übersetzt: «Un autre, derrière lui, portait un objet circulaire, d'une blancheur éclatante, et très beau à voir, appelé Méridien du Cinnabre.» Es ist nicht ersichtlich, warum ἥλιος im Zusammenhang mit μεσουράνισμα (Mittagsstellung) in eine alchemische Analogie übersetzt werden sollte. Περιηκονισμοένον τινά muß sich auf eine Person und nicht auf einen Gegenstand beziehen. Als Parallele ist, worauf mich Fräulein Dr. von Franz aufmerksam macht, APULEIUS, *Metamorphoseos,* lib. XI [p. 240], zu erwähnen. Von der «Olympiaca stola», mit welcher der Myste bekleidet wird, sagt er, sie sei eine «chlamys pretiosa» (Mantel) «colore vario circum notatis insignibar animalibus, hinc dracones Indici, inde gryphes Hyperborei» etc. «... caput decore corona cinxerat, palmae candidae foliis in modum radiorum prosistentibus.» So «ad instar Solis exornatus, et in vicem simulacri constitutus» wurde der Myste dem Volke gezeigt. Die Sonne, die er jetzt war, hatte er zuvor in der Nacht gesehen, nach seinem figürlichen Tode: «nocte media vidi Solem candido coruscantem lumine». Weiteres hiezu s. u. [Übersetzung, p. 425 ff.: «Bis zu den Fersen fiel mir ein köstlicher Mantel, auf dessen beiden Seiten allerhand Tiere von verschiedenen Farben zu sehen waren; hier indische Drachen, dort hyperboreische Greife ... Bei den Eingeweihten heißt dieser Mantel die olympische Stole› ... ‹Ich ... war mit einem Kranze von Palmblättern geziert, die so geordnet waren, daß sie um mein Haupt gleich Strahlen herumstanden. So als Bild der Sonne ausgeschmückt, stand ich gleich einer Bildsäule da» – «Zur Zeit der tiefsten Mitternacht sah ich die Sonne in ihrem hellsten Lichte leuchten.»]

[16] Es muß hier im Text eine Lücke bestehen.

[17] Das heißt «der Methode entsprechend».

während er zugleich die Springquellen aus allen feuchten Stellen entspringen ließ: ‹Das Verfahren ist zur Vollendung gebracht!›»

III, VI, 1. «Und siehe, da war ein schalenähnlicher Altar, und ein feuriger Geist stand auf dem Altar. Und sie ⟨?⟩ besorgten das ⟨zum⟩ Sieden ⟨benötigte⟩ Feuer und das Kochen und die Verbrennung der Menschen, die hinaufkamen, und ich fragte wegen des Volkes, das da stand, und sprach: ‹Ich wundere mich über das Kochen des Wassers und über das Geräusch des Siedens, und wie die Menschen, die verbrannt werden, noch leben bleiben.› Und er antwortete und sagte zu mir: ‹Dieses Sieden, das du siehst, ist der Ort der Übung, der sogenannten Einbalsamierung: denn die Menschen, die der Kunst teilhaftig werden wollen, gehen da hinein und werfen ihre Leiber von sich und werden Geister. Wiederum wird die Übung von da erklärt durch das Sich-Üben [18]. Denn, was die Dichtigkeit des Körpers von sich abwirft, das wird Geist.›»

In III, I, 5 findet sich sozusagen außer der Reihe (was dem ungeordneten Zustand der Zosimostexte entspricht) ein offenbar authentisches Résumé beziehungsweise eine Amplifikation und zugleich symbolische Deutung der Visionenserie. Der Text lautet:

«Und damit ich mich kurz fasse, mein Lieber, errichte einen Tempel aus *einem* Stein ⟨der weiß⟩ wie Bleiweiß, wie Alabaster von prokonnesischem Marmor ist ⟨und⟩ keinen Anfang und kein Ende in seiner Bauart (οἰκοδομή) hat ⟨das heißt rund ist⟩. Innen aber enthält er eine Quelle des reinsten Wassers und hervorblitzendes Sonnenlicht. Bemühe dich ⟨herauszufinden⟩, wo der Eingang des Tempels ist, und nimm in deine Hände ein Schwert, und so suche den Eingang. Engschlündig ist nämlich der Ort, wo sich die Öffnung des Einganges befindet; und ein Drache liegt beim Eingang, den Tempel bewachend. Und indem du diesen ergreifst, opfere (θῦσον) ihn zuerst, und wenn du ihm die Haut abgezogen hast, ⟨dann⟩ nimm das Fleisch desselben mitsamt den Knochen, zergliedere ihn (διέλῃς μέλη) und lege die Glieder [19] zusammen mit den Knochen zum Eingang des Tempels. Mache ⟨vor⟩ diesem eine Stufe und schreite hinauf und gehe hinein, und du wirst dort die gesuchte Sache [20] finden, nämlich den Priester, den Kupfermenschen (χαλκάνθρωπον), welchen du in der Quelle sitzen und die Sache zusammensetzen (συνάγοντα) siehst. Jenen aber siehst du ⟨bald⟩ nicht ⟨mehr⟩ als Kupfermenschen, denn er verwandelte sich nämlich in bezug auf die Farbe seiner Natur und ist ein Silbermensch (ἀργυράνθρωπος) geworden, welchen du über ein kurzes, wenn du willst, ⟨als⟩ Goldmenschen (χρυσάνθρωπον) haben wirst.»

[18] Ἄσκησις hat hier wohl die Bedeutung von Methode oder Verfahren.
[19] Ich folge hier der Lesart von Lc. (Cod. Par. Gr. 2252).
[20] Die res quaesita oder quaerenda ist bei den Lateinern stehender Ausdruck.

2. DER KOMMENTAR

A. ALLGEMEINES ÜBER DIE DEUTUNG

88 Obschon es den Anschein hat, als ob es sich um eine Reihe oder sogar Stufenfolge von Visionen handle, so weisen doch öftere Wiederholungen oder auffallende Ähnlichkeiten auf die Möglichkeit hin, daß es sich im Grunde genommen um wesentlich *eine* Vision handelt, welche, zwar das Motiv der Stufenfolge enthaltend, in den wiederholten Erzählungen doch nur variiert ist. Es besteht, psychologisch wenigstens, kein Grund zur Annahme, daß es eine allegorisierende Erfindung sei. Vielmehr scheinen verschiedene Züge dafür zu sprechen, daß ZOSIMOS die Vision als ein bedeutsames *Erlebnis* betrachtet, von dem er Kunde geben möchte. Obschon es in der alchemistischen Literatur eine Reihe von Allegorien gibt, die zweifellos bloße Lehrfabeln sind und auf keinen unmittelbaren Erlebnissen beruhen[21], so dürfte doch die Zosimosvision ein wirkliches Erlebnis sein. Dies scheint mir hervorzugehen aus der Art und Weise, wie ZOSIMOS sich den Traum im Sinne seiner Präokkupation selber deutet: «Ist dies nicht etwa die Zusammensetzung der Flüssigkeiten?» Diese Deutung scheint – uns wenigstens – die eindrucksvollsten Bilder der Vision außer acht zu lassen und damit einen weit umfänglicheren und bedeutenderen Tatbestand auf einen allzu einfachen Nenner zu bringen. Wäre die Vision eine Allegorie, so hätten die am meisten hervortretenden Bilder wohl auch die größte Bedeutung. Es ist aber für subjektive Trauminterpretationen charakteristisch, daß sie sich mit einer das Wesentliche außer acht lassenden, oberflächlichen Beziehungsandeutung begnügen. Zur Entscheidung dieser Frage muß man ebenfalls in Betracht ziehen, daß durch verschiedene Äußerungen der Alchemisten die Tatsache von Visionen und Träumen, die sich während des opus ereignen können, beglaubigt wird[22]. Ich bin geneigt, anzunehmen, daß die Vision oder die Visionen des ZOSIMOS solche Erlebnisse sind, die sich während der Operation ereignen und die Natur der diese begleitenden psychischen Hintergrundsprozesse enthüllen[23]. In diesen Visionen treten jene

---

[21] *Visio Arislei,* p. 146 ff. und die Visionen im *Buche des Krates* (BERTHELOT, *Chimie au moyen âge* III, p. 44 ff.)

[22] Einige solcher Berichte finden sich zusammengestellt in: *Psychologie und Alchemie,* Paragr. 347 ff.

[23] Das alchemische Opus erstreckt sich über einen unbestimmt langen Zeitraum. Wäh-

Inhalte zutage, welche sich, den Alchemisten unbewußt, in die chemischen Prozesse projizieren und dann an diesen wahrgenommen werden, wie wenn sie Eigenschaften des Stoffes wären. Wie sehr dieser Projektionsvorgang auch durch die Bewußtseinseinstellung unterstützt wird, zeigt die uns etwas vorschnell erscheinende Deutung, welche ZOSIMOS selber seinem Traum gibt.

Wenn uns diese Deutung zunächst wenig einleuchtend, ja sogar gesucht und willkürlich vorkommt, so darf man doch wiederum nicht vergessen, daß zwar die Vorstellung der «Wässer» eine uns fremdartige Größe ist, für ZOSIMOS aber oder für den Alchemisten überhaupt eine ungeahnte Bedeutung haben könnte. Auch wäre es möglich, daß die Erwähnung des «Wassers» dem Alchemisten einen Zusammenhang auftut, in welchen die Vorstellungen von Zerreißung, Tötung, Qual und Verwandlung hineingehören. Handelt doch die Alchemie, angefangen mit den Traktaten eines DEMOKRITOS und KOMARIOS, die ins 1. Jahrhundert gesetzt werden, bis weit ins 18. Jahrhundert hinein von dem wunderbaren Wasser, der aqua divina oder permanens, das durch die Qual des Feuers aus dem lapis, das heißt der prima materia, gezogen wird. Das Wasser ist jenes humidum radicale, welches die in den Stoff gebannte anima media natura oder anima mundi darstellt [24], eine Stein- oder Metallseele, eine anima aquina, wie sie auch genannt wird. Diese anima wird nicht nur mittels der «Kochung», sondern auch durch das Schwert aus dem «Ei» befreit, oder

---

rend dieser Zeit muß nach allgemeinen Regeln der Laborant «religiose» mit dem Wandlungsprozeß beschäftigt sein. Der Prozeß ist subjektiv sowohl wie objektiv; daher ist es begreiflich, daß auch das Traumleben mit in den Prozeß einbezogen ist. G. BATTISTA NAZARI hat das Opus sogar in Form von (allegorischen) Träumen dargestellt (*Della tramutazione metallica sogni tre,* 1599). «Aqua Philosophica tibi in somno aliquoties manifestata» [Das philosophische Wasser wird dir manchmal im Traum offenbart] heißt es in der Parabola des SENDIVOGIUS (*Bibliotheca chemica curiosa* II, p. 475b). Es ist nicht anzunehmen, daß hier irgendeine Kenntnis der Zosimosvisionen vorliegt, wohl aber eine wahrscheinliche Beziehung zur *Visio Arislei.* Darauf weist folgende Stelle (l. c.): «... solum fructum arboris Solaris vidi in somniis Saturnum Mercurio nostro imponere» [ich sah in Träumen Saturn unserem Merkur die einzige Frucht des Sonnenbaumes aufnötigen]. Vgl. dazu den Schluß der *Visio Arislei:* «... vidimus te magistrum in somniis. Petimus ut nobis subsidium Horfolto discipulo tuo offeras, qui nutrimenti auctor est.» [... wir sahen dich in Träumen als Lehrer. Wir baten, du möchtest uns durch deinen Jünger Horfoltus, welcher der Mehrer der Nahrung ist, Unterstützung gewähren.] (RUSKA, *Turba philosophorum,* p. 327f.) Am Anfang der *Visio* aber handelt es sich darum, darzustellen, wie man «ex arbore illa immortali» [von jenem unsterblichen Baum] die Früchte sammeln könne.

[24] In unserem Texte ist es sogar der Agathodaimon selber, welcher sich der Wandlung unterzieht.

durch separatio, nämlich Auflösung in die vier radices, das heißt Elemente[25], hergestellt. Die separatio ihrerseits wird auch nicht selten als Zergliederung eines menschlichen Körpers dargestellt[26]. Von der aqua permanens heißt es auch, daß sie die Körper in die (vier) Elemente auflöse. Das göttliche Wasser hat überhaupt Verwandlungskraft. Es wandelt durch wunderbare Abwaschung die nigredo in die albedo; es belebt das Tote, macht die Toten auferstehen[27] und hat darum die virtus des Taufwassers im kirchlichen Ritus[28]. Wie in der Benedictio fontis das Wasser von der Hand des Priesters kreuzweise in vier Teile geteilt wird[29], so unterliegt auch der serpens mercurialis, welcher die aqua permanens darstellt, der Zerstückelung, welche wiederum eine Parallele zur Zerteilung des Leichnams ist[30].

90 Ich will dieses Geflecht von wechselseitigen Bedeutungsdurchdringungen, an denen die Alchemie so reich ist, nicht weiter ausspinnen. Das Gesagte möge genügen, um zu zeigen, daß die Vorstellung des «Wassers» und der damit verbundenen Operationen im Kopfe des Alchemisten ohne weiteres Zusam-

---

[25] Teilung in die vier Elemente, auf die mortificatio folgend, in: *Exercitationes in Turbam,* IX (*Art. aurif.* I, p. 170). Zur Teilung des Eies in vier Teile vgl. Buch des El-Habîb in: BERTHELOT, *Chimie au moyen âge* III, p. 92. Die Vierteilung wurde bezeichnet als τετραμερεῖν τὴν ... φιλοσοφίαν [die ... Philosophie in vier Teile teilen] (BERTHELOT, *Alch. grecs,* III, XLIV, 5, pp. 219/212).

[26] Z. B. in: SALOMON TRISMOSSIN, *Splendor solis (Aureum vellus,* Figur p. 27); id. Neudruck der Londoner Handschrift, Tafel X; ferner in: LACINIUS, *Pretiosa margarita novella* (1546), «mansiones» VIII bis X.

[27] «Aqua est quae occidit et vivificat» [es ist das Wasser, welches tötet und belebt]. (*Rosarium philosophorum* in: *Art. aurif.* II, p. 214).

[28] Wie die Taufe ein vorchristlicher Brauch ist, laut evangelischem Zeugnis, so ist auch das göttliche Wasser heidnischen und vorchristlichen Ursprungs. Der entsprechende Text der Praefatio in der Benedictio fontis [Karsamstagsliturgie] lautet: «Qui hanc aquam regenerandis hominibus praeparatum, arcana sui numinis admixtione fecundet: ut sanctificatione concepta, ab immaculato divini fontis utero, in novam renata creaturam, progenies caelestis emergat. Et quos aut sexus in corpore aut aetas discernit in tempore, omnes in unam pariat gratia mater infantiam.» [«Der dieses vorbereitete Wasser durch die geheimnisvolle Beimischung seiner Gotteskraft befruchten wolle, damit es deine Heiligung empfange und, aus dem unbefleckten Schoße der göttlichen Quelle zu einem neuen Geschöpfe wiedergeboren, eine himmlische Nachkommenschaft hervorgehen lasse, und damit die Gnade alle, welche durch Geschlecht oder Alter verschieden sind, als Mutter zu einer neuen Kindheit gebäre.»] (*Missale Romanum,* SCHOTT)

[29] «Sacerdos dividit aquam manu in modum crucis» (l. c.).

[30] Die technischen Ausdrücke hiefür sind divisio und separatio. Vgl. *Psychologie und Alchemie,* Paragr. 334, 475 und 530.

menhänge, in denen so ziemlich alle Motive der Visionen vorkommen, auslösen kann. Vom Standpunkt der Bewußtseinspsychologie des ZOSIMOS aus betrachtet, erscheint daher seine Deutung weniger gesucht und willkürlich. Ein lateinisches Sprichwort sagt: «Canis panem somniat, piscator pisces.» (Der Hund träumt von Brot, der Fischer von Fischen.) So träumt auch der Alchemist in seiner ihm eigentümlichen Sprache. Dieser Umstand zwingt uns zu größter Vorsicht, um so mehr, als jene Sprache überaus dunkel ist. Um sie völlig zu verstehen, müßte man das psychologische Geheimnis der Alchemie kennen. Denn es ist wohl so, wie die alten Meister sagen, daß nur der, welcher das Geheimnis des Steines kennt, versteht, «wovon sie reden»[31]. Man hat sich zwar in neuerer Zeit auf den Standpunkt gestellt, daß dieses Geheimnis bloßer Unsinn sei, und hat sich damit sorgfältiger Nachforschung entschlagen. Dem Psychologen aber stünde solche Leichtfertigkeit schlecht an, denn ein «Unsinn», der während bald zweitausend Jahren die Geister – und darunter nicht die geringsten (ich erwähne zum Beispiel GOETHE und NEWTON) – fesselte[32], muß etwas an sich haben, welches zu kennen dem Psychologen wohl von einigem Nutzen wäre. Zu dem kommt noch, daß die alchemistische Symbolik mit der Struktur des Unbewußten in nicht geringem Maße zusammenhängt, wie ich in meinem Buche über *Psychologie und Alchemie* dargelegt habe. Solche Fälle sind keineswegs seltene Kuriositäten, und wer immer die Symbolik der Träume zu verstehen trachtet, der kann die Augen vor der Tatsache nicht verschließen, daß Träume moderner Menschen gelegentlich jene Bilder und Metaphern enthalten, denen wir in den gelehrten Traktaten des Mittelalters begegnen[33]. Da das Verständnis der in den Träumen geleisteten biologischen

---

[31] «Clara est illa ⟨scientia⟩ intellectum habentibus… facilis videtur iis, qui eam sapiunt [Sie ⟨die Wissenschaft⟩ ist jenen klar, die Verständnis haben… sie scheint denen leicht, die um sie wissen]. (*Beati Thomae Aurea hora,* abgedruckt in: *Harmoniae imperscrutabilis* usw., p. 177 [ferner in: *Aurora consurgens,* hg. von MARIE-LOUISE VON FRANZ, pp. 136/137]. «… ut dicta sua non intelligerent, nisi qui tali et tanto magisterio digni iudicarentur» [damit sie seine Worte nicht verstünden, außer jenen, die einer so bedeutenden Unterweisung würdig erachtet werden]. (MAIER, *Symbola aureae mensae,* p. 146) «Solus ille qui scit facere lapidem philosophorum, intelligit verba eorum de lapide» [Nur wer den Stein der Philosophen herstellen kann, versteht deren Worte über den Stein] (*Hortulanus super Epistolam Hermetis* in: *Ros. phil., Art. aurif.* II, p. 270).

[32] Neuerdings hat R. D. GRAY den Einfluß der Alchemie auf GOETHE untersucht. (*Goethe the Alchemist. A Study of Alchemical Symbolism in Goethe's Literary and Scientific Works.*)

[33] Es ist mir mehrfach entgegnet worden, daß man solche Symbole in Träumen gar nicht finde. Selbstverständlich kommen diese Symbole nicht in allen oder irgendwelchen Träumen vor, sondern nur in gewissen. Zwischen Träumen und Träumen ist ein gewaltiger Unter-

Kompensation für die Neurosentherapie sowohl wie für die Entwicklung des Bewußtseins überhaupt von einer gewissen Bedeutung ist, so hat die Kenntnis solcher Tatsachen auch ein nicht zu unterschätzendes praktisches Interesse.

B. DIE OPFERHANDLUNG

91 Das wesentliche Bild unserer Traumvision ist eine Art Opferhandlung, vorgenommen zum Zwecke der alchemischen Verwandlung. Bezeichnend für diesen Opferritus ist die Tatsache, daß der Priester Opferer und Geopfertes zugleich ist. Diese bedeutende Idee des Selbstopferers war, wie wir wissen, an ZOSIMOS in der Form der Lehre der «Hebräer» (das heißt Christen) herangetreten [34]. Christus war ein Gott, der sich selbst geopfert hatte. Ein wesentlicher Teil der Opferhandlung ist die *Zerstückelung*. Dieses Motiv muß ihm aus der dionysischen Mysterientradition wohlbekannt gewesen sein. Auch dort ist der Gott selber das Opfer, das von den Titanen zerstückelt in den Kochtopf [35] geworfen und dessen Herz von Hera noch im letzten Augenblick gerettet wird. Unser Text zeigt, daß auch der Schalenaltar ein Kochgefäß ist, in welchem viele Menschen gesotten und verbrannt werden. Zum dionysischen Orgiasmus gehört, wie wir aus der Sage und einem Fragment des EURIPIDES [36] wissen, der Ausbruch tierischer Gier sowie die Zerfleischung lebender Tiere mit den Zähnen [37]. Dionysos wird geradezu als ὁ ἀμέριστος καὶ μεμερισμένος νοῦς (der unzerteilte und zerteilte Geist) bezeichnet [38].

schied, so gut wie zwischen verschiedenen Individuen. Es bedarf schon einer bestimmten Konstellation des Unbewußten, um solche Träume hervorzubringen. Es handelt sich um «archetypische» Träume, d. h. solche, in denen deutliche Mythologeme enthalten sind. (Beispiele in: *Psychologie und Alchemie*, II.) Um diese zu erkennen, bedarf es allerdings einiger mythologischer Kenntnisse, über welche viele Psychologen nicht zu verfügen scheinen.

[34] Vorausgesetzt, daß es sich an jenen Stellen nicht um Interpolationen mönchischer Abschreiber handelt.

[35] PRELLER, *Griechische Mythologie* I, p. 436.

[36] Es handelt sich um das Kreterfragment (472 N²), zit. in: DIETERICH, *Eine Mithrasliturgie*, p. 105.

[37] Zum Motiv der «Zerstückelung» vgl. *Symbole der Wandlung* [ferner *Das Wandlungssymbol in der Messe*]. Zerstückelung, Verwandlung und Zusammensetzung in einem Fall von Schizophrenie bei SPIELREIN, *Über den psychologischen Inhalt eines Falles von Schizophrenie*, p. 358 ff. Die Zerstückelung ist ein sozusagen universales Motiv der weit ins Primitive zurückreichenden schamanistischen Psychologie. Sie bildet ein Hauptstück im Initiationserlebnis des Schamanen. (Siehe ELIADE, *Schamanismus und archaische Ekstasetechnik*, p. 51.)

[38] FIRMICUS MATERNUS, *Liber de errore profanarum religionum*, Kp. 7, p. 89.

Auch das *Abhäutungsmotiv* muß ZOSIMOS geläufig gewesen sein. Ist doch 92 eine bekannte Parallelfigur des sterbenden und wiedererstehenden Gottes Attis[39] der geschundene und gehängte Marsyas. Ebenso hat die Legende dem mit ZOSIMOS beinahe gleichzeitigen Religionsstifter Mani die Abhäutung zugedacht[40]. Die nachherige Ausstopfung der Haut mit Stroh weist auf die attischen Fruchtbarkeits- und Wiedergeburtsgebräuche hin. In Athen nämlich wurde jährlich ein Ochse geschlachtet und abgehäutet und dessen Haut mit Stroh ausgestopft. Der ausgestopfte Balg wurde sodann vor einen Pflug gestellt, offenbar zum Zwecke der Wiederbelebung der Ackerfruchtbarkeit[41]. Ähnliche Abhäutungsbräuche sind bekannt von den Azteken, Skythen, Chinesen und Patagoniern[42].

Die Abhäutung beschränkt sich in der Vision auf den Kopf. Es ist eine 93 *Skalpierung* im Gegensatz zu der totalen ἀποδερμάτωσις (Abhäutung), die im «Résumé» (III, 1, 5) geschildert ist. Dies ist eine der originellen Spezifizierungen, welche den Traum von der Schilderung des Prozesses im Résumé unterscheiden. Wie das Herausschneiden und Verzehren des Herzens oder Gehirns eines Feindes eine Einverleibung von dessen Lebenskräften oder Tugenden bewirken soll, so bedeutet wohl auch die Skalpierung als pars pro toto eine Inbesitznahme des Lebensprinzipes oder der Seele[43]. Die Abhäutung stellt ein Wandlungssymbol dar, welches ich in meiner Abhandlung über die Messe[44] einer näheren Betrachtung unterzogen habe, weshalb ich hier nur das besondere Moment der Qual (respektive κόλασις, Strafe), das sich besonders in der Schilderung der Zerstückelung und Skalpierung aufdrängt, erwähnen möchte. Es gibt dazu eine bemerkenswerte Parallele in der von GEORG STEINDORFF veröffentlichten Achmimischen Handschrift der *Eliasapokalypse*[45]. In der Vision heißt es vom Blei-Homunculus, an dem die Tortur vollzogen

---

[39] Attis steht in naher Beziehung zu Christus, indem nach alter Überlieferung die Geburtshöhle zu Bethlehem ein Attisheiligtum gewesen sein soll. Durch neuere Ausgrabungen ist diese Tradition bestätigt worden.

[40] Vgl. FRAZER, *The Golden Bough,* Part IV: Adonis, Attis, Osiris, p. 242 ff.

[41] FRAZER, l. c., p. 249.

[42] FRAZER, l. c., p. 246.

[43] Bei den Thompson-Indianern in Britisch-Kolumbien hat der Skalp die Bedeutung eines hilfreichen «guardian-spirit». Ähnliches findet sich auch bei den Shuswap in Britisch-Kolumbien. (FRAZER, *Totemism and Exogamy* III, pp. 417 und 427)

[44] [*Das Wandlungssymbol in der Messe.*]

[45] *Die Apokalypse des Elias* [Erstes Stück, 4,20–5,1, p. 43, und Fünftes Stück, 36,8f., p. 95].

wird: «Seine Augen füllten sich mit Blut» infolge der Qual. In dieser Apokalypse heißt es von denen, die «in die ewige Strafe» geworfen sind: «... deren Augen gemischt sind mit Blut». Von den Heiligen, welche vom Antimessias verfolgt werden, heißt es: «... er wird abziehen ihre Häute von ihren Köpfen.»

94 Diese Parallelen machen es wahrscheinlich, daß die κόλασις nicht bloß eine Züchtigung oder Strafe sein kann, sondern eine Höllenstrafe sein muß. Während κόλασις als poena übersetzt werden muß, so kommt letzterer Ausdruck in der Vulgata überhaupt nicht vor, indem an allen Stellen, wo von der Höllenqual die Rede ist, dafür cruciare (quälen, foltern) oder cruciatus (Qual, Folter) verwendet wird (zum Beispiel *Apocalypsis* 14, 10: «cruciabitur igne et sulphure», oder 9, 5: «ut cruciatus scorpii»). Der entsprechende griechische Ausdruck ist βασανίζειν und βασανισμός, was ebenfalls Folterung bedeutet. Das griechische Wort hat für den Alchemisten eine Doppelbedeutung: βασανίζειν bedeutet nämlich auch das Probieren am Prüfstein (βάσανος), was in der Alchemie keine geringe Rolle spielt. Der lapis Lydius (Probierstein) wird als Synonym für den lapis philosophorum gebraucht. Durch die Qual des Feuers wird die Echtheit, die incorruptibilitas, nicht nur erwiesen, sondern auch erlangt. Das ist ebenfalls ein alchemistisches Leitmotiv.

95 In unserem Text bezieht sich die Abhäutung speziell auf den Kopf, womit gewissermaßen eine extractio animae – wenn hier die primitive Gleichung Haut = Seele noch gilt – angedeutet wäre. Der Kopf spielt in der Alchemie eine gewisse Rolle, und zwar seit alten Zeiten. So nennt zum Beispiel ZOSIMOS seine Philosophen παῖδες τῆς χρυσέας κεφαλῆς (Söhne des goldenen Kopfes). Da ich dieses Motiv bereits ausführlich behandelt habe[46], so kann ich es mir ersparen, hier nochmals darauf einzugehen. Der Kopf hat bei ZOSIMOS und den späteren Alchemisten die Bedeutung des «Runden», des sogenannten Omega-Elementes, des στοιχεῖον στρογγύλον (des runden Elementes), womit die Arkan- oder Wandlungssubstanz gemeint ist[47]. Die Dekapitation (Text III, V[bis]) bedeutet daher die Gewinnung der Arkansubstanz. Dem Texte nach ist es der hinter dem Opferer Schreitende, welcher als μεσουράνισμα ἡλίου (Mittagsstand der Sonne) bezeichnet ist, und dem der Kopf abgeschlagen werden soll. Diese Abtrennung des goldenen Kopfes findet sich auch in den Handschriften des «*Splendor solis*» sowohl wie im Ror-

---

[46] *Das Wandlungssymbol in der Messe.*
[47] Für diese Begriffe siehe: *Psychologie und Alchemie.*

schacher Drucke von 1598. Die Opferung betrifft in der Vision einen Mysten, der eben seine Vollendung als Helios erfährt. Sonne ist alchemistisch synonym mit Gold. Das Gold ist, wie MICHAEL MAIER sagt, das «circulatorium opus Solis», das «lutum splendidum ... formatumque in substantiam pulcherrimam, in qua radii solares congregantur et elucent[48]». MYLIUS sagt, daß die «aqua ... e radijs Solis vel Lunae» komme[49]. Nach der *«Aurelia occulta»* sollen in der aqua argenti die Sonnenstrahlen gesammelt sein[50]. DORNEUS leitet die Metalle überhaupt von den «unsichtbaren Strahlen» des Himmels her[51], dessen Rundung ein Vorbild für das hermetische Gefäß ist. Wir gehen darum wohl kaum fehl in der Annahme, daß *der Myste selber die Arkansubstanz darstellt.* Wir werden unten noch auf diesen Gedanken zurückkommen.

Wir wenden uns nun zunächst anderen Einzelheiten der Vision zu. Vor allem ist es der Schalenaltar, der auffällt. Er hat eine unverkennbare Beziehung zum kratēr des Poimandres. Dieses Gefäß sandte der Demiurg zur Erde, mit νοῦς (Geist) gefüllt, damit diejenigen, die nach höherer Bewußtheit strebten, sich darin taufen konnten. Wir begegnen ihm an jener bedeutsamen Stelle, wo ZOSIMOS seiner Freundin und soror mystica folgenden Rat gibt: καὶ καταδραμοῦσα ἐπὶ τὸν Ποιμένανδρα καὶ βαπτισθεῖσα τῷ κρατῆρι, ἀνάδραμε ἐπὶ τὸ γένος τὸ σόν; was man folgendermaßen übersetzen könnte: «Eile hinunter zum Hirten und tauche dich im Gefäß (κρατήρ = Mischkrug), und eile hinauf zu deiner Art[52] (γένος = Geschlecht).» 96

Der kratēr ist offenbar ein wunderbares Gefäß, ein Taufbecken oder eine piscina, in welcher der baptismos, das Eintauchen, die Taufe vollzogen wurde. Dadurch kam die Wandlung in ein geistiges Wesen zustande. Es ist das vas Hermetis der späteren Alchemie. Daß der kratēr des ZOSIMOS in nächster Beziehung steht zu jenem des Poimandres im *Corpus Hermeticum*[53], ist wohl nicht zu bezweifeln. Der kratēr des Poimander ist das Taufbad, in welchem die unbewußten und erkenntnislosen Menschen, die sich nach der énnoia sehnen, 97

---

[48] *De circulo physico quadrato,* p. 15 f. [kreisförmiges Werk der Sonne – der schimmernde und in eine herrliche Substanz geformte Lehm, worin die Sonnenstrahlen gesammelt werden und hervorleuchten].
[49] *Philosophia reformata,* p. 313 [Wasser von den Sonnen- oder Mondstrahlen].
[50] «In qua radii solis coniuncti sunt». (*Theatr. chem.,* 1613, IV, p. 563)
[51] *Speculativa philosophia* (*Theatr. chem.,* 1602, I, p. 276).
[52] BERTHELOT, *Alch. grecs,* III, LI, 8, pp. 245/236.
[53] SCOTT [Hg.], *Hermetica* I, lib. IV, und REITZENSTEIN, *Poimandres,* p. 8 ff.

Bewußtheit erlangen können. Das vas Hermetis ist ein uterus der geistigen Erneuerung oder Wiedergeburt. Diesem Gedanken entspricht wortgetreu der Text der Benedicitio fontis, den ich oben in einer Fußnote angemerkt habe. In der Erzählung von *Isis und Horus*[54] bringt der erscheinende Engel ein kleines Gefäß mit einem durchsichtigen oder wohl besser «glänzenden» Wasser gefüllt[55]. Man darf, der alchemischen Natur des Traktates entsprechend, dieses Wasser wohl als das göttliche Wasser der Kunst[56] auffassen; stellt dieses doch neben der prima materia das eigentliche arcanum dar. Das Wasser, das heißt das Nilwasser, hat im alten Ägypten eine besondere Bedeutung: es ist Osiris, der zerstückelte Gott par excellence[57]. So heißt es in einem Text aus Edfu: «Ich bringe dir die Gefäße mit den Gottesgliedern (d. i. den Nil), damit du von ihnen trinkst, ich erfrische dein Herz! damit du zufrieden bist[58].» Die Gottesglieder sind die vierzehn Teile des Gottes. Zahlreich sind die Hinweise in den alchemistischen Texten auf die geheime Gottesnatur der Arkanmaterie[59]. Dieser alten Tradition entsprechend besitzt das Wasser die Fähigkeit, Auferstehung zu verleihen; denn es ist Osiris, der von den Toten auferstanden ist. Im λέξικον ... τῆς χρυσοποιίας[60] (Wörterbuch der Goldkunst) ist Osiris der Name von Blei und Schwefel, welche beide Synonyme der Arkanmaterie sind. So heißt das Blei, welches lange Zeit die Hauptbezeichnung der Wandlungssubstanz war: «das verschlossene Grab des Osiris, welches alle Glieder des Gottes in sich birgt ...[61]» Nach der Legende soll Typhon den Sarg des Osiris mit Blei übergossen haben. PETASIOS lehrt[62]: «Die Sphäre des Feuers wird festgehalten und eingeschlossen durch das Blei.» OLYMPIODOR, der diesen Satz zitiert, bemerkt dazu, daß PETASIOS, sich selber erklärend, sagte:

---

[54] BERTHELOT, l. c., I, XIII, 1 f., pp. 28 f./31 f.

[55] Κεράμιον ... ὕδατος διαυγοῦς πλῆρες (l. c., 2, pp. 29/32).

[56] Das arcanum ist hier symbolisiert durch das Säen des Getreides, die Erzeugung des Menschen, des Löwen und des Hundes. In der chemischen Anwendung ist es die Fixation des Quecksilbers (l. c., 6–9). Hg ist eines der älteren Symbole für das göttliche Wasser. Letzteres hat dessen silberweißen Glanz. «Aqua clarissima» sagt das *Rosarium philosophorum* (*Art. aurif.* II, p. 213).

[57] BUDGE, *The Gods of the Egyptians* II, p. 122 ff.

[58] JACOBSOHN, *Die dogmatische Stellung des Königs in der Theologie der alten Ägypter*, p. 50.

[59] Vgl. dazu oben die Identifikation des Agathodaimon mit der Wandlungssubstanz.

[60] BERTHELOT, l. c., I, II, pp. 4/4.

[61] Ὄσιρις ἐστιν ἡ ταφὴ ἐσφιγμένη, κρύπτουσα παντα τὰ Ὠσίριδος μέλη (Traktat des Olympiodoros von Alexandria in: BERTHELOT, l. c., II, IV, 42, pp. 95/103).

[62] BERTHELOT, l. c., II, IV, 43, pp. 95/103.

«Das ⟨scil. Blei⟩ ist das Wasser, welches vom Männlichen kommt.» Das Männliche aber sei, wie er sage, «die Sphäre des Feuers».

Dieser Gedanke weist darauf hin, daß der Geist, der ein Wasser, oder das Wasser, das ein Geist ist, im Grunde genommen ein Paradoxon darstellt, nämlich ein Gegensatzpaar wie etwa das von Feuer und Wasser. In der «aqua nostra» der Alchemisten fließen die Begriffe von Wasser, Feuer und Geist ebenso zusammen, wie sie es in der religiösen Sprache tun [63].

Außer dem Motiv des Wassers enthält die Rahmenerzählung des Isistraktates auch dasjenige der Gewalttat. Der Text [64] lautet:

«Isis, die Prophetin, zu ihrem Sohn Horos: ‹Du mußtest, o Kind, gegen den treulosen Typhon in den Kampf ziehen um der Königsherrschaft deines Vaters willen, während ich mich nach Hormanuthi, Ägyptens ⟨Stadt⟩ der heiligen Kunst, begeben habe, wo ich einige Zeit verweilte. Nach dem Laufe der Zeitumstände und der notwendigen Hervorbringung der sphärischen [65] Bewegung [66] geschah es, daß einer von den Engeln, die im ersten Firmament verweilen, mich von oben betrachtete und mit mir die Gemeinschaft der Vermischung vornehmen wollte. Rasch entschlossen wollte er dieses verwirklichen; ich gab mich nicht hin, da ich die Zubereitung des Goldes und des Silbers erfragen wollte. Als ich es von ihm verlangte, sagte er mir, es sei ihm nicht erlaubt, sich darüber auszusprechen, wegen der überragenden Bedeutung der Mysterien; aber es werde folgenden Tages ein Engel, Amnaël, größer als er, kommen, und dieser könne mir die Lösung des Problems verschaffen. Ebenso sprach er über das Zeichen desselben – er halte es auf dem Kopfe und werde mir ein kleines, unverpichtes Gefäß, gefüllt mit einem durchsichtigen Wasser zeigen. Er wollte die Wahrheit sagen. Am folgenden Tag, als die Sonne die Mitte ihrer Bahn durchlief, erschien Amnaël, der größer war als der erste, und ergriffen von derselben Begierde, zögerte er nicht, sondern eilte zu seinem Ziele. Ich aber war nicht weniger entschlossen, über diese [67] zu fragen.›»

---

[63] Vgl. dazu den Hymnus des heiligen ROMANUS über die Theophanie: «Quin immo in ambitu aquarum videns eum qui olim tribus pueris medius, ros in igne visus est, ignis nunc in Jordane micans, scaturiens, ipsum lumen inaccessum.» [Er ist auf der Wasserfläche zu erblicken, er, der einst inmitten dreier Knaben, wie Tau auf dem Feuer, gesehen wurde, nun aber als Feuer im Jordan lodert und hervorbricht, er selbst das unzugängliche Licht.] (PITRA, *Analecta sacra* I, 21.)

[64] BERTHELOT, *Alch. grecs*, I, XIII, 1 ff., pp. 28 f./31 f.

[65] Statt φευρικῆς (?) des Textes.

[66] D. h. des Umlaufes der Gestirne.

[67] Nämlich über die Geheimnisse der Kunst.

100 Sie ergab sich ihm nicht, und der Engel enthüllte das Geheimnis, das sie nur ihrem Sohne Horus weitergeben durfte. Es folgen dann eine Reihe von Rezepten, die hier kein Interesse haben.

101 Der Engel als geflügeltes oder geistiges Wesen stellt, wie Mercurius, die volatile Substanz, das pneuma, das ἀσώματον (Körperlose) dar. Der Geist hat in der Alchemie fast regelmäßig eine Beziehung zum Wasser oder zum humidum (radicale), was wohl einfach durch die Empirie der ältesten «Chemie», nämlich der Kochkunst, zu erklären ist. Das beim Sieden verdampfende Wasser vermittelt die ersten tiefen Eindrücke der metasomatosis, nämlich der Verwandlung des Körperlichen in das Unkörperliche, den spiritus oder das pneuma. Die Beziehung des «Geistes» zum Wasser besteht darin, daß er im Wasser verborgen ist, wie ein Fisch. In den *«Allegoriae super librum Turbae»*[68] wird dieser Fisch als «rund» und als mit «lebenspendender Kraft» begabt bezeichnet. Er stellt, wie aus dem Text[69] hervorgeht, die Wandlungssubstanz dar. Aus der alchemischen Verwandlung, sagt der Text, gehe ein collyrium (Augenwasser) hervor, das den Philosophen die Anschauung der Geheimnisse erleichtere[70]. Der «runde Fisch» scheint ein naher Verwandter des «lapis albus rotundus» der *«Turba»* zu sein[71]. Von diesem heißt es, er habe «in sich die drei Farben und die vier Naturen und entstehe aus etwas Lebendigem»[72]. Das «Runde» ist überhaupt eine beliebte alchemistische Vorstellung. So begegnen wir in der *«Turba»* (Sermo XLI) dem «rotundum»: «Ich weise für die Nachwelt auf das Runde hin, welches das Erz in vier verwandelt[73].» Wie aus dem darauffolgenden Text hervorgeht, ist das «Runde» identisch mit dem «Wasser» (aqua permanens). Bei ZOSIMOS begegnen wir einem ähnlichen Gedan-

---

[68] *Art. aurif.* I, p. 141.

[69] «Est in mari piscis rotundus, ossibus et corticibus carens, et habet in se pinguedinem, mirificam virtutem, quae si lento igne coquatur, donec eius pinguedo et humor prorsus recedit, et postmodum teratur fortissime, et quousque lucescat, aqua maris imbuatur: deinde per hebdomadam sepeliatur, et postea assando candidetur.» («Im Meere gibt es einen runden Fisch, der keine Knochen und keine Schale hat, und er hat in sich Fettigkeit, eine wundertätige Kraft, welche, wenn er auf langsamem Feuer gekocht wird, bis sein Fett und seine Feuchtigkeit gänzlich weichen, mit Meerwasser durchtränkt wird, bis sie aufleuchtet: hierauf soll er für eine Woche begraben und dann durch Braten weiß gemacht werden.») Der Text [l. c.] beschreibt den Wandlungsprozeß [vgl. auch *Aion*, Paragr. 195].

[70] «Cuius oculi liniti arcana Philosophorum de facili potuerunt intueri» [l. c.].

[71] Die Handschrift 390 [Vadiana] von St. Gallen (15. Jh., bei RUSKA, *Turba,* p. 93 erwähnt). Zu «Fisch» siehe meine «Beiträge zur Symbolik des Selbst» in: *Aion,* Kp. X.

[72] «... habet in se III colores et IV naturas, et nascitur de viva re» [RUSKA, l. c.].

[73] «Significo posteri rotundum, quod aes in quatuor vertit». (Sermo XLI, p. 148.)

kengang. Von dem στοιχεῖον στρογγύλον, dem «runden Element», symbolisiert durch das Ō (das heißt Omega = Ω), sagt er: «Es besteht aus zwei Teilen. Es gehört zur siebenten Zone, zu der des Kronos [74], nach der Sprache des Körperlichen (κατὰ τὴν ἔνσωμον φράσιν); nach der des Unkörperlichen ist es etwas anderes, das nicht enthüllt werden darf. Einzig Nikotheos, der Verborgene [75], weiß es. In der Sprache des Körperlichen aber ist es Okeanos genannt, aller Götter – so sagen sie – Ursprung und Samen [76].» Bei den Peraten des HIPPOLYTUS ist Kronos eine «wasserhelle» Kraft der Zerstörung [77], «denn das Wasser, sagen sie, ist Zerstörung». Das «Runde» ist demnach äußerlich das Wasser, innerlich aber das arcanum.

Wasser und Geist sind oft überhaupt identisch. So sagt HERMOLAUS BARBARUS [78]: «Es gibt auch ein himmlisches oder eher göttliches Wasser der Alchemisten, welches sowohl Democritus als auch Hermes Trismegistus gekannt haben, indem sie es bald göttliches Wasser, bald skythischen Saft nennen, bald pneuma, das heißt Geist, von der Natur des Äthers, und die Quintessenz der Dinge [79].» RULANDUS nennt das Wasser «die geistlich Macht», ein spiritus «himmlischer Natur [80]». Zur Entstehung dieser Idee gibt CHRISTOPHORUS STEEBUS eine interessante Erklärung: «Es hat das Brüten des Heiligen Geistes auf den überhimmlischen Wassern ⟨Genesis 1,3⟩ eine Kraft hervorgebracht, welche alles aufs feinste durchdringt, wärmt und im Verein mit dem Lichte im Mineralreich des Unteren die Schlange des Mercurius, im Pflanzenreich die gesegnete Grüne, im Tierreich die formende Kraft erzeugt, so daß der überhimmlische Geist der Wasser, mit dem Lichte verbunden, mit Recht Weltseele genannt werden kann [81].» STEEBUS fügt bei, daß die himmlischen

102

---

[74] Worunter Saturn zu verstehen ist. Er gilt als die dunkle Gegensonne. Wie Mercurius das Kind von Sonne und Mond ist, so auch das Kind des Saturn.
[75] Siehe *Psychologie und Alchemie* [Paragr. 456 (6)].
[76] BERTHELOT, *Alch. grecs,* III, XLIX, pp. 228/221.
[77] δύναμις γάρ, φησίν, ὑδατόχρους, ἥντινα δύναμιν, φησί, τουτέστι τὸν κρόνον. (*Elenchos,* V, 16,2, p. 111)
[78] 1454–1493, Kardinalerzbischof von Aquileja und großer Humanist.
[79] «Est et coelestis aqua ... sive potius divina Chymistarum quam et Democritus et Mercurius Trismegistus novere, modo divinam aquam, modo Scythicum laticem appellantes, modo pneuma, hoc est, spiritum, ex aetheris natura et essentia rerum quinta.» (Zit. in: MAIER, *Symbola aureae mensae,* p. 174.)
[80] *Lexicon alchimiae,* pp. 48/49.
[81] «Produxit ergo spiritus sancti fotus in aquis supracoelestibus virtutem omnia subtilissime penetrantem et foventem, quae cum luce combinans, in inferiorum regno minerali serpen-

Wasser, vom Geiste belebt, alsbald in kreisende Bewegung geraten seien, woraus die vollkommene sphärische Form der anima mundi entstanden sei. Das «Runde» ist also ein Stück Weltseele, und dies dürfte wohl das von ZOSIMOS gehütete Geheimnis sein. Diese Gedankengänge beziehen sich ausdrücklich auf den «*Timaios*» des PLATON. In der «*Turba*» preist Parmenides das «Wasser» mit folgenden Worten: «O ihr himmlischen Naturen, die ihr auf den Wink Gottes ‹Naturen der Wahrheit› vermehrt! O du starke Natur, die die Naturen besiegt und ihre Naturen sich freuen und fröhlich sein läßt[82]! Diese ist es nämlich insbesondere, der Gott eine Kraft zugeteilt hat, die das Feuer nicht besitzt... Sie ist selbst die Wahrheit, alle Erforscher der Weisheit, denn mit ihren ‹Körpern› verflüssigt, bewirkt sie das höchste der Werke[83].»

103   Ähnlich spricht der Sokrates der «*Turba*»: «O diese Natur, wie wandelt sie den ‹Körper› in ‹Geist›!... Sie ist der schärfste ‹Essig›, der bewirkt, daß das Gold zu lauterem ‹Geist› wird[84]». «Essig» ist synonym mit «Wasser», wie die Texte ausweisen, und ebenso mit dem «roten Geist[85]». Von letzterem sagt die «*Turba*»: «Aus dem in ‹roten Geist› verwandelten Zusammengesetzten aber entsteht das principium mundi», worunter wiederum die Weltseele verstanden werden kann[86]. Die «*Aurora consurgens*» sagt: «Emitte spiritum tuum, hoc

tem Mercurii, in vegetabili benedictam viriditatem in animali plasticam virtutem progenerat, sic ut spiritus supracoelestis aquarum cum luce maritatus, anima mundi merito appellari possit.» (*Coelum Sephiroticum,* p. 33)

[82] Eine Anspielung auf das Axiom des (Pseudo-)DEMOCRITUS von der Natur, die sich aus sich selbst wandelt.

[83] RUSKA, p. 190.

[84] l. c., p. 197.

[85] l. c., p. 200 f. – Die aqua nostra ist «nämlich das Feuer, weil es alles verbrennt und zerreibt, das argentum vivum ist der Essig». (Kalidzitat aus dem *Rosarium* in: *Art. aurif.* II, p. 218) «... aqua nostra fortior est igne ... Et ignis respectu eius est tanquam aqua respectu ignis vulgaris. Ideo dicunt Philosophi: Comburite aes nostrum igne fortissimo.» [... unser Wasser ist stärker als Feuer ... Und das Feuer ist im Verhältnis zu diesem wie Wasser im Verhältnis zu gewöhnlichem Feuer. Daher sagen die Philosophen: Brennet unser Erz in gewaltigem Feuer.] (l. c., p. 250) Das Wasser ist also eine Art Überfeuer, ein ignis coelestis, verhüllt vom Decknamen «Wasser».

[86] Entgegen RUSKA (p. 201³) halte ich an der Lesart der Manuskripte fest, weil es sich bei diesem «Geist» einfach um ein Synonym der feuchten Seele des Urstoffes, des humidum radicale, handelt. In diesem Sinne ist ein anderes Synonym des «Wassers» spiritualis sanguis [geistliches Blut] (l. c., p. 129), welches RUSKA [p. 203²] mit Recht zu πυρρὸν αἷμα (feuerfarbenes Blut) der griechischen Quellen stellt. Die Gleichung Feuer = Geist ist der Alchemie

est aquam... et renovabis faciem terrae». (Gieße deinen Geist aus, das heißt das Wasser... und du wirst das Antlitz der Erde erneuern). An anderer Stelle findet sich die Alternative: «Imber seu spiritus» (Regen oder Geist) oder «fluit spiritus ⟨Verbi⟩ et fluent aquae» (es fließt der Geist ⟨des Wortes⟩ und es werden die Wasser fließen)[87]. ARNALDUS DE VILLANOVA (1235 bis 1313) schreibt in seinem *«Flos florum»*: «Sie haben Wasser Geist genannt, und es ist auch wahrlich Geist»[88]. Das *«Rosarium philosophorum»* sagt kurz und bündig: «Aqua est spiritus.»[89] Im *Komariostraktat* (1. Jahrhundert p. Chr. n.) ist das «Wasser» beschrieben als ein Heilmittel des Lebens, welches die Toten, die im Hades schlafen, zu einem neuen Frühling erweckt[90]. In der *«Turba»* sagt Apollonius: «Dann aber, ihr Söhne der Lehre, bedarf jenes ⟨Ding⟩ des Feuers, bis der ⟨Geist⟩ jenes ⟨Körpers⟩ umgewandelt und die Nächte hindurch stehengelassen wird, wie der Mensch in seinem Grab, und zu Staub wird. Nachdem dies geschehen ist, wird ihm Gott seine Seele und seinen Geist wiedergeben, und nach Beseitigung der Schwäche wird jenes Ding verstärkt und nach der Zerstörung verbessert, so wie der Mensch nach der Auferstehung stärker und jünger wird, als er in dieser Welt gewesen war[91].» Das «Wasser» bewirkt am Stoffe das gleiche, was Gott am Körper der Menschen. Es steht also an Stelle Gottes und ist darum selbst göttlicher Natur.

Wie wir bereits sahen, rührt nach alter Auffassung die geistige Natur des «Wassers» von der Bebrütung des Chaos her (*Genesis* 1, 3). Eine sehr ähnliche Anschauung findet sich im *Corpus hermeticum:* «Es war Finsternis in der Tiefe und Wasser ohne Form, und ein feiner, geisterfüllter Hauch bewegte ⟨durchdrang?⟩ die Dinge im Chaos[92]». Dieser Auffassung kam in erster Linie das neutestamentliche Motiv der Taufe durch «Geist und Wasser», sodann auch

---

geläufig. So heißt, wie RUSKA p. 211 selber anführt, Mercurius (ein häufiges Synonym für aqua permanens, vgl. RULANDUS (*Lex. alch.,* p. 49) φάρμακον πύρινον (feuriges Heilmittel).
[87] [Vgl. auch MARIE-LOUISE V. FRANZ (Hg.), l. c., pp. 70 und 76 f.]
[88] *Art. aurif.* II, p. 482.
[89] *Art. aurif.* II, p. 239.
[90] BERTHELOT, *Alch. grecs,* IV, XX, 8, pp. 292/281: καὶ πῶς κατέρχονται τὰ ὕδατα εὐλογημένα τοῦ ἐπισκέψασθαι τοὺς νεκροὺς περικειμένους καὶ πεπεδημένους καὶ τεθλιμμένους ἐν σκότει καὶ γνόφῳ ἐντὸς τοῦ Ἅδου, καὶ πῶς εἰσέρχεται τὸ φάρμακον τῆς ζωῆς καὶ ἀφυπνίζει αὐτούς. (Und wie die gesegneten Wasser herunterkommen, um die im Hades hingestreckt liegenden, gefesselten und darniedergebeugten Toten heimzusuchen, und wie das Heilmittel des Lebens ⟨zu ihnen⟩ kommt und sie aus dem Schlafe erweckt.)
[91] RUSKA, l. c., p. 217.
[92] SCOTT [Hg.] I, Lib. III, 1 b, pp. 146/147.

der Ritus der Benedictio fontis, die am Karsamstag gefeiert wird, entgegen[93]. Aber die Idee des wunderbaren «Wassers» stammt ursprünglich aus der wahrscheinlich ägyptisch beeinflußten hellenistischen Naturphilosophie und keineswegs aus christlichen oder biblischen Quellen. Vermöge dieser mystischen Kraft belebt und befruchtet und tötet es aber auch. Und zwar befruchtet und tötet es sich selbst. Diesen Kreislauf von Leben und Tod hat schon die alte Alchemie durch das Symbol des Ouroboros, des Schwanzfressers, nämlich des Drachen[94], der sich in den eigenen Schwanz beißt, dargestellt. Das Auffressen entsprach der Selbstvernichtung[95]. Die Vereinigung des Schwanzes mit dem Drachenschlund wurde aber auch als Selbstbefruchtung aufgefaßt. Darum heißt es in den Texten: «Draco interficit seipsum, maritat seipsum, impraegnat seipsum.» (Er tötet sich selbst, heiratet sich selbst und befruchtet sich selbst[96].)

105 Im göttlichen Wasser, dessen dyophysitische Natur (τὸ στοιχεῖον τὸ διμερές)[97] immer wieder betont wird, halten sich zwei Prinzipien die Waage, ein aktives und ein passives, ein männliches und ein weibliches, und bilden im

---

[93] Vgl. die Praefatio: «Descendat in hanc plenitudinem fontis virtus Spiritus Sancti, totamque huius aquae substantiam regenerandi fecundet effectu.» [«Es steige in die Fülle dieses Quells die Kraft des Heiligen Geistes und befruchte die ganze Substanz dieses Wassers mit der Kraft zur Wiedergeburt». *Missale Romanum,* SCHOTT]

[94] Die Dunkelheitsseele wurde in Ägypten als Krokodil dargestellt. (BUDGE, *The Gods of the Egyptians* I, p. 286)

[95] Im Buche des Ostanes (BERTHELOT, *Chimie au moyen âge* III, p. 120) ist ein Monstrum beschrieben, mit Geierflügeln, Elephantenkopf und Drachenschwanz. Die einzelnen Teile des Tieres fressen sich gegenseitig auf.

[96] Vom argentum vivum (=aqua vitae, perennis) heißt es: «Ipsum est serpens luxurians, se ipsum impraegnans, in die uno parturiens, suo veneno cuncta interficit, ab igne fugit.» [Er ist die Schlange, die sich selbst genießt, sich selber befruchtet, sich selbst an einem einzigen Tage hervorbringt und mit ihrem Gift alles tötet, vor dem Feuer flieht.] (*Tractatulus Avicennae* in: *Art. aurif.* I, p. 406) «Natus est draco in nigredine, et pascitur Mercurio suo, et interficit seipsum.» [Der Drache wurde in der Schwärze geboren und nährt sich an seinem Merkur, und er tötet sich selbst.] (*Art. aurif.* II, p. 271 f.) Die vielfach wiederholte Phrase: «Draco non moritur nisi cum fratre et sorore sua.» [Der Drache stirbt nicht außer mit seinem Bruder und seiner Schwester] wird von MAIER, *Symbola aureae mensae,* p. 466) folgendermaßen erklärt: «... quia Sol et Luna coelestis semper cum coniunguntur, id in capite vel cauda draconis fieri necessum sit; In hoc facta est Solis et Lunae coniunctio et unitio accidente Ecclypsi» [... denn wenn immer die himmlische Sonne und der Mond sich verbinden, muß das im Kopf oder Schwanz des Drachen stattfinden: darin vollzieht sich die Konjunktion und Vereinigung von Sonne und Mond bei einer Eklipse.]

[97] Diese Eigenschaft hat es mit dem «Mercurius duplex» gemeinsam.

ewigen, rhythmischen Wechsel von Geburt und Tod einen Inbegriff schaffender Kraft[98].

Diese alchemistische Urvorstellung erscheint dramatisiert in der Zosimosvision, und zwar etwa so, wie es auch in einem wirklichen Traum geschehen könnte. In der ersten Fassung ist es der Priester Ion, der sich der «Qual» freiwillig unterzieht. Die Opferhandlung wird vom Hierourgos (dem, der die heilige Handlung ausführt) dadurch vollbracht, daß er den Ion mit dem Schwerte durchbohrt. Damit steht Ion gewissermaßen an der Stelle jener weißgekleideten und geschmückten Gestalt in der Vision (III, v[bis]), welche wir in der Fußnote zum Texte mit der solificatio (Sonnenapotheose) des Mysten der Isismysterien in Beziehung gesetzt haben. Diesem Ion entspricht die Gestalt eines königlichen Mystagogen oder Psychopompos, die in einer spätmittelalterlichen alchemistischen Traumvision auftritt. Es ist die sogenannte «Declaratio et Explicatio Adolphi» in der *«Aurelia occulta»*[99]. Allem Anschein nach steht die Vision in keinem Zusammenhang mit dem Zosimostexte. Auch ist es mir zweifelhaft, ob man ihr einen bloß parabolischen Charakter zumessen darf. Sie besitzt nämlich gewisse Züge, welche nicht traditionsgemäß, sondern originell sind, weshalb sie möglicherweise ein genuines Traumerlebnis darstellt. Auf alle Fälle weiß ich aus meiner professionellen Erfahrung, daß dergleichen Traumvisionen auch bei modernen Menschen vorkommen, die keine Ahnung von alchemistischer Symbolik haben. Es handelt sich um eine leuchtende, männliche Gestalt mit einer Gestirnskrone. Der Körper ist durchsichtig wie Glas. Sein Kleid ist von weißem Linnen, übersät mit vielfarbigen Blumen, wobei die grüne Farbe besonders hervorleuchtet. Er beschwichtigt die ängstlichen Zweifel des Adepten, indem er zu ihm spricht: «Adolphe, sequere me, monstrabo tibi ea, quae praeparata tibi sunt, ut e tenebris in lucem transmeare possis.» («Folge mir, ich werde dir das zeigen, was für dich vorbereitet ist, so daß du aus der Finsternis ins Licht hinübergehen kannst.») Diese Gestalt ist also ein echter und rechter Hermes Psychopompos und Initiator, welcher den geistigen Transitus des Adepten in die Wege leitet. Dies bestätigt sich im Verlauf des Abenteuers dadurch, daß der Adept ein Buch erhält, in welchem die «parabolische Figur» des Alten Adam dargestellt ist. Damit ist wohl angedeutet, daß die Erscheinung der Adam secundus, also

---

[98] «In Lebensfluten, im Tatensturm / Wall ich auf und ab, / Webe hin und her! / Geburt und Grab, / Ein ewiges Meer, / Ein wechselnd Weben, / Ein glühend Leben...» So spricht der Erdgeist, eben der spiritus mercurialis, zu Faust. [*Faust*, 1. Teil, Nacht.]

[99] *Theatr. chem.* (1613), IV, p. 577 ff. [Zitat p. 579].

eine Parallelfigur zu Christus, ist. Vom Opfer ist allerdings nicht die Rede, aber dieser Gedanke wäre ja, wenn unsere Vermutung richtig ist, durch den Adam secundus gewährleistet. Auf alle Fälle ist mit dem Rex meist das Motiv der mortificatio verbunden.

So soll auch der Ion unseres Textes als Personifikation des Sonnen- respektive Goldarkanums geopfert[100] und sein (goldener) Kopf, der zuvor mit der Sonnencorona gekrönt war (also offenbar im besonderen die Sonne, das heißt das Gold darstellt), abgetrennt werden, denn dieser enthält das Geheimnis oder ist es[101]. Damit ist auf die psychische Natur des Arkanums hingewiesen, denn der Kopf eines Menschen hat in erster Linie die Bedeutung des Bewußtseinssitzes[102]. Auch hier, in der Vision der Isis, steht der das Geheimnis tragende Engel mit dem μεσουράνισμα ἡλίου, dem Mittagsstand der Sonne in Beziehung, wie es im Texte heißt: τοῦ ἡλίου μέσον δρόμον ποιοῦντος («als die Sonne die Mitte ihrer Bahn durchlief»). Der Engel trägt das geheimnisvolle Elixier auf dem Kopfe und stellt, eben durch seine Beziehung zum Mittagsstand, eine Art von Sonnengenius oder einen Boten der Sonne dar, welcher «Erleuchtung», das heißt Erhöhung und Erweiterung des Bewußtseins bringt. Seine nicht eben salonfähigen Manieren dürften damit in Zusammenhang stehen, daß die Engelmoral sich seit alters einer zweifelhaften Reputation erfreut. Noch immer ist es Regel, daß die Frauen in der Kirche ihr Haar verhüllen. Noch bis ins 19. Jahrhundert hinein trugen die Frauen daher vielerorts in protestantischen Gegenden eine besondere Haube[103], wenn man sonntags zur Kirche ging. Dies geschah nicht etwa wegen des männlichen Publikums, sondern wegen der möglichen Anwesenheit von Engeln, die durch den

---

[100] In der späteren Alchemie tritt das Motiv der Tötung (mortificatio) des *Königs* auf. Dieser ist, vermöge seiner Krone, eine Art von Sonne. (Vgl. *Psychologie und Alchemie*, Abb. 173.) Das Motiv ist in weiterem Umfang das des Gottesopfers, welches sich nicht nur im Westen, sondern auch im Osten und insbesondere im alten Mexiko entwickelt hat. Dort ist es der Personifikator des Tezcatlipocâ (Feuriger Spiegel), welcher am Toxcatlfest geopfert wird. (SPENCE, *The Gods of Mexico*, p. 97 ff.) Das gleiche geschah im Kulte des Uitzilopochtli, des Sonnengottes (l. c., p. 73 ff.) dessen Gestalt auch im eucharistischen Ritus des Teoqualo [= das Gottessen; siehe *Aion*, Paragr. 222] figuriert. (Vgl. *Das Wandlungssymbol in der Messe*, Paragr. 339 ff.)

[101] Auf die Sonnennatur des Opfers weist die Tradition hin, daß der zur harranischen Köpfung Bestimmte hellblondes Haar und blaue Augen haben mußte. (Siehe *Das Wandlungssymbol in der Messe*, Paragr. 365 f.)

[102] Vgl. hiezu meine Ausführungen über den λίθος ἐγκέφαλος, das harranische Kopfmysterium und den legendären Orakelkopf des Papstes Sylvester II. (l. c.).

[103] Ihre Form ist noch in der Gestalt der Diakonissenhaube erhalten.

Anblick der weiblichen «Coiffure» in Verzückung geraten könnten. Der Ursprung dieser Anschauung dürfte wohl in der Erzählung von *Genesis* 6 liegen, wonach die «Gottessöhne» (eben die Engel) eine besondere Affinität zu den «Töchtern der Menschen» bekundeten und ihrer Begeisterung ebensowenig Zügel anlegten wie die beiden Engel des *Isistraktates*. Dieser Traktat wird ins 1. Jahrhundert p. Chr. n. gesetzt. Seine Anschauungen entsprechen der jüdisch-hellenistischen Angelologie Ägyptens [104]. Er kann daher sehr leicht dem Ägypter ZOSIMOS vorgelegen haben.

Solche Auffassungen der Engel stimmen trefflich mit der weiblichen sowohl als mit der männlichen Psychologie überein. Wenn die Engel nämlich *etwas* sind, so sind sie personifizierte Übermittler unbewußter Inhalte, die sich zum Worte melden. Wenn aber im Bewußtsein keine Bereitschaft vorhanden ist, unbewußte Inhalte aufzunehmen, so fließt die Energie derselben in das Gebiet der Affektivität respektive in die Triebsphäre ab. Daraus entstehen Affektausbrüche, Gereiztheit, Launen und sexuelle Erregungen, wodurch das Bewußtsein gründlichst desorientiert zu werden pflegt. Wird der Zustand chronisch, so entwickelt sich eine Dissoziation, von FREUD als Verdrängung beschrieben, mit allen ihren bekannten Folgen. Darum ist es therapeutisch von größtem Belang, die der Dissoziation zugrunde liegenden Inhalte kennenzulernen.

Wie der Engel Amnaël die Arkanmaterie mit sich bringt, so stellt der zu opfernde Ion sie selber dar. Die Prozedur der Durchbohrung respektive Zerteilung, die ihm zugedacht ist, findet sich in der Literatur in der speziellen Form der Zerteilung des «Eies». Es wird ebenfalls mit dem Schwert zerteilt, das heißt in die vier Naturen oder Elemente aufgelöst. Als arcanum ist das Ei selbstverständlich ein Synonym des «Wassers» [105]. Ebenso ist es ein Synonym des Drachen (serpens Mercurii) [106] und damit des «Wassers» mit der besonderen Bedeutung des Mikrokosmos oder der Monas. Da Wasser synonym mit Ei

---

[104] Nach rabbinischer Tradition sind die Engel (inklusive Satan) am zweiten Schöpfungstage (am Mond-Tag) geschaffen worden. Sie waren in bezug auf die Schöpfung des Menschen sofort geteilter Meinung. Deshalb habe Gott den Adam im geheimen erschaffen, um das Mißfallen der Engel zu vermeiden.

[105] «... assimulaverunt eam ⟨aquam⟩ ovo, quia circumdat totum, quod est in eo, habet enim totum in se quo indiget» [... sie verglichen das Wasser mit dem Ei, da es alles umschließt, was in ihm ist, und in sich alles enthält, wessen es bedarf]. (*Consilium coniugii* in: *Ars chem.*, p. 140) Das «totum quo indiget» ist eines der «göttlichen» Attribute. (Vgl. unten!)

[106] «... ovo philosophico ... Alias Draco dicitur» (MAIER, *Symbola*, p. 466). Vgl. SENIOR (*De chemia*, p. 108): «Draco autem est aqua divina» [Der Drache ist das göttliche Wasser].

ist, so wird die Zerteilung durch das Schwert auch am Wasser vollzogen. «Accipe vas, percute gladio, animam ejus accipe... Est itaque aqua haec nostra Vas nostrum[107].» Das Gefäß ist ebenfalls ein Synonym des Eies, daher die Vorschrift: «... rotundo vitreo vasculo, phiolae vel ovo simili, infunde[108]». Das Ei ist das Abbild des Welteies; das Eiweiß entspricht den aquis supracoelestibus (den überhimmlischen Wassern), dem splendido liquori (der glänzenden Flüssigkeit), und der Dotter der physischen Welt[109]. Das Ei enthält die vier Elemente[110].

110   Dem Schwert, mit dem die Zerteilung vollzogen wird, scheint noch eine besondere Bedeutung zuzukommen. So sagt das *«Consilium coniugii»*, das Hochzeitspaar, Sonne und Mond, müsse «mit dem eigenen Schwerte getötet» werden[111], wie oben erwähnt. Dies geschieht, damit das durch die coniunctio verbundene Paar «unsterbliche Seelen in sich trinke, bis die ganz im Inneren verborgene (frühere) Seele ausgelöscht wird». In einem Gedicht von 1620 beklagt sich Mercurius darüber, daß er vom «fewrigen Schwerdte Uebel geplagt» werde[112]. Nach alchemistischer Auffassung ist er ja die alte Schlange, die schon im Paradies die «scientia» besaß, insofern er dem Teufel nahe ver-

---

[107] «Nimm das Gefäß, durchhau es mit dem Schwert, nimm dessen ⟨des Gefäßes⟩ Seele ... So ist dieses unser Wasser unser Gefäß.» (*Mus. herm.*, p. 785)

[108] «Gieß in ein rundes, gläsernes Gefäß, einer Phiole oder einem Ei ähnlich» (l. c., p. 90).

[109] STEEBUS, *Coelum Sephiroticum*, p. 33.

[110] RUSKA, *Turba,* Sermo IV, p. 112. Vgl. auch die «Nomenklatur des Eies». BERTHELOT, *Alch. grecs,* I, IV, pp. 20/21 f., und II, IV, 44, pp. 96/104: OLYMPIODOR über das Ei, die Tetrasomie und die sphärische Phiole. Bezüglich Identität von Ouroboros und Ei sowie Vierteilung siehe das Buch von El-Habîb (BERTHELOT, *Chimie au moyen âge* III, pp. 92 und 104). Die Zerteilung des Eies mit dem Schwert ist figürlich dargestellt im Emblem VIII des *Scrutinium chymicum* von MAIER [p. 22], mit der Sentenz: «Accipe ovum et igneo percute gladio» [Nimm das Ei, und durchschneide es mit dem Schwert]. Daselbst, im Emblem XXV, die Tötung des Drachen, p. 71. Dieselbe mit dem Schwert in der Secunda Figura des LAMBSPRINCK (*Mus. herm.,* p. 345) genannt «Putrefactio». Tötung und Vierteilung gehören zusammen. «Mortificatio ⟨lapidis⟩», «separatio elementorum» (*Exercitationes in Turbam,* IX, p. 170 in: *Art. aurif.* I). Vgl. auch die dramatischen Drachenkämpfe in den Visionen des Krates (BERTHELOT, *Chimie au moyen âge* III, p. 73 ff.).

[111] *Ars chem.,* p. 259. Der Text lautet: «Haec autem coniunctio Solis et Lunae, non fiet nisi post ipsorum corruptionem. Unde in allegorijs, Oportet enim utrunque occidi gladio proprio, imbibendo sibi animas permanentes, donec anima interius occultissima extinguatur.» [Diese Konjunktion von Sonne und Mond entsteht nur nach deren Verderbung. Daher ⟨heißt es von ihnen⟩ in Allegorien... – weitere Übersetzung siehe oben im Text.]

[112] *Verus Hermes,* p. 16. [Siehe auch Paragr. 276 dieses Bandes.]

wandt ist (Mephistopheles!). Es ist das feurige Schwert des Engels an der Paradiesespforte, das ihn quält[113], und doch ist er selber dieses Schwert[114]. Mercurius mit dem Schwerte den König oder die Schlange tötend – also «gladio proprio se ipsum interficiens» – ist dargestellt im *«Speculum veritatis»*[115]. Auch Saturnus wird als vom Schwerte durchbohrt dargestellt[116]. Das Schwert eignet dem Mercurius als ein Spezialfall des «telum passionis», nämlich des Cupidopfeiles, den er als Kyllenios abschießt[117]. DORNEUS gibt in seiner *«Speculativa philosophia»*[118] eine ebenso interessante wie vollständige Deutung dieses Schwertes: es ist der gladius irae (das Schwert des göttlichen Zornes), das als Christus-Logos (Verbum Dei) am Lebensbaum aufgehängt wurde. Aus dieser Wandlung geht, nach DORNEUS, der «Tau» hervor, welcher als «aqua gratiae» über die ganze Welt ausgebreitet wird. Auch hier wird, wie im Text des ZOSIMOS, die Entstehung der «Wässer» mit der Opferhandlung in Zusammenhang gebracht. Der Logos, das «Wort» Gottes, ist «durchdringender als ein zweischneidiges Schwert» (penetrabilior omni gladio ancipiti)[119]. So werden die Konsekrationsworte in der Messe als «Opferschwert», mit dem das Dargebrachte getötet wird, aufgefaßt[120]. Man begegnet daher auch im christlichen Symbolismus dem gleichen «kreisförmigen» gnostischen Denken wie in der Alchemie. In beiden Gebieten ist der Opferer das Geopferte, und das tötende Schwert ist dasselbe wie das zu Tötende.

Der gleiche Zirkel offenbart sich bei ZOSIMOS in der Identität des Opferpriesters mit seinem Opfer und in der merkwürdigen Vorstellung, daß der Homunculus, in welchen sich Ion verwandelt, sich selbst auffresse[121]. Er speit nämlich sein eigenes Fleisch aus, wie wenn er dieses vorher verschlungen hät-

---

[113] Dieses Motiv findet sich auch in der Adamparabel der *Aurelia occulta (Theatr. chem.,* 1613, IV, p. 580). Dort wird geschildert, wie das Schwert des Engels dem Adam mehrfache blutende Wunden zufügt, weil dieser nicht aus dem Paradies weichen will. Es ist die Arkansubstanz, deren «extractio ex horto» [Herausziehen aus dem Garten] der Eva durch Anwendung eines Blutzaubers endlich gelingt.
[114] Vgl. [JUNG,] *Das Wandlungssymbol in der Messe.*
[115] Cod. Vat. Lat. 7286 (17. Jh.). Abb. 150 in: *Psychologie und Alchemie* [mit dem eigenen Schwerte sich selber tötend].
[116] Cod. Vossianus 29 (Leiden), fol. 73.
[117] RIPLEY, *Cantilena,* Strophe 17. [Vgl. *Mysterium Coniunctionis* II, IV, 4.]
[118] *Theatr. chem.* (1602) I, p. 284.
[119] [Hebr. 4,12.]
[120] Siehe *Das Wandlungssymbol in der Messe* [Paragr. 324].
[121] Die Parallele hiezu ist die Auffassung, daß Christus sein eigenes Blut getrunken hätte.

te. Daß er solches wirklich tut, beweist die nachfolgende Selbstzerfleischung. Der Homunculus steht somit an Stelle des Ouroboros, der sich selber auffrißt und sich selbst gebiert (Erbrechen!). Insofern nun der Homunculus eine Wandlungsform des Ion darstellt, ist dieser dem Ouroboros wesensgleich und damit auch dem Hierourgos. Es handelt sich also um ein und dasselbe Prinzip in drei verschiedenen Aspekten. Diese Gleichung wird durch die Symbolik jenes Textstückes, welches ich als Résumé bezeichnet und darum an das Ende der Visionenserie gesetzt habe, bestätigt. Das Geopferte ist tatsächlich der Drache Ouroboros. Seine Kreisgestalt ist durch den Tempel, dessen «Grundriß keinen Anfang und kein Ende» hat, angedeutet. Seine Zerstückelung entspricht der späteren Idee von der Trennung des Chaos in die vier Elemente (vergleiche die Vierteilung des Wassers in der Benedictio fontis!). Damit ist der Anfang zu einer Ordnung in der massa confusa gemacht, wie in III, 1, 2: κατὰ σύστασιν ἁρμονίας (entsprechend der harmonischen Zusammensetzung) bereits angedeutet ist. Die psychologische Parallele dazu ist die durch Bewußtwerdung und Reflexion hergestellte Ordnung zunächst chaotisch erscheinender Stücke des Unbewußten, die ins Bewußtsein eingebrochen sind. Ohne von den Operationen der Alchemie zu wissen, habe ich seinerzeit meine viergeteilte psychologische Typologie als Ordnungsprinzip für die psychischen Vorgänge überhaupt aufgestellt und habe mich dabei unbewußt desselben Archetypus bedient, welcher auch SCHOPENHAUER veranlaßt hat, dem Satze vom Grunde eine vierfache Wurzel zu geben.

Der Tempel als Monolith[122] ist offenkundig eine Paraphrase des Lapis. Die darin sprudelnde Quelle ist ein Lebensquell, womit angedeutet wird, daß die Herstellung der runden Ganzheit, eben des Steines, eine Garantie der Belebtheit darstellt. Das ebenfalls im Inneren des Steins aufblitzende Licht hat die Bedeutung der mit der Ganzheit verbundenen illuminatio[123]. Erleuchtung ist Vermehrung des Bewußtseins.

Obschon der weißglänzende Monolith unzweifelhaft den Lapis repräsentiert, so hat er doch auch zugleich, wie leicht ersichtlich, die Bedeutung des Hermetischen Gefäßes. In dieser Hinsicht sagt das «*Rosarium philosophorum*»: «Unus est lapis, una medicina, unum vas, unum regimen, unaque disposi-

---

[122] «Lapis noster fit ex una re.» [Unser Stein entsteht aus *einer* Sache.]

[123] Das Leuchten des Gefäßes kommt öfters vor, so in: *Allegoriae super librum Turbae* (*Art. aurif.* I, p. 143): «... donec videatis vas candescere, et veluti Iacinthum lucere.» [... bis ihr das Gefäß glühen und wie einen Hyazinth leuchten seht.] Desgleichen in: *Consilium coniugii* (*Ars chem.*, p. 221).

tio[124].» Noch deutlicher heißt es in den Scholien zum «*Tractatus aureus Hermetis*»: «Sed omnia sint unum in uno circulo sive vase[125].» MICHAEL MAIER schreibt der Maria der Jüdin («soror Mosis»!) die Ansicht zu, daß das ganze Geheimnis in der Kenntnis des Hermetischen Gefäßes bestehe. Dieses sei nämlich göttlich und von der Weisheit des Herrn den Menschen verborgen worden[126]. Die «*Aurora consurgens*»[127] sagt, daß das vas naturale die aqua permanens und der «Essig der Philosophen» sei, womit natürlich die Arkansubstanz selber gemeint ist. In diesem Sinne ist auch die «*Practica Mariae*»[128] zu verstehen, wenn sie vom hermetischen Gefäß sagt, es sei «mensura ignis tui», und daß die Stoiker es verborgen hätten (... hoc Stoici occultaverunt)[129]; es sei das «corpus toxicum» welches den Merkur wandelt, nämlich eben das «Wasser» der Philosophen[130]. Es sei aber (als Arkansubstanz) nicht nur das «Wasser», sondern auch das «Feuer», wie die «*Allegoriae sapientum*»[131] dartun: «Item lapis noster, hoc est ignis ampulla ex igne creatus est.» Es ist daher begreiflich, wenn MYLIUS[132] das Gefäß als «die Wurzel und das Prinzip unserer Kunst» bezeichnet. LAURENTIUS VENTURA[133] nennt es «Luna», welche die foemina alba der Kunst und die Mutter des Lapis ist. Das Gefäß, das «vom Wasser nicht gelöst und vom Feuer nicht geschmolzen» wird, sei, sagt der «*Liber quartorum*»[134], «wie das Werk Gottes im Gefäße des göttlichen Keimes (germinis divi), weil es den Lehm aufgenommen, geformt und mit Wasser und Feuer durchmischt hat». Damit dürfte wohl einerseits auf die Menschenschöpfung angespielt sein, aber andererseits scheint es sich auch um die Erschaffung der Seelen zu handeln, indem der Text unmittelbar anschließend von dem Hervorgehen der Seelen «aus den Keimen der Himmel»[135] spricht.

---

[124] [Einer ist der Stein, eine die Medizin, eines das Gefäß, eines das Verfahren und eine die Anordnung.] Erschienen 1550, fol. A III.
[125] Abgedruckt in: *Bibl. chem.* I, p. 442b [aber alles sei eines in *einem* Kreislauf oder Gefäß].
[126] *Symbola aurea mensae*, p. 63.
[127] *Art. aurif.* I, p. 203.
[128] l. c., p. 323 f. [das Maß deines Feuers].
[129] Die «Stoici» sind auch im *Liber quartorum* (*Theatr. chem.*, 1622, V, p. 143) erwähnt.
[130] HOGHELANDE, *De alchemiae difficultatibus* (*Theatr. chem.*, 1602, I, p. 199) und a. a. O.
[131] *Theatr. chem.* (1622) V, p. 67. «Ebenso ist unser Stein, das heißt der Kolben des Feuers, aus dem Feuer erschaffen.»
[132] *Philosophia reformata*, p. 32.
[133] «Et istud vas est Luna». (*De lapide philosophico* in: *Theatr. chem.* (1622) II, p. 280.)
[134] *Theatr. chem.* (1622) V, p. 148.
[135] «Cum animae processissent a germinibus coelorum» [l. c., p. 148].

Zum Auffangen der Seele aber habe Gott das «vas cerebri», nämlich die Schädelkapsel geschaffen. Hier berührt nun die Symbolik des Gefäßes diejenige des Kopfes, welche ich gesondert, in meiner Untersuchung über *«Das Wandlungssymbol in der Messe»*, behandelt habe.

114 Die prima materia hat als humidum radicale mit der anima zu tun, denn letzterer kommt ebenfalls eine gewisse «Feuchtigkeit» zu [136] (zum Beispiel als Tau [137]). So wird das Symbol des Gefäßes auch auf die Seele übertragen. Ein treffliches Beispiel hiefür bietet CÄSARIUS VON HEISTERBACH [138]: die Seele sei eine geistige Substanz von sphärischer Natur, wie die Mondkugel, oder wie ein Glasgefäß, das «vorne und hinten mit Augen versehen» sei und «das ganze Universum sehe», also wie der alchemistische draco παντόφθαλμος oder wie die Schlange des IGNATIUS VON LOYOLA. In diesem Zusammenhang ist die Bemerkung des MYLIUS [139], daß durch das Gefäß «das ganze Firmament in seinem Umlaufe rotiere», von besonderem Interesse, denn der Sternhimmel und die Vieläugigkeit haben eine symbolische Koinzidenz [140]. Der «Tempel» des ZOSIMOS erscheint in der späteren Alchemie als domus thesaurorum und gazophylacium (Schatzhaus) [141].

115 Aus all dem dürfte die Ansicht des DORNEUS, das Gefäß müsse aus der Quadratur des Zirkels hergestellt werden [142], begreiflich erscheinen; handelt es sich doch dabei um eine wesentlich psychische Operation, nämlich um die Herstellung einer inneren Bereitschaft, den Archetypus des Selbst aufzunehmen und (subjektiv) erscheinen zu lassen. DORNEUS nennt das Gefäß «vas pellicanicum», durch welches die essentia quinta aus der prima materia ausgezogen wird [143]. Ebenso sagt der Anonymus der Scholien zum *«Tractatus aureus»*: «Dieses Gefäß nämlich ist der wahre philosophische Pelikan, und es

---

[136] Die humiditas ist «retentiva animarum» [seelenhaltig]. *Lib. quart.* (l. c., p. 148).

[137] Vgl. die descensio animae in: *Die Psychologie der Übertragung*, Paragr. 483 und 497.

[138] *Dialogus miraculorum*, Distinctio IV, Kp. XX und Dist. I, Kp. XXXII. [Zu IGNATIUS vgl. JUNG, *Der Geist der Psychologie*, Paragr. 395.]

[139] *Phil. ref.*, p. 33.

[140] Vgl. die Hypothese des multipeln Bewußtseins in: *Theoretische Überlegungen zum Wesen des Psychischen* [Abschnitt F].

[141] *Cons. coniugii* in: *Ars chem.*, p. 109.

[142] *De transmutatione metallorum* in: *Theatr. chem.* (1602) I, p. 574 f.: «... vas nostrum ... iuxta vere Geometricam proportionem atque mensuram, et ex certa quadam circuli quadratura fabricari debere.» [... unser Gefäß müsse wahrlich nach geometrischem Größenverhältnis und Maßstab und aus einer bestimmten Quadratur des Kreises hergestellt werden.]

[143] *Philosophia chemica* in: *Theatr. chem.* I (1602), p. 500.

ist kein anderer in der ganzen Welt zu suchen¹⁴⁴.» Es ist der Lapis selber und enthält ihn zugleich, das heißt *das Selbst beinhaltet sich selbst*. Dieser Formulierung entspricht die häufige Vergleichung des Steins mit dem Ei oder mit dem Drachen, der sich selbst verschlingt und sich selber gebiert.

Die Gedankenwelt sowohl wie die Sprache der Alchemie lehnen sich an die der Mystik an: der Leib Christi heißt im *Barnabasbrief* τὸ σκεῦος τοῦ πνεύματος (das Gefäß des Geistes). Christus selber ist ja der Pelikan, der seine Brust für seine Jungen ritzt¹⁴⁵. Die Herakleoniten lassen den Sterbenden zu den demiurgischen Mächten sprechen: «Ich bin ein Gefäß kostbarer als jenes weibliche Wesen, das euch gemacht hat. Während eure Mutter ihre eigene Wurzel nicht kennt, so weiß ich um mich selbst, und ich erkenne, woher ich bin, und ich rufe die unvergängliche Weisheit an, welche im Vater¹⁴⁶ und die Mutter eurer Mutter ist, sie, die keine Mutter hat, aber auch keinen männlichen Gefährten» usw.¹⁴⁷.

In der abstrusen Symbolik der Alchemie tönt uns einerseits der ferne Widerhall dieses Geistes, welcher, ohne Hoffnung auf Entwicklungsmöglichkeit, der Zerstörung durch die kirchliche Zensur verfallen mußte, entgegen; anderseits finden wir in ihr ein Voraustasten und Vorausahnen in eine Zu-

---

¹⁴⁴ *Theatr. chem.* (1613) IV, p. 789.

¹⁴⁵ HONORIUS VON AUTUN, *Speculum de mysteriis ecclesiae*, col. 936. Das Aufritzen der Brust, die Seitenwunde und der Martertod sind Parallelen zur Schlachtung, Zerstückelung, Abhäutung usw. und gehören wie diese zu dem Durchbruch und der Offenbarung des inneren Menschen. Siehe dazu den Bericht des HIPPOLYTUS über das phrygische System: die Phrygier nämlich lehrten, daß der Vater des Alls «Amygdalos» (Mandelbaum) heiße, präexistent (προόντα) sei und «in sich die vollkommene Frucht trage, welche in der Tiefe pulsiere und sich bewege». Er habe «seine Brust zerrissen (διήμυξε) und sein unsichtbares, namenloses und unaussprechliches Kind geboren». Das ist der «Unsichtbare, durch den alles geworden, und ohne den nichts geworden» ist. (Bezieht sich auf den Logos, *Jo.* 1, 3.) Er ist der «Syriktes», der Pfeifer, nämlich der Wind (pneuma). Er ist der «Tausendäugige, Unbegreifliche», das «Wort (ῥῆμα) Gottes, das Wort der Verkündigung der großen Kraft». Er ist «verborgen in der Wohnung, wo die Wurzel des Alls gründet». Er ist «das Königreich der Himmel, das Senfkorn, der unteilbare Punkt, den die Pneumatiker allein kennen». (*Elenchos*, V, 9, 1–6, p. 97 f.) [*Barnabasbrief* in: HENNECKE, *Neutestamentliche Apokryphen*, p. 143 ff.]

¹⁴⁶ HERAKLEION lehrte, daß es als Weltgrund einen Urmenschen, genannt Bythos (Meerestiefe), gebe, welcher weder männlich noch weiblich ist. Diesem Wesen scheint der innere Mensch (ὁ ἔσω ἄνθρωπος) nicht nur zu entstammen, sondern auch zu entsprechen, denn es heißt von ihm, daß er ἐκ τοῦ ἄνωθεν πληρώματος κατεληλυθέναι (aus dem oberen Pleroma herabgekommen) sei.

¹⁴⁷ EPIPHANIUS, *Panarium* (*Contra octoaginta haereses*, XXXVI, III), p. 125.

kunft, welche die Projektion auf den Menschen zurückführen wird, von dem sie ausgegangen ist. Es ist interessant, zu sehen, in wie seltsam unbeholfener Weise sich diese Tendenz in der alchemistischen Phantasmagorik ihren Weg bahnt. JOHANNES DE RUPESCISSA gibt folgende Anweisung: «Fais faire un vaisseau en la manière d'un Cherubin, qui est la figure de Dieu, et aye six aisles, en la façon de six bras, revenans en luy mesmes: et dessus une teste ronde... Et mets dedans iceluy vaisseau ladite eau ardant» etc.[148]. Danach sollte also das ideale Destilliergefäß respektive das vas Hermetis eine zwar göttlich-monströse, aber doch annähernd menschliche Gestalt haben. Ebenso nennt RUPESCISSA die Quintessenz den «ciel humain», sie ist «comme le ciel et les étoiles». (Beziehung des «Firmamentes» zum Unbewußten!) Im Buche *El-Habib*[149] heißt es: «La tête de l'homme, aussi, est semblable à un appareil de condensation.» Unter den vier Schlüsseln, welche das Schatzhaus aufschließen, erwähnt das «*Consilium coniugii*»[150] folgenden Prozeß: «Haec una clavis est ascensio aquae per vasis collum ad caput eius habens similitudinem animalis hominis...» Einer ähnlichen Vorstellung begegnen wir auch im *Liber quartorum*[151]: «Vas... oportet esse rotundae figurae: Ut sit artifex huius ⟨aperis⟩ mutator firmamenti, et testae capitis, ut cum sit res qua indigemus, res simplex». Es ist klar, daß diese Vorstellungen historisch zur Kopfsymbolik der Zosimostexte

---

[148] *La Vertu et la propriété de la quinte essence*, p. 26. [Laß ein Gefäß herstellen nach der Art eines Cherub, der das Abbild Gottes ist, und der sechs Flügel habe, wie sechs Arme, die auf ihn zurückkommen: und darüber einen runden Kopf... Und tue in dieses Gefäß das besagte feurige Wasser. – Vgl. auch *Aion*, Paragr. 379.]
[149] BERTHELOT, *Chimie au moyen âge* III, p. 80.
[150] In: *Ars chem.*, p. 110: «Dieser eine Schlüssel ist das Aufsteigen des Wassers durch den Hals zum Kopf des Gefäßes, das einem lebendigen Menschen ähnlich ist.»
[151] *Theatr. chem.* (1622) V, p. 150f.: «Das Gefäß muß von runder Gestalt sein, so wie der Künstler dieses Werkes ein Veränderer des Firmamentes und der Schädelkapsel, und wie die Sache, derer wir bedürfen, eine einfache Sache sei.» Die «res simplex» bezieht sich in diesem Text letzthinnig auf Gott. Die «res qua indigemus» ist «simplex». Das «simplex» ist «insensibile». Die Seele ist das Einfache, und das «opus non perficitur nisi vertatur in simplex» [das Werk wird nicht vollendet, wenn die Sache nicht in das Einfache verwandelt wird] (p. 130). Die «intelligentia est anima simplex» [Das Verständnis ist die einfache Seele]; «et intelligentia noscit, et quid superior eâ est, et circundat eam Deus unus, cuius qualitas apprehendi non potest» [und das Verständnis weiß auch, was höher ist als dieses, und der eine Gott umgibt es, dessen Eigenschaft nicht erfaßt werden kann] (p. 145); «... res ex qua sunt res est Deus invisibilis, et immobilis, cuius voluntate intelligentia coṅdita est» [... die Sache, aus der die Dinge entstanden sind, ist der unsichtbare und unbewegliche Gott, durch dessen Willen das Verständnis begründet ist] (l. c.).

zurückreichen, zugleich aber weisen sie auch vorwärts zu der Erkenntnis, daß der Wandlungsprozeß im Kopfe, das heißt ein psychischer Vorgang sei. Diese Erkenntnis ist nicht etwa nachträglich in ungeschickter Weise verhüllt worden, sondern es ist gerade die Mühseligkeit ihres Erwachens, welche die Hartnäckigkeit ihrer Projektion in den Stoff beweist. Psychologische Erkenntnis durch Reduktion der Projektionen scheint von jeher eine ungemein schwierige Angelegenheit gewesen zu sein.

Der Drache, respektive die Schlange, stellt die *uranfängliche Unbewußtheit* 118 dar, denn dieses Tier liebt es, wie die Alchemisten sagen, sich «in cavernis et tenebrosis locis» aufzuhalten. Diese Unbewußtheit muß geopfert werden; erst dann kann man den Eingang in den Kopf, das heißt zur bewußten Erkenntnis finden. Hier spielt sich wiederum der universale Kampf des Helden gegen den Drachen ab, bei dessen siegreichem Ende jeweils die Sonne aufgeht, das heißt das Bewußtsein erhellt sich und nimmt wahr, wie dies der Zosimostext beschreibt, daß der Wandlungsprozeß im Inneren des Tempels, das heißt des Kopfes, stattfindet. Es ist in der Tat ὁ ἔσω ἄνθρωπος, der innere Mensch, als Homunculus vorgestellt, welcher die Verwandlungsstufen vom Kupfer durch das Silber bis zum Gold durchläuft. Diese Stufen entsprechen einer graduellen Werterhöhung.

Es mutet den modernen Menschen recht sonderbar an, daß gerade der innere Mensch und sein von ihm vorausgesetztes geistiges Wesen durch Metalle 119 repräsentiert sein soll. An der historischen Tatsache ist nicht zu zweifeln, auch handelt es sich nicht um eine der Alchemie allein eigentümliche Vorstellung. So wird zum Beispiel von Zarathustra berichtet, daß er von Ahura Mazda in einem Becher den Trank der Allwissenheit erhielt. Darauf sah er in einem Traum einen Baum mit vier Zweigen von Gold, Silber, Stahl und gemischtem Eisen[152]. Der Baum entspricht genau dem Metallbaum der Alchemie, der arbor philosophica, welche, wenn irgend etwas, dann geistiges Wachstum bis zur höchsten Erleuchtung darstellt. Das kalte, tote Metall scheint einem allerdings das schlechthinnige Gegenteil des Geistes zu sein – aber wie ist es dann, wenn der Geist ebenso tot ist wie das Blei oder das Kupfer? Dann kann zum Beispiel ein Traum sagen: Such es im Blei oder im Quecksilber! Es scheint nämlich der Natur daran gelegen, das Bewußtsein zu größerer Ausdehnung und Erhellung anzutreiben, weshalb sie sich das stete Begehren des Menschen

---

[152] REITZENSTEIN UND SCHAEDER, *Studien zum antiken Synkretismus aus Iran und Griechenland*, p. 45.

nach Metallen, insonderheit nach den kostbaren, zunutze macht und ihn veranlaßt, diese zu suchen und auf ihre Möglichkeiten zu prüfen. Während dieser Beschäftigung mag es ihm dämmern, daß sich in seinen Schächten nicht nur Erzadern befinden, sondern auch Erzmännchen, und daß im Blei entweder ein gefährlicher Dämon oder eine Taube des Heiligen Geistes verborgen ist.

120   Einzelne Alchemisten haben diesen Erkenntnisprozeß nachweislich bis zu einem solchen Grade durchlaufen, daß nur noch eine dünne Scheidewand sie von psychologischer Bewußtheit trennte. CHRISTIAN ROSENCREUTZ steht noch diesseits der Schwelle, GOETHES «*Faust*» aber gerade jenseits und schildert daher das psychologische Problem, welches sich dann erhebt, wenn der «innere Mensch», jene größere Gestalt, die sich zuvor in der kleineren des Homunculus barg, in das Licht des Bewußtseins und damit dem bisherigen Ich (dem homo animalis) gegenübertritt. Mehr als einmal ahnt Faust die Metallkälte des Mephistopheles, der ihn erstmals in Hundegestalt umkreist (Ouroborosmotiv!); er bedient sich seiner als eines familiaris ($\pi\acute{\alpha}\rho\varepsilon\delta\rho o\varsigma$, dienstbarer Geist) und entledigt sich seiner mittels des Motivs vom betrogenen Teufel, hat aber den Frühling, den ihm Mercurius brachte, für sich in Anspruch genommen, und ebenso den Ruhm und die Macht der Magie. Die Lösung, die GOETHE dem Problem gegeben hat, war noch mittelalterlich, entsprach jedoch einer seelischen Haltung, welche des Schutzes der Kirche entbehrte. Das war bei ROSENCREUTZ nicht der Fall: er konnte sich noch weise außerhalb des Zauberkreises halten; denn er, nämlich ANDREAE, stand noch innerhalb der Tradition. GOETHE war moderner und daher unvorsichtiger. Er hat nie recht verstanden, vor welcher Walpurgisnacht des Geistes das christliche Dogma schützt, obschon gerade sein Meisterwerk ihm diese Unterwelt sogar in zwei Auflagen vorsetzte. Allein, was kann einem Dichter nicht alles geschehen, ohne daß es ernstliche Folgen zu haben braucht! Diese kamen dann bekanntlich erst um ein Jahrhundert später. Mit solchen Zeiträumen muß die Psychologie des Unbewußten allerdings rechnen, denn sie hat es weniger mit der ephemeren Persönlichkeit als mit jenem säkularen Prozeß zu tun, dem der einzelne Mensch aufgepflanzt ist wie der hinfällige Blüten- und Fruchtständer seinem Rhizom.

C. DIE PERSONIFIKATIONEN

Was uns als Résumé erscheint, nämlich das eben besprochene Stück, nennt ZOSIMOS ein προοίμιον, eine Vorrede. Es ist also keine Traumvision, sondern er spricht hier seine bewußte Kunstsprache und drückt sich in Begriffen aus, welche seinem Leser offenbar geläufig sind. Die Schlange, ihre Opferung und Zerstückelung, das Kopfgefäß und das Wunder der χρυσοποιία, des Goldmachens, die Wandlung der ἀνθρωπάρια, der Metallgeister, sind in der Tat Vorstellungen der damaligen Alchemie. Darum mutet uns auch dieses Stück wie eine bewußte Allegorie an, und zwar im Gegensatz zu den eigentlichen Visionen, welche das Thema der Wandlung in einer durchaus unorthodoxen und originellen Weise abhandeln, genauso, wie es Träume tun können. Die abstrakten Metallgeister sind hier erleidende, menschliche Wesen, und der ganze Prozeß wird einer mystischen Initiation angenähert, das heißt in erheblichem Maße psychologisiert. Das Bewußtsein des ZOSIMOS ist aber noch dermaßen im Banne der Projektion, daß er in der Vision nichts anderes zu erblicken vermag als eben nur die «Herstellung der Flüssigkeiten». Man sieht, wie sich das damalige Bewußtsein vom mystischen Prozeß abwendet und sich dem materiellen zukehrt, und wie eben gerade die mystische Projektion dazu dient, die Aufmerksamkeit auf das Physische zu ziehen. Denn noch war die physische Welt nicht entdeckt. Hätte ZOSIMOS die Projektion erkannt, so wäre er in den Nebel der damaligen mystischen Spekulation zurückgefallen, und die Entwicklung des naturwissenschaftlichen Geistes wäre noch länger verzögert worden. Für uns liegen die Sachen nun allerdings anders. Für uns ist gerade der mystische Inhalt seiner Träume von besonderer Bedeutung, denn wir kennen jene chemischen Prozesse, an deren Erforschung ihm gelegen war, zur Genüge. Wir sind darum in der Lage, sie von der Projektion zu trennen und das Psychische in ihnen an und für sich zu erkennen. Das Résumé gibt uns auch eine Vergleichsmöglichkeit, welche uns befähigt, den Unterschied in der Darstellungsweise der Vorrede und der Vision wahrzunehmen. Dieser Unterschied spricht zugunsten unserer Annahme, daß die Visionen Träume und keine Allegorien sind. Die Herstellung des authentischen Traumes aus der mangelhaft überlieferten Gestalt des Textes dürfte mit Sicherheit allerdings kaum mehr möglich sein.

Die Darstellung des alchemisch-mystischen Vorganges durch Personen bedarf einiger Erläuterungen. Die Personifikationen von leblosen Dingen sind Überbleibsel primitiver und antiker Psychologie. Sie beruhen auf ursprünglicher unbewußter Identität, der sogenannten «participation mystique»[153]. Die unbewußte Identität entsteht durch eine Projektion unbewußter Inhalte in ein Objekt, wobei diese erst als Qualitäten, scheinbar dem Objekt zugehörig, dem Bewußtsein zugänglich werden. Jedes irgendwie interessante Objekt provoziert einen mehr oder weniger großen Betrag an Projektionen. Der Unterschied zwischen der primitiven und der modernen Psychologie in dieser Hinsicht ist vor allem ein qualitativer und in zweiter Linie auch ein gradueller. Die Kulturentwicklung des Bewußtseins ist wesentlich extensiv: es erweitert sich einerseits durch Acquisition, andererseits durch Zurückziehung von Projektionen. Letztere werden als psychische Inhalte erkannt und der Psyche re-integriert. Die Alchemie hat sozusagen alle ihre hauptsächlichen Ideen konkretisiert beziehungsweise personifiziert, die Elemente, das Gefäß, den Stein, die prima materia, die Tinktur usw. Die Idee vom Menschen als von einem Mikrokosmos, der in allen seinen Teilen die Erde oder das Weltall darstellt (vergleiche zum Beispiel die mittelalterlichen Melothesien![154]), ist ein Überrest der ursprünglichen psychischen Identität, welche einem vorwiegend dämmerhaften Bewußtsein entsprach. Ein alchemistischer Text drückt sich folgendermaßen aus:

⟨Der Mensch gelte als Mikrokosmos ...⟩ «Seine unter der Haut verborgenen Knochen werden den Felsen verglichen. Durch jene ist nämlich der Körper verstärkt, nicht anders die Erde durch die Felsen, und das Fleisch wird für die Erde gehalten und die großen Blutgefäße für große Ströme, die kleinen aber für kleine Flüsse, die sich in die großen ergießen. Die Blase ist das Meer, in welchem ebensowohl große als kleine Flüsse gleicherweise sich sammeln. Das Haar wird dem wachsenden Kraut, die Nägel an den Händen und Füßen und was inner- und außerhalb am Menschen erfaßt wird – alles wird nach seiner Art mit der Welt verglichen[155].»

[153] LÉVY-BRUHL, *Les Fonctions mentales dans les sociétés inférieures.* Vgl. *Psychologische Typen,* Definitionen s. v. «Identifikation» und «Identität».

[154] [Vgl. dazu JUNG, *Psychologie und Religion,* Paragr. 62 und 113.]

[155] «... quod homo in se omneis vires habeat illarum rerum, quemadmodum ejus rei sententia illa testis est, dum homo pro parvo mundo aestumatur, atque etiam omnino cum mundo comparatur, ossa enim illius sub cute latentia saxosis cum montibus comparantur: cum illis namque corpus corroboratum est, non secus ac terra lapidibus, et caro pro terra aestumatur, atque venae magnae pro magnis fluentis, parve vero pro exiguis fluviis, qui in magnos sese exonerant. Vesica mare est, in qua tam magni, quam exigui etiam fluvii, pariter congregantur: Crinis, herbis crescentibus: Ungues in manibus et pedibus, et quod tam in: quam extrinsecus in homine deprehenditur, omnia juxta suam speciem, cum mundo comparantur.» (*Gloria mundi* in: *Mus. herm.,* p. 270)

2. Der Kommentar

Die alchemistischen Projektionen bilden nichts anderes als einen Spezialfall der allgemeinen Denkweise, die sich in der Idee des Mikrokosmos typisiert. Ein gutes Beispiel für solche Personifikationen ist folgendes:

«Nun merck fürbaß mein allerliebster / wie du thun solt / du solt gehn für das Hauß / da findtstu zwey Thor / die sein verschlossen / da soltu ein kleine weil darvor stehn / biß daß einer kompt / und die Porten auffschleußt / und geht zu dir herauß / daß wirdt sein ein Gelber Mann / unnd ist nit hüpsch under den Augen / du solt ihn aber nit fürchten / darumb das er ungestalt ist / er ist aber lieblicher wort / und wirt dich fragen / mein lieber was suechestu hie / wann ich wahrlich lang nit keinen Menschen so hieforn gesehen hab / so nahend bey disem hauß / dan soltu jm antworten / ich bin her gewisen und suech den Lapidem Philosophorum / derselb Gelb Mann wirt dir antworten und also sprechen / mein lieber freundt nachdem du nun so ver bist kommen / so wil ich dich fürbas weisen / du solt gehn in das Hauß / so lang biß das du kombst an ein fliessenden Brunnen... und dan so gehe aber fürbaß ein kleine weil / so wirt dir bekommen ein Rotter Mann / der ist Fewrot und hat Rotte augen / du solt jn auch nit fürchten seiner fraidigkeit halben / dan er ist mit worten glimpflich / und der wirt dich auch fragen / mein lieber freund / was ist dein begern hie / wan du bist mir gar ein fremmder Gast / so soltu jm antworten / ich suech Lapidem Philosophorum...[156].»

Eine besondere Quelle für die Metallpersonifikationen sind die Volkssagen von den Wichtelmännchen, die öfters in Erzgruben gesehen wurden[157]. Den «Metallmännern» begegnen wir mehrfach bei ZOSIMOS[158], auch einem ehernen Adler[159], ebenso in der lateinischen Alchemie: «accipe illum album hominem de vase», der nämlich aus der coniunctio sponsi et sponsae hervorgeht[160]. Hierher gehören auch die immer wieder zitierten Figuren der «Weißen Frau» und des «Roten Sklaven», die sich auf Beya[161] und Gabricus beziehen. Diese beiden Figuren scheinen auch bei CHAUCER Eingang gefunden zu haben:

---

[156] *Ein Philosophisches Werck und Gespräch, von dem Gelben und Rotten Mann* «Reverendissimis Domini Melchioris Cardinalis et Episcopi Brixiensis» in: SALOMON TRISMOSIN, *Aureum vellus*, p. 179 f. Nach dem roten Mann findet er den schwarzen Raben, und aus diesem kommt die weiße Taube.

[157] Dazu interessante Belege bei GREGORIUS AGRICOLA, *De animantibus subterraneis*; ebenso bei ATHANASIUS KIRCHER, *Mundus subterraneus*, lib. VIII, cp. IV.

[158] BERTHELOT, *Alch. grecs*, III, xxxv, pp. 201/207.

[159] l. c., IILX, 18 f., pp. 197/202.

[160] Aenigma IV in: *Art. aurif*. I, p. 151. [Nimm jenen weißen Mann aus dem Gefäße an – Vereinigung von Bräutigam und Braut.]

[161] *Visio Arislei* in: *Art. aurif*. I, p. 146 ff.

> The statue of Mars up on a carte stood,
> Armed, and loked grym as he were wood;
> And over his heed ther shynen two figures
> Of sterres, that been cleped in scriptures,
> That oon Puella, that oother Rubeus [162].

125   Nichts war leichter möglich, als daß die Liebesgeschichte von Mars und Venus mit derjenigen von Gabricus und Beya in Parallele gesetzt wurde («uxor candida» und «servus rubicundus», etwa auch als Hündin und Hund personifiziert), ebenso sind astrologische Einflüsse wahrscheinlich. Wie der Mensch vermöge seiner Identität am Makrokosmos teilhat, so dieser auch am Menschen. Daraus ist folgende, für die Psychologie der Alchemie überaus wichtige Stelle zu verstehen: «Et ut homo ex 4 elementis est compositus, ita et lapis, et ita est ex homine, et tu es eius minera, scil. per operationem: et de te extrahitur, scil. per divisionem: et in te inseparabiliter manet, scil. per scientiam [163].» Wie die Dinge als «Menschen» personifiziert werden, so personifiziert sich der Makrokosmos als Mensch. «Adeo ut tota Natura in homine tanquam in centro concurrat et unum de altero participet, et lapidis Philosophici materiam ubique reperiri non injuria fuerit conclusum [164].» Im *Consilium coniugii* [165] heißt es: «Quatuor sunt naturae quae Philosophicum constituunt hominem». – «... quatuor sunt Elementa lapidis optime proportionata Philosophicum constituentia hominem, id est elixir perfectum humanum». – «... lapis dicitur homo, quia nisi ratione, et scientia humana ad eum [166] pervenitur». («Es sind vier Naturen, die den Philosophischen Menschen zusam-

---

[162] *The Canterbury Tales*: «The Knightes Tale», 2040–2045, p. 444. [Die Statue des Mars stand auf einem Streitwagen, / bewaffnet, und sah wild aus, wie rasend vor Wut; / und über seinem Kopf erschienen zwei Sternbilder, / welche in Schriften / das eine Puella, das andere Rubeus genannt wurden.]

[163] *Rosinus ad Sarratantam* in: *Art. aurif.* I, p. 311: «Und wie der Mensch aus vier Elementen zusammengesetzt ist, so ist es auch der Stein, und so entsteht er aus dem Menschen, und du bist sein Mineral, nämlich durch das Werk; und er wird aus dir extrahiert, nämlich aus der Teilung; und er bleibt unzertrennlich in dir, nämlich durch die Wissenschaft.»

[164] *Ortheli epilogus* in: *Theatr. chem.* (1661) VI, p. 438: «... so sehr, daß die ganze Natur im Menschen gleichsam als in einem Zentrum zusammenkommt und eines am anderen teilhat, und man nicht zu Unrecht daraus den Schluß ziehen wird, daß die materia prima des philosophischen Steins überall gefunden werden kann.»

[165] *Ars chem.*, pp. 247, 253 und 254.

[166] Der Text hat «Deum», was sinnlos ist. Aussagen wie «corpus nostrum est Lapis noster» [unser Körper ist unser Stein] (*Authoris ignoti opusculum* in: *Art. aurif.* I, p. 392) sind zweifelhaft, weil «unser Körper» ebensogut die Arkanmaterie bedeuten kann.

mensetzen.» «Es sind die vier Elemente des Steines, welche, aufs beste zueinander ins Verhältnis gebracht, den Philosophischen Menschen, das heißt das vollkommene menschliche Elixier zusammensetzen.» «Der Stein wird als Mensch bezeichnet, weil man nur durch Vernunft und menschliches Wissen zu ihm gelangt.») Die Aussage «tu es minera» hat ihre Parallele im Komariostraktat[167]: «In dir ⟨Kleopatra⟩ ist verborgen das ganze wunderbare und schauerliche Geheimnis.» Das gleiche wird auch von den «Körpern» (σώματα, das heißt Materie) ausgesagt: «In ihnen nämlich ist das ganze Geheimnis verborgen[168].»

D. DIE STEINSYMBOLIK

ZOSIMOS stellt das σῶμα im Sinne von σάρξ = Fleisch dem geistigen (πνευματικός) Menschen gegenüber[169]. Der geistige Mensch ist dadurch gekennzeichnet, daß er *Selbst-* und *Gotteskenntnis* sucht[170]. Der irdische, fleischliche (σάρκινος) Mensch ist Thot genannt oder Adam. Er trägt in sich den geistigen Menschen, den man φῶς (Licht) nenne. Dieser erste Mensch Thot-Adam wird durch die vier Elemente symbolisiert. Der geistige und der fleischliche Mensch heißen Prometheus und Epimetheus. Sie bilden aber zusammen *einen* Menschen «in der allegorischen Sprache». «Es ist Seele und Körper». Der geistige Mensch ist verführt worden, den Körper anzuziehen. Er ist daran gebunden durch Pandora oder Eva, das Weib[171]. Es handelt sich hier um eine anima, die als ligamentum corporis et spiritus funktioniert, also die Rolle der Shakti oder Maja, welche das Bewußtsein in die Welt verwickelt, spielt. Im *Buche des Krates* sagt der geistige Mensch: «Es-tu capable de connaître ton âme d'une manière complète? Si tu la connaissais comme il convient, et si tu savais ce qui peut la rendre meilleure, tu serais apte à reconnaître que les noms que les philosophes lui ont donnés autrefois, ne sont point ses noms véritables[172].» Dieser letztere Satz ist eine stehende Phrase, welche auf die Namen

---

[167] «Belehrung der Kleopatra» in: BERTHELOT, *Alch. grecs*, IV, XX, 8, pp. 292/281.
[168] l. c., 16, pp. 297/285.
[169] BERTHELOT, *Alch. grecs*, III, XLIX, 4, pp. 222 f./229 f.
[170] Für die Wichtigkeit der Selbsterkenntnis gibt es in der alchemistischen Literatur mehrere Belege. Vgl. *Aion*, Paragr. 250 ff.
[171] BERTHELOT, l. c., 6–7, pp. 22 f./231. Übersetzung des ganzen Textes in: *Psychologie und Alchemie*, Paragr. 456.
[172] BERTHELOT, *La Chimie au moyen âge* III, p. 50. [Bist du fähig, deine Seele vollständig zu verstehen? Wenn du sie kenntest, wie es sich gebührt, und wenn du wüßtest, was sie besser

des lapis («la pierre plus précieuse que l'eau d'or») angewendet wird. Der lapis bedeutet den inneren Menschen, das heißt den ἄνθρωπος πνευματικός. Das ist die natura abscondita, um deren Befreiung sich die Alchemie müht. In diesem Sinne sagt die *Aurora consurgens*, daß durch die Feuertaufe «factus est homo, qui prius erat mortuus in animam viventem»[173].

127 Die göttlichen Attribute des lapis sind dermaßen aufdringlich – incorruptibilis, permanens, divinus, trinus et unus, usw. – daß man wohl nicht umhin kann, ihn als den deus absconditus in materia, das heißt als den Gott des Makrokosmos zu verstehen. Dies ist wohl die Brücke zur Christusparallele, die sich schon bei ZOSIMOS[174] findet (wenn es sich hier nicht um eine spätere Interpolation handelt). Insofern Christus sich mit einem leidensfähigen menschlichen Körper, das heißt mit Materie bekleidet hat, besteht eine Analogie zum Lapis, dessen Körperlichkeit immer wieder betont wird. Die Ubiquität des letzteren entspricht der Allgegenwart respektive Vollpräsenz Christi. Seine «Billigkeit» steht jedoch im Widerspruch zur kirchlichen Anschauung: die Gottheit Christi geht nicht aus dem Menschen hervor, wohl aber der heilbringende Stein, und jeder Mensch ist der potentielle Träger und sogar Erzeuger desselben. Man sieht unschwer, was für eine Bewußtseinslage mit der Lapisphilosophie kompensiert wird: der Lapis – weit davon entfernt, Christus zu *bedeuten* – steht in einem Komplementaritätsverhältnis zu der damaligen, allgemeinen Auffassung der Gestalt Christi[175]. Woran es jener unbewußten Natur, welche das Bild des Lapis erzeugte, im besonderen lag, sieht man am deutlichsten im Gedanken des Ursprungs in der Materie, der Herkunft vom Menschen, der allgemeinen Verbreitung und der Erzeugbarkeit, die wenigstens potentiell in menschlicher Reichweite liegt. Diese Eigenschaften zeigen die damals empfundenen Mängel des Christusbildes: eine für menschliche Bedürfnisse zu dünne Luft, eine zu große Distanz und eine leergelassene Stelle im menschlichen Herzen. Man ermangelte des «inneren» und jedem Menschen zugehörigen Christus. Seine Geistigkeit war zu hoch und

---

machen kann, so wärest du imstande, zu erkennen, daß die Namen, welche die Philosophen ihr ehemals gegeben haben, nicht ihre wirklichen Namen sind. – der Stein, kostbarer als das Goldwasser.]

[173] «Der Mensch, der zuvor tot war, ist zu einer lebenden Seele gemacht worden.» Die *Aurora consurgens* wird demnächst von Dr. MARIE-LOUISE VON FRANZ herausgegeben werden. [Erschienen 1957; pp. 72/73.]

[174] BERTHELOT, *Alch. grecs,* III, XLIX, 4, pp. 223/230.

[175] *Der Geist Mercurius* [Paragr. 295 ff.].

die Natürlichkeit des Menschen zu niedrig. Im Bilde des Mercurius und des Lapis glorifizierte sich das «Fleisch» auf seine Art, indem es sich nicht in Geist verwandeln ließ, sondern im Gegenteil den Geist als Stein fixierte und diesem ungefähr alle Attribute der drei Heiligen Personen gab. Der Lapis darf daher in gewissem Sinne als ein *Symbol des «inneren» Christus, des Deus in homine,* aufgefaßt werden. Ich brauche absichtlich den Ausdruck «Symbol»: der Lapis will nämlich mit seiner Christusanalogie keineswegs eine komplementäre Gegensatzposition bedeuten, sondern die Tendenz tritt im Laufe der alchemistischen Jahrhunderte allmählich deutlich hervor, ihn als die *Krönung des Erlösungswerkes* erscheinen zu lassen. Damit aber kündigt sich der Versuch an, die Gestalt Christi in die Philosophie der «scientia Dei» zu rezipieren. Im 16. Jahrhundert formuliert KHUNRATH zum erstenmal die «theologische» Stellung des Lapis: er ist der filius macrocosmi im Gegensatz zum «Menschensohn», der als filius microcosmi bezeichnet wird. Dieses Bild des «Sohnes der großen Welt» zeigt deutlich an, von welcher Instanz es herstammt: es kommt nicht aus dem bewußten Geiste des individuellen Menschen, sondern aus jenen *psychischen Grenzgebieten, die in das Geheimnis der Weltmaterie münden.* In richtiger Ahnung der spirituellen Einseitigkeit des Christusbildes hat die theologische Spekulation sich schon früh mit dem Körper Christi, das heißt mit dessen Materialität beschäftigt und das Problem mit der Hypothese des «Auferstehungsleibes» vorläufig gelöst. Weil dies nur eine vorläufige und deshalb nicht restlos befriedigende Antwort war, so hat sich das Problem folgerichtigerweise mit der «Assumptio Beatae Virginis Mariae» wieder erhoben und hat zunächst zum Dogma der conceptio immaculata und sodann zu dem der assumptio geführt. Damit ist aber die wirkliche Antwort nur hinausgeschoben, ihr Weg jedoch vorbereitet. Durch die Aufnahme und Krönung Marias entsteht, wie die mittelalterlichen bildlichen Darstellungen zeigen, eine Vermehrung der männlichen Trias um ein Viertes weiblicher Natur. Damit entsteht eine Quaternität, die ein wirkliches und nicht bloß postuliertes Ganzheitssymbol darstellt. Die Ganzheit der Trinität ist bloßes Postulat, denn außerhalb derselben steht der autonome und ewige Widersacher mit seinen Engelchören und Höllenbewohnern. Die natürlichen Ganzheitssymbole, wie sie bei uns in Träumen und Visionen, und im Osten als Mandalas auftreten, sind Quaternitäten, respektive Vielfache von Vier, oder quadrierte Zirkel.

Die Betonung der Materie offenbart sich vor allem in der Wahl des Gottesbildes, nämlich im Stein. Diese Symbolwahl begegnet uns schon in der ältesten griechischen Alchemie. Man geht wohl kaum fehl mit der Annahme, daß das Steinsymbol ein unvergleichlich viel höheres Alter als seine alchemistische Anwendung habe. Der Stein als gelegentlicher Geburtsort der Götter (zum Beispiel Steingeburt des Mithras) beruht auf primitiven Steingeburtsagen, die ihrerseits auf noch ursprünglichere Vorstellungen zurückgehen: zum Beispiel gibt es eine australische Auffassung, nach welcher Kinderseelen im Kinderstein wohnen. Sie können zur Auswanderung in einen Uterus dadurch veranlaßt werden, daß ein Mann den Kinderstein mit einem churinga reibt. Als churingas werden Rollsteine oder geformte, mit Ornamenten verzierte, längliche Steine, oder längliche, flache und ebenfalls verzierte Holzstücke oder Stöcke bezeichnet, welche die Bedeutung von Kultinstrumenten haben. Nach der australischen und melanesischen Auffassung stammen die churingas vom Totemahnen, sind Relikte seines Körpers oder seiner Tätigkeit und enthalten sein arunquiltha oder mana. Sie sind verbunden mit dessen Seele und den Geistern aller nachmaligen Inhaber. Sie sind tabu, das heißt geheim, werden in caches begraben oder in Felsklüften verborgen. Zur Stärkung werden sie auch auf Gräberfeldern begraben, um das mana der Toten aufzunehmen. Sie fördern das Wachstum der Feldfrüchte, die Fortpflanzung von Mensch und Tier, heilen Wunden, Krankheiten und seelische Schäden. So besteht ein australischer Brauch, das Abdomen eines Mannes mit einem Steinchuringa hart anzustoßen, um die durch Emotionen veranlaßten Verknotungen der Eingeweide zu lösen [176]. Die churingas werden kultisch mit rotem Ocker gefärbt, mit Fett gesalbt, auf Blätter gebettet oder eingewickelt und etwa bespuckt (Speichel = mana!) [177].

129   Diese Vorstellungen von magischen Steinen finden sich nicht nur etwa in Australien und Melanesien, sondern auch in Indien und Burma und – last not least – in Europa selber. Der Wahn des Orestes wird durch einen Stein in Lakonien geheilt [178]. Ebenso findet Zeus Heilung seines Liebeskummers auf dem Stein von Leukadia. In Indien tritt der junge Mann auf einen Stein, um Festigkeit seines Charakters, und auch die Braut, um Dauerhaftigkeit ihrer Treue zu erlangen. Nach SAXO GRAMMATICUS stehen die Elektoren des Königs auf Steinen, um dadurch ihrem Wahlentscheide Dauer zu geben [179]. Der grüne

---

[176] SPENCER AND GILLEN, *The Northern Tribes of Central Australia,* p. 257 ff.

[177] HASTINGS [Hg.], *Encyclopaedia of Religion and Ethics* I, p. 553 b, und FRAZER, *Magic Art* I, p. 160 ff. Solche mit Ocker gefärbten Steine sieht man in Indien noch heute, z. B. im Kalghat in Kalkutta [vgl. HASTINGS, l. c. XI, s. v. «Stones (Indian)»].

[178] PAUSANIAS, *Descriptio Graeciae,* III, 22,1 [Übers. p. 248].

[179] Ebenso die Archonten von Athen bei der Ablegung ihres Amtseides.

2. Der Kommentar

Stein von Arran war ein Schwur- und Heilstein [180]. In einer Höhle des Birseck bei Basel wurde eine cache von solchen «Seelensteinen» gefunden, und bei den neulichen Ausgrabungen im Pfahlbau des Burgäschisees im Kanton Solothurn wurde eine Setzung von Rollsteinen, die in Birkenrinde eingewickelt waren, entdeckt. Diese höchst ursprüngliche Auffassung von der magischen Kraft des Steines führt auf höherer Kulturstufe zu der ähnlichen Bedeutung der Edelsteine, denen allerhand magische und medizinische Fähigkeiten zugeschrieben wurden. Die berühmtesten historischen Edelsteine sollen sogar die Urheber tragischer Schicksale ihrer Eigentümer sein.

Die primitive Phantasie, die sich um den Stein rankt, schildert in besonders anschaulicher Weise ein Navajomythus von Arizona: In der Zeit der großen Dunkelheit wurde von den Heroenahnen [181] gesehen, wie Vater Himmel sich herabsenkte und Mutter Erde emporstieg. Sie vereinigten sich, und auf der Bergspitze, wo sie sich vereinigt hatten, fanden jene Urmenschen eine kleine Figur aus Türkis [182]. Diese verwandelte sich in, oder – nach anderer Version – aus ihr wurde geboren Estsánatlehi, «die Frau, die sich verjüngt und verwandelt». Sie ist als die Mutter der Zwillingsgötter, welche die Ungeheuer der Urwelt erschlugen, die «Großmutter der yéi, der Götter». Sie ist eine der bedeutendsten Figuren, wenn nicht die bedeutendste des matriarchalen Navajopantheons. Sie ist nicht nur die «Changing Woman», sondern geradezu eine Doppelgestalt, indem sie noch eine Zwillingsschwester hat, Yolkaíestsan, mit wesentlich ähnlichen Eigenschaften. Estsánatlehi ist unsterblich, indem sie mit der Natur jung ist, reift und als Greisin dahinwelkt, um als junges Mädchen wiederzuerstehen, also eine wahre Dea Natura. Aus verschiedenen Teilen ihres Körpers wurden ihr vier Töchter geboren, aus ihrem Geiste aber die fünfte. Von Türkisperlen in ihrer rechten Brust entstand die Sonne, von weißen Muschelperlen in der linken Brust der Mond. Aus einem Stückchen Epidermis unter der linken Brust erzeugt sie sich selber wieder. Sie wohnt im Westen auf einer Insel im Meer. Ihr Geliebter ist der wilde und grausame Son-

130

---

[180] FRAZER, l.c., p.161.
[181] Sie entsprechen den Aborigines oder Autochthones der vormenschlichen Urzeit, welche von den Zentralaustraliern als Alcheringazeit (gleichbedeutend mit Ahnen- und Traumwelt) bezeichnet wird.
[182] Vgl. dazu den *Komariostraktat* (BERTHELOT, *Alch. grecs*, IV, XX, 11, pp. 294/282): «Gehe hinauf auf den obersten Gipfel zum dichtbewaldeten Berg inmitten der Bäume, und siehe: ganz oben gibt es einen Stein! Und nimm aus dem Stein das Männliche [wörtlich: das Arsen]...»

nenträger, der noch eine andere Frau hat. Mit dieser muß er aber nur bei Regenwetter zu Hause bleiben. Die Türkisgöttin gilt als so heilig, daß man von ihr kein Bild machen darf. Selbst die Götter dürfen nicht auf sie blicken. Als ihre Zwillingssöhne sie fragen, wer ihr Vater sei, gibt sie ihnen falsche Auskunft, offenbar um sie vor dem gefährlichen Heldenschicksal, das ihrer wartet, zu bewahren [183].

131 Diese matriarchale Göttin ist eine klare Animafigur, welche zugleich noch das Symbol des Selbst ist; daher ihre Steinnatur, ihre Unsterblichkeit (das «Ewig-Weibliche»), ihre vier Töchter aus dem Leibe plus der einen aus dem Geiste, ihr Doppelwesen (Sonnen- und Mondnatur), ihr Konkubinat mit einem Ehemann und ihre Wandlungsfähigkeit [184]. Sie ist der türkisblaue Himmel, der sich über den westlichen Hochländern wölbt und dessen Tochter in Gestalt des Türkises auf der Bergspitze gefunden wurde. Das Selbst des matriarchalen Mannes ist noch verhüllt in seinem unbewußten Weiblichen, das heißt unbewußt, wie man auch heutzutage bei allen männlichen Mutterkomplexen sehen kann. Die Türkisfrau schildert aber auch das Wesen der matriarchalen Frau, welche als Animafigur die Mutterkomplexe aller Männer einfängt und diese damit ihrer Selbständigkeit beraubt – wie eine Omphale den Herakles oder eine Circe, welche die Männer zu animalischer Unbewußtheit reduziert oder – last not least – wie BENOITS Atlantide, welche sich eine Sammlung mumifizierter Liebhaber anlegt –, all das, weil sie das Geheimnis des kostbaren Steines enthält, denn «alle Lust will Ewigkeit» [185] (NIETZSCHE). So sagt der legendäre Ostanes zu seiner Schülerin Kleopatra, indem er vom Mysterium der «Philosophie» spricht: «In dir ist verborgen das ganze, wunderbare und schauerliche Geheimnis... Sage ⟨uns⟩, wie das Oberste zum Untersten hinuntersteigt und wie das Untere zum Obersten hinaufsteigt und wie das Mittlere sich dem Obersten annähert, um aus dem Mittleren eine Einheit zu bilden (ἑνωθῆναι τὸ μέσον) [186].» Dieses Mittlere ist der Stein, der Mediator, der die Gegensätze vereinigt. Solche Dinge sind sinnlos, wenn sie nicht von den tiefsten Wurzeln der Seele her verstanden werden.

132 Obschon gerade das Motiv der Steingeburt (zum Beispiel die griechische Ursprungssage von Deukalion und Pyrrha) weitverbreitet ist, so scheint doch der amerikanische Sagenkreis das Motiv des Steinkörpers, respektive des be-

---

[183] SCHEVILL, *Beautiful on the Earth,* pp. 24 ff. und 38 ff.
[184] Vgl. die «She» bei RIDER HAGGARD [in: *She. A History of Adventure*].
[185] [«Das trunkne Lied» in: *Also sprach Zarathustra,* p. 471.]
[186] BERTHELOT, *Alch. grecs,* IV, XX, 8, pp. 292/281.

lebten Steines, besonders zu bevorzugen[187]. Wir begegnen diesem zum Beispiel im irokesischen Brüdermärchen. In wunderbarer Weise im Leibe einer Jungfrau gezeugt, wird ein Zwillingspaar geboren, von dem der eine auf normalem Wege das Licht der Welt erblickt, der andere dagegen sich einen unnatürlichen Ausweg bahnt (zum Beispiel aus der Achselhöhle geboren wird) und damit seine Mutter tötet. Letzterer hat einen Körper von Feuerstein. Er ist böse und grausam im Gegensatz zum normalgeborenen Bruder[188]. In der Siouxversion ist die Mutter eine Schildkröte. Bei den Wichita ist der «Heilbringer» der große Südstern, der auf Erden als «Feuersteinmann» sein Heilswerk verrichtet. Er hat einen Sohn, genannt «junger Feuerstein». Nach Beendigung des Werkes fahren beide zum Himmel auf[189]. In diesem Mythus kommt, genau wie in der mittelalterlichen Alchemie, der «Heilbringer», das heißt «Heiland» mit dem Stein, dem Stern, dem «Sohn», der «super omnia lumina» erhöht ist, zusammen. Bei den Natchez-Indianern findet sich ein Kulturheros, der von der Sonne herunterkam und, wie diese, unerträglich strahlte. Sein Blick war sogar tödlich. Um solches zu vermeiden, und um seinen Körper vor Verwesung in der Erde zu bewahren, verwandelte er sich in eine steinerne Statue, von welcher die nachmaligen Priesterhäuptlinge der Natchez abstammen[190]. Bei den Taospueblos wird eine Jungfrau von schönen Steinen geschwängert[191] und gebiert einen Heldensohn, der durch spanischen Einfluß die Züge des Christusknaben angenommen hat[192]. Im altmexikanischen Sagenkreis spielt der Stein ebenfalls eine Rolle. So wurde die Mutter Quetzalcoatls durch einen grünen Edelstein geschwängert[193]. Er selber hatte den Beinamen «Edelsteinpriester» und trug eine Türkismaske[194]. Der «grüne Edelstein» stellt ein belebendes Prinzip dar. Er wird den Toten (zur Wiederbelebung) in den Mund gelegt[195]. Die Urheimat der Menschen ist die «Edelsteinschale»[196]. Das Motiv der Steinverwandlung respektive der Versteine-

---

[187] Ich verdanke das Märchenmaterial der freundlichen Unterstützung durch Dr. Marie-Louise von Franz.
[188] Ausführlich *Gut und Böse* (Irokesen) in: Nordamerikanische Indianermärchen.
[189] VAN DEURSEN, *Der Heilbringer*, p. 227.
[190] l. c., p. 238.
[191] Vgl. damit die Fruchtbarkeitsbedeutung bei den churingas.
[192] l. c.
[193] *Märchen der Azteken und Inkaperuaner, Maya und Muisca,* p. 36.
[194] l. c., p. 65.
[195] l. c., p. 330.
[196] l. c., p. 317.

rung ist in den peruanischen und columbischen Sagen häufig und dürfte mit einem megalithischen Steinkultus[197] und vermutlich auch mit dem paläolithischen Seelenstein-, respektive Churingakult zusammenhängen. Die Parallele hiezu bilden die Menhirs (Steinmänner) der Megalithkultur, die sich bis in den pazifischen Archipelag erstreckt. Die aus dem Megalithikum hervorgegangene Kultur des Niltales hat ihre Gottkönige in ewigwährende Steingestalten verwandelt mit dem ausdrücklichen Bestreben, die Identität des königlichen Ka auf diese Weise unvergänglich zu erhalten. Im Schamanismus spielen die Kristalle eine große Rolle. Sie haben dort oft die Bedeutung von dienstbaren Geistern[198]. Sie stammen vom Kristallthron des höchsten Wesens oder vom Himmelsgewölbe. Sie spiegeln die Ereignisse auf der Erde oder offenbaren, was der Seele des Kranken geschieht, oder sie verleihen die Fähigkeit des Fliegens[199].

133   Die Beziehung des Lapis zur Unsterblichkeit ist schon sehr früh begründet. Er hat überhaupt eine bis in die Vorzeit zurückreichende Geschichte. Er ist «der Stein, der einen Geist hat»[200]. Er ist die Panazee, die medicina catholica (Universalmedizin), das Alexipharmakon (Gegengift), die Tinktur, welche unedles Metall in Gold und wertlose Kiesel in Edelsteine verwandelt. Er ist der Bringer von Reichtum, Macht und Gesundheit; als seelisches Heilmittel überwindet er die Melancholie, und auf höherer Stufe, als ein vivus lapis philosophicus, ist er ein Symbol des Retters, des Anthropos und der Unsterblichkeit. Diese Inkorruptibilität des Steines zeigt sich auch in der noch antiken Vorstellung, daß der Leib der Heiligen quasi zu Stein wird. So heißt es in der *Eliasapokalypse* von denen, die der Verfolgung durch den Antimessias entkommen:

>...Der Herr wird zu sich nehmen ihren
>Geist und ihre Seelen, ihr
>
>Fleisch wird werden, indem es Stein (πέτρα) ist, kein
>wildes Tier wird sie fressen bis zum letzten
>Tage des großen Gerichts...[201]

In einer Basutosage, welche FROBENIUS berichtet, wird der Heros von seinen Verfolgern am Ufer eines Flusses gestellt. Er verwandelt sich aber in einen

---

[197] l. c., p. 382.
[198] ELIADE, *Schamanismus und archaische Ekstasetechnik,* p. 62.
[199] l. c., p. 141 f.
[200] BERTHELOT, *Alch. grecs,* III, VI, 5, pp. 121/129.
[201] STEINDORFF, *Die Apokalypse des Elias,* 36, 17–37, 3, p. 97.

Stein und läßt sich von den Feinden auf die andere Seite werfen. (Motiv des transitus: «andere Seite» = Ewigkeit²⁰².)

E. DIE WASSERSYMBOLIK

Die psychologische Untersuchung der historisch nachweisbaren Symbolik ergibt, daß der Lapis die Idee einer transzendenten Ganzheit darstellt, welche mit dem, was die Komplexe Psychologie als «Selbst» bezeichnet, zusammenfällt²⁰³, indem die historischen oder ethnischen mit den vom Unbewußten spontan produzierten Symbolen schlechthin identisch sind. Von hier aus begreift man ohne Schwierigkeit die scheinbar absurde Behauptung der Alchemisten, daß der Stein aus Körper, Seele und Geist bestehe und überhaupt ein «animale» (lebendes Wesen) sei, also mithin ein «homunculus» oder «homo». Der Lapis ist eben eine Idee des Menschen oder, besser gesagt, des *inneren Menschen,* und die von ihm ausgesagten paradoxen Eigenschaften wollen eigentlich als eine Beschreibung und Definition des inneren Menschen gelten. Auf dieser Bedeutung des Lapis beruht sein Parallelismus mit Christus. Hinter den zahlreichen Parallelen kirchlicher und alchemistischer Metaphorik liegt die beiden ursprünglich gemeinsame Sprache des hellenistischen Synkretismus. Stellen, wie die folgende aus PRISCILLIAN, einem gnostisch-manichäisch angehauchten Häretiker des 4. Jahrhunderts, waren für Alchemisten gewiß äußerst suggestiv: «Unicornis est Deus, nobis petra Christus, nobis lapis angularis Jesus, nobis hominum homo Christus²⁰⁴» – wenn der Fall nicht gar umgekehrt lag, daß nämlich zum Beispiel durch das *Johannesevangelium* einige naturphilosophische Metaphern in die kirchliche Sprache übergingen²⁰⁵.

Das im Zosimostraum personifizierte Prinzip ist jenes wundersame, doppelnaturige Wasser, welches Wasser *und* Geist ist, tötet und wiederbelebt. Wenn ZOSIMOS, aus dem Traume erwachend, sofort an die «Zusammensetzung der Wässer» denkt, so ist dies wirklich – alchemistisch gesehen – der nächstliegende Schluß. Da das gesuchte und benötigte Wasser ein Kreislauf von Geburt und Tod ist, so bedeutet natürlich jeder Prozeß, der aus Tod und Wiedergeburt besteht, eben das göttliche Wasser.

---

²⁰² *Das Zeitalter des Sonnengottes,* p. 106.
²⁰³ Näheres siehe *Psychologie und Alchemie,* Paragr. 323 ff.: «Über die Symbole des Selbst».
²⁰⁴ *Priscilliani quae supersunt,* Tractatus I, p. 24. [Einhörnig ist Gott, uns ist Christus der Stein, uns Jesus der Eckstein, uns Christus der Mensch aller Menschen.]
²⁰⁵ Weiteres zur Christusparallele in: *Psychologie und Alchemie,* passim.

136 Es ist vielleicht nicht unmöglich, daß hier eine Parallele zum Nikodemusgespräch vorliegt. Zur Zeit der Abfassung des *Johannesevangeliums* war das «göttliche Wasser» ein den Alchemisten geläufiger Begriff. Wenn Jesus sagt: «Es sei denn, daß jemand geboren werde aus Wasser und Geist...»[206], so hätte ihn ein Alchemist der damaligen Zeit wohl ohne weiteres verstanden. Jesus wundert sich über die Unwissenheit des Nikodemus und bemerkt: «Bist du ein Meister in Israel und weißt das nicht?» Womit er offenbar voraussetzt, daß ein Lehrer (διδάσκαλος) das Geheimnis von «Wasser und Geist», nämlich von Tod und Wiedergeburt, kenne. Darauf fährt er fort mit einem Satz, welcher sich häufig in alchemistischen Traktaten findet: «Wir reden, was wir wissen, und zeugen, was wir gesehen haben.» Nicht daß die alten Autoren etwa diese Stelle wörtlich zitierten, sondern sie dachten in ähnlicher Weise. Bei irgendeinem Meister hätten sie gesehen, ja mit Händen berührt, wie das arcanum oder das donum Spiritus Sancti, das «geoffenbarte» ewige Wasser wirkt[207]. Wennschon diese Bekenntnisse aus späterer Zeit stammen, so ist doch der Geist der Alchemie von den frühesten Zeiten (also etwa vom 1. Jahrhundert an) bis ins späte Mittelalter ungefähr derselbe geblieben.

137 Die im Nikodemusgespräch unmittelbar folgende Stelle von den «irdischen» und «himmlischen Dingen» ist wiederum ein Gemeingut der Alchemie seit den «Physika und Mystika» des DEMOKRITOS. Es sind die somata und asomata, die corporalia und spiritualia[208]. Unmittelbar darauf folgt das Motiv des zum Himmel Aufsteigens und vom Himmel Herunterkommens[209]. Dies ist wiederum Tod und Geburt, das Aufsteigen der anima aus dem mortifizierten Körper und das wiederbelebende Heruntersteigen, das Fallen des «Taues»,

---

[206] *Jo.* 3, 1–21 [LUTHER-Bibel].
[207] «... quae vidi proprijs oculis, et manibus meis palpavi».
[208] Man darf allerdings nicht übersehen, daß die Johanneische Sprache andere Ausdrücke gebrauchte als die zeitgenössische Alchemie: τὰ ἐπίγεια und τὰ ἐπιουράνια, terrena und coelestia in der *Vulgata*.
[209] Die Quelle hiefür ist HERMES TRISMEGISTUS: «Ascendit a terra in coelum, iterumque descendit in terram» [Es steigt von der Erde zum Himmel auf, und wiederum steigt es herab zur Erde]... «portavit illud ventus in ventre suo» [der Wind hat es in seinem Bauch getragen]. (RUSKA [Hg.], *Tabula smaragdina*, p. 2) Der Text wird zwar seit alters auf den Stein gedeutet (cf. HORTULANUS, *Commentariolus in Tabulam smaragdinam* in: *Ars chemica*, p. 33 ff.). Der Stein geht aber aus dem «Wasser» hervor. Eine vollkommene alchemistische Parallele zum christlichen Mysterium ist folgende Stelle: «Et si nudus in coelos ascendero, tunc vestitus veniam in terram, et complebo omnes mineras. Et si in fonte auri et argenti baptisati fuerimus, et spiritus corporis nostri cum patre et filio in coelum ascenderit, et descenderit, animae nostrae

welches zu den beliebtesten Motiven der Alchemie gehört[210]. Wenn nun Jesus gar die am Pfahl erhöhte Schlange in diesem Zusammenhang erwähnt und sein Selbstopfer damit in Parallele setzt, so kann ein «Meister» wohl nicht mehr umhin, an den sich selbst tötenden und wiederbelebenden Ouroboros zu denken. Im nächsten Satz erscheint das Motiv des «ewigen Lebens» und der Panazee (nämlich des Glaubens an den Christus), des φάρμακον ἀθανασίας. Zweck des opus ist ja, den inkorruptibeln Körper, die «Sache, die nicht stirbt», den «unsichtbaren», «geistigen Stein», den lapis aethereus, das Allheilmittel und das Alexipharmakon, herzustellen[211]. Der Monogenes ist syn-

reviviscent, et corpus meum animale candidum permanebit» [Und wenn ich nackt zum Himmel aufsteige, dann werde ich bekleidet auf die Erde kommen und alle Mineralien vollenden. Und wenn wir im Brunnen des Goldes und des Silbers getauft sein werden und der Geist unseres Körpers zum Himmel aufsteigen wird mit dem Vater und dem Sohn, und wieder herabkommen wird, so werden unsere Seelen wiederbelebt, und mein animalischer Körper wird rein bleiben]. *(Consilium coniugii,* l. c., p. 128) Ganz ähnlich spricht der Anonymus der *Ars chemica*: «Certum est terram non posse ascendere, nisi prius coelum descenderit: terra autem in coelum sublimari dicitur, quando spiritu proprio soluta tandem cum eo una res efficitur. Hac similitudine tibi satisfaciam: Filius Dei delapsus ⟨sic!⟩ in virginem, ibique caro figuratus homo nascitur, qui cum nobis propter nostram salutem veritatis viam demonstrasset, pro nobis passus et mortuus, post resurrectionem in coelos remeat. Ubi terra, hoc est humanitas exaltata est, super omnes circulos Mundi, et in coelo intellectuali sanctissimae Trinitatis est collocata. Pariformiter cum ego morior, anima adiuta gratia et meritis Christi ad fontem vitalem remeat, unde descenderit. Corpus in terram revertitur, quod tandem depuratum in extremo Mundi iudicio, anima è coelo labens, secum perducit ad gloriam.» [Es steht fest, daß die Erde nicht aufsteigen kann, wenn nicht zuvor der Himmel herabgestiegen ist; von der Erde aber heißt es, sie werde in den Himmel emporgehoben, wenn sie, in ihrem eigenen Geiste aufgelöst, mit ihm vereinigt wird. Mit folgendem Gleichnis will ich dich zufriedenstellen: Der Sohn Gottes, herabgefallen (!) in die Jungfrau und dort Fleisch geworden, ist als Mensch geboren worden; er, der um unseres Heiles willen uns den Weg zeigte, litt und starb für uns und kehrte nach der Auferstehung in den Himmel zurück. Wohin die Erde, das ist die Menschheit, erhöht und, über alle Kreise der Welt, in den geistigen Himmel der allerheiligsten Dreifaltigkeit versetzt wurde. Gleichfalls wird, wenn ich sterbe, die Seele – unterstützt durch die Gnade und die Verdienste Christi – zur Lebensquelle, von der sie herabgekommen war, zurückkehren. Der Körper kehrt zur Erde zurück, von wo er, im Jüngsten Gericht gereinigt, durch die vom Himmel herabgestiegene Seele mit sich in die Herrlichkeit eingeführt werden wird.] *(Liber de arte chimica incerti authoris* in: *Art. aurif.* I, p. 612 f.)

[210] Die Bewegung des Auf- und Abstieges gehört zur natürlichen Erscheinung des Wassers (Wolken, Regen usw.).

[211] Theosebeia soll zum Kratēr, dem Orte des Todes und der Wiedergeburt, hinuntergehen und dann wieder hinauf zu ihrem «Geschlecht», wohl zur Gemeinschaft der Zweifachgeborenen, zum «Reich Gottes», in der Sprache der Evangelien ausgedrückt.

onym mit dem Nous und dieser mit der Soter- oder Agathodaimonschlange. Im folgenden Satz («Also hat Gott die Welt geliebt, daß er seinen eingeborenen Sohn gab...») identifiziert sich Jesus mit der Heilsschlange des Moses. Die Schlange aber war damals ein Synonym des göttlichen Wassers. Man möge damit das Gespräch mit der Samariterin – «...ein Brunnen des Wassers... das in das ewige Leben quillt» – vergleichen [212]. Bezeichnenderweise gehört zu diesem Gespräch am Brunnen die Belehrung über Gott als Geist [213]. («Gott ist ein Geist.»)

138   Trotz der nicht immer unabsichtlichen Dunkelheit der alchemistischen Mysteriensprache ist es nicht schwer, zu erkennen, daß das «göttliche Wasser» oder sein Symbol, der Ouroboros, nichts anderes bedeuten als den deus absconditus, den in der Materie verborgenen Gott, jenen göttlichen Nous, der sich zur Physis herunterneigte und von ihr um- und verschlungen wurde [214]. Dieses Mysteriengeheimnis der physisch gewordenen Gottheit liegt wohl nicht nur hinter der antiken Alchemie, sondern ebensosehr auch hinter vielen anderen geistigen Erscheinungen des hellenistischen Synkretismus [215].

---

[212] [*Jo.* 3, 16; 3, 14 und 4, 5–30 (LUTHER-Bibel).] JUSTINUS MARTYR sagt: «Als eine Quelle lebendigen Wassers von Gott ist ... dieser Christus aufgebrochen». (PREUSCHEN, *Antilegomena*, p. 129) Bei den Vätern wird die humanitas Christi dem Wasser verglichen. (GAUDENTIUS, Sermo XIX, col. 983) EUCHERIUS VON LYON sagt (*Liber formularum spiritalis intelligentiae*, col. 734), daß Christus «carnem ex nobis assumptam in coelum duxit» [das von uns übernommene Fleisch in den Himmel geführt habe]. Diese Idee koinzidiert mit dem arcanum der *Tabula smaragdina*, von dem es heißt: «Ascendit a terra in coelum, iterumque descendit in terram, et recipit vim superiorum et inferiorum.» [Es steigt von der Erde zum Himmel auf, und wiederum steigt es herab zur Erde, und es empfängt die Kraft der Oberen und der Unteren. – RUSKA, l. c., p. 2.]

[213] «Geist» in der Alchemie ist das Volatile schlechthin, d. h. alle verdampfbaren und flüchtigen Körper, alle Oxyde und dergleichen. Zugleich aber auch das projizierte Psychische im Sinne eines corpus mysticum, eines «subtle body». (Vgl. MEAD, *The Doctrine of the Subtle Body in Western Tradition*.) In diesem Sinne ist die Definition des lapis als eines «spiritus humidus et aqueus» [feuchten und wässerigen Geistes] zu verstehen. Darüber hinaus gibt es auch Hinweise dafür, daß «Geist» und «mens» (engl. mind) und dessen Übung und Verfeinerung als «sublimatio» aufgefaßt wurde.

[214] Vgl. dazu das Schicksal des Lichtmenschen bei ZOSIMOS. (*Psychologie und Alchemie*, Paragr. 456)

[215] Diese Auffassung liegt schon bei den ältesten Quellen der Alchemie auf der Hand, nur wurde sie symbolisch ausgedrückt. Vom 13. Jh. an aber mehren sich die Texte, welche den mystischen Teil des arcanum preisgeben. Einer der deutlichsten seiner Art ist der deutsche Traktat *Wasserstein der Weysen. Das ist, Ein Chymisch Tractätlein* usw. (1619).

F. DER URSPRUNG DER VISION

Da es sich bei der Alchemie um ein Mysterium geistiger und zugleich physischer Art handelt, so hat es nichts Erstaunliches an sich, wenn ZOSIMOS die «Zusammensetzung der Wässer» durch eine Traumoffenbarung erfährt. Sein Schlaf ist ein Inkubationsschlaf, sein Traum ein «somnium a Deo missum» (von Gott gesandt). Das göttliche Wasser ist das A und das O des opus, von den «Philosophen» verzweifelt gesucht und ersehnt. Der Traum erscheint daher wie eine dramatische Erklärung des Wesens dieses Wassers. Die Dramatisierung veranschaulicht in drastischen Bildern den schmerzhaften und gewalttätigen Prozeß der Wandlung, der ebensowohl Ursache als Wirkung des Wassers, ja eben gerade dessen Wesen ist. Die Dramatisierung zeigt, wie der göttliche Prozeß sich in der Reichweite menschlicher Auffassung offenbart, und wie der Mensch göttliche Wandlung erfährt, nämlich als Strafe, Qual[216], Tod und Verwandlung. Der Träumer beschreibt, wie ein Mensch sich benehmen und was er erfahren würde, wenn er in den göttlichen Kreislauf von Tod und Geburt hineingeriete, oder in welcher Art und Weise der deus absconditus menschliches Wesen in Mitleidenschaft ziehen würde, wenn es einem Sterblichen gelänge, den «Wächter der Geister» aus seiner dunkeln Behausung durch die «Kunst» zu befreien. Es gibt einige Andeutungen in der Literatur, die auf gewisse Gefahren hinweisen[217].

[216] Das Moment der Qual, das bei ZOSIMOS so stark hervortritt, macht sich auch in der sonstigen alchemistischen Literatur bemerkbar: «Matrem mortifica, manus eius et pedes abscindens.» [Töte die Mutter ab, indem du ihre Hände und Füße abschlägst.] (Aenigma VI in: *Art. aurif.* I, p. 151) Zum «Quälen» vgl. *Turba*, Sermones XVIII, XLVII und LXIX [RUSKA, l. c., pp. 127 f., 151 f. und 167 f.]. Entweder werden die zu verwandelnden Stoffe gequält, oder das Verwandelnde, das arcanum, wird gequält. «Accipe hominem, tonde eum, et trahe super lapidem ... donec corpus eius moriatur.» [Nimm einen Mann, schere ihn kahl und ziehe ihn über einen Stein ... bis sein Körper stirbt.] «Recipe Gallum ... et vivum plumis priva, post pone caput eius in vitreo vase» [Nimm einen Hahn ... rupfe ihn lebendig, hierauf stecke seinen Kopf in ein gläsernes Gefäß.» (*Allegoriae super librum Turbae* in: *Art. aurif.* I, p. 139 ff.) Die «Qualen» der materia werden in der mittelalterlichen Alchemie als Abbild der Passion Christi aufgefaßt. (Vgl. z. B. *Wasserstein der Weysen*, p. 97.)

[217] «... huius artis fundamentum, propter quam multi perierunt» [die Grundlage dieser Kunst, um derentwillen viele zugrunde gegangen sind] (*Turba*, Sermo XV [l. c., p. 124]. ZOSIMOS erwähnt Antimimos, den Dämon des Irrtums. (BERTHELOT, *Alch. grecs*, III, XLIX, 9, pp. 232/225) OLYMPIODOR berichtet, daß Petasius gesagt habe, das Blei (prima materia) sei von einem unverschämten Dämon besessen, welcher bewirke, daß die Adepten verrückt (μανία) würden. (BERTHELOT, l. c., II, IV, 43, pp. 95/104) Der Teufel verursache Ungeduld,

140 Die mystische Seite der Alchemie ist, abgesehen vom historischen Aspekt, ein psychologisches Problem. Es handelt sich dabei, wie es den Anschein hat, um die konkretisierte (projizierte) Symbolik des *Individuationsprozesses*. Dieser Prozeß bringt auch heute noch Symbole hervor, welche die allernächste Beziehung zur Alchemie haben. Ich muß in dieser Hinsicht auf meine früheren Arbeiten verweisen, die sich mit dieser Frage von der psychologischen Seite her beschäftigen und an praktischen Beispielen den Prozeß veranschaulichen.

141 Was die Ursachen, die einen solchen Prozeß auslösen, betrifft, so gibt es gewisse pathologische Zustände (hauptsächlich im Gebiete der Schizophrenie), welche annähernd ähnliche Symbole produzieren. Die besten und deutlichsten Materialien aber stammen von geistig Gesunden, welche unter dem Drucke einer geistigen Notlage dem Unbewußten aus religiösen, philosophischen oder psychologischen Gründen eine besondere Aufmerksamkeit schenken. Da dem Mittelalter bis zurück zur römischen Kaiserzeit eine natürliche Betonung des inneren Menschen eignete und eine psychologische Kritik erst im Zeitalter der Naturwissenschaft möglich wurde, so konnten die inneren apriorischen Gegebenheiten viel leichter in der Gestalt von Projektionen das Bewußtsein erreichen, als dies heutzutage der Fall ist. Der nachfolgende Text möge den mittelalterlichen Standpunkt illustrieren:

«Wie dann Christus Luc. 11 spricht statt: Daß Aug ist des Leibes Liecht / so aber dein Aug ein Schalck ist / oder sein wirt / so ist auch dein Leib finster statt: oder macht das Liecht in dir finsternus sein. Item am 17. cap. spricht er auch: Siehe das Reich Gottes ist inwendig in euch / auß welchem dann klerlich zu sehen / das die Erkantnus des Liechts im Menschen / erstlich von innen heraus / und nicht von aussen hinein gebracht werden muß / wie solches die H. Schrifft an vielen Orten hin unnd wider bezeugt.
Das daß eusserliche obiectum (wie man zu reden pflegt) oder der Buchstab / welcher umb unserer schwachheit geschrieben / dem innerlichen von Gott eingepflantzten und verliehenen gnaden Liecht / nur für ein Zeugnus Matth. 24. Wie auch das mündlich gehörte Wort / für ein anreitzung unnd mittelhülff / oder befördernus zu solchem zu achten und zu halten ist. Als zu einem Exempel wann dir ein weisse unnd schwartze Taffel wirt fürgelegt / und würdest gefragt / welche auß ihnen beiden für

Zweifel, ja Verzweiflung beim Werke. (*Thomae Nortoni Angli Tractatus chymicus* in: *Musaeum hermeticum*, p. 461) HOGHELANDE beschreibt, wie der Teufel ihn und seinen Freund mit Illusionen betrogen hätte. (*De alchemiae difficultatibus* in: *Theatr. chem.*, 1602, I, p. 152 ff.) Es sind offenbar psychische Gefahren, die dem Alchemisten drohen. Vgl. dazu Paragr. 429 ff. dieses Bandes.

schwartz oder weiss zu halten sey. So die Erkantnus aber der zweyer underschiedlichen Farben nicht vor in dir were / würdest du mir solche dir fürgelegte Frage / auß den blossen und stummen obiectis oder Taffeln langsam zu erörtern wissen / Sintemal die Erkantnus nit auß den Taffeln (so stumm unnd todt seind) auß sich selbst nit erkennen können / sondern auß deiner dir angeborn unnd täglich geübten wissenschafften / herrühret und fleusset. Die obiecta zwar / (wie zuvor auch gedacht) movirn die sensus, unnd verursachen sie zum erkennen / daß Erkantnus aber geben sie mit nichten / sondern muß von innen herauß / auß dem erkenner / unnd solcher Farben wissenschafften iudicante kommen unnd herfür gebracht werden. Also auch wann man von dir ein materialisch unnd eusserlichs Fewer oder Liecht / auß einem darzu gehörigen Fewerstein (in dem das Fewer oder Liecht verborgen) zu haben begehrte / mustu solch verborgen unnd heimlich Liecht / nicht in den Stein hinein / sondern vielmehr / durch einen darzu gehörigen Stahl / so nothwendig darbey sein / und daß verborgene Fewer in dem Stein movirn unnd erwecken muß / auss dem Stein herauß bringen / unnd offenbarlich machen / welches Fewer aber gleichwoll auch vor allen dingen / auch in einem guten unnd hierzu woll praeparirten Zunder / so fern es anders nicht wider verschwinden oder verleschen soll / auffangen / und fleißig auffgeblassen werden muß: da du als dann hernach ein recht scheinendes und Fewer leuchtendes Liecht uberkommen / und so lang es fovirt, unnd erhalten wirt / deinem gefallen nach darmit schaffen / handeln unnd wandeln wirst können. Wie dann auch in dem Menschen / solch himlisch und Göttlich Liecht ebener / massen verborgen / unnd auch wie vorgemeldt / nicht von aussen hinnein in den Menschen / sondern von einem heraus kommen und gebracht werden muß. ... Nemblich daß Gott dem Menschen in hochsten Theil seines Leibs / nit ongefehr oder vergeblich zwey Augen und Ohren mit getheilet und geben hat / darmit anzudeuten daß der Mensch bey jhm zweyerley sehen und gehör / ein innerlichs und eusserlichs zu lehren / und in acht zu nehmen hat. Also daß er mit dem innerlichen / geistliche Sache richten / unnd das Geistliche dem Geistlichen / das eusserliche aber / auch seinen theil I. Cor. 2. zueignen und geben soll.»[218]

Das göttliche Wasser ist für ZOSIMOS und seine Gesinnungsgenossen ein corpus mysticum. Eine personalistisch orientierte Psychologie würde natürlich die Frage aufwerfen: Wie kam ZOSIMOS dazu, nach einem corpus mysticum[219] zu suchen? Die Antwort wäre ein Hinweis auf die zeitgeschichtlichen Bedingungen: es war das Problem der Zeit. Insofern aber das corpus mysti-

[218] *Wasserstein der Weysen*, p. 73 ff.
[219] Dieser Begriff wird in der Alchemie verwendet, z. B. «congelare ⟨argentum vivum⟩ cum suo mystico corpore» [⟨das Quecksilber⟩ mit seinem mystischen Leib verfestigen]. (*Consilium coniugii* in: *Ars chem.*, p. 189.)

cum ein donum Spiritus Sancti im alchemistischen Verstande ist, so kann es ganz allgemein als eine sichtbare Gnadengabe, das heißt als ein Erlösungsakt aufgefaßt werden. Die Erlösungssehnsucht ist in erster Linie ein allgemeines Phänomen und kann daher nur in Ausnahmefällen persönlich begründet werden, nämlich in allen jenen Fällen, wo es sich nicht um das genuine Urphänomen, sondern um abnormen Mißbrauch handelt. Hysterische und normale Selbstbetrüger haben es zu allen Zeiten verstanden, alles zu mißbrauchen, um sich um die Notwendigkeiten des Lebens, um unvermeidliche Pflichten und vor allem um die Verpflichtung sich selbst gegenüber herumzudrücken. Sie geben sich zum Beispiel den Anschein von Gottsuchern, um die Wahrheit, daß sie gewöhnliche Egoisten sind, nicht erfahren zu müssen. In solchen Fällen lohnt es sich, zu fragen: Warum suchst du das göttliche Wasser?

143   Wir haben aber keinerlei Anlaß zur Annahme, daß sämtliche Alchemisten Selbstbetrüger dieser Art waren, sondern müssen ihnen, je tiefer wir ihre dunkeln Gedankengänge zu verstehen suchen, um so mehr das Recht, sich «Philosophen» zu nennen, zugestehen. Die Alchemie ist für alle Zeiten eine der großen menschlichen Quests nach dem Unerreichbaren gewesen. So wenigstens würde es ein rationalistisches Vorurteil bezeichnen. Die religiöse Erfahrung der Gnade ist aber ein irrationales Phänomen, welches so undiskutierbar ist wie das «Schöne» oder das «Gute». In dieser Hinsicht ist keine ernstliche Quest aussichtslos. Es ist eine instinktive Gegebenheit, die sich sowenig wie Intelligenz oder Musikalität oder irgendeine andere angeborene Disposition auf eine persönliche Ätiologie reduzieren läßt. Ich bin deshalb der Ansicht, daß die Analyse und Deutung dem Traume des ZOSIMOS Genüge getan hat, wenn es gelungen ist, dessen wesentliche Bestandteile im Licht der damaligen Geistesart zu verstehen und darüber hinaus das Motiv und den Sinn der Traumveranstaltung zu erkennen. Als KÉKULÉ[220] von den tanzenden Paaren träumte und daraus die Idee des Benzolringes ableitete, ist ihm damit etwas gelungen, was ZOSIMOS vergeblich erstrebt hat. Seine «Zusammensetzung der Wässer» hat sich nicht so glatt gefügt, wie die CH des Benzolringes es getan haben. Die Alchemie hat ein inneres, seelisches Erlebnis auf einen Stoff projiziert, der geheimnisvolle Möglichkeiten anzubieten schien, sich aber hinsichtlich ihrer Absicht als refraktär erwies.

144   Zwar hat die Chemie aus den Träumen des ZOSIMOS nichts zu lernen, wohl aber sind sie eine Fundgrube für die moderne Psychologie, die in arger Verle-

---

[220] [Vgl. MEIER, *Die Empirie des Unbewußten*, p. 29 ff.]

genheit wäre, wenn ihr diese Zeugnisse seelischer Erfahrung aus ferner Vergangenheit mangelten. Ihre Feststellungen stünden dann nämlich notwendigerweise in der Luft und wären damit unvergleichbare Nova, deren Bewertung und Erklärung fast unüberwindliche Schwierigkeiten bereiten müßten. Der Besitz solcher Dokumente aber gibt der Forschung einen Archimedischen Punkt außerhalb ihres engeren Gebietes und damit die unschätzbare Möglichkeit einer objektiven Orientierung im anscheinenden Chaos individueller Vorkommnisse.

III
PARACELSUS
ALS GEISTIGE ERSCHEINUNG

[Vortrag, gehalten anläßlich der Feier zum 400. Todesjahr des PARACELSUS, am 5. Oktober 1941 in Einsiedeln. Bearbeitet und erweitert, zusammen mit dem Aufsatz «Paracelsus als Arzt» (Ges. Werke XV, 1971) in: *Paracelsica. Zwei Vorlesungen über den Arzt und Philosophen Theophrastus* (Rascher, Zürich 1942).

Wir haben die Einteilung und die Untertitel der angloamerikanischen Ausgabe (im Interesse der Übersichtlichkeit) übernommen, ebenso zwei Notizen aus JUNGS Nachlaß zum Begriff «Iliaster» und zum Buch *Pandora* (Paragr. 171, Anm. 82, und Paragr. 180, Anm. 129).]

VORWORT ZU «PARACELSICA»

Diese Schrift enthält zwei Vorträge, die anläßlich der diesjährigen Paracelsusfeier zum 400. Todesjahre des Meisters entstanden sind. Der erste Vortrag, *«Paracelsus als Arzt»*, wurde bei der Feier der Schweizerischen Gesellschaft für Geschichte der Medizin und der Naturwissenschaften an der Jahresversammlung der Naturforschenden Gesellschaft, am 7. September 1941 in Basel, der zweite, *«Paracelsus als geistige Erscheinung»*, bei der Schweizerischen Paracelsusfeier in Einsiedeln am 5. Oktober 1941 gehalten. Während der erste Vortrag, abgesehen von einigen kleinen Änderungen, unverändert zum Abdruck gelangt, habe ich mich, um der besonderen Eigenart des Themas willen, genötigt gesehen, den zweiten Vortrag über dessen ursprünglichen Rahmen und Stil hinaus zu einer Abhandlung zu erweitern. Die Form und der Umfang eines Vortrages eignen sich nicht, um den unbekannten und schwerzuenträtselnden PARACELSUS darzustellen, welcher neben oder hinter der bekannten Gestalt steht, die uns in seinen zahlreichen medizinischen, naturwissenschaftlichen und theologischen Schriften entgegentritt. Beide zusammen erst machen die ganze widerspruchsvolle und doch so bedeutende Persönlichkeit aus. Es ist mir bewußt, daß der Titel dieses Vortrages etwas zu anspruchsvoll ist. Der Leser möge deshalb diese Schrift als einen bloßen Beitrag zur Kenntnis der Paracelsischen Geheimphilosophie in erster Linie betrachten. Ich erhebe keinen Anspruch darauf, etwas Endgültiges oder Abschließendes über diesen schwierigen Gegenstand gesagt zu haben. Die Lücken und Unzulänglichkeiten sind mir nur allzu deutlich bewußt. Meine Absicht konnte nicht weiter gehen, als einen Weg zu erschließen, der zu den Wurzeln und seelischen Hintergründen seiner sogenannten Philosophie führt. Neben allem anderen, was PARACELSUS auch ist, ist er vielleicht zutiefst ein alchemistischer «Philosoph», dessen religiöse Weltanschauung in einem ihm selbst unbewußten und für uns beinahe unentwirrbaren Gegensatz zum christlichen Denken und Glauben seiner Zeit steht. In dieser Philosophie aber liegen zukunftsträchtige Ansätze zu philosophischen, psychologischen und religiösen Problemen, welche in unserer Epoche anfangen, deutlichere Gestalt anzunehmen. Um dieser Tatsache willen habe ich es beinahe als eine Pflicht historischer Gerechtigkeit erachtet, noch ein mehreres zur Würdigung der ahnungsreichen Ideen, die er uns in seinem Traktat *«De vita longa»* hinterlassen hat, beizufügen.

Im Oktober 1941   C. G. JUNG

PARACELSUS
ALS GEISTIGE ERSCHEINUNG

1. DIE BEIDEN QUELLEN DES WISSENS: DAS LICHT DER NATUR UND DAS LICHT DER OFFENBARUNG

Der Mann, dessen 400. Todesjahr wir durch die heutige Feier erinnern, hat durch sein gewaltiges Wirken sowohl wie durch die Eigenart seiner geistigen Persönlichkeit alle seitherigen Generationen in größerem oder minderem Maße beschäftigt. Seine Hauptwirksamkeit strahlte besonders aus auf das Gebiet der Medizin und der Naturwissenschaften. Im Gebiete der Philosophie war es die mystische Spekulation, welche fruchtbare Anregungen empfing. Auch eine ausgestorbene Wissenschaft, nämlich die Alchemie, bekam einen beträchtlichen Anstoß und brachte es dadurch zu einer neuen Hochblüte. Es ist kein Geheimnis, daß GOETHE noch, wie aus dem Zweiten Teil des *«Faust»* ersichtlich ist, einige stärkste Eindrücke Paracelsischen Geistes erhielt.

Es ist nicht leicht, dieses geistige Phänomen, welches PARACELSUS ist, im Ganzen zu sehen und wirklich umfassend darzustellen. Dazu ist er fast zu widerspruchsvoll oder zu chaotisch vielseitig, bei aller eindeutigen Einseitigkeit. Er ist in erster Linie Arzt, mit allen Kräften von Geist und Seele, gegründet auf einen starken religiösen Glauben. So sagt er im *«Buch Paragranum»*: «Das ist / du mußt inn Gott eins ehrlichen / redlichen / starken / wahrhafftigen Glaubens sein / mit allem deinem gemüth / hertzen / sinn unnd gedancken / in aller liebe und vertrauung: Als dann auff solchen glauben und liebe / wirt Gott sein warheit nit von dir ziehen / und wirt dir seine werck offenbar machen / glaublich / sichtlich / tröstlich. Nun aber / so du bist gegen Gott nit eins solchen glaubens / so wirdt dir in deinen wercken abgehn / und würdst mangel darin haben: Nachfolgent als dann / so hatt das volck kein glauben inn dir auch[1].» Die Heilkunst und ihre Erfordernisse sind sein oberstes Kriterium. Diesem Ziele des Helfens und Heilens dient alles und beugt sich alles.

---

[1] Hg. STRUNZ, p. 97.

Um diesen Richtpunkt gruppieren sich alle Erfahrungen, alle Erkenntnisse und alle Bemühungen. Solches geschieht nur dort, wo eine mächtige emotionale Triebfeder dahinter steckt, eine große Leidenschaft, welche jenseits von Reflexion und Kritik das ganze Leben überschattet: Es ist das große Mitleid. «Barmhertzigkeit», so ruft PARACELSUS aus, «ist ein Schulmeister der Artzten![2]» Barmherzigkeit soll dem Arzt angeboren sein. Das Mitleid, das schon so manchen großen Menschen zu seinem Werk trieb und beflügelte, ist auch die Schicksalsdeterminante κατ' ἐξοχήν des PARACELSUS.

147 Seine Wissenschaft und Kunst, die er vom Vater übernahm, war das Werkzeug, welches er der Leidenschaft des großen Mitleids anbot. Die Dynamis seines Wirkens aber, eben das Mitleid, kam ihm wohl aus dem Urquell alles Emotionalen, nämlich aus der Mutter, von der er nie spricht, und die, als früh verstorben, wohl viel ungestillte Sehnsucht im Sohne hinterließ, so viel, daß, soweit wir wissen, nie eine andere Frau an das ferne und eben darum um so mächtigere Mutterbild in ihm heranreichte. Wenn er sagt, daß die Mutter des Kindes Planet und Stern sei, so gilt dies vielleicht in höchstem Maß von ihm selber. Je ferner und unwirklicher die persönliche Mutter, desto tiefer greift die Sehnsucht des Sohnes in die Tiefen der Seele und erweckt jenes urtümliche und ewige Bild der Mutter, um dessentwillen alles Umfassende, Hegende, Nährende und Hilfreiche uns Muttergestalt annimmt, von der alma mater der Universität bis zur Personifikation von Städten, Ländern, Wissenschaften und Idealen. Der Mutter in höchster Gestalt, der Ecclesia Mater, hielt er bis zu seinem Ende unverbrüchliche Treue, bei aller Freiheit der Kritik an Übelständen in der damaligen Christenheit. Er ist der großen Versuchung seiner Zeit, dem Schisma, nicht erlegen, obschon er es vielleicht in sich gehabt hätte, sich ins andere Lager zu schlagen. Denn PARACELSUS ist eine Konfliktnatur; ja, er muß es sein, denn ohne Gegensatzspannung gibt es keine Energie, und wo ein Vulkan, wie er einer ist, ausbricht, gehen wir nicht fehl in der Annahme, daß Wasser und Feuer zusammengestoßen seien.

148 Die Kirche war für PARACELSUS zeitlebens eine Mutter. Aber er hatte deren zwei: die andere war die Mater Natura. Und war erstere schon unbedingt, so war es letztere – in aller Bescheidenheit – auch. Er bemüht sich zwar, einerseits den Konflikt der beiden Muttergebiete möglichst unsichtbar zu machen, aber ist andererseits ehrlich genug, die Existenz eines solchen Konfliktes in einem gewissen Maß anzuerkennen; ja, er scheint etwas davon zu ahnen, was das Di-

---

[2] [*De caducis,* § 1. HUSER I, p. 246.]

lemma bedeutet. So sagt er: «⟨Ich⟩ bekenn mich auch des, das ich heitnisch schreib und doch ein christ bin³.» Dementsprechend nennt er die fünf Abschnitte seines «*Paramirum de quinque entibus morborum*» Pagoya. «Pagoyum» ist eine seiner beliebten Wortneubildungen, eine vox hybrida aus «paganum» und dem hebräischen «gojim». «Heidnisch», nach seiner Ansicht, ist die Erkenntnis des Wesens der Krankheiten, welche aus dem «Liecht der Natur» und nicht aus der heiligen Offenbarung stammt. Die «Magica» nämlich ist «Praeceptor und Paedagogus» des Arztes⁴, und er nimmt seine Erkenntnis aus dem lumen naturae⁵. Es unterliegt keinem Zweifel, daß das «Liecht der Natur» für PARACELSUS eine zweite, sozusagen unabhängige Erkenntnisquelle darstellt. Sein nächster Schüler, ADAM VON BODENSTEIN, formulierte: «Der Spagyrus (der Naturphilosoph) hat die Dinge der Natur nicht durch die Autorität, sondern durch die eigene Erfahrung⁶.» Die Vorlage zum Begriff des

---

³ «... drumb besser ist, die weisheit Christi, dan der natur, also auch besser ein prophet, ein apostel, dan ein astronomus und ein medicus ... aber weiter ist mir noch zu reden auch befolen: die kranken dörfen eines arztes, nicht alle der apostlen; also auch die prognosticationes dörfen eines astronomi, nit alle eins propheten.» (*Von erkantnus des gestirns*, Hg. SUDHOFF, XII, p. 196f.)

⁴ «Unnd wie die Magi von Orient / durch diese Inventricem, gefunden haben Christum in Sterne / als das Fewr im Kißling gefunden wirt: Also werden auch gefunden die künst der Natur / die leichter zu sehen ist / dann Christus zu suchen gewesen ist.» (*Labyrinthus medicorum*, cp. IX [HUSER I, p. 179])

⁵ Im Traktat IV des *Paramirum* [HUSER I, p. 30f., SUDHOFF I, p. 215], wo er vom ens spirituale der Krankheit handelt, sagt er [p. 215]: «So wir aber euch das ens spiritale sollen erzelen, ermanen wir euch das ir von euch leget den stylum den ir nennen theologicalem. dan nit alles ist heilig das theologia heißt, auch nit alles selig (das) das selbige gebraucht. also ist auch nit alles war, das sich der gebraucht das er nit verstehet, der theologei. und wiewohl das ist daß die theologen am gewaltigsten dis ens beschreiben, aber nit under den namen und text unsers vierten pagoiums, auch verneinen sie das wir beweren ... aber eins solt ihr verstehen von uns, das ist ein solches das dis ens zu erkennen nit aus christlichem glauben kompt, dan es ist uns pagoium. es ist auch nit wider den glauben in dem wir hinfaren werden. damit solt ir erkennen in euch selbst das ir in keim weg ein ens solt verstehen und den geisten als das ir sprechent, es sind all teufel. da reden ir unbesint und ganz taub ist die red: der teufel tuts.»

⁶ *Theophrasti ex Hohenheim utriusque medicinae doctoris de Vita longa* (1562), p. 56. Im «Caput de morbis somnii» (SUDHOFF IX) sagt PARACELSUS weiter über das lumen naturae: «sich Adam an und Moysen und ander, die haben das in inen gesucht, das im menschen war, und das geöffnet und alle gabalischen und haben nichts fremdes kent vom teufel noch von geisten sonder vom liecht der natur; das haben sie gar herfür in inen gebracht ... das kompt aus der natur, die solch ir geberd in ir hat; dasselbig ubet sich im schlaf, dan die ding müssen schleferig gebraucht werden und nicht wachend. schlafen ist solcher künsten wachen, darumb haben sie ein geist der das fürspilt. nun ist das war, das der Satan in seiner weisheit ein gabalist ist und ein

lumen naturae dürfte sich in der *«Occulta philosophia»* des AGRIPPA VON NETTESHEIM von 1510 finden: dieser Autor spricht nämlich von der «luminositas sensus naturae», deren Erleuchtung auch auf die Tiere sich erstrecke und sie zur Weissagung befähige[7]. Dieser Stelle bei AGRIPPA entsprechend, sagt PARACELSUS: «So ist auch also zu wissen, das die auguria der vögel von disen angebornen geisten sind, als die hanen die da kreen zukünftiges wetter und die pfauen ires herren tot und ander mer. dis alles ist aus dem angebornen geist und ist das liecht der natur; so es im tier ist und ist natürlich, so hats der mensch auch in im und mit im auf die welt bracht. der rein ist, der ist ein guter weissager, natürlich wie die vögel, und deren vögel weissagung seind nicht wider die natur sonder aus der natur, ein ietlicher wie er dan ist. dise ding, die die vögel also verkünden, praesagirt auch der schlaf; dan es ist der traumgeist, der do ist der unsichtige leib der natur[8]. in dem zu wissen ist, so ein mensch weissagt, so ret er nit aus dem teufel, nit aus dem Satan, nit aus dem heiligen geist, sonder er ret aus geborner natur des unsichtigen leibs, der dan magiam lernt, aus dem der magus ist[9].» Das Licht der Natur kommt aus dem astrum; so sagt er, «das nichts im menschen sein möge, es sei im dan vom liecht der natur gegeben. und was im liecht der natur ist, das ist die wirkung des gestirns[10].» Die Heiden hatten noch das natürliche Licht, «dan im natürlichen liecht handlen und sich im selbigen erlustigen, ist götlich, wiewol tötlich». Bevor Christus in die Welt kam, sei diese noch mit dem natürlichen Licht begabt gewesen. Im Vergleich zu Christus sei es aber ein «minderes liecht». «Darumb sollen wir wissen, das wir die natur vom geist der natur sollen ausle-

mechtiger; dise geborne geist der menschen seinds auch ... dan das ist das liecht der natur, das im schlaf arbeit und ist der unsichtig mensch und ist doch geborn wie der sichtig und ist natürlich; mer aber ist im wissen, dan dem fleisch ist zuwissen. dan aus dem gebornen geist kompt das gesehen wird; ... im selbigen gebornen geist ist das liecht der natur, das ist der schulmeister der menschen.» PARACELSUS sagt, daß die Menschen zwar sterben; aber der Schulmeister, der lehre weiter. (SUDHOFF XII, p. 23; ebenso *De podagricis liber I,* [HUSER I, p. 226])

[7] p. LXVIII. Das Licht der Natur spielt übrigens schon bei Meister ECKHART eine nicht unbeträchtliche Rolle.

[8] Hierzu findet sich *Fragmenta medica* (HUSER I, 5. Teil, p. 131) der schöne Ausspruch: «Groß ist der / dem seine Tręum richtig seindt / das ist / der recht in disem Gabalischen gebornen Geist lebet und schwebt.»

[9] *De morbis somnii,* SUDHOFF IX, p. 361.

[10] *Das buch der philosophei des himlischen firmaments,* SUDHOFF XII, pp. 23 und [das folgende Zitat] 26; ebenso *Labyrinthus medicorum,* cp. II, und *De pestilitate,* tract. I (HUSER I, p. 327). Die Gestirnslehre ist schon weitgehend vorbereitet in der *Occulta philosophia* des AGRIPPA, dem PARACELSUS in hohem Maß verpflichtet ist.

1. Das Licht der Natur und das Licht der Offenbarung

gen, das wort gottes vom geist gottes, den teufel von seinem geist auch.» Wer von diesen Dingen nichts weiß, ist «vol und ein sau, wil nicht platz geben der ler und erfahrung». Das Licht der Natur ist die quinta essentia, von Gott selber aus den vier Elementen ausgezogen, und liegt «in userm herzen»[11]. Es werde durch den Heiligen Geist angezündet[12]. Das natürliche Licht ist eine intuitive Erfassung der Umstände, eine Art Illumination[13]. Es hat eigentlich zwei Quellen: eine sterbliche («tötliche») und eine unsterbliche, welche PARACELSUS «Engel» nennt[14]. Der Mensch, sagt er, «ist auch ein Engel, deren aller Eigenschaften hat er». Er habe ein natürliches Licht, aber auch ein Licht außerhalb des Lichtes der Natur, womit er übernatürliche Dinge ergründen könne[15]. In welchem Verhältnis dieses «übernatürliche» Licht zum Lichte der Heiligen Offenbarung steht, bleibt allerdings etwas dunkel. Es scheint aber in dieser Hinsicht eine eigenartige trichotomische Auffassung zu bestehen[16].

Die Eigenständigkeit der Naturerfahrung gegenüber der Autorität der Tradition ist das Grundthema Paracelsischen Denkens. Auf dieser Grundlage bekämpft er die Ärzteschulen, und bei seinen Schülern erstreckt sich der revolutionäre Angriff auch auf die Aristotelische Philosophie[17]. Mit dieser Haltung hat PARACELSUS der naturwissenschaftlichen Forschung eine Bahn gebrochen und der Naturerkenntnis zu einer gegenüber der historischen Autorität selbständigen Position verholfen. Diese befreiende Tat hatte zwar die fruchtbarsten Folgen, eröffnete aber auch jenen Konflikt zwischen «Wissen und Glauben», welcher die geistige Atmosphäre des 19. Jahrhunderts insbesondere vergiftete. Selbstverständlich ist sich PARACELSUS dieser späten Nachwirkungen, respektive der Möglichkeit solcher, gänzlich unbewußt. Er lebte als mittelalterlicher Christ noch in einer einheitlichen Welt und empfand die zwei Erkenntnisquellen, die göttliche und die natürliche, keineswegs als jenen Konflikt, als welchen sie sich in den nachfolgenden Jahrhunderten herausstellten. So sagt er in der «*Philosophia sagax*»: «... also zwo weisheit sein in diser welt, ein ewige und ein tötliche. Die ewig entspringt one mittel aus dem

---

[11] l.c., SUDHOFF XII, p. 36, und *Argumentum ... Von der himmlischen Wirkung,* SUDHOFF XII, p. 304.
[12] *Paramirum,* p. 35 f.
[13] *Labyrinthus medicorum,* cp. VIII [HUSER I, p. 174].
[14] *De podagricis,* HUSER [I, p. 195 f.].
[15] *De nymphis,* Prolog, SUDHOFF XIV, p. 115 f.
[16] Vgl. das unten über die Arkanlehre der Lebensverlängerung Gesagte.
[17] So bei ADAM VON BODENSTEIN und GERHARD DORN.

liecht des heiligen geists, die ander one mittel aus dem liecht der natur[18].» Dieses Wissen ist, wie er sagt, «nicht aus fleisch und blut, sonder aus dem gestirn in fleisch und blut; das ist der schaz, das natürlich summum bonum.» Der Mensch ist zwiefach, «in einem teil tötlich im andern ewig. und ein ietlicher teil nimbt sein liecht von got, das tötlich und das ewig und nichts ist das nicht von got sein ursprung neme. warumb solt mir dan des vatters liecht für heidnisch und ich für ein heiden erkennet und geurteilt werden?» Gottvater «hat geschaffen den Menschen von unden herauf. Der ander, als der son, von oben herab.» Darum fragt PARACELSUS: «... dan sollen vatter und son eins sein, wie kan ich dan zwei liecht eren? ich würde abgöttisch geurteilt werden: aber die zal eins erhelt mich. und so ich zwei lieb hab, und gib einem ietlichen sein liecht, wie es got einem ietlichen verordnet hat, wie kan ich dann heidnisch sein?»[19]

150 Aus dem Gesagten geht seine Einstellung zum Problem der zwei Erkenntnisquellen wohl mit aller Deutlichkeit hervor: beide Lichter stammen aus der Einheit Gottes. Und doch – warum bezeichnet er das, was er aus dem Lichte der Natur schreibt, positiv als Pagoyum? Spielt er geistreich mit einem Anschein, oder ist es unwillkürliches Bekenntnis dunkler Ahnung einer Zwiespältigkeit in Welt und Seele? Ist PARACELSUS wirklich unberührt vom schismatischen Geiste seiner Zeit, und beschränkt sich sein gegen die Autorität gerichteter Kampfgeist wirklich nur auf GALEN, AVICENNA, RHAZES und ARNALDUS?

A. MAGIE

151 Die Paracelsische Skepsis und Auflehnung macht zwar halt vor der Kirche, aber auch vor der Alchemie, der Astrologie und der Magie, an welche er ebensosehr glaubt wie an die heilige Offenbarung, denn sie sind ihm aus der Autorität des lumen naturae gegeben. Wie er vom göttlichen Amte des Arztes spricht, bekennt er: «Ich under dem Herren / der Herr unter Mir / Ich under Ihm / ausserhalb meines Ampts / und Er unter Mir / ausserhalb seins Ampts[20].» Was für ein Geist spricht aus diesen Worten? Erinnern sie nicht an den späteren ANGELUS SILESIUS?

---

[18] [SUDHOFF XII, pp. 8, 9f., 8; HUSER II, p. 5.]
[19] [l. c., p. 10.]
[20] *Liber de caducis,* § 1 [HUSER I, p. 247].

> Ich bin so groß als Gott, er ist als ich so klein:
> Er kann nicht über mich, ich unter ihm nicht sein.²¹

Es ist nicht zu leugnen, daß hier die Gottverwandtschaft des menschlichen Ich vernehmlich Anspruch darauf erhebt, in solcher Eigenschaft gehört und anerkannt zu werden. Das ist wohl der Geist der Renaissance, neben der Gottheit den Menschen in seiner Macht, Urteilskraft und Schönheit an sichtbare Stelle zu rücken. Deus et Homo in einem neuen und was für einem Sinne! In seinem skeptischen und aufrührerischen Buche «*De incertitudine et vanitate scientiarum*» ruft ein älterer Zeitgenosse und die für PARACELSUS wesentliche kabbalistische Autorität, nämlich CORNELIUS AGRIPPA, aus:

> Nullis hic parcit Agrippa.
> Contemnit, scit, nescit, flet, ridet, irascitur,
> insectatur, carpit omnia.
> Ipse Philosophus, daemon, heros, Deus
> et omnia²².

Diese – wie wir sagen müssen – leider moderne Höhe hat PARACELSUS allerdings nicht erklommen. Er fühlte sich eins mit Gott und mit sich selber. Sein ganz auf die praktische Heilkunst gerichteter und rastlos geschäftiger Geist grübelte an keinen Problemen, und sein irrationales, intuitives Wesen verharrte nirgends in logischen Reflexionen lange genug, um unheilvolle Einsichten zu zeitigen.

PARACELSUS hatte *einen* Vater, dem er in Verehrung und Vertrauen ergeben war; aber wie jeder rechte Held hatte er *zwei* Mütter, eine himmlische und eine irdische, die Mutter Kirche und die Mutter Natur. Kann jemand zwei Müttern dienen? Und ist es nicht etwas bedenklich, auch wenn man sich, wie THEOPHRASTUS, als von Gott geschaffenen Arzt fühlt, innerhalb des ärztlichen Amtes Gott sozusagen in Dienst zu nehmen? Man kann leicht einwenden, daß er dieses, wie so vieles andere, nur beiläufig gesagt habe und es deshalb nicht so ernst zu nehmen sei. PARACELSUS selber wäre wohl erstaunt und indigniert gewesen, wenn ihn jemand beim Wort genommen hätte. Was ihm da in die Feder geflossen war, kam ja auch viel weniger aus tiefen Überlegun-

---

²¹ *Der cherubinische Wandersmann,* Erstes Buch, Nr. 10, p. 2.
²² Ich benütze die Edition von 1584 «ex postrema Authoris recognitione» [Schlußverse, nicht paginiert. Übersetzung:] «Keinen verschont Agrippa. / Er verachtet, weiß, weiß nicht, weint, lacht, / erzürnt sich, verhöhnt, zerpflückt alles. / Selber Philosoph, Dämon, Heros, Gott / und alles.»

gen als vielmehr aus dem Geiste der Zeit, in der er lebte. Niemand könnte sich rühmen, dem Geist der eigenen Epoche gegenüber immun zu sein oder gar eine völlige Erkenntnis desselben zu besitzen. Unbekümmert um unsere bewußte Überzeugung ist jeder, ohne Ausnahme, insofern er Massenpartikel ist, irgendwo angenagt, gefärbt oder gar unterminiert durch den Geist, der durch die Massen geht. Die Freiheit reicht ja nur so weit, als sich die Grenzen unseres Bewußtseins erstrecken. Darüber hinaus unterliegen wir unbewußten Einflüssen aus der Umgebung. Wenn wir es uns schon nicht logisch klarmachen, was unser Reden und Handeln bis in alle Tiefen hinunter bedeutet, so bestehen diese Bedeutungen aber trotzdem und wirken psychologisch auch als solche. Ob man es nun weiß oder nicht, so besteht doch der ungeheuerliche Gegensatz zwischen dem Menschen, der Gott *dient,* und dem Menschen, der Gott *befiehlt.*

Aber je größer der Gegensatz, desto größer ist auch das Potential. Eine große Energie geht nur aus einer entsprechend großen Gegensatzspannung hervor. Der Konstellation prinzipiellster Gegensätze verdankt PARACELSUS seine beinahe dämonische Energie, die nicht ein reines Gottesgeschenk ist, sondern mit hemmungsloser Leidenschaftlichkeit, Streitsucht, Hast, Ungeduld, Unzufriedenheit und Anmaßung gepaart einhergeht. Nicht umsonst war PARACELSUS das Vorbild des GOETHEschen Faust – ein «großes, urtümliches Bild» in der Seele der deutschen Nation, wie JACOB BURCKHARDT einmal sagte[23]. Von Faust aber führt eine direkte Linie über STIRNER zu NIETZSCHE, der ein faustischer Mensch war, wie nur je einer. Was bei einem PARACELSUS und einem ANGELUS SILESIUS sich noch die Waage hält – Ich unter Gott und Gott unter mir – hat im 20. Jahrhundert das Äquilibrium verloren, und ein zunehmendes Gewicht drückt die Schale eines sich immer gottähnlicher vorkommenden Ich tiefer und tiefer. Mit ANGELUS SILESIUS hat er einesteils die innige Frömmigkeit, anderenteils die ebenso rührende wie gefährliche Einfachheit des religiösen Verhältnisses zu Gott gemeinsam. Daneben und dagegen drängt sich aber bei ihm der Erdgeist hervor in einem Maße, das oft beinahe erschreckend wirkt: es gibt sozusagen keine Form der Mantik und Magie, die er nicht entweder betreibt oder empfiehlt. Nun ist die Beschäftigung mit solchen Künsten – unbekümmert, wie aufgeklärt man sich auch vorkomme – seelisch keine ganz harmlose Sache. Magie war stets und ist noch immer ein

---

[23] [Briefe an ALBERT BRENNER (*Basler Jahrbuch* 1901, p. 91). – Vgl. JUNG, *Symbole der Wandlung,* Paragr. 45[46].]

fascinosum. Zur Zeit des PARACELSUS allerdings sah die Welt noch wunderlich genug aus: noch war die unmittelbare Nähe dunkler Naturmächte jedermann bewußt. Der Mensch jener Zeit war noch naturnahe. Astronomie und Astrologie waren noch nicht geschieden. Ein KEPLER stellte noch Horoskope. Statt Chemie gab es nur Alchemie. Amulette, Talismane, Wund- und Krankheitsbesprechungen waren selbstverständlich. Eine so wißbegierige Natur wie PARACELSUS konnte nicht umhin, sich mit all diesen Dingen gründlichst bekannt zu machen, um zu erfahren, daß sonderbare und bemerkenswerte Wirkungen von derartigen Praktiken ausgingen. Soweit mein Wissen reicht, hat er sich aber nie deutlich über die psychische Gefährlichkeit der Magie für den Adepten selber ausgesprochen [24]. Er macht es sogar den Ärzten direkt zum Vorwurf, daß sie nichts von Magie verstünden. Daß sie sich aber mit einer begründeten Ängstlichkeit davon fernhielten, erwähnt er nicht. Und doch wissen wir durch das Zeugnis des Zürchers CONRAD GESSNER, daß gerade die von PARACELSUS angefeindeten, akademischen Ärzte sich aus religiösen Gründen der Magie enthielten und eben diesen Vorwurf gegen ihn und seine Schüler erhoben. So schreibt GESSNER an Dr. CRATO VON CRAFFTHEIM in bezug auf den PARACELSUS-Schüler BODENSTEIN: «Ich weiß, daß die meisten Leute dieser Art Arianer sind und die Gottheit Christi leugnen. ... Oporin in Basel, einstmals ein Schüler des Theophrastus und sein Privatassistent (familiaris), berichtete wunderliche Geschichten über dessen Umgang mit Dämonen. Sie ⟨die Schüler⟩ üben die sinnlose Astrologie, Geomantie, Nekromantie und sonstige verbotene Künste solcher Art aus. Ich selber habe sie im Verdacht, Nachfahren der Druiden zu sein, welche bei den alten Kelten an unterirdischen Orten während einiger Jahre von den Dämonen unterrichtet wurden. Es steht unseres Wissens auch fest, daß solches in Spanien zu Salamanca bis in die Gegenwart geschehen ist. Aus dieser Schule gingen auch die gewöhnlich so genannten Fahrenden Scholaren (scholastici vagantes) hervor. Unter diesen ist der noch nicht so lange verstorbene Faust besonders berühmt.» An einer anderen Stelle desselben Briefes sagt GESSNER: «Theophrastus ist sicherlich ein unfrommer Mensch (impius homo) und ein Zauberer (magus) gewesen und hat Umgang mit Dämonen gehabt [25].»

---

[24] Er macht zwar einmal die Bemerkung, daß er den Stein, den andere «zu ihrem eigenen Schaden» suchen, gefunden habe. Diese Bemerkung findet sich aber bei vielen anderen Alchemisten.
[25] *Epistolarum medicinalium Conradi Gessneri, philosophi et medici Tigurini*, fol. 1º [Zitate pp. 1º und 2].

155 Obschon dieses Urteil zum Teil auf der trüben Quelle des OPORIN beruht und an sich ungerecht beziehungsweise unrichtig ist, so zeigt es doch, wie zeitgenössische Ärzte von Ruf die Theophrastische Beschäftigung mit Magie als ungehörig empfanden. Bei PARACELSUS finden wir, wie schon gesagt, keine derartigen Bedenken. Er zieht die Magie, wie alles sonstige Wissenswerte, in seinen Bereich und versucht sie für seinen ärztlichen Beruf zum Wohle der Kranken auszuwerten, unbekümmert darum, was sie etwa ihm selber antun oder was die Beschäftigung mit solchen Künsten etwa vom religiösen Standpunkt aus bedeuten könnte. Schließlich befand sich ja für ihn die magia und sapientia der Natur innerhalb der gottgewollten Ordnung als ein mysterium et magnale Dei, und so fiel es ihm nicht schwer, den Abgrund, in den eine halbe Welt stürzte, zu überbrücken [26]. Bevor er sich selber zerriß, fand er ja seinen Erzfeind außen in der Gestalt der großen medizinischen Autoritäten, sowie der Schar der akademischen Ärzte, gegen welche er wie ein echter und rechter Schwyzer Reisläufer vom Leder zog. Vom Widerstand seiner Gegner läßt er sich maßlos reizen und verfeindet sich mit aller Welt. Rastlos, wie er lebt und wandert, so schreibt er auch. Sein Stil ist stark rhetorisch. Er scheint immer jemand eindringlich anzusprechen, und zwar jemand, der ihm unwillig zuhört oder dickhäutig die besten Argumente an sich abprallen läßt. So ist seine Darstellung eines Gegenstandes selten systematisch oder auch nur flüssig, sondern immer wieder gestört durch Admonitionen feinerer oder gröberer Art an die Adresse eines unsichtbaren, moralisch tauben Zuhörers. PARACELSUS meint etwas zu oft, den Feind vor sich zu haben, und merkt es nicht, daß ihm auch einer im eigenen Busen sitzt. Er selber besteht gewissermaßen aus zwei, die nie zur Konfrontation kommen. Er verrät uns nirgends auch nur die kleinste Ahnung davon, daß er mit sich selber uneins sein könnte. Er fühlt sich als Eines und Eindeutiges, und was ihm dennoch stets in die Quere kommt, das müssen dann wohl die äußeren Feinde sein. Dies muß er überwinden und ihnen beweisen, daß er der «monarcha» ist, der Alleinherrscher, welcher er heimlicher- und ihm unbewußterweise eben gerade nicht ist. Denn in der Unbewußtheit seines Konfliktes ist er der Tatsache nicht gewahr, daß im Verborgenen noch ein zweiter in seinem Hause regiert und allem, was der er-

---

[26] «Noch hab ich mich ins Freie nicht gekämpft. / Könnt ich Magie von meinem Pfad entfernen, / Die Zaubersprüche ganz und gar verlernen, / Stünd ich, Natur, vor dir ein Mann allein, / Da wärs der Mühe wert, ein Mensch zu sein!» [*Faust*, 2. Teil, 5. Akt, Mitternacht] Diese späte Faustische Erkenntnis hat PARACELSUS nie gedämmert.

ste will, entgegenarbeitet. So äußert sich jeder unbewußte Konflikt: man hindert und unterminiert sich selbst. PARACELSUS sieht nicht, daß die Wahrheit der Kirche und der christliche Standpunkt überhaupt nie und nimmer mit dem impliziten alchemistischen Grundgedanken, nämlich «Gott unter mir», einiggehen können. Wo man aber sich selber unbewußt entgegenarbeitet, entstehen Ungeduld, Reizbarkeit und ein ohnmächtiges Verlangen, den Gegner mit allen Mitteln endlich einmal unterzukriegen. Unter diesen Umständen kommt es meist zu gewissen Symptomen, unter denen auch eine besondere Sprache figuriert: man will eindrucksvoll reden, um dem Gegner zu imponieren; deshalb verwendet man einen besonderen Kraftstil mit Wortneubildungen, sogenannten Neologismen, die man als «Machtwörter» bezeichnen könnte[27]. Wir beobachten dieses Symptom nicht nur in der psychiatrischen Klinik, sondern auch bei gewissen neueren Philosophen und vor allem dort, wo irgend etwas Unglaubwürdiges gegen einen inneren Widerstand durchgesetzt werden soll: die Sprache schwillt auf, übersteigert sich und prägt seltsame Wörter, die sich durch unnötige Kompliziertheit auszeichnen. Dem Wort wird damit das aufgetragen, was man mit redlichen Mitteln nicht zustande brachte. Es ist alte *Wortmagie,* die gegebenenfalls zu einer wahren Sucht ausarten kann. Dieses Unwesen erfaßte auch PARACELSUS in solchem Maße, daß schon seine nächsten Schüler sich genötigt sahen, sogenannte Onomastica, Wörterverzeichnisse, anzulegen und Kommentare herauszugeben. Der unvorbereitete Leser Paracelsischer Schriften stolpert beständig über diese Neologismen, denen er zunächst hilflos gegenübersteht, denn der Autor hält es anscheinend nicht der Mühe wert, gründliche Erklärungen zu geben, auch wenn es sich, wie es vorkommt, sozusagen um ein ἅπαξ λεγόμενον (ein einmal Gesagtes) handelt. Man kann sich oft nur durch den Vergleich vieler Stellen über den Sinn eines Terminus annähernd vergewissern. Es gibt allerdings mildernde Umstände: die ärztliche Fachsprache hat es von jeher an sich gehabt, zauberisch unverständliche Wörter auch für die gewöhnlichsten Dinge anzuwenden. Das gehört schließlich zur Kunst des ärztlichen Prestige. Es nimmt sich aber sonderbar aus, daß gerade PARACELSUS, der doch deutsch zu lehren und zu schreiben sich zur Ehre anrechnete, ausgerechnet die verzwicktesten Neologismen aus Latein, Griechisch, Italienisch, Hebräisch, ja vielleicht sogar Arabisch zusammenbraute.

---

[27] Diesen Ausdruck brauchte tatsächlich eine geisteskranke Patientin, um damit ihre eigenen Neologismen zu bezeichnen.

156 Magie ist insinuierend, und darin besteht ihre Gefährlichkeit. An einer Stelle, wo PARACELSUS über die Praktiken der Hexen schreibt, verfällt er sogar in deren magische Sprache, ohne die geringste Aufklärung zu geben. So schreibt er zum Beispiel statt Zwirnfaden «Swindafnerz», statt Nadel «Dallen», statt Leiche «Chely», statt Faden «Daphne» usw.[28] Bei den Zaubergebräuchen hat die Umstellung der Buchstaben den diabolischen Zweck, durch das magisch entstellte Wort die göttliche Ordnung in infernalische Unordnung zu verkehren. Es ist merkwürdig, wie unbesehen und wie selbstverständlich er diese Wörter einfach übernimmt und es dem Leser überläßt, damit fertig zu werden. Das zeigt für ihn eine beträchtliche Vertrautheit auch mit dem niedrigsten Volksaberglauben, und man vermißt die Anzeichen einer gewissen Scheu vor solch unsauberen Dingen, was bei PARACELSUS sicher nicht auf einen Mangel an Gefühl, sondern vielmehr auf eine gewisse Harmlosigkeit und Naivität zurückzuführen ist. So empfiehlt er auch selber die zauberische Anwendung von Wachsmännchen in Krankheitsfällen[29] und scheint Amulette und Siegel entworfen[30] und gebraucht zu haben. Nach seiner Überzeugung sollten sich ja die Ärzte auf die magischen Künste verstehen und zum Besten der Kranken sich vor der Anwendung zauberischer Mittel nicht scheuen. Diese Volksmagie aber ist nicht christlich, sondern nachweisbar heidnisch, mit seinen Worten: ein «Pagoyum».

B. ALCHEMIE

157 Außer der mannigfachen Berührung mit dem Volksaberglauben verursachte noch ein anderer, erwähnenswerter Umstand eine Beeinflussung seines Wesens durch das «Pagoyum»: das waren die Bekanntschaft und die intensive Beschäftigung mit der Alchemie, welche er nicht nur für die Pharmakognosie und Pharmakopöe, sondern auch zu sogenannten «philosophischen» Zwecken gebrauchte. Die Alchemie aber enthält schon seit den ältesten Zeiten eine

---

[28] Er nennt diese Praktik ebenfalls «Pagoyum». (*De pestilitate,* tractatus IV, cp. II, in HUSER [I, p. 76f.])

[29] Zum Beispiel die cura Vitistae (der zornigen Form der chorea S. Viti) «geschieht durch ein Wachsmännchen, in das die Schwüre gebracht werden». (*De morbis amentium,* tr. II, cp. III, in HUSER [I, p. 62f.]. Dasselbe in: *Paramirum,* cp. V.)

[30] *Archidoxis magicae* libri VII. [SUDHOFF XIV, p. 437 ff.]

Arkanlehre oder ist direkt eine solche. Mit dem Siege des Christentums unter Konstantin sind die heidnischen Vorstellungen nämlich keineswegs untergegangen, sondern lebten unter anderem weiter in der seltsamen Arkanterminologie und -philosophie der Alchemie. Ihre Hauptfigur ist Hermes, das heißt Mercurius, in seiner merkwürdigen Doppelbedeutung von Quecksilber und Weltseele, begleitet von der Sonne, respektive dem Gold, und dem Mond, respektive dem Silber. Die alchemistische Operation bestand wesentlich in einer Trennung der prima materia, des sogenannten Chaos, in das Aktive, nämlich die Seele, und das Passive, den sogenannten Körper, welche dann in personifizierter Gestalt in der «coniunctio», der «chymischen Hochzeit», wieder vereinigt wurden; das heißt die coniunctio wurde als hieros gamos, als rituelles Beilager von Sol und Luna, allegorisiert. Dieser Vereinigung entsproß der filius sapientiae oder philosophorum, der gewandelte Mercurius, welcher zum Zeichen seiner runden Vollkommenheit als hermaphroditisch gedacht war.

Das opus alchymicum war trotz seinem chemischen Aspekt immer als eine Art kultischer Handlung im Sinne eines opus divinum verstanden und konnte daher noch zu Anfang des 16. Jahrhundert von MELCHIOR CIBINENSIS als Messe dargestellt werden[31], nachdem schon längst vorher der filius – oder lapis – philosophorum als allegoria Christi aufgefaßt worden war[32]. Aus dieser Tradition ist vieles bei PARACELSUS zu verstehen, was sonst unverständlich bliebe. In dieser Arkanlehre sind die Ursprünge sozusagen der ganzen Paracelsischen Philosophie, sofern sie nicht kabbalistisch ist, aufzufinden. Aus seinen Schriften geht hervor, daß er eine nicht unbeträchtliche Kenntnis der hermetischen Literatur besaß[33]. Wie alle mittelalterlichen Alchemisten scheint er sich des wahren Charakters der Alchemie nicht bewußt zu sein, obschon sogar ein Basler Drucker, Waldkirch, allerdings erst gegen Ende des 16. Jahrhunderts, sich weigerte, die erste Hälfte des bedeutenden, dem heiligen Thomas fälschlicherweise zugeschriebenen Traktats «*Aurea hora*» abzudrucken, we-

---

[31] *Addam et processum sub forma Missae* in: *Theatr. chem.* (1602) III, p. 853 ff. «... scientiam non esse aliud, nisi donum Dei, et Sacramentum» [daß die Wissenschaft nichts anderes sei als eine Gabe Gottes und ein Sakrament]. – *Aurora consurgens quae dicitur Aurea hora* in: *Art. aurif.* I, p. 185.

[32] Vgl. meine Abhandlung *Erlösungsvorstellungen in der Alchemie* [*Psychologie und Alchemie*, Dritter Teil, Kp. V: «Die Lapis-Christus-Parallele»].

[33] Er erwähnt HERMES, ARCHELAUS, MORIENUS, RAYMUNDUS, ARNALDUS, ALBERTUS MAGNUS, HELIA ARTISTA, RUPESCISSA und noch andere.

gen dessen «blasphemischen» Charakters[34], was beweist, daß außenstehende Laien sogar sich der Zweifelhaftigkeit der Alchemie in diesem Sinne damals keineswegs unbewußt waren. Es scheint mir nun sicher zu sein, daß PARACELSUS in dieser Frage völlig naiv vorging und, nur bedacht auf das Wohl der Kranken, die Alchemie in allererster Linie als praktische Methode gebrauchte, unbekümmert um deren dunkle Hintergründe. Bewußt ist ihm die Alchemie als Kenntnis der materia medica und als chemische Prozedur bei der Herstellung der Arzneimittel, vor allem der beliebten arcana, der Geheimmittel. Auch glaubt er, daß man Gold machen und homunculi erzeugen könne[35]. Über diesem vorwiegenden Aspekt könnte man beinahe übersehen, daß die Alchemie ihm aber doch noch mehr bedeutet. Wir entnehmen dies einer kurzen Bemerkung im «*Liber Paragranum*». Er sagt dort, daß durch die Alchemie der Arzt selber «zeittig» gemacht, das heißt gereift werde[36]. Das klingt, wie wenn mit der alchemistischen Maturation oder Reifung auch eine solche des Arztes einherginge. Wenn wir uns in dieser Annahme nicht täuschen, so müssen wir weiter folgern, daß PARACELSUS mit der Arkanlehre bekannt, mehr noch: daß er von deren Richtigkeit überzeugt war. Ohne Nachforschung im einzelnen ist ein Beweis dafür natürlich unmöglich; denn auch seine überall und immer wieder ausgedrückte Wertschätzung der Alchemie könnte sich ausschließlich auf den chemischen Aspekt beschränken. Diese besondere Vorliebe hat ihn ja zum Vorläufer und Initiator der modernen chemischen Medizin gemacht. Auch sein mit vielen geteilter Glaube an die Transmutation und an den lapis philosophorum will noch nichts besagen in bezug auf eine tiefere Affinität zu den mystischen Hintergründen der ars aurifera. Und doch ist eine solche Beziehung insofern sehr wahrscheinlich, als seine umittelbaren Schüler sich unter den alchemistischen Ärzten fanden[37].

---

[34] *Art. aurif.* I, p. 183 ff. (Basel 1593, erste Ausgabe 1572)
[35] *De natura rerum,* SUDHOFF XI, p. 313.
[36] Hg. STRUNZ, p. 14.
[37] Die Wirkung selber zeigt sich nicht etwa in einer wesentlichen Änderung der alchemistischen Methoden als vielmehr in einer vertieften philosophischen Spekulation, deren Hauptvertreter der bedeutende Alchemist und Arzt GERHARD DORN in Frankfurt war. DORN hat einen ausführlichen Kommentar zu einem der seltenen lateinischen Traktate des PARACELSUS, zur *Vita longa,* verfaßt (GERARDUS DORNEUS, *Theophrasti Paracelsi libri V de vita longa* [vgl. unten, Paragr. 213 ff.]).

C. DIE ARKANLEHRE

Unsere weiteren Ausführungen werden sich mit der für den geistigen PARACELSUS so überaus wichtigen Arkanlehre befassen. Ich muß meinen Leser zum voraus um Entschuldigung bitten, daß ich seine Aufmerksamkeit und Geduld auf eine harte Probe setzen muß; ist doch der Gegenstand abstrus und dunkelmännisch, macht aber einen wesentlichen Teil des Paracelsischen Geistes aus und hat auf GOETHE bis in schwer abschätzbare Tiefe gewirkt, so daß ihn dieser Eindruck von seiner Leipziger Zeit her bis ins höchste Greisenalter beschäftigte: Daraus ist «*Faust*» entstanden.

Wenn man PARACELSUS liest, so sind es hauptsächlich die technischen Neologismen, welche geheimnisvolle Andeutungen zu enthalten scheinen. Aber wenn man ihre Etymologie oder ihren Sinn festzustellen sucht, so endet man meistens in einer Sackgasse, das heißt man kann zum Beispiel erraten, daß der Iliaster oder das Yliastrum etymologisch aus ὕλη und ἀστήρ (Materie – Gestirn) zusammengesetzt ist und soviel wie spiritus vitae alter alchemistischer Provenienz bedeutet, oder daß Cagastrum mit κακός und ἀστήρ (schlecht – Gestirn) zusammenhängt, oder daß Anthos und Anthera Gräzisierungen der alchemistischen flores sind. Auch seine philosophischen Begriffe, wie zum Beispiel die Lehre vom Astrum, führen uns zum Teil nur in die Tiefen der bekannten alchemistischen und astrologischen Tradition, wo wir dann allerdings sehen können, daß zum Beispiel seine Lehre vom corpus astrale keine neue Entdeckung war. Wir finden diese Idee schon in einem alten Klassiker, dem sogenannten *Aristoteles-Brief,* wo es heißt, daß die Planeten im Menschen stärker wirkten als die Himmelskörper, und wenn PARACELSUS sagt, daß im Astrum die Arznei gefunden werde, so lesen wir in demselben Briefe: «... in homine, qui ad similitudinem Dei factus est, inveniri ⟨potest⟩ causa et medicina...[38]»

Jener andere Hauptpunkt der Paracelsischen Lehre aber, seine Überzeugung vom «natürlichen liecht», läßt Zusammenhänge erraten, welche das Dunkel seiner religio medica erhellen. Das Licht, das in der Natur und insbe-

---

[38] [«... im Menschen, der nach dem Ebenbild Gottes geschaffen ist, läßt sich die Ursache und das Heilmittel finden».] «Nam Planetae Sphaerae, et elementa in homine per revolutionem sui Zodiaci verius et virtuosius operantur, quam aliena corpora seu signa superiora corporalia» [Denn die Planeten, Sphären und Elemente wirken im Menschen durch die Umdrehung seines Tierkreises wahrhaftiger und kraftvoller als fremde Körper oder die höheren körperhaften Zeichen]. (*Theatr. chem.,* 1622, V, pp. 882 und 884)

sondere in der Natur des Menschen verborgen ist, gehört zunächst ebenfalls zu den alten alchemistischen Vorstellungen. So sagt derselbe *Aristoteles-Brief*: «Vide igitur, ne Lumen, quod in te est, tenebrae sint[39].» Das Licht der Natur hat in der Alchemie in der Tat eine große Bedeutung. Wie es, nach PARACELSUS, den Menschen über die Beschaffenheit der Natur erleuchtet und ihm den Verstand natürlicher Dinge «per magiam cagastricam», wie er sagt, eröffnet[40], so ist es die Absicht der Alchemie, dieses Licht in der Gestalt des filius philosophorum zu erzeugen. Ein ebenfalls alter Text arabischer Tradition, der dem HERMES[41] zugeschriebene «*Tractatus aureus*», sagt darüber (der Geist des Merkur spricht): «Mein Licht übertrifft jedes andere Licht, und meine Güter sind höher als alle anderen. Ich erzeuge das Licht. Die Finsternisse aber sind von meiner Natur. Wenn ich mit meinem Sohne vereinigt bin, so kann nichts Besseres und Verehrungswürdigeres geschehen[42].» In den ebenfalls alten «*Dicta Belini*» (ein Pseudo-APOLLONIUS VON TYANA) heißt es vom Geiste des Merkur: «Ich erleuchte alles meinige, und ich mache das Licht offenbar auf der Fahrt von meinem Vater Saturn[43].» «Ich mache ewig die Tage der Welt, und ich erleuchte alle Lichter mit meinem Lichte[44].» In einem anderen Werke heißt es von der «chymischen Hochzeit», welcher der filius entspringt: «Sie umarmen sich und das neue Licht (lux moderna) wird von ihnen erzeugt, welchem kein Licht in der ganzen Welt gleich ist[45].»

Die Idee dieses Lichtes fällt, wie bei PARACELSUS so auch bei den Alchemisten, zusammen mit dem Begriff der sapientia und scientia. Man kann ohne Bedenken das Licht als das zentrale Mysterium der philosophischen Alchemie

---

[39] [Sieh daher zu, daß das Licht, das in dir ist, nicht Finsternis sei. – l. c., p. 884]

[40] *Liber Azoth* [SUDHOFF XIV, p. 552]. Cagastrum: eine untere oder schlechtere Form des Yliastrum. Daß es gerade «cagastrische» Magie ist, welche den Verstand öffnet, erscheint bemerkenswert.

[41] HERMES ist eine von PARACELSUS oft zitierte Autorität.

[42] Zitiert nach der Version des *Rosarium philosophorum,* 1550. (*Art. aurif.* II, p. 239; auch MANGETUS, *Bibl. chem. curiosa* II, p. 94 a.)

[43] [*Art. aurif.* II, p. 379] Das Licht entsteht nämlich aus dem finsteren Saturn.

[44] Zitat in: *Ros. phil., Art. aurif.* II, pp. 379 und 381. Die Originalausgabe des *Rosarium* von 1550 basiert auf einem Text, der etwa in der Mitte des 15. Jh. seinen Ursprung hat.

[45] MYLIUS, *Philosophia reformata,* p. 244. MYLIUS ist der größte alchemistische Kompilator und hat zahlreiche alte Texte exzerpiert, meist ohne die Quellen zu nennen. – Bezeichnenderweise kennt schon der älteste chinesische Alchemist, der um 140 unserer Zeitrechnung lebte, WEI PO-YANG, diese Idee. Er sagte: «Der, welcher seine innere Natur richtig pflegt, wird das gelbe Licht erscheinen sehen, wie es ⟨erwartungsgemäß auch sein⟩ sollte.» (LU CH' IANG WU AND T. L. DAVIS, *An ancient Treatise on Alchemy,* p. 262)

bezeichnen. Es wird fast immer personifiziert als filius oder wenigstens als eine der hervorstechenden Eigenschaften desselben erwähnt. Es ist ein δαιμόνιον schlechthin. Öfters verweisen die Texte auf die Notwendigkeit eines familiaris, eines Geistes, der beim Werke helfen soll. Die magischen Papyri nehmen ungescheut dafür auch die großen Götter in Anspruch[46]. Der magische filius bleibt in der Macht des Adepten. So heißt es im *Traktat des Hali, rex Arabiae*: «... et iste filius servabit te in domo tua ab initio in hoc Mundo et in alio[47].» Schon lange vor PARACELSUS ist, wie schon erwähnt, dieser filius mit Christus in Parallele gesetzt worden. Ganz deutlich wurde diese Parallele bei den von PARACELSUS beeinflußten deutschen Alchemisten des 16. Jahrhunderts. So sagt HENRICUS KHUNRATH: «Dieser ⟨nämlich der filius philosophorum⟩, der Sohn des Macrocosmos, ist Gott und Geschöpf... jener ⟨nämlich Christus⟩ der Sohn Gottes, der Gottmensch, das heißt Gott und Mensch. Der eine im jungfräulichen Uterus des Macrocosmos, der andere ⟨nämlich Christus⟩ in dem des Microcosmos empfangen... Ohne zu blasphemieren, sage ich: Der Stein der Philosophen, der Erretter des Macrocosmos, ist ein Bild des Gekreuzigten, des Heilandes des Menschengeschlechtes, das heißt des Microcosmos. ... Aus dem Stein sollst du natürlicherweise Christus erkennen, und aus Christus den Stein[48].»

Es scheint mir sicher zu sein, daß PARACELSUS sich der Tragweite solcher Implikationen, wenn er sie überhaupt gekannt hat, ebenso unbewußt war wie KHUNRATH, der auch glaubt, «absque blasphemia» zu sprechen. Trotz der Unbewußtheit gehören diese Lehren zum eigentlichen Wesen der philosophischen Alchemie[49], und wer diese betreibt, denkt, lebt und handelt in deren

---

[46] PREISENDANZ, *Papyri Graecae magicae* I, p. 137 (P. IV, Z. 2081 f: Erlangung eines Paredros).

[47] [Und dieser Sohn wird dir dienen in deinem Hause von Anbeginn, in dieser Welt und in der anderen. In: *Rosarium, Art. aurif.* II, p. 248] Ganz ähnlich heißt es PREISENDANZ, l. c. II, p. 47, Z. 49 f.: «Ich kenne dich, Hermês, und du mich. Ich bin du, und du bist ich. So tu mir alles und komm heran.»

[48] KHUNRATH, *Amphitheatrum sapientiae aeternae*, p. 197. Der lateinische Text lautet: «Hic, filius Mundi maioris, Deus et creatura... ille ⟨scl. Christus⟩ filius Dei θεάνθρωπος h. e. Deus et homo: Unus, in utero Mundi maioris; alter, in utero Mundi minoris: uterque Virgineo, conceptus... Absque blasphemia dico: ... Christi crucifixi, Salvatoris totius generis humani, id est, Mundi minoris... typus est, Lapis Philosophorum Servator Mundi maioris. Ex lapide, Christum, naturaliter cognoscito et ex Christo, Lapidem.»

[49] MYLIUS (*Philosophia reformata*, p. 97) sagt vom filius ignis: «... hic iacet tota nostra philosophia» [hier liegt unsere ganze Philosophie].

Atmosphäre, die vielleicht um so insinuierender wirkt, je naiver und unkritischer man sich ihr hingibt. Das «natürliche Licht des Menschen» oder das «Astrum im Menschen» klingt harmlos genug, so daß keiner der damaligen oder früheren Autoren etwas von der Konfliktmöglichkeit, die darunter lauert, gemerkt hat. Und doch wurde jenes lumen oder jener filius philosophorum offen das größte und siegreichste aller Lichter, als salvator und servator Seite an Seite mit Christus genannt! Dabei ist in Christus Gott selber Mensch geworden, während der filius philosophorum durch menschliche Absicht und Kunst aus dem Urstoff extrahiert und durch das Opus zu einem neuen Lichtbringer entwickelt wird. Im ersten Falle geschieht das Wunder der Errettung des Menschen durch Gott, im letzten aber die Rettung respektive Verklärung des Universums durch den Geist des Menschen – Deo concedente, wie die Autoren nicht verfehlen beizufügen. In ersterem Falle bekennt der Mensch: Ich unter Gott; in letzterem aber: Gott unter mir. Das heißt in diesem Falle tritt der Mensch an die Stelle des Schöpfers. In der mittelalterlichen Alchemie bereitet sich der größte Eingriff in die göttliche Weltordnung vor, welchen der Mensch je gewagt hat: *Die Alchemie ist die Morgenröte des naturwissenschaftlichen Zeitalters,* welches durch das daemonium des wissenschaftlichen Geistes die Natur und ihre Kräfte in bisher unerhörtem Maße in den Dienst des Menschen gezwungen hat. Aus dem Geiste der Alchemie hat GOETHE die Gestalt des «Übermenschen» Faust erschaffen, und aus diesem Übermenschen heraus hat NIETZSCHES Zarathustra Gott als tot erklärt und den Willen bekundet, aus eigener Machtfülle heraus den Übermenschen zu gebären oder, besser noch, «aus seinen sieben Teufeln einen Gott zu schaffen», wie er sagt [50]. Hier liegen die wahren Wurzeln, die säkularen, seelischen Vorbereitungsprozesse zu jenen Faktoren, die heute in der Welt am Werke sind. Technik und Wissenschaft haben zwar die Welt erobert; aber ob die Seele dadurch gewonnen hat, ist eine andere Frage.

---

[50] NIETZSCHE, *Also sprach Zarathustra.* «Vom Wege des Schaffenden»: «Einsamer, du gehst den Weg zu dir selber! Und an dir selber führt dein Weg vorbei, und an deinen sieben Teufeln. ... Verbrennen mußt du dich wollen in deiner eignen Flamme: wie wolltest du neu werden, wenn du nicht erst Asche geworden bist! Einsamer, du gehst den Weg des Schaffenden: einen Gott willst du dir schaffen aus deinen sieben Teufeln!» [p. 94] Man beachte die «combustio in igne proprio» [Verbrennung im eigenen Feuer] («lapis noster proprio iaculo interficit seipsum» [unser Stein tötet sich mit seinem eigenen Wurfgeschoß], *Consilium coniugii* in: *Ars chemica,* p. 237), die incineratio und den Phönix der Alchemisten! Der Teufel entspricht der saturnischen Form der zu verklärenden anima mundi.

Durch seine Teilnahme an der Alchemie hat sich PARACELSUS einer Einwirkung ausgesetzt, die gewisse Spuren in seinem geistigen Wesen hinterlassen hat. Das innerste Bestreben der Alchemie ist eine Anmaßung, deren dämonische Großartigkeit einerseits und deren seelische Gefährlichkeit[51] anderseits nicht übersehen werden soll. Nicht weniges wohl von der stolzen Anmaßlichkeit und Selbstüberhebung, welche so seltsam mit der wahrhaft christlichen Demut des PARACELSUS kontrastiert, dürfte aus dieser Quelle fließen. Was bei AGRIPPA als «ipse... daemon, heros, Deus» vulkanisch herausgestoßen wurde, blieb bei PARACELSUS unter der Schwelle eines christlichen Bewußtseins verborgen und äußerte sich nur indirekt in gewissen übertriebenen Ansprüchen und in seinem reizbaren Geltungsdrang, der ihn immer wieder mit seiner Umgebung verfeindete. Erfahrungsgemäß beruht ein solches Symptom auf einem nicht zugegebenen Minderwertigkeitsgefühl, das heißt auf einem wirklichen Fehler, dessen man sich aber in der Regel nicht bewußt ist. In jedem Menschen wohnt ein unbarmherziger Richter, welcher uns Schuld zumißt, auch wenn wir uns keiner Unrechtmäßigkeit bewußt sind. Obschon wir es nicht wissen, so ist es doch, wie wenn es irgendwo gewußt wäre. Sein Vorsatz, dem Kranken unter allen Umständen zu helfen, ist zweifellos rein. Die magischen Mittel aber und insbesondere der geheime Ideengehalt der Alchemie stehen dem christlichen Geiste diametral gegenüber. Und dem ist so, ob es nun PARACELSUS weiß oder nicht weiß. Er ist subjektiv exkulpiert; aber jener unbarmherzige Richter hat ein folgenschweres Minderwertigkeitsgefühl über ihn verhängt.

D. DER URMENSCH

Diesen kritischen Punkt, nämlich die alchemistische Arkanlehre vom wunderbaren Sohn der Philosophen, berührt CONRAD GESSNERS zwar unfreundliche, aber doch scharfsichtige Kritik. Anläßlich der Arbeiten eines PARACELSUS-Schülers, ALEXANDERS À SUCHTEN[52], schreibt er an CRATO: «Aber schaut, wen er uns als Sohn Gottes deutlich macht, nämlich keinen anderen als den Welt- und Naturgeist und eben denselben, der sich in unserem Körper findet

---

[51] Dieser Umstand war den Alchemisten seit ältesten Zeiten bekannt. Aus der Vielzahl der Zeugnisse erwähne ich das des Olympiodor: «Im Blei ⟨Saturn!⟩ wohnt ein unverschämter Dämon ⟨eben der spiritus mercurii!⟩, der die Menschen verrückt macht.» (BERTHELOT, *Alch. grecs*, II, IV, 43, pp. 95/104)

[52] Anfangs des 16. Jhs. in Danzig geboren, hat in Basel studiert.

(ein Wunder, daß er dazu nicht auch noch den des Esels und des Ochsen fügt!). Dieser Geist kann durch das technische Verfahren der Theophrastus-Schüler aus der Materie oder dem Körper der Elemente abgeschieden werden. Wenn jemand ihn beim Worte nähme, so würde er sagen, er habe bloß einen Lehrsatz der Philosophen ausgesprochen, aber nicht seine eigene Meinung. Er wiederholt es aber, damit er seine Zustimmung ausdrücke. Und ich weiß, daß auch andere Theophrastianer solche Dinge mit ihren Schriften beschmutzen: woraus leicht zu schließen ist, daß sie die Gottheit Christi leugnen. Es steht mir durchaus fest, daß Theophrastus selber ein Arianer gewesen ist. Sie geben sich Mühe, davon zu überzeugen, daß Christus ein ganz gewöhnlicher Mensch (omninò nudum hominem fuisse) und in ihm kein anderer Geist als in uns gewesen sei [53].»

166 Was GESSNER hier den THEOPHRASTUS-Schülern und zugleich auch dem Meister vorwirft, trifft die Alchemie überhaupt. Die Extraktion der Weltseele ist keine Eigentümlichkeit der Paracelsischen Alchemie. Der Vorwurf des Arianismus dagegen ist ungerechtfertigt. Anlaß zu dieser Idee war offenbar die beliebte Parallelisierung des filius mit Christus, welche aber bei PARACELSUS meines Wissens nirgends hervortritt. Dagegen findet sich in der von HUSER dem PARACELSUS zugeschriebenen Schrift «*Apokalypsis Hermetis*», ein vollständiges alchemistisches Glaubensbekenntnis, welches GESSNERS Vorwurf ein gewisses Recht gibt. PARACELSUS sagt dort vom «Geist des Fünfften Wesens» (quinta essentia): «Das ist der Geist der Wahrheit, den die Welt nit begreiffen kann, ohne Einsprechen des heiligen Geistes, oder ohne Unterricht, deren die ihn kennen [54].» «Er ist die Seel der Welt», ein Allbeweger und Allerhalter. In seiner anfänglichen Erdform (das heißt in seiner ursprünglichen saturnischen Finsternis) ist er unsauber. Während seines Aufstieges durch die wäßrige, luftige und feurige Form reinigt er sich aber zunehmend. Im fünften Wesen endlich erscheint er im «clarificierten Leib» [55]. «Dieser Geist ist das Geheimnis, das von anbegin ist verborgen gewesen.»

167 PARACELSUS spricht hier als echter Alchemist. Wie seine Schüler, zieht auch er die durch PICO DELLA MIRANDOLA und AGRIPPA damals der Welt allgemein zugänglich gemachte Kabbala in den Kreis der alchemistischen Spekulation. So sagt PARACELSUS: «Und ir alle, die do eur religion füren weiszusa-

---

[53] *Epistolarum medicinalium Conradi Gesneri lib. I*, fol. 2ʳff. [Zitat p. 2]
[54] Dies ist eine häufig wiederkehrende Formel der alchemistischen Traktate.
[55] Das «corpus glorificationis» der Autoren.

gen den leuten zukunftige ding, vergangen und gegenwärtigs, die do sehent in weite land und lesen verborgen brief und verschlossen bücher, suchen in der erden und in meuren, das vergraben ist, die do vil groß, weisheit, kunst lernen, – gedenkent, so ir die ding alle wellen gebrauchen, das ir die religion der gabalien an euch nemen und in derselbigen wandlen. dan gabalia ist gesezt uf den grund: bitten, so werden ir gewert, klopfen an, so werden ir erhört und euch wird ufgetan. aus dem geweren und uftun fleußt herus, das ir begeren: in das tiefest der Erde sehent ir, in die tiefe der hellen, in dritten himel. ir erlangen mer, denn die weisheit Salomonis ist, ir werden mer gemeinschaft mit got haben, dan Moses und Aron [56].»

Wie die kabbalistische Weisheit mit der sapientia der Alchemie zusammenfiel, so wurde auch die Figur des Adam Kadmon mit dem filius philosophorum identifiziert, dessen ursprünglichste Gestalt wohl der ἄνθρωπος φωτεινός ist, der in Adam gefesselte Lichtmensch, bei dem Alchemisten ZOSIMOS VON PANOPOLIS (3. Jahrhundert) [57]. Der Lichtmensch ist aber ein Niederschlag der schon vorchristlichen Lehre von Urmenschen. Unter dem Einfluß von MARSILIO FICINO und PICO DELLA MIRANDOLA hatten sich solche und andere neuplatonischen Ideen schon im 15. Jahrhundert allgemein ausgebreitet und waren sozusagen Gemeingut der Gebildeten. In der Alchemie trafen sie zusammen mit den noch vorhandenen Resten antiker Tradition. Dazu kamen dann noch die Anschauungen der Kabbala, welche hauptsächlich von PICO philosophisch ausgewertet wurden [58]. Dieser und in zweiter Linie AGRIPPA [59] dürften die Quellen sein, aus denen des PARACELSUS etwas spärliches kabbalistisches Wissen floß. Bei ihm nun ist der Urmensch identisch mit dem Gestirnsmenschen: Der rechte Mensch ist das Gestirn in uns, sagt er [60]; «das gestirn begert den Menschen zu treiben in große weisheit [61].» Im «*Buch*

168

---

[56] *De religione perpetua,* SUDHOFF, Abt. II, Bd. I. p. 100 f. [Schreibweise von JUNG modernisiert.] Eine ähnliche Anmaßlichkeit findet sich in: *De podagricis,* «De limbo»: «also nimpt nu der mensch die englisch art an sich aus dem himel und ist wie der himel. der die engel kent, der kent die astra, der die astra kent und weisst den horoscopum; der weis, der kent alle welt, der weiss nu den menschen und den Engel zusamen zusezen» [SUDHOFF I, p. 317].

[57] Der Lichtmensch wird hier auch bloß φῶς genannt. Er ist der geistige Mensch, der sich mit dem Körper Adams bekleidet hat. Christus trat (προσῆν) zu Adam und führte ihn ins Paradies. (BERTHELOT, *Alch. grecs,* III, XLIX, 6 f., pp. 231 f./224 f.)

[58] *De arte cabalistica.*

[59] *Occulta philosophia.*

[60] *Astronomia magna,* SUDHOFF XII, p. 55.

[61] l. c., p. 62.

Paragranum» heißt es: «Dann der Himmel ist der Mensch / unnd der Mensch ist der Himmel /, unnd alle Menschen ein Himmel / unnd der Himmel nur ein Mensch [62].» Der Mensch ist in einem Sohnesverhältnis [63] zum inneren Himmel, welcher der Vater ist und von PARACELSUS als der «große Mensch» [64] bezeichnet wird oder mit dem Arkannamen Adech [65] (ein Neologismus, vom Namen Adam abgeleitet). An anderer Stelle heißt er passenderweise auch Archeus, «der also ist gleich dem menschen und ligt in den vier elementen und ist ein Archeus und ist in vier partes gesezt. sag also, er ist der groß cosmus... [66]» Unzweifelhaft ist dies der Urmensch, wie PARACELSUS sagt: «In dem ganzen ides ist allein ein mensch gelegen, der selbige ist herausgezogen durch den iliastrum [67] und ist der protoplastus.» – «Ideus oder Ides ist die porz, aus der alle creatur geschaffen seind» [68]. Ein anderer Geheimname des Urmenschen ist Idechtrum [69]. Ein weiterer Name ist Protothoma [70]. Gerade die Vielzahl der Namen für denselben Begriff zeigt, wie sehr sich der Geist des PARACELSUS mit dieser Idee beschäftigt hat. Die alte Lehre vom Anthropos oder

---

[62] STRUNZ, p. 56. Ebenso *Von der Astronomey,* HUSER, p. 215.

[63] STRUNZ, l. c., p. 55.

[64] Entsprechend PICUS MIRANDULAE, *Heptaplus,* cp. VII, p. 61.

[65] DORNEUS [Hg.], *Theophrasti Paracelsi libri V De vita longa* [p. 178] Adech ist der «invisibilis homo», vermutlich identisch mit Aniadus und Edochinum = Enochdianus. (Von Enoch siehe unten!) Zu «homo maximus» vgl. *Paragranum,* STRUNZ pp. 45 und 59. DORN (l. c.) erklärt Adech als «invisibilem hominem maximum» [unsichtbaren größten Menschen].

[66] *Von den dreyen ersten essentiis,* cp. IX [SUDHOFF III, p. 11]. Die gleiche Idee der Vierteiligkeit des Urmenschen findet sich auch im Gnostizismus (Barbelo = «Gott in vieren»).

[67] Der Iliaster ist etwa das gleiche wie der spiritus vitae resp. spiritus mercurialis der Alchemisten. Er ist bei diesen das okkulte agens des argentum vivum, der Mercurius, welches, ausgezogen in der Form der aqua permanens, wiederum (in höchst widerspruchsvoller Weise) dazu dient, das okkulte agens, die anima, vom corpus zu scheiden. Der Widerspruch kommt daher, daß Mercurius ein sich selbst verwandelndes Wesen ist, dargestellt als Drache, der sich selbst vom Schwanz her auffrißt (οὐροβόρος = Schwanzfresser!), oder als zwei sich gegenseitig auffressende Drachen usw. Genauso paradox funktioniert auch der Iliaster: er selbst ist ein Geschaffenes, befördert aber alle Kreaturen aus der potentiellen Existenz in der Ideenwelt (Neuplatonismus des PARACELSUS!), als welche der Ides wohl zu deuten ist, in die aktuelle. [Zitat aus: *Anatomiae liber primus,* SUDHOFF III, pp. 462 und 464.]

[68] [*Argumentum in primum librum anatomiae idechtri,* SUDHOFF III, l. c.]

[69] «... est primus homo et prima arbor et prima creatura, sit cuiuscunque rei» [er ist der erste Mensch und der erste Baum und das erste Geschöpf von allen]. (*Fragmentarische Ausarbeitungen zu Anatomie und Physiologie,* SUDHOFF III, p. 465)

[70] = erster Thomas, resp. der erste Ungläubige und Zweifler. (Selbständigkeit des lumen naturae!) [l. c., p. 465.]

Urmenschen besagt, daß die Gottheit oder das weltschaffende Agens in Gestalt eines erstgeschaffenen (protoplastus) Menschen, meist von kosmischer Größe, manifest geworden sei. In Indien sind es Prajapati und Purusha (der auch in Daumengröße im Herzen jedes Menschen wohnt [71], wie der Iliaster des PARACELSUS). In Iran ist es Gayomard (Gayô-Maretan = das sterbliche Leben), der Jüngling von glänzender Weiße, was die Alchemisten auch stets von Mercurius hervorheben. Im kabbalistischen *Sohar* ist es der Metatron, der mit dem Lichte zugleich geschaffen wurde. Er ist der himmlische Mensch, dem wir schon bei *Daniel, Esra, Henoch* und PHILO IUDAEUS begegnen. Er ist auch eine Hauptfigur des Gnostizismus und dort, wie überall, einerseits mit der Frage der Schöpfung, anderseits mit der der Erlösung verknüpft [72]. Auch bei PARACELSUS ist dies der Fall.

2. «DE VITA LONGA»: EINE DARLEGUNG DER GEHEIMLEHRE

Der zum Teil schwer verständliche Traktat «*De vita longa*» [73] gibt uns darüber Auskunft, welche allerdings mühsam aus der Arkanterminologie herausgeschält werden muß. Der Traktat ist eine der wenigen lateinischen Schriften und ist in einem oft recht seltsamen Stil abgefaßt, enthält aber derart bedeutende Anspielungen, daß es sich der Mühe lohnt, ihn genauer zu untersuchen. In einer epistola dedicatoria von 1562, gerichtet an Ludwig Wolfgang von Hapsberg, Vogt in Badenweiler, sagt ADAM VON BODENSTEIN, der Herausgeber des Traktats, dieser sei «ex ore Paracelsi diligenter exceptus et recognitus» (aus dem Munde des Paracelsus sorgsam aufgefangen und durchgesehen) [74]. Der naheliegende Schluß aus dieser Bemerkung ist, daß der Traktat auf Notizen nach Vorlesungen des PARACELSUS beruht und kein Paracelsischer Originaltext ist. Da BODENSTEIN selber ein flüssiges und verständliches Latein schreibt, wovon die Sprache des Traktats in bemerkenswerter Weise absticht,

---

[71] [Vgl. JUNG, *Symbole der Wandlung*, Paragr. 168f.]
[72] Vgl. BOUSSET, *Hauptprobleme der Gnosis*, p. 160ff.
[73] Abgedruckt in: SUDHOFF III, pp. 247–292 bzw. 308.
[74] In der Erstausgabe auf fol. d 2ʳ.

muß man annehmen, daß er dem Traktat nicht sonderlich viel Aufmerksamkeit gewidmet, beziehungsweise sich nicht bemüht hat, demselben eine bessere und klarere Gestalt zu geben; sonst wäre sicherlich viel mehr von seinem eigenen Stil hineingekommen. Er hat die nachgeschriebenen Kollegien wohl weitgehend in der ursprünglichen Form belassen, was besonders gegen den Schluß hin auffällt. Sehr wahrscheinlich ist er, wie der vermutliche Übersetzer OPORIN, auch da mit seinem Verständnis nicht mehr recht nachgekommen, was allerdings insofern nicht verwunderlich ist, als der Meister selber nur allzu häufig gerade in etwas komplizierten Dingen die nötige Klarheit vermissen läßt. Unter diesen Umständen ist kaum auseinanderzuhalten, was auf Rechnung des Unverständnisses einerseits und der mangelnden Denkdisziplin anderseits zu setzen ist. Auch ist die Möglichkeit positiver Irrtümer nicht ausgeschlossen[75]. Die Deutung des Traktats bewegt sich daher von vornherein auf unsicherem Boden, und vieles muß bloße Konjektur bleiben. Da aber PARACELSUS bei aller Originalität stark von alchemistischem Denken beeinflußt ist, gewährt uns die Kenntnis früherer und zeitgenössischer alchemistischer Traktate sowohl wie auch der Schriften seiner näheren und ferneren Schüler eine nicht zu unterschätzende Hilfe in der Deutung gewisser Begriffe und in der Überbrückung gewisser Lücken. Ein Versuch der Kommentierung und Interpretation ist daher nicht ganz aussichtslos, trotz allen zugegebenen Schwierigkeiten.

A. DER ILIASTER

170   Der Traktat beschäftigt sich mit der Darstellung und Diskussion der Bedingungen, unter denen die longaevitas, das «lange Leben», das sich nach der Meinung des PARACELSUS bis auf tausend Jahre erstreckt, erreicht wird. Ich gebe im folgenden hauptsächlich jene Stellen wieder, die sich auf die Geheim-

---

[75] Um nur ein Beispiel zu geben: an einer Stelle heißt es, daß den «Scaiolis nulla mortalitas inest» [den Scaiolae keine Sterblichkeit innewohnt]; an anderer schreibt er von «mors et vita scaiolarum». Man darf sich daher von der BODENSTEINschen «recognitio» [«Herausgeberarbeit»] nicht zuviel versprechen. Meiner Auffassung, daß es sich bei der *Vita longa* um Kollegnotizen handelt, steht nun allerdings die Tatsache entgegen, daß es deutsche Originalfragmente zur *Vita longa* gibt (SUDHOFF III, p. 295 ff.). Vielleicht handelt es sich dabei um Versuche des PARACELSUS zu einer deutschen Fassung der *Vita longa*. Als Entstehungszeit scheint das Jahr 1526 in Betracht zu kommen. Es sind jedoch keine Paracelsischen Originalhandschriften erhalten. (Siehe SUDHOFF, l.c., p. XXXII ff.)

lehre beziehen und für deren Erklärung in Betracht kommen [76]. Am Anfang gibt PARACELSUS eine Definition des Lebens, die folgendermaßen lautet: «Nihil mehercle vita est aliud, nisi Mummia quaedam Balsamita, conservans mortale corpus a mortalibus vermibus et aestphara, cum impressa liquoris sallium commistura.» («Das Leben, beim Herkules, ist nichts anderes als eine gewisse einbalsamierte Mumie, welche den sterblichen Körper vor den sterblichen Würmern und der Fäulnis [77] mittels einer gemischten Salzlösung bewahrt.») Mumia ist ein mittelalterliches Arzneimittel, das aus zerkleinerten Teilen wirklicher ägyptischer Mumien, mit denen ein schwungvoller Handel betrieben wurde, bestand. Die Unverweslichkeit schrieb er einer besonderen virtus oder einem agens, genannt «Balsam», zu. Der Balsam ist etwas wie ein natürliches elixir vitae, mittels dessen der Körper entweder lebend oder, wenn tot, unverweslich erhalten wird [78]. Diese Annahme geschah nach derselben Logik, nach welcher der Skorpion oder die Giftschlange ein Alexipharmakon, das heißt ein Gegengift, enthalten mußten, ansonst sie am eigenen Gift sterben würden.

Der Traktat beschäftigt sich mit vielen Arkanmitteln; denn die Krankheiten, die das Leben verkürzen, müssen in erster Linie geheilt werden. Unter diesen Mitteln spielen die Hauptrolle das Gold und die Perlen, welch letztere in die quinta essentia umgewandelt werden. Im Vierten Buche endlich wird dem

---

[76] Die nachfolgenden Ausführungen haben nicht die Absicht, den Traktat als Ganzes zu würdigen; deshalb übergehen sie auch die hierfür wichtige Schrift des MARSILIUS FICINUS *De triplici vita*.

[77] Das hierfür stehende «aestphara» könnte vielleicht arabischen Ursprungs sein. DORNEUS gibt dessen Bedeutung als «corruptio» wieder. Eine andere Möglichkeit wäre die Herkunft von φάρω, unsichtbar machen, und αἰστόω, zerstückeln, zerteilen. In der corruptio resp. putrefactio findet Zersetzung statt, und damit ein Verschwinden der früheren Form. [SUDHOFF III, p. 249 (unter «eschara»); HUSER I, 6. Teil, p. 137 (ebenfalls «eschara»); BODENSTEIN, p. d₄ («aestphara»).]

[78] RULANDUS (*Lex. alch.*) s. v. «Balsamum. Balsamus», p. 99: «Est salis interioris liquor suum a corruptione corpus tutissime praeservans naturaliter. Externus est terebenthina nullam vim ignis passa» [ist die Flüssigkeit eines inneren Salzes, das seinen Körper höchst zuverlässig und auf natürliche Weise vor der Verwesung bewahrt. Der äußere ⟨B.⟩ ist Terpentin, das keine Feuersgewalt erlitten hat]. B. = «Baldzamen (bald zusammen) i. e. celeriter coniunctum» [d. h. rasch verbunden], daher ein Mittel zur Beförderung der coniunctio; vgl. unten! «Balsamus elementorum externus est liquor Mercurii externi ... rerum firmamentalis essentia, alias quinta.» [Äußerer Balsam der Elemente ist Flüssigkeit äußerlichen Merkurs ... die firmamentale Essenz, nämlich die fünfte, der Dinge] (daher ist «Balsamus internus» ein «liquor Mercurii interni»!).

Arkanmittel Cheyri [79] die ganz besondere Wirkung zugeschrieben, daß es den mikrokosmischen Körper dermaßen unterstütze, daß er «durch die Struktur der vier Elemente in seiner Erhaltung bestehen bleiben müsse» [80]. Deshalb sei es für den Arzt zu beachten, fährt PARACELSUS fort, daß die Struktur (anatomia) der vier Elemente in «die eine Struktur des Mikrokosmos zusammengezogen werde, nicht aber aus dem Körperlichen, sondern vielmehr aus dem, welches das Körperliche erhält». Letzteres ist der Balsam, der noch über der Quintessenz, welche sonst für das steht, was die vier Elemente zusammenhält. Er steht nämlich höher als die Natur («qui ipsam quoque naturam antecellat»), und das vermöge einer alchemistischen Prozedur [81]. Der Gedanke, daß durch die «Kunst» etwas erzeugt werden kann, das über der Natur steht, ist typisch alchemistisch. Der Balsam ist nämlich das Lebensprinzip (der spiritus Mercurii) und fällt daher mit dem Paracelsischen Begriff des Iliaster [82] sozusa-

---

[79] Cheyri = Keiri (arab.), gelbe Levkoie, nach dem Kräuterbuch des TABERNAEMONTANUS Viola petraea lutea (franz.: girofle jaune), ein Abortivum und Stärkungsmittel. Die Pflanze trägt vierblättrige, gelbe Blüten. GALEN (*De simplicium medicamentorum facultatibus*, lib. VII) schreibt ihr reinigende und erwärmende Wirkung zu. Das «Cheizi Paracelsicum» bedeutet nach RULANDUS (*Lex. alch.*, p. 143), wenn es sich um Mineralien handelt, «argentum vivum»; «flos Cheiri» bedeutet «ex argento ... album elixir», auch essentia auri. «Alii aurum potabile esse volunt» [Nach anderen soll es trinkbares Gold sein], also ein dem philosophischen Zweck der Alchemie dienstbares arcanum. Auf die Vierteiligkeit spielt PARACELSUS selber an: «... das die natur vier element wirkt und der spagyrus aus den vieren ein temperirts wesen macht, wie flos cheiri inhalt.» (*Fragmenta medica*, SUDHOFF III, p. 301)

[80] «Quod per universam quatuor elementorum anatomiam perdurare in sua conservatione debet.» (Lib. IV, cp. I, SUDHOFF III, p. 280). In den Fragmenten zur *Vita longa* sagt PARACELSUS: «dan cheiri ist mer als venus, anthos mer als der mars» [l. c., p. 302].

[81] «Idque ipsum tamen per corporalem operationem» (l. c., p. 280). Es dürfte sich um eine extractio handeln.

[82] Dieser Terminus erscheint vielfach variiert als Iliastes, Iliadus, Yliastrum, Yliadus, Yleidus usw. [Unter den Manuskripten JUNGS wurde postum folgende Notiz gefunden, datiert Einsiedeln, 11.10.42, und betitelt «Der Begriff des Mercurius in der hermetischen Philosophie»: «Eine Darstellung der Philosophie des THEOPHRASTES scheint ohne eine gründliche Kenntnis der zeitgenössischen Quellen kaum möglich zu sein. Dazu bedarf es wohl einer Reihe von einzelnen Untersuchungen. Ich habe mir daher vorgenommen, statt einer Übersicht seiner Naturphilosophie, eine einzelne Idee hervorzuheben, welche in vielen Abwandlungen sein Gedankengebäude durchzieht: es ist dies die Idee des *Iliaster*. Dieser Begriff – wenn man ihn anders so nennen will – schillert nicht nur in vielen Bedeutungen, sondern erfreut sich auch einer ebenso variabeln Namensbezeichnung: er nennt sich Yleides, Yleidus, Yliadus, Ileidos, Iliadum, Eliaster, Ileadus, Ilistris, Ileias und Ilech. Und jedesmal – wenigstens ging es mir als einem kompletten Laien so – meint man, es sei etwas Neues, oder diesmal sei es nun wirklich etwas ganz anderes, oder etwas ganz Bestimmtes. Ich glaube herausgefunden zu ha-

2. «De vita longa»

gen zusammen. Er wird erklärt als prima materia, aus welcher die drei Grundsubstanzen Mercurius, Sulphur und Sal hervorgehen. Er steht über den vier Elementen und bestimmt die Länge des Lebens. Er ist also ungefähr dasselbe wie der Balsam, oder man könnte sagen, der Balsam sei der pharmakologische oder chemische Aspekt des Iliaster. Dieser verleiht langes Leben, sowohl natürlicherweise als auch durch die Kunst. Es gibt drei Formen des Iliaster: der

ben, daß ich mich täuschte. Ich habe mich hier an eine psychologische Regel erinnert, daß wenn für einen und denselben Gegenstand sehr viele ähnliche Namensvarianten beigebracht werden, dies für den betreffenden Gegenstand immer etwas bedeutet. PARACELSUS übersteigert hier seine neologistische Tendenz, und das beweist, daß der Gegenstand, den er mit diesem Namen in seinen vielen Wandlungen bezeichnet, eine besondere Wichtigkeit hat und eine Eigentümlichkeit, die durchaus charakteristisch zu sein scheint: daß nämlich der Gegenstand dieses Begriffes etwas ist, das dem Zugriff sich immer irgendwie entzieht; und deshalb muß der formulierende Geist die Anstrengung machen, möglichst viele kaptivierende Wörter, Be-griffe zu schaffen, um diesen servus fugitivus, wie ihn die Alchemie nennt, oder diesen cervus fugitivus, den flüchtigen Hirsch, einzufangen. Der Iliaster bei PARACELSUS, ist bald das principium, die prima materia, das Chaos, die prima compositio, aus Mercurius, Schwefel und Salz bestehend, bald der aer elementalis oder coelum, in homine vero spiritus, qui transit per omnia membra – der also durch alle Glieder hindurchzieht –; bald die occulta naturae virtus, ex qua res omnes habent incrementum – also: die verborgene Kraft der Natur, aus der alle Dinge ihre Verstärkung beziehen, ihre Mehrung – aluntur, multicantur et vegetant – das heißt, genährt werden, sich vermehren und leben – wie der PARACELSUS-Schüler RULANDUS definiert. Bald der spiritus vitae, der nichts anderes ist als die vis Mercurii (Kraft des Mercurius). Der Iliaster ist offenkundig identisch mit dem spiritus Mercurii, der Zentralvorstellung der gesamten Alchemie von den ältesten Zeiten bis zur Hochblüte im 17. Jh. Wie der Mercurius philosophorum ist auch der Paracelsische Mercurius ein Kind von Sol und Luna, geboren mit Hilfe von Sulphur und Sal, also ‹des Chaos wunderlicher Sohn›, wie GOETHE seinen Mephistopheles betitelt. THEOPHRAST nennt ihn ‹omne fumosum et humidum in quovis corpore› (alles Rauchartige und Feuchte in jeglichem Körper). Also die anima von hauch- oder rauchartiger Gestalt und feuchter Natur, wie dies der Urvorstellung der ψυχή gebührt, und wie die anima Mercurii von der Alchemie aufgefaßt wird.

Der Iliaster, eben dieser spiritus Mercurii, ist der insitus terminus vitae, imo ipsa vita (das eingepflanzte Ziel des Lebens, ja das Leben selber), und auf höchster Stufe bedeutet er den mentis sive animi lapsum in alterum mundum, nämlich die Entrückung des Geistes in eine andere Welt, und zwar in die des Enoch, Elias und anderer. Er ist somit recht eigentlich nicht nur der Lebenserreger, sondern auch der Psychopompos der mystischen Wandlung, die zur Inkorruptibilität, d. h. zur Unsterblichkeit, führt. Der ‹Samen animae Iliastri›, wie ihn PARACELSUS nennt, ist der Geist Gottes selber, und dieser Seele ist die ‹bildnus Gottes› eingedrückt.

Diese Grundidee der Paracelsischen Philosophie – nicht der Theologie, zu welcher ich nichts Wesentliches beizutragen habe – diese Grundidee ist altes alchemistisches Gedankengut.»]

Iliaster sanctitus[83], paratetus[84] und magnus. Sie sind sozusagen in Reichweite des Menschen (microcosmo subditi sunt), so daß sie von diesem «in einen gamonymus» zusammengebracht werden können. Da PARACELSUS dem Iliaster eine besondere «coniunctionis vis atque potestas»[85] zuschreibt, so kann dieser rätselhafte «gamonymus» ($\gamma\acute{\alpha}\mu o\varsigma$ = Hochzeit und $\acute{o}\nu o\mu\alpha$ = Name) gedeutet werden als «eine Art von chymischer Hochzeit», das heißt eine unauflösliche («hermaphroditische») Verbindung[86]. Der Autor überstürzt sich in diesem Traktat mit Geheimnamen und Neologismen, womit er einerseits renommieren, anderseits aber auch schwer faßbare Intuitionen erhaschen will, die ihm selber wohl nicht allzu klar sind. So nennt er in diesem Zusammenhang Menschen mit ungewöhnlicher Lebensdauer überflüssigerweise «Enochdiani et Heliezati». (Enoch wurde 365 Jahre alt und überdies «entrückt»[87], ebenso Elias.) Es gibt so viele Iliastri als Menschen; das heißt in jedem Menschen wohnt ein individueller Iliaster, welcher die jedem Einzelnen eigentümliche Kombination zusammenhält[88]. Er scheint

---

[83] [l. c., lib. IV, cp. III, p. 281] Sanctitus von sancire – unabänderlich festmachen; sanctitus = affirmatus, eingesetzt. Bei RULANDUS (*Lex. alch.* p. 264): «Iliaster primus vel insitus» = der «eingesetzte» Iliaster.

[84] Paratetus vermutlich von $\pi\alpha\rho\alpha\iota\tau\acute{\epsilon}o\mu\alpha\iota$ = durch Bitten erlangen, gnädig stimmen. Der Iliaster, der «iuxta favorem» [nach seiner Gunst] langes Leben gibt. RULANDUS [l. c.]: «Iliaster secundus vel praeparatus» [«der ander oder bereiter Iliaster»].

[85] [l. c., lib. IV, cp. II, p. 280 f.]

[86] Der aus der coniunctio von Sol und Luna hervorgehende Körper wurde als Hermaphroditus dargestellt.

[87] [l. c., p. 281] *1. Mos.* 5,24: «Henoch wandelte mit Gott, und auf einmal war er nicht mehr da; denn Gott hatte ihn hinweggenommen.» Der Chronolog SCALIGER (*Animadversiones in chronologia Eusebii*) hat ihm die Einteilung des Jahres zugeschrieben. Henoch galt als ein alttestamentliches Vorbild für Christus, wie Melchisedek. Vgl. PICUS MIRANDULAE (*De arte cabalistica*, I, p. 752): «Denuo Simon ait, pater noster Adam, rursus ex Seth nepotem suscepit, memor eius Cabalae, quam sibi Raziel tradiderat quod ex sua propagatione nasceretur homo futurus salvator. Quare vocatus est Enos, id est, homo.» [Wiederum sprach Simon, unser Vater Adam habe durch Seth erneut einen Enkel bekommen, eingedenk jener Kabbala, die Raziel ihm überliefert hatte, wonach aus seinem Samen ein Mensch geboren würde, der ein Erlöser wäre. Daher wurde er Enos genannt, das heißt Mensch.]

[88] So etwa dürfte der Sinn des folgenden Textes wiedergegeben sein: «... eius ultra mille sunt species. ... potius iuxta hoc, ut quilibet microcosmus peculiarem suam atque adeo perfectam coniunctionem habeat, quilibet, inquam, utrinque perfectam suam ac propriam virtutem.» [Es gibt davon über tausend Arten, ... so daß jeder Mikrokosmos seine eigene besondere, ja sogar vollkommene Verbindung hat, jeder, sage ich, seine vollkommene und eigentümliche Wirkkraft. (*De vita longa*, lib. IV, cp. IV, p. 282)]

daher eine Art von (allgemeinem) *Gestaltungs- und Individuationsprinzip*[89] zu sein.

B. DER AQUASTER

Dieser Iliaster nun ist der Ausgangspunkt für die geheime Vorbereitung der longa vita. Zu diesem Zweck muß die unreine Lebenssubstanz unter Trennung der Elemente gereinigt werden, «was durch deine Meditation geschieht». Diese besteht in der «Befestigung deines Geistes jenseits von körperlicher und handwerklicher Arbeit»[90].

Ich habe imaginatio mit «Meditation» übersetzt. In der Paracelsischen Auffassung ist nun die imaginatio gedeutet als die Wirkungskraft des astrum, respektive des corpus coeleste sive supracoeleste, das heißt des höheren (inneren) Menschen. Hier begegnen wir dem *psychischen Faktor* in der Alchemie: der Artist begleitet sein chemisches Werk mit einer gleichzeitigen geistigen Operation, die vermittels der Imagination vorgenommen wird. Die Operation bezweckt einerseits die Reinigung von unreinen Beimischungen, anderseits die «Verfestigung» oder «Befestigung» des Geistes, das «confirmamentum». (Diese Wortprägung ist wohl nicht ohne Bezug auf das «Firmament» und könnte daher als «Angleichung an das Firmament» übersetzt werden.) Bei dieser Arbeit erhöht sich der Mensch in seinem Geiste, so daß er dem Enoch gleich wird[91]. Deshalb muß der Mensch in seiner inneren Struktur ausgeglüht werden bis zum höchsten Hitzegrad. Denn dadurch verzehrt sich das

---

[89] Näheres siehe unter «Ares», unten!

[90] «... quod maxime necessarium est in hoc processu, erga iliastrum describamus, principio ut impurum animatum depuretur citra separationem elementorum, quod fit per tuam ipsius imaginationem, cum ea in animi tui confirmamento consistit, praeter omnem corporalem ac mechanicum laborem.» [Wir wollen erklären, was in diesem Prozeß dem Iliaster gegenüber am notwendigsten ist. Zunächst muß die unreine Lebenssubstanz gereinigt werden unter Trennung der Elemente, was durch deine Meditation darüber geschieht. – Anschließend vgl. im Text.] (l. c., lib. IV, cp. VI [p. 283]) Die «imaginatio ipsius» besteht in einer Meditation über das «impurum animatum». Dadurch wird demselben eine neue «Form imprimiert».

[91] «... quo sese homo gradatur in animo, ut aequalis reddatur Enochdianis» (l. c.). Die gradatio ist eine alchemistische Operation: «metallorum.. exaltatio, qua pondus, color, et constantia potissimum ad gradum excellentem perducuntur» [eine Erhöhung der Metalle, wodurch Gewicht, Farbe und Beständigkeit sehr häufig bis zu einem hervorragenden Grade gebracht werden]. (RULANDUS, l. c., p. 245)

Unreine, und das Feste bleibt übrig, «ohne Rost»[92]. Während der Alchemist seinen Stoff im Ofen glüht, unterliegt er sozusagen moralisch derselben Feuerqual und Reinigung[93]. Er ist infolge seiner Projektion in den Stoff mit diesem unbewußt identisch und erleidet infolgedessen denselben Prozeß[94]. PARACELSUS verfehlt nicht, seinen Leser darauf aufmerksam zu machen, daß dieses Feuer keineswegs identisch ist mit dem im Ofen. Denn in diesem Feuer drin ist die «salamandrinische Essenz oder das Melosinische Ares» nicht, sondern es handelt sich vielmehr um eine «retorta distillatio aus der Mitte des Zentrums, über alle Kohlenfeuer hinaus». Weil die Melusine ein Wasserwesen ist, so weist das «melosinicum Ares»[95] auf den sogenannten Aquaster[96], welcher den «wässerigen» Aspekt des Iliaster darstellt, das heißt den in den Körpersäften gebundenen und diese unterhaltenden Iliaster. Der Iliaster ist unzweifelhaft ein geistiges, unsichtbares Prinzip, obschon er auch etwas wie die prima materia bedeutet, welche aber bei den Alchemisten keineswegs immer dem entspricht, was wir unter Materie verstehen. Sie ist häufig das humidum radicale[97], das Wasser[98], auch spiritus aquae[99] und vapor terrae[100] geheißen; sie ist die «Seele» der Körper[101], ein sperma mundi[102], Adams Paradiesesbaum mit viererlei Blüten, welcher auf dem Meere wächst[103], das runde corpus

---

[92] «Quare microcosmum in sua interiore anatomia reverberati oportet in supremam usque reverberationem» (l. c., p. 283). Das reverberatorium ist ein Kalzinationsofen. «Reverberatio est ignitio, corpora igne vivo reverberante, et repercutiente in calcem subtiliorem reducens» [Die Reverberation ist Glühen, welches Substanzen durch starkes Feuer und durch Zurückstoßen und -prallen in feineren Kalk reduziert] (RULANDUS, l. c., p. 404 f., s. v. reverberatio). Ferrugo ist Eisenrost.

[93] Der *Tractatus aureus* in: *Ars chem.* (cp. IIII, p. 24) sagt: «Comburite corpus aeris, nimio igne, et imbuet vos gratia quam quaeritis.» [Verbrennet den Körper der Luft mit einem mächtigen Feuer, und es wird euch mit der Gnade durchtränken, die ihr sucht.]

[94] Vgl. dazu [JUNG,] *Erlösungsvorstellungen in der Alchemie*.

[95] Ares ist auch gelegentlich masculinum.

[96] Von aqua und ἀστήρ = «Wassergestirn».

[97] ALBERTUS MAGNUS, *De mineralibus et rebus metallicis*, tr. I, cp. 2, p. aiii f.

[98] RUPESCISSA bei HOGHELANDE, *De alchemiae difficultatibus* in: *Theatr. chem.* (1602) I, p. 193.

[99] MYLIUS, *Phil. ref.*, p. 16.

[100] l. c.

[101] Dialog zwischen Synesios und Dioskoros in: BERTHELOT, *Alch. grecs*, II, III, 7 ff., pp. 61 f./66 f.

[102] *Turba philosophorum*, Hg. RUSKA, p. 122. HOGHELANDE, l. c., p. 169; ein Seniorzitat.

[103] ABU'L QASIM, *Kitāb al-'ilm al-muktasab*, Hg. HOLMYARD, p. 23.

aus dem Zentrum[104], Adam und der verfluchte Mann[105], das monstrum Hermaphroditum[106], das eine und die Wurzel seiner selbst[107], das All[108] usw. Die symbolischen Benennungen der prima materia weisen auf die anima mundi, den Platonischen Urmenschen, den Anthropos und mystischen Adam hin, der als rund (Ganzheit), vierteilig (das Verschiedene in sich vereinigend), hermaphroditisch (jenseits geschlechtlicher Trennung, das heißt übermenschlich) und feucht (das heißt psychisch) gedacht ist. Diese Gestalt beschreibt das Selbst, die unbeschreibliche Ganzheit des Menschen.

So ist auch der Aquaster ein geistiges Prinzip: er weist zum Beispiel dem Adepten «den Weg», wie er magiam Divinam ergründen möge. Der Adept selber ist ein «aquastrischer Magus». Der «scaiolische[109] Aquaster» zeigt «den großen grund mit hülf der traramischen» (Spukgeister). Aus dem himmlischen Aquaster hat Christus seinen Leib genommen. Ebenso war der Leib Mariens «aquastrisch und necrocomisch».[110] Maria ist «aus dem yliastrischen aquastro... herkomen». In diesem Zusammenhang stehe sie, wie PARACELSUS hervorhebt, auf dem Mond. (Der Mond hat stets Beziehung zum Wasser!) Christus ist im himmlischen Aquaster geboren. Es gibt am menschlichen Schädel einen «aquastrischen Spalt», beim Mann vorne an der Stirn, bei der Frau am Hinterhaupt. Durch diesen Spalt (nach hinten) seien die Frauen in ihrem «cagastrischen» Aquaster der diabolischen Turba (Geister) unterworfen. Der Mann aber gebiert durch seinen Spalt (vorne) «necrocomisch animam vel spiritum vitae microcosmi, nicht cagastrisch, sonder necrocomisch den spiritum vitae yliastrisch in seinem herzen». Im «centro des Hertzens aber wohnt die rechte Seele, der Athem Gottes»[111].

[104] DORNEUS, *Physica genesis* in: *Theatr. chem.* (1602) I, p. 383. DORNEUS sagt ferner: «... centri nullus est finis, virtutum eius etiam et arcanorum abyssus infinita» [das Zentrum hat keine Grenzen, und der Abgrund seiner Kräfte und Geheimnisse ist unermeßlich] (l. c.).

[105] Bei OLYMPIODOR in: BERTHELOT, *Alch. grecs*, II, IV, 32 [pp. 89/95]; der θεοκατάρατος und sein Mythus finden sich l. c., 52 [pp. 101/110].

[106] HOGHELANDE, l. c., p. 178.

[107] *Ros. phil.* in: *Art. aurif.* II, p. 369.

[108] *Liber Platonis quartorum* in: *Theatr. chem.* (1622) V, p. 132.

[109] Scaiolae sind etwas wie höhere geistige Funktionen, die psychologisch etwa den Archetypen gleichkommen. Im übrigen siehe unten (SUDHOFF XIV, pp. 552, 554 f.].

[110] «Necrocomisch» bezieht sich auf die Sphäre der necrocomica, nämlich telepathischer Phänomene resp. Zukünftiges voraus anzeigender Ereignisse. RULANDUS (*Lex. alch.*, p. 345) bezeichnet sie auch als «signa ex aere in terram decidentia» [Zeichen, die aus der Luft auf die Erde herunterfallen].

[111] *Liber Azoth* [SUDHOFF XIV, p. 553].

175 Diese Zitate lassen unschwer erkennen, was mit Aquaster gemeint ist. Während der Iliaster ein geistig-dynamisches Prinzip, des Guten und des Bösen fähig, zu sein scheint, ist der Aquaster (vermöge seiner «feuchten» Natur) ein «psychisches» Prinzip mit einem ausgesprochen stofflichen Charakter (Leib Christi und Mariae!). Er funktioniert aber psychisch, «necrocomice», das heißt als telepathisches Agens, als Beziehung zur Geisterwelt und als Geburtsstätte des Lebensgeistes. Von allen Paracelsischen Anschauungen kommt also die des Aquaster dem modernen Begriff des Unbewußten am nächsten. Daher ist es verständlich, wenn er den Aquaster als homunculus personifiziert und die *Seele* als himmlischen Aquaster bezeichnet. Der Aquaster sowohl wie der Iliaster ist bei PARACELSUS noch echt alchemistisch von «unten herauf» und von «oben herab» gedacht, das heißt wie es einen irdischen, quasi materiellen Iliaster gibt, so auch einen «geistigen» oder himmlischen. Dies entspricht dem Grundsatz der *«Tabula smaragdina»:* «Was unten, ist gleich dem, was oben. Was oben, ist gleich dem, was unten, und das dient zur Herbeiführung der Wunder des einen Dinges» (... quod est superius, est sicut quod est inferius, ad perpetranda miracula rei unius). Das eine Ding ist der Lapis, respektive filius philosophorum [112]. Wie die Definitionen und Benennungen der prima materia zur Genüge zeigen, ist der Alchemie der Stoff stofflich und geistig und der Geist geistig und stofflich. Nur ist im ersten Fall der Stoff materia cruda, confusa, grossa, crassa, densa; im letzten dagegen subtilis. So denkt auch PARACELSUS.* In dieses Gebiet des Aquaster gehört die Melusine, welche, wie bekannt, eine Wasserfee ist mit Fisch- oder Schlangenschwanz. Sie ist in der ursprünglichen altfranzösischen Sage die «mère Lusine», die Stammutter der Grafen von Lusignan. Als ihr Gatte sie einmal überraschte, wie sie eben ihren Fischschwanz hatte, welchen sie nur zeitweise, nämlich am Samstag, das heißt Saturnstag, tragen mußte, war sie gezwungen, wieder ins Wasserreich zu verschwinden, da ihr Geheimnis zerstört war. Sie erschien nur wieder von Zeit zu Zeit als unheilkündendes praesagium [113].

---

[112] Vgl. dazu HORTULANUS, *Commentariolus in Tabulam smaragdinam* in: *De Alchemia*, pp. 372 und 373. Ebenso RUSKA, *Tabula smaragdina*, p. 2.

* [Der Schluß dieses Paragraphen wurde in der angloamerikanischen Gesamtausgabe an den Anfang von Paragraph 179 – anschließend an den ersten Satz – verschoben. Wir lassen den Originaltext unverändert. – D. Hg.]

[113] Weiteres bezüglich der Melusine siehe unten!

C. ARES

Der «Ares»[114] wird von ADAM VON BODENSTEIN ziemlich oberflächlich als 176
«natura prima rerum» aufgefaßt, welche «die Form und Art der Dinge be-

[114] Ares = Mars. Für diese Deutung spricht die Erwähnung des Wolfes bei der Erklärung des Begriffes. Der Wolf ist das Tier des Mars. Das durch Feuer Gereinigte verbindet sich im Geiste des PARACELSUS mit Eisen, insofern das Produkt «sine ferrugine» [ohne Rost] ist (*De vita longa*, lib. IV, cp. VI, p. 283). Die «characteres Veneris» (l. c., lib. V, cp. V, p. 289) versteht DORNEUS als «scutum et lorica», Attribute des Mars. Der von ihm hervorgehobene «amor» ist als Personifikation mythologisch ein Sohn von Mars und Venus, deren Beilager in der Alchemie ein Typus der coniunctio ist. (Die hermaphroditische Venus galt als ein Typus der coniunctio von sulphur und mercurius: PERNETY, *Fables égyptiennes et grecques* II, p. 118 ff.) Im Traktat *Lignum vitae* des JOHANNES BRACESCHUS von Brixen, eines ungefähren Zeitgenossen des PARACELSUS, heißt es, daß das Prinzip der lebenverlängernden Medizin der Mars sei. Darauf beziehe sich das RHAZES-Zitat [MANGETUS, *Bibl. chem. curiosa* I, p. 934 b]: «Accipe petram post ingressum Solis arietem.» [Nimm den Stein nach dem Eintritt der Sonne in den Widder.] BRACESCHUS sagt, «hanc rem ⟨dieser Mars⟩ esse ... hominis, cujus complexio sit cholerica ... Hic homo calidus et biliosus est ferrum ... Vocatur homo quia habet animam, corpus, et spiritum ... istud metallum, quamvis genitum sit virtute omnium stellarum et planetarum, est tamen specialiter in terra genitum virtute potentissimae et virtuosissimae polaris stellae dictae Septentriones» [dies gehöre zu dem Menschen, dessen Art cholerisch ist ... dieser hitzige und gallige Mensch ist Eisen ... Er wird Mensch genannt, weil er Seele, Körper und Geist hat ... Dieses Metall, obschon es kraft aller Sterne und Planeten erzeugt wurde, ist gleichwohl insbesondere in der Erde kraft des mächtigsten und kraftvollsten Polarsternes, genannt Septentrio ⟨der Große Bär⟩]. Dieser Mars wird auch als «Daemogorgon», «proavus ... omnium gentilium Deorum» [Ahnherr ... aller Götter der Heiden] bezeichnet. «Ab omni parte circumdatum tenebris nebulis et caliginibus, deambulare in mediis terrae visceribus, inibique absconditum ⟨fuisse⟩ ... non genitum ab aliquo sed aeternum et omnium rerum patrem [Auf allen Seiten von dicken Wolken und Finsternis umgeben, wandelt er mitten in den Eingeweiden der Erde und ist dort verborgen ... von niemand gezeugt, sondern ewig und Vater aller Dinge]. Er ist eine «deformus chimaera» [ungestalte Chimäre]. Daemogorgon wird erklärt als «Deus terrae, vel Deus terribilis et ferrum ... Antiqui attribuerunt aeternitatem et chaos pro sociis: aeternitas et argentum vivum praeparatum quod ... est liquor aeternus.» [Gott der Erde oder furchtbarer Gott und Eisen ... Die Alten sprachen ihm Ewigkeit und Chaos als Gefährten zu: Ewigkeit und präpariertes Quecksilber, welches ewige Flüssigkeit ist.] Er ist der serpens, die aqua mercurialis. «Primus Daemogorgonis filius fuit Litigius, id est, sulphur illud dictum Mars ... Chaos est illud sal terreum dictum Saturnus: est enim materia in eoque res omnis est informis.» [Der erste Sohn des Daemogorgon war Litigius, das ist der Schwefel, welcher Mars genannt wird ... Das Chaos ist jenes Erdsalz, Saturn genannt: denn es ist die Materie, und in ihr ist alles ohne Form] [l. c., p. 935 a]. Alle lebenden und toten Dinge sind darin enthalten bzw. gehen daraus hervor. Dieser Mars entspricht also dem Paracelsischen Ares. PERNETY (*Dictionnaire mytho-hermétique,* p. 103, s. v. Daimorgon) erklärt Daimorgon als «Génie de la terre», «du feu qui anime la Nature, et dans le particulier cet esprit inné et vivifiant de la terre

stimmt»[115]. RULAND stellt Ares in eine Reihe mit dem Iliaster und dem Archeus. Während der Iliaster die Hypostase des allgemeinen Seins überhaupt ist (generis generalissimi substantia), kommt dem Archeus die Rolle eines «naturae dispensator», eines «anbeginners» zu, wie RULAND sagt. Das Ares aber ist der *individuelle Gestalter* – «peculiarem cuique speciei naturam atque formam ab aliis differentem largitur» –, er ist der Zueigner[116]. Ares darf daher als das principium individuationis sensu strictiori aufgefaßt werden. Es geht aus vom Gestirn, den corpora supracoelestia, denn «solcherart ist die Eigentümlichkeit und Natur der überhimmlischen Körper, daß sie geradewegs aus dem Nichts ein körperliches Phantasiebild (imaginationem corporalem) hervorbringen, so daß man es für einen festen Körper hält. Von dieser Art ist das Ares, daß, wenn man an den Wolf denkt, dieser auch erscheint. Diese Welt ist ähnlich den aus den vier Elementen hervorgehenden Geschöpfen. Aus den Elementen entsteht, was seinem Ursprung in keinerlei Weise gleich ist, aber nichts desto weniger trägt es Ares alles in sich[117].»

Ares erscheint demnach als ein intuitiver Anschauungsbegriff einer vorbewußten, schöpferischen Gestaltungskraft, welche imstande ist, eine individuelle Kreatur ins Leben zu setzen. Damit ist das Ares eine spezifischere Individuationskraft als der Iliaster und kommt daher bei der Feuerreinigung des natürlichen Menschen, respektive dessen Umgestaltung zu einem Enochdianus, in erster Linie in Betracht. Das Feuer, mit dem geglüht wird, ist, wie PARACELSUS bemerkt, insofern kein gewöhnliches Feuer, als es das melusinische

des Sages, qui agit dans tout le cours... du grand œuvre» [Erdgeist ... Feuer, das die Natur beseelt, und insbesondere jener eingeborene und belebende Geist der Erde der Weisen, der im ganzen Verlauf des großen Werkes wirkt]. PERNETY erwähnt auch die Schreibweise Demorgon und einen gleichnamigen Traktat des RAYMUNDUS LULLIUS. (Bei FERGUSON nicht erwähnt, könnte sich aber auf das *Lignum vitae* beziehen, welches ein Dialog zwischen RAYMUNDUS und einem Schüler ist.) Bei ROSCHER, *Ausführliches Lexikon der griechischen und römischen Mythologie* I, Sp. 987, «rätselhafter Gott». Könnte von δημιουργός kommen. – Mars bedeutet astrologisch die Triebnatur und Affektivität der Menschen. Die Zähmung und Umwandlung dieser Natur scheint das Thema des alchemistischen Werkes zu sein. Mit dem Wolf als initiierendem Tier beginnt der *Songe de Poliphile*; in der gleichen Bedeutung findet er sich auch in der Tiertriade des Ersten Gesanges des «Inferno» [DANTE]. Diese Triade ist eine Entsprechung der oberen Trinität; darum begegnet man ihr wiederum in der Dreiköpfigkeit Satans im 34. Gesang des «Inferno».

[115] ADAM VON BODENSTEIN, *Onomasticon... Theophrasti Paracelsi*, s. v. Ares, p. 5.

[116] *Lex. alch.*, s. v. Ares, p. 54 f. [Er verleiht jeder Gattung eine von den übrigen verschiedene Natur und Form.]

[117] *De vita longa*, lib. I, cp. VII [SUDHOFF III, p. 257].

Ares nicht enthält und auch nicht die «salamandrinische Essenz». Der Salamander symbolisiert das Feuer der Alchemisten. Er ist, selber von der Natur des Feuers, die essentia ignea. Nach PARACELSUS sind die Salamandrini und Saldini homines vel spiritus ignei, Feuerwesen. Solchen kommt, nach alter Auffassung, ein besonders langes Leben zu, weil sie ihre Inkorruptibilität eben im Feuer erwiesen haben. Der Salamander ist daher auch das sulphur incombustibile, der unverbrennbare Schwefel: ein Name für die Geheimsubstanz, aus welcher der Lapis oder filius sapientiae hervorging. Das Feuer, welches den Menschen ausglühen soll, enthält nichts mehr vom melusinischen, das heißt «wässerigen» Gestaltungsprinzip, worunter man unbewußte Bildekräfte verstehen könnte. Ebenso enthält es nichts von der Natur des Salamanders, der eine unreife Übergangsform des filius philosophorum ist, nämlich des unvergänglichen Wesens, dessen Symbole auf das *Selbst* weisen.

PARACELSUS gibt dem Ares das Attribut «melosinicum». Da nun die Melusine unzweifelhaft zum Wasserreich, zur «nymphididica natura» (Reich der Nymphen) gehört, trägt das Attribut «melusinisch» einen Wassercharakter in den an sich geistigen Begriff des Ares hinein, womit angedeutet wird, daß das Ares in diesem Fall zur unteren, dichteren Region gehört und irgendwie in nächster Verbindung zum Körper steht. Dadurch wird das Ares hier dem Aquaster dermaßen angenähert, daß es von diesem begrifflich kaum mehr zu trennen ist. Auch das ist alchemistisch und darum auch Paracelsisch, daß es nicht nur keine scharfen Begriffstrennungen gibt, sondern daß auch fast unbegrenzt ein Begriff für den anderen eingesetzt werden kann. Dabei benimmt sich jeder Begriff hypostatisch, das heißt wie wenn er eine Substanz wäre, die nicht zugleich eine andere sein könnte. Das ist ein typisch primitives Phänomen, dem wir auch in der indischen Philosophie, wo es von Hypostasen wimmelt, begegnen. Vorbild dafür sind die Göttermythen, welche (wie übrigens bei den Griechen und Ägyptern ebenfalls) vom selben Gott die allerwidersprechendsten Aussagen machen. Unbeschadet ihrer Widersprüche, bestehen die Mythen aber gleichzeitig und ohne gegenseitige Störung nebeneinander.

178

D. MELUSINA

Da wir im weiteren Verlauf der Interpretation unseres Textes der Melusine noch einige Male begegnen werden, müssen wir uns mit der Natur dieses Fabelwesens und insbesondere mit der Rolle, die es bei PARACELSUS spielt, etwas näher vertraut machen.

179

180 Sie gehört mit der Syrena und der Nympha in eine Reihe. Diese nymphischen Wesen wohnen im Wasser[118]. Die Nymphe speziell ist, wie es im Traktat «De sanguine» heißt[119], «ein Schröttli» (Alptraum). Die «Melosiniae» hingegen leben im menschlichen Blut[120]. Im Traktat «De pygmaeis»[121] verrät uns PARACELSUS, daß die Melosina ursprünglich eine Nymphe gewesen sei, die vom Beelzebub zur Hexerei verführt wurde. Sie stammt von jenem Walfisch ab, in dessen Bauch der Prophet Jona die großen Mysterien geschaut hat. Diese Abstammung ist von großem Belang; denn der Ursprungsort der Melusine ist der Bauch der Mysterien, das heißt offenkundig das, was wir heute als das Unbewußte bezeichnen. Die Melusinen haben kein Genitale[122], welcher Umstand sie als paradiesische Wesen charakterisiert, denn Adam und Eva im Paradies hatten ebenfalls noch keine Genitalien[123]. Zudem befand sich das Paradies unter dem Wasser «und ist noch darinnen»[124]. Der Teufel ist in den Paradiesesbaum «geschloffen», hat dadurch den Baum «betrübet», und die Eva wurde vom «Basilisco infernali» verführt[125]. Adam und Eva haben sich an der Schlange «vergafft» (versehen) und wurden dadurch «monstrosisch», das heißt sie erhielten, infolge des Versehens an der Schlangengestalt, Genitalien[126]. Die Melosina aber blieb auf der paradiesischen Stufe als Wasserwesen stehen und lebte im menschlichen Blute weiter. Im Lebensblut haben wir nun das primitive Seelensymbol[127], weshalb die Melosina als ein Spuk, respektive als eine psychische Erscheinung zu deuten ist. DORN bestätigt in seinem Kommentar diese Deutung, indem er sagt, daß die Melosina eine «visio in mente apparens», eine geistige Vision, sei[128]. Für einen Kenner der subliminalen, psychischen Wandlungsprozesse ist diese Figur unschwer als Animafigur deutbar. Die Paracelsische Melosina erscheint als eine Variante des serpens

---

[118] *Practica lineae vitae* im *Liber Azoth,* SUDHOFF XIV, p. 575. Nach *Henoch* 19,2 [KAUTZSCH II, p. 250] sind die Weiber der abgefallenen Engel zu Sirenen geworden.
[119] *Liber de sanguine ultra mortem* (Fragm.), SUDHOFF XIV, p. 112.
[120] *Philosophia ad Athenienses,* SUDHOFF XIII, p. 395.
[121] *Liber de nymphis, sylphis, pygmaeis et salamandris,* SUDHOFF XIV, p. 142, lib. I, Tr. IV, cp. 2.
[122] *Liber Azoth* [SUDHOFF XIV, p. 576].
[123] [l. c., p. 554.]
[124] [l. c., p. 594.]
[125] [l. c., p. 587.]
[126] [l. c., pp. 590 und 588.]
[127] CRAWLEY, *The Idea of the Soul,* pp. 19 und 237.
[128] *De vita longa* [siehe unten, Paragr. 214], p. 178.

mercurialis, der unter anderem auch als Schlangenjungfrau dargestellt wurde[129], um durch diese monstrositas die Doppelnatur des Mercurius zum Ausdruck zu bringen. Die Erlösung dieses Wesens wurde als Assumptio und Coronatio Mariae dargestellt[130].

E. DER FILIUS REGIUS ALS ARKANSUBSTANZ (MICHAEL MAIER)

Es ist hier allerdings nicht der Ort, auf diese Beziehungen der Paracelsischen Melosina zum serpens mercurialis näher einzutreten. Ich wollte damit einerseits nur zeigen, welche alchemistischen Vorlagen in dieser Hinsicht auf PA-

[129] So in [REUSNER,] *Pandora,* in einem Codex Germanicus Alchemicus Vadiensis [St. Gallen, 16. Jh.] und Codex Rhenovacensis (Aurea hora) (Zentralbibl., Zürich [Figuren B 3–5]). [Die folgende maschinegeschriebene Notiz mit dem Titel *Pandora* wurde unter den nachgelassenen Schriften JUNGS gefunden (undatiert): «Die ‹Pandora› ist eine der frühesten, wenn nicht die erste synoptische Darstellung der Alchemie in deutscher Sprache. Ihr Erstdruck ist bei Henricpetri in Basel 1588 erschienen. Als Verfasser kommt der Doktor der Medizin HIERONYMUS REUSNER in Betracht, wie aus der Vorrede hervorgeht. Er verbirgt sich aber unter dem Pseudonym FRANCISCUS EPIMETHEUS, von dem das Buch ‹gemacht› sein soll. REUSNER widmet es dem Dr. RULAND, dem bekannten Verfasser des wertvollen Lexikons alchemistischer Begriffe (*Lexicon alchemiae sive Dictionarium alchemisticum,* Frankfurt 1612). Der Text selber ist eine Kompilation in der Art des *Rosarium philosophorum* (1555), aus welchem auch in der Tat reichlich zitiert wird. Daneben werden aber auch andere Quellen benützt, wie z. B. der *Tractatus aureus Hermetis.* REUSNER ist ein PARACELSUS-Schüler. Sein Buch, in deutscher Sprache verfaßt, nimmt daher teil an der durch PARACELSUS bewirkten Verdeutschung der Medizin und ebenso an der durch ihn veranlaßten Belebung der alchemistischen Geistesbewegung, wovon die Vorrede ausführlich Zeugnis ablegt. Der Text dagegen bewegt sich, noch unbeeinflußt von den Neuerungen, in den traditionellen Bahnen. Er enthält nichts, was sich nicht schon bei den früheren Autoren fände. Ein besonderes Verdienst dagegen bedeutet das reichhaltige Synonymregister am Schlusse. Es enthält eine Menge arabischer und arabisierender Termini, die, wie es scheint, noch im 16. Jh. gewaltig vermehrt worden sind. Der Hauptwert der ‹Pandora› aber besteht zweifellos in der Serie der 18 symbolischen Bilder, welche dem Texte gegen Ende beigegeben sind. Wie gewöhnlich erklären sie sich aus dem Texte nicht oder nur sehr indirekt, sind aber von hohem Interesse hinsichtlich des in der Alchemie verborgenen Ideengehaltes. Einige der Bilder entstammen dem 15. Jh., und zwar speziell dem ‹Dryvaltigkeitsbuch› (Codex Germanicus 598, 1420, Staatsbibliothek München), die meisten aber dem 16. Jh. Die Hauptquelle ist wohl das ‹Alchemistische Manuskript› der Universitätsbibliothek Basel. Für ein Bild (das Echidnasymbol des Mercurius) kommt ein St. Galler Manuskript des 16. Jh. in Betracht.»]

[130] Zwei Abbildungen aus der *Pandora* und aus dem Codex Germanicus in: *Psychologie und Alchemie* [Nrn. 224 und 232].

RACELSUS möglicherweise eingewirkt haben, andererseits aber auch andeuten, daß die Sehnsucht der Nixe nach Beseelung und Errettung ihr Gegenstück hat in jener königlichen Substanz, die im Meere verborgen liegt und nach Befreiung schreit. Von diesem im Meeresgrund gefangenen regius filius schreibt MICHAEL MAIER in seinen «*Symbola aureae mensae*» (1617): «Er lebt aber und ruft aus der Tiefe ⟨des Meeres⟩ [131]: Wer wird mich befreien aus den Wassern und mich aufs Trockene führen? Wenn auch dieser Schrei von vielen gehört wird, so nimmt es doch keiner, von Erbarmen bewegt, auf sich, den König zu suchen. Wer denn, sagen sie, wird sich ins Wasser stürzen? Wer wird durch eigene Lebensgefahr die Gefährdung eines anderen beheben? Wenige nur glauben an seine Klage und meinen eher, was sie hörten, sei das Getöse und das Brüllen von Scylla und Charybdis. Darum bleiben sie faul zu Hause sitzen und kümmern sich nicht um den königlichen Schatz und auch nicht um das Heil [132].»

182   Wir wissen, daß MAIER keinen Zugang haben konnte zu den lange verloren geglaubten «*Philosophoumena*» des HIPPOLYTUS, und doch klingt es, als ob er dort das Vorbild zur lamentatio Regis entlehnt hätte. HIPPOLYTUS nämlich sagt, vom Geheimnis der Naaßener handelnd, folgendes: «Was aber die Gestalt ist, die von oben herab kommt von dem Nicht-deutlich-Gemachten (ἀχαρακτηρίστου) weiß keiner. Sie ist im irdischen Lehm, aber keiner erkennt sie. Das aber ist der Gott, der die große Flut bewohnt [133]. Nach dem Psalter ruft und schreit er von vielen Wassern her [134]. Die vielen Wasser, sagt er, sind die vielfache Kreatur der sterblichen Menschen, von welcher her er laut ruft und schreit zu dem nicht-deutlich-gemachten Menschen ⟨im Sinne von θεός ἄνθρωπος⟩: Errette von den Löwen [135] meine Eingeborene (τὴν μονογενῆ μου) [136].» Als Antwort wird ihm gesagt: «Et nunc haec dicit Domi-

---

[131] «Ex profundo clamat» in klarer Anlehnung an *Ps.* 129,1: «De profundis clamavi ad te Domine» [Zürcher Bibel 130,1: «Aus der Tiefe rufe ich, Herr, zu dir»], aber in Umkehrung des Sinnes.

[132] p. 380.

[133] *Ps.* 28,10: «Dominus diluvium inhabitare facit et sedebit Dominus rex in aeternum». Zürcher Bibel 29,10: «Der Herr thront ob der Flut, als König thront der Herr in Ewigkeit.»

[134] *Ps.* 28,3: «Vox Domini super aquas, Deus maiestatis intonuit, Dominus super aquas multas». Zürcher Bibel 29,3: «Die Stimme des Herrn ob den Wassern! der Gott der Herrlichkeit donnert, der Herr ob mächtigen Wassern!»

[135] *Ps.* 21,22: «Salva me ex ore leonis». Zürcher Bibel 22,22: «Hilf mir aus dem Rachen des Löwen».

[136] Die «Eingeborene» scheint sich auf eine Tochter zu beziehen, resp. auf die Seele, wie

nus creans te Iacob et formans te Israhel. Noli timere quia redemi te et vocavi nomine tuo: meus es tu. Cum transieris per aquas tecum ero et flumina non operient te: cum ambulaveris in igne non combureris et flamma non ardebit in te...»¹³⁷ In bezug auf den Aufstieg (ἄνοδος) respektive die Regeneration (ἀναγέννησις) Adams sagt die Schrift: «Attollite portas principes vestras et elevamini portae aeternales: et introibit rex gloriae. Quis est iste rex gloriae? Dominus fortis et potens: Dominus potens in proelio... Quis est iste rex gloriae? Dominus virtutum ipse est rex gloriae¹³⁸.» Wer ist dieser König des Ruhmes? Ein Wurm (σκώληξ = Regen- oder auch Spulwurm) und kein Mensch, eine Schmach des Menschen und ein Auswurf des Volkes (ἐξουδένημα λαοῦ)¹³⁹.»

Was MICHAEL MAIER meint, ist ohne weiteres klar. Der regius filius oder rex ist bei ihm, wie sein (nicht zitierter) Text ausweist, das Antimon¹⁴⁰, das aber mit Spießglanz nur den Namen gemeinsam hat. In Wirklichkeit ist es die geheime Wandlungssubstanz, die ursprünglich von höchster Stelle in die tiefste und dunkelste Materie hinunter gefallen oder gedrungen ist («infixus in

Ps. 34,17 ausweist: «Domine quando respicies? Restitue animam meam a malignitate eorum, a leonibus unicam meam». Zürcher Bibel 35,17: «Herr, wie lange willst du zusehen? Errette meine Seele vor den Brüllern, vor den Jungleuen mein Leben.»

¹³⁷ Zürcher Bibel *Jes.* 43,1 ff.: «Nun aber spricht der Herr, der dich geschaffen hat, Jakob, der dich gebildet hat, Israel: Fürchte dich nicht, denn ich erlöse dich; ich rufe dich bei deinem Namen, mein bist du! Wenn du durch Wasser gehst – ich bin mit dir; wenn durch Ströme – sie werden dich nicht überfluten. Wenn du durch Feuer schreitest, wirst du nicht brennen, und die Flamme wird dich nicht versengen.»

¹³⁸ Vulgata *Ps.* 23,7, 8 und 10. Zürcher Bibel 24,7, 8 und 10: «Hebt hoch, ihr Tore, eure Häupter, erhöht auch, ihr uralten Pforten, daß der König der Herrlichkeit einziehe! ‹Wer ist denn der König der Herrlichkeit?› Der Herr, der Starke und Held, der Herr, der Held im Streit! ... ‹Wer ist denn der König der Herrlichkeit?› Der Herr der Heerscharen, er ist der König der Herrlichkeit!»

¹³⁹ HIPPOLYTUS, *Elenchos*, V, 8, 18, p. 92. Die äußerste Niedrigkeit des Ursprungs drückt sich in der Alchemie womöglich noch stärker aus: Er wird als «in stercore eiectus» bezeichnet. Die kostbare Substanz findet sich «in sterquiliniis». Im sog. *Aristoteles-Brief* (*Theatr. chem.*, 1622, V, p. 880) heißt es unmißverständlich: «Lapidem animalem esse, qui tanquam serpens ex corruptione perfectissimae naturae humanae de industria inter duos montes emissus gignitur, scinditur et prolabitur, et in fossa cavernae clauditur» [der Stein sei ein Lebewesen, das wie eine Schlange aus der Verderbnis der höchst vollkommenen menschlichen Natur durch Fleiß zwischen den zwei Bergen hervorgebracht wird, weggerissen wird, vorwärtsgleitet und in einer leeren Höhle eingeschlossen wird]. Σκώληξ als Spulwurm zu deuten, läge daher nahe.

¹⁴⁰ Von ἀνθεμώνιον = Ausgeblühtes von farbigen Metallsalzen. Vgl. VON LIPPMANN, *Entstehung und Ausbreitung der Alchemie* II, p. 40.

limo profundi»!), wo sie der Erlösung harrt. Aber niemand will sich in diese Tiefe wagen, um durch seine eigene Wandlung in der Finsternis und der Feuerqual auch seinen König zu erretten. Sie meinen, es sei das chaotische Brausen des Verderbens, und können die Stimme des Königs davon nicht unterscheiden. Das «mare nostrum» der Alchemisten ist die eigene Dunkelheit, das Unbewußte. Diesen limus profundi hat schon EPIPHANIUS in seiner Art richtig gedeutet als eine «materia ... ex mente nascens sordida cogitatio et coenosae ratiocinationes peccati». Davon habe der verfolgte David gesagt: «Infixus sum in materiam profundi[141].» Für den Kirchenvater kann es auch nicht anders sein, als daß dieser dunkle Grund das Böse selber ist, und wenn ein König darin stecken sollte, so ist er infolge seiner Sündhaftigkeit hineingefallen. Die Alchemisten aber huldigen einer optimistischeren Auffassung: Der dunkle Seelengrund enthält nicht nur das Böse, sondern auch den erlösungsfähigen und -bedürftigen König, von dem sie sagen: «Am Ende ⟨des Werkes⟩ wird dir der König hervorgehen, mit seinem Diadem gekrönt, strahlend wie die Sonne, leuchtend wie der Carbunkel, ... beständig im Feuer[142].» Und von der wertlosen materia prima sagen sie: «Schätze die Asche nicht gering, denn sie ist das Diadem deines Herzens und die Materie der ewigen Dinge[143].»

Es scheint mir nicht überflüssig zu sein, durch diese Anführungen einen gewissen Begriff zu vermitteln vom mystischen Glanz, welcher den filius regius der philosophischen Alchemie umgab, und zugleich auf jene ferne Vergangenheit hinzuweisen, wo die Zentralideen der Alchemie noch zu offener Diskussion standen, nämlich auf den Gnostizismus, in dessen analogisches – und der Alchemie so verwandtes – Denken uns HIPPOLYTOS wohl den schönsten und vollständigsten Einblick gewährt. Wer in der ersten Hälfte des 16. Jahrhunderts mit der Alchemie in nähere Berührung kam, der konnte nicht verfehlen, in den Bannkreis dieser Ideen gezogen zu werden. Obschon einerseits MAIER mehr als siebzig Jahre nach PARACELSUS dachte und schrieb und wir anderseits keinen Anlaß haben, bei PARACELSUS eine Bekanntschaft

---

[141] *Panarium* [Contra Heracleonitas], lib. I, To. III, cp. XXXVI, p. 126. [Stoff, der aus dem Geist als schmutzige Gedanken und trübe Überlegungen der Sünde hervorgebracht wird... «Ich bin versunken in tiefen Schlamm» (*Ps.* 69,3, Zürcher Bibel).]

[142] *Ros. phil.* in: *Art. aurif.* II, p. 329, Zitat aus LILIUS. Vgl. dazu Vision von dem aus dem Herzen des Meeres aufsteigenden Manne (*IV. Esra,* XIII, 25 und 51 [KAUTZSCH II, pp. 396 und 397]).

[143] «Cinerem ne vilipendas, nam ipse est diadema cordis tui, et permanentium cinis.» (*Ros. phil.* in: *De alchimia,* fol. L III^V)

mit den Häresiologen vorauszusetzen, so genügte doch dessen Kenntnis der alchemistischen Traktate, insbesondere derjenigen des von ihm öfters angeführten HERMES, vollauf, um ihm die eindrucksvolle Gestalt des filius regius sowohl wie die der hymnisch gepriesenen mater natura, welche mit der christlichen Weltanschauung nicht gerade harmonierte, eindrücklich zu vermitteln. So lesen wir zum Beispiel im «*Tractatus aureus Hermetis*»: «O größte Natur der Naturen, Schöpferin, die enthält und trennt die mittlere der Naturen, die mit dem Lichte kommt und mit dem Licht geboren ist, welche der finstere Nebel geboren hat, die aller Wesen Mutter ist[144]!» Aus dieser Anrufung spricht antikes Naturgefühl, welches lebhaft an den Stil der ältesten alchemistischen Traktate eines PSEUDO-DEMOKRITOS und an die *Griechischen Zauberpapyri* erinnert. Im selben Traktat begegnen wir dem rex coronatus und filius noster rex genitus. Von diesem heißt es: «Der Sohn nämlich ist eine Wohltat, und er besitzt die Weisheit. Kommt herzu, ihr Söhne der Weisen, und lasset uns fröhlich sein und miteinander uns freuen, da der Tod überwunden ist, und unser Sohn regiert und mit dem roten Mantel (toga) und dem Chermes bekleidet ist.» Er lebt von «unserem Feuer», und die Natur «nährt den Ewigwährenden» mit einem «kleinen Feuer». Wenn der Sohn durch das Werk belebt ist, wird er zum «kriegerischen Feuer» oder zu einem «Bekämpfer des Feuers»[145].

F. DIE HERSTELLUNG DES EINEN ODER ZENTRUMS DURCH DESTILLATION

Kehren wir nun, nach dieser unerläßlichen Erläuterung alchemistischer Grundanschauungen, zum Paracelsischen Prozeß der Wandlung des Iliaster zurück! Unser Autor nennt den Prozeß «retorta distillatio». Die Destillation hat bei den Alchemisten stets die Bedeutung von Verfeinerung und Vergeistigung durch Extraktion der volatilen Substanz, eben des spiritus, aus dem unvollkommenen oder unreinen Körper. Dieser Vorgang wurde zugleich physisch und psychisch erlebt. Die retorta distillatio wäre eine zurückgewendete

---

[144] *Tractatus aureus,* cp. III, in: *Ars chem.,* p. 21. Der Traktat ist arabischen Ursprungs, weist aber inhaltlich auf viel ältere Quellen zurück. Vermutlich ist er durch die Harraniter überliefert worden.

[145] l. c., p. 22; «bellator ignis» ist doppelsinnig. Chermes = arab. Kermes = Purpur, lat. carmesinus = purpurn, lat.-ital. auch Chermisi, davon franz. cramoisi. Vgl. DU CANGE, *Glossarium mediae ac infimae Latinitatis.*

oder -getriebene Destillation. Es handelt sich hier um keinen bekannten terminus technicus. Es könnte sich um die Destillation im sogenannten Pelicanus handeln, wo der Auslauf der Retorte wieder in deren Bauch mündet, wodurch eine distillatio circulatoria, die bei den Alchemisten beliebt war, zustande kommt. Durch die «tausendfache» Destillation erhoffte man ein besonders «feines» Endresultat[146]. Daß PARACELSUS etwas Ähnliches meint, ist nicht unwahrscheinlich: er erstrebt ja eine derartige depuratio des menschlichen Körpers, daß er sich schließlich mit dem maior homo, respektive dem inneren, geistigen Menschen, vereinigen läßt und damit an dessen langer Lebensdauer Anteil erhält. Es handelt sich hier, wie schon bemerkt, nicht mehr um irgendeine chemische Operation, sondern um eine – wie wir heute sagen würden – psychologische Prozedur in erster Linie. Das hierzu verwendete Feuer ist symbolischer Natur, und auch die dadurch bewirkte Destillation ist ex medio centri, aus der Mitte des Mittelpunktes.

Diese starke Betonung der Mitte ist wiederum eine alchemistische Grundidee. Im Zentrum befindet sich nach MICHAEL MAIER das punctum indivisibile, welches simplex und darum nicht mehr zersetzbar, sondern ewig ist. Das physische Gold ist dessen Entsprechung, weshalb es ein Symbol der Ewigkeit sei[147]. Das Zentrum wird von CHRISTIANOS mit dem Paradies und dessen vier Strömen verglichen. Letztere symbolisieren die ὑγρά (Flüssigkeiten) der Philosophen, welche auch Emanationen des Zentrums sind[148]. «Im Zentrum der Erde haben die sieben Planeten gewurzelt und ihre Kräfte dort zurückgelassen, daher ist in der Erde das keimkräftige Wasser», heißt es in der *«Aurora consurgens»*[149]. So sagt auch BENEDICTUS FIGULUS:

> Visitir den Centrum in der Erden
> Im Globo wirdt dir das Fewr werden
> Treib es darauß mit zorn und lieb
> Rectificirs von seiner Trüb usw.

Dieses Zentrum nennt er domus ignis oder Enoch[150] (dies offenkundig in

---

[146] *La Vertu et propriété de la quinte essence de toutes choses.* Faicte en latin par JOANNES DE RUPESCISSA, p. 26.

[147] *De circulo physico quadrato,* p. 27 ff.

[148] BERTHELOT, *Alch. grecs,* VI, 1, 2, pp. 396/383.

[149] Codex Rhenovacensis (Zentralbibliothek Zürich) [abgedruckt in: MARIE-LOUISE VON FRANZ, l. c., p. 106 f. (lat.)].

[150] *Rosarium novum olympicum,* p. 71. Enoch ist «des Menschen Sohn» (*Henoch* 71,44, in: KAUTZSCH II, p. 277).

Anlehnung an PARACELSUS). DORNEUS sagt, daß der Gottheit nichts ähnlicher sei als das Zentrum; denn dieses fülle keinen Raum, weshalb es nicht erfaßt, gesehen und gemessen werden könne. Von derselben Art seien auch Gott und die Geister. Daher ist das Zentrum ein «unbegrenzter Abgrund der Geheimnisse»[151]. Aus dem Zentrum trägt das Feuer, welches dort seinen Ursprung hat, alles empor. Wegen der Abkühlung fiele dann alles wieder zurück. «Diese Bewegung nennen die Physiochemiker eine zirkuläre und ahmen sie in ihren Operationen nach[152].» Im Moment der Kulmination (das heißt vor dem Herunterfallen) empfingen die Elemente (durch die Annäherung an das Firmament) die «männlichen Samen der Gestirne», welche in die elementarischen matrices (die nichtsublimierten Elemente) durch den Fall gelangen. So haben alle Schöpfungen vier Väter und vier Mütter. Die Empfängnis der Samen erfolge per influxum et impressionem von Sol und Luna, welche also sozusagen als Naturgötter figurieren, was DORNEUS allerdings nicht so deutlich sagt[153].

[151] «Nam ut ipsa ⟨Divinitas⟩ incomprehensibilis, invisibilis, non mensurabilis, infinita, indeterminata, et si quid ultra dici potest, omnia similiter in centro quadrare convenireque certum est. Hoc enim quia locum nullum occupat ob quantitatis carentiam, comprehendi non potest, videri, nec mensurari. Tum etiam cum ea de causa infinitum sit, et absque terminis, locum non occupat, nec depingi potest, vel imitatione fingi. Nihilominus omnia quae locum etiam non implent ob carentiam corpulentiae, ut sunt spiritus omnes, centro comprehendi possunt, quod utraque sint incomprehensibilia» [Denn wie ⟨die Gottheit⟩ unbegreiflich, unsichtbar, unermeßlich, unbegrenzt, unbestimmt und was sich sonst noch alles sagen läßt, ist, so steht fest, daß alles auf gleiche Weise im Zentrum zusammengefügt wird und zueinanderkommt. Dieses nämlich läßt sich, da es aus Mangel an Substanz keinen Platz einnimmt, nicht beschreiben, noch sehen, noch ermessen. So nimmt es auch, da es aus ebendiesem Grunde unendlich ist und ohne Grenzen, keinen Platz ein und kann auch nicht beschrieben werden, noch läßt es sich nachbilden. Trotz alledem kann alles das, was aus Mangel an Körperlichkeit keinen Raum einnimmt, wie es bei Geistern der Fall ist, von einem Zentrum aus erfaßt werden, worüber hinaus es unfaßbar ist]. «Ut igitur centri nullus est finis, virtutum eius etiam et arcanorum abyssus infinita nullo calamo satis describitur.» [Wie daher das Zentrum keine Grenzen hat, so vermag kein Griffel den Abgrund seiner Kräfte und Geheimnisse hinreichend zu beschreiben.] (*Physica genesis* in: *Theatr. chem.*, 1602, I, pp. 382 und 383)

[152] l. c., p. 391.

[153] Vgl. dazu l. c. In der Physica Trismegisti (l. c., p. 423) heißt es: «⟨Sol⟩ primus post Deum, pater ac parens omnium vocatus est, cum in eo quorumvis seminaria virtus atque formalis delitescit.» [⟨Die Sonne⟩ wird der erste Vater und Gebärer aller Dinge nach Gott genannt, da in ihr alle Keim- und Gestaltungskraft von allem verborgen liegt.] p. 424: «Lunam esse matrem et uxorem solis, quae foetum spagiricum a sole conceptum in sua matrice uteroque vento gestat in aere.» [Der Mond sei die Mutter und Frau der Sonne, da er den von der

187 Die Entstehung der Elemente und ihr Aufstieg durch Feuers Macht zum Firmament sind das Vorbild des spagyrischen Prozesses. Durch sorgfältig reguliertes Feuer müssen die unteren, von ihrer Finsternis befreiten Wasser (depuratio!) von den himmlischen getrennt werden. Dadurch geschieht es, daß die spagirica foetura durch den Aufstieg sich mit himmlischer Natur bekleidet und beim Abstieg die Natur des irdischen Zentrums empfängt, wobei sie aber die Natur des himmlischen Zentrums «im Geheimen» bewahre. Die spagirica foetura ist nichts anderes als der filius philosophorum, eben der innere, ewige, in der Hülle des äußeren, sterblichen Menschen. Er ist nicht nur eine Panazee für alle Leiden des Körpers, sondern auch ein besonderes Heilmittel gegen die «subtile und geistige Krankheit im menschlichen Geiste[154]». «Im Einen nämlich», fährt DORNEUS fort, «ist das Eine und ist nicht das Eine, es ist einfach und besteht aus der Vierzahl; wenn diese durch das Feuer in der Sonne[155] gereinigt ist, tritt das reine Wasser[156] hervor, und (das Eine in seiner Vierzahl), zurückgekehrt zur Einfachheit, wird dem Adepten die Erfüllung der Geheimnisse zeigen[157]. Hier ist das Zentrum der natürlichen Weisheit, deren Umfang, in sich selbst geschlossen, einen Kreis darstellt: eine unermeßliche Ordnung bis ins Unendliche. ... Hier ist die Vierzahl, in deren Maß die

Sonne empfangenen spagirischen Foetus in seinem Uterus und durch den Wind in seinem luftigen Schoße trägt.] Daraus ist zu ersehen, daß der filius unchristlicherweise von den Naturgöttern abstammt.

[154] *Argumentum in Tabulam smaragdinam Hermetis* in: *Theatr. chem.* (1602) I. p. 409.

[155] Ursprungsort des «geistigen» Feuers, das oben erwähnt wurde. Lichtsymbole beziehen sich psychologisch immer auf das Bewußtsein und das Bewußtwerdende.

[156] KHUNRATH, in seiner sog. «Confession» (*Von hylealischen Chaos*, p. 204) sagt, daß der Ternarius, gereinigt, «durch Circumrotation oder Circularische Philosophische umblauffung der Quaternarii... widerumbbracht werden zur höchsten unnd aller reinsten Simplicitet... Monadis Catholicae plusquamperfectae... Aus dem unreinen groben Eins / wird ein höchstreines subtiles Eins; per manifestationem occulti, et occultationem Manifesti» [durch Offenbarung des Geheimen und Verheimlichung des Offenbaren] (p. 204).

[157] Die aqua pura ist die aqua permanens der älteren Lateiner und Arabizanten und das ὕδωρ θεῖον der Griechen. Es ist der spiritus mercurialis in wässeriger Form, welcher wiederum zur Extraktion der anima des Stoffes dient. Er entspricht dem «geistigen» Feuer, daher aqua = ignis. Obschon aqua und ignis promiscue gebraucht werden, so sind sie doch nicht dasselbe, indem das Feuer mehr agens, geistig, emotional und dem Bewußtsein nahe, Wasser dagegen mehr patiens, stofflich, kühl und zur Natur des Unbewußten gehörig ist. Beide gehören zum Prozeß, da es sich um eine coniunctio oppositorum handelt. (Vgl. dazu das Frontispicium des *Poliphile* in der französischen Ausgabe des BÉROALDE DE VERVILLE: *Psychologie und Alchemie*, Abb. 4.)

Dreizahl mit der Zweizahl im Einen verbunden alles erfüllt, was sie wunderbarerweise macht¹⁵⁸.» In diesen Beziehungen zwischen 4, 3, 2 und 1 liegt, wie DORNEUS sagt, «der Gipfel alles Wissens und der mystischen Kunst und das unfehlbare Zentrum der Mitte» (infallibile medij centrum)¹⁵⁹. Die Einzahl ist der Mittelpunkt des Kreises, das Zentrum der Dreizahl und der «foetus novenarius», das heißt die Neunzahl zur Ogdoas (entsprechend der Quintessenz)¹⁶⁰.

Der Punkt der Mitte ist das Feuer. Auf ihm beruht die einfachste und vollkommenste Form, welche die Rundheit ist. Der Punkt kommt der Natur des Lichtes am nächsten¹⁶¹, und das Licht ist ein «simulacrum Dei»¹⁶². Das Firmament wurde gewissermaßen inmitten des Wassers geschaffen («mediam inter supra et infra coelestes aquas naturam habebit»)¹⁶³. Auch im Menschen ist ein lucidum corpus, nämlich das humidum radicale, welches aus der Sphäre der überhimmlischen Wasser stammt. Dieses corpus ist der siderische Balsam, welcher die Lebenswärme unterhält. Der «spiritus ille aquarum supra coelestium» hat im Gehirn seinen Sitz, wo er über die Sinnesorgane verfügt. Wie im Makrokosmos die Sonne, so wohnt im Mikrokosmos der Balsam im Herzen¹⁶⁴. Das «corpus lucens» ist das corpus astrale, das «Firmament» oder «Gestirn» im Menschen. Wie die Sonne am Himmel, so ist der Balsam im Herzen ein feuriges, strahlendes Zentrum. Wir begegnen diesem punctum Solis schon in der *«Turba»*, wo es den Keim des Eies im Dotter bedeutet, von der Brutwärme angeregt und belebt¹⁶⁵. In dem alten Traktat *«Consilium coniugii»*

---

[158] *De spagirico artificio* in: *Theatr. chem.* (1602) I, p. 442.
[159] l. c.
[160] DORNEUS, *Duellum animi cum corpore*, l. c., p. 546. Dieser Zahlensymbolismus bezieht sich auf das der Antike entstammende *Axiom der Maria* (der Jüdin oder Koptin): Τὸ ἓν γίνεται δύο, καὶ τὰ δύο γ' καὶ τοῦ γτου τὸ ἓν τέταρτον · ἓν δύ ἕν. (Das eine wird zu zwei, die zwei zu drei, und vom dritten kommt das eine als viertes; so wird aus zweien ein einziges.) (BERTHELOT, *Alch. grecs*, VI, v, 6, pp. 404/389.) Dieses Axiom zieht sich durch die ganze Alchemie. Es ist nicht ohne Zusammenhang mit der christlichen Trinitätsspekulation. Vgl. hierzu meine Schriften *Traumsymbole des Individuationsprozesses, Psychologie und Religion* [und *Versuch einer psychologischen Deutung des Trinitätsdogmas*].
[161] STEEBIUS, *Coelum Sephiroticum*, p. 19.
[162] l. c., p. 38.
[163] l. c., p. 42.
[164] l. c., p. 117f. [Geist, jener überhimmlischen Wasser].
[165] «Punctum solis id est germen ovi quod est in vitello» [Der Sonnenpunkt, das heißt der Eikeim, der im Eigelb ist] (RUSKA, *Turba philosophorum*, p. 94: Cod. Berol. Lat. 532).

heißt es, daß im Ei die vier Elemente seien und überdies der «rote punctus Solis in der Mitte», und dieser sei das junge Hühnchen[166]. Diesen «pullus» deutet MYLIUS als den «Vogel des Hermes»[167], der nichts anderes als ein Synonym des spiritus mercurialis ist.

189 Aus diesen Andeutungen ist zu ersehen, daß die retorta distillatio ex medio centri die Erweckung und Entwicklung eines seelischen Zentrums bedeutet, dessen Begriff psychologisch mit dem des Selbst zusammenfällt.

G. DIE KONJUNKTION IM FRÜHLING

190 Am Ende des Prozesses, sagt PARACELSUS, zeige sich ein «physischer Blitz», und es trennten sich voneinander der «Blitz des Saturn» und derjenige des Sol, und was in diesem Blitz[168] hervortrete, gehöre «zum langen Leben, zu jenem zweifellos großen Iliaster». Dieser Vorgang nehme nichts vom Gewicht des Körpers, sondern nur von dessen «Turbulenz» hinweg, und das «wegen der durchsichtigen Farben»[169]. Die «tranquillitas mentis» als Ziel des Prozesses wird auch von anderen Alchemisten hervorgehoben. Der Körper erhält von PARACELSUS keine gute Note. Er ist «malum ac putridum», böse und faul (im Sinne von «verfault»). Wenn er lebt, so lebt er überhaupt nur aus der «mumia». Sein Bestreben ist nur, zu verfaulen und sich wieder in Kot zu verwandeln («id quod continuum eius studium est»). Durch die mumia beherrsche

---

[166] Der Traktat könnte leicht dem 13. Jh. angehören (*Ars chem.*, p. 124).
[167] *Phil. ref.*, p. 131.
[168] Es handelt sich nur um einen Blitz, der von Saturnus, der Finsternis, zu Jupiter, dem Hellen und Gültigen, überschlägt. [*De vita longa,* SUDHOFF III, p. 283] RULANDUS (*Lex. alch.,* s. v. «fulmen» [p. 224] erklärt, «fulminare metalla idem est ac repurgare» [Metalle fulminieren ist dasselbe wie sie reinigen]; s. v. «fulminatio»: «Fulminatio est gradatio metallica cum excoctione ad purum incineritio ⟨ Scherbe, in welcher Gold oder Silber ‹ausgebrannt› wird⟩, cuius perfectio veluti effulgente indicatur splendore» [Fulmination ist jene Metallstufe, welche durch Auskochen bis zur Verbrennung zu einer Reinheit gebracht wird, deren Vollkommenheit durch einen gleichsam blitzenden Glanz angezeigt wird] (l. c.). Der Blitz entspricht wohl dem Iliaster magnus, welcher ein «mentis sive animi lapsus in alterum mundum» ist, eine «Verzuckung unnd Verfaltung dess Gemüts / so der Mensch in ander Welt verzuckt wirdt / alss Enoch / Elias / und Paulus» (s. v. Iliaster quartus, p. 264). Vgl. hierzu *Ezech.* 1,13, und *Luk.* 10,18.
[169] Die Farben weisen auf die «cauda pavonis» [Pfauenschwanz], welche unmittelbar vor Vollendung des Prozesses erscheint [l. c., p. 283].

der «peregrinus microcosmus» (der als Fremder zugewanderte Mensch) den physischen Leib, und dazu bedürfe er der arcana[170]. PARACELSUS hebt insbesondere (wie früher die Cheyri) hier das Tereniabin[171] und den Nostoch[172] und die «ungeheuern Kräfte» der Melissa hervor. Die Melisse kommt zu dieser Ehre, weil sie in der alten Medizin als fröhlich machendes Mittel galt, welches man gegen die melancholia capitis und überhaupt zur Reinigung des Körpers vom «schwartzen verbrannten melancholischen Geblüt» verwandte[173]. In der Kraft der Melissa einigt sich die supercoelestis coniunctio, und das ist der «Iloch, der aus dem wahren Aniadus» herstammt. Da PARACELSUS kurz vorher vom «Nostoch» spricht, so hat sich ihm der Iliaster wohl unter der Hand in einen Iloch verwandelt[174]. Der hier erscheinende Aniadus macht das Wesen des Iloch, das heißt der coniunctio, aus. Worauf bezieht sich aber die coniunctio? Eben zuvor spricht PARACELSUS von einer Trennung des Saturn und des Sol. Saturn ist das Kalte, Dunkle, Schwere und Unreine, Sol aber das Gegenteil. Wenn diese Trennung vollzogen und der Körper durch die Melissa gereinigt und von der saturnischen melancholia befreit ist, dann kann die coniunctio mit dem langlebigen inneren (Astral-) Menschen stattfinden[175], woraus dann der «Enochdianus», der mit dem Ewigen begabte Mensch, her-

[170] [l. c., p. 284] «Ex mortali enim nihil potest elici, quod pariat vitam longam, extra corpus est vita longa» [Aus dem Sterblichen kann nämlich nichts hervorgebracht werden, was langes Leben gebären würde; langes Leben ist außerhalb des Körpers]. («Andere Redaktion der beiden ersten Kapitel», 2. Kp. SUDHOFF III, l. c., p. 291)

[171] [l. c., p. 284] Tereniabin ist ein beliebtes Paracelsisches arcanum. Es ist pinguedo mannae (Fettigkeit oder Öligkeit des Manna), sog. Waldhonig, ein klebriger, harziger Überzug auf Blättern, von angeblich süßem Geschmack. Dieser Honig falle aus der Luft herab. Als Himmelsspeise unterstützt dieser Honig die menschliche Sublimation. (Bei PARACELSUS auch als «maienthaw» bezeichnet.)

[172] Nostoch ist keineswegs, wie BODENSTEIN will, eine «species ignis» [*Onomasticon*, p. 21], sondern eine Gallertalge, welche nach längerem Regen auftritt. (In der heutigen Botanik werden die Gallertalgen noch als Nostocazeen bezeichnet.) Früher wurde angenommen, daß der Nostoch aus der Luft herunterfalle beziehungsweise von den Sternen. RULANDUS [l. c., p. 348] definiert ihn daher als «iaculum alicuius stellae vel eius repurgatione deiectum quid in terram» [Strahl eines gewissen Sternes oder dessen Ausscheidung, die auf die Erde geworfen wurde]. Nostoch ist daher, wie Tereniabin, ein sublimierendes arcanum, weil er vom Himmel stammt.

[173] TABERNAEMONTANUS, *Kräuterbuch*, s. v. Melissa, p. 738b.

[174] Es könnte auch nur ein Druckfehler für «Ilech» sein [SUDHOFF, l. c., p. 284 hat «ilech»].

[175] Aus diesem Grunde wird die coniunctio auf den Bildern als eine Umarmung zweier geflügelter Wesen dargestellt: z. B. im *Rosarium philosophorum*.

vorgeht. Der Iloch oder Aniadus erscheint etwa als dessen virtus. Dieses «magnale» kommt zustande «durch die Exaltationen beider Welten», und «im wahren Maien, wo die Exaltationen der Aniada anfangen, sollten diese gesammelt werden»[176]. PARACELSUS befleißigt sich hier wieder möglichster Unklarheit; aber es geht daraus doch soviel hervor, daß der Aniadus den Frühlingszustand bedeutet, «rerum efficacitas», wie DORNEUS definiert[177].

191 Diesem Motiv begegnen wir schon in einem der ältesten griechischen Texte, nämlich in der *«Belehrung der Kleopatra durch den Erzpriester Komarios»*[178]. Es heißt dort:

«Ostanes und seine Gefährten sagten zu Kleopatra: ‹... Sage uns, wie das Höchste zum Niedersten heruntersteigt, und wie das Unterste zum Obersten hinaufsteigt, wie das Mittlere sich dem Untersten und Obersten nähert, so daß sie kommen und geeint werden in bezug auf das Mittlere[179]; wie die gesegneten Wasser von oben herunterkommen, um die Toten aufzusuchen, die ringsum, gefesselt und bedrückt in der Finsternis und im Dunkel, im Inneren des Hades liegen; wie das Heilmittel des Lebens zu ihnen kommt und sie erweckt, indem es sie aus ihrem Schlafe zieht für ihre Besitzer.›

192 Kleopatra antwortet ihnen: ‹Indem die Wasser eindringen, erwecken sie die Körper und die Geister, die gefangen und ohnmächtig sind... Allmählich entwickeln sie sich, steigen auf, bekleiden sich mit bunten Farben[180], herrlich wie die Blumen im Frühling. Der Frühling aber ist freudig und freut sich ihrer blühenden Reife, die sie an sich haben.›»

193 Die «Aniada»[181] sind nach RULANDUS «Früchte und Kräfte des Paradieses und des Himmels, und auch die Sakramente der Christen». Sie geleiten uns «durch die Influenz, die Imagination, abwägende Betrachtung (aestimatio) und durch die Phantasie zum langen Leben»[182]. Die Aniada erscheinen daher als Ewigkeitskräfte, als φάρμακον ἀθανασίας in höherem Grad als die vor-

---

[176] [SUDHOFF, l. c., p. 284 f.]
[177] [l. c., p. 179.]
[178] Der Text wird dem 1. Jh. zugeschrieben. (BERTHELOT, *Alch. grecs,* IV, xx, 8. f., pp. 292/281) Ostanes ist ein schon legendärer (persischer) Alchemist vielleicht des 4. Jhs. v. Chr.
[179] Ich setze hier die Lesart von Cod. Lc – καὶ κατώτατον ὥστε – in den von BERTHELOT gegebenen Text ein, was einen besseren Sinn ergibt [l. c., p. 292, Anm. 17].
[180] Die «cauda pavonis» der Lateiner.
[181] Der Nominativ von «aniadorum» ist hier wahrscheinlich als aniada anzunehmen und nicht als aniadi.
[182] RULANDUS, l. c., s. v. «Aniada», p. 42.

erwähnten Cheyri, Tereniabin, Nostoch und Melissa. Sie entsprechen den «gesegneten Wassern» des *Komarios-Textes* und, wie es scheint, den Substanzen der heiligen Kommunion[183]. Im Frühling befinden sich alle Lebenskräfte in festlicher Exaltation. Im Frühling (allerdings schon «in Ariete», dessen Herr Mars ist) soll auch das opus alchymicum beginnen. Zu dieser Zeit sollen die Aniada «gesammelt» werden, wie wenn es Heilkräuter wären. Der Ausdruck ist aber doppelsinnig: es kann auch heißen, daß alle Seelenkräfte dann «gesammelt» werden sollen zur großen Wandlung. Das Konjunktionsmysterium des Poliphile findet ebenfalls im Mai statt[184]: nämlich die Vereinigung mit der Seele, wobei letztere die Götterwelt verkörpert. Bei dieser «Hochzeit» vereinigt sich Menschliches und Göttliches, es sind «exaltationes utriusque mundi», wie PARACELSUS sagt. Vielsagend, wie mir scheint, fügt er sofort bei: «und ebenso brennen die Exaltationen der Nessel, und es funkelt und leuchtet die Farbe des Flämmchens»[185]. Die Brennessel wurde zu medizinischen Zwekken (zur Bereitung des Nesselwassers) im Mai gesammelt; denn die junge Nessel brennt am stärksten. Sie war deshalb ein Symbol der Jugend «ad libidinis flammas pronissima»[186]. Die Anspielung auf die Urtica urens und die flammula[187] deutet diskret auf die Tatsache hin, daß nicht nur Maria, sondern

---

[183] ἀνύειν = nach oben vollenden, käme am ehesten als Vorlage zu aniadus in Betracht. Dafür spricht die Schreibweise anyadei = «ver aeternum, novus mundus, paradysus futurus». (RULANDUS, l. c., p. 45, s. v. «Anyadei».)

[184] *Le Songe de Poliphile ou Hypnérotomachie par Frère Francesco Colonna.* Taurus, das Zeichen des Mai, ist das Haus der Venus. Im griechisch-ägyptischen Tierkreis trägt der Stier die im Viertelsmond (in navicula Veneris!) liegende Sonnenscheibe, ein Bild der coniunctio (BUDGE, *Amulets and Superstitions*, p. 410). Taurus selber wird mit dem Kreis der Sonne und den Mondhörnern geschrieben: ☉. Vgl. hierzu die alchemistische Parallele in: DEE, *Monas hieroglyphica* (*Theatr. chem.*, 1602, II, p. 220).

[185] [SUDHOFF, l. c., p. 284.]

[186] PICINELLUS, *Mundus symbolicus*, p. 640a, s. v. urtica [den Flammen der Begehrlichkeit äußerst geneigt].

[187] Ich habe oben den Satz «nitetque ac splendet flammulae color» wörtlich übersetzt [SUDHOFF, l. c.]. Da nun PARACELSUS aber die *Occulta philosophia* des AGRIPPA benützt hat, könnte es sich hier um eine Erinnerung (resp. ein Zitat) aus diesem Werke handeln. Es heißt dort (lib. I, cp. CCVII, p. XXXIIII): «Quae referunt Martem.... quae pungentibus spinis munitae sunt vel contactu suo cutem urunt, pungunt vel ampullant, ut cardo, urtica, flammula» [Die auf Mars Bezüglichen.... die mit spitzen Dornen versehen sind oder bei ihrer Berührung die Haut brennen, stechen oder darauf Blasen bilden, wie die Distel, die Brennessel oder das Flämmchen]. In diesem Fall ist flammula der Name verschiedener Hahnenfußgewächse, Ranunkeln, die als brennende, blasenziehende und ätzende Mittel gebraucht wurden und als solche schon bei DIOSCORIDES (*Medica materia,* II, 167, p. 204) erwähnt sind.

auch Venus im Mai regiert. Im nächsten Satz bemerkt PARACELSUS, daß diese Kraft «traduci in aliud potest» (in etwas anderes übergeführt werden könne). Es gebe nämlich Exaltationen, die weit mächtiger als die Urtica seien, nämlich die Aniada, und diese lägen nicht in den matrices, nämlich den physischen Elementen, sondern in den himmlischen. Der Idaeus [188] wäre nichts, wenn er nicht auch gewisse größere Dinge hervorgebracht hätte. Er habe nämlich noch einen anderen Mai gemacht, wo sich himmlische Blumen erhöben. Zu dieser Zeit muß der Anachmus [189] ausgezogen und bewahrt werden, nicht anders, als das Moos im Pomambra [190] und die Kraft des Goldes im Laudanum [191] ruht. Man kann sich erst dann des langen Lebens erfreuen, wenn man die Kräfte des Anachmus gesammelt hat. Es bestehen meines Wissens keine Möglichkeiten, diesen Anachmus vom Aniadus zu unterscheiden.

3. DAS NATÜRLICHE WANDLUNGSMYSTERIUM

194   Der Aniadus (oder das Aniadum), der von BODENSTEIN und DORNEUS als «rerum efficacitas» gedeutet wird, galt schon bei RULANDUS als «homo spiri-

[188] Idaeus, Ideus, Ideos, Ides ist «die porz, aus der alle creatur geschaffen seind», «die globel oder materia», aus der auch der Mensch geschaffen ist. (*Fragmenta anatomiae* [SUDHOFF III, pp. 462 und 465])

[189] Der Anachmus wird parallel zu den scaiolae erwähnt. Vgl. unten [Paragr. 207]!

[190] Wie mir Herr Prof. Häfliger in Basel freundlichst mitteilt, ist Pomambra = pomum ambrae. Ambra = ein Bezoar des Pottwals, wegen seines Parfüms berühmt (Ambergris). Dieses und andere Wohlgerüche wurden als «Pestkugeln» in den Krankenzimmern zur Vertreibung des Miasma aufgelegt., Muscus als Aromatikum bei DIOSCORIDES (l. c., p. 25) erwähnt. Bei AGRIPPA (l. c., cp. XXVIII, p. XXXIIII) werden unter den der Venus zugeordneten Aromatika auch «ladanum, ambra, muscus» erwähnt. «Muscus in pomambra» ist im Text der *Vita longa* (SUDHOFF, l. c., p. 285) unmittelbar gefolgt vom Arkanmittel Laudanum. Ladanum ist nach DIOSCORIDES (l. c., CX, p. 79) der Saft einer exotischen Pflanze, von deren Blättern es heißt: «... quae verno tempore quiddam contrahunt pingue... Fit ex eo quod ladanum dicitur.» [... welche zur Frühjahrszeit eine gewisse Fettigkeit annehmen... Daraus wird das gemacht, was man Ladanum nennt.] Nach TABERNAEMONTANUS ist dieser Saft aromatisch [l. c., p. 1476a]. Ist Ladanum vielleicht der Ursprung des Paracelsischen Arkanums «Laudanum»?

[191] Laudanum ist das Geheimmittel des PARACELSUS. Es hat mit Opium nichts zu tun. BODENSTEIN erwähnt zwei Laudanum-Rezepte des PARACELSUS (*De vita longa*, p. 98 f.).

Bild I

Darstellung des filius oder rex in der Gestalt des Hermaphroditen. Das *Axiom der Maria* ist dargestellt durch die eine und die drei Schlangen. Der filius als Mittler vereinigt die Eins mit der Drei. Er hat charakteristischerweise Fledermausflügel. Rechts der Pelikan als Symbol der distillatio circulatoria; unten die chthonische Trias als dreiköpfige Schlange; links die arbor philosophica mit den Goldblumen.
Rosarium Philosophorum (1550)

Bild II

Das Buch der heiligen Dreifaltigkeit... und Beschreibung der Heimlichkeit von Veränderung der Metallen. (Cod. Germ., Nr. 598 Staatsbibliothek München, 1420) Eine handschriftliche Vorlage zum Hermaphroditenbild des *Rosarium* von 1550.

Bild III

Darstellung einer Fischmahlzeit mit einem begleitenden Bild des Hermaphroditen. (British Museum, Ms. Add. 15268, 13. Jh.). Das Bild ist zweifellos weltlich, enthält aber Anklänge an altchristliche Motive. Die Bedeutung des Hermaphroditen in diesem Zusammenhang ist mir unbekannt.

Bild IV

Darstellung des Spiritus Mercurialis und seiner Wandlungen in der Gestalt eines Monstrums (Draco). Es ist eine Quaternität, in der das vierte zugleich die Einheit aller ist. Die Einheit ist der Mystagog Hermes. Die drei (oben) sind (von links nach rechts): Mond und Sonne, sodann Mond und Sonne in Konjunktion in Taurus, dem domicilium Veneris. Sie bilden zusammen ☿ = Mercurius.

NAZARI, *Della tramutatione metallica sogni tre* (1599)

Bild V

Darstellung der Melusine als aqua permanens, welche mit der Lanze des Longinus die Seite des filius (als allegoria Christi) eröffnet. Die mittlere Figur ist Eva (Erde), die mit Adam (Christus) in der coniunctio wieder vereinigt wird. Aus der Verbindung der beiden entsteht dann der Hermaphrodit, der inkarnierte Urmensch. Rechts ist der Athanar (Ofen) mit dem Gefäß in der Mitte, in welchem der Lapis (Hermaphrodit) entsteht. Die Gefäße links und rechts enthalten Sol und Luna.
REUSNER, *Pandora* (1588)

Bild VI

Darstellung der Anima als Melusine, welche den Menschen umarmt, der aus dem «Meere» (dem Unbewußten) aufsteigt (eine coniunctio animae cum corpore). Die dabeistehenden Gnomen sind Planetengeister als Paredroi (dienstbare Geister). British Museum, Ms. Sloane 5025 – eine Variante der *Ripley Scrowle* (1588)

Bild VII

Hier sind der Königssohn (filius regis) und der Mystagog Hermes auf dem Berg dargestellt in offenbarer Anlehnung an die Versuchungsszene. Die begleitende Legende heißt: «Alius mons Indiae in vase jacet, Quem Spiritus et Anima, utpote filius et dux, conscenderunt.» [Ein anderer Berg Indiens, den der Geist und die Seele, als Sohn und Führer, miteinander erstiegen haben, liegt im Gefäß.] Die beiden sind als «Geist» und «Seele» gedeutet, das heißt als volatile Substanzen, die sich während der Erhitzung über die (prima) materia erhoben haben.
LAMBSPRINCK, *De lapide philosophico* in: *Musaeum hermeticum* (1678)

PRIMVS.

Sed si simplicium partes spirituosæ essentiæ crassamentis, & terrenis fæcibus immersæ, ut tenuiores, & puriores evadant, & crassis illis, & impuris exonerentur, & in fecibus relinquant, velut medicis usibus ineptæ, oportet multiplicatis viribus, in se ipsas resolvantur, & reducantur, ut assiduo motu circumgyratæ nobiliorem vim, & magis egregiam sortiantur. Vas excogitatum est, quod Pelicanū vocant, quod ad avis Pelicani figuram adumbratum est, in quo simplicium partes magis tenues per collum eductæ, & per rostrum in apertū pectus infixum quasi in ventum super feces regerantur, iterumque per collum sublatæ indefatigabili motu aquositatem, crassitiem recipientem paulatim exhauriant, & simplicia assidua rotatione non solum depurentur: sed etiam altius virtutes exaltentur. Vas, E, litera insignitur.

Alii verò alio modo effingunt. Duo vasa capiunt, quod alteri alter innectatur & quod unum recipit alteri reddit, utrumque alterius altero alvo rostro infigitur.
H

Bild VIII

Darstellung des Pelikans, das heißt des Gefäßes, in welchem die zirkulierende oder rotierende Destillation vorgenommen wurde. Der Prozeß ist in obigem Text erklärt.

RHENANVS, *Solis e puteo emergentis sive dissertationis chymotechnicae libri tres* (1613)

tualis in nobis regeneratus», «der regenerierte geistige Mensch in uns, der himmlische Körper, der in uns Christen vom heiligen Geist durch die allerheiligsten Sakramente gepflanzt wird»[192]. Diese Auffassung dürfte der Rolle, die der Aniadus im Paracelsischen Texte spielt, gerecht werden. Wie ersichtlich, besteht hier eine Beziehung zu den Sakramenten, insbesondere zur Kommunion. Es ist aber ebenso ersichtlich, daß es sich keineswegs um eine Erweckung oder Einpflanzung des inneren Menschen im christlichen Sinne, sondern vielmehr um eine «naturwissenschaftliche», durch Arkanmittel ärztlicher Natur unterstützte Vereinigung des natürlichen mit dem geistigen «Menschen» handelte. PARACELSUS vermeidet mit Sorgfalt die kirchliche Terminologie und benützt statt deren eine schwer zu entziffernde Geheimsprache, welche den offensichtlichen Zweck hat, das «natürliche» Wandlungsmysterium vom kirchlichen abzutrennen und gegen alle Neugier wirksam zu verhüllen. Anders ließe sich die gerade in diesem Traktat gehäufte Arkanterminologie wohl nicht erklären. Man kann sich auch kaum des Eindrucks erwehren, daß dieses Mysterium auch in einem gewissen Gegensatz zum kirchlichen steht; reicht es doch, wie die «brennende Nessel» und das «Flämmchen» verraten, bis in die Zweideutigkeit des Eros[193]. Es hat daher viel mehr mit der heidnischen Antike zu tun, wie auch die *Hypnerotomachia* bestätigt, als mit dem christlichen Mysterium. Es liegt auch kein Anlaß vor, nach übeln Geheimnissen zu schnüffeln; viel näher liegt die Erfahrung des Arztes am Menschen, wie er eben ist, und nicht, wie er wünschenswerterweise sein sollte und biologisch niemals sein kann. An den Arzt treten viele Fragen, auf die er ehrlicherweise nicht mit einem «Sollte», sondern nur aus Naturerkenntnis und -erfahrung antworten kann. In diesen Fragmenten eines Naturmysteriums liegt keine übel angebrachte Neugier oder gar ein perverses Interesse, sondern die zwangsläufige Anteilnahme eines seelisch orientierten Arztes, der mit Anstrengung und Aufopferung genügende Antworten sucht auf Fragen, welche der kirchliche Kasuist umzubiegen geneigt ist.

Das Naturmysterium steht in der Tat in einem solchen Gegensatz zur Kirche – trotz aller Analogie –, daß ein NICOLAUS MELCHIOR SZEBENY[194], Astro-

---

[192] [*Lex. alch.*, p. 41 f.]
[193] Bestätigung hierfür findet sich beim alchemistischen Mystiker JOHN PORDAGE (1607–1681); *Ein gründlich Philosophisch Sendschreiben vom rechten und wahren Steine der Weissheit*, p. 572 f. [Vgl. dazu *Die Psychologie der Übertragung*, Paragr. 507 ff.]
[194] Er wurde unter Ferdinand I. zum Tode verurteilt und am 2. Mai 1531 in Prag enthaup-

log am Hofe Wladilaws II. (1471–1516), es gewagt hat, das opus alchymicum in Form der Messe darzustellen [195]. Es ist schwer, nachzuweisen, ob und inwiefern sich diese Alchemisten im Gegensatz zur Kirche wußten. Meistens verraten sie keinerlei Einsicht in ihr Tun. Das ist ja auch bei PARACELSUS der Fall – bis auf einzelne Spuren (Pagoyum!). Es ist um so begreiflicher, daß keine richtige Selbstkritik zustande kommen konnte, als sie nach dem Grundsatz «quod natura relinquit imperfectum, ars perficit» [196] ein Gott wohlgefälliges Werk zu verrichten meinten. PARACELSUS selber ist ganz erfüllt von der Göttlichkeit seines ärztlichen Berufes und findet sich in seinem christlichen Glauben nirgends beunruhigt oder gestört. Sein Werk ist ihm selbstverständlicherweise eine Ergänzung der Hand Gottes und eine getreue Verwaltung der ihm anvertrauten Pfunde. Und er hat – überdies – sachlich recht; denn die Menschenseele steht keineswegs außerhalb der Natur. Sie gehört zu den Naturerscheinungen, und ihre Probleme sind so wichtig wie die Fragen und Rätsel, welche die körperliche Krankheit aufgibt. Zudem existiert wohl kaum eine Krankheit des Körpers, bei der nicht psychische Faktoren mit hereinspielen, wie bei so vielen psychogenen Störungen auch körperliche Momente in Frage kommen. Das war PARACELSUS völlig bewußt. Er hat darum in seiner Art die seelischen Phänomene in Betracht gezogen, wie wohl keiner der großen Ärzte vor oder nach ihm. Seine Homunculi, Trarames, Durdales, Nymphen, Melusinen usw. sind zwar zunächst krassester Aberglaube für uns sogenannt Moderne, für seine Zeit aber keineswegs. Diese Figuren lebten und wirkten noch in jenen Zeiten. Es waren zwar Projektionen; aber auch davon hatte er eine Ahnung, indem er, wie aus zahlreichen Stellen hervorgeht, um die Entstehung der Homunculi und sonstigen Spuks aus der Imagination wußte. Seine primitivere Anschauung schrieb den Projektionen eine Realität zu, welche deren psychologischer Wirkung um vieles gerechter wurde als unsere rationalistische Voraussetzung der absoluten Unwirklichkeit projizierter Inhalte. Was immer deren «Wirklichkeit» sein mag, sie verhalten sich auf alle Fälle funktionell wie Realitäten. Man darf sich von der modernen rationalistischen Angst vor Aberglauben nicht dermaßen verblenden lassen, daß man den Blick für die

tet. Ich verdanke Frau Dr. Jolan Jacobi diese Information aus der ungarischen Literatur über Melchior von Hermannstadt.
[195] Eine fragmentarische Darstellung dieses grotesken Versuches findet sich in: *Theatr. chem.* (1602) III, p. 853 ff. Der dortige Text [NICOLAUS MELCHIOR CIBENENSIS, *Addam et processum sub forma Missae*] ist abgedruckt in: *Psychologie und Alchemie* [Paragr. 480 und Anm.].
[196] [Was die Natur unvollkommen ließ, vollendet die Kunst.]

noch wenig bekannten, unser derzeitiges wissenschaftliches Begreifen übersteigenden psychischen Phänomene überhaupt verliert. Obschon PARACELSUS noch keine Ahnung von Psychologie hat, so eröffnet er doch – gerade in seinem «dunkelsten Aberglauben» – tiefe Einblicke in seelische Geschehnisse, welche erst neueste Psychologie mit Mühe wieder zu ergründen versucht. Wenn Mythologie schon nicht «wahr» ist im Sinne eines mathematischen Lehrsatzes oder eines physikalischen Experiments, so ist sie doch ein ernsthafter Forschungsgegenstand und enthält ebenso viele «Wahrheiten» wie eine Naturwissenschaft; nur liegen sie auf der psychischen Ebene. Man kann auch mit Mythologie Naturwissenschaft treiben; denn sie ist so gut ein Naturprodukt wie Pflanzen, Tiere oder chemische Elemente.

Auch wenn die Psyche ein Willkürprodukt wäre – sie ist nicht außerhalb der Natur. Es wäre zweifellos ein größeres Verdienst, wenn PARACELSUS seine Naturphilosophie zu einer Zeit entwickelt hätte, in der das Psychische als Wissenschaftsgegenstand diskreditiert gewesen wäre. So hat er nur das schon Vorhandene in den Kreis seiner Naturerkenntnis einbezogen, ohne es neu begründen zu müssen. Aber auch so ist sein Verdienst groß genug, obschon es den Heutigen noch schwerfällt, die ganze psychologische Tragweite seiner Anschauung richtig einzuschätzen. Was weiß man schließlich heutzutage von den Ursachen und Motiven, welche das Mittelalter bewogen haben, durch mehr als ein Jahrtausend an die «Absurdität» der Metallverwandlung und an die gleichzeitige seelische Wandlung des Forschers zu glauben! Man hat die Tatsache nie ernstlich in Betracht gezogen, daß für die Naturforscher des Mittelalters die Welterlösung durch den Gottessohn und die Wandlung der eucharistischen Substanzen keineswegs das letzte Wort, beziehungsweise die letzte Antwort auf die mannigfachen Rätsel des Menschen und seiner Seele waren. Wenn das opus alchymicum seine Forderung auf Gleichberechtigung mit dem opus divinum der Messe erhob, so hatte dies seinen Grund keineswegs in grotesker Anmaßung, sondern in der Tatsache, daß eine weltweite, unbekannte, von der kirchlichen Wahrheit nicht berücksichtigte Natur gebieterisch Einlaß verlangte. PARACELSUS wußte, moderner Zeit voraus, daß diese Natur nicht nur chemisch-physikalisch, sondern auch psychisch ist. Wenn auch seine Trarames in keinem Reagenzglas demonstriert werden können, so haben sie doch in seiner Welt einen Platz. Und wennschon er, wie alle anderen, niemals Gold produzierte, so war er doch auf der wahren Spur eines seelischen Wandlungsvorganges, der für das Lebensglück des Einzelnen unvergleichlich wichtiger ist, als wenn dieser die rote Tinktur besäße.

A. DAS LICHT DER FINSTERNIS

197 Wenn wir uns bemühen, die Rätsel der «*Vita longa*» aufzuhellen, so folgen wir den Spuren eines psychologischen Prozesses, welcher das Lebensgeheimnis aller Suchenden ist. Nicht allen ja fällt die Gnade eines alle Lösungen antizipierenden Glaubens zu, und nicht allen ist es gegeben, sich wunschlos mit der Sonne geoffenbarter Wahrheit zu begnügen. Jenes Licht, das per gratiam Spiritus sancti im Herzen angezündet ist, eben jenes lumen naturae, so klein es auch sein mag, ist ihnen wichtiger oder wenigstens ebenso wichtig als das große Licht, das in der Finsternis leuchtet und von der Finsternis nicht begriffen wurde. Sie fanden, daß eben gerade in der Finsternis der Natur ein Licht verborgen war, eine scintilla, ohne welche selbst die Finsternis nicht schwarz wäre [197]. Zu diesen gehörte PARACELSUS. Er war zwar ein gutwilliger, demütiger Christ. Seine ethische Form und sein Glaubenbekenntnis waren christlich; aber seine geheimste und tiefste Leidenschaft, seine schöpferische Sehnsucht gehörte dem lumen naturae, dem in der Finsternis begrabenen Gottesfunken, dessen Todesschlaf auch selbst die Offenbarung des Gottessohnes nicht zu überwinden vermochte. Das Licht von oben verdunkelte die Finsternis noch mehr; aber das lumen naturae ist das Licht der Finsternis selber, es erhellt seine eigene Dunkelheit, und das Finstere begreift dieses Licht, und darum wandelt es das Schwarze ins Helle, verbrennt «alles Überflüssige» und hinterläßt nichts als «faecem et scoriam et terram damnatam» (die Hefe und die Schlacken und die verworfene Erde).

198 PARACELSUS, wie alle philosophischen Alchemisten, suchte das, was einen Griff hat an der dunkeln, körpergebundenen Natur des Menschen, an jener Seele, die ungreifbar in ihrer Welt- und Stoffverwobenheit, in fremdartigen, dämonischen Gestalten sich selber schreckhaft erschien und geheime Wurzel der lebenverkürzenden Krankheiten war. Die Kirche konnte zwar exorzisieren und Dämonen bannen; aber sie entfernte dadurch den Menschen auch von seiner eigenen Natur, die, sich selbst unbewußt, in gespensterhafte Gestalt sich verkleidet hatte. Nicht Trennung der Naturen, sondern Vereinigung derselben erstrebte die Alchemie. Ihr Leitmotiv ist seit DEMOKRITOS: «Die Natur freut sich der Natur, und die Natur besiegt die Natur, und die Natur

---

[197] «Pharmaco ignito spolianda densi est corporis umbra.» [Wenn das Heilmittel brennt, soll der dichte Schatten des Körpers entfernt werden.] Symbol des DEMOKRITUS in: MAIER, *Symbola aureae mensae*, p. 91.

beherrscht die Natur[198].» Dieser Grundsatz ist heidnischen Ursprungs und ein Bekenntnis antiken Naturgefühls. Die Natur enthält nicht nur einen Wandlungsprozeß – sie ist die Wandlung selber. Sie strebt nicht nach Vereinzelung, sondern nach der coniunctio, dem Hochzeitsfest, dem Tod und Wiedergeburt folgen. Die Paracelsische exaltatio im Mai ist diese Hochzeit, der «Gamonymus» respektive hieros gamos des Lichtes und der Finsternis in den Gestalten von Sol und Luna. Hier vereinigen sich die Gegensätze, die das Licht von oben streng geschieden hatte. Es ist dies kein Rückgriff auf die Antike, sondern ein Weiterbestehen jenes, dem zeitgenössischen Christentum so fremden religiösen Naturgefühls, das sich wohl am schönsten in der Στήλη ἀπόκρυφος (geheime Aufschrift) des *Großen Pariser Zauberpapyrus* äußert:

«Sei gegrüßt, ganzes Gebäude des Luftgeistes; sei gegrüßt, Geist, der vom Himmel bis auf die Erde dringt und von der Erde, die im mittleren Raum des Alls liegt, bis zu den Grenzen des Abgrundes; sei gegrüßt, Geist, der in mich dringt und mich erfaßt und von mir scheidet nach Gottes Willen in Güte; sei gegrüßt, Anfang und Ende der unverrücklichen Natur; sei gegrüßt, Umdrehung der Elemente voll unermüdlichen Dienstes; sei gegrüßt, des Sonnenstrahles Dienst, Beglänzung der Welt; sei gegrüßt, des nächtlich scheinenden Mondes ungleich leuchtender Kreis; seid gegrüßt, der Luftdämonen Geister insgesamt; seid gegrüßt, ihr, denen der Gruß im Lobpreis dargebracht wird, Brüdern und Schwestern, frommen Männern und Frauen! O großes, größtes, kreisförmiges, unbegreifliches Gebilde der Welt! Himmlischer (Geist), im Himmel befindlicher, ätherischer, im Äther befindlicher, wassergestaltiger, erdgestaltiger, feuergestaltiger, windgestaltiger, lichtgestaltiger, dunkelgestaltiger, wie Stern glänzender, feucht-feurig-kalter Geist: ich preise dich, du Gott der Götter, der die Welt gegliedert hat, der die Tiefe gesammelt hat auf der unsichtbaren Stütze ihrer festen Lage, der Himmel und Erde getrennt und den Himmel mit goldenen, ewigen Flügeln verhüllt hat, die Erde aber auf ewigen Stützen gegründet, der den Äther gehängt hat hoch über die Erde, der die Luft zerstreut hat durch selbstbewegte Winde, der rund herum das Wasser gelegt hat, der die Wetterstrahlen heraufgeführt, der donnert, der blitzt, der regnet, der erschüttert, der lebendige Wesen erzeugt, Gott der Aeonen, groß bist du, Herr, Gott, Herrscher des Alls[199].»

Wie dieses Gebet im *Papyrus* von wüsten Zauberrezepten umgeben uns überliefert wurde, so tauchte auch das lumen naturae aus einer Welt von Ko-

---

[198] Ἡ φύσις τῇ φύσει τέρπεται, καὶ ἡ φύσις τὴν φύσιν νικᾷ, καὶ ἡ φύσις τὴν φύσιν κρατεῖ. (BERTHELOT, *Alch. grecs* II, I, 3, pp. 43/45)
[199] PREISENDANZ, *Papyri Graecae magicae* I, p. 11.

bolden und sonstigen Dunkelweltkreaturen auf, verhüllt von Zauberwörtern und Geheimniskrämerei, in deren Unkraut es beinah erstickt wäre. Allerdings, die Natur ist zweideutig, und man kann weder PARACELSUS noch den Alchemisten unrecht geben, wenn sie vorsichtigerweise und ängstlich verantwortlich sich «parabolice» ausdrückten. Dieses Verfahren ist in der Tat dem Gegenstand angemessener. Was zwischen Licht und Finsternis sich ereignet, was die Gegensätze eint, hat teil an beiden Seiten und kann ebensogut von links wie von rechts beurteilt werden, ohne daß man dadurch klüger würde: man kann nur wieder den Gegensatz aufreißen. Hier hilft nur das *Symbol,* welches, seiner paradoxen Natur gemäß, das tertium darstellt, welches es nicht gibt – nach dem Dafürhalten der Logik –, welches aber das lebendig Wahre ist nach der Wirklichkeit. Man darf daher PARACELSUS sowohl wie den Alchemisten um ihrer Geheimsprache willen nicht allzu gram sein: tiefere Einsicht in die Problematik seelischen Werdens belehrt uns bald, wieviel besser es ist, das Urteil zu reservieren, anstatt vorschnell urbi et orbi zu verkünden, was was ist. Man hat zwar einen begreiflichen Wunsch nach unzweideutiger Klarheit; dabei vergißt man aber, daß seelische Dinge Erlebnisvorgänge, das heißt Wandlungen sind, welche niemals eindeutig bezeichnet werden dürfen, will man nicht das lebendig Bewegte in ein Statisches verwandeln. Das unbestimmtbestimmte Mythologem und das schillernde Symbol drücken den seelischen Prozeß treffender, vollkommener und damit unendlich viel klarer aus als der klarste Begriff; denn das Symbol vermittelt nicht nur eine Anschauung des Vorganges, sondern auch – was vielleicht ebenso wichtig ist – ein Mit- oder Nacherleben des Vorganges, dessen Zwielicht nur durch ein inoffensives Mitfühlen und niemals durch den groben Zugriff der Deutlichkeit verstanden werden kann. So vermitteln die symbolischen Andeutungen von Hochzeit und Erhöhung zur Zeit des Maies, des wahren Frühlingsmonats, wo himmlische Blumen erblühen und das Geheimnis des inneren Menschen erscheint, schon durch die Auswahl und den Klang der Worte Anschauung und Erleben eines Höhepunktes, dessen Bedeutung man nur wieder mit den schönsten Dichterworten amplifizieren könnte[200]. Aber der eindeutige, klare Begriff fände hierin nicht die kleinste Stelle, wo er am Platz wäre. Und doch ist Bedeutendstes gesagt, wie PARACELSUS richtig bemerkt: «Quando enim...

---

[200] «Sagt es niemand, nur den Weisen, / Weil die Menge gleich verhöhnet; / Das Lebendge will ich preisen, / Das nach Flammentod sich sehnet.» [GOETHE, *West-östlicher Divan. Lied des Sängers.*]

supercoelestis coniunctio sese unit, quis virtutem ei quantumvis eximiam abneget?» (Wann sich die himmlische Hochzeit eint – wer möchte ihre so sehr gewaltige Bedeutung ihr abstreiten![201])

B. DIE VEREINIGUNG DER BEIDEN NATUREN DES MENSCHEN

Es geht PARACELSUS hier um Wesentliches, und in Anerkennung dieser Tatsache habe ich mit oben Gesagtem eine Apologie des Symbolismus, der Getrenntes zu *einem* verbunden aussagt, unternommen. Aber auch er fühlt die Notwendigkeit einer gewissen Erklärung. So sagt er im 2. Kapitel des V. Buches, daß der Mensch zwei Lebenskräfte besitze: die eine natürlich, die andere aber «luftig, worin nichts Körperliches ist». (Wir würden sagen, das Leben habe einen physiologischen und einen seelischen Aspekt.) Er schließe daher seine Schrift mit der Besprechung der unkörperlichen Dinge. «Elend sind in dieser Beziehung jene Sterblichen, denen die Natur den höchsten und besten Schatz, den die monarchia naturae in sich schließt, verweigert hat, nämlich das Licht der Natur[202]!» ruft er aus, womit er unmißverständlich anzeigt, was ihm das lumen naturae bedeutet. Er gehe jetzt über die Natur hinaus und werde den Aniadus betrachten. Es möge niemand Anstoß daran nehmen, was er nun über die Kraft und Natur der Guarini, Saldini, Salamandrini und das, was zur Melusine gehört, anführen werde. Wenn das jemand befremde, so möge er sich darüber nicht aufhalten, sondern lieber bis zum Ende lesen, wobei er dann die Einzelheiten verstehen werde. Die «Nymphidida» ist das Nymphenreich, nämlich die Region der ursprünglichen (paradiesischen) Wasserwesen; heute würden wir dies als das Unbewußte bezeichnen. Guarini sind «Menschen, die aus der himmlischen Influenz leben». Saldini sind Feuergeister, wie die Salamandrini. Die Melusine ist das Wesen, welches zwischen dem Wasserreich und der Menschenwelt steht. Sie entspricht meinem Begriff der Anima. Die Nymphidida beherbergt also außer der Anima auch noch das Geisterreich[203], was das Bild des Unbewußten vervollständigt.

---

[201] [*Vita longa,* SUDHOFF III, p. 284, und BODENSTEIN, l. c., p. 84.]

[202] «Miseros hoc loco mortales, quibus primum, ac optimum thesaurum (quam naturae monarchia in se claudit) natura recusavit, puta, naturae lumen» [beide Zitate in SUDHOFF, l. c., p. 287, und BODENSTEIN, l. c., p. 88.]

[203] Vgl. dazu meinen Aufsatz *Die psychologischen Grundlagen des Geisterglaubens.*

201 Das längste Leben nämlich hätten diejenigen erreicht, welche das «Luftleben» (vitam aeream) lebten. Ihr Leben habe bis an 600, 1000 und 1100 Jahre gedauert, und dies darum, weil sie entsprechend dem Rezept (praescriptum) der «magnalia, die leicht zu erfassen sind», gelebt hätten. Man bilde daher den Aniadus nach, allein durch die «Luft ⟨das heißt durch psychische Mittel⟩, deren Kraft so groß ist, daß der Tod nichts mit ihr gemein» habe. Wenn aber diese Luft fehle, so «bricht das heraus, was in der Kapsel verborgen liegt»[204]. Damit bezieht sich PARACELSUS wahrscheinlich auf das Herz. Die Seele oder anima iliastri wohnt im Feuer, im Herzen. Sie ist impassibilis (unempfindlich, des Leidens nicht fähig). Die cagastrische Seele dagegen «schwimmt» auf dem Wasser der capsula[205]. Sie ist passibilis. Im Herzen ist auch die *Imagination* lokalisiert. «Das herze ist die sonne im microcosmo[206]». Aus dem Herzen kann also die Seele, die anima iliastri, ausbrechen, wenn die «Luft» fehlt, das heißt wenn die psychischen Mittel nicht angewendet werden, so tritt vorzeitig der Tod ein[207]. «Wenn aber», fährt PARACELSUS fort, «dieses ⟨nämlich die im Herzen befindliche Seele⟩ ganz erfüllt wäre von jenem ⟨nämlich der Luft⟩, welches sich wiederum erneuert, und in die Mitte übertragen würde, nämlich außerhalb dessen, unter dem es verborgen lag, ja sogar bis dahin verborgen liegt ⟨nämlich in der Herzkapsel⟩, so wird das ruhige Wesen jetzt gewiß vom Körperlichen nicht gehört, sondern es tönt wieder vom Aniadus, Adech und schließlich vom Edochinum. Von daher stammt die Geburt jenes großen Aquaster, der außerhalb der Natur ⟨das heißt übernatürlich⟩ geboren ist[208].»

---

[204] [SUDHOFF, l. c., und BODENSTEIN, l. c.]
[205] *Liber Azoth* [SUDHOFF XIV, p. 501].
[206] *De pestilitate* [SUDHOFF XIV, p. 414].
[207] «Nihil enim aliud mors est, nisi dissolutio quaedam, quae ubi accidit, tum demum moritur corpus.» [Der Tod ist nämlich nichts anderes als eine bestimmte Auflösung, die dort vor sich geht, wenn der Körper stirbt.] «Huic corpori deus adiunxit aliud quoddam, puta coeleste, id quod in corpore vitae existit. Hoc opus, hic labor est, ne in dissolutione, quae mortalium est et huic soli adiuncta, erumpat.» [Diesem Körper hat Gott etwas hinzugefügt, z. B. etwas Himmlisches, das, was zu Lebzeiten im Körper existiert. Dies ist das Werk, das die Mühe: daß es nicht bei der Auflösung, die das Los der Sterblichen ist und diesem Körper nur beigefügt wurde, ausbreche.] («Andere Redaktion der beiden ersten Kapitel» der *Vita longa*, SUDHOFF III, p. 292)
[208] «Sequuntur ergo qui vitam aëream vixerunt, quorum alii a 600 annis ad 1000. et 1100. annum pervenerunt, idquod yuxta praescriptum magnalium, quae facile deprehenduntur, ad hunc modum accipe. compara aniadum idque per solum aëra, huius vis tanta est, ut nihil cum

Der Sinn der laboriösen Erklärung ist offenbar, daß die Seele durch die psychischen Heilmittel am Entweichen nicht nur verhindert, sondern auch wieder in die Mitte, das heißt in die Herzgegend, zurückgebracht wird, aber diesmal nicht eingeschlossen in der capsula cordis, wo sie bis dahin verborgen und sozusagen gefangen lag, sondern außerhalb ihrer früheren Wohnung. Damit ist wahrscheinlich eine gewisse Befreiung von der Körperverhaftung angedeutet, weshalb wohl auch die Ruhe der Seele, welche innerhalb des Herzens zu sehr der imaginatio, dem Ares und dessen Gestaltungstrieb, ausgeliefert war. Das Herz ist eben, neben allen Tugenden, auch ein unruhiges und emotionales Ding, nur allzu geneigt, an der turbulentia corporis affektiv teilzu-

illo commune habeat terminus vitae. porro si abest iam dictus aër, erumpit extrinsecus id, quod in capsula delitescit. iam si idem ab illo, quod denuo revertatur, fuerit refertum, ac denuo in medium prolatum, scilicet extra id, sub quo prius delitescebat, imo adhuc delitescit, iam ut res tranquilla prorsus non audiatur a re corporali, et ut solum aniadum, adech, denique et edochinum resones» (lib. V, cp. III [SUDHOFF, *Vita longa*, p. 287 f.]). DORNEUS [«Expositio» zu lib. V, cp. III, pp. 168–170] kommentiert diese Stelle:

a) Die Nachbildung des Aniadus geschehe «per influentiam imaginationis, aestimationis vel phantasiae» [p. 169], welche gleichbedeutend mit «Luft» = Geist sind. Es handelt sich offenbar um jene aktive Imagination, wie sie der Yogaübung eigentümlich ist. Die von IGNATIUS VON LOYOLA hierfür verwendeten Begriffe sind: consideratio, contemplatio, meditatio, ponderatio und imaginatio per sensus, welche die «Realisierung» von Vorstellungsinhalten bezwecken. (*Exercitia spiritualia*. Vgl. speziell die «meditatio de Inferno», p. 62 ff.) Die Realisierung des Aniadus hat ungefähr den gleichen Zweck wie die Kontemplation des Lebens Jesu in den Exerzitien; nur wird im ersten Fall der unbekannte Urmensch individueller Erfahrung, im letzten dagegen die bekannte, historisch überlieferte Persönlichkeit des «Menschensohnes» «adsimiliert». Der psychologische Gegensatz der Standpunkte ist denkbar groß.

b) Das Fehlen der Luft erklärt DORNEUS als ein Erschöpftsein derselben durch die Anstrengung der Realisierung («per influentiam hausto» [p. 169]).

c) Das aus dem Herzen Hervorbrechende ist das Böse (malum). Das ist das im Herzen Verborgene. DORNEUS fährt fort: «... imò sub vehiculo, sub quo adhuc delitescit, compescitur» [ja, es wird im Zaum gehalten, eingeschränkt unter dem Träger, unter dem es noch verborgen liegt]. Die Konjektur des Bösen und der Fesselung ist durch den Paracelsischen Text nicht gestützt. Im Gegenteil übersieht DORNEUS die vorausgegangene depuratio und die daraus sich ergebende Tatsache, daß die «Operation» in einem bereits gereinigten («ausgeglühten») Körper stattfindet. Die reverberatio und die nachfolgenden sublimierenden arcana haben die crassiora elementa, die nigredo und das malum bereits entfernt.

d) Infolge seiner Konjektur muß DORNEUS eine Textveränderung vornehmen: er liest statt tranquilla «intranquilla» [p. 169]. Es scheint mir, daß meine oben gegebene Auffassung dem Urtext eher gerecht wird.

e) DORNEUS erklärt hier Adech als «imaginarius internúsve homo» [l. c.] und Edochinum als Enochdianum.

nehmen. In ihm wohnt schließlich jene untere, stoffgebundene, «cagastrische» Seele, die vom höheren, geistigeren Iliaster getrennt werden muß. In dieser befreiten und ruhigeren Sphäre kann die Seele, ungehört vom Körper, jene höheren Wesenheiten des Aniadus, Adech Edochinus «widertönen».

Wir haben bereits gesehen, daß Adech den inneren, den großen Menschen bedeutet. Er ist der Gestirnsmensch, die Erscheinung des Makrokosmos im Mikrokosmos. Da er in einer Reihe mit Aniadus und Edochinus genannt wird, so sind dies wahrscheinlich parallele Bezeichnungen. Für Aniadus steht diese Bedeutung, wie oben erwähnt, fest. Edochinus scheint durch Metathese aus Enochdianus hervorgegangen zu sein. Enoch ist ja einer jener dem Urmenschen verwandten Protoplasti, die «den Tod nicht schmeckten» oder wenigstens viele Jahrhunderte lang lebten. Die drei verschiedenen Bezeichnungen sind wohl nichts als Amplifikationen ein und derselben Anschauung, nämlich des unsterblichen Urmenschen, zu dessen unmittelbarer Umgebung und Nachbarschaft der sterbliche Mensch durch das alchemistische Werk geführt werden soll. Infolge dieser engeren Verbindung fließen die Kräfte und Eigenschaften des großen Menschen helfend und heilend in die irdische Natur des kleineren und sterblichen Menschen ein. Diese Paracelsische Ansicht wirft ein helles Licht auf die psychologischen Beweggründe des alchemistischen Werkes überhaupt, indem sie erklärt, inwiefern das Hauptprodukt des Werkes, das «aurum non vulgi» oder der lapis philosophorum, zu so verschiedenartigen Benennungen und Definitionen kommt, wie zum Beispiel elixir vitae, Panazee, Tinktur, Quintessenz, Licht, Osten, Morgen, Aries, lebendige Quelle, Fruchtbaum, animal, Adam, Mensch, homo altus, Form des Menschen, Bruder, Sohn, Vater, pater mirabilis, König, hermaphroditus, deus terrenus, salvator, servator, filius macrocosmi usw.[209] Im Vergleich mit den «mille nomina» der Alchemisten bringt es PARACELSUS nur auf etwa zehn verschiedene Bezeichnungen dieses Wesens, welches die spekulative Phantasie von mehr als sechzehn Jahrhunderten beunruhigt hat.

Der DORNsche Kommentar hebt die eben erklärte Stelle ebenso als besonders bedeutsam hervor. Die drei – Aniadus, Adech und Edochinum – bildeten das eine reine und richtig beschaffene Element[210], und sie seien nicht die vier

---

[209] Namensammlung in: *Lapidis philosophorum nomina*. Ms. 2263–2264, Ste-Geneviève, Paris, vol. II, fol. 129, und in: PERNÉTY, *Fables égyptiennes et grecques* I, p. 136ff. [«Des noms que les anciens Philosophes ont donné à la matière».]

[210] «Elementum purum temperatum» [l. c.].

unreinen, groben und weltlichen Elemente, denen langes Leben fern sei. Von daher komme die geistige Erscheinung (mentalis visio) jenes großen Aquaster, der übernatürlich geboren ist; das heißt aus dieser aniadischen Mutter gehe durch den Adech mittels der schon erwähnten Influenz (der Imagination) die große Vision hervor, die ihren (Entstehungs-) Ort, nämlich die übernatürliche Matrix schwängere, so daß sie den unsichtbaren Sprößling (foetum) des Langen Lebens, der aus dem unsichtbaren oder äußeren Iliaster geschaffen oder gezeugt ist, gebäre. DORNS Insistenz auf den drei gegenüber den vier bezieht sich auf seine besondere polemische Stellungnahme zum *Axiom der Maria,* welche ich anderenorts erläutert habe[211]. Er übersieht hier – charakteristischerweise –, daß das Vierte der zu den Dreien hinzutretende Mensch ist.

Die Vereinigung mit dem großen Menschen erzeugt ein neues Leben, welches PARACELSUS als «vita cosmographica» bezeichnet. In diesem Leben erscheint sowohl «die Zeit als auch der Körper Jesahach» (cum locus tum corpus Jesihach)[212]. Jesahach ist ein unerklärter Neologismus. Locus kann auch die Bedeutung von «Zeit» und «Raum» haben. Da es sich ,wie wir noch sehen werden, tatsächlich um die Zeit, das heißt eine Art von Goldenem Zeitalter (siehe unten!), handelt, so gebe ich locus als Zeit wieder. Das corpus Jesahach[213] wird daher wohl das corpus glorificationis, nämlich den Auferstehungsleib der Alchemisten betreffen und daher mit dem corpus astrale des PARACELSUS zusammenfallen.

C. DIE QUATERNITÄT DES HOMO MAXIMUS

In diesem letzten Kapitel seines Traktats macht er kaum wiederzugebende Anspielungen auf die vier scaiolae, wobei es nicht klar wird, was damit gemeint sein könnte. RULAND, der sich über eine gute Kenntnis der zeitgenössischen paracelsischen Literatur ausweist, erklärt sie als «spirituales mentis vires» (geistige Verstandeskräfte), Eigenschaften, Vermögen und Mächte, welche vierfach sind, entsprechend der Zahl der vier Elemente. Es seien die vier Räder des feurigen Wagens, der Elias zum Himmel entführte. Die scaiolae,

---

[211] «Traumsymbole des Individuationsprozesses» in: *Psychologie und Alchemie,* II.
[212] *Vita longa,* lib. V, cp. V [SUDHOFF III, p. 289. – Der Text hat Jesinach.]
[213] Als hebräisches Wort nicht nachzuweisen.

sagt er, haben ihren Ursprung im «Geiste» (animus) des Menschen, «von dem sie ausgehen, und zu dem sie zurückgewendet werden» (a quo recedunt, et ad quem reflectuntur)[214].

Wie die vier Jahreszeiten und die vier Himmelsrichtungen, so sind auch die vier Elemente ein quaternarisches Orientierungssystem, welches stets eine Ganzheit ausdrückt. Hier handelt es sich nun offenbar um die Ganzheit des animus, den wir in diesem Zusammenhang wohl besser mit dem modernen Begriff «Bewußtsein» (inklusive Inhalte) übersetzen. Das Orientierungssystem des Bewußtseins hat vier Aspekte, welche vier empirischen Funktionen entsprechen, nämlich dem Empfinden (Sinneswahrnehmung), Denken, Fühlen und der Intuition (Ahnungsvermögen)[215]. Diese Quaternität ist eine archetypische Ordnung[216]. Als Archetypus ist diese Ordnung unendlicher Ausdeutung fähig, wie auch RULAND zeigt: er deutet die vier zunächst psychologisch als phantasia[217], imaginatio[218], speculatio[219], agnata fides[220]. Diese Deutung ist nur insofern von einigem Gewicht, als sie unmißverständlich auf psychische Funktionen anspielt. Da jeder Archetypus psychologisch ein fascinosum ist, das heißt einen die Phantasie zugleich bannenden und erregenden Einfluß hat, so bekleidet er sich gerne mit religiösen Vorstellungen (die an sich schon archetypischer Natur sind). Daher sagt RULAND, daß die vier Scaiolae den vier Hauptartikeln des christlichen Glaubens entsprächen[221], nämlich der Taufe, dem Glauben an Jesus Christus, dem Sakrament des Abendmahls und der Nächstenliebe[222]. Bei PARACELSUS sind «Scaioli» Lieb-

---

[214] [*Lex. alch.*, p. 427.]

[215] Vgl. *Psychologische Typen*.

[216] Zum logischen Aspekt dieser Ordnung siehe SCHOPENHAUER, *Über die vierfache Wurzel des Satzes vom zureichenden Grunde,* und KINDT-KIEFER, *Untersuchungen über die Fundamentalstruktur der staatlichen Ganzheit.*

[217] Phantasie bedeutete auch schon damals subjektive, spielerische Erfindung ohne objektive Gültigkeit [*Lex. Alch.*, p. 427].

[218] Eine bildschaffende, formverleihende, schöpferische Tätigkeit des menschlichen Geistes. Bei PARACELSUS ist es das corpus astrale resp. das schöpferische Vermögen des Gestirnsmenschen.

[219] Speculatio entspricht dem «philosophischen» Denken.

[220] Agnata fides = der angeborene Glaube.

[221] RULAND war Protestant.

[222] «Per quae vitam nedum longam, sed etiam aeternam consequimur» [durch welche wir ein nicht nur langes, sondern sogar ewiges Leben erlangen] fügt RULANDUS bei [l. c.]. DORNEUS [Hg.], *Theophrasti Paracelsi libri V. De vita longa,* p. 176 ff., stimmt mit der psychologischen Deutung RULANDS überein.

haber der Weisheit. Er sagt: «Ihr frommen filii Scayolae et Anachmi». Der Anachmus (=Aniadus, siehe oben!) steht also in nächstem Zusammenhang mit den vier scaiolae. Es dürfte daher kein allzu kühner Schluß sein, wenn wir annehmen, daß die vier scaiolae der traditionellen *Vierteiligkeit des Urmenschen* entsprechen und ein Ausdruck seiner allumfassenden Ganzheit sind. Die Vierteiligkeit des großen Menschen ist Grund und Ursache aller Vierteiligkeit, der vier Elemente, Jahreszeiten, Himmelsrichtungen, usw.[223] In diesem letzten Kapitel, sagt PARACELSUS, bereiten ihm die scaiolae die größten Schwierigkeiten, «denn in ihnen ist nichts Sterbliches». Er versichere aber, wer um der scaiolae willen (pro ratione scaiolarum) lebe, der sei unsterblich, was er durch das Beispiel der Enochdiani und ihrer Nachfolger beweise[224]. DORN erklärt die Schwierigkeit der scaiolae damit, daß der Geist sich mit außergewöhnlichen Mühen plagen müsse (mentem exercere miris laboribus), und insofern in den scaiolae nichts Sterbliches sei, übersteige dieses Werk sterbliche Anstrengung (mortales etiam superat labores)[225].

Obschon DORN, wie RULAND, die psychische Natur der scaiolae betont («mentales vires atque virtutes, mentalium artium proprietates»), womit eigentlich letztere dem natürlichen Menschen zugewiesen sind und darum sterblich sein müßten, und auch PARACELSUS selber in anderen Schriften hervorhebt, daß das lumen naturae «tödlich» sei, wird hier doch die Behauptung aufgestellt, daß die natürlichen Geisteskräfte unsterblicher Natur und zur archa (dem vorweltlichen Prinzip) gehörig seien. Wir hören hier nichts mehr von der «Tödlichkeit» des lumen naturae, sondern vielmehr von ewigen Prinzipien, vom «invisibilis homo maximus» (DORN) und seinen vier scaiolae, welche als mentales vires und als psychologische Funktionen deutbar erscheinen. Dieser Widerspruch löst sich, wenn man in Betracht zieht, daß diese Anschauungen im Geiste des PARACELSUS keineswegs intellektueller und rationaler Überlegung entspringen, sondern vielmehr intuitiver Introspektion, welche die quaternarische Bewußtseinsstruktur sowohl wie deren archetypische Natur erfaßte. Erstere ist sterblich, letztere aber unsterblich.

Die DORNsche Erklärung, warum die scaiolae schwierig seien, könnte sich auch auf den «Adech» (den Anthropos), welcher der Herr der scaiolae respek-

---

[223] Darum wird auch vom Lapis, bzw. vom filius philosophorum gesagt, daß er die vier Elemente enthalte, gewissermaßen die quinta essentia derselben sei, die sich daraus extrahieren lasse, wie auch der Aniadus. Zur Quaternität vgl. meine Schrift *Psychologie und Religion*.
[224] «In quo me plurimum offendunt scaiolae» (lib. V, cp. V [SUDHOFF III, p. 289]).
[225] l. c., p. 177.

tive deren Quintessenz ist, erstrecken. Tatsächlich nennt ihn PARACELSUS «difficilis ille Adech». Auch verhindert «maximus ille Adech»[226] unsere Absichten. Die difficultates artis spielen in der Alchemie keine geringe Rolle. Sie werden zwar meist als technische Schwierigkeiten erklärt; aber oft genug – in den griechischen Texten sowohl wie bei den späteren Lateinern – finden sich Bemerkungen über die psychische Natur der Gefahren und Hindernisse, welche das Werk erschweren. Es handelt sich teils um dämonische Einflüsse, teils um psychische Störungen, zum Beispiel Schwermut. Diese Schwierigkeiten drücken sich auch aus in der Bezeichnung und der Definition der prima materia, welche als Stoff des Werkes in erster Linie Anlaß zu mühsamen Geduldsproben gibt. Die prima materia ist, wie die englische Sprache treffend sagt, «tantalizing»; sie ist wohlfeil und überall zu haben, nur kennt sie niemand; sie ist ebenso evasiv und unbestimmt wie der aus ihr herzustellende Lapis; sie hat «tausend Namen». Das Schlimme ist, daß ohne sie das Werk nicht einmal begonnen werden kann. Die Aufgabe des Alchemisten ist also offenbar, den in einer Wolke aufgehängten Faden mit einem Pfeil zu durchschneiden (SPITTELER). Die prima materia ist saturnisch, und der maleficus Saturnus ist der Wohnort des Teufels, oder sie ist gar das Allerverächtlichste und Verworfenste[227]. In diesen Bezeichnungen spiegelt sich nicht nur die Perplexität des Forschers wider, sondern auch dessen seelischer Hintergrund, der das vor ihm liegende Dunkel ausfüllt. In der Projektion entdeckt er die Qualitäten des

---

[226] Für die PARACELSUS zugängliche kabbalistische Deutung Adams kommen folgende Stellen bei PICO DELLA MIRANDOLA (*De arte cabalistica,* lib. I, p. 750) in Betracht: «Dixit nanque Deus: Ecce Adam sicut unus ex nobis, non ex vobis inquit, sed unus ex nobis. Nam in vobis angelis, numerus est et alteritas. In nobis, id est Deo, unitas infinita, aeterna, simplicissima et absolutissima.... Hinc sane conijcimus alterum quendam esse Adam coelestem, angelis in coelo demonstratum, unum ex Deo, quem verbo fecerat, et alterum esse Adam terrenum... Iste, unus est cum Deo, hic non modo alter est, verumetiam alius et aliud a Deo... Quod Onkelus... sic interpretatur... Ecce Adam fuit unigenitus meus» [Gott sprach nämlich: Siehe, Adam ist wie einer von uns, nicht von euch, sagte er, sondern einer von uns. Denn bei euch Engeln gibt es Zahl und Vielfalt. In uns, das heißt in Gott, unendliche, ewige, ganz und gar einfache und unbedingte Einheit... Daher vermuten wir mit gutem Grunde, daß es noch einen anderen, himmlischen Adam gebe, der den Engeln im Himmel vorgeführt wurde, einen aus Gott, den er durch sein Wort erschaffen hatte, und der zweite wäre der irdische Adam. Jener ist eins mit Gott, dieser ist nicht nur ein zweiter, sondern auch ein anderer und etwas anderes als Gott. Was Onkelus so deutet: Siehe, Adam war mein einziggeborener Sohn].

[227] «...in via eiecta, in stercore eiecta, in sterquilinis invenitur» usw. [Vgl. dazu *Psychologie und Alchemie,* Paragr. 159 f.]

Unbewußten. Mit dieser nicht allzu schwer beweisbaren Feststellung erhellt sich auch das Dunkel, das über jenen geistigen Mühen, über dem labor Sophiae, liegt: es ist die *Auseinandersetzung mit dem Unbewußten,* die immer dann anhebt, wenn man mit diesem konfrontiert wird. Dem Alchemisten stößt diese Konfrontation zu, sobald er ernstlich sich bemüht, die prima materia aufzufinden.

D. DIE ANNÄHERUNG AN DAS UNBEWUSSTE

Ich weiß nicht, wie viele oder wie wenige heutzutage sich überhaupt etwas unter «Auseinandersetzung mit dem Unbewußten» vorstellen können. Ich fürchte, es seien allzu wenige. Vielleicht gibt man mir recht, wenn ich sage, daß GOETHES *«Faust»,* Zweiter Teil, ein zweifelhaftes ästhetisches, in ganz anderem Maße hingegen ein menschliches Problem sei: eine Präokkupation, welche den Dichter bis ins höchste Alter begleitete. Es war die alchemistische Auseinandersetzung mit dem Unbewußten, der «labor Sophiae» des PARACELSUS. Es ist einerseits die Bemühung, den mundus archetypus der Seele zu verstehen; anderseits der Kampf gegen die vernunftbedrohende Gefahr der Faszination, welche von den unermeßlichen Höhen und Tiefen, von der Paradoxie der unmittelbaren seelischen Wahrheit ausgeht. Der dichtere, konkretistische Geist der Tagwelt erreicht hier seine Grenze; für die «cedurini», die «⟨homines⟩ crassiorum ingeniorum» (DORN) gibt es hier keinen Weg ins «Unbetretene, nicht zu Betretende ... ans Unerbetene, nicht zu Erbittende» – «neque hunc locum infringet aquaster»[228] (und an diesen Ort bricht auch der Wassergeist, die dem Stoff verwandte feuchte Seele, nicht ein), sagt PARACELSUS. Hier steht der menschliche Geist seinem eigenen Ursprung, seinem Archetypus, das endliche Bewußtsein seiner Vorbedingung und das sterbliche Ich dem ewigen Selbst, dem Anthropos, Purusha, Atman, und was sonst für Namen menschliche Spekulation jener kollektiven Vorbewußtheit, in welcher sich das einzelne Ich vorfindet, je gegeben hat, gegenüber. Verwandt und befremdet erkennt es und erkennt es nicht den unbekannten Bruder, der unfaßbar und doch wirklich ihm entgegentritt. Je mehr in Zeit und Raum gebunden und verirrt, wird es den anderen als «difficilem illum Adech» empfinden, der sein Vorhaben durchkreuzt, seinem Schicksal unerwartete Wendung

---

[228] [DORNEUS, l. c., p. 176; GOETHE, *Faust,* 2. Teil, Finstere Galerie.]

gibt und das Gefürchtete als Aufgabe stellt. Wir müssen hier PARACELSUS in eine Frage hineinbegleiten, die in unserem Kulturkreis zuvor nie laut und deutlich gestellt wurde, teils aus Unbewußtheit, teils aus heiliger Scheu. Auch hat diese geheime Lehre vom Anthropos in gefährlicher Weise mit der Kirchenlehre nichts zu tun, insofern von ersterem Standpunkt aus Christus ein Abbild – nur ein Abbild – des inneren Anthropos ist. Darum bestehen hundert gute Gründe für die Vernebelung dieser Gestalt in unentzifferbaren Geheimnamen.

211 Unter diesen Voraussetzungen können wir eine weitere dunkle Stelle im Schlußkapitel vielleicht verstehen; sie lautet: «Wenn ich daher um der Adepten ⟨oder der geheimen Erkenntnis⟩ willen mich den scaiolae ⟨oder den Scaioli = Liebhabern der Weisheit⟩ beimischte, so wäre es das, was nach meiner Ansicht zu unternehmen wäre, was aber jener größte Adech verhindert, der unserem Vorhaben, aber nicht dem Werk eine andere Richtung gibt. Das überlasse ich euch Theoretikern zum Diskutieren[229].»

212 Man gewinnt hier den Eindruck, als ob der Adech fast feindlich zum Adepten eingestellt sei oder doch wenigstens dessen Absichten irgendwie vereitle. Aus unseren obigen Überlegungen, welche auf der Erfahrung am wirklichen Menschen beruhen, ist die problematische Beziehung zum Selbst leicht ersichtlich. Wir haben nur noch die Annahme zu machen, daß PARACELSUS dieses auch meine. Das scheint mir hier der Fall zu sein: Er reiht sich ein unter die Scaioli, die Philosophen, oder er «pflanzt» sich in den Boden der scaiolae, nämlich in die Quaternität des Urmenschen, was insofern als eine mögliche Vorstellung erscheint, als ein anderes Synonym der Quaternität das Paradies mit seinen vier Strömen oder die Ewige Stadt, die Metropolis mit den vier Toren ist[230] (die alchemistische Entsprechung ist die domus sapientiae und die Quadratur des Zirkels). Damit begäbe er sich in den unmittelbaren Umkreis des Adech und wäre ein Bürger der Ewigen Stadt, was wieder vernehmlich an christliche Vorstellungen anklingt. Daß der Adech dem «Werk» (modus =

---

[229] «Porro si pro ratione necroliorum scaiolis insererer, esset quod excipiendum ducerem, id quod maximus ille adech antevertit, et propositum nostrum, at non modum deducit, quod vobis theoricis discutiendum relinquo» [l. c., SUDHOFF III, p. 289]. Necrolii sind Adepten (*Liber Azoth*); necrolia, necrolica = «medicinae vitam conservantes» [lebenerhaltende Heilmittel] (DORNEUS, l. c., p. 173).

[230] Der Monogenes (filius unigenitus) ist identisch mit der Stadt, und seine vier Glieder mit deren Toren. (BAYNES, *A Coptic Gnostic Treatise*, pp. 58 und 89) [Vgl. auch *Psychologie und Alchemie*, Paragr. 138f.]

Art und Weise, hier vermutlich Methode, Art des Verfahrens, im Gegensatz zu propositum = Vorsatz, Hauptidee) keine andere Richtung gibt, erscheint verständlich, da es sich um das alchemistische opus handeln dürfte, welches als allgemeines Verfahren stets dasselbe bleibt, dessen Ziel aber sehr verschieden sein kann, indem es sich bald um die Herstellung des Goldes (Chrysopoee), bald des elixirs vitae, bald des aurum potabile oder schließlich des geheimnisvollen filius unicus handelt. Auch kann der operator eine mehr eigensüchtige oder mehr idealistische Einstellung zum Werke haben.

4. KOMMENTAR ZU GERARDUS DORNEUS

Wir gelangen nunmehr zum Schlusse des Traktats «*De vita longa*». Hier faßt PARACELSUS die ganze Operation zusammen in überaus gedrängter Weise, welche der Interpretation nicht geringe Hindernisse in den Weg legt. Hier, wie an vielen anderen Stellen der «*Vita longa*», muß man sich die Frage wiederum vorlegen: Will der Autor absichtlich dunkel sein, oder kann er nicht klar sein? Oder müssen wir dem Herausgeber, ADAM VON BODENSTEIN, diese Verworrenheit zuschreiben? In puncto Unklarheit hat das letzte Kapitel der «*Vita longa*» unter allen Paracelsischen Schriften kaum seinesgleichen. Man würde diesen Traktat gerne sich selber überlassen, wenn er nicht Dinge enthielte, welche in die unmittelbare Nachbarschaft modernster psychologischer Einsichten zu gehören scheinen.

Ich gebe nun im folgenden den Urtext des PARACELSUS und daneben den Kommentar DORNS für diejenigen meiner Leser, die sich selber ein Urteil darüber bilden wollen.

213

214

PARACELSUS, «*De vita longa*», ed. 1562, lib. V, cp. V, p. 94 f.

«Atque ad hunc modum abijt è nymphididica natura intervenientibus Scaiolis in aliam transmutationem permansura Melosyne, si difficilis ille Adech annuisset, qui utrunque existit, cum mors, tum vita Scaiolarum. Annuit praeterea

GERARDUS DORNEUS, *Theophr. Paracelsi libri V De vita longa*, 1583, p. 178.

(Die zahlreichen Abbreviationen sind weggelassen; Verbesserungen und Ergänzungen von mir sind in 〈 〉 angegeben.)

«〈Paracelsus〉 ait Melosinam, id est, apparentem in mente visionem, ... è prima tempora, sed ad finem seipsum immutat. Ex quibus colligo supermonica[231] figmenta in cyphantis aperire fenestram. Sed ut ea figantur, recusant gesta Melosynes, quae cuiusmodi sunt, missa facimus. Sed ad naturam nymphididicam. Ea ut in animis nostris concipiatur, atque ita ad annum aniadin[232] immortales perveniamus arripimus characteres Veneris, quos et si vos unà cum aliis cognoscitis, minimè tamen usurpatis. Idipsum autem absolvimus eo quod in prioribus capitibus indicavimus, ut hanc vitam securè tandem adsequamur, in qua aniadus dominatur ac regnat, et cum eo, cui sine fine assistimus, permanet. Haec atque alia arcana, nulla re prorsus indigent[233]. Et in hunc modum vitam longam conclusam relinquimus.»

nymphidica natura, in aliam transmutationem abire, in qua permansura⟨m esse⟩, si modò difficilis ille Adech, interior homo videlicet annuerit, hoc est, faverit: qui quidem utrunque efficit, videlicet mortem, et vitam, Scaiolarum, id est, mentalium operationum. Harum tempora prima, id est, initia annuit, id est, admittit, sed ad finem seipsum immutat, intellige propter intervenientes ac impedientes distractiones, quò minùs consequantur effectum inchoatae, scilicet, operationes. Ex quibus ⟨Paracelsus⟩ colligit supermonica figmenta, hoc est, speculationes aenigmaticas, in cyphantis ⟨vas stillatorium⟩, id est separationum vel praeparationum operationibus, aperire fenestram, hoc est, intellectum, sed ut figantur, id est ad finem perducantur, recusant gesta Melosines, hoc est, visionum varietates, et observationes, quae cuiusmodi sunt (ait) missa facimus. Ad naturam nymphidicam rediens, ut in animis nostris concipiatur, inquit ⟨Paracelsus⟩ atque hac via ad annum aniadin perveniamus, hoc est, ad vitam longam per imaginationem arripimus characteres Veneris, id est, amoris scutum et loricam, ad viriliter adversis resistendum obstaculis: amor enim omnem difficultatem superat: quos et si vos unà cum alijs cognoscitis, putato characteres, minimè tamen usurpatis. Absolvit itaque iam Paracelsus ea, quae prioribus capitibus indicavit in vitam hanc securè consequendam, in qua dominatur et regnat aniadus, id est, rerum efficacia et cum ea is, cui sine fine assistimus, permanet, aniadus nempe coelestis. Haec atque alia arcana nulla re prorsus indigent[234].

[231] Supermonica von monere = inspirieren, super = oben oder über, daher supermonicus = von oben inspiriert.
[232] Sonst nicht nachzuweisen. Dürfte als «Zeit der Vollendung» gedeutet werden.
[233] Eine bei den Alchemisten beliebte, auf den Lapis sich beziehende Phrase.
[234] [Beide Texte teils sinngemäß, teils wörtlich passim vom Autor auf deutsch wiedergegeben.]

Der Sinn des Paracelsischen Textes kann etwa folgendermaßen wiedergegeben werden: «Und auf diese Weise hat sich, angeregt durch die Einmengung der Scaiolae, die Melusine in eine andere Gestalt verwandelt, in welcher sie auch verbleiben würde, wenn nur jener unerbittliche Adech, der über beides, Tod und Leben, der Scaiolae, gebietet, dem beigestimmt hätte. Er bejaht zwar die Anfänge; aber am Ende verwandelt er sich selbst – woraus ich schließe, daß die von oben eingegebenen Bilder in den Tropfgefäßen ein Fenster öffnen. Aber damit diese ⟨die Bilder⟩ festgehalten werden, widersetzen sie sich den Taten der Melusine, die wir, welcher Art sie sind, sein lassen. Sie werden ins Wasserreich zurückgewiesen. Damit nun diese ⟨die Melusine⟩ in unserem Geiste aufgenommen werde und wir auf diese Weise als Unsterbliche zum Zeitalter der Vollkommenheit gelangen, nehmen wir an uns die Kennzeichen der Venus, welche ihr, auch wenn ihr euch eins mit den anderen wißt, doch keineswegs erwähnt ⟨oder mißbraucht⟩. Eben dieses haben wir abgehandelt durch das, was wir in den früheren Kapiteln erwähnt haben, zu dem Zwecke, daß wir sicher jenes Leben endlich erreichen, über welches der Aniadus herrscht und regiert, und welches mit ihm ⟨dem Aniadus⟩, zu dem wir uns todlos gesellen, auf immer verharrt. Dieses und die anderen Geheimnisse bedürfen überhaupt keiner Sache mehr. Und nun gelangen wir zum Schluß unserer Diskussion des Langen Lebens.»

A. DIE MELUSINE UND DER INDIVIDUATIONSPROZESS

Dieser Text bedarf wohl einigen Kommentars. Die Scaiolae als die vier Teile, Glieder oder Emanationen des Anthropos, sind ebenso viele Organe, mit denen er wirkend in die Welt der Erscheinungen reicht oder durch die er mit dieser Welt verknüpft ist [235], wie die unsichtbare quinta essentia, der Äther, in dieser Welt als die wahrnehmbaren vier Elemente erscheint oder, umgekehrt, sich aus den vier Elementen wieder zusammensetzt. Da die scaiolae, wie wir oben sahen, auch psychische Funktionen sind, so muß man diese als Erscheinungsweise oder Ausflüsse des Einen, nämlich des unsichtbaren Anthropos, verstehen. Die scaiolae als Bewußtseinsfunktionen, insbesondere als imaginatio, speculatio, phantasia und fides (nach RULANDscher und zum Teil auch

215

---

[235] Parallele hierzu ist die Gottesvision bei *Henoch* 20,2f. Gott ist viergesichtig und ist umgeben von vier Engeln des Angesichtes [KAUTZSCH II, p. 260].

DORNscher Deutung), «mengen sich ein», das heißt stören oder regen die Melusine an – nämlich die in Menschengestalt sich wandelnde Wasserfee – eben diese Wandlung zu vollziehen, das heißt als Mensch zu erscheinen. DORN denkt dabei an eine «geistige Vision» und nicht an eine Projektion auf ein konkretes weibliches Wesen. Diese letztere Möglichkeit scheint auch für PARACELSUS, soweit unser biographisches Wissen reicht, nicht in Betracht zu fallen. Im *«Poliphile»* erreicht zwar «Madame Polia» einen hohen Wirklichkeitsgrad (weit mehr als DANTES jenseitige Beatrice, aber doch nicht soviel als Helena in *«Faust»*, Zweiter Teil), und dennoch zergeht sie als holder Traum im Augenblick, als die Sonne des ersten Maientages sich erhebt.

«En ces entrefaictes, et tout en un instant les larmes luy sortirent des yeux comme crystal, ou petites perles rondes, si que vous eussiez dict que c'estoient gouttes de rosee sur les feuilles d'une rose incarnate espannie au lever du Soleil en la saison du mois de May. Et comme j'estois en ce comble de liesse, celle digne figure s'esvanouit, montant en l'air ainsi qu'une petite fumee de Beniouyn: et laissa une odeur tant exquise que toutes les senteurs de l'Arabie heureuse ne s'y scauroient accomparer: le delicieux sommeil se separa de mes yeux. Le bel esprit se resolvant en l'air avec le delicieux dormir, tout se retira trop vistement, et s'enfuit en haste, disant: Poliphile mon cher amant Adieu [236].»

Polia löst sich auf, unmittelbar vor der längst ersehnten Vereinigung mit dem Geliebten. Helena (*«Faust»*, Zweiter Teil) dagegen zergeht erst mit der Auflösung ihres Sohnes Euphorion. PARACELSUS läßt zwar die hochzeitliche Stimmung in den «exaltationes» des Mai und in der Andeutung von urtica und flammula deutlich ahnen; aber er sieht gänzlich ab von der Projektion in eine konkrete Persönlichkeit oder in ein konkret gestaltetes, personifiziertes Gebilde; statt dessen wählt er die legendäre Gestalt der Melusine. Diese ist nun allerdings keine allegorische Unwirklichkeit oder bloße Metapher, sondern hat ihre besondere psychische Wirklichkeit im Sinne einer sozusagen

---

[236] *Le Songe de Poliphile,* fol. Q q I, p. 153ᵛ [Unterdessen und ganz plötzlich traten ihr die Tränen aus den Augen wie Kristall oder kleine runde Perlen, so daß man hätte meinen können, es wären Tautropfen auf den Blättern einer scharlachroten Rose, die sich im Maienmonat dem Sonnenaufgang völlig öffnet. Und da ich auf dem Gipfel der Freude war, verschwand diese erhabene Gestalt und stieg in die Luft wie ein Räuchlein von Beniuyn: und ließ einen so bezaubernden Duft zurück, daß alle Wohlgerüche des glücklichen Arabien nicht damit verglichen werden könnten: der köstliche Schlaf entzog sich meinen Augen. Die schöne Erscheinung löste sich gleichzeitig mit dem Schlaf in Luft auf und zog sich nur zu rasch zurück und entfloh in Eile, wobei sie sagte: Poliphile, mein Geliebter, lebe wohl].

spukhaften Erscheinung, welche, ihrer Art gemäß, einerseits psychisch bedingte Vision, anderseits aber auch, vermöge der imaginativen Verwirklichungskraft der Seele, des sogenannten Ares, eine distinkte, objekthafte Wesenheit ist, wie ein Traum, der vorübergehend zur Wirklichkeit wird. Die Gestalt der Melusine eignet sich zu diesem Zwecke vorzüglich. Die Animaphänomene gehören zu jenen «Grenzerscheinungen», die vorzugsweise in besonderen psychischen Situationen auftreten. Solche Situationen sind stets gekennzeichnet durch ein mehr oder weniger plötzliches Zusammenbrechen einer Lebensform oder -lage, die zuvor die unerläßliche Bedingung oder Grundlage eines ganzen individuellen Lebenslaufes zu sein schien. Tritt eine derartige Katastrophe ein, so sind nicht nur alle Brücken nach rückwärts abgebrochen, sondern es scheint auch kein Weg weiterzuführen. Man steht vor einem hoffnungslos undurchdringlichen Dunkel, dessen abgründige Leere nun plötzlich ausgefüllt wird durch die sichtbare Vision oder fühlbare Gegenwart eines fremdartigen, aber hilfreichen Wesens, wie sich ja auch in langedauernder großer Einsamkeit die Stille oder das Dunkel sichtbar, hörbar oder fühlbar belebt und das eigene Unbekannte in unbekannter Gestalt an uns herantritt.

Diese besondere Bedingung der Animaerscheinung findet sich auch in der Melusinensage: Emmerich, Graf von Poitiers, hatte den Sohn von armen Verwandten, Raymond, adoptiert. Die Beziehung zwischen Adoptivvater und -sohn ist harmonisch. Einmal auf der Jagd, bei der Verfolgung eines Ebers, trennen sie sich vom Gefolge und verirren sich im Walde. Die Nacht bricht ein, und sie entzünden ein Feuer, um sich zu wärmen. Plötzlich wird Emmerich von dem verfolgten Eber angegriffen; Raymond schlägt mit dem Schwerte zu. Durch einen unglücklichen Zufall prallt aber die Klinge ab und trifft Emmerich tödlich. Raymond ist untröstlich, und in seiner Verzweiflung besteigt er sein Pferd, um ins Unbestimmte zu fliehen. Nach einiger Zeit kommt er auf eine Wiese zu einer Quelle. Dort findet er drei schöne Frauen. Eine davon ist Melusine, die durch klugen Rat das Schicksal der Ehr- und Heimatlosigkeit von ihm abwendet.

Raymond befand sich, nach der Legende, in der oben beschriebenen katastrophalen Situation, wo sein ganzer Lebensplan zusammenbrach und er vor dem Nichts stand. Das ist der Augenblick, wo die schicksalkündende Anima, ein Archetypus der objektiven Seele, des kollektiven Unbewußten, erscheint. In der Sage hat Melusine bald einen Fisch-, bald einen Schlangenschwanz, respektive ist halb Mensch, halb Tier. Sie erscheint gelegentlich überhaupt nur als Schlange. Die Sage geht, wie es scheint, auf keltische Wurzeln zurück[237]; als Motiv aber ist sie auf dem größeren Teil der bewohnten Erde anzutreffen. Die Sage war nicht nur außerordentlich populär im Mittelalter in Europa, sondern ihr Motiv findet sich auch in Indien, in der Legende von Urvashi und Pururavas, die schon im *Shatapatha-Brâhmana* erwähnt ist[238]. Sie kommt auch bei den nordamerikanischen Indianern vor[239]. Das Motiv des Halbmensch-Halbfisch ist ein sozusagen universell verbreiteter Typus. Besondere Erwähnung verdient die Notiz des CONRAD VECERIUS, wonach Melusina («Melyssina») von einer Insel im Ozean kommt, wo neun Sirenen wohnen, die unter anderem sich auch auf die Kunst verstehen, sich in irgendeine Gestalt zu verwandeln[240]. Die Notiz ist insofern von besonderem Interesse, als PARACELSUS die Melusine zusammen mit der «Syrena» anführt[241]. Diese Tradition geht wahrscheinlich auf POMPONIUS MELA zurück, welcher die Insel «Sena» nennt und die Wesen, die dort wohnen, «Senae». Diese verursachen Stürme, können sich verwandeln, unheilbare Krankheiten heilen und wissen die Zukunft[242]. Da nun der serpens mercurialis der Alchemisten nicht selten als «virgo» bezeichnet und in Melusinengestalt dargestellt wird (schon vor PARACELSUS), so ist ihre Verwandlungsfähigkeit und ihre Heilkunst insofern von Belang, als ebendiese Eigentümlichkeiten vom Mercurius mit besonderem Nachdruck ausgesagt werden. Demgegenüber wird Mercurius auch gerne als greiser Hermes (Trismegistos) dargestellt, woraus ersichtlich ist, daß zwei empirisch ungemein häufige Archetypen, nämlich der der Anima und der des Alten Weisen[243], in der symbolischen Phänomenologie des Mercurius zusammenfließen. Beide sind offenbarende δαίμονες und stellen im Mercurius auch die Panazee dar. Mercurius wird immer wieder als versatilis, mutabilis, als servus oder cervus fugitivus, Proteus usw. bezeichnet.

Die Alchemisten und mit ihnen auch PARACELSUS befanden sich wohl häufig mit der Absicht ihres Werkes vor dem dunkeln Abgrund des Nichtwissens und Nichtkönnens, weshalb sie, nach eigenem Geständnis, auf eine Offenbarung oder Erleuchtung oder einen hilfreichen Traum angewiesen waren. Aus

---

[237] GRIMM, *Deutsche Mythologie* I, p. 361 [«gallisch»].
[238] *Sacred Books of the East* XXVI, p. 91.
[239] BARING-GOULD, *Curious Myths of the Middle Ages* II, p. 238.
[240] URSTISIUS, *Scriptores Germaniae,* in: BARING-GOULD, l. c., p. 218.
[241] *Paragranum,* STRUNZ, p. 105.
[242] 1. Jh. n. Chr. *De situ orbis,* III, cp. 6 (in: DINAN, *Monumenta historica celtica* I, p. 62).
[243] Vgl. *Über die Archetypen des kollektiven Unbewußten.*

diesem Grunde auch bedurften sie eines «dienstbaren Geistes», eines familiaris oder πάρεδρος, von dessen Beschwörung wir schon in den *Griechischen Zauberpapyri* vernehmen. Die Schlangengestalt des Offenbarungsgottes und der Geister überhaupt ist ein universeller Typus.

PARACELSUS scheint nun allerdings nichts von psychologischen Vorbedingungen zu wissen. Er bezieht das Erscheinen und die Verwandlung der Melusine auf die Wirkung der «intervenierenden» scaiolae, der vom homo maximus herrührenden, treibenden geistigen Kräfte. Diesen ist wohl das opus unterstellt, welches auf die Erhöhung des Menschen bis zur Sphäre des Anthropos abzielt. Unzweifelhaft geht das Werk des philosophischen Alchemisten auf höhere Selbstverwirklichung, auf die Herstellung des homo maior, wie ihn PARACELSUS nennt, das heißt auf die Individuation, wie ich sagen würde, hinaus. Schon dieses Ziel allein konfrontiert ihn mit der von allen gefürchteten Ein-samkeit, wo man «nur» sich selber zur Gesellschaft hat. Der Alchemist arbeitet prinzipiell allein. Er formiert keine Schulen. Diese prinzipielle Einsamkeit, zusammen mit der Präokkupation eines endlos dunkeln Werkes, genügt, um das Unbewußte zu aktivieren, nämlich, wie DORN sagt, die imaginatio in Funktion zu setzen und durch deren Bildkraft Dinge zur Erscheinung zu bringen, die vorher anscheinend nicht vorhanden waren. Unter solchen Umständen entstehen Phantasiebilder, in denen das Unbewußte anschaulich und erfahrbar wird, was in der Tat «spiritales imaginationes» sind. Die Melusine taucht aus dem Wasserreich auf, nimmt «menschliche Gestalt» an, wenn möglich ganz konkret, wie *«Faust»,* Erster Teil, deutlich zeigt, wo nämlich die Ausweglosigkeit direkt in die Arme Gretchens führt, in welcher Gestalt Melusine wohl am liebsten verharren würde, käme es nicht zu jener Katastrophe, durch welche Faust noch tiefer in die Magie verwickelt wird: die Melusine wandelt sich zu Helena; aber auch ihres Bleibens ist nicht, denn alle Versuche zur Konkretisierung zerschellen, wie die Retorte des Homunculus am Thron der Galathea. Eine andere Macht greift ein, nämlich «difficilis ille Adech», der sich «am Ende selber wandelt». Der größere Mensch «hindert unser Vorhaben»; denn Faust selber muß sich im Tode wandeln, nämlich zu jenem Knaben, dem erst noch die wahre Welt gezeigt werden muß, nachdem das Alles-haben-Wollen von ihm abgefallen ist. «Miseros... mortales, quibus primum ac optimum thesaurum... natura recusavit, puta naturae lumen!»[244]

---

[244] [Erbärmliche... Sterbliche, denen die Natur den höchsten und besten Schatz versagt hat, nämlich das Licht der Natur. – *Vita longa,* SUDHOFF III, p. 287; vgl. auch Paragr. 208 dieses Bandes. DORN-Zitat l. c., p. 178.]

221 Adech, der innere Mensch, ist es, der durch seine scaiolae die Absicht des Adepten leitet und ihn jene Bilder schauen läßt, aus denen dieser falsche Schlüsse ziehen und sich Situationen zurechtmachen wird, von deren Vorläufigkeit und Zerbrechlichkeit er nichts ahnt. Er weiß auch nicht, daß er dem Gesetz des inneren, kommenden Menschen gehorcht, indem er an die Tür des Unbekannten klopft, und daß er jenem Gesetz ungehorsam ist, indem er sich selber dauernd einen Vorteil oder ein Besitztum aus seinem Werke sichern möchte. Nicht sein Ich, das Fragment einer Persönlichkeit, ist gemeint, sondern eine Ganzheit, deren Teil er ist, will, aus dem latenten Zustand des Unbewußten sich wandelnd, zu einer annähernden Bewußtheit ihrer selbst gelangen.

222 Die gesta Melosynes sind trügerische Phantasiebilder, in denen sich höchster Sinn und verderblichster Unsinn mischen, ein richtiger Schleier der Maja, der den Sterblichen in alle Irrgänge des Lebens lockt. Aus diesen Bildern zieht der Weise die «höheren Eingebungen», das heißt alles Sinn- und Wertvolle; er zieht es heraus wie in einem Destillationsprozeß[245] und fängt die köstlichen Tropfen des liquor Sophiae im bereitwilligen Gefäß seiner Seele auf, wo sie seinem Verstand ein «Fenster auftun», das heißt diesen erleuchten. Damit spielt PARACELSUS auf einen Scheide-, das heißt Diskriminationsprozeß an, also auf einen kritischen Urteilsvorgang, welcher die Spreu vom Weizen trennt – ein unerläßlicher Teil der Auseinandersetzung mit dem Unbewußten! Närrisch zu werden, ist keine Kunst; aber aus der Narrheit die Weisheit auszuziehen, ist wohl die ganze Kunst. Narrheit ist die Mutter der Weisen, aber niemals die Klugheit. Das Festwerden («ut ea figantur») bezieht sich alchemistisch auf den Stein, psychologisch aber auf die Befestigung des «Gemüts». Das Destillat respektive das Ausgezogene muß «festgehalten», zu «fester» Überzeugung und dauerndem Inhalt werden.

B. DER HIEROSGAMOS DES EWIGEN MENSCHEN

223 Melusine, die täuschende Shakti, muß ins Wasserreich zurückkehren, soll das Werk zu seinem Ziel gedeihen. Sie darf dem Adepten nicht mehr gegenüberstehen mit lockender Gebärde, sondern muß zu dem werden, was sie schon

---

[245] «Und so diser spiritus ausgezogen ist und gescheiden von dem andern spiritu, so hat der spagirus vinum salutis, dem vil der philosophen haben nachgestelt» (*Deutsche Originalfragmente,* SUDHOFF III, p. 305).

4. Kommentar zu Gerardus Dorneus

immer war: nämlich Teil seiner Ganzheit[246]. Als solches muß sie sein Geist erfassen («ut in animis nostris concipiatur»). Damit ergibt sich jene Vereinigung von Bewußtsein und Unbewußtem, die unbewußt immer schon da, aber durch die Einseitigkeit des Bewußtseins auch immer geleugnet war. Aus dieser Vereinigung entsteht jene Ganzheit, welche die introspektive Philosophie oder Erkenntnis aller Zonen und Zeiten mit Symbolen, Namen und Begriffen bezeichnet hat, deren Mannigfaltigkeit unerschöpflich ist. Die «mille nomina» verdecken die Tatsache, daß es sich bei dieser coniunctio um nichts diskursiv Erfaßbares mehr handelt, sondern um ein schlechthin nicht wiederzugebendes Erlebnis, zu dessen Natur das Gefühl unwiderruflicher Ewigkeit oder Zeitlosigkeit gehört.

Ich will hier nicht wiederholen, was ich anderenorts darüber gesagt habe. Es ist sowieso unwesentlich, was man darüber sagt. PARACELSUS allerdings fügt noch eine Bestimmung an, die ich nicht mit Schweigen übergehen kann: es sind die «characteres Veneris»[247].

---

[246] Der scheinbare Widerspruch zwischen der Verwerfung der gesta Melosynes und der Assimilation der Anima erklärt sich daraus, daß die gesta aus einem Zustand von Animabesessenheit hervorgehen, weshalb sie verhindert werden müssen. Dadurch wird die Anima gezwungen, sich wieder der Innenwelt zuzuwenden, als jenes Funktionssystem, das zwischen dem Ich und dem Unbewußten vermittelt, wie die Persona zwischen dem Ich und der Umwelt.

[247] Es muß hier an die «planetarum signacula et characteres» bei AGRIPPA erinnert werden [*De occulta philosophia*, lib. I, cp. 66f., p. LXXXVIIf.], welche durch die Nativität dem Menschen, wie allen Dingen, aufgeprägt werden. Der Mensch hat aber auch umgekehrt die Fähigkeit, sich wieder den Sternen anzugleichen: «Potest enim animus noster per imaginationem vel rationem quadam imitatione, ita alicui stellae conformari, ut subito cuiusdem stellae muneribus impleatur» [Unser Geist kann nämlich durch Imagination oder Auseinandersetzung durch Nachahmung sich so einem bestimmten Stern angleichen, daß er sogleich mit den Möglichkeiten dieses Sterns erfüllt wird] ... [l. c., p. LXXXVIII:] «Debemus igitur in quovis opere et rerum applicatione vehementer affectare, imaginari, sperare firmissiméque credere, id enim plurimum erit adiumento ... animum humanum quando per suas passiones et effectus ad opus aliquod attentissimus fuerit, coniungi ipsum cum stellarum animis, etiam cum intelligentiis: et ita quoque coniunctum causam esse ut mirabilis quaedam virtus operibus ac rebus nostris infundatur, cum quia est in eo rerum omnium apprehensio et potestas, tum quia omnes res habent naturalem obedientiam ad ipsum, et de necessitate efficaciam, et movent ad id quod desiderat nimis forti desiderio. Et secundum hoc verificatur artificium characterum, imaginum, incantationum et sermonum». [Wir müssen daher in jeglichem Werk und in Anwendung von Dingen eifrig danach streben, uns vorstellen, hoffen und mit Bestimmtheit glauben, denn das wird von größtem Nutzen sein ... Der menschliche Geist, wenn er durch seine Leidenschaften und Wirksamkeiten sich auf ein Werk einigermaßen konzentriert, sollte sich

225 Melusine hängt als Wasserfee nahe zusammen mit Morgane, der «Meergeborenen». Ihr antikes, östliches Gegenstück ist Aphrodite, die «Schaumgeborene». Die Vereinigung mit dem weiblich personifizierten Unbewußten ist, wie schon gesagt, ein sozusagen eschatologisches Erlebnis, dessen Abbild wir im apokalyptischen γάμος τοῦ ἀρνίου (nuptiae Agni, Hochzeit des Lammes), der christlichen Form des hieros gamos, begegnen. Die Stelle lautet: «Denn die Hochzeit des Lammes ist gekommen, und sein Weib hat sich gerüstet, und ihr wurde gegeben, sich zu kleiden in glänzendes reines Linnen. Das Linnen nämlich sind die gerechten Taten der Heiligen. Und er sagte zu mir: Schreibe: Selig sind die, welche zum Hochzeitsmahl des Lammes geladen sind. Und er sagte zu mir: Diese Worte sind wahrhaftige Worte Gottes. Und ich warf mich vor seinen Füßen nieder, um ihn anzubeten. Und er sagte zu mir: Siehe zu, tue es nicht! Ich bin dein und deiner Brüder Mitknecht (σύνδουλος)[248].»

226 Dieser «er» des Textes ist der Engel, der zu Johannes spricht, in der Sprache des PARACELSUS der maior homo, der Adech. Ich brauche wohl nicht hervorzuheben, daß Venus als Liebesgöttin in nächster Beziehung steht zur vorderasiatischen Astarte, deren Hierosgamosfeiern allbekannt sind. Das Vereinigungserlebnis, das diesen hochzeitlichen Festen psychologisch und in letzter Linie zugrunde liegt, sind die Umarmung und der Wiederzusammenschluß zweier Seelen in der frühlinghaften exaltatio, im «wahren Mai», die wieder geglückte Einigung einer scheinbar unheilbar getrennten Zweiheit in der Ganzheit eines einigen Wesens. Diese Einheit umfaßt die Vielheit aller Wesen. Daher sagt PARACELSUS: «Si vos una cum aliis cognoscitis[249].» Der Adech

mit den Geistern der Sterne vereinen; und wenn er so vereint ist, die Ursache sein, daß eine bestimmte wunderbare Kraft unseren Werken und Dingen eingegossen werde, denn wie in jenem ein Erfassen aller Dinge und ein Beherrschen aller liegt, so haben alle Dinge Gehorsam ihm gegenüber und eine unausweichliche Wirksamkeit, und sie bewegen sich auf das zu, was er mit starkem Wunsche über alles ersehnt. Und demgemäß wird das Werk der Merkmale, Bilder, Anrufungen und Worte bestätigt (verifiziert)] ... [l. c., p. LXXXIX:] «Animus enim noster quando fertur in aliquem magnum excessum alicuius passionis vel virtutis, arripit saepissime ex seipso horam vel opportunitatem fortiorem ... hic est modus per quem invenitur efficacia ⟨operationum⟩». [Denn wenn unser Geist in ein großes Übermaß irgendeiner Leidenschaft oder Tugend hingerissen wird, erfaßt er oft von sich aus die Stunde oder die bessere Gelegenheit ... das ist die Art und Weise, durch welche die Wirksamkeit der ⟨Unternehmungen⟩ gefunden wird.]

[248] *Off.* 19, 6–10.
[249] [Wenn ihr euch gleichzeitig mit den anderen erkennt ...]

ist nicht *mein* Selbst, sondern auch das meiner Brüder: «Conservus tuus sum et fratrum tuorum»[250].» Das ist die besondere Bestimmung dieses Erlebnisses der coniunctio: *Das Selbst, das mich umfaßt, umfaßt auch viele andere*; denn jenes Unbewußte, «conceptum in animo nostro», gehört nicht mir und ist nicht mir eigentümlich, sondern es ist überall. Es ist paradoxerweise Quintessenz des Individuums und doch zugleich ein Kollektivum.

Die Teilnehmer an der Hochzeit des Lammes gehen zur ewigen Seligkeit ein; sie sind selber bräutliche «Jungfrauen»[251]. Bei PARACELSUS ist das Erlösungsziel der annus aniadin, die Zeit der Vollendung, in welcher der eine Urmensch herrscht.

C. GEIST UND NATUR

Warum hat sich nun PARACELSUS nicht der christlichen Bilder bedient, die doch denselben Gedanken in deutlichster Ausprägung enthalten? Warum tritt an die Stelle der Melusine die antike Liebesgöttin, und warum ist es nicht die Hochzeit des Lammes, sondern ein hieros gamos von Mars und Venus, wie es sich aus den Andeutungen des Textes ergibt? Der Grund ist wahrscheinlich der gleiche wie bei FRANCESCO COLONNA, dem Verfasser der *«Hypnérotomachie»*, welcher Poliphile seine geliebte Polia nicht bei der Gottesmutter, sondern bei Frau Venus hat suchen lassen. Aus demselben Grund führt der Knabe den CHRISTIAN ROSENCREUTZ in der *«Chymischen Hochzeit»*[252] zum unterirdischen Gewölbe, an dessen Tür sich eine geheime Inschrift in kupfernen[253] Charaktern befindet. Im Gewölbe entdecken sie ein dreieckiges Grab, darin einen Kupferkessel, worin ein Engel steht, der einen Baum hält, von dem es beständig in den Kessel tropft. Dieses Grab ist getragen von drei Tieren: Adler, Ochs und Löwe[254]. Der Knabe erklärt, in diesem Grab liege die schöne Frau Venus begraben, die schon manchen hohen Mann verdorben habe. Sie steigen darauf weiter hinunter und kommen in das Gemach der Venus, wo die

---

[250] [*Off.* 19,10.]
[251] *Off.* 14,4.
[252] [Fünfter Tag,] p. 76 ff.
[253] Kupfer = cuprum, der Venus Cypris zugeordnet.
[254] Untere Dreiheit, der oberen Trinität entsprechend. Es sind die theriomorphen Symbole von drei Evangelisten. Der dazugehörige Engel als viertes hat die Sonderstellung, welche in der christlichen Trinität dem Teufel zukommt. Umkehrung der moralischen Werte: was oben böse, ist unten gut, und umgekehrt.

Göttin auf einem Ruhebett schläft. Indiskreterweise zieht ihr der Knabe die Decke weg und enthüllt ihre ganze Schönheit [255].

Die Antike enthält ein Stück Natur und eine gewisse Problematik, welche das Christentum übersehen *mußte,* wollte es die Sicherung und Befestigung eines geistigen Standpunktes nicht hoffnungslos kompromittieren. Kein Strafgesetzbuch, kein Sittenkodex und auch die sublimste Kasuistik werden je die Verwirrungen, die Pflichtenkollisionen und die unsichtbaren Tragödien des natürlichen Menschen in seinem Zusammenstoß mit den Notwendigkeiten der Kultur endgültig rubrizieren und gerecht entscheiden. Der «Geist» ist

---

[255] In den *Metamorphosen* des APULEIUS beginnt der Erlösungsprozeß in dem Augenblick, wo es dem wegen seines unkeuschen Lebens in einen Esel verwandelten Philosophen gelingt, dem Isispriester den Rosenstrauß aus der Hand zu reißen und zu fressen. (Die Rosen sind der Venus zugeordnet.) Er wird in die Mysterien der Isis eingeweiht, welche als Muttergöttin (mater spiritualis) der Mater Gloriosa von *Faust,* 2. Teil, entspricht. Vgl. die Analogien des Gebetes zur Mater Gloriosa am Schluß von *Faust* zum Isisgebet der *Metamorphosen*:

Blicket auf zum Retterblick,	Tu quidem sancta, et humani generis humani sospitatrix ...
Alle reuig Zarten,	dulcem matris affectionem miserorum casibus tribuis
Euch zu seligem Geschick	... ac ne momentum quidem tenue, tuis transcurrit beneficiis otiosum;
Dankend umzuarten!	quin mari terraque protegas homines, et, depulsis vitae procellis salutarem porrigas dextram, qua Fatorum etiam inextricabiliter contorta retractas licia, Fortunae tempestates mitigas, et stellarum noxios meatus cohibes.
Werde jeder beßre Sinn	Ergo, quod solum potest, religiosus quidem, sed pauper alioquin, efficere, curabo; divinos tuos vultus, numenque sanctissimum intra pectores mei secreta conditum perpetuo custodiens, imaginabor.
Dir zum Dienst erbötig!	
Jungfrau, Mutter, Königin,	
Göttin, bleibe gnädig!	

[GOETHE, l.c., 5. Akt: Bergschluchten, Wald, Feld, Einöde; *Metamorphoseos,* lib. XI, p. 241 f. – Übersetzung: «Göttin! Heilige, ewige Erhalterin des Menschengeschlechts! ... die du dem Elenden die milde Zärtlichkeit einer Mutter angedeihen lässest! ... kein geringer Augenblick schwindet leer an deinen Wohltaten dahin. Zu Wasser und zu Lande beschirmst du die Menschen, hältst von ihnen jegliche Lebensgefahr ab und reichst ihnen deine hilfreiche Rechte, mit welcher du das verworrene Gewebe des Schicksals auseinanderwirrst, die Unglücksstürme zum Schweigen bringst und der Sterne schädlichen Lauf einhältst. ... dennoch bin ich zu ohnmächtig. So laß dir denn wohlgefallen, was demütiglich meine fromme Armut dir anlobt! Ewig soll dein göttliches Antlitz, ewig dein benedeieter Name* hochverehrt im innersten Heiligtume meines Herzens leben!» (*Die Metamorphosen oder Der goldene Esel,* Übers. RODE/FLOERKE, p. 428f.) *Die allgemein recht freie Wiedergabe setzt hier nomen für numen. – D.Hg.]

der eine Aspekt, die Natur der andere. «Naturam expellas furca, tamen usque recurret²⁵⁶!» Die Natur *darf* das Spiel nicht gewinnen; aber sie *kann* es nicht verlieren. Und wenn immer das Bewußtsein sich festlegt auf bestimmte, allzu scharf umrissene Begriffe und sich in selbstgewählten Regeln und Gesetzen fängt – was unvermeidlich ist und zum Wesen eines kultürlichen Bewußtseins gehört –, dann tritt die Natur mit ihren unumgänglichen Forderungen hervor. Die Natur ist nicht nur Materie; sie ist auch Geist. Wäre dem nicht so, so wäre die einzige Quelle des Geistes die menschliche Vernunft. Es ist das große Verdienst des PARACELSUS, das «Licht der Natur» in prinzipieller Weise und in viel höherem Maße betont zu haben als sein Vorgänger AGRIPPA. Das lumen naturae ist der natürliche Geist, dessen seltsames und bedeutendes Wirken wir in den Äußerungen des Unbewußten beobachten können, seitdem die psychologische Forschung zur Einsicht gekommen ist, daß das Unbewußte nicht bloß ein «unterbewußtes» Anhängsel oder gar eine bloße Abfallgrube des Bewußtseins, sondern vielmehr ein weitgehend autonomes psychisches System ist, das die Irrgänge und Einseitigkeiten des Bewußtseins zum einen Teil funktionell kompensiert, zum anderen Teil, und gegebenenfalls gewalttätig, korrigiert. Das Bewußtsein kann sich bekanntlich ebensowohl in die Natürlichkeit wie in die Geistigkeit verirren, was eine logische Folge der relativen Freiheit desselben ist. Das Unbewußte beschränkt sich nicht nur auf die Instinkt- und Reflexvorgänge der subkortikalen Zentren, sondern reicht auch über das Bewußtsein hinaus und antizipiert in seinen Symbolen zukünftige Bewußtseinsvorgänge. Es ist daher ebensosehr auch ein Überbewußtes.

Überzeugungen und moralische Werte hätten gar keinen Sinn, wenn sie nicht geglaubt würden und *ausschließliche* Geltung besäßen. Und doch sind es menschliche und zeitbedingte Erklärungen und Feststellungen, von denen man ganz genau weiß, daß sie mannigfacher Modifikationen fähig sind, was sich in der Vergangenheit zeigte und in der Zukunft sich wieder ereignen kann. Was ist in dieser Hinsicht in den letzten zweitausend Jahren nicht alles geschehen! Überzeugungen sind Sicherungen und zuverlässige Geleise für gewisse Strecken des Weges. Dann gibt es eine schmerzliche Änderung, die man als Zersetzung und Unmoral empfindet, bis eine neue Überzeugung Platz greift. Insofern das Grundwesen menschlicher Natur sozusagen immer dassel-

---

²⁵⁶ [Du magst die Natur mit der Gabel vertreiben, sie wird gleichwohl im Eilschritt zurückkommen. – HORATIUS, *Epistulae*, I, x, 24]

be bleibt, erfreuen sich gewisse moralische Werte ewiger Gültigkeit. Die genaueste Beobachtung des Dekalogs verhindert aber keine raffiniertere Schändlichkeit, und das so viel höher stehende Prinzip der christlichen Nächstenliebe kann in Verwirrungen und Pflichtenkollisionen hineinführen, deren unentwirrbarer Knäuel oft nur durch ein sehr unchristliches Schwert zu zerhauen ist.

D. DAS KIRCHLICHE SAKRAMENT UND DAS ALCHEMISCHE OPUS

231 PARACELSUS, wie viele andere, hat sich des christlichen Symbolismus für diesen besonderen Zweck nicht bedienen *können,* weil die christliche Formel auch unvermeidlich die christliche Lösung suggerierte und damit eben gerade das wieder herbeigeführt hätte, was vermieden oder umgangen werden sollte. Es waren die Natur und ihr besonderes «Licht», welche gegenüber einer Anschauung, die diese geflissentlich übersah, zur Anerkennung und zum Mitleben gebracht werden sollten. Das konnte nur geschehen unter dem Schutze des Arkanums. Man darf sich dabei aber nicht vorstellen, daß einer oder mehrere sich hingesetzt hätten, um eine Arkanterminologie zu erfinden und ihre neue Lehre gewissermaßen zu chiffrieren. Ein solches Unternehmen müßte voraussetzen, daß bereits klare Auffassungen und formulierte Begriffe bestanden hätten. Davon ist aber gar keine Rede: kein Alchemist hat je klar gewußt, worum es eigentlich in seiner Philosophie letzten Endes ging. Bester Beweis hierfür ist die Tatsache, daß jeder einigermaßen originelle Kopf eine neue Terminologie prägt, so daß keiner den anderen ganz verstand und für den einen LULLIUS ein Dunkelmann und Betrüger und GEBER die Autorität, für den anderen aber GEBER eine Sphinx, dagegen LULLIUS eine Quelle der Erleuchtung war. So ist es auch bei PARACELSUS: es besteht kein Grund zur Annahme, daß hinter seinen Neologismen ein klarer, aber bewußt verhüllter Begriff steht. Es ist im Gegenteil wahrscheinlich, daß er mit seinen vielen Arkantermini ein ihm Unfaßbares zu fassen versuchte und dabei nach jeder symbolischen Andeutung haschte, die ihm das Unbewußte anbot. Die neue Welt der Naturerkenntnis war erst im Traumzustand des Werdens, ein zukunftsträchtiger Nebel, in welchem unbekannte Gestalten nach passender Worthülle suchten. Es ist keineswegs das Vergangene und Ursprüngliche, auf das PARACELSUS zurückgreift, sondern er benützt Überbleibsel, aus Mangel an Passendem, um einem erneuerten archetypischen Erlebnis auch die neue Form zu

geben. Hätten die Alchemisten das ernstliche Bedürfnis verspürt, Vergangenes zu beleben, so hätte ihre Gelehrsamkeit mühelos die Fundgrube der Häresiologen ausschöpfen können. Aber ich habe unter allen nur *einen* Autor (im 16. Jahrhundert) gefunden, der schaudernd gesteht, das *«Panarium»* des EPIPHANIUS gelesen zu haben. Es sind auch keine heimlichen Spuren von Gnostikerbenützungen aufzufinden, obschon es von unbewußten Parallelen wimmelt.

Es geht aus unserem Text deutlich hervor, daß die darin angegebene Prozedur zur Erlangung von nichts Geringerem als der Unsterblichkeit führen soll («affirmo eum immortalem esse» und «ad annum aniadin immortales perveniamus»[257]). Es gibt aber nur *einen* Weg zu diesem Ziele, und das ist der durch die kirchlichen Sakramente. Diesem Weg wird hier, weniger durch Worte als durch die Tat, das «Sakrament» des opus alchymicum entgegengestellt, allerdings ohne daß es auch nur zur geringsten Auseinandersetzung mit dem christlichen Standpunkt käme. 232

Welchen Weg hält PARACELSUS für den wahren? Oder sind für ihn beide wahr? Vermutlich ist es das letztere, und den Rest «überläßt er den Theoretikern zum Diskutieren». 233

Was mit den «characteres Veneris» gemeint ist, bleibt dunkel. Der von PARACELSUS geschätzte Saphir[258], die Viola (petraea lutea), ladanum, ambra und muscus gehören nach AGRIPPA[259] zur Venus. Die Göttin erscheint hier zweifellos auf höherer Stufe, entsprechend ihren antiken Beinamen von docta, sublimis, magistra rerum humanarum divinarumque usw.[260] Zu ihren characteres gehört unzweifelhaft auch die Liebe im weitesten Sinne, weshalb DORN nicht fehlgreift, wenn er sie als amor deutet. «Schild und Panzer» sind allerdings mehr martiale Attribute; aber es gibt schließlich auch eine Venus armata[261]. 234

---

[257] [Vgl. Paragr. 214 dieser Abhandlung.]

[258] *Paragranum,* STRUNZ, p. 77: «Dann vor dem und der Saphir war ist kein Arcanum gesein.» DORNEUS, *Theophrasti Paracelsi libri V. De vita longa,* lib. II, p. 72: «... ad Cheyri, et ad sapphiricum Anthos referenda sunt, id est, ad binos illos philosophorum preciosos lapides.» [... sie sind auf das Cheyri zu beziehen und die saphirische Blume, das heißt, auf jene beiden kostbaren philosophischen Steine.] BODENSTEIN, *Onomasticon* [p. 19]: «Materia saphyrea, liquidum illud, in quo non est materia peccans» [die saphirische Materie, jene Flüssigkeit, in der kein schädlicher Stoff ist].

[259] *Occulta phil.,* lib. I, cp. 28, p. XXXIV.

[260] [gelehrt, erhaben, Lehrerin aller menschlichen und göttlichen Dinge.] CARTER, *Epitheta Deorum,* s. v. Venus [p. 100 ff.].

[261] l. c.

DORN hat, obschon er Paracelsist ist, eine ausgesprochen christlich-polemische Einstellung gegen gewisse Grundsätze der Alchemie, die Quaternität in ihrer Beziehung zur Trinität betreffend, weshalb ihm ein gegen das Böse gewappneter, christlicher amor proximi gelegen ist. Für PARACELSUS ist diese Deutung aber fraglich; denn der terminus «Venus» weist in andere Richtung, und zudem sind die christlichen Gnadengaben in seinem katholischen Glaubensbekenntnis eingeordnet. Eine Venus magistra oder Aphrodite ourania oder Sophia scheinen besser zu dem Mysterium des lumen naturae zu passen. Das «minime tamen usurpatis»[262] könnte den Sinn eines Hinweises auf Diskretion haben, weshalb die Venusepisode der «Chymischen Hochzeit» für die Deutung dieser dunkeln Stelle ein größeres Gewicht haben dürfte als der gutgemeinte Umbiegungsversuch DORNS.

235   Der Schluß des Traktats mit der Erwähnung des «endlosen» Lebens unter der Herrschaft des Aniadus erinnert wieder sehr an *Offenbarung* 20,4: «... und sie wurden wieder lebendig und herrschten mit Christus tausend Jahre». Auf tausend Jahre erstreckt sich bekanntlich die vita longa. Der annus aniadin entspräche daher dem tausendjährigen Reich der *Apokalypse*.

236   Zusammenfassend möchte ich bemerken, daß die Überschau der Paracelsischen Geheimlehre, die ich wenigstens zu skizzieren versuchte, den Schluß nicht unwahrscheinlich macht, daß neben dem Arzt und Christen in unserem Autor auch ein alchemistischer Philosoph am Werke war, der bis in die letzten Konsequenzen und Analogien sich einen Zugang zu den göttlichen Geheimnissen erschloß. Der Parallelismus zu den mysteria fidei christianae, den wir nicht anders denn als einen Konflikt gefährlichster Natur empfinden können, bedeutete ihm, wie allen Alchemisten, keine gnostische Häresie, trotz den verblüffendsten Ähnlichkeiten mit einer solchen, sondern vielmehr eine dem Menschen anvertraute Aufgabe, ein wahres sakramentales Werk, den in die Natur gelegten Gotteswillen zu seiner Vollendung zu führen. Er hätte auf die Frage «Hermeticus es, ut videris» mit LAZARELUS antworten können: «Christianus ego sum, o rex, et Hermeticum simul esse non pudet[263].»

---

[262] [Vgl. Paragr. 214 dieser Abhandlung.]
[263] *Lodovici Lazareli poetae christiani ad Ferdinandum regem dialogus, cui titulus Crater Hermetis* in: REITZENSTEIN, *Poimandres*, p. 320. [Ich bin ein Christ, o König, und ich schäme mich nicht, gleichzeitig ein Hermetiker zu sein.]

SCHLUSSWORT

Es war mir schon lange bewußt, daß die Alchemie nicht nur die Mutter der Chemie ist, sondern auch die Vorstufe der heutigen Psychologie des Unbewußten. *So sehen wir* PARACELSUS *als einen Bahnbrecher nicht nur der chemischen Medizin, sondern auch der empirischen Psychologie und der psychologischen Heilkunde.*

Es mag wohl scheinen, als hätte ich zu wenig gesagt vom aufopfernden Arzt und Christenmenschen PARACELSUS und zu viel von jenem dunkeln Schatten, von jenem anderen PARACELSUS, dessen Seele verwoben ist in ein seltsames geistiges Leben, welches, aus ältesten Quellen entspringend, weit über ihn hinaus in die Zukunft strömt. Aber – ex tenebris lux – gerade seine Ergriffenheit vom Magischen hat den nachfolgenden Jahrhunderten die Türe zur wirklichen Natur aufgetan. Der christliche und der urtümlich-heidnische Mensch lebten in ihm in wunderlicher und großartiger Weise ein konflikthaftes Ganzes, wie in vielen der großen Renaissancegestalten. Obschon er den fatalen Konflikt schon in sich trug, blieb ihm das schmerzliche Erlebnis des Risses zwischen Wissen und Glauben der späteren Jahrhunderte erspart. Als Mensch hatte er *einen Vater,* als Geist hatte er *zwei Mütter.* Sein Geist war heroisch, weil schöpferisch, und diesem ist prometheische Schuld unausweichliches Schicksal. Der säkulare Konflikt, der um die Wende des 16. Jahrhunderts anhob, und dessen lebendiges Bild in der Gestalt des PARACELSUS uns vor den Augen steht, ist eine unerläßliche Bedingung höherer Bewußtheit; denn analysis, Auflösung, ist immer gefolgt von synthesis, Zusammensetzung, und immer wird auf höherer Stufe vereint, was auf tieferer sich trennte.

IV
DER GEIST MERCURIUS

Ἑρμῆ κοσμοκράτωρ, ἐνκάρδιε, κύκλε σελήνης,
στρογγύλε καὶ τετράγωνε, λόγων ἀρχηγέτα γλώσσης,
πειθοδικαιόσυνε, χλαμυδηφόρε, πτηνοπέδιλε,
παμφώνου γλώσσης μεδέων, θνητοῖσι προφῆτα…

«Hermes, Herrscher der Welt, der im Herzen wohnt, Kreis des Mondes,
Runder und Viereckiger, Erfinder der Worte der Zunge,
Gehorsamer der Gerechtigkeit, Chlamysträger, Beschwingtbeschuhter,
der alltönenden Zunge Walter, Prophet den Sterblichen…»

Papyrus XVIIb (Straßburg) 1179, 1 ff.
PREISENDANT, *Papyri Graecae Magicae* II, p. 139

[Vortrag, in zwei Teilen gehalten an der Eranos-Tagung in Ascona 1942 und veröffentlicht in: *Eranos-Jahrbuch* 1942 (Rhein-Verlag, Zürich 1943). Bearbeitet und erweitert in: *Symbolik des Geistes. Studien über psychische Phänomenologie.* (Psychologische Abhandlungen VI) Rascher, Zürich 1948. Neuauflage 1953.]

DER GEIST MERCURIUS

1. TEIL

A. DAS MÄRCHEN VOM GEIST IN DER FLASCHE

Mein Beitrag zu dem Symposium über Hermes besteht in einem Versuche[1], nachzuweisen, daß der vielfach schillernde und ränkevolle Gott mit dem Untergang der Antike noch längstens nicht gestorben ist, sondern in seltsamer Verhüllung während vieler Jahrhunderte bis in die neuere Zeit weitergelebt und mit seinen täuschenden Künsten und heilbringenden Gaben den Geist des Menschen in Atem gehalten hat. Ja, noch wird den Kindern jenes GRIMMsche Märchen vom «Geist in der Flasche» erzählt, und ewig lebendig, wie die Märchen sind, ist darin auch Quintessenz und tiefster Sinn des hermetischen Mysteriums, wie es unsere späten Tage erreicht hat, erhalten.

Es war einmal, sagt das Märchen, ein armer Bauer. Der hatte einen einzigen Sohn, welchen er studieren lassen wollte. Da er ihn aber nur mit einer kleinen Summe auf die Universität schicken konnte, war das Geld bald aufgebraucht, längst bevor die Zeit der Examina erreicht war. So kam der Sohn wieder zurück und half dem Vater bei der Arbeit im Walde. Einstmals während der Mittagsrast schlenderte er im Walde herum und kam zu einer alten, mächtigen Eiche. Dort hörte er eine Stimme aus dem Boden, die rief: «Laß mich heraus, laß mich heraus!» Er grub nach und fand in den Wurzeln des Baumes eine wohlverschlossene Flasche, aus der offenbar die Stimme gekommen war. Er zog den Pfropfen, und da fuhr ein Geist heraus, der bald so groß war wie die halbe Eiche. Dieser Geist sprach zu ihm und sagte: «Ich war zur Strafe eingeschlossen. Ich bin der großmächtige Merkurius; wer mich losläßt, dem muß ich den Hals brechen.» Das wurde dem jungen Mann unheimlich, und er ersann rasch eine List. Jeder könne behaupten, meinte er, er sei in der Flasche gewesen, das müsse er

[1] Ich gebe im folgenden nur eine allgemeine Übersicht über den Mercuriusbegriff der Alchemie und keineswegs etwa eine erschöpfende Darstellung desselben. Dementsprechend handelt es sich bei den Nachweisen ebenfalls nur um Beispiele, die keinen Anspruch auf Vollständigkeit erheben.

doch zuvor beweisen. Zum Beweise fuhr der Geist wieder in die Flasche hinein. Schnell verschloß der Junge die Flasche, und der Geist war wiederum gefangen. Der Geist versprach ihm eine Belohnung, wenn er ihn wieder herausließe. Der Junge ließ ihn daraufhin wieder frei, worauf er von ihm einen Tuchlappen erhielt. Als der Junge die zerbrochene Axt mit dem Lappen bestrich, wurde sie in Silber verwandelt, und er konnte sie für vierhundert Taler verkaufen. So waren Vater und Sohn aller Sorgen ledig. Der Junge konnte seine Studien fortsetzen, und kraft seines Lappens wurde er nachmals ein berühmter Arzt[2].

B. ERLÄUTERUNGEN ZU WALD UND BAUM

240 Welches ist nun die Einsicht, die wir aus dieser Geschichte gewinnen sollen? Bekanntlich können wir Märchen als Phantasieprodukte wie Träume behandeln, indem wir sie als spontane Aussagen des Unbewußten über sich selber auffassen.

241 Wie zu Anfang vieler Träume etwas ausgesagt wird über den Ort der Traumhandlung, so erwähnt auch das Märchen den Wald als den Ort des wunderlichen Geschehens. Der Wald als ein dunkler und undurchsichtiger Ort ist, wie die Wassertiefe und das Meer, das Behältnis des Unbekannten und Geheimnisvollen. Er ist ein treffendes Gleichnis für das Unbewußte. Unter den vielen Bäumen, den Lebewesen, die den Wald ausmachen, sticht *ein* Baum wegen seiner Größe besonders hervor. Die Bäume sind, wie die Fische im Wasser, die lebendigen Inhalte des Unbewußten. Darunter befindet sich ein besonders bedeutender Inhalt, der als «Eiche» gekennzeichnet ist. Bäume haben Individualität. Sie sind daher oft ein Synonym für Persönlichkeit[3]. Ludwig II. von Bayern soll gewisse besonders eindrucksvolle Bäume seines Parkes dadurch geehrt haben, daß er sie salutieren ließ. Die alte, mächtige Eiche ist gewissermaßen der König des Waldes. Sie stellt daher einen zentralen Typus unter den Inhalten des Unbewußten dar, welcher durch stärkste Persönlichkeit ausgezeichnet ist. Er ist der Prototyp des *Selbst,* ein Symbol des Ursprungs und des Zieles des Individuationsprozesses[4]. Die Eiche drückt den noch unbe-

---

[2] [Nr. 167: *Der Geist im Glas* (Zusammenfassung).]

[3] Zur Beseeltheit des Baumes vgl. Frazer, *The Magic Art* II, Kp. 9. Bäume sind auch der Wohnort der Totengeister oder sind identisch mit dem Leben eines Neugeborenen. (Letzteres l. c. I, p. 184.)

[4] Vgl. dazu «Traumsymbole des Individuationsprozesses» in: *Psychologie und Alchemie,* II. Bekanntester Typus ist der Baum im Paradies.

wußten Kern der Persönlichkeit aus, dessen Pflanzensymbolik einen tief unbewußten Zustand andeutet. Daraus wäre zu schließen, daß der Held des Märchens seiner selbst in höchstem Maße unbewußt ist. Er gehört zu den «Schlafenden» oder «Blinden» oder denen mit «verbundenen Augen», wie sie uns in den Illustrationen gewisser alchemistischer Traktate entgegentreten [5]. Es sind die Unerwachten, die ihrer selbst noch unbewußt sind, das heißt die ihre zukünftige, umfangreichere Persönlichkeit, ihre «Ganzheit» noch nicht integriert haben, oder, in der Sprache der Mystik: es sind diejenigen, die noch «unerleuchtet» sind. Für unseren Helden birgt der Baum also ein großes Geheimnis [6].

Das Geheimnis ist nicht in der Krone, sondern in den *Wurzeln* des Baumes versteckt [7]. Da es Persönlichkeit ist oder hat, so besitzt es auch eines der markantesten Zeichen von Persönlichkeit, nämlich Stimme, Sprache und bewußte Absicht: es verlangt, vom Helden befreit zu werden. Es ist also gefangen und eingeschlossen wider eigenen Willen, und zwar in der Erde zwischen den Wurzeln des Baumes. Die Wurzeln reichen in die Welt des Unbelebten, ins Mineralreich hinunter. Ins Psychologische übersetzt würde das heißen, daß das Selbst im Körper (= Erde), und zwar in dessen chemischen Elementen wurzle. Was immer diese bemerkenswerte Aussage des Märchens an sich bedeuten mag, sie ist keineswegs seltsamer als das Wunder der lebendigen Pflanze, die im unbelebten Erdreich wurzelt. Die Alchemie beschreibt die Elemente (das heißt ihre vier Elemente) als radices (Wurzeln), in Anlehnung an die Empedokleischen $\dot{\rho}\iota\zeta\dot{\omega}\mu\alpha\tau\alpha$, worin sie auch die Konstituentien ihres bedeutendsten und zentralen Symbols, des lapis philosophorum, der das Ziel des Individuationsprozesses darstellt, erblickt [8].

---

[5] *Mutus liber* (1677). Titelblatt: Ein Engel weckt den Schlafenden mit der Posaune. – MICHELSPACHER, *Cabala, speculum artis et naturae* (1616) [*Psychologie und Alchemie,* Abb. 93]: Vor einem Berge mit Tempel der Adepten steht im Vordergrund ein Mann mit verbundenen Augen, während weiter hinten einer einem Fuchs nachjagt, der in einem Loch im Berg verschwindet. Das «hilfreiche Tier» weist den Weg zum Tempel. Der Fuchs oder der Hase ist selber der «evasive» Mercurius als Führer ($\dot{\delta}\delta\eta\gamma\dot{\delta}s$).

[6] Ausführliche Belege zum Symbol des Baumes finden sich in: *Der philosophische Baum* [Abhandlung V dieses Bandes].

[7] Dieses Motiv findet sich schon bei den Gnostikern in der gleichen Bedeutung. Siehe HIPPOLYTUS, *Elenchos,* V, 9, 15, p. 101. Das vielnamige und tausendäugige «Wort Gottes» ist «verborgen in der Wurzel des All».

[8] Vgl. dazu *Psychologie und Alchemie,* Zweiter Teil.

C. DER GEIST IN DER FLASCHE

243 Das in den Wurzeln verborgene Geheimnis ist ein Geist, der in eine Flasche eingeschlossen worden ist. Er ist nicht natürlicherweise und von vornherein in den Wurzeln verborgen, sondern ist zuvor in eine Flasche gebannt, und diese ist dann versteckt worden. Vermutlich hat ein Zauberer, das heißt ein Alchemist, den Geist gefangen und eingesperrt. Wie wir unten noch sehen werden, ist dieser Geist aber etwas wie das numen des Baumes, sein spiritus vegetativus, als welcher der Mercurius definiert ist. Als Lebensprinzip des Baumes ist er gewissermaßen die von diesem abstrahierte geistige Quintessenz, die man auch als principium individuationis bezeichnen könnte. Der Baum selber wäre dann die äußerlich sichtbare Erscheinung der Selbstwerdung. Einer ähnlichen Auffassung scheinen die Alchemisten zu sein. So sagt die «*Aurelia occulta*»: «Die Philosophen haben ... das Zentrum des Baumes, der mitten im irdischen Paradiese steht, mit größtem Eifer erforscht [9].» Nach derselben Quelle ist Christus selber dieser Baum [10]. Der Vergleich mit einem Baum findet sich übrigens schon bei EULOGIUS VON ALEXANDRIEN (um 600). Er sagt: «Sieh im Vater die Wurzel, im Sohne den Zweig, im Geist die Frucht: denn eine ist die οὐσία in den drei [11].» Mercurius ist ebenfalls trinus et unus.

244 Ins Psychologische übersetzt würde die Aussage des Märchens lauten: Die merkuriale Essenz, das heißt das principium individuationis, würde sich unter natürlichen Umständen frei entfalten, ist aber durch einen äußeren, beabsichtigten Eingriff seiner Freiheit beraubt, künstlicherweise eingesperrt und wie ein böser Geist gebannt worden. (Nur böse Geister nämlich werden gebannt! Die Bosheit des Geistes erweist sich in dessen mörderischer Absicht.) Nehmen wir an, diese vom Märchen postulierte Bosheit des Geistes bestehe zu Recht, dann müssen wir schließen, daß der Meister, der das principium individuationis bannte, wohl eine gute Absicht verfolgt hat. Wer ist nun dieser wohlmeinende Meister, der die Macht hat, das Individuationsprinzip des Menschen in Acht und Bann zu tun? Es kann nur ein Beherrscher der Seelen sein, dem solche Macht im geistigen Bereiche zukäme. Noch bei SCHOPENHAUER ist das principium individuationis die Quelle des Übels, und erst recht im Buddhismus. Aber auch im Christentum wird die Natur des Menschen

---

[9] *Theatr. chem.* (1613) IV, p. 568.
[10] l. c., p. 543: «⟨Christus⟩ qui est arbor vitae et spiritualis ac corporalis» [... der der Baum des geistigen wie körperlichen Lebens ist].
[11] KRÜGER, *Das Dogma von der Dreieinigkeit und Gottmenschheit* p. 207.

mit dem peccatum originale behaftet und durch das Selbstopfer Christi von diesem Makel erlöst. Der «natürliche» Mensch, wie er sich als Gegebenheit vorfindet, ist nicht gut und nicht rein, und sollte er sich per vias naturales entfalten, so würde dabei ein vom Tiere nicht wesentlich verschiedenes Gewächs herauskommen. Die bloße Triebhaftigkeit und die durch kein Schuldbewußtsein getrübte, naive Unbewußtheit des Naturwesens würde vorherrschen, hätte nicht der «Meister» diesem Treiben dadurch ein Ende gesetzt, daß er die freie Entfaltung des natürlichen Wesens unterbrach, indem er eine Distinktion zwischen «gut» und «böse» einführte und das «Böse» in Acht und Bann erklärte. Da es ohne Schuld kein moralisches und ohne wahrgenommene Unterschiedenheit überhaupt kein Bewußtsein gäbe, so muß man es dem Meister der Seelen wohl zugestehen, daß sein sonderbarer Eingriff hinsichtlich der Entwicklung jeglicher Art von Bewußtsein durchaus förderlich und in diesem Sinne von gutem war. Laut Aussage unserer Konfession ist Gott selber dieser Meister und Alchemist, welcher ja im kleinen insofern mit dem Weltschöpfer konkurriert, als er sich bemüht, sein Werk analog dem Schöpfungswerk zu tun und darum seine mikrokosmische Arbeit stets mit dem opus des Weltschöpfers in Vergleich setzt[12].

Nach unserem Märchen ist das natürlich Böse in die «Wurzeln», das heißt in die Erde, respektive in den *Körper* verbannt. Diese Aussage fällt zusammen mit der historischen Tatsache der Verachtung des Körpers in der allgemeinen christlichen Auffassung, die sich dabei, wie bekannt, um die feineren dogmatischen Unterscheidungen wenig kümmerte[13]. Danach ist nämlich weder der Körper noch die Natur überhaupt schlechthin des Bösen, denn als Werk Gottes oder gar als dessen Erscheinungsweise kann die Natur gar nicht das Böse sein. Dementsprechend ist der böse Geist im Märchen auch der Erde nicht einfach zugeteilt, sondern bloß darin verborgen, und zwar in einem besonderen, sicheren Gehäuse, so daß er es auch nicht vermöchte, sich frei durch die Erde zu bewegen und sich etwa irgendwo anders als gerade unter der Eiche bemerkbar zu machen. Die Flasche ist ein menschliches Kunstprodukt und be-

---

[12] In den *Dicta Belini* erklärt Mercurius sogar: «Ex me ... fit panis ex quo venit totus mundus et fabricatur orbis terrae ex misericordia mea, non deficit, quia donum Dei est» [Aus mir entsteht das Brot, aus dem die ganze Welt kommt, und der Erdkreis wird hergestellt aus meinem Erbarmen, und es versagt nicht, weil es eine Gabe Gottes ist]. (*Allegoriae sapientum supra librum Turbae*, Distinctio XXVIII, in: *Theatr. chem.*, 1622, V, p. 97 f.)

[13] Vgl. die Lehre vom «status iustitiae originalis» [Urzustand der Gerechtigkeit] und vom «status naturae integrae» [Zustand der unversehrten Natur].

deutet daher die intellektuelle Absichtlichkeit und Künstlichkeit der Prozedur, welche offenbar eine Isolierung des Geistes gegen das ihn umgebende Medium bezweckt. Die Flasche als vas hermeticum der Alchemie war «hermetisch» verschlossen (das heißt mit dem Hermeszeichen versiegelt [14]), mußte ein vitrum (Glas) und überdies möglichst rund sein, da sie das Weltall, in welchem die Erde geschaffen wurde, darstellen sollte [15]. Das durchsichtige Glas ist etwas wie solides Wasser oder feste Luft, welche beides Synonyme des «Geistes» sind: die alchemische Retorte ist daher gleichbedeutend mit der anima mundi, welche das Weltall umhüllt [16]. CÄSAR VON HEISTERBACH (13. Jahrhundert) erwähnt eine Vision der Seele, in welcher diese als sphärisches Glasgefäß erschien [17]. Auch der «geistige» (spiritualis) oder «äthergleiche» (aethereus) Stein der Weisen ist ein köstliches vitrum (gelegentlich als vitrum malleabile, hämmerbares Glas, bezeichnet), welches mit dem Goldglas (aurum vitreum) des himmlischen Jerusalem [18] in Beziehung gesetzt wurde.

Es ist bemerkenswert, daß das deutsche Märchen den in die Flasche gebannten Geist mit dem Namen des heidnischen Gottes Mercurius bezeichnet, welcher als mit dem deutschen Nationalgott Wotan identisch empfunden wurde. Die Erwähnung des Mercurius stempelt das Märchen zu einer alchemistischen Vulgärlegende, die einerseits innerhalb der Alchemie die allegorischen Lehrerzählungen derselben als nahe Verwandte besitzt, andererseits zu jener bekannten folkloristischen Gruppe gehört, welche im Motiv des «gebannten Geistes» zentriert. Unser Märchen deutet damit den bösen Geist als einen heidnischen Gott, welcher unter dem Einfluß des Christentums den Abstieg in die dunkle Unterwelt unternehmen und damit zugleich die moralische Disqualifikation auf sich nehmen mußte. Hermes wird zum Mysteriendämon aller tenebriones (Dunkelmänner), Wotan zum Wald- und Sturmdämon, Mercurius zur Metallseele, zum Erzmännchen (homunculus), zum Drachen (draco oder serpens mercurialis), zum brüllenden, feurigen Löwen, zum

---

[14] Vgl. *Apoc.* 20,3: «... et signavit super illum» [«und versiegelte über ihm»].

[15] «The *Fift* is of *Concord* and of *Love,* / Betweene your Warkes and the Spheare above.» [Die fünfte (Übereinstimmung) muß herrschen zwischen Einklang und Liebe, zwischen deinen Werken und der oberen Sphäre]. (NORTON, *Ordinall of Alchemy* in: *Theatr. chem. Britannicum,* cp. VI, p. 92.)

[16] Dies ist die alte alchemistische Auffassung.

[17] *Dialogus miraculorum,* Dist. I, Kp. 32.

[18] *Apoc.* 21,21 [«... aurum mundum tamquam vitrum perlucidum»].

Nachtraben (nycticorax) und schwarzen Adler, welche auch Synonyme des Teufels sind. Der Geist in der Flasche benimmt sich in der Tat wie der Teufel in so vielen anderen Märchen: er gibt Reichtum, indem er Unedles in Gold verwandelt, und wird auch betrogen wie dieser.

D. DIE BEZIEHUNG DES GEISTES ZUM BAUME

Bevor wir jedoch in der Betrachtung des Geistes Mercurius weitergehen, möchte ich die an sich nicht unwichtige Tatsache hervorheben, daß der Ort, an dem er gebannt liegt, nicht irgendeiner ist, sondern ein sehr wesentlicher, nämlich unter der Eiche, dem König des Waldes; das heißt psychologisch ausgedrückt, der böse Geist liegt gebannt in den Wurzeln des Selbst, als das im principium individuationis verborgene Geheimnis. Er ist nicht mit dem Baum beziehungsweise dessen Wurzeln identisch, sondern ist künstlicherweise dorthin verbracht worden. Das Märchen gibt uns keinerlei Anlaß zum Gedanken, daß die Eiche, welche ja das Selbst darstellt, etwa aus dem Geist in der Flasche gewachsen wäre, vielmehr könnte man vermuten, daß die schon bestehende Eiche den für ein zu verbergendes Geheimnis passenden Ort darstellt. Ein Schatz zum Beispiel wird gerne dort vergraben, wo eine äußere Markierung besteht, oder es wird eine solche nachträglich angebracht. Die für solche Gestaltungen vielfach maßgebende Vorlage ist der Paradiesesbaum, welcher auch nicht mit der an ihm erscheinenden Stimme, der Paradiesesschlange, identisch gesetzt wird [19]. Es ist aber demgegenüber nicht zu übersehen, daß dergleichen mythische Motive nicht ohne bedeutende Beziehung zu gewissen seelischen Phänomenen bei Primitiven sind. In diesem Fall besteht eine beträchtliche Analogie mit der primitiven «animistischen» Tatsache, daß gewisse Bäume den Charakter des Seelisch-Belebten – wir würden sagen – des Persönlichen haben, indem sie Stimme besitzen und den Menschen zum Beispiel Befehle erteilen können. AMAURY TALBOT berichtet einen solchen Fall aus Nigerien [20], wo ein Ojibaum einen Askari rief, der darauf verzweifelt versuchte, aus der Kaserne auszubrechen und zum Baum zu eilen. Im Verhör gab er

---

[19] In der Gestalt der Lilith oder Melusine erscheint der Mercurius am Baum, z. B. in der *Ripley Scrowle*. In diesen Zusammenhang gehört auch die Hamadryas in der Deutung des «Aenigma Bononiense», welches ich unter dem Titel *Das Rätsel von Bologna* in der Festschrift für Dr. Albert Oeri 1945 dargestellt habe.

[20] *In the Shadow of the Bush*, p. 31 f.

an, daß alle, die den Namen des Baumes trügen, von Zeit zu Zeit dessen Stimme hörten. In diesem Fall ist die Stimme mit dem Baum unzweifelhaft identisch. Unter Berücksichtigung dieser seelischen Phänomene steht daher zu vermuten, daß ursprünglich Baum und Dämon eines und dasselbe sind, und daß daher die Trennung derselben ein sekundäres Phänomen, welches einer höheren Kultur- respektive Bewußtseinsstufe entspricht, darstellt. Die ursprüngliche Erscheinung ist eine naturgöttliche, ein tremendum schlechthin und moralisch indifferent; die sekundäre Erscheinung aber macht eine *Unterscheidung,* welche das Natürliche spaltet und sich eben dadurch als ein höher differenziertes Bewußtsein erweist. Und obendrein fügt sie dazu, vielleicht als tertiäres Phänomen und damit als noch höhere Bewußtseinsstufe, eine moralische Qualifikation, welche die Stimme als die eines gebannten bösen Geistes erklärt. Es ist selbstverständlich, daß diese dritte Stufe charakterisiert ist durch den Glauben an einen «oberen», «guten» Gott, der seinen Widersacher zwar nicht völlig erledigt, aber doch durch Gefangensetzung für einige Zeit unschädlich gemacht hat [21].

Da wir auf der gegenwärtigen Bewußtseinsstufe nicht annehmen können, daß es Baumdämonen gibt, so sind wir gezwungen, zu behaupten, der Primitive halluziniere, das heißt er *höre* sein Unbewußtes, das sich in den Baum projiziert hat. Besteht diese Aussage zu Recht – und ich wüßte nicht, wie wir es heutzutage anders formulieren könnten –, so hätte die oben erwähnte zweite Stufe es fertiggebracht, zwischen dem indifferenten Objekt «Baum» und dem darein projizierten unbewußten Inhalt zu unterscheiden, womit sie gewissermaßen einen Akt der Aufklärung zustandegebracht hat. Die dritte Stufe sodann greift noch höher, indem sie dem vom Objekt getrennten psychischen Inhalt das Attribut «böse» zuschreibt. Eine vierte Stufe endlich, nämlich die Stufe unseres heutigen Bewußtseins, geht in der Aufklärung noch weiter, indem sie die objektive Existenz des «Geistes» leugnet und behauptet, der Primitive habe überhaupt nichts gehört, sondern bloß halluziniert, respektive gemeint, er höre etwas. Damit löst sich das ganze Phänomen in eitel Dunst auf, was den großen Vorteil hat, daß nämlich damit der «böse» Geist in seinem Nichtsein erkannt ist und in einer lächerlichen Versenkung verschwinden kann. Eine fünfte Stufe der Bewußtseinsentwicklung aber, welche sich nolens volens als quintessentialisch vorkommen muß, wundert sich über diesen zyklischen Verlauf vom anfänglichen Wunder bis zur sinnlosen Selbsttäu-

---

[21] *Apoc.* 20,1–3.

schung, über diese Schlange, die sich in den eigenen Schwanz beißt, und sie fragt, wie jener Knabe, der dem Vater die Geschichte von den sechzig Hirschen im Walde vorgelogen hatte: Aber was hat denn im Walde so gerauscht? Die fünfte Stufe ist der Meinung, etwas sei doch passiert, und wenn der psychische Inhalt schon nicht der Baum, und kein Geist im Baume und überhaupt kein Geist sei, so sei er doch ein aus dem Unbewußten sich hervordrängendes Phänomen, dem die Existenz nicht abgesprochen werden könne, insofern man gesonnen sei, der Psyche irgendwelche Wirklichkeit beizumessen. Täte man dieses nicht, so müßte man die göttliche creatio ex nihilo, die dem modernen Verstand so anstößig erscheint, noch viel weiter ausdehnen, nämlich auf Dampfmaschinen, Explosionsmotoren, Radio und auf sämtliche Bibliotheken der Erde, die allesamt aus unvorstellbar zufälligen Atomkonglomerationen entstanden wären, und damit wäre nichts anderes geschehen, als eine Umbenennung des Schöpfers in «conglomeratio».

Die fünfte Stufe nimmt an, daß das Unbewußte eine Existenz sei, die an Wirklichkeit keiner anderen nachsteht. Damit wird aber – odioserweise – auch der «Geist» zur Wirklichkeit, und dazu noch der «böse» Geist, und – noch viel schlimmer – die Unterscheidung von «gut» und «böse» ist plötzlich nicht mehr antiquiert, sondern höchst aktuell und notwendig; der Gipfel aber ist, daß, insofern wir im Umkreis des subjektiven psychischen Erlebens den bösen Geist etwa nicht nachzuweisen vermöchten, sogar die Bäume oder sonstige passende Objekte wieder ernstlich in Frage kämen.

E. DAS PROBLEM DER FREILASSUNG DES MERCURIUS

Wir wollen hier nicht weiter auf die paradoxe Existenz des Unbewußten eingehen, sondern uns wieder dem Märchen vom Geist in der Flasche zuwenden. Wir haben oben gesehen, daß der Geist Mercurius dem Motiv des «betrogenen Teufels» ähnelt. Die Analogie ist aber nur oberflächlich, denn unähnlich den Gaben des Teufels wird das Gold des Mercurius nicht zu Roßäpfeln, sondern bleibt gutes Metall, und der Zauberlappen ist am Morgen nicht zu Asche geworden, sondern behält seine Heilkraft. Ebenso ist auch Mercurius nicht um eine Seele, die er etwa rauben wollte, betrogen worden. Er ist nur gewissermaßen zu seiner eigenen besseren Natur «betrogen» respektive umgestimmt worden, indem es dem Jungen gelingt, ihn nochmals in die Flasche zu bannen, um ihm die böse Laune zu vertreiben und ihn kirre zu machen. Mercurius wurde manierlich, gab dem Jungen ein nützliches Lösegeld und wurde dementsprechend freigesetzt. Wir hören nun wohl vom ferneren glücklichen Ergehen des Studenten und späteren Wunderdoktors, aber merkwürdigerweise nichts von den ferneren Taten des freigesetzten Geistes, die uns doch einigermaßen interessieren könnten, in Ansehung all der bedeutungsschweren Zusammenhänge, in die der Mercurius vermöge seiner vielseitigen Assoziationen mitten hinein führt. Was geschieht, wenn dieser Hermes-Mercurius-Wotan-Geist, ein heidnischer Gott, wieder freigelassen wird? Als ein Gott der Zauberer, als ein spiritus vegetativus (Lebensgeist), als ein Sturmdämon wird er sich wohl nicht wieder ins Gefängnis begeben haben, und das Märchen gibt uns keinen Anlaß, zu glauben, die Gefangenschaftsepisode habe etwa seine Natur endgültig zum unzweifelhaft Guten verändert. Die avis Hermetis (Vogel des Hermes) ist dem gläsernen Gefängnis entflohen, und damit ist etwas geschehen, das der zünftige Alchemist unter allen Umständen vermeiden wollte. Darum versiegelte er mit magischen Zeichen den Zapfen in der Flasche und setzte sie die längste Zeit auf gelindestes Feuer, damit «der, der drin ist, nicht herausfliege». Entkommt er nämlich, so wird das ganze mühselige opus zunichte und muß wieder von vorne angefangen werden. Unser Junge war ein Sonntagskind und vielleicht ein Armer im Geiste, dem ein Stück Himmelreich zufiel in Gestalt der sich beständig selbst erneuernden Tinktur, um derentwillen es heißt, daß das opus «nur einmal vollendet» werden müsse [22]. Aber hätte er den Lappen verloren, so hätte er ihn kein zweites Mal selber hervorbringen können. Von diesem Standpunkt aus gesehen, möchte es scheinen, als ob es einem Meister geglückt wäre, den spiritus mercurialis wenigstens einzufangen, und er ihn dann an einem sicheren Orte wie einen Schatz verborgen und vielleicht zu einem zukünftigen Gebrauch aufgehoben hätte. Vielleicht hat er die Gefangenschaft auch ausgedacht, um den «wilden» Mercurius so zu zähmen, daß er ihm als williger «familiaris» (dienstbarer Geist wie Mephisto) gedient hätte. (Der Alchemie sind solche Gedankengänge nicht fremd.) Vielleicht war er sehr unangenehm überrascht, als er wieder zur Eiche kam, zu finden, daß der Vogel ausgeflogen war. In diesem Fall wäre es wohl besser gewesen, er hätte die Flasche nicht so dem Zufall überlassen.

Auf alle Fälle muß das Verfahren des jungen Mannes – so vorteilhaft es für ihn auch ausfiel – als *alchemistisch inkorrekt* bezeichnet werden. Abgesehen

---

[22] «For he that shall end it once for certeyne, / Shall never have neede to begin againe» [Denn wer es ein für allemal beendet hat, wird nie wieder von vorne anfangen müssen]. NORTON *Ordinall*, cp. IV, l. c., p. 48)

davon, daß er vielleicht die legitimen Ansprüche eines unbekannten Meisters durch die Freisetzung des Mercurius schädigte, war es ihm auch gänzlich unbewußt, was für Folgen möglicherweise eintreten konnten, wenn dieser ungebärdige Geist auf die Welt losgelassen wurde. Die Blütezeit der Alchemie war das 16. und die erste Hälfte des 17. Jahrhunderts. Damals ist ja einem geistigen Gefäße, welches die Dämonen unbedingt als Gefängnis empfanden, ein Sturmvogel entkommen. Die Alchemisten waren, wie gesagt, nicht fürs Entkommen, sondern fürs Drinbleiben und für innere Umwandlung des Mercurius, denn sie meinten, daß das «Blei» (hier als Arkansubstanz, wie Mercurius), wie «Petasios der Philosoph gesagt» habe, «von solcher Besessenheit (δαιμονιοπληξία) und Frechheit sei, daß die, welche es erforschen wollen, aus Unwissenheit in Wahnsinn verfallen»[23]. Dasselbe wird ausgesagt von dem flüchtigen, dem Zugriff stets entwischenden Mercurius, welcher ein wahrer Trickster ist und den Alchemisten zur Verzweiflung treibt[24].

2. TEIL

A. VORBEMERKUNGEN

Der geneigte Leser wird hier mit mir das Bedürfnis empfinden, noch ein mehreres über den Mercurius zu erfahren und insbesondere darüber, was unsere Altvorderen von diesem Geist gemeint und gesagt haben. Ich will daher, diesem Bedürfnis folgend, an Hand von Textzitaten versuchen, ein Bild dieses versatilen und schillernden Gottes zu entwerfen, wie die Meister der königlichen Kunst es vor Augen hatten. Zu diesem Zwecke müssen wir jene abstruse Literatur zu Rate ziehen, welcher es bis jetzt nicht vergönnt gewesen ist, ein adäquates Verständnis bei den Nachfahren zu finden. Es ist natürlicherweise und in erster Linie der Chemiker gewesen, der sich für die Geschichte der Alchemie interessierte. Daß er auf diesem Gebiete zwar eine Geschichte der Kenntnis vieler chemischer Körper und Drogen finden konnte, vermochte nicht, ihn mit der, wie ihm schien, jämmerlichen Magerkeit des Erkenntnisge-

---

[23] Bei OLYMPIODOR (BERTHELOT, *Alch. grecs,* II, IV, 43, pp. 95/104).
[24] Vgl. dazu den köstlichen *Dialogus Mercurii, alchymistae et naturae* (*Theatr. chem.,* 1613, IV, p. 509 ff.).

haltes auszusöhnen. Er war nicht in der vorteilhaften Lage älterer Autoren, wie SCHMIEDER, der Möglichkeit der Goldkunst mit hoffnungsvoller Achtung und Sympathie gegenüberzutreten, sondern ärgerte sich an der Futilität der Rezepte und der Schwindelhaftigkeit der alchemistischen Spekulation überhaupt. So mußte ihm die Alchemie als ein über etwa zweitausend Jahre sich erstreckender, gigantischer Irrtum vorkommen. Hätte er sich aber einmal die Frage vorgelegt, ob die Chemie der Alchemie eigentlich oder uneigentlich sei, das heißt ob es Chemiker waren, oder ob sie bloß einen chemischen Jargon redeten, so wäre in den Texten genügend Anlaß vorhanden gewesen zu einer anderen Betrachtungsweise als gerade der chemischen. Für diese andere Linie ist allerdings die wissenschaftliche Ausrüstung des Chemikers ungenügend, denn diese Linie führt über religionshistorische Gebiete. Es ist darum ein Philolog gewesen, dem wir überaus wertvolle und aufschlußreiche Vorarbeit verdanken, nämlich REITZENSTEIN. Er hat den mythologischen, respektive gnostischen Ideengehalt der Alchemie erkannt und das ganze Gebiet damit von einer Seite her aufgeschlossen, welche größte Fruchtbarkeit verspricht. Die Alchemie bildete ja ursprünglich, wie ihre ältesten griechischen und chinesischen Texte ausweisen, ein Stück der gnostischen naturphilosophischen Spekulation, die sich auch der praktischen Detailkenntnisse der Goldschmiede, Edelsteinfälscher, Erzschmelzer, Bergleute, Drogenhändler und Apotheker bemächtigte. Im Osten wie im Westen enthält daher die Alchemie als Kernstück die *Anthroposlehre der Gnosis* und stellt ihrem ganzen Wesen nach eine eigentümliche Erlösungslehre dar. Diese Tatsache mußte dem Chemiker entgehen, obschon sie soundsooft in den griechischen, lateinischen und ungefähr gleichzeitigen chinesischen Texten deutlich genug ausgesprochen wird.

253   Für unseren naturwissenschaftlich gebildeten oder erkenntniskritischen Verstand ist es allerdings zunächst fast unmöglich, sich wieder zurückzufühlen in jenen frühen geistigen Zustand der participation mystique, der Identität subjektiver und objektiver Gegebenheiten. Hier sind mir die Erkenntnisse der modernen Psychologie sehr zustatten gekommen. Unsere praktischen Erfahrungen am Menschen zeigen immer wieder, daß jede längere Beschäftigung mit einem unbekannten Gegenstand eine fast unwiderstehliche Anlokkung des Unbewußten bewirkt, sich in die Unbekanntheit des Gegenstandes zu *projizieren* und die daraus resultierende (präjudizierte) Wahrnehmung und abgeleitete Deutung für objektiv zu halten. Dieses in der praktischen Psychologie, insbesondere in der Psychotherapie alltägliche Phänomen ist zweifellos ein Stück unvollständig überwundener Primitivität. Auf primitiver

Stufe nämlich wird das ganze Leben beherrscht durch animistische «Voraussetzungen», das heißt Projektionen subjektiver Inhalte in objektive Gegebenheiten (wie zum Beispiel KARL VON DEN STEINEN von den Bororòs erzählt, daß sie sich für rote Papageien halten, obschon sie anerkanntermaßen keine Federn hätten)[25]. Auf dieser Stufe ist die alchemistische Annahme, daß ein gewisser Stoff geheime Tugenden besäße, oder daß es irgendwo eine prima materia gäbe, welche Wunder wirke, eine Selbstverständlichkeit. Es ist allerdings keine chemisch faßbare und nicht einmal denkbare Tatsache, aber es ist ein psychologisches Phänomen. Bei der Durchleuchtung der alchemistischen Mentalität hat daher die Psychologie ein gewichtiges Wort mitzureden, denn das, was die Alchemie an absurden Phantastereien hervorgebracht hat – wie es dem Chemiker der Fall zu sein scheint – das erkennt der Psycholog ohne allzugroße Schwierigkeiten als psychischen Stoff, welcher als mit chemischen Körpern kontaminiert erscheint. Dieser Stoff entstammt ursprünglich dem Unbewußten und ist darum identisch mit jenen Phantasiegebilden, die wir auch heute noch bei Gesunden und Kranken, die nie von Alchemie gehört haben, nachweisen können. Genauer bezeichnet ist die Ursprungsstelle das kollektive Unbewußte. Wegen ihres primitiven Projektionscharakters ist uns daher die für den Chemiker so sterile Alchemie eine wahre Fundgrube von Materialien, welche ein überaus lehrreiches Bild der Struktur des Unbewußten entwerfen.

Da ich mich im Folgenden vielfach auf Originaltexte berufen werde, so dürfte es sich empfehlen, einige Worte über die benützte, zum Teil schwer zugängliche Literatur einzuflechten. Ich lasse die wenigen übersetzten chinesischen Texte außer Betracht und erwähne bloß, daß der von RICHARD WILHELM und mir herausgegebene Text «Das Geheimnis der Goldenen Blüte» ein Vertreter dieser Literaturgattung ist. Ebenso fällt das indische «Quecksilbersystem» außer Betracht[26]. Die westliche Literatur, die ich benützt habe, zerfällt in etwa vier Teile:

a. *Die alten Autoren.* Es handelt sich hauptsächlich um griechische Texte, die von BERTHELOT herausgegeben, und sodann um solche, die von den Arabern überliefert sind. Sie wurden ebenfalls von BERTHELOT herausgegeben. Sie entstammen ungefähr dem Zeitraum vom 1. bis 8. Jahrhundert.

---

[25] [*Unter den Naturvölkern Zentralbrasiliens,* pp. 352f. und 512.]

[26] Vgl. DEUSSEN, *Allgemeine Geschichte der Philosophie* I/3, p. 336ff. Diese unzweifelhaft alchemistische Philosophie gehört zu den ziemlich späten (mittelalterlichen) Upa-Purānas, speziell zum Maheshvarapurāna, also einer Lehre, die sich hauptsächlich um Shiva dreht. «Pāra-da» (das andere Ufer verleihend) bedeutet Quecksilber.

b. *Die alten Lateiner.* Darunter stehen an erster Stelle alte lateinische Übersetzungen aus dem Arabischen (oder Hebräischen?). Nach neueren Untersuchungen scheinen die meisten Texte dieser Art aus der Philosophenschule von Harran, die bis um 1050 blühte, zu stammen (woher auch vermutlich das *Corpus hermeticum* kommt). Zu dieser Gruppe gehören sodann die sogenannten Arabizanten, das heißt solche, die zweifelhaft arabischen Ursprungs, aber doch wenigstens als arabisch beeinflußt erscheinen, wie zum Beispiel die «*Summa perfectionis*» des GEBER oder die ARISTOTELES- und AVICENNA-Traktate. Der entsprechende Zeitraum erstreckt sich etwa vom 9. bis 13. Jahrhundert.

c. *Die neueren Lateiner.* Sie stellen das Hauptkontingent dar und erstrecken sich vom 14. bis 17. Jahrhundert.

d. *Texte in europäischen Landessprachen.* 16. bis 17. Jahrhundert. Nach dem 17. Jahrhundert wird der Verfall der Alchemie offenkundig, weshalb ich Texte des 18. Jahrhunderts nur ausnahmsweise benütze.

B. DER MERCURIUS ALS QUECKSILBER RESPEKTIVE WASSER

255   Der Mercurius ist zunächst und sozusagen überall verstanden als Hydrargyrum (Hg), englisch mercury, Quecksilber oder argentum vivum (französisch vif-argent oder argentvive); als solches wird er dann bezeichnet mit «vulgaris» (gewöhnlich) und «crudus» (roh). In der Regel wird davon ausdrücklich geschieden der «mercurius philosophicus», eine ausgesprochene Arkansubstanz, die bald als im «mercurius crudus» vorhanden, bald als toto genere davon verschiedene Substanz aufgefaßt wird. Sie ist das eigentliche Objekt der Prozedur, nicht das vulgäre Hg. Wegen seines flüssigen Zustandes und seiner Verdampfbarkeit wird Hg auch als Wasser[27] bezeichnet. Eine beliebte Phrase ist «aqua ... tangentem non madefaciens» (Wasser, das den, der es berührt, nicht naß macht)[28]. Weitere Bezeichnungen sind «aqua vitae» (Lebenswasser)[29], «aqua alba» (weißes Wasser)[30] und «aqua sicca» (trockenes Wasser)[31]. Letzte-

---

[27] Von ὕδωρ (Wasser) und ἄργυρος (Silber).
[28] Z. B. bei HOGHELANDE, *De alchemiae difficultatibus* (*Theatr. chem.*, 1602, I, p. 181).
[29] *Aquarium sapientum* in: *Musaeum hermeticum,* pp. 84 und 93.
[30] l. c. Daher auch lac virginis, nivis, terra alba foliata, magnesia usw. [Jungfrauenmilch, Schnee, weiße geblätterte Erde, Magnesia].
[31] HOGHELANDE, l. c., p. 181.

re Bezeichnung ist paradox, weshalb ich sie als charakteristisch für die Natur des bezeichneten Gegenstandes hervorheben möchte. «Aqua septies distillata» (siebenfach destilliertes Wasser) und «aqueum subtile» (feines Wäßriges)[32] weisen schon deutlich auf den philosophischen Merkur und dessen sublimiertes («geistiges») Wesen hin. Als Wasser schlechthin bezeichnen den Mercurius viele Traktate[33]. Auf die Lehre vom «humidum radicale» (Wurzelfeuchte) weisen die Bezeichnungen «humidum album» (weiße Feuchte)[34], «humiditas maximè permanens, incombustibilis, et unctuosa» (die am meisten beständige, unverbrennbare und fettige Feuchte)[35], «humiditas radicalis»[36], oder es heißt, daß Mercurius aus der Feuchte hervorgehe wie ein Dampf (womit wieder auf seine «geistige» Natur hingewiesen ist)[37], oder daß er das Wasser regiere[38]. Das in den griechischen Texten vielfach erwähnte ὕδωρ θεῖον (göttliches Wasser) ist Hydrargyrum[39]. Auf den Mercurius als Arkansubstanz und Goldtinktur weist die Bezeichnung «aqua aurea» oder die Bezeichnung des Wassers als «Mercurii caduceus» (Hermesstab)[40].

C. DER MERCURIUS ALS FEUER

Als Feuer schlechthin bezeichnen den Mercurius viele Traktate[41]. Er ist ein «elementarisches» Feuer (ignis elementaris)[42] oder «unser natürliches und sicherstes Feuer» (noster naturalis ignis certissimus)[43], womit seine «philoso-

---

[32] MYLIUS, *Philosophia reformata*, p. 176.

[33] Z. B. *Novum lumen* in: *Mus. herm.*, p. 581; *Tractatus aureus*, l. c., p. 34; *Gloria mundi*, l. c., p. 250; KHUNRATH, *Von hylealischen Chaos*, p. 214 usw.

[34] *Rosarium philosophorum* in: *Artis auriferae* II, p. 376.

[35] *Tractatus aureus* in *Mus. herm.*, p. 39.

[36] MYLIUS, l. c., p. 31.

[37] *Gloria mundi*, l. c., p. 244.

[38] «Mercurius tenet aquam» (*Aurora consurgens* II in: *Art. aurif.* I, p. 189). Dieser Text bemerkt, daß Wasser Feuer sei (l. c., p. 212).

[39] BERTHELOT, *Alch. grecs*, IV, VII, 2, pp. 276/265.

[40] BASILIUS VALENTINUS, *Practica* in: *Mus. herm.*, p. 404; PHILALETHA, *Metallorum metamorphosis*, l. c., p. 771; *Introitus apertus*, l. c., p. 654.

[41] *Aurora consurgens* in: *Art. aurif.* I, p. 212; DORNEUS, *Congeries Paracelsicae* in: *Theatr. chem.* (1602) I, p. 578; MYLIUS, *Phil. ref.*, p. 245 usw.

[42] *Via veritatis* in: *Mus. herm.*, p. 200.

[43] *Tractatus aureus* in: *Mus. herm.*, p. 39.

phische» Natur angedeutet wird. Die aqua mercurialis ist sogar ein «göttliches» Feuer[44]. Dieses Feuer ist «stark dampfend» (vaporosus)[45]. Der Mercurius ist überhaupt das einzige Feuer in der ganzen Prozedur[46]. Es ist ein «unsichtbares, im geheimen wirkendes» Feuer[47]. Ein Text sagt, das «Herz» des Mercurius befindet sich im Nordpol, und er (Mercurius) sei wie Feuer (Nordlicht!)[48]. Der Mercurius ist in der Tat, wie ein anderer Text ausführt, das «universale und funkelnde Feuer des natürlichen Lichtes, welches den himmlischen Geist in sich trägt»[49]. Diese Stelle ist insofern für die Bedeutung des Mercurius von Belang, als sie ihn mit dem Begriff des lumen naturae, jener zweiten, mystischen Erkenntnisquelle, neben der der heiligen Offenbarung in der Schrift, in Zusammenhang bringt. Damit tritt die antike Rolle des Hermes als Offenbarungsgottes wieder in Erscheinung. Obschon das lumen naturae, als ursprünglich von Gott der Kreatur gegeben, nicht widergöttlicher Natur ist, so wurde doch sein Wesen als abgründig empfunden. Der ignis mercurialis steht nämlich andererseits mit dem Höllenfeuer in Verbindung. Es scheint aber, daß unsere «Philosophen» die Hölle, respektive deren Feuer nicht als absolut außer- oder widergöttlich verstanden, sondern vielmehr als innergöttliche Anordnung aufgefaßt haben, was auch so sein muß, wenn anders Gott als coincidentia oppositorum gelten soll; das heißt der Begriff eines allumfassenden Gottes muß notwendigerweise auch seinen Gegensatz in sich schließen, wobei allerdings die Koinzidenz nicht zu radikal ausfallen darf, weil sich ja Gott dann selbst aufhöbe[50]. Der Satz von der Koinzidenz der Gegensätze muß daher noch durch sein Gegenteil vervollständigt werden, um volle Paradoxie und damit psychologische Gültigkeit zu erreichen.

[44] *Aquarium sapientum.* l. c., p. 91.
[45] l. c., p. 90.
[46] «... nullus est ignis in toto opere nisi Mercurius.» (*Fons chemicae philosophiae* in: *Mus. herm.*, p. 803)
[47] «...ignis... invisibilis, secretò agens.» (PHILALETHA, *Metall. metamorph.* in: *Mus. herm.*, p. 766)
[48] «In polo est Cor Mercurii, qui velut est Ignis, in quo requies est Domini sui, navigans per mare hoc magnum» [Im Pol ist das Herz des Mercurius, der wie Feuer ist, in welchem sein Herr, wenn er durch dieses große Meer fährt, Ruhe findet]. (*Introitus apertus* in: *Mus. herm.*, p. 655) Ein etwas dunkler Symbolismus!
[49] «... universalis ac scintillans Luminis naturae Ignis est, qui Coelestem Spiritum in se habet.» (*Aquarium sap.* in: *Mus. herm.*, p. 84)
[50] Es handelt sich hier um eine rein psychologische Auseinandersetzung, welche menschliche Auffassungen und Aussagen betrifft, und nicht um das unerforschliche Wesen.

Das merkurialische Feuer befindet sich im «Zentrum der Erde», im Drachenbauch, in flüssigem Zustand. Dazu macht BENEDICTUS FIGULUS den Vers:

> Visitir den Centrum in der Erden
> Im Globo wird dir das Fewer werden [51].

In einem anderen Traktat heißt es, dieses Feuer sei das «geheime Höllenfeuer, das Weltwunder, die Zusammensetzung der oberen Kräfte im Unteren[52]». Mercurius, das offenbarende Licht der Natur, ist auch das Höllenfeuer, welches wunderbarerweise nichts anderes ist als eine Zusammensetzung oder ein System des Oberen, das heißt der himmlischen, geistigen Kräfte, im Unteren, das heißt im chthonischen Bereiche, also in dieser materiellen Welt, die schon zu Zeiten des heiligen Paulus als vom Teufel beherrscht gilt. Das Höllenfeuer, die eigentliche Energie des Bösen, erscheint hier als deutliche Gegensatzentsprechung zum Oberen, Geistigen und Guten, gewissermaßen von wesentlich identischer Substanz. Es kann danach keinen Anstoß mehr erregen, wenn ein anderer Traktat sagt, daß das merkurialische Feuer jenes sei, «in welchem Gott selber in göttlicher Liebe glüht[53]». Wir täuschen uns wohl nicht, wenn wir in solchen eingestreuten Bemerkungen den Hauch echtester Mystik verspüren.

Weil nun der Mercurius selber von der Natur des Feuers ist, so tut ihm das Feuer nichts an, er bleibt unverändert darin «in seiner ganzen Substanz[54]», was für die Salamandersymbolik[55] von Belang ist. Es ist überflüssig zu bemerken, daß Hg sich keineswegs so verhält, sondern in der Hitze verdampft, was den Alchemisten seit alters bekannt war.

---

[51] *Rosarium novum olympicum*, I, p. 71. Dies ist die «domus ignis idem, Enoch» [l. c.]. Vgl. dazu Paragr. 171, 186 und 203 dieses Bandes.

[52] «... ignis infernalis, secretus, ... mundi miraculum virtutum superiorum in inferioribus systema.» (*Introitus ap.* in: *Mus. herm.*, p. 654.)

[53] «... in quo (igne) Deus ipse ardet amore divino.» (*Gloria mundi,* l. c. p. 246.)

[54] «Ipsum enim est, quod ignem superat, et ab igne non superatur: sed in illo amicabiliter requiescit, eo gaudens» [Er selbst ist es, der das Feuer überwindet, und er wird vom Feuer nicht besiegt: sondern er hält sich zutraulich in ihm auf, und es ist ihm wohl darin]. (GEBER, *Summa perfectionis,* cp. LXIII, in: *De alchemia,* p. 139)

[55] Zur Salamandersymbolik vgl. auch ANIELA JAFFÉ, *Bilder und Symbole aus E. T. A. Hoffmanns Märchen «Der Goldne Topf»,* insbesondere p. 542 ff.

D. DER MERCURIUS ALS GEIST UND SEELE

259 Aus dem Inhalt der beiden vorangegangenen Kapitel dürfte einleuchten, daß, wenn Mercurius bloß als Hg verstanden worden wäre, er keinerlei Andersbenennungen bedurft hätte. Daß aber dieses Bedürfnis bestand, was wir bis jetzt an zwei Beispielen gesehen haben, weist unzweideutig darauf hin, daß eine einfache und unmißverständliche Bezeichnung keineswegs genügte, um jenes zu benennen, das die Alchemisten im Auge hatten, wenn sie von Mercurius sprachen. Es war gewiß schon das Quecksilber, aber ein ganz besonderes Quecksilber, «unser» Mercurius, jenes Dahinter oder Darin, jenes humidum oder jene Essenz oder jenes Prinzip im Quecksilber, eben jenes Unfaßbare, Faszinierende, Irritierende und Evasive, das eine unbewußte Projektion an sich hat. Der «philosophische» Merkur, dieser «servus fugitivus» (flüchtiger Sklave) oder «cervus fugitivus» (flüchtiger Hirsch) ist ein bedeutungsschwerer unbewußter Inhalt, der, wie schon die wenigen Andeutungen in den Kapiteln B. und C. zeigen, sich in eine umfassende psychologische Problematik zu verästeln droht. Der Begriff dehnt sich gefährlich aus, und man beginnt zu ahnen, daß man das Ende dieser Ausdehnung noch längst nicht erreicht hat. Wir wollen daher nicht vorschnell auf Grund der wenigen bisherigen Andeutungen den Begriff auf einen bestimmten Sinn festlegen, sondern uns vielmehr vorerst damit begnügen, daß der «philosophische» Merkur, der den Alchemisten als arkane Wandlungssubstanz so besonders am Herzen liegt, offenbar jene Projektion des Unbewußten darstellt, die jeweils dann eintritt, wenn sich der forschende Verstand bei mangelnder Selbstkritik mit einer unbekannten Größe beschäftigt.

260 Wie wir aus einigen Andeutungen bereits ersehen konnten, ist den Alchemisten die *psychische* Natur ihrer Arkansubstanz nicht entgangen, ja sie haben sie sogar direkt als «Geist» und «Seele» bezeichnet. Da diese Begriffe aber stets – und dies ganz besonders in früherer Zeit – vieldeutig waren, so müssen wir sie in ihrem alchemistischen Gebrauch mit einiger Umsicht und Kritik behandeln, um mit zureichender Sicherheit feststellen zu können, was jeweils mit den Termini «spiritus» und «anima» gemeint ist.

a. Mercurius als Luftgeist

Hermes als ursprünglicher Windgott und der ihm entsprechende ägyptische Thot, der die Seelen «atmen macht»[56], sind die Vorlagen für den alchemistischen Mercurius in seiner Luftgestalt. Vielfach gebrauchen die Texte den Terminus πνεῦμα und spiritus im ursprünglichen konkreten Sinn von «bewegter Luft». Wenn also der Mercurius im *«Rosarium philosophorum»* (15. Jahrhundert)[57] als «spiritus aëreus» (luftig) und als «volans» (fliegend) bezeichnet wird, so will dies zunächst nichts anderes als einen gasförmigen Aggregatzustand bezeichnen, ebenso die Bezeichnung bei HOGHELANDE (16. Jahrhundert) «totus aëreus et spiritualis» (gänzlich luftig und geistig)[58]. Ähnliches bedeutet der poetische Ausdruck «serenitas aërea» (luftige Heiterkeit) auf der sogenannten *Ripley Scrowle*[59] und die Aussage beim selben Autor, daß Mercurius in Wind verwandelt werde[60]. Er ist der «lapis elevatus cum vento» (der Stein, der mit dem Wind emporgehoben wird)[61]. Die Bezeichnung als «spirituale corpus» (geistiger Körper) dürfte auch kaum mehr als «Luft» meinen[62], ebenso die Benennung «spiritus visibilis..., tamen impalpabilis» (ein sichtbarer und dennoch untastbarer Geist)[63], wenn man an die schon erwähnte Dampfnatur des Mercurius denkt. Auch «spiritus prae cunctis valde purus» (ein vor allem sehr reiner Geist)[64] dürfte nicht weitergehen. Etwas zweifelhaft ist die Bezeichnung «incombustibilis» (unverbrennbar)[65], insofern diese gerne mit «incorruptibilis» (unverderblich) als synonym gebraucht wird und dann «ewig» bedeutet, wie wir unten noch sehen werden. Die Körperlichkeit schlechthin hebt der Paracelsusschüler PENOTUS (16. Jahrhundert) hervor, indem er vom Mercurius sagt, er sei «nichts anderes als der in der Erde körper-

---

[56] Diese Eigenschaft des Mercurius wird hervorgehoben von *Aurora consurgens* in: *Art. aurif.* I, p. 190: «Quinto mense... spiracula facit» (er macht ⟨beim Foetus⟩ im fünften Monat die Atemlöcher).
[57] *Ros. phil.* in: *Art. aurif.* II, pp. 252 und 271.
[58] *De alch. diff.* in: *Theatr. chem.* (1602) I, p. 183.
[59] 16. Jh. British Museum, Ms. Additional 10302.
[60] RIPLEY, *Opera*, p. 35.
[61] *Tract. aureus* in: *Mus. herm.*, p. 39.
[62] *Ros. phil.* in: *Art. aurif.* II, p. 282 f.
[63] BASILIUS VALENTINUS, *Practica* in: *Mus. herm.*, p. 404.
[64] *Introitus ap.*, l. c., p. 654.
[65] *Ros. phil.* in: *Art. aurif.* II, p. 252.

lich gemachte Geist der Welt»[66]. Dieser Ausdruck zeigt wie nichts anderes die für modernes Denken unfaßliche Kontamination zweier getrennter Welten, nämlich der von Geist und Stoff, denn spiritus mundi ist auch für den mittelalterlichen Menschen der «Weltgeist», der die Natur durchwaltet, und nicht bloß ein penetrierendes Gas. Wir befinden uns in der gleichen Verlegenheit, wenn ein anderer Autor, MYLIUS, in seiner *«Philosophia reformata»*, den Mercurius als «media substantia» (mittlere Substanz)[67] bezeichnet, offenbar synonym mit seinem Begriff von «anima media natura» (Seele als mittlere Natur), denn für ihn ist Mercurius «spiritus et anima corporum»[68].

b. Mercurius als Seele

262 «Seele» (anima) stellt einen höheren Begriff dar als «Geist» im Sinne von Luft oder Gas. Auch als «subtle body» oder «Hauchseele» bedeutet sie etwas Immaterielles oder «Feineres» als bloße Luft. Zudem ist ihre essentielle Eigenschaft das Belebende und Belebtsein. Sie stellt daher gerne das *Lebensprinzip* dar. Der Mercurius wird oft als «anima» (und daher als femininum, zum Beispiel als «foemina» oder «virgo») bezeichnet, etwa als «nostra anima»[69], wobei das «unsere» nicht etwa «unsere» Psyche bedeuten will, sondern ähnlich wie «aqua nostra, Mercurius noster, corpus nostrum» auf die Arkansubstanz weist.

263 Anima erscheint häufig verbunden und mit spiritus gleichgesetzt[70]. Auch der Geist hat die Lebensqualität der Seele, daher wird Mercurius der «spiritus vegetativus»[71] (Lebensgeist) oder «Spiritus seminalis» (Samengeist)[72] genannt. Eine eigenartige Bezeichnung findet sich in jener Fälschung des

---

[66] 16. Jh. «Nihil aliud est quam spiritus mundi corporeus in ventre terrae factus». (*Additio* in: *Theatr. chem.*, 1602, I, p. 681.)

[67] p. 183.

[68] pp. 19 und 308 [sinngemäß wiedergegeben].

[69] *Tract. aureus* in: *Mus. herm.*, p. 39.

[70] Z. B. MYLIUS, *Phil. ref.*, p. 308: «⟨Mercurius est⟩ spiritus et anima corporis» [sinngemäß wiedergegeben]. Das gleiche bei LAURENTIUS VENTURA in: *Theatr. chem.* (1602) II, p. 332, und im *Tractatus Micreris* in: *Theatr. chem.* (1622) V, p. 104.

[71] AEGIDIUS DE VADIS, *Dialogus inter naturam et filium philosophiae* in: *Theatr. chem.* (1602) II, p. 119.

[72] PHILALETHA, *Metall. metamorph.* in: *Mus. herm.*, p. 766.

18. Jahrhunderts, welche das geheime Buch des ABRAHAM LE JUIF, erwähnt bei NICOLAS FLAMEL (14. Jahrhundert), darstellen soll: nämlich «spiritus Phytonis» (von φύω zeugen, φυτόν Geschöpf, φύτωρ Erzeuger, und Python, delphische Schlange) geschrieben mit dem Schlangenzeichen Ω [73]. Stark an Stoffliches streifend, ist die Definition des Mercurius als «belebende Kraft, welche gleichsam wie ein die Welt ⟨zusammenhaltender⟩ Leim ist und zwischen Geist und Körper die Mitte hält» [74]. Diese Auffassung entspricht der Definition des Mercurius bei MYLIUS als «anima media natura». Von hier ist es nur noch ein Schritt zur Gleichsetzung des Mercurius mit der «anima mundi» (Weltseele) überhaupt [75], als welche ihn schon AVICENNA (Text 12.–13. Jahrhundert?) bezeichnet habe. «Es sei dieser der Geist des Herrn, der den Erdkreis erfülle und zu Anfang auf den Wassern schwamm (supernatarit). Sie nennen ihn auch den Geist der Wahrheit, der vor der Welt verborgen ist [76].» Ein anderer Text sagt, Mercurius sei der «überhimmlische (supracoelestis) Geist, der mit dem Lichte verbunden (maritatus!) sei und mit Recht anima mundi geheißen werden könne» [77]. Wie aus einer Reihe von Texten hervorgeht, beziehen sich die Alchemisten mit ihrem Begriff der anima mundi auf die Weltseele in PLATONS *«Timaios»* einerseits, andererseits aber auf den Heiligen Geist (spiritus veritatis), der schon bei der Schöpfung zugegen war und die Rolle des φύτωρ in bezug auf die Schwängerung der Wasser mit Lebenskeimen gleich wie später auf höherer Stufe bei der obumbratio Mariae erfüllte [78]. An anderer Stelle lesen wir, daß eine Lebenskraft im nichtgewöhnlichen (non vulgaris) Merkur, der gleich wie weißer fester Schnee fliege, wohne. Er sei ein gewisser Geist der makrokosmischen und mikrokosmischen Welt, von dem an zweiter Stelle nach der anima rationalis die Beweglichkeit und Flüssigkeit selbst der menschlichen Natur abhänge [79]. Der Schnee weist auf den Mercurius depuratus im Zustand der «albedo» (der Weiße, respektive Reinheit vulgo «Geistigkeit»); auch hier begegnen wir wieder der Identität von Geist und Stoff. Bemerkenswert ist die durch die Gegenwart des Mercurius bedingte

---

[73] ABRAHAM ELEAZAR, *Uraltes chymisches Werk,* p. 29 ff. Der Phyton ist «das Leben aller Dinge» (p. 34).
[74] HAPELIUS, *Aphorismi Basiliani* in: *Theatr. chem.* (1613) IV, p. 368,3.
[75] *Verus Hermes.*
[76] *Aquarium Sap.* in: *Mus. herm.,* p. 85.
[77] STEEBUS, *Coelum Sephiroticum,* p. 33.
[78] l. c., p. 39.
[79] HAPELIUS, l. c., p. 368,2.

Zweiheit der Seele: einerseits die von Gottvater dem Menschen gegebene (unsterbliche) Vernunftseele (anima rationalis), die diesen von den Tieren unterscheidet, und andererseits die (merkuriale) Lebensseele, die allem Anschein nach mit der inflatio oder inspiratio des Heiligen Geistes zusammenhängt: die psychologische Grundlage der zweierlei Erleuchtungsquellen.

c. Mercurius als Geist in unkörperlichem, metaphysischem Sinne

264 Es bleibt allerdings bei einer großen Anzahl von Stellen durchaus fraglich, ob mit spiritus (oder esprit, Übersetzung des Arabischen bei BERTHELOT) Geist im abstrakten Sinne gemeint ist[80]. Mit einiger Sicherheit ist dies bei DORNEUS (16. Jahrhundert) der Fall, sagt er doch selber, daß Mercurius in sich die Eigenschaft eines unverderblichen Geistes, der wie die Seele sei, besitze, und der wegen seiner Inkorruptibilität intellectualis (also dem mundus intelligibilis angehörig!) genannt werde[81]. Ein Text nennt ihn ausdrücklich spiritualis und hyperphysicus[82], und ein anderer sagt, «der Geist (des Mercurius) komme vom Himmel»[83]. LAURENTIUS VENTURA (16. Jahrhundert) dürfte sich wohl an das «Buch der Tetralogien» («*Platonis liber quartorum*») und damit an die neuplatonischen Gedankengänge der Schule von Harran anschließen, wenn er den Geist des Mercurius als «sibi omnino similis» (sich selber ganz und gar ähnlich) und als «simplex» (einfach) definiert[84], denn dieses harranitische Buch erklärt die Arkansubstanz als «res simplex» und setzt sie als identisch mit Gott[85].

265 Die älteste Erwähnung des merkurialen πνεῦμα findet sich in einem Ostaneszitat von beträchtlichem Alter (vorchristliche Datierung nicht ausgeschlossen!), wo es heißt: «Geh zu den Strömungen des Nil, und du wirst

---

[80] Z. B. bei DJĀBIR in: BERTHELOT, *La Chimie au moyen âge* III, p. 169 [Text: âme statt esprit]; *Ros. phil.* in: *Art. aurif.* II, p. 339; HOGHELANDE, *De alch. diff.* in: *Theatr. chem.* (1602) I, pp. 153 und 183.

[81] *Philosophia chemica* in: *Theatr. chem.* (1602) I, p. 474. Das gleiche in RIPLEY, *Axiomata philosophica*, l. c. (1602) II, p. 139.

[82] *Tract. aureus* in: *Mus. herm.*, p. 11. Hier aus BASILIUS VALENTINUS zitiert.

[83] STEEBUS, l. c., p. 137.

[84] *Theatr. chem.* (1602) II, p. 263.

[85] l. c. (1622) V, p. 145.

dort einen Stein finden, der einen Geist hat⁸⁶.» Mercurius wird bei ZOSIMOS als unkörperlich (ἀσώματον)⁸⁷, bei einem anderen Autor als ätherisch (αἰθερῶδες πνεῦμα) und als «verständig oder weise geworden» (σώφρωι γενομένη)⁸⁸ bezeichnet. In dem sehr alten Traktat «*Isis an Horus*» (1. Jahrhundert) wird das göttliche Wasser von einem Engel gebracht, ist also offenkundig himmlischen oder dämonischen Ursprungs, indem der «Engel» (ἄγγελος) Amnaël eine moralisch nicht ganz einwandfreie Figur ist, wie der Text ausweist⁸⁹. Daß für die Alchemisten die merkuriale Arkansubstanz eine (mehr oder weniger geheime) Beziehung zur Liebesgöttin hat, war nicht nur den Alten, sondern auch den Neueren bekannt. Im Buche des KRATES (ein arabisch überlieferter Alexandriner?) erscheint Aphrodite mit einem Gefäß, dessen Mündung unaufhörlich Quecksilber entströmt⁹⁰, und das zugrunde liegende Mysterium der «*Chymischen Hochzeit*» des ROSENCREUTZ⁹¹ ist dessen Besuch in der geheimen Kammer der schlafenden Venus.

Die Deutung des Mercurius als «Geist» und «Seele» weist trotz des Geist-Körper-Dilemmas unwiderruflich auf die Tatsache hin, daß die Alchemisten selber ihre Arkansubstanz als etwas empfanden, das wir heute als *psychisches Phänomen* bezeichnen. Was nämlich immer «Geist» oder «Seele» sonst noch sein mögen, phänomenologisch sind sie «psychische» Gebilde. Die Alchemisten werden es nicht müde, immer wieder auf die psychische Natur ihres Mercurius hinzuweisen. Unsere bisherige Betrachtung hat sich mit den statistisch wohl häufigsten Synonymen des Mercurius, nämlich Wasser, Feuer, Geist-Seele, beschäftigt, woraus der Schluß möglich wird, daß es sich um einen psychischen Tatbestand handeln muß, welcher die Eigentümlichkeit einer antinomen Benennung besitzt beziehungsweise fordert. Wasser und Feuer sind klassische Gegensätze und können nur dann als Definitionen einer und derselben Sache taugen, wenn letztere die konträren Eigenschaften des Wassers und des Feuers in sich vereinigt. Das Psychologem «Mercurius» muß also essentiell aus einer antinomen Doppelnatur bestehen.

---

⁸⁶ BERTHELOT, *Alch. grecs*, III, VI, 5, pp. 129/121.
⁸⁷ l. c., XXVI, 5, pp. 194/190.
⁸⁸ l. c., IV, VII, 2, pp. 276/265.
⁸⁹ l. c., I, XIII, 3, pp. 29/32. [Vgl. dazu Paragr. 97 ff. dieses Bandes.]
⁹⁰ BERTHELOT, *Chimie au moyen âge* III, p. 63.
⁹¹ [Fünfter Tag, p. 78.]

E. MERCURIUS ALS DOPPELNATUR

267 Mercurius ist, der Hermestradition entsprechend, vielseitig, wandelbar und täuschend, «varius ille Mercurius» (jener wankelmütige Mercurius) sagt DORNEUS[92], und ein anderer nennt ihn «versipellis» (seine Gestalt verändernd respektive verschmitzt)[93]. Er gilt allgemein als doppelt (duplex)[94]. Es heißt von ihm, er «laufe über den Erdkreis hin und erfreue sich gleichermaßen der Gesellschaft der Guten wie der Bösen»[95]. Er ist die «zwei Drachen»[96], er ist der «Zwilling» (geminus)[97], aus «zwei Naturen»[98] oder «Substanzen»[99] entstanden. Er ist der «Gigas geminae substantiae», wozu der Text erläuternd *Matthäus* 26 setzt[100]. Dieses Kapitel enthält die Abendmahleinsetzung, womit die Christusanalogie deutlich wird. Die beiden Substanzen des Mercurius sind als ungleich, respektive als gegensätzlich gedacht: als der Drache ist er «fliegend und ohne Flügel»[101], und es heißt von ihm in einer Parabel: «Auf diesem Berge liegt ein immer wachender Drache, der παντόφθαλμος (überall mit Augen versehen) genannt wird, denn er ist auf beiden Seiten des Körpers, vorne und hinten, voll Augen und schläft teils mit geschlossenen, teils mit offenen Augen[102].» Der Mercurius wird unterschieden als «der gewöhnliche und der philosophische»[103], er besteht aus «trockenem Erdhaftem und feuchtem Dickflüssigem»[104]. Zwei Elemente sind in ihm passiv, nämlich Erde und Wasser, und zwei aktiv, nämlich Luft und Feuer[105]. Er ist gut und böse[106]. Eine anschauliche Schilderung entwirft die «*Aurelia occulta*»[107]:

[92] *Congeries Paracelsicae chemicae* in: *Theatr. chem.* (1602) I, p. 533.
[93] AEGIDIUS DE VADIS, *Dialogus* in: *Theatr. chem.* (1602) II, p. 118.
[94] Z. B. *Aquarium sap.* in: *Mus. herm.*, p. 84; BERNARDUS TREVISANUS, *De alchemia* in: *Theatr. chem.* (1602) I, p. 787; MYLIUS, *Phil. ref.*, p. 176 usw.
[95] *Aurelia occulta* in: *Theatr. chem.* (1613) IV, p. 574.
[96] *Brevis manuductio* in: *Mus. herm.*, p. 788.
[97] VALENTINUS, *Practica* in: *Mus. herm.*, p. 425.
[98] MYLIUS, *Phil. ref.*, p. 18, und *Exercitationes in Turbam* in: *Art. aurif.* I, pp. 159 und 161.
[99] DORNEUS, *Duellum animi cum corpore* in: *Theatr. chem.* (1602) I, p. 475.
[100] *Aquarium sap.* in: *Mus. herm.*, p. 111.
[101] FLAMELLUS, *Summarium philosophicum* in: *Mus. herm.*, p. 172f.
[102] Man vergleiche damit die Schlangenvision des IGNATIUS VON LOYOLA und das Motiv der Vieläugigkeit, das ich in: *Der Geist der Psychologie* behandelt habe.
[103] *Tract. aureus* in: *Mus. herm.*, p. 25.
[104] *Consilium coniugii* in: *Ars. chem.* (12.–14. Jh. ?, ed. 1566), p. 59.
[105] *Ros. phil.* in: *Art. aurif.* II, p. 208.
[106] KHUNRATH, *Von hyl. Chaos*, p. 218.
[107] *Theatr. chem.* (1613) IV, p. 569.

«Ich bin der mit Gift durchtränkte Drache, der überall ist, und den man billig erwerben kann. Das, über dem ich ruhe, und das auf mir ruht, wird jener in mir erfassen, der nach den Regeln der Kunst seine Nachforschungen anstellt. Mein Wasser und Feuer zerstören und setzen zusammen; aus meinem Körper wirst du den grünen und den roten Löwen ausziehen. Aber wenn du mich nicht genau kennst, zerstörst du dir die fünf Sinne durch mein Feuer. Ein wachsendes Gift geht aus meiner Nase, das sehr vielen den Tod gebracht hat. Daher sollst du das Grobe vom Feinen mit Kunst trennen, wenn du dich nicht äußerster Armut erfreuen willst, Ich schenke dir die Kräfte des Männlichen und des Weiblichen, sogar auch die des Himmels und der Erde. Mit Mut und Großzügigkeit sind die Mysterien meiner Kunst zu handhaben, wenn du mich durch die Kraft des Feuers[108] überwinden willst, wobei schon sehr viele an Vermögen und Arbeit zu Schaden gekommen sind. Ich bin das Ei der Natur, das nur den Weisen bekannt ist, welche fromm und bescheiden aus mir den Mikrokosmos hervorbringen, welcher von Gott dem Allerhöchsten den Menschen zubereitet ist, aber nur den wenigsten ist er gegeben, während ihn die meisten vergeblich ersehnen: daß sie den Armen aus meinem Schatze Gutes tun und ihre Seele nicht an das vergängliche Gold hängen. Ich werde von den Philosophen Mercurius genannt; mein Gatte ist das (philosophische) Gold; ich bin der alte Drache, überall auf dem Erdkreis vorhanden, Vater und Mutter, Jüngling und Greis, sehr stark und schwach, Tod und Wiederherstellung, sichtbar und unsichtbar, hart, weich; ich steige in die Erde hinunter und in den Himmel hinauf, ich bin das Oberste und das Unterste, das Leichteste und das Schwerste; oft wird in mir die Ordnung der Natur verkehrt, was Farbe, Zahl, Gewicht und Maß anbelangt; ich enthalte das Licht der Natur (naturale lumen); ich bin dunkel und hell, ich gehe hervor aus Himmel und Erde; ich bin bekannt und existiere doch ganz und gar nicht[109]; alle Farben leuchten in mir und alle Metalle vermöge der Sonnenstrahlen. Ich bin der Sonnenkarfunkel, die edelste verklärte Erde, durch welche du Kupfer, Eisen, Zinn und Blei in Gold verwandeln kannst.»

Um seiner geeinten Doppelnatur willen wird Mercurius als Hermaphrodit bezeichnet. Bald wird sein Körper als weiblich und sein Geist als männlich erklärt, bald umgekehrt. Das «*Rosarium philosophorum*» hat zum Beispiel beide Versionen[110]. Als «vulgaris» ist er ein toter männlicher Körper, als «unser» Mercurius dagegen weiblich, geistig, lebendig und lebenspendend[111]. Er wird

---

[108] Ich lese «vi» statt «vim» des Textes.
[109] «... nihil omnino existens». Diese Paradoxie erinnert an das entsprechende indische asat (das Nichtseiende). Vgl. *Khāndogya-Upanishad* (*Sacred Books of the East* I, pp. 54 und 93).
[110] *Art. aurif.* II, pp. 239 und 249.
[111] *Introitus ap.* in: *Mus. herm.*, p. 653.

auch als Gatte und Gattin[112] oder als Braut beziehungsweise Geliebte und Bräutigam beziehungsweise Geliebter bezeichnet[113]. Die konträren Naturen des Mercurius werden oft Mercurius sensu strictiori und Sulphur (Schwefel) genannt, wobei ersterer weiblich, Erde und Eva, letzterer dagegen männlich, Wasser und Adam ist[114]. Bei DORNEUS ist er der «wahre hermaphroditische Adam»[115], und bei KHUNRATH ist er aus dem hermaphroditischen Samen des Makrokosmos gezeugt, als eine keusche Geburt aus der hermaphroditischen Materie[116] (= chaos, das heißt prima materia). MYLIUS nennt ihn «hermaphroditisches Monstrum»[117]. Als Adam ist er auch der Mikrokosmos schlechthin, oder gar das «Herz des Mikrokosmos»[118], oder er hat diesen gleichsam «in sich, wo auch die vier Elemente und die quinta essentia sind, welche sie den Himmel nennen»[119]. Die Bezeichnung «coelum» für den Mercurius stammt nicht etwa vom «firmamentum» des PARACELSUS, sondern findet sich schon bei JOHANNES DE RUPESCISSA (14. Jahrhundert)[120]. Mit «Microcosmus» ist synonym der Ausdruck «homo» für Mercurius, zum Beispiel «der philosophische Mensch von zweideutigem Geschlecht (ambigui sexus)»[121]. In den sehr alten *«Dicta Belini»* (Belinus oder Balinus ist ein verstümmelter APOLLONIUS VON TYANA) wird er als «der aus dem Flusse steigende Mensch»[122] bezeichnet, in wahrscheinlicher Anlehnung an die Esravision[123]. Im *«Splendor solis»* (16. Jahrhundert) findet sich eine entsprechende Abbildung[124]. Diese Vorstellung dürfte auf den babylonischen Weisheitslehrer Oannes zurückgehen. Die Bezeichnung des Mercurius als der «hohe

---

[112] *Gloria mundi*, l. c., p. 250.
[113] *Aurora consurgens* I, Kp. XII, Parabel VII [hg. MARIE-LOUISE VON FRANZ].
[114] RULANDUS, *Lex. alch.*, p. 47.
[115] *De genealogia mineralium* in: *Theatr. chem.* (1602) I, p. 578.
[116] *Von hyl. Chaos*, p. 62.
[117] *Phil., ref.*, p. 19.
[118] HAPELIUS, l. c., p. 368.
[119] MYLIUS, l. c., p. 5.
[120] Quintessenz = Himmel. RUPESCISSA, *La Vertu et la propriété de la quinte essence*, p. 15. Das «Erz der Philosophen» werde wie der «Himmel», heißt es im *Tractatus Micreris* in: *Theatr. chem.* (1622) V, p. 112.
[121] KHUNRATH, *Von hyl. Chaos*, p. 195.
[122] MANGETUS, *Bibliotheca chemica curiosa* I, p. 478b.
[123] KAUTZSCH, *Apokryphen und Pseudoepigraphen des Alten Testaments* II, 4. Esra 13,25 und 51, pp. 396 und 397.
[124] TRISMOSIN in: *Aureum vellus*, Die vierte Gleichnus, p. 23.

Mensch»[125] stimmt daher nicht übel mit dieser Aszendenz. Seine Bezeichnung als Adam und Mikrokosmos findet sich an vielen Orten[126], aber ganz unverblümt nennt ihn die ABRAHAM LE JUIF-Fälschung den Adam Cadmon[127]. Da ich bereits anderenorts diese unmißverständliche Fortsetzung der gnostischen Anthroposlehre in der Alchemie dargelegt habe[128], erübrigt sich hier ein besonderes Eintreten auf den entsprechenden Aspekt des Mercurius[129]. Immerhin muß ich nochmals betonen, daß die Anthroposidee zusammenfällt mit dem psychologischen Begriff des Selbst. Dies geht mit besonderer Evidenz aus der Atman- und Purusha-Lehre hervor, ebenso aus der Alchemie.

Ein anderer Aspekt der Gegensätzlichkeit des Mercurius ist die Charakterisierung als «senex» (Greis)[130] und als «puer» (Knabe)[131]. Die archäologisch festgestellte Greisengestalt des Hermes nähert ihn ohne weiteres dem Saturn an, welche Beziehung in der Alchemie eine beträchtliche Rolle spielt[132]. Mercurius besteht wirklich aus den äußersten Gegensätzen; einerseits ist er unzweifelhaft der Gottheit verwandt, andererseits wird er in den Kloaken gefunden. Bei dem Arabizans ROSINUS (= ZOSIMOS) ist er sogar der «terminus ani»[133]

---

[125] RULANDUS, *Lex. alch.*, p. 47.

[126] Z. B. DEE, *Monas hieroglyphica* in: *Theatr. chem.* (1602) II, p. 222, und *Ros. phil.* in: *Art. aurif.* II, p. 309.

[127] ELEAZAR, *Uraltes chymisches Werk*, p. 51. Adam Cadmon heißt «Urmensch». [Vgl. *Mysterium coniunctionis*, V.]

[128] *Paracelsus als geistige Erscheinung* [Paragr. 165 ff. dieses Bandes, und *Psychologie und Alchemie*, Sachregister s. v.].

[129] Gayomard ist ebenfalls eine Art von Vegetationsnumen, wie Mercurius, und wie dieser befruchtet er seine Mutter, die Erde. Der Boden, wo sein Leben zu Ende kam, wurde zu Gold, und wo seine verschiedenen Glieder sich auflösten, entstanden die verschiedenen Metalle. Siehe CHRISTENSEN, *Les Types du premier homme et du premier roi dans l'histoire légendaire des Iraniens*, pp. 26 und 29.

[130] Als «senex Draco» bei VALENTINUS in: *Practica* (*Mus. herm.*, p. 425). *Verus Hermes*, p. 15, 16. Mercurius ist hier auch mit dem gnostischen Namen «Vatermutter» bezeichnet.

[131] *De arte chimica* in: *Art. aurif.* I, p. 582. Als «regius puellus» in: *Introitus ap.* (*Mus. herm.*, pp. 658 und 655) usw.

[132] Vgl. Paragr. 274 ff. dieser Abhandlung.

[133] *Ad Sarratantam episcopum* in: *Art. aurif.* I, p. 310. Hier ist es der mit dem Mercurius identische lapis, der so bezeichnet wird. Der Kontext spricht gegen die Lesart «anni». Die bald darauf folgende Stelle «nascitur in duobus montibus» [er wird zwischen zwei Bergen geboren] weist auf *Tractatus Aristotelis* (*Theatr. chem.*, 1622, V, p. 880 ff.), wo der Defäkationsakt beschrieben ist. [Vgl. Paragr. 182, Anm. 139, dieses Bandes.] Vgl. die entsprechenden Abbildungen im Cod. Rhenovacensis zur *Aurora consurgens* II.

genannt. Im *Großen Bundahišn* heißt es, daß der After des Garodman «wie die Hölle in der Erde» sei [134].

F. MERCURIUS ALS EINHEIT UND DREIHEIT

270 Trotz der offenkundigen Doppelheit des Mercurius wird dessen Einheit, besonders in seiner Gestalt als Lapis, betont. Er ist «der Eine in der ganzen Welt» [135]. Die Einheit ist meist zugleich eine Dreiheit in deutlichster Anlehnung an die Trinität, obschon die Dreiheit des Mercurius nicht vom christlichen Dogma herstammt, sondern älteren Datums ist. Triaden finden sich schon im Traktat περὶ ἀρετῆς (Über die Kunst) des ZOSIMOS [136]. MARTIAL nennt Hermes «omnia solus et ter unus» (Alles allein und dreimal Einer) [137]. In Monakris (Arkadien) wurde ein Hermes tricephalus verehrt. Ebenso gibt es einen gallischen Mercurius tricephalus [138]. Dieser gallische Gott war auch ein Psychopompos. Die Dreiheit hat er überhaupt mit den Unterweltgöttern gemeinsam, so mit Typhon τρισώματος, Hekate τρισώματος und τριπρόσωπος [139] und den τριτοπάτορες mit ihren Schlangenleibern. Letztere sind bei CICERO [140] die drei Söhne des Zeus βασιλεύς, des «rex antiquissimus» [141]. Sie heißen «Urgroßväter» und sind Windgötter [142]; offenbar mit der gleichen Logik, mit der bei den Hopi-Indianern die (chthonischen) Schlangen zugleich die himmlischen, regenverkündenden Blitze sind. KHUNRATH nennt ihn «triunus» (dreieiniger) [143] und «ternarius» (Dreizahl) [144]. MYLIUS bildet

[134] Kp. XXVII. REITZENSTEIN UND SCHAEDER, *Studien zum antiken Synkretismus aus Iran und Griechenland,* p. 119.
[135] *Ros. phil.* in: *Art. aurif.* II, p. 253.
[136] BERTHELOT, *Alch. grecs,* III, VI, 18, pp. 136/132 f. «Die Monade ⟨Natur⟩ der Zusammensetzung ⟨führt⟩ zur unzertrennbaren Trias, und hinwieder ⟨führt⟩ die zusammengesetzte Trias zur auseinandergefallenen Trias und schafft den Kosmos durch das Vorausdenken (προνοίᾳ) der erstschaffenden Ursache und den Demiurgen der Schöpfung, weshalb dieser auch τρισμέγιστος ⟨dreimal Größter⟩ heißt, da er triadisch das Geschaffene und das Schaffende angeschaut hat.»
[137] REITZENSTEIN, *Hellenistische Mysterienreligionen,* p. 14.
[138] REINACH, *Cultes, Mythes et religions* III, p. 160 f.
[139] SCHWEITZER, *Herakles,* p. 84 ff.
[140] *De natura deorum,* 3, 21,53.
[141] Es gibt auch einen Zeus triops.
[142] ROSCHER, *Lexicon der griech. und röm. Mythologie* V, Kol. 1208 und 1209.
[143] *Von hyl. Chaos,* Biij v° und p. 199.
[144] l. c., p. 203.

ihn als dreiköpfige Schlange ab[145]. Das «*Aquarium sapientum*» sagt, daß er eine «dreieinige, universale Essenz sei, welche Jehova[146] genannt werde. Er sei göttlich und zugleich menschlich[147].

Man muß aus diesen Hinweisen den Schluß ziehen, daß Mercurius nicht nur eine Entsprechung Christi, sondern auch der dreieinigen Gottheit überhaupt ist. Die «*Aurelia occulta*» nennt ihn «Azoth», welchen Ausdruck sie folgendermaßen erklärt: «Er ⟨Mercurius⟩ ist nämlich das A und das O, überall gegenwärtig. Die Philosophen haben mich mit dem Namen Azoth geschmückt, von den Lateinern A und Z gesprochen, von den Griechen α und ω, von den Hebräern aleph und thau, welche Namen die Summe ergeben:

$$A \left\{ \begin{array}{c} Z \\ \omega \\ ת \end{array} \right\} \text{ Azoth}»^{148}.$$

Diese Parallelisierung läßt an Deutlichkeit zu wünschen übrig. Ebenso unmißverständlich drückt sich der anonyme Kommentator des «*Tractatus aureus*» aus: Aus dem «coelum Philosophicum infinita astrorum multitudine mirifice exornatum»[149] gehen alle Dinge hervor; es ist das verkörperte Schöpferwort, der Johanneische Logos, ohne den «nichts gemacht ist, was gemacht ist». Der Autor sagt wörtlich: «So ist allen Dingen das Wort der Erneuerung unsichtbar inhärent, was allerdings in den elementaren und dichten Körpern nicht offenbar ist, wenn sie nicht zur fünften oder himmlischen und astralen Essenz zurückgeführt werden. So ist dieses Wort der Erneuerung jener Same des Versprechens oder der Himmel der Philosophen, der in den unendlichen Lichtern der Gestirne strahlt[150].» Der Mercurius ist der weltgewordene Logos. Die Darstellung dürfte darauf hinweisen, daß er im Grunde genommen mit dem kollektiven Unbewußten identisch ist, denn der Sternhimmel

---

[145] *Phil. ref.*, p. 96.

[146] Diese eigentümliche Bezeichnung meint den Demiurgen, den saturnischen Jaldabaoth, der mit dem «Judengott» in Beziehung stand.

[147] In: *Mus. herm.*, p. 112.

[148] *Theatr. chem.* (1613) IV, p. 575.

[149] [mit einer Unzahl Gestirne wunderbar geschmückten philosophischen Himmel] l. c., p. 696 [Bibelzitat: *Jo.* 1,3 (LUTHER-Bibel)].

[150] «... sic omnibus rebus Verbum regenerationis invisibiliter quidem inhaeret; quod tamen in elementaribus et crassis corporibus non manifestatur, nisi reducantur in essentiam quintam sive naturam coelestem et astralem. Hoc itaque regenerationis verbum, est semen istud pro missionis, sive coelum Philosophorum, infinitis astrorum luminibus nitidissimum.» (*Tract. aureus cum scholiis* in: *Theatr. chem.*, 1613, IV, p. 697)

scheint, wie ich in meiner Abhandlung *«Der Geist der Psychologie»*[151] zu zeigen versucht habe, eine Veranschaulichung der eigentümlichen Beschaffenheit des Unbewußten zu sein. Da Mercurius sehr häufig als «filius» (Sohn) bezeichnet wird, so steht seine vorwiegende Sohnschaft außer Frage[152]. Er verhält sich daher zu Christus wie ein Bruder und zweiter Gottessohn, der aber der Zeit nach als der Ältere gelten muß und daher der Erstgeborene wäre. Diese Idee weist zurück auf die Vorstellungen der Eucheten bei MICHAEL PSELLUS (1050)[153] vom ersten Gottsohn (Satanaël)[154] und Christus als zweitem[155]. Zugleich aber verhält sich Mercurius nicht nur als Gegenstück oder Widerpart Christi (insofern er «Sohn» ist), sondern auch als Widerpart der Trinität überhaupt, insofern er als (chthonische) Dreieinigkeit aufgefaßt wird. Letzterer Auffassung entsprechend wäre er die eine Hälfte der Gottheit. Er ist zwar die dunkle, chthonische Hälfte, aber nicht das Böse schlechthin, denn er wird «gut *und* böse» genannt oder ein «System der oberen Kräfte im Unteren». Er deutet auf jene Doppelfigur hin, welche hinter der Gestalt des Christus und des Diabolus zu stehen scheint, nämlich auf den rätselvollen Luzifer, welcher zugleich ein Attribut des Teufels und Christi ist. *Apokalypse* 22,16 sagt Jesus von sich selber: «Ego sum radix et genus David, stella splendida et matutina.»

Eine mit großer Häufigkeit von Mercurius ausgesagte Eigentümlichkeit, die ihn unzweifelhaft der Gottheit, und zwar dem primitiven Schöpfergott nähert, ist seine Fähigkeit, sich selber zu erzeugen. In dem Traktat der *Allegorien über die Turba* heißt es von Mercurius: «Die Mutter hat mich geboren, und sie selber wird von mir erzeugt[156].» Als Drache, das heißt als Ouroboros,

---

[151] Vgl. Bibliographie.

[152] Vgl. z. B. *Ros. phil.* in: *Art. aurif.* II, p. 248: «... filius ... coloris coelici» [der Sohn von himmlischer Farbe] [zit. aus dem *Secretum* des HALI] KHUNRATH, *Von hyl. Chaos:* «filius macrocosmi», passim; «unigenitus», p. 59. PENOTUS, *De medicamentis chemicis* in: *Theatr. chem.* (1602) I, p. 681: «... filius hominis fructus et virginis» [Menschensohn, Frucht auch der Jungfrau].

[153] *De daemonibus* (übers. von MARSILIUS FICINUS), fol. N V^vo.

[154] Vgl. hierzu den Bericht über die Bogumilen bei EUTHYMIOS ZIGADENOS, *Panoplia docmatica,* MIGNE P. G. CXXX, col. 129 ff.

[155] Die Doppelheit der Sohnschaft scheint sich schon bei den Ebionäern des EPIPHANIUS anzukündigen: «Zwei aber, behaupten sie, seien von Gott aus aufgestellt worden, der eine ⟨sei⟩ der Christus, der andere der Teufel.» (*Panarium*, XXX, 16,2)

[156] In: *Art. aurif.* I, p. 151, Aenigma V. In den *Contes del Graal* des CHRETIEN DE TROYES wird das gleiche von Gott ausgesagt: «Ce doint icil glorïeus pere / Qui de sa fille fist sa mere.» (HILKA, *Der Percevalroman,* Z. 8299 f., p. 372)

schwängert, erzeugt, gebiert, verzehrt und tötet er sich selbst, auch «erhöht er sich durch sich selber», wie das «*Rosarium*» sagt[157], und damit wird das Mysterium des göttlichen Opfertodes paraphrasiert. Man kann in diesem Fall wie in einer Reihe von ähnlichen Andeutungen nicht ohne weiteres annehmen, daß solche Schlußfolgerungen den mittelalterlichen Alchemisten in dem Maße bewußt gewesen wären, wie sie es etwa uns sind. Aber der Mensch und durch ihn das Unbewußte sagen ja viel aus, das nicht notwendigerweise in allen seinen Implikationen bewußt sein muß. Trotz dieser einschränkenden Bemerkung möchte ich aber den Eindruck vermeiden, als ob die Alchemisten sich ihres Denkens ganz und gar unbewußt gewesen wären. Wie wenig dies der Fall war, dürften die obigen Zitate zur Genüge zeigen. Obschon der Mercurius in sehr vielen Texten als trinus et unus gilt, so hat er doch auch stärksten Anteil an der *Quaternität* des Lapis, mit dem er im wesentlichen identisch ist. Er weist also die Züge jener seltsamen Verlegenheit auf, welche das Problem von 3 und 4 darstellt. Es ist das bekannte änigmatische *Axiom der Maria Prophetissa*. Es gibt einen klassischen Hermes tetracephalus[158] wie einen tricephalus. Der Grundriß des ssabischen Merkurtempels war ein Dreieck in einem Rechteck[159]. In den Scholien zum «*Tractatus aureus*» ist das Merkursymbol ein Quadrat in einem Dreieck, letzteres von einem Kreis (= Ganzheit) umschlossen[160].

G. DIE BEZIEHUNGEN DES MERCURIUS ZUR ASTROLOGIE UND ZUR ARCHONTENLEHRE

Eine der Wurzeln der eigentümlichen Mercuriusphilosophie liegt wohl unzweifelhaft in der alten Astrologie und in der aus ihr abgeleiteten gnostischen Archonten- und Äonenlehre. Zum Planeten Merkur steht er im Verhältnis der mystischen Identität, die entweder als kaum zu scheidende Kontamination oder wenigstens durch eine Geistidentät vermittelt erscheint. In ersterem Fall ist das Quecksilber einfach der Planet Merkur, wie er in der Erde erscheint (so wie das Gold einfach die Sonne in der Erde ist)[161]; in letzterem Fall ist es der «Geist» des Quecksilbers, der mit dem entsprechenden Planetengeist

273

---

[157] *Art. aurif.* II, p. 339: «... sublimatur per se».
[158] SCHWEITZER, *Herakles*, p. 84 [vierköpfig – dreiköpfig].
[159] CHWOLSOHN, *Die Ssabier und der Ssabismus* II, p. 367.
[160] MANGETUS, *Bibl. chem. curiosa* I, p. 409 a.
[161] MAIER, *De circulo physico quadrato*, p. 3.

identisch ist. Beide Geister, respektive dieser eine Geist wurde personifiziert und zum Beispiel um Beistand angerufen oder als Paredros (spiritus familiaris) zur Dienstleistung magisch hergezwungen. Wir besitzen innerhalb der alchemistischen Tradition noch die entsprechenden Anweisungen zu solchen Prozeduren im harranischen Traktat *«Clavis maioris sapientiae»* des ARTEPHIUS[162], welche mit den Beschreibungen der von DOZY-DE GOEJE erwähnten Invokationen übereinstimmen[163]. Ebenso finden sich Andeutungen von solchen Prozeduren im *«Liber quartorum»*[164]. Damit steht die Nachricht in Parallele, wonach DEMOKRITOS das Geheimnis der Hieroglyphen vom Genius des Planeten Merkur erhalten habe[165]. Der Geist Mercurius erscheint hier in der Rolle des Mystagogen wie im *Corpus hermeticum* oder wie in den Träumen des ZOSIMOS. Dieselbe Rolle spielt er in der bemerkenswerten Traumvision der *«Aurelia occulta»*, wo er als Anthropos mit der Gestirnskrone erscheint[166]. Als kleiner Stern in Sonnennähe ist er das Kind von Sonne und Mond[167]. Er ist aber umgekehrt auch der Erzeuger seiner Eltern, Sonne und Mond[168], oder, wie der Traktat des WEI PO-YANG (um 142 p. Chr. n.) bemerkt, das Gold habe seine Eigenschaften vom Mercurius[169]. (Wegen der Kontamination ist der astrologische Mythus eben immer auch chemisch gedacht.) Vermöge seiner halbweiblichen Natur wird Mercurius oft mit dem Monde[170] und der Ve-

---

[162] In: *Theatr. chem.* (1613) IV, p. 221 ff.

[163] *Nouveaux documents pour l'étude de la religion des Harraniens,* p. 341.

[164] In: *Theatr. chem.* (1622) V, p. 114 ff.

[165] BERTHELOT, *Alch. grecs,* Introduction, p. 236.

[166] *Theatr. chem.* (1613) IV, p. 579. Er entspricht der «stella septemplex», die am Schluß des Werkes erscheint (l. c., p. 576): «... coquito, donec stella septemplex appareat, per sphaeram circumcursitando» usw. [koche so lange, bis der siebenfache Stern erscheint, der in der Sphäre herumkreist]. Vgl. damit die altchristliche Vorstellung von Christus als Reigenführer der Gestirne.

[167] *Tabula smaragdina, Ros. phil.* in: *Art. aurif.* II, p. 253, und MYLIUS, *Phil. ref.,* p. 101.

[168] *Allegoriae super librum Turbae* in: *Art. aurif.* I, p. 155: «origo Solis». VENTURA, *De ratione conficiendi lapidis* in: *Theatr. chem.* (1602) II, p. 337: «... oritur simul sol cum luna in ventre Mercurij» [die Sonne geht gleichzeitig mit dem Mond im Schoße des Merkur auf].

[169] *An Ancient Chinese Treatise,* p. 241.

[170] *Epistola ad Hermannum* in: *Theatr. chem.* (1622) V, p. 893; *Gloria mundi* in: *Mus. herm.* pp. 224 und 244. Als Arkansubstanz magnesia heißt er «Luna plena» [Vollmond] in: *Ros. phil.* (*Art. aurif.* II, p. 231) und «succus lunariae» (l. c., p. 211). Er ist vom Monde heruntergefallen. BERTHELOT, *Alch. grecs,* III, VI, 9, pp. 133/125. Das signum des Mercurius ist ☽ im *Buch des Krates* (BERTHELOT, *La Chimie au moyen âge* III, p. 48). In den griechischen Zauberpapyri wird Hermes als «Kreis des Mondes» angerufen (PREISENDANZ, *Papyri Graecae magicae,* V, p. 401).

nus[171] identifiziert. Als seine eigene göttliche consors wird er leicht zur Liebesgöttin, wie er als Hermes ithyphallikos ist. Er wird auch als «virgo castissima» bezeichnet[172]. Die Beziehung des Quecksilbers zum Monde, das heißt zum Silber, ist augenfällig. Mercurius als der στίλβων (Schimmernde oder Strahlende), der wie die Venus am Morgen- oder Abendhimmel in unmittelbarer Sonnennähe erscheint, ist wie diese ein φωσφόρος, lucifer, ein Lichtbringer. Er kündigt, wie der Morgenstern, nur noch viel unmittelbarer, das kommende Licht an.

Eine für die Deutung des Mercurius vor allem wichtige Beziehung ist die zum Saturn. Mercurius als Greis ist mit dem Saturn identisch, wie denn auch vielfach, namentlich bei den Alten, nicht das Quecksilber, sondern das dem Saturn verbundene Blei die prima materia darstellt. Im arabischen Text der «*Turba*»[173] ist das Quecksilber identisch mit dem «Wasser des Mondes und des Saturn». In den «*Dicta Belini*» sagt Saturn: «Mein Geist ist das Wasser, das alle erstarrten Glieder meiner Brüder löst[174].» Es handelt sich um das «ewige Wasser», welches eben der Merkur ist. RAYMUNDUS LULLIUS bemerkt, daß «ein gewisses goldfarbenes Öl aus dem philosophischen Blei ausgezogen werde»[175]. Bei KHUNRATH ist Mercurius das «Salz» des Saturn[176], oder Saturn ist schlechthin der Mercurius. Saturn «schöpft das ewige Wasser»[177]. Wie jener ist auch Saturn ein Hermaphrodit[178]. Saturn ist «ein Greis auf einem Berge; in ihm sind die Naturen mit ihrem Komplement verbunden ⟨nämlich die vier

274

---

[171] Vision des KRATES in: BERTHELOT, *La Chimie au moyen âge* III, p. 63. Als Adam mit Venus (sic!) im Bade (VALENTINUS, *Practica* in: *Mus. herm.*, p. 425). Als sal Veneris, grüner und roter Löwe = Venus (KHUNRATH, *Von hyl. Chaos*, pp. 91 und 93). Körperlicher Merkur = Venus (*Ros. phil.* in: *Art. aurif.* II, p. 239). Die Substanz des Mercurius besteht aus Venus (MYLIUS, *Phil. ref.*, p. 17). Wie seine Mutter Venus die «matrix corrupta» ist, ist er als Sohn der «puer leprosus» (*Rosinus ad Sarratantam* in: *Art. aurif.* I, p. 318). In den Zauberpapyri ist erwähnt, daß dem Aphroditetag Hermes zugeordnet ist (PREISENDANZ, l. c. II, p. 120). Die Attribute der Venus sind identisch mit denen des Merkur, nämlich Schwester, Braut, Luft, das Grüne, grüner Löwe, Phönix bei Al-Iraqi (HOLMYARD [Hg.], *Kitāb al-'ilm al-muktasab*, p. 420).

[172] *Aurelia occulta* in: *Theatr. chem.* (1613) IV, p. 546.

[173] RUSKA [Hg.], *Turba philosophorum*, p. 204, Anm. 5.

[174] *Art. aurif.* II, p. 379. Idem DORNEUS, *De transmutatione metallorum*, p. 640.

[175] Zit. bei MYLIUS, *Phil. ref.*, p. 302.

[176] *Von hyl. Chaos*, p. 197.

[177] *Aenigma philosophorum* in: *Theatr. chem.* (1613) IV, p. 520.

[178] KHUNRATH, *Von hyl. Chaos*, p. 195.

Elemente⟩... und all das im Saturn»[179]. Das gleiche wird auch von Merkur ausgesagt. Saturn ist der Vater und Ursprung des Merkur, daher heißt letzterer «Saturnia proles» (Saturnkind)[180]. Das Quecksilber kommt vom «Herzen des Saturn oder ist der Saturn»[181], oder aus der Pflanze Saturnia wird «ein helles Wasser» extrahiert: «das vollkommenste Wasser und die Blüte der Welt»[182]. Diese Aussage des Canonicus von Bridlington, Sir GEORGE RIPLEY, steht in auffälligster Parallele zur gnostischen Lehre, daß Kronos (Saturn) eine «wasserfarbene (ὑδατόχρους) Kraft» sei, welche alles zerstört, denn «Wasser ist Zerstörung»[183].

275 Wie der Planetengeist des Merkur, so ist auch der Geist des Saturn «sehr passend zu diesem Werke»[184]. Bekanntlich ist eine der Wandlungsfiguren des Merkur im alchemistischen Prozeß der Löwe, bald grün, bald rot. Diese Wandlung wird von KHUNRATH als das Hervorlocken des Löwen aus der Höhle des saturnischen Berges bezeichnet[185]. Der Löwe ist nämlich seit alters und in erster Linie dem Saturn zugeordnet[186]. Er ist der «Leo de Tribu Catholica»[187] (eine Paraphrase zu «leo de tribu Juda», einer allegoria Christi[188]!). KHUNRATH nennt Saturn den «Löw Grün und Roth»[189]. Im Gnostizismus ist Saturn der oberste Archon, der löwenköpfige Jaldabaoth[190] (zu deutsch: «Kind des Chaos»). Wörtlich das Kind des Chaos, in der Sprache der Alchemie, ist aber Merkur[191].

276 Die Beziehung zu und die Identität mit Saturn ist darum wichtig, weil die-

---

[179] «Rhasis Epistola» in: MAIER, *Symbola aureae mensae*, p. 211. Wie Saturn alle Metalle in sich vereinigt, so auch Merkur (l. c., p. 531).

[180] MYLIUS, *Phil. ref.*, p. 305. «Saturn's Chyld» in RIPLEY'S «Medulla» (*Theatr. chem. Brit.*, 1652, p. 391).

[181] PANTHEUS, *Ars transmutationis metallicae*, fol. 9 r°.

[182] RIPLAEUS, *Opera*, p. 317.

[183] HIPPOLYTUS, *Elenchos*, V, 16,2, p. 111.

[184] «Convenientior planetarum huic operi, est saturnus» (*Liber Platonis quartorum* in: *Theatr. chem.*, 1622, V, pp. 142 und 153).

[185] l. c., p. 93.

[186] PRELLER, *Griechische Mythologie* I, p. 43, Anm.

[187] KHUNRATH, l. c., p. 93.

[188] Christus als Löwe im *Ancoratus* des EPIPHANIUS und als «Löwenkätzchen» bei GREGORIUS, *In septem Psalmos penitentiales expositio*, Ps. 5,10 (MIGNE, P. L. XXXIX, col. 609).

[189] *Von hyl. Chaos*, p. 196.

[190] Vgl. dazu BOUSSET, *Hauptprobleme der Gnosis*, pp. 10, 321, 352.

[191] Bezüglich des Saturntages als Ende des Schöpfungswerkes verweise ich auf Paragr. 301 dieser Untersuchung.

ser nicht nur ein maleficus, sondern sogar der Wohnort des Teufels selber ist. Auch als erster Archon und Demiurg hat er vom Gnostizismus her nicht die beste Note. Nach einer kabbalistischen Quelle ist ihm Beelzebub zugeordnet[192]. Der «*Liber quartorum*» nennt ihn böse (malus[193]), und selbst noch MYLIUS sagt, wenn der Mercurius gereinigt werde, so falle Luzifer aus dem Himmel[194]. Eine zeitgenössische (Anfang des 17. Jahrhunderts) handschriftliche Marginalnote zum Terminus sulphur (dem männlichen Prinzip des Mercurius[195]) in einem meiner Traktate erklärt diesen als «diabolus». Wenn Mercurius zwar nicht gerade der Böse selber ist, so enthält er ihn wenigstens, das heißt er ist moralisch indifferent, gut und böse, oder, wie KHUNRATH sagt, «beneficus cum bonis, maleficus cum malis»[196] (gut mit den Guten, böse mit den Bösen). Genauer umschrieben aber ist sein Wesen nur dann, wenn man ihn als einen *Prozeß* auffaßt, der mit dem Bösen beginnt und mit dem Guten endet. Ein etwas klägliches, aber anschauliches Gedicht im «*Verus Hermes*» von 1620 faßt den Prozeß folgendermaßen zusammen:

> Ein Schwach Geburt ein alter Greiß /
> Mit Zunamen der Draco heiß.
> Darumb man mich hat eingesperrt /
> Daß ich ein König gebohren werd.
> ---------------
> Das fewrig Schwerdt mich ubel plagt.
> Der Todt mir Fleisch und Bein zernagt.
> ---------------
> Mein Seel / mein Geist / gehn von mir auß /
> Schwartzstinckend Gifft / ein heßlich Grauß.
> Gleich wie ein schwartzer Rab ich bin /
> Solches ist aller Boßheit Gewinn.
> Ich lig im Staub in Grundes Thal /
> O daß aus dreyen würd ein Zahl.

---

[192] Codex Parisiensis 2419, fol. 277ʳ, zitiert in: REITZENSTEIN, *Poimandres*, p. 75.

[193] *Theatr. chem.* (1622) V, p. 155.

[194] *Phil. ref.*, p. 18.

[195] Sulphur ist «ignis occultus in Mercurio» [das im Merkur verborgene Feuer]. (BERNARDUS TREVISANUS, *De chemico miraculo* in: *Theatr. chem.*, 1602, I, p. 793). Sulphur ist identisch mit Mercurius: «Mercuriale hoc sulphur Sulphureusque ☿» [Sulphur ist merkurialisch und Merkur sulphurisch]. (*Brevis manuductio* in: *Mus. herm.*, p. 788)

[196] Darum sollte man, meint KHUNRATH, Gott um den «Spiritus Discretionis» bitten, damit er einen über die Unterscheidung von Gut und Böse belehre. (*Hyl. Chaos*, p. 186)

> O Seel / O Geist verlaß mich nicht /
> Daß ich widerschaw Tages Liecht.
> Und auß mir kom der Friedens Heldt /
> Den sehen möcht die gantze Welt.[197]

277 In diesem Gedicht beschreibt Mercurius seine Verwandlung, welche aber zugleich die mystische Wandlung des artifex bedeutet[198], denn nicht nur die Gestalt oder das Symbol des Mercurius ist eine Projektion des kollektiven Unbewußten, sondern auch das, was mit Mercurius geschieht. Es ist, wie man aus dem bisherigen leicht ersehen mag, die Projektion des Individuationsprozesses, welcher, als ein psychischer Naturvorgang, auch ohne Teilnahme des Bewußtseins verläuft. Nimmt dieses aber daran teil, und zwar mit einigem Verständnis, so geschieht dies immer mit allen Emotionen eines religiösen Erlebnisses oder Erleuchtungsvorganges. Aus dieser Erfahrung stammt die Identifikation des Mercurius mit der Sapientia und dem Heiligen Geiste. Es ist daher zum mindesten sehr wahrscheinlich, daß jene Häresien, die mit den Eucheten, Paulicianern, Bogumilen und Katharern anhoben und das Christentum annähernd im Sinne des Stifters in der Richtung des Parakleten weiterentwickelten, in der Alchemie, teils unbewußt, teils getarnt, ihre Fortsetzung fanden[199].

H. MERCURIUS UND DER GOTT HERMES

278 Wir sind schon einer Reihe von alchemistischen Äußerungen begegnet, welche deutlich dartun, daß der Charakter des klassischen Hermes in der späten Ausgabe des Mercurius mit großer Treue wieder erscheint. Dies ist zum Teil unbewußte Wiederholung, zum Teil spontanes Wiedererlebnis und schließlich auch bewußte Bezugnahme auf den heidnischen Gott. So ist es einem MICHAEL MAIER zweifellos bewußt, daß er auf einen ὁδηγός (wegweisenden Hermes) anspielt, wenn er sagt, er habe auf seiner peregrinatio (mystische Reise der Seele) eine Merkurstatue gefunden, welche den Weg zum Paradiese

---

[197] p. 16 f.

[198] Vgl. dazu meine Ausführungen in: *Psychologie und Alchemie* [Sachregister s. v.].

[199] Es wäre z. B. nicht unmöglich, daß die merkwürdige Bezeichnung der Alchemisten als «les poures hommes evangelisans» bei JOHANNES DE RUPESCISSA auf die katharischen perfecti und pauperes Christi zurückginge (*La Vertu et la propriété de la quinte essence,* Lyon 1581, p. 31). JEAN DE LA ROQUETAILLADE lebte etwa in der Mitte des 14. Jhs. Er war ein Kritiker von Kirche und Klerus. (FERGUSON, *Biblioteca chemica* II, p. 305) Die Katharerprozesse dauerten bis in die Mitte des 14. Jhs.

weise²⁰⁰, und auf den Mystagogen, wenn er die Sibylla Erythraea sprechen läßt (vom Mercurius): «Er wird dich zum Zuschauer der Mysterien Gottes (Magnalium Dei) und der Geheimnisse der Natur machen²⁰¹.» So wird Mercurius als «divinus Ternarius» zur Offenbarungsquelle göttlicher Geheimnisse²⁰², oder er wird in der Gestalt von Gold als Seele der Arkansubstanz (magnesia)²⁰³ oder als Befruchter der arbor sapientiae aufgefaßt²⁰⁴. In einem *«Epigramma Mercurio philosophico dicatum»*²⁰⁵ wird Mercurius als Götterbote, als Hermeneut (Deuter) und als der ägyptische «Theutius» (Thot) bezeichnet. Ja, MICHAEL MAIER wagt es, ihn mit dem Hermes Kyllenios in Beziehung zu setzen, indem er ihn «Arcadium hunc iuvenem infidum, nimiumque fugacem» (diesen treulosen und allzu flüchtigen arkadischen Jüngling)²⁰⁶ nennt. In Arkadien befand sich das Heiligtum des Kyllenios, des ithyphallischen Hermes. Die Scholien zum *«Tractatus aureus»* nennen den Merkur direkt den «Cyllenius heros»²⁰⁷. Der «infidus nimiusque fugax» könnte auch eine Bezeichnung des Eros sein. Tatsächlich erscheint Mercurius in der *«Chymischen Hochzeit»* des ROSENCREUTZ in der Gestalt des Cupido²⁰⁸, der mit seinem Pfeil die Neugier des Adepten Christian anläßlich seines Besuches bei Frau Venus durch eine Verletzung an der Hand bestraft. Der Pfeil ist das dem Merkur zugeschriebene «telum passionis» (Wurfgeschoß der Leidenschaft)²⁰⁹. Mercurius ist ein «sagittarius» (Bogenschütze), und zwar einer, der «ohne Bogensehne schießt» und der «auf der Erde nirgends aufzufinden»²¹⁰, also offenbar als Dämon zu denken ist. Ihm sind in der Symboltabelle des PENOTUS²¹¹ die Nymphen zugeordnet, was an den Hirtengott Pan erinnert. Seine Laszivität wird verdeutlicht durch eine Abbildung im *«Tripus Sendivogianus»*²¹², wo er

---

²⁰⁰ *Symbola aureae mensae*, p. 592 f.

²⁰¹ l. c., p. 600.

²⁰² DORNEUS, *De transmut. met.* in: Theatr. chem. (1602) I, p. 621.

²⁰³ KHUNRATH, *Hyl. Chaos*, p. 233.

²⁰⁴ RIPLAEUS, *Duodecim portarum*, p. 124 ff.

²⁰⁵ *Mus. herm.*, p. 738.

²⁰⁶ *Symbola aureae mensae*, p. 386.

²⁰⁷ *Tract. aureus cum scholiis* in: Theatr. chem. (1613) IV, p. 761.

²⁰⁸ Er ist zugleich auch vorhanden in der Gestalt des (wegweisenden) Knaben und des «uralten Sohnes der Mutter».

²⁰⁹ In der *Cantilena Riplei*, Opera.

²¹⁰ *Introitus ap.* in: Mus. herm., p. 653.

²¹¹ Theatr. chem. (1602) II, p. 123.

²¹² SENDIVOGIUS, *Tripus chemicus:* Gespräch vom Mercurius, p. 67.

auf einem mit Hahn und Henne bespannten Triumphwagen erscheint, und hinter ihm befindet sich ein nacktes, sich umarmendes Liebespaar. Man kann in diesem Zusammenhang auch die zahlreichen, eher obszönen Konjunktionsdarstellungen erwähnen, um derentwillen öfters alte Drucke wenigstens als Pornographika erhalten geblieben sind. Ebenso gehört in dieses Gebiet des χθόνιος (Unterirdischer Hermes) die in Manuskripten vorkommende Darstellung der exkretorischen Akte inklusive des vomitus[213]. Mercurius ist auch die «beständige Kohabitation»[214], wie sie sich in der Shiva-Shakti-Vorstellung des Tantrismus am reinsten darstellt. Beziehungen der griechischen und arabischen Alchemie zu Indien sind ja nicht unwahrscheinlich. REITZENSTEIN[215] berichtet die Erzählung von Padmanaba aus dem türkischen Volksbuch von den vierzig Weziren, die aus der Mogulzeit stammen könnte. Aber schon in den ersten christlichen Jahrhunderten gab es religiöse indische Einflüsse in Südmesopotamien und im 2. vorchristlichen Jahrhundert buddhistische Klöster in Persien. Im Königstempel (etwa 15. Jahrhundert) von Padmanabhapura in Travancore fand ich zwei Reliefdarstellungen eines ganz unindischen geflügelten senex ithyphallicus. In der einen Darstellung steht er bis zum halben Leibe in der Mondschale. (Man denkt hier unwillkürlich an den geflügelten ithyphallischen Greis, der die «blaue» oder «hundeartige» Frau[216] verfolgt, bei den Gnostikern des HIPPOLYTOS!) Der Kyllenios erscheint übrigens auch bei HIPPOLYTOS[217] als identisch einerseits mit dem Logos, andererseits mit dem übeln Korybas, dem Phallus und dem demiurgischen Prinzip überhaupt[218]. Zu diesem dunkeln Mercurius gehört der Mutter-Sohn-Inzest[219], welcher historisch auf mandäische Einflüsse zurückgehen könnte: dort bilden Nabu (Mercurius) und Istar (Astarte) eine Syzygie. Astarte ist die Mutterliebesgöttin durch den ganzen vorderen Orient, wo sie

---

[213] Z. B. Codex Rhenoviensis, Zürich, und Codex Vossianus, Leyden.

[214] Zu diesem Motiv vgl. *Symbole der Wandlung* [Paragr. 306, 308 und 318 Anm. 16].

[215] *Alchemistische Lehrschriften und Märchen bei den Arabern*, p. 77f.

[216] κυανοειδῆ oder κυνοειδῆ. HIPPOLYTUS, *Elenchos,* V, 20,6 Anm., und 7, p. 122. WENDLAND [Hg.] hat letztere Lesart. Die Äquivalente dieses seltsamen Mythologems in der Alchemie bestätigen beide Möglichkeiten: Hund als Logos, Psychopompos und «filius canis coelici coloris» [der Hundesohn von himmelblauer Farbe] = Mercurius.

[217] *Elenchos,* V, 7,29, p. 85.

[218] Im Synkretismus der naassenischen Anschauungen tritt ein dem Mercuriusbegriff ähnlicher Versuch zutage, die seelisch erfahrene Paradoxie des Urgrundes zu erfassen und auszudrücken. Ich muß mich hier auf diese Andeutung beschränken.

[219] Vgl. *Psychologie und Alchemie.*

auch überall mit dem Inzestmotiv behaftet ist. Nabu ist «der Lügenmessias», der wegen seiner Bosheit bestraft und von der Sonne in Gefangenschaft gehalten wird[220]. Kein Wunder daher, wenn die Texte immer wieder daran erinnern, daß Mercurius «in sterquilinio invenitur» (in der Abtrittgrube gefunden wird), wozu aber ironisch bemerkt wird, «es haben viele in den Abtrittgruben gewühlt, aber dabei nichts herausgebracht»[221].

Dieser dunkle Mercurius ist wiederum als ein Anfangszustand zu verstehen, wobei das Unterste des Anfangs als ein Symbol des Höchsten aufgefaßt werden muß und – allerdings das Höchste auch als Symbol des Unteren: «Anfang und Ende reichen sich die Hände.» Es ist der Ouroboros, ἓν τὸ πᾶν (das Eine, das All), die im Prozeß vollzogene Einigung der Gegensätze. PENOTUS sagt vom Prozeß:

«Mercurius ist von der Natur als Sohn der Natur und als Frucht des Flüssigen gezeugt. Wie aber vom Philosophen der Sohn des Menschen gezeugt und als Frucht der Jungfrau erschaffen wird, so muß er auch von der Erde erhöht und von aller Irdischkeit gereinigt werden, dann steigt er als Ganzes in die Luft auf, welche in Geist verwandelt wird. So erfüllt sich das Wort des Philosophen: ‹er steigt von der Erde in den Himmel und nimmt die Kraft des Oberen und des Unteren an sich, und so zieht er die irdische und unreine Natur aus und bekleidet sich mit himmlischer Natur›».[222]

Da PENOTUS sich hier auf die «*Tabula smaragdina*» bezieht, so muß hervorgehoben werden, daß er in einem wesentlichen Punkt vom Geiste der «*Tabula*» abweicht. Er stellt einen Aufstieg des Mercurius dar, welcher ganz der christlichen Wandlung vom hylischen zum pneumatischen Menschen entspricht. In der «*Tabula*» heißt es dagegen[223]: «Er steigt von der Erde in den Himmel, und wiederum steigt er zur Erde herunter und nimmt die Kraft des Oberen und des Unteren in sich auf.» Ebenso heißt es: «Seine Kraft ist vollkommen, wenn sie sich der Erde zugewendet hat.» Es handelt sich also keineswegs um einen einsinnigen Aufstieg zum Himmel, sondern, im Gegensatz zum Wege des christlichen Erlösers, der von oben nach unten kommt und von da wieder nach oben zurückkehrt, beginnt der filius macrocosmi seine Laufbahn unten, steigt nach oben, und kehrt wieder, mit den Kräften des Oberen und Unteren vereint, zur Erde zurück. Er macht also die umgekehrte Bewegung und offenbart damit seine Gegennatur zu Christus und den gnostischen

---

[220] Vgl. BOUSSET, *Hauptprobleme der Gnosis,* pp. 43, 55 und 142.
[221] *Ros. phil.* in: *Art. aurif.* II, p. 243.
[222] *De medicamentis chemicis* in: *Theatr. chem.* (1602) I, p. 681.
[223] RUSKA [Hg.], p. 2 [Übersetzung hier von JUNG].

Erlösern, hingegen besteht eine gewisse Verwandtschaft mit der Basilidanischen Vorstellung von der dritten Sohnschaft. Mercurius hat die Kreisnatur des Ouroboros und wird daher durch einen einfachen Kreis (circulus simplex) symbolisiert, dessen Mittelpunkt (punctum medium) er zugleich ist[224].

281 Daher kann er von sich sagen: «Unum ego sum, et multi in me» (Ich bin Eines, und zugleich Viele in mir)[225]. Derselbe Traktat versetzt das centrum circuli als die Erde in den Menschen und nennt es das «Salz», auf das Christus hingewiesen habe[226] («Ihr seid das Salz der Erde»).*

I. DER GEIST MERCURIUS ALS DIE ARKANSUBSTANZ

282 Mercurius ist, wie allgemein versichert wird, das arcanum[227], die prima materia[228], der «Vater aller Metalle»[229], das uranfängliche Chaos, die Paradieserde, die «Materie, an der die Natur ein weniges gearbeitet und die sie dennoch unvollendet gelassen hat»[230]. Er ist aber auch die ultima materia, das Ziel ihrer eigenen Wandlung, der Stein[231], die Tinktur, das philosophische Gold, der Karfunkel, der homo philosophicus, der zweite Adam, die analogia Christi, der König, das Licht der Lichter, der deus terrestris, ja die Gottheit selber oder deren vollwertige Entsprechung. Da ich anderenorts über die Synonyme und Bedeutungen des Steins gehandelt habe, will ich hier nicht mehr auf Einzelheiten eintreten.

[224] *Tract. aureus cum scholiis* in: *Theatr. chem.* (1613) IV, p. 690 f.
[225] *Aurelia occulta,* l.c., p. 575.
[226] l. c., p. 555 [*Mt.* 5,13].
* [Paragr. 281 der angloamerikanischen Ausgabe, der unserem Paragr. 303 entspricht, wird an seiner ursprünglichen Stelle belassen. Diese Absatzziffer entfällt hier somit.]
[227] *Tractatus aureus cum scholiis* in: *Theatr. chem.* (1613) IV, p. 689.
[228] MYLIUS, *Phil. ref.,* p. 179; *Tract. aureus* in: *Mus. herm.,* p. 25; BERNARDUS TREVISANUS, *De chemico miraculo* in: *Theatr. chem.* (1602) I, p. 787.
[229] *Exercit. in Turbam* in: *Art. aurif.* I, p. 154.
[230] *Ros. phil.* in: *Art. aurif.* II, p. 231.
[231] VENTURA, *De ratione conficiendi lapidis* in: *Theatr. chem.* (1602) II, p. 263: «lapis benedictus». DORNEUS, *De transmut. met.* in: *Theatr. chem.* (1602) I, p. 578: «Igneus perfectusque Mercurius» [der feurige und vollkommene Merkur]; l.c., p. 690: «... lapis Adamicus fit ex Adamico Mercurio in Evena muliere» [frei wiedergegeben! – Der adamische Stein entsteht aus dem adamischen Merkur in der Frau Eva]. LULLIUS, *Codicillus* in: MANGETUS, *Bibl. chem. curiosa,* p. 875 ff. «... quaesitum bonum est lapis noster et Mercurius» [das gesuchte Gut ist unser Stein und Mercurius].

Außer prima materia als dem unteren Anfang und lapis als dem höchsten Ziele ist der Mercurius aber auch der dazwischenliegende Prozeß, der überdies von ihm selber vermittelt wird. Er ist «Anfang, Mitte und Ende des Werkes»[232]. Er wird daher als mediator[233], servator und salvator bezeichnet. Er ist mediator wie Hermes. Als «medicina catholica» und «alexipharmakon» ist er der «servator mundi» (Erhalter der Welt). Er ist einerseits der «Salvator omnium imperfectorum corporum» (der Heiler aller unvollkommenen Körper)[234], andererseits der «typus... Incarnationis Christi» (Bild der Fleischwerdung Christi)[235], «unigenitus» (Eingeborener) und «consubstantialis parenti Hermaphrodito» (von gleicher Substanz, ὁμοούσιος mit dem elterlichen Hermaphroditen)[236], überhaupt ist er im Makrokosmos (der Natur) in jeder Beziehung das, was Christus im mundus rationalis der göttlichen Offenbarung ist. Aber wie der Satz «Mein Licht übertrifft jedes (andere) Licht»[237] zeigt, geht der Anspruch des Mercurius noch weiter, weshalb ihm die Alchemisten sogar die Qualifikation der Dreieinigkeit gegeben haben[238], um damit seine völlige Gottentsprechung darzutun. Bekanntlich ist bei DANTE der Sa-

[232] *Tract. aureus cum scholiis* in: *Theatr. chem.* (1613) IV, p. 689.

[233] *Exercit. in Turbam* in: *Art. aurif.* I, p. 170; RIPLEY, *Chym. Schriften,* p. 31; *Tract. aureus cum scholiis* in: *Theatr. chem.* (1613) IV, p. 691: «mediator pacem faciens inter inimicos» [Mittler, der zwischen Feinden Frieden stiftet].

[234] *Aquarium sap.* in: *Mus. herm.,* p. 111.

[235] l. c., p. 118.

[236] KHUNRATH, *Hyl. Chaos,* p. 59.

[237] *Septem tract. Hermet.* in: *Ars chemica,* p. 22. Im *Ros. phil.* (*Art. aurif.* II, p. 381) heißt es: «Ego illumino aërem lumine meo, et calefacio terram calore meo, genero et nutrio naturalia, plantas et lapides, et demo tenebras noctis cum potentia mea, et facio permanere dies seculi, et illumino omnia luminaria lumine meo, et etiam in quibus non est splendor et magnitudo: quae quidem omnia ex meo opere sunt, cum induor vestimentis meis: et qui quaerunt me, faciant pacem inter me et uxorem meam» [Ich erleuchte die Luft mit meinem Licht und erwärme die Erde mit meiner Wärme, ich erzeuge und nähre die Naturdinge, die Pflanzen und Steine, und ich vertreibe die Dunkelheit der Nacht mit meiner Macht, und ich verleihe Dauer den Tagen der Welt, und ich erhelle alle Leuchten mit meinem Licht, und auch jene, in denen kein Glanz und keine Größe ist. Denn alles das ist mein Werk, wenn ich mich mit meinem Gewand bekleide. Und jene, die mich suchen, mögen Frieden stiften zwischen mir und meiner Gattin]. Dies ist ein Zitat aus den *Dicta Belini* (abgedruckt in: MANGETUS, *Bibl. chem. curiosa* I, p. 478f., Textvarianten!). Ich habe die Stelle ausführlich erwähnt, um ihres beträchtlichen psychologischen Interesses willen.

[238] «Nam in Lapide sunt anima, corpus et spiritus, et tamen unus Lapis» [Denn im Stein sind Seele, Leib und Geist, und doch ist es nur *ein* Stein]. (*Exercit. in Turbam* IX in: *Art. aurif.* I, p. 170)

tan tricephalus, daher eine Dreiheit in der Einheit. Satan ist zwar eine Gottentsprechung, aber im Gegensatz. Dies ist nun keineswegs die Auffassung der Alchemisten; sie sehen in Mercurius eine dem Wesen der Gottheit harmonische Emanation oder Schöpfung derselben. Die Tatsache, daß stets die Fähigkeit zur Selbsterzeugung, Wandlung, Vernichtung und Begattung seiner selbst hervorgehoben wird, steht eigentlich im Widerspruch zur Auffassung, daß er eine creatura sei. Es ist daher nur logisch, wenn dann bei PARACELSUS und DORNEUS die Idee ausgesprochen wird, daß die prima materia ein «increatum» (ein Nichterschaffenes), also ein mit Gott koäternes Prinzip sei. Diese Leugnung der creatio ex nihilo koinzidiert mit der Tatsache, daß Gott (*Genesis* 1) die Tehom vorfand, eben jene mütterliche Tiâmatwelt, als deren Sohn uns Mercurius entgegentritt [239].

K. ZUSAMMENFASSUNG

a) Mercurius besteht aus allen erdenklichen Gegensätzen. Er ist also eine ausgesprochene Zweiheit, die aber stets als Einheit benannt wird, wennschon ihre vielen inneren Gegensätzlichkeiten in ebenso viele verschiedene und anscheinend selbständige Figuren dramatisch auseinandertreten können.

b) Er ist physisch und geistig.

c) Er ist der Prozeß der Wandlung des Unteren, Physischen in das Obere, Geistige, und vice versa.

d) Er ist der Teufel, ein wegweisender Heiland, ein evasiver «trickster» und die Gottheit, wie sie sich in der mütterlichen Natur abbildet.

e) Er ist das Spiegelbild eines mit dem opus alchymicum koinzidenten mystischen Erlebnisses des artifex.

f) Als dieses Erlebnis stellt er einerseits das Selbst, andererseits den Individuationsprozeß und, vermöge der Grenzenlosigkeit seiner Bestimmungen, auch das kollektive Unbewußte dar [240].

Gewiß war das Goldmachen und überhaupt die Erforschung der chemischen Natur ein großes Anliegen der Alchemie. Ein noch größeres, noch passionierenderes aber scheint – man kann nicht wohl sagen: die «Erforschung»,

---

[239] Vgl. dazu *Psychologie und Alchemie*, Paragr. 26 und 430 ff.
[240] Daher die Bezeichnung des Mercurius als «mare nostrum».

sondern vielmehr das *Erlebnis des Unbewußten* gewesen zu sein. Daß man diese Seite der Alchemie – die μυστικά – so lange nicht verstanden hat, liegt einzig und allein an dem Umstand, daß man nichts von Psychologie, und zwar insbesondere nichts vom überpersönlichen und kollektiven Unbewußten gewußt hat. Solange man von einer psychischen Existenz nichts weiß, ist sie, wenn sie überhaupt erscheint, projiziert. So fand sich das erste Wissen um seelische Gesetz- oder Regelmäßigkeit ausgerechnet in den Sternen, und ein weiteres im unbekannten Stoff. Von beiden Erfahrungsgebieten haben sich Wissenschaften abgetrennt, von der Astrologie die Astronomie und von der Alchemie die Chemie. Die eigentümliche Beziehung zwischen astronomischer Zeitbestimmung und Charakter hingegen ist erst in neuester Zeit im Begriffe, sich zu etwas wie wissenschaftlicher Empirie zu formen. Die wirklich wichtigen psychischen Tatbestände können weder mit dem Maßstab, noch mit der Waage oder dem Reagenzglas oder dem Mikroskop festgestellt werden. Sie sind daher (angeblich) unsichtbar, das heißt mit anderen Worten, sie müssen den Leuten überlassen werden, die dafür den (inneren) Sinn haben, wie man die Farben den Sehenden und nicht den Blinden zeigen muß.

Der Projektionsschatz, der in der Alchemie liegt, ist womöglich noch unbekannter. Zudem hat er einen der näheren Erforschung unerhört abträglichen Nachteil. Denn, unähnlich den astrologischen Charakterdispositionen, die, wenn negativ, höchstens Einzelnen unangenehm sind, dem Nachbarn aber zur Ergötzung dienen, stellen die alchemistischen Projektionen Kollektivinhalte dar, die in einem peinlichsten Kontrast – oder besser, in einem Kompensationsverhältnis zu unseren höchsten rationalen Überzeugungen und Werten stehen. Sie geben die seltsamen Antworten der natürlichen Seele auf die von der Ratio übriggelassenen letzten und äußersten Fragen. Aller Fortschrittlichkeit und sehnlichst gewünschten Zukünftigkeit gegenüber, die aus einer leidvollen Gegenwart befreien soll, weisen sie zurück auf Uraltes, auf jenes in der Ewigkeit abrollende, scheinbar hoffnungslos statische Auf und Ab oder Hin und Wider und auf unsere so innigst geglaubte Welt als kulissenwechselnde Phantasmagorie. Unserem begehrlichen aktiven Leben zeigen sie als Erlösungsziel ein Symbol des Unbelebten, das nicht selber lebt, sondern bloß *ist* oder «west», und dem das Leben in unerfaßlicher und unermeßlicher Gegensätzlichkeit *geschieht*. «Seele», dieses wesenlose Abstraktum unseres rationalen Intellektes, oder «Geist», diese zweidimensionale Metapher unserer strohdürren philosophischen Dialektik, erscheinen hier in fast stofflicher Plastizität, als beinahe tastbare Hauchkörper, und weigern sich, als auswechselbare Bestandteile unseres rationalen Bewußtseins zu funktionieren. Die Hoffnung auf eine Psychologie ohne Seele wird hier zunichte, und ebenso schwindet unsere Illusion, daß das Unbewußte eben erst entdeckt worden sei: es ist, in eigenartiger Form allerdings, schon an die zweitausend Jahre gewußt worden. Man gebe sich aber keinen Moment der Täuschung hin: sowenig wir die Charakterdispositionen von der astronomischen Zeitbestimmung lösen werden, sowenig werden wir es vermögen, jenen ungebärdigen und evasiven Mercurius von der Autonomie des Stoffes zu lösen. Der Projektion klebt immer etwas vom Projektionsträger an, und wenn wir schon versuchen, das als psychisch Erkannte unserem Bewußtsein zu integrieren und uns dies auch in einem gewissen Maß gelingen wird, so werden wir damit doch etwas vom Weltall und dessen Stofflichkeit integrieren, oder vielmehr werden wir, da der Kosmos so unendlich viel größer ist als wir, vom Unbelebten assimiliert. «Transmutemini in vivos lapides philosophicos[241]», ruft zwar ein Alchemist aus, aber er weiß nicht, wie unendlich langsam ein Stein «west», das heißt er wünscht es nicht zu wissen, denn er müßte ja, als geschäftiger Europäer, an diesem Wissen zu ersticken glauben. Wem das lumen naturale, welches von den Projektionen der Alchemie ausgeht, zum ernstlichen Problem wird, der wird allerdings jenem Autor recht geben, welcher von der durch das Werk erforderten «immensae diuturnitas meditationis» (Langwierigkeit unermeßlicher Meditation) spricht. In diesen Projektionen tritt uns nämlich die Phänomenologie eines «objektiven» Geistes entgegen, einer wahren matrix seelischen Erlebens, deren passendes Symbol darum die Materie ist. Niemals und nirgends hat der Mensch die Materie beherrscht, es sei denn, er habe ihr Verhalten genau beobachtet und ihre Gesetze mit größter Aufmerksamkeit erlauscht. Und nur insofern er dies tat, konnte er in ebendiesem Maße sie beherrschen. So verhält es sich auch mit diesem Geiste, den wir heute das Unbewußte nennen: er ist widerspenstig wie die Materie, geheimnisvoll und evasiv wie diese und gehorcht «Gesetzen», die uns in ihrer Un- und Übermenschlichkeit meist wie ein «crimen laesae maiestatis humanae» vorkommen. Wenn der Mensch Hand an das opus legt, so wiederholt er, wie die Alchemisten sagen, das Schöpfungswerk Gottes. Dem Ungeformten, dem Chaos der Tiâmatwelt entgegenzutreten, ist in der Tat ein Urerlebnis.

287 Wie das Psychische in der unmittelbaren Erfahrung uns im lebendigen Stoff und als Eines mit diesem entgegentritt, so ist Mercurius das argentum

---

[241] [Verwandelt euch in lebendige philosophische Steine.]

vivum. Die bewußte Diskrimination macht und bedeutet zugleich jenen Eingriff, der Körper von Seele trennt und den Geist Mercurius von Hydrargyrum scheidet, gewissermaßen «auf Flaschen abzieht», um mit unserem Märchen zu sprechen. Weil aber Seele und Körper trotz künstlicher Trennung im Geheimnis des Lebens geeint sind, so befindet sich der spiritus mercurialis, obschon in die Flasche gebannt, doch in den Wurzeln des Baumes als dessen Quintessenz und lebendiges Numen. In der Sprache der *Upanishaden* ausgedrückt, ist er der persönliche Atman des Baumes. Isoliert in der Flasche entspricht er dem Ich und damit dem leidvollen principium individuationis (SCHOPENHAUER!), welches nach indischer Auffassung zur Illusion der Einzelexistenz führt. Ist aber der Mercurius aus der Gefangenschaft befreit, dann hat er den Charakter des überpersönlichen Atman. Damit ist er der eine spiritus vegetativus aller Kreatur, der Hiranyagarbha[242], der Goldkeim, das überpersönliche Selbst, welches durch den filius macrocosmi, den einen Stein der Weisen (lapis est unus!), dargestellt wird. Der *Liber definitionum Rosini* zitiert einen Spruch des «Malus Philosophus»[243], welcher die psychologische Beziehung des Lapis zum menschlichen Bewußtsein zu formulieren sucht: «Hic lapis est subtus te, quantum ad obedientiam: suprà te, quo ad dominium: ergo à te, quantum ad scientiam: circa te, quantum ad aequales.» (Dieser Stein ist unter dir, soweit es den Gehorsam anbelangt; über dir, was die Herrschaft betrifft; also von dir ⟨abhängig⟩, soweit es die Wissenschaft angeht; um dich herum, sofern die ⟨dir⟩ Gleichen in Betracht kommen[244].) Auf das Selbst übertragen, würde diese Aussage lauten: Das Selbst ist dir einerseits unterworfen, andererseits beherrscht es dich. Es hängt von deiner Bemühung und Erkenntnis ab und, über dich hinausgreifend, umfaßt es auch alle die, welche dir gleich oder von gleicher Gesinnung sind. Letztere Formulierung scheint die kollektive Natur des Selbst zu betreffen, welche darauf beruht, daß das Selbst einen Inbegriff der Ganzheit menschlicher Persönlichkeit darstellt. Dazu ge-

---

[242] Vgl. *Maitrâyana-Brâhmana-Upanishad* (*Sacred Books of the East* XV, 8, p. 311). Als spiritus vegetativus und Kollektivseele in: *Vedânta-Sûtras* (l.c. XXXIV, p. 173, und XLVIII, p. 578).

[243] Der Traktat des ROSINUS (Risāmus = Zosimos) ist wohl arabischen Ursprungs. «Malus» könnte ein entstellter «Magus» sein. Von diesem sind in der Liste des Fihrist von Ibn Al-Nadīm (987) neben den Werken des Rīmas (Zosimos) zwei Schriften des Magus angeführt, wovon die eine betitelt ist: «Das Buch des weisen Magus (?) über die Kunst» (RUSKA, *Turba*, p. 269ff.).

[244] [*Liber primus de lapidis interpretationibus* in: *Art. aurif.* I, p. 310.]

hört eben per definitionem der Anteil am kollektiven Unbewußten, das, wie die Erfahrung zu beweisen scheint, überall sich selber identisch ist[245].

288 Das Zusammentreffen des armen Studenten mit dem in die Flasche gebannten Geist Mercurius beschreibt jenes Abenteuer des Geistes, welches den blinden und unerweckten Menschen befällt. Dieses Motiv liegt auch der Geschichte vom Schweinehirten, der auf den Weltbaum kletterte[246], zugrunde und bildet überhaupt das Leitmotiv der Alchemie. Es bedeutet eben nichts anderes als den im Unbewußten sich vorbereitenden und nur allmählich ins Bewußtsein übertretenden Individuationsprozeß. Das in der Alchemie beliebte Symbol desselben ist der Baum, die arbor philosophica, welche sich vom Paradiesesbaum der Erkenntnis herleitet. Hier wie dort ist es eine dämonische Schlange, respektive ein böser Geist, welcher zur Erkenntnis überredet und anstachelt. Man darf sich bei dieser Vorlage nicht wundern, daß auch der Geist Mercurius zum mindesten ausgiebige Beziehungen nach der dunkeln Seite hin hat. Ist er doch selber zum Teil die Schlangendämonin, die Lilith oder Melusine, auf dem Baum der geheimen Philosophie. Zugleich aber hat er nicht nur teil am Heiligen Geiste, laut Aussage der Alchemie, sondern ist mit diesem sogar identisch. Diese anstößige Paradoxie müssen wir wohl hinnehmen, nachdem wir auf den vorangegangenen Seiten den ambivalenten Archetypus des Geistes kennengelernt haben. Unser Mercurius ambiguus bestätigt einfach die Regel. Auf alle Fälle ist die Paradoxie nicht schlimmer als jener launige Einfall des Schöpfers, sein friede- und unschuldsvolles Paradies mit der Gegenwart einer offenbar eher gefährlichen Baumschlange zu beleben, die «zufälligerweise» sich gerade auf jenem Baum befand, wo sich die als «verboten» angekündigten Äpfel befanden.

289 Es ist nicht zu bestreiten, daß das Märchen sowohl wie die Alchemie den Geist Mercurius in einer vorwiegend ungünstigen Beleuchtung erscheinen lassen, was um so mehr auffällt, als dieser nicht nur den positiven Aspekt einer Beziehung zum Heiligen Geiste, sondern in der Gestalt des Lapis auch zu Christus, und als triunus sogar zur Heiligen Dreifaltigkeit hat. Es sieht aus, als ob gerade gegenüber diesen Beziehungen die Dunkelheit und Zweifelhaftigkeit des Mercurius noch unterstrichen wäre, was entschieden gegen die Annahme spricht, daß die Alchemisten mit ihrem Lapis eigentlich Christus ge-

---

[245] Vgl. dazu *Psychologische Typen,* Definitionen s. v. «Identität» [und «Selbst»]; ferner *Die Beziehungen zwischen dem Ich und dem Unbewußten,* Paragr. 400 ff., und *Das Geheimnis der Goldenen Blüte,* Paragr. 77 ff. [dieses Bandes].

[246] Vgl. die Analyse dieses Märchens in: *Zur Phänomenologie des Geistes im Märchen.*

meint hätten. Gesetzt der Fall, daß dem so wäre, warum dann die Umbenennung in lapis philosophorum? Der Lapis ist bestenfalls eine correspondentia oder analogia Christi in der physischen Natur. Sein Symbolismus und damit derjenige des Mercurius, welcher die Substanz des Lapis ausmacht, weist, wenn psychologisch betrachtet, auf das Selbst, wie dies auch die symbolische Gestalt des Christus tut[247]. Gegenüber der Reinheit und Eindeutigkeit dieses Symbols erweist sich der Mercurius-Lapis als zweideutig, dunkel, paradox, ja geradezu als heidnisch. Er repräsentiert daher einen Seelenteil, der auf alle Fälle nicht christlich geformt ist und sich daher durch das Symbol «Christus» auf keinerlei Weise ausdrücken läßt. Im Gegenteil weist, wie die obigen Ausführungen zeigen, nicht weniges sogar auf den Teufel, der sich, wie bekannt, bisweilen in einen Engel des Lichts verkleidet. Dadurch wird eigentlich eine Seite des Selbst formuliert, welche abseits steht, naturgebunden und dem christlichen Geiste inadäquat ist. Der Lapis repräsentiert geradezu alles dasjenige, was aus dem christlichen Vorbilde eliminiert ist. Da es aber lebendige Wirklichkeit besitzt, meldet es sich eben in der dunkeln, hermetischen Symbolik zum Worte. Das paradoxe Wesen des Mercurius schildert einen wichtigen Aspekt des Selbst, nämlich die Tatsache, daß es im Grunde genommen eine complexio oppositorum darstellt und auch gar nichts anderes sein kann, wenn es überhaupt eine Totalität bedeuten soll. Der Mercurius hat als «deus terrestris» etwas an sich von einem «deus absconditus» (verborgenen Gott), welcher einen wesentlichen Teil des psychologischen Selbst bildet, das ja von einem Gottesbild nicht unterschieden werden kann (außer durch undiskutierbaren und unbeweisbaren Glauben). Obschon ich den Lapis als ein die Gegensätze zusammenfassendes Symbol hervorgehoben habe, darf man nicht annehmen, daß dieser nunmehr ein sozusagen vollständigeres Symbol des Selbst sei. Das wäre entschieden unrichtig, denn in Wirklichkeit stellt er ein Bild dar, dessen Gestalt und Inhalt vorwiegend vom Unbewußten her bedingt ist. Er tritt uns daher nirgends in fertiger und wohldefinierter Form in den Texten entgegen, sondern man muß sorgfältig alles zusammenlesen, was darin an Andeutungen über vielerlei Arkansubstanzen, über den Mercurius, den Wandlungsprozeß und das Endprodukt desselben verstreut liegt. Obschon fast überall vom Lapis in der einen oder anderen Form die Rede ist, so findet doch kein wirklicher consensus omnium hinsichtlich seiner Gestalt statt. Fast jeder Autor hat seine

---

[247] Wozu der Beitrag [JUNG,] *Versuch einer psychologischen Deutung des Trinitätsdogmas* zu vergleichen ist.

besonderen Allegorien, Synonyme und Metaphern. Daran erkennt man deutlich, daß der Stein nicht nur ein Gegenstand allgemeiner Bearbeitung war, sondern daß er vielmehr eine Geburt des Unbewußten darstellt, welche die Grenzen der Subjektivität nur spurweise überschritten und dadurch wenigstens den vagen Allgemeinbegriff des lapis philosophorum erzeugt hat.

290   Gegenüber dieser stets im Halbdunkel mehr oder weniger geheimer Lehren verweilenden Gestalt steht auf der Seite des Bewußtseins der dogmatisch scharf umrissene «Menschensohn» und salvator mundi, Christus, dieser sol novus, neben dem die kleineren Gestirne verblassen. Er ist das Bekenntnis der Tageshelle des Bewußtseins und als solches trinitarisch. Seine Formulierung ist in jeder Hinsicht so klar und bestimmt, daß alles, was von ihm verschieden, in zunehmendem Maße nicht nur als minderwertig, sondern auch als verworfen erscheint. Das ist nicht eine Folge der Lehre Christi selber, sondern der Lehre über ihn, insbesondere der durch das Dogma bewirkten kristallenen Klarheit seiner Gestalt. Daher rührt es, daß im ganzen Verlauf der mit der Schöpfung anhebenden Heilsgeschichte noch nie zuvor eine derartige Gegensatzspannung wie diejenige, welche sich zwischen Christus und dem Antichristus respektive dem Satan oder gefallenen Engel erhob, vorgekommen ist. Noch zu Zeiten des Hiob treffen wir den Satan unter den Gottessöhnen an. «Nun begab es sich eines Tages, daß die Gottessöhne kamen», heißt es *Hiob* 1,6, «sich vor den Herrn zu stellen, und es kam auch der Satan in ihrer Mitte.» Dieses Bild eines himmlischen Familientages läßt noch nichts vom neutestamentlichen Ὕπαγε, σατανᾶ (Vade, Satana)[248] und von dem Drachen, der in der Unterwelt auf 1000 Jahre angekettet wird[249], ahnen. Es hat den Anschein, als ob die übergroße Lichtfülle einerseits eine um soviel schwärzere Finsternis andererseits erzeugt hätte. Es ist ja auch begreiflich, daß bei der ungemein großen Verbreitung der schwarzen Substanz ein Wesen «sine macula peccati» fast unmöglich erscheint. Ein liebender Glaube an eine solche Gestalt kann natürlich nicht umhin, sein Haus vom schwarzen Unrat zu reinigen. Aber irgendwo muß sich letzterer aufhäufen, und wo dieser Haufen liegt, da wird auch die gesündeste und schönste Natur von übelm Gestank verpestet.

291   Das Gleichgewicht der Urwelt ist gestört. Es liegt selbstverständlich nicht in meiner Absicht, diese Feststellung in kritisch-tadelndem Tone vorzubringen. Ich bin viel zu sehr nicht nur von der unerbittlichen Logik, sondern auch

---

[248] *Mat.* 4,10.
[249] *Off.* 20,2.

von der Zweckmäßigkeit dieser Entwicklung überzeugt. Die stärkere Trennung der Gegensätze ist gleichbedeutend mit schärferer Diskrimination, und diese stellt die conditio sine qua non jeder Erweiterung und Intensivierung des Bewußtseins dar. Die fortschreitende Differenzierung des Bewußtseins aber ist der menschlichen Biologie als bedeutsamste Aufgabe gestellt und dementsprechend auch mit den höchsten Prämien, nämlich grenzenloser Fortpflanzung, Ausbreitung und Machtentfaltung, belohnt. Das Bewußtsein ist daher, phylogenetisch gesehen, in puncto des Effektes der Lungenatmung und der Warmblütigkeit an die Seite zu stellen. Die Helligkeitsvergrößerung des Bewußtseins bringt es notwendigerweise mit sich, daß das weniger Helle und weniger Bewußtseinsfähige der Seele in einem solchen Maße verdunkelt wird, daß früher oder später ein Riß im psychischen System eintritt, der zunächst als solcher allerdings nicht erkannt und darum projiziert wird, das heißt in einer weltanschaulichen Projektion erscheint: nämlich in der Form einer Spaltung zwischen den Mächten des Lichtes und denen der Finsternis. Die Möglichkeit dieser Projektion ist jederzeit durch die zahlreich vorhandenen archaischen Reste ursprünglicher Licht- und Dunkelheitsdämonien gewährleistet. Darum steht wohl auch der althergebrachte persische Dualismus in nicht völlig geklärtem Maße der christlichen Gegensatzspannung zu Gevatter, ohne mit dieser identisch zu sein.

Es dürfte darüber kein Zweifel obwalten, daß die moralischen Konsequenzen der christlichen Entwicklung einen ganz erheblichen Fortschritt gegenüber der archaischen Gesetzesreligion Israels darstellen. Das Christentum der synoptischen Evangelien bedeutet zunächst nicht viel mehr als eine innerjüdische Auseinandersetzung, die man mit gutem Rechte der viel früheren buddhistischen Reformation innerhalb des hinduistischen Polytheismus vergleichen kann. Beide Reformationen haben, psychologisch gesehen, eine gewaltige Verstärkung des Bewußtseins im Gefolge. Mit ganz besonderer Deutlichkeit geht dies aus der mäeutischen Methode des Šakyamuni hervor. Aber auch die «Logia Jesu» lassen diese Tendenz klar erkennen, auch wenn man jenes Logion des *Lukasevangeliums,* welches die schärfste Formulierung dieser Art darstellt, als apokryph außer Betracht läßt, nämlich: «Mensch, wenn du weißt, was du tust, bist du selig; wenn du es aber nicht weißt, bist du verflucht und ein Übertreter des Gesetzes[250].» Auf alle Fälle ist das Gleichnis vom unge-

---

[250] Dieses Logion findet sich im Codex Bezae zu *Luk.* 6,4 [HENNECKE, *Neutestamentliche Apokryphen,* p. 11].

treuen Haushalter (*Lukas* 16) nicht unter die Apokrypha, wo es sich gut ausgenommen hätte, geraten.

293 Der Riß, der durch die Metaphysik geht, kommt langsam zum Bewußtsein als eine Spaltung der menschlichen Seele, und der Kampf des Lichtes gegen die Finsternis verlegt seinen Schauplatz ins Innere derselben. Diese Überwanderung ist nicht ganz selbstverständlich, deshalb hat IGNATIUS VON LOYOLA es für angezeigt erachtet, durch besondere «Exercitia spiritualia» diesen Kampf dem Gemüte zu veranschaulichen – und dies auf sehr drastische Weise[251]. Diese Bemühungen hatten aus leicht ersichtlichen Gründen einen nur sehr beschränkten Anwendungsbereich. Und so kam es seltsamerweise, daß zu Ende des 19. Jahrhunderts die *Ärzte* eingreifen mußten, um den ins Stocken geratenen Prozeß der Bewußtwerdung wieder in Bewegung überzuführen. Von der naturwissenschaftlichen Seite her und einer religiösen Absicht gänzlich unverdächtig, hat FREUD jene Decke, die ein aufklärerischer Optimismus über die abgründige Dunkelheit menschlicher Natur gebreitet hatte, gelüftet, und seitdem hat die Psychotherapie in dieser oder jener Gestalt nicht mehr gerastet, ein ausgedehntes Gebiet der Dunkelheit zu enthüllen, welches ich als den «Schatten» des Menschen bezeichnet habe. Aber auch dieser Versuch moderner Wissenschaft vermochte nur wenigen die Augen zu öffnen. Dafür aber haben die historischen Ereignisse unserer Zeit ein Gemälde der psychischen Wirklichkeit des Menschen mit Feuer und Blut gemalt; ein Bild, das sich nicht mehr auswischen läßt, und ein Anschauungsunterricht, der unvergeßlich wäre, wenn – und dies ist die große Frage – der Mensch, so wie er heute ist, schon die Fähigkeit zu jener Bewußtheit besäße, die nötig wäre, um mit dem rasenden Tempo des Dämons, der in ihm wohnt, Schritt zu halten oder darauf zu verzichten, seiner Schöpferkraft, soweit sie sich im Aufbau materieller Machtmittel vergeudet, die Zügel schießen zu lassen! Alle Maßnahmen in dieser Hinsicht erscheinen leider wie blutleere Utopien.

294 Die Gestalt des Logos Christus hat im Menschen die anima rationalis auf eine Bedeutungshöhe gehoben, die unbedenklich ist, solange sie über sich den κύριος, den Herrn der Geister, weiß und ihm unterworfen ist. Die «Vernunft» hat sich aber befreit und sich wortwörtlich zur Herrin aufgeworfen und thronte als Déesse Raison seinerzeit in Notre-Dame, als ein Vorzeichen künftiger Ereignisse. Unser Bewußtsein ist nicht mehr eingefangen im heiligen Temenos extramundaner und eschatologischer Bilder. Es hat sich daraus

---

[251] *Exercitia spiritualia,* Secunda hebdomada: De regno Christi [p. 75 ff.].

befreien können, vermöge einer Kraft, die ihm nicht von oben zuströmte, nicht vermöge eines lumen de lumine, sondern vermöge eines ungeheuern Anstoßes der Dunkelheit, deren Macht sich steigerte, in dem Maße als das Bewußtsein, sich von der Dunkelheit lösend, ins Licht emporstieg. Nach dem die ganze Natur durchwaltenden Komplementaritätsprinzip hat jede psychische Entwicklung – sei sie nun individuell oder kollektiv – ein Optimum, das sich, wenn überschritten, zur Enantiodromie wandelt, das heißt zum Gegenteil führt. Schon während des Aufstieges zur kritischen Höhe machen sich Kompensationstendenzen von seiten des Unbewußten bemerkbar, welche aber, wenn das Bewußtsein auf seinem Weg beharrt, in jeglicher Hinsicht verdrängt werden. Das Ideal der Vergeistigung kann nicht anders, als daß es in den Regungen der Dunkelheit teuflischen Betrug sieht. Die Vernunft muß alles, was ihr entgegensteht oder von ihrem «Gesetze» abweicht, als unvernünftig verdammen. Trotz aller Gegenbeweise darf sich die Moral keine Wandlungsfähigkeit zugestehen, denn alles, was mit ihr nicht stimmt, ist unvermeidlicherweise unmoralisch und daher zu unterdrücken. Man kann sich unschwer vorstellen, welche Unmenge von Energien bei solcher Bewußtseinsherrschaft ins Unbewußte abfließen muß.

Zögernd, wie im Traum, haben Jahrhunderte introspektiver Ergrübelung allmählich die Gestalt des Mercurius zusammengesetzt und damit ein Symbol geschaffen, welches sich nach allen Regeln psychologischer Wissenschaft zum Christusbilde kompensatorisch verhält. Es soll nicht an dessen Stelle treten; es ist auch nicht identisch mit demselben, sonst könnte es an dessen Stelle treten. In Erfüllung des Gesetzes der Komplementarität entsteht und durch feinste kompensatorische Abstimmung auf das Christusbild versucht es, über den Abgrund, der die beiden seelischen Welten trennt, die Brücke zu schlagen. Daß bei Faust nicht vor allem der listenreiche Götterbote, den man doch bei den antikischen Neigungen des Autors fast hätte erwarten müssen, sondern ein dem Namen nach den Abfallgruben mittelalterlichen Zauberwesens entstiegener familiaris als kompensatorische Figur erscheint, beweist, wenn irgend etwas, die eingefleischte Christlichkeit des Goetheschen Bewußtseins. Dieser Einstellung ist der dunkle andere stets und überall der Teufel. Der Gefahr dieses Präjudizes entgeht Mercurius nur um Haaresbreite, wie meine obigen Darlegungen zeigen. Aber er entgeht ihr dank dem Umstand, daß er es verschmäht, Opposition à tout prix zu treiben. Sein Name verleiht ihm magischerweise die Möglichkeit, sich trotz aller Ambiguität und Duplizität außerhalb der Spaltung zu halten, denn als antiker und heidnischer Gott besitzt er noch die natürliche Ungeteiltheit, der auch logische und moralische Widersprüche nichts anzuhaben vermögen. Das gibt ihm Unverwundbarkeit und Unzersetzbarkeit, eben jene Eigenschaften, welche die Zerrissenheit des Menschen so dringend nötig hätte.

296   Wenn man eine Synopsis sämtlicher Aussagen über den alchemistischen Merkur und alle seine bildlichen Darstellungen herstellt, so ergibt sich ein auffallender Parallelismus mit den aus anderen Quellen stammenden Symbolen des Selbst, worauf ich bereits hingewiesen habe. Man kann nicht wohl anders als den Lapis für einen symbolischen Ausdruck jenes psychologischen Komplexes, den ich als Selbst definiert habe, halten. Ebenso und aus denselben Gründen muß auch die Christusgestalt als Symbol des Selbst angesehen werden. Daraus ergibt sich aber ein anscheinend unlösbarer Widerspruch, denn man kann sich zunächst kaum vorstellen, wieso das Unbewußte von einem und demselben Inhalte, dem vor allem noch der Charakter der Totalität zukommt, zwei ganz verschiedene Bilder entwerfen kann. Gewiß haben an beiden Ideengestalten die Jahrhunderte geistige Arbeit geleistet, weshalb man dazu neigen könnte, anzunehmen, daß beide durch den Assimilationsprozeß in hohem Maße anthropomorphisiert worden seien. Für diejenige Anschauung, welche beide Gestalten für Erfindungen des Verstandes hält, ist der Widerspruch daher rasch gelöst; er besteht dann nämlich in nichts anderem als in einer Spiegelung des subjektiven psychischen Zustandes: es ist der Mensch und sein Schatten.

297   Diese sehr einfache und einleuchtende Lösung beruht nun leider auf Prämissen, welche der Kritik nicht standhalten. Christus sowohl wie der Teufel sind auf archetypische Vorlagen gegründet und infolgedessen nie *erfunden*, sondern *erfahren* worden. Sie waren vor aller Erkenntnis schon da [252], und der Verstand hatte nichts anderes mit ihnen zu tun, als sie zu rezipieren und so gut als möglich in seine Weltanschauung einzugliedern. Nur oberflächliche Vernünftelei kann diese fundamentale Tatsache übersehen. Wir sind tatsächlich mit zwei verschiedenen Bildern des Selbst konfrontiert, die, wie es allen Anschein hat, schon in ihrer ursprünglichen Form eine Zweiheit darstellen. Diese ist nicht erfunden, sondern stellt eine autonome Erscheinung dar.

298   Insofern wir natürlicherweise vom Standpunkt des Bewußtseins denken, kommen wir unvermeidlich zum Schluß, daß einzig und allein die Trennung von Bewußtsein und Unbewußtem Ursache dieser Zweiheit sei. Es ist aber

---

[252] Dies geht aus dem allgemein verbreiteten Brudermotiv mit Evidenz hervor.

eine Erfahrungstatsache, daß es ein vorbewußtes psychisches Funktionieren gibt und dazu dementsprechende autonome Faktoren, eben die Archetypen. Kann man sich zu der Anerkennung der Tatsache durchringen, daß die Stimmen und Wahnideen eines Geisteskranken autonom, daß die Phobien und Obsessionen eines Neurotischen dessen Vernunft und Willen entzogen sind, und daß das Ich keine willkürlichen Träume fabrizieren kann, sondern bloß das träumt, was es muß, dann kann man auch verstehen, daß zuerst die Götter waren und hernach die Theologie. Ja, man muß offenbar noch einen Schritt weiter gehen und annehmen, daß es zuerst eine lichte und eine dämmerige Gestalt gab, und erst hernach eine Bewußtseinshelle, die sich von der Nacht mit deren ungewissem Sternenschimmer löste.

Wenn also Christus und die dunkle Naturgestalt für die unmittelbare Erfahrung autonome Bilder sind, so sind wir genötigt, unsere rationalistische Kausalreihe umzukehren und diese Gestalten nicht von unseren psychischen Voraussetzungen, sondern vielmehr diese von jenen abzuleiten. Damit ist dem modernen Verstand allerdings etwas viel zugemutet, was aber nichts an der Konsequenz der Hypothese ändert. Von diesem Standpunkt aus gesehen, erscheint Christus als der Archetypus des Bewußtseins, Mercurius aber als der des Unbewußten. Als Cupido und Cyllenius ist letzterer der Verführer zur Expansion im Raume der Sinneswelt; er ist die «benedicta viriditas» und die «multi flores» des jugendlichen Frühlings, ein täuschender und illusionserregender Gott, von dem es mit Recht heißt: «Invenitur in vena / Sanguine plena»[253]. Er ist ein Hermes Chthonios und Eros zugleich, aus dem aber nach Vollendung des weltlichen Pfades, das «lumen superans omnia lumina», die «lux moderna» hervorgeht, denn der Lapis ist ja nichts anderes als die im Stoffe verhüllte Lichtgestalt[254]. In diesem Sinne zitiert AUGUSTINUS *1. Thessalonicher* 5,5: «Omnes enim vos filii lucis estis, et filii diei: non sumus noctis, neque tenebrarum» und unterscheidet zwei Arten von Erkenntnis, nämlich eine «cognitio vespertina» und eine «cognitio matutina»; erstere entspricht der «scientia creaturae», letztere der «scientia Creatoris»[255]. Wenn wir für «cognitio» Bewußtsein setzen, so würde der Gedanke AUGUSTINS besagen, daß das

---

[253] «Er wird in der blutgeschwellten Ader gefunden».

[254] Vgl. dazu das dictum des OSTANES vom Stein im Nil, der ein Pneuma in sich hat. [Licht, das alle Lichter übertrifft – neues Licht.]

[255] [«Denn ihr alle seid Söhne des Lichts und Söhne des Tages; wir gehören nicht der Nacht noch der Finsternis an.»] «Quoniam scientia creaturae in comparatione scientiae Creatoris quodammodo vesperascit: itemque lucescit et mane fit, cum et ipsa referatur ad laudem dilec-

nur-menschliche und natürliche Bewußtsein sich allmählich, wie gegen Abend, verdunkelt. Aber wie aus dem Abend ein Morgen wird, so entsteht aus dem Dunkel ein neues Licht, die stella matutina, die Abend- und Morgenstern zugleich ist – lucifer, der Lichtbringer.

300 Mercurius ist keineswegs der christliche Teufel, welcher weit eher eine «Verteufelung» eines lucifer, eben eines Mercurius, darstellt. Dieser ist die schattenhaft angedeutete Urgestalt eines Lichtbringers, der niemals das Licht selber ist, sondern ein φωσφόρος, das lumen naturae, das Licht des Mondes und der Sterne, welche überstrahlt werden durch das neue Morgenlicht, von dem AUGUSTINUS meint, daß es sich nicht zur Nacht wende, wenn der Schöpfer nicht von der Liebe der Kreatur verlassen werde. Aber eben letzteres gehört zu dem Gesetze des Wechsels von Tag und Nacht. HÖLDERLIN sagt:

> ... und schmählich
> Entreißt das Herz uns eine Gewalt;
> Denn Opfer will der Himmlischen jedes.
> Wenn aber eines versäumt ward,
> Nie hat es Gutes gebracht[256].

301 Wenn alle sichtbaren Lichter erloschen sind, dann findet man, nach den Worten Yajñavalkyas, des Weisen, das Licht des Selbst: «Dann dient er sich selbst (âtman) als Licht; denn bei dem Lichte des Selbstes (der Seele) sitzt er und gehet umher, treibt seine Arbeit und kehret heim[257].» So beginnt auch bei AUGUSTINUS der erste Schöpfungstag mit der «cognitio sui ipsius» (Selbsterkenntnis)[258], bei welcher es sich, wenn richtig verstanden, nicht um eine Erkenntnis des Ich, sondern des Selbstes, handelt, nämlich der objektiven Erscheinung dessen, wessen Subjekt das Ich ist[259]. In Übereinstimmung mit

tionemque Creatoris; nec in noctem vergitur, ubi non Creator creaturae dilectione relinquitur» [Denn die Erkenntnis des Geschöpfes ist im Vergleich zum Wissen des Schöpfers nur ein Zwielicht: und so dämmert es und wird zum Morgen, wenn das Geschöpf zum Lob und zur Liebe für den Schöpfer veranlaßt wird; und es wird nicht in Nacht verwandelt, wenn nicht der Schöpfer ob der Liebe zur Kreatur verlassen wird] (*De civitate Dei,* lib. XI, cp. VIII, col. 445)].

[256] [*Patmos,* Werke III: Gedichte, p. 354.]
[257] DEUSSEN, *Die Geheimlehre des Veda,* p. 54.
[258] *De civitate Dei,* l. c., col. 446: «Et hoc cum facit in cognitione sui ipsius, dies unus est» [Und wenn es (das Geschöpf) zur Selbsterkenntnis gelangt, so ist das ein Tag]. Vielleicht ist dies die Quelle für die eigentümliche Bezeichnung des lapis als «filius unius diei» [Sohn eines einzigen Tages].
[259] «Cum nulla scientia melior sit illa qua cognoscit homo semetipsum, discutiamus cogi-

Genesis 1 folgen die übrigen Tage mit der Erkenntnis des Firmamentes, der Erde, des Meeres, der Pflanzen, der Gestirne, der Wasser- und der Lufttiere, und schließlich der Landtiere und «ipsius hominis», des Menschen selber, am sechsten Tage. Die cognitio matutina ist die Selbsterkenntnis, die vespertina dagegen die cognitio hominis [260]. So schildert AUGUSTINUS, wie die cognitio matutina allmählich altert, indem sie immer weiter und mehr sich in die «zehntausend Dinge» verliert und zum Schlusse endlich beim Menschen anlangt, wo man doch hätte erwarten können, daß dies schon bei der Selbsterkenntnis der Fall gewesen wäre. Wäre dem aber wirklich so, so hätte das Augustinische Gleichnis seinen Sinn verloren, indem es sich selbst widersprochen hätte. Einen solchen offenkundigen Lapsus darf man einem so genialen Manne nicht zutrauen. Er hat wirklich gemeint, daß Selbsterkenntnis «scientia Creatoris» [261] ist, ein geoffenbartes Morgenlicht nach der Nacht, in welcher

---

tationes, locutiones atque opera nostra. Quid enim prodest nobis, si rerum omnium naturas subtiliter investigemus, efficaciter comprehendamus, et nosmetipsos non intelligamus?» [Da kein Wissen besser ist als das, wodurch der Mensch sich selbst erkennt, wollen wir uns mit den Gedanken, Worten und Werken auseinandersetzen. Denn was nützt es uns, wenn wir das Wesen aller Dinge aufs genaueste untersuchen und richtig erfassen und uns selber doch nicht erkennen?] *De spiritu et anima*, cp. LI, col. 1190 f. Dieses Buch ist ein dem AUGUSTIN untergeschobener, sehr viel späterer Traktat.

[260] «Quapropter ipsa creaturae cognitio in semetipsa vespera, in Deo erat mane: quia plus videtur ipsa creatura in Deo, quam in se ipsa videatur.» [Weshalb das Wissen des Geschöpfes, das in sich selber abendlich ist, in Gott Morgen war: denn das Geschöpf wird in Gott klarer gesehen als in sich selbst.] (*Dialogus quaestionum LXV*, quaest. XXVI, col. 1084)

[261] Der *Liber de spiritu et anima* mißt der Selbsterkenntnis eine sehr hohe Bedeutung zu. Sie ist ihm unerläßliche Bedingung zur Vereinigung mit Gott. So sagt er: «Sunt alii quaerentes Deum per exteriora, deserentes interiora sua, quibus Deus interior est. [Es gibt solche, die Gott durch äußere Dinge suchen, ihr eigenes Innere mißachtend, dem zutiefst Gott innewohnt] (LI, col. 1199). «Redeamus ergo ad nos, ut possimus ascendere ad nos ... In primo ascendimus ab istis exterioribus et inferioribus ad nos. In secundo ascendimus ad cor altum ... In tertio ascensu ascendimus ad Deum.» [Kehren wir also zu uns selbst zurück, damit wir zu uns emporsteigen können ... Zuerst steigen wir zu uns selbst von jenen äußerlichen und niedrigeren Dingen. Zweitens steigen wir zum Hohen Herzen auf. Im dritten Aufstieg schwingen wir uns zu Gott empor] (LII, l. c.). Dieses etwas kühne Programm läßt sich wohl kaum «contemptu nostri» [in Selbstverachtung] (wie der liber meint) verwirklichen; denn der Mangel an Selbstrespekt züchtet bloß herrenlose Hunde. Das «cor altum» ist das viergeteilte Mandala, die imago Dei bzw. das Selbst. Der *Liber de spiritu et anima* befindet sich mitten im Strome Augustinischer Tradition. So sagt AUGUSTINUS selber: «Noli foras ire, in teipsum redi; in interiore homine habitat veritas: et si tuam naturam mutabilem inveneris, transcende et teipsum. Sed memento cum te transcendis, ratiocinantem animam te transcendere.» [Geh nicht aus, kehr

das Bewußtsein eingehüllt im Dunkel des Unbewußten schlief. Die ursprünglich aus dem ersten Lichte hervorgegangene Erkenntnis wird schließlich und unvermeidlich zur scientia hominis, also des Menschen, der sich fragt: «Wer weiß und erkennt denn alles? Das bin doch ich.» Und das ist die anbrechende Dunkelheit [262], aus welcher der siebente Tag hervorgeht, der Tag der Ruhe: «Sed requies Dei requiem significat eorum qui requiescunt in Deo [263].» Der Sabbat ist also der Tag, an welchem der Mensch wiederum in Gott einkehrt und von neuem das Licht der cognitio matutina empfängt. Dieser Tag hat keinen Abend [264]. Symbolgeschichtlich dürfte es nicht belanglos sein, daß AUGUSTIN die heidnischen Wochentagsnamen gegenwärtig waren. Die zunehmende Verdunkelung erreicht am 5./6. Tag, dem dies Veneris, den Höhepunkt, um am Tage des greisen Saturn in den Luzifer umzuschlagen. Der dies Saturni kündigt das Licht an, welches am Sonntag in voller Kraft erscheint. Wie oben gezeigt, hat Mercurius nicht nur zur Venus, sondern vor allem zum Saturn eine intime Verwandtschaft, als Mercurius ist er iuvenis, als Saturn senex.

302   Mir scheint, als ob der Kirchenvater eine große Wahrheit ahnend angedeutet hätte, nämlich die, daß jede geistige Wahrheit sich allmählich verdinglicht und Stoff oder Werkzeug in der Hand des Menschen wird. Er kann sich infolgedessen kaum der Einsicht entziehen, daß er der Erkenner, ja sogar ein Schöpfer ist, dem grenzenlose Möglichkeiten zur Verfügung stehen. Ein solcher Mensch ist im Grunde genommen der Alchemist, aber in viel höherem Maße der Moderne. Ein Alchemist konnte noch beten: «Horridas nostrae mentis purga tenebras [265].» Der moderne Mensch ist schon dermaßen verdunkelt, daß

in dich selbst ein; im inneren Menschen wohnt dir Wahrheit: und wenn du deine Natur veränderlich findest, geh über dich hinaus. Aber bedenke, wenn du über dich hinausgehst, mußt du es als eine vernunftbegabte Seele tun] (*De vera religione,* 72, col. 1246).

[262] «Vespera fit, quando sol occidit. Occidit sol ab homine, id est lux illa justitiae, praesentia Dei.» [Es wird Abend, wenn die Sonne untergeht. Die Sonne geht unter für den Menschen, das heißt das Licht der Gerechtigkeit, die Gegenwart Gottes.] Diese Worte äußert AUGUSTIN in seiner Betrachtung von «Vespere demorabitur fletus: et in matutinum exsultatio». [«Am Abend kehrt Weinen ein und am Morgen Jubel» (LUTHER-Bibel *Ps.* 30,6)] (*Enarrationes in Psalmos XXIX,* II, 16, col. 201).

[263] [Die Ruhe Gottes aber bedeutet die Ruhe derer, die in Gott ruhen] *De civitate Dei,* lib. XI, cp. VIII, col. 446; *Dialogus quaestionum LXV,* quaest. XXVI, col. 1084.

[264] «... septimus iste dies non habet vesperam» [jener siebte Tag hat keinen Abend]. (*Sermo IX de decem chordis,* 6, col. 78)

[265] [Reinige die schauerlichen Finsternisse unseres Verstandes.]

außer dem Lichte seines Verstandes nichts mehr seine Welt erhellt. «Occasus Christi, passio Christi²⁶⁶.» Darum wohl passieren unserer gelobten Kultur die wunderlichsten Dinge, die schon mehr einem Weltuntergang als einer normalen Abenddämmerung gleichen.

Mercurius, der zweideutige Gott, kommt als lumen naturae, als servator und salvator nur jenem Verstande zu Hilfe, welcher sich nach dem höchsten Lichte, das die Menschheit je empfangen, ausrichtet und sich nicht, dessen uneingedenk, seiner cognitio vespertina ausschließlich anvertraut. Dann nämlich wird das lumen naturae zu einem gefährlichen Irrlicht, und der Psychopompos zum diabolischen Verführer. Luzifer, der das Licht bringen könnte, wird zum Geist der Lüge, welcher in unserer Zeit die unerhörtesten Orgien, unterstützt von Presse und Radio, feiert und ungezählte Millionen ins Verderben stürzt.

Hermes ist zwar ein Gott der Diebe und Betrüger, aber auch ein Offenbarungsgott, und hat einer antiken Philosophie seinen Namen gegeben, eben der Hermetischen. Aus historischer Rückschau gesehen, war es ein psychologischer Moment höchster Bedeutung, als der Humanist PATRITIUS dem Papste Gregor XIV. vorschlug, die Hermetische Philosophie an Stelle des ARISTOTELES in der Kirchenlehre zu setzen. In diesem Augenblick haben sich zwei Welten berührt, die in der Zukunft – aber nach was für Ereignissen! – sich noch werden einigen müssen. Damals war es offenkundig unmöglich. Es bedarf noch einer psychologischen Differenzierung der religiösen wie der wissenschaftlichen Auffassungen, bis eine Vereinigung auch nur einigermaßen in die Wege geleitet werden kann.

---

[266] *Enarratio III in Psalmum CIII,* 21, col. 1660 [Untergang Christi, Passion Christi].

V

DER PHILOSOPHISCHE BAUM

> Grau, teurer Freund, ist alle Theorie
> Und grün des Lebens goldner Baum.
> GOETHE, *Faust*

Dieser Aufsatz war ursprünglich für eine Festschrift anläßlich des 70. Geburtstages meines Freundes Gustav Senn, Professor der Botanik an der Universität Basel, bestimmt. Wegen des vorzeitigen Todes des Jubilars wurde er dann in den *Verhandlungen der Naturforschenden Gesellschaft Basel* abgedruckt (LVI/2, Basel 1945) pp. 411–423. Die gegenwärtige Fassung stellt eine Umarbeitung und Erweiterung des ursprünglichen Aufsatzes dar. [Aufgenommen in: *Von den Wurzeln des Bewußtseins. Studien über den Archetypus* (Psychologische Abhandlungen IX) Rascher, Zürich 1954.]

DER PHILOSOPHISCHE BAUM

1. INDIVIDUELLE DARSTELLUNGEN DES BAUMSYMBOLS

Ein Bild, das unter den archetypischen Gestaltungen des Unbewußten häufig auftritt, ist das des Baumes oder der wunderbaren Pflanze überhaupt. Wenn die Phantasievorstellungen zeichnerisch dargestellt werden, so ergeben sich häufig symmetrische Gebilde, die in ihrem Querschnitt ein *Mandala* darstellen würden. Insofern nun letzteres in der Regel eine *Aufsicht* des Selbstsymboles darstellt, bedeutet der Baum soviel als eine *Ansicht* desselben, das heißt er stellt das Selbst als einen Wachstumsvorgang dar. Die Bedingungen, unter denen derartige Darstellungen zustandekommen, möchte ich hier nicht nochmals behandeln. Ich habe in dem Bande «*Gestaltungen des Unbewußten*»[1] alles Nötige hierüber gesagt. Die Beispiele, die ich im folgenden anführen werde, stammen alle aus Bilderserien, in denen einige meiner Patienten ihre inneren Erlebnisse zeichnerisch ausgedrückt haben.

Trotz der Mannigfaltigkeit des Symbols ergeben sich charakteristische Grundzüge. Ich werde im folgenden zunächst die individuellen Bilder reproduzieren und erörtern und sodann im zweiten Teil dieser Untersuchung den «philosophischen Baum» der Alchemie und seine historischen Beziehungen darstellen. Mein kasuistisches Material ist insofern unpräjudiziert, als in keinem einzigen Falle vorher eine Kenntnis der Alchemie noch eine solche des Schamanismus vorhanden war. Die Bilder sind spontane Produkte freischaffender Phantasie, und ihr einziges bewußtes Motiv ist die Absicht, jenes Erlebnis auszudrücken, welches sich ergibt, wenn unbewußte Inhalte im Bewußtsein so aufgenommen werden, daß dieses nicht davon entwurzelt und das Unbewußte nicht vergewaltigt wird. Die meisten Bilder stammen von Patienten, die in Behandlung standen, einige aber auch von Personen, die nicht oder nicht mehr therapeutisch beeinflußt waren. Ich stelle ausdrücklich fest, daß

---

[1] [*Zur Empirie des Individuationsprozesses*; *Über Mandalasymbolik*; *Mandalas*.]

ich es in solchen Fällen sorgfältig vermeide, Voraussagen zu machen, die suggestiv wirken könnten. Zudem sind 19 von 31 Bildern in einer Zeit gezeichnet worden, da ich selber mit der Alchemie noch nicht bekannt war, und die restlichen 12 vor der Veröffentlichung meines Buches über Alchemie.

Bild 1

306 Der Baum steht einsam auf einer Insel im Meer. Seine Größe wird dadurch hervorgehoben, daß sein oberer Teil durch den Bildrand abgeschnitten ist. Die Knospen und die kleinen, weißen Blüten deuten den Frühling an, in welchem der große Baum, dessen Alter die Dauer eines Menschenlebens weit übersteigt, zu neuem Leben erwacht. Die Einzigartigkeit des Baumes und seine axiale Mittelstellung im Bilde lassen eine Andeutung von Weltbaum und Weltachse vermuten, also Eigenschaften, die dem Baumsymbol sozusagen universal zukommen. Auf diese Weise drückt sich der den Autor des Bildes bewegende innere Vorgang aus und läßt dadurch erraten, daß seine Natur mit persönlicher Psychologie im Grunde genommen nichts zu tun hat. Vielmehr stellt der Baum ein Symbol dar, welches allgemein ist und dem persönlichen Bewußtsein fremd gegenübersteht, wenn der Autor sich nicht etwa bewußt des Weihnachtsbaumes bedient, um seinen inneren Zustand zu veranschaulichen.

Bild 2

307 Die abstrakte Stilisierung und die Stellung des Baumes auf dem Erdball verdeutlichen das Gefühl der Isolierung in einer geistigen Existenz. Die vollkommene Symmetrie der Krone weist auf eine entsprechende Vereinigung der Gegensätze hin. Letztere ist Motiv und Zweck des Individuationsprozesses. Insofern der Urheber eines derartigen Bildes sich weder mit dem Baum identifiziert, noch von diesem assimiliert wird[2], gerät er nicht in die Gefahr einer autoerotischen Isolierung, sondern er wird sich nur der Tatsache intensiv bewußt, daß seiner Ichpersönlichkeit ein nur symbolisch faßbares Geschehen, mit dem er sich auseinanderzusetzen hat, gegenübersteht, ebenso wirklich und unleugbar wie sein Ich. Man kann dieses Gegenüber auf vielerlei Weise negieren und vernichtigen, verliert aber bei dieser Prozedur den ganzen Wert, den das Symbol darstellt. Der naiv-neugierige Verstand möchte natür-

---

[2] Siehe dazu *Aion,* Paragr. 45.

lich eine rationale Erklärung haben, und wenn er sie nicht sofort findet, so begnügt er sich entweder mit einer ebenso billigen wie unzureichenden Annahme oder wendet sich enttäuscht ab. Es scheint dem Menschen sehr schwerzufallen, mit Rätseln zu leben oder diese leben zu lassen, obschon man meinen sollte, daß bei der prinzipiellen Rätselhaftigkeit der Existenz überhaupt ein bißchen mehr oder weniger Unbeantwortbares kaum eine Rolle spielen dürfte. Aber vielleicht ist eben gerade das die Unerträglichkeit, daß es in der eigenen Seele irrationale Dinge geben soll, welche das Bewußtsein in seiner Illusion von Sicherheit und Klarheit beunruhigen, indem sie ihm das Rätsel seines Daseins in greifbare Nähe bringen.

Bild 3

Hier handelt es sich um einen Lichtbaum, der zugleich ein Leuchter ist. Er hat daher abstrakte Gestalt und deutet damit seine geistige Natur an. Seine Zweigenden sind brennende Kerzen, deren Licht die Dunkelheit eines verschlossenen Raumes, einer Höhle oder eines Gewölbes erhellt. Damit wird einerseits die heimliche und verborgene Natur des Prozesses und andererseits dessen bewußtseinserhellende Funktion ausgedrückt. 308

Bild 4

Der Baum ist realistisch aufgefaßt, obschon er golden ist. Er ist noch im winterlichen, blätterlosen Schlafzustand. Er erhebt sich im kosmischen Raume und trägt sozusagen einen großen goldenen Lichtkörper, wohl die Sonne. Das Gold weist darauf hin, daß die Urheberin dieses Bildes zwar noch keine lebendige, das heißt bewußte Beziehung zu diesem Inhalt unterhält, wohl aber eine gefühlsmäßige Intuition von dessen großem Werte hat. 309

Bild 5

Der Baum ist blätterlos, trägt aber kleine, rötliche Blüten, was auf einen Frühlingszustand hinweist. Die Zweigenden sind Flammen, ebenso schlägt aus dem Wasser Feuer empor, wo der Baum daraus hervorwächst. Der Baum ist daher auch wie ein Springbrunnen. Das Brunnensymbol, die fontina, ist der Alchemie eigentümlich. Der Brunnenstock entspricht dabei dem Baum und wird auf Bildern gerne nach Art eines mittelalterlichen Stadtbrunnens dargestellt. Die Vereinigung von Feuer und Wasser in unserem Bilde drückt den 310

Gedanken der Gegensatzvereinigung aus, welche das Wesen des Individuationsvorganges ausmacht. Das Bild erwahrheitet zudem den alchemistischen Satz «aqua nostra ignis est[3].»

Bild 6

311 Der Baum ist rot und sieht aus wie eine Koralle. Er spiegelt sich nicht im Wasser, sondern er wächst gleicherweise nach unten wie nach oben. Die vier Berge im Hintergrund spiegeln sich ebenfalls nicht, sondern ihr Gegenüber besteht aus fünf Bergen. Damit ist angedeutet, daß die Unterwelt keine bloße Spiegelung der Oberwelt darstellt, sondern eine Welt an und für sich ist et vice-versa. Der Baum steht in der Mitte zwischen zwei Felswänden als Gegensatzpositionen. Die vier Berge erscheinen auch in Bild 24.

Bild 7

312 Die in Schollen aufgebrochene Erdrinde zeigt, mit welch unwiderstehlicher Kraft das Wachstum des Baumes sich durchsetzt. Damit bekundet der Urheber des Bildes seine innere Erfahrung eines analogen Prozesses, der mit Notwendigkeit verläuft und sich durch keinen Widerstand unterdrücken läßt. Da die Schollen zugleich auch schneebedeckte Berge darstellen, so kommt dem Baume kosmischer Charakter zu, das heißt er bedeutet Weltbaum und Weltachse.

Bild 8

313 Der Baum ist blätterlos, dafür tragen seine Zweigenden kleine Flammen. Er folgt daher dem Motiv des Weihnachtsbaumes. Statt aus der Erde oder dem Meer wächst der Baum aus dem Leibe einer Frau. Die Zeichnerin ist Protestantin und mit der mittelalterlichen Mariensymbolik nicht vertraut (Maria = terra, maris stella).

Bild 9

314 Der Baum ist alt und mächtig und steht auf einem Wurzelgeflecht, das ungewöhnlich stark betont ist. Von rechts und links nähern sich zwei Drachen. Auf dem Baume befindet sich ein Mensch, der dort offenbar vor den Drachen

---

[3] «Unser Wasser ist Feuer.»

Bild 1

Der Baum trägt Knospen und weiße Blüten. Er steht auf einer Insel. Im Hintergrund ist das Meer.

Bild 2

Der Baum steht auf dem Erdball und erinnert an den Baobab, dessen Wurzeln den Planetoiden zersprengen, auf welchem SAINT-EXUPÉRYS «Petit Prince» wohnt. Analogie zum Weltbaum des Pherekydes, zum schamanistischen Baum und zur Vorstellung der Weltachse.

Bild 3

Abstrakter Baum als siebenarmiger Leuchter und Weihnachtsbaum. Die Lichter veranschaulichen die aus dem Wachstum des Baumes hervorgehende Erhellung und Erweiterung des Bewußtseins.

Bild 4

Die Zeichnung besteht in aufgeklebter Goldfolie. Analogie zur arbor aurea der Alchemie und zum Weltbaum. Aus der Baumkrone erhebt sich die Sonne. Die goldenen Kugeln sind Himmelskörper.

Bild 5

Der Baum wächst im Wasser. Er trägt rötliche Blüten, besteht aber auch aus Feuer, das unten aus dem Wasser und oben aus den Zweigen emporschlägt.

Bild 6

Im farbigen Original ist der Baum hochrot und wächst auf dem Wasser zugleich nach oben und nach unten.

Bild 7

Der Baum drängt aus der Tiefe zum Licht hinauf und durchbricht dabei die Erdrinde.

Bild 8

Der Baum, der an den Zweigenden Lichter trägt, wächst aus dem Leibe einer Frau. Sie stellt ein Synonym zu Erde und Wasser (Meer) dar und veranschaulicht den Gedanken, daß der Baum ein aus dem Unbewußten hervorgehender Prozeß ist. Man vergleiche dazu den Ursprung des mexikanischen Weltbaums im Leibe der Erdgöttin (LEWIS SPENCE, *The Gods of Mexico,* p. 58).

Bild 9

Zwei Drachen bedrohen einen Menschen, der auf dem Baum Zuflucht gesucht hat. Das Wurzelgeflecht ist sehr stark betont, was auf eine Unruhe im Unbewußten hindeutet.

Bild 10

Die Gegensatzvereinigung ist hier durch zwei ineinanderwachsende Bäume dargestellt. Die Bäume wurzeln im Wasser und sind durch einen Ring zusammengehalten. Die Krokodile sind getrennte und deshalb bedrohliche Gegensätze.

Bild 11

Das vertikale Wachstum des Baumes steht im Gegensatz zur horizontalen Bewegung der Schlange. Letztere wird am Baum emporklettern, wodurch dieser zum Paradiesbaum der Erkenntnis wird.

Bild 12

Wie der Baum eine Sonne in der Krone trägt, so die Schlange in den Wurzeln einen Lichthalo. Dies deutet auf eine geglückte Vereinigung von Baum und Schlange.

Bild 13

Der Baum hat 4 + 1 Äste. Der zentrale Ast trägt die Sonne, die 4 anderen Sterne. Der Baum ist innen hohl (Türe!). Der Vogel vergießt Tränen, weil «er den Schlüssel vergessen hat».

Bild 14

Dieses und das folgende Bild 15 stammen aus einer Serie, die einen «Heldenmythus» darstellt. Der Held ist von einem familiaris, einem kleinen grünen und gekrönten Drachen, begleitet. Der Baum wächst aus oder auf einem geheimen Schatz. Der Held möchte sich des Schatzes bemächtigen.

Bild 15

Der Baum umklammert den Schatz, und, wie der Held ihn berührt, springt eine Flamme aus dem Blatt.

Bild 16

Das Bild stammt aus dem früheren Stadium bei der Zeichnerin der Bilder 14 und 15. In den Wurzeln des Baumes ist ein Saphir verborgen.

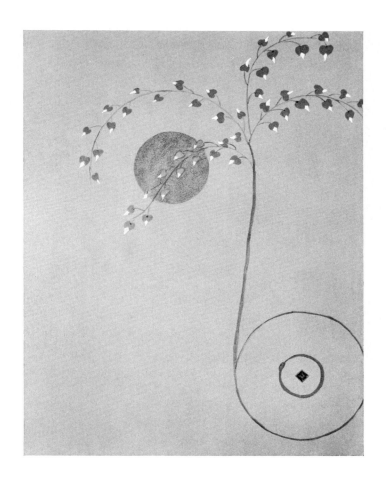

Bild 17

Blühender Baum mit Sonnenscheibe, wächst aus einem Bannkreise, der den Ouroboros mit dem Saphir umschließt.

Bild 18

Der Baum im kosmischen Raume kann sich nicht in die Höhe entwickeln. Er wird wieder von der Erde angezogen und wächst in diese hinein.

Bild 19

Der gleiche regressive Zustand, aber gepaart mit größerer Bewußtheit. (Die Urheberin dieses Bildes ist nicht die gleiche wie von Bild 18.)

Bild 20

Der Baum hat mehr oder weniger kosmischen Charakter. In seinem Stamm ist eine vielfarbige Puppe verborgen.

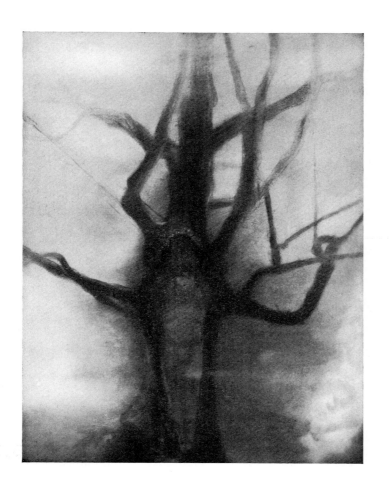

Bild 21

Dasselbe Motiv wie bei 20 bei einem anderen Falle. Die schlafende Gestalt ist sichtbar. (Ölgemälde)

Bild 22

Die im Baum verborgene Gestalt ist erwacht und tritt zur Hälfte aus dem Stamm aus. Die Schlange befindet sich in der Baumkrone und nähert sich dem Ohr der Erwachten. Vogel, Löwe, Lämmchen und Schwein vervollständigen die Paradiesszene.

Bild 23

Der Baum selber nimmt menschliche Gestalt an und trägt die Sonne. Im Hintergrund ist eine Blutwelle sichtbar, welche sich rhythmisch um das Eiland der Wandlung bewegt.

Bild 24

Dasselbe Motiv bei der Zeichnerin von Bild 16 und 17. Der Baum ist ersetzt durch eine weibliche Gestalt. Die Tiere gehören zur Paradiesszene. Die Sonnenscheibe ist hier ein Individuationssymbol, eine Quaternität, welche von vier verschiedenfarbigen Flüssen, die von vier Bergen oben herkommen, gespeist wird.

Bild 25

Der Baum ist eine weibliche Gestalt, von der Schlange umwunden. Sie hält zwei Lichtkugeln. Die Kardinalpunkte sind durch Maiskolben und durch vier Tiere, nämlich Vogel, Schildkröte, Löwe und Insekt bezeichnet.

Bild 26

Der Baum ist beinahe ersetzt durch die weibliche Gestalt, die im Wurzelgebiet Kreuzform annimmt. Unten ist die Erde, oben der Regenbogen.

Bild 27

Der archaische Equisetazeenwald deutet Urzeit an. Der Baum wächst wie der Fruchtknoten einer Blüte (in sechs Stufen) aus vier Hüllblättern, die menschliche Köpfe tragen. In der (Licht-)Blüte erscheint der Oberkörper einer weiblichen Gestalt.

Bild 28

Der Baum ist größtenteils durch eine weibliche Gestalt ersetzt. Die aus dem Kopf herauswachsende Baumkrone ist von Vögeln umflattert.

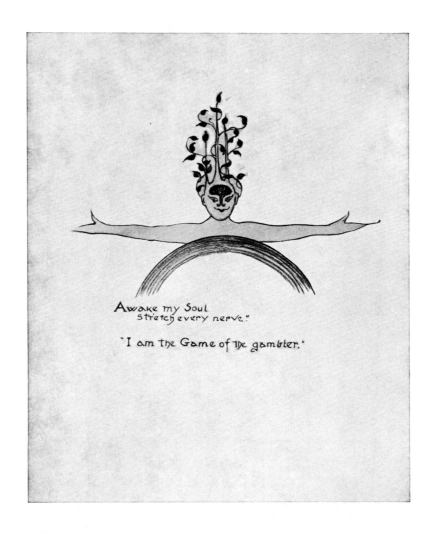

Bild 29

Dieselbe Zeichnerin wie von Bild 28. Hier ist der Baum durch eine männliche Gestalt ersetzt. Sie erhebt sich über einen Regenbogen.

Bild 30

Dieselbe Zeichnerin wie von Bild 2. Ein stilisierter Weltbaum auf der Erdkugel, um welche ein mehrfarbiges geteiltes Band läuft. Der Stamm wird durch eine männliche dämonische Gestalt gebildet, auf welche ein Vogel(?) aus der Baumkrone herunterfliegt. Unten sind phallische Symbole angedeutet.

Bild 31

Der Baum ist zugleich eine Blüte, welche eine gnomenhafte männliche Gestalt enthält. Die Krone bildet ein Mandala mit blütenartigem Zentrum, von einem Kranz (corona) umgeben.

Bild 32

Der Baum ist als Blume aufgefaßt und stellt die Vereinigung einer Reihe von Gegensätzen dar. Unten Schwan und katzenartiges Tier, dann «Eva» und «Adam», ihre Gesichter schamhaft verdeckend, dann (Eis-)Vogel mit Fisch und gegenüber dreiköpfige Schlange, dann die vier Cherubim des Ezechiel mit Mond und Sonne, sodann die Lichtblüte mit gekrönter Knabengestalt und schließlich zuoberst Vogel mit leuchtendem Ei und gekrönte Schlange, daneben zwei Hände mit Wasser ausschüttendem Krug.

Zuflucht gesucht hat. Dies erinnert an den Drachen, der den Hesperidenbaum bewacht, und an die schatzhütende Schlange überhaupt. Das Bewußtsein des Autors befindet sich in einer etwas prekären Lage, insofern seine neueste Errungenschaft, nämlich eine gewisse Sicherheit seines individuellen Bewußtseins, vom Unbewußten wieder verschlungen zu werden droht. Das stark hervorgehobene Wurzelwerk drückt die Unruhe im Unbewußten aus, ebenso die offenbar riesigen Drachen und die Winzigkeit des Menschen. Der Baum ist nicht bedroht, indem er unabhängig vom menschlichen Bewußtsein wächst. Er ist ein Naturvorgang, und es ist sogar gefährlich, diesen irgendwie zu stören, da er von Drachen bewacht ist. Vermöge der Tatsache, daß er ein natürlicher und stets vorhandener Prozeß ist, kann er dem Menschen verläßlichen Schutz gewähren, vorausgesetzt, daß dieser den Mut aufbringt, die Drachen nicht zu scheuen und den Baum zu ersteigen.

Bild 10

Wir begegnen hier wieder den zwei Drachen, welche durch Krokodile dargestellt sind. Der Baum ist abstrakt und verdoppelt. Er ist mit Früchten behangen. Trotz seiner Doppelheit macht er den Eindruck, ein Baum zu sein. Dies, nebst dem Ring, der die beiden Bäume verbindet, deutet auf die Vereinigung der Gegensätze, die ja auch durch die zwei Drachen (beziehungsweise Krokodile) dargestellt sind. Der Mercurius der Alchemisten wird durch den Baum sowohl wie durch den Drachen dargestellt. Er ist notorisch «duplex», hauptsächlich männlich und weiblich, und wird deshalb im Hierosgamos der chymischen Hochzeit vereinigt.

Bild 11

Obschon Baum und Schlange beides Symbole des Mercurius sind, es stellen sie doch, wegen der Doppelheit desselben, zwei verschiedene Aspekte dar. Der Baum entspricht einem statischen, vegetativen, die Schlange aber einem beweglichen, animalischen Prinzip. Ersterer wäre die erdverbundene Körperhaftigkeit, letztere Emotionalität und Beseeltheit (animal!). Ohne anima ist der Körper tot, und ohne corpus ist die Seele unwirklich. Die Vereinigung beider, welche in diesem Bilde offenbar bevorsteht, würde einer Beseelung des Körpers einerseits und einer Verwirklichung der Seele andererseits entsprechen. In ähnlicher Weise deutet ja auch der Paradiesesbaum auf das wirkliche Leben hin, das den ersten Eltern, die in einem kindhaft-pneumatischen (das heißt im ursprünglich pleromatischen) Zustand sind, noch bevorsteht. Die Zusammensetzung des Mercurius bildet einen wichtigen Abschnitt im alchemistischen Prozeß.

Bild 12

317 In diesem Bilde sind Baum und Schlange vereinigt. Der Baum trägt Blätter, und die Sonne geht in ihm auf. Die Wurzeln sind schlangenähnlich.

Bild 13

318 Der an sich abstrakte Baum verbirgt einen Hohlraum, zu dem eine verschlossene Türe führt. Der mittlere Stammtrieb, der einen Lichtkörper wie die Sonne trägt, hat ausgesprochenen Schlangencharakter. Der naive Vogel, welcher den Verstand der Zeichnerin darstellt, weint, weil er den Schlüssel vergessen hat, welcher ihm die Türe zum Baum öffnen könnte. Offenbar wittert der Vogel etwas Begehrenswertes (Schatz!) im Inneren.

Bild 14

319 Dieselbe Zeichnerin variierte das Schatzmotiv in verschiedener Weise; hier in Form einer Heldenlegende: der Held entdeckt in geheimem Gewölbe einen versiegelten Koffer, aus dem der Wunderbaum wächst. Der grüne Drache, der wie ein Hund dem Helden folgt, entspricht dem familiaris der Alchemisten, dem serpens mercurialis oder dem draco viridis. Solche größere mythische Gespinste kommen nicht selten vor. Sie entsprechen etwa den alchemistischen «Parabolae» oder Lehrerzählungen.

Bild 15

320 Der Baum will den Schatz nicht hergeben, sondern umklammert den Koffer um so mehr. Indem der Held sich nähert, berührt er den Baum, und eine Flamme springt aus ihm. Es ist ein Feuerbaum, wie der der Alchemisten und der Weltbaum des Simon Magus.

Bild 16

321 Auf dem blätterlosen Baum sitzen viele Vögel; ein Motiv, das sich auch in der Alchemie findet: der Baum der Sapientia ist von vielen Vögeln umflattert, so

in der «*Pandora*» von 1588, oder es ist die Gestalt des Hermes Trismegistus, die von Vögeln umgeben ist, wie in «*De chemia*» 1566. Der Baum ist als Schatzhüter dargestellt. Der in seinen Wurzeln verborgene Edelstein erinnert an die im Wurzelwerk der Eiche verborgene Flasche, die den Geist Mercurius enthält, wie in einem GRIMMschen Märchen erzählt wird. Der Stein ist ein dunkelblauer Saphir, dessen Zusammenhang mit der Saphirplatte des Ezechiel, die in der kirchlichen Allegorik eine große Rolle spielte, der Zeichnerin unbekannt ist. Seine spezielle Tugend ist, daß er den Träger keusch, fromm und beständig macht. In der Medizin war er ein Herzmittel: «Utimur et hodie Sapphiro in corde confortando»[4]; «flos Saphyricus» wird der Stein genannt[5]. Die Vögel als beschwingte Wesen sind seit alters Sinnbilder oder Symbole des Geistes und des Gedankens. Die vielen Vögel unseres Bildes wollen also bedeuten, daß die Gedanken der Zeichnerin um das Geheimnis des Baumes, das heißt um den in den Wurzeln verborgenen Schatz kreisen. Die Struktur der Symbolik liegt auch den Gleichnisreden vom Schatz im Acker, von der kostbaren Perle und vom Senfkorn zugrunde. Nur bezieht sich die Alchemie nicht auf das Reich Gottes, sondern auf das «admirandum Maioris Mundi Mysterium»[6], das «bewundernswerte Geheimnis des Makrokosmos», und es hat allen Anschein, als ob bei unserem Saphir etwas Ähnliches der Fall wäre.

Bild 17

Dieses Bild stammt von derselben Urheberin wie Bild 16, aber in einem viel späteren Stadium, wo die gleiche Idee in differenzierterer Form wiederkehrt. Auch das zeichnerische Darstellungsvermögen hat erhebliche Fortschritte gemacht. Der Grundgedanke ist derselbe, nur sind die Vögel ersetzt durch die herzförmigen Blüten des nunmehr belebten Baumes. Seinen vier Ästen entspricht die Viereckigkeit des Saphirs, dessen «Beständigkeit» durch den Ouroboros, die Hieroglyphe der Ewigkeit bei HORAPOLLO[7], hervorgehoben wird. Der sich selbst verschlingende Drache gilt in der Alchemie als Hermaphroditus, weil er sich selber erzeugt und gebiert. Die Saphirblüte wird daher als «Hermaphroditi flos saphyricus» bezeichnet. Bestand und Dauer drücken

---

[4] RULANDUS, *Lexicon alchemiae*, s. v. [p. 422. – Auch heutzutage wenden wir den Saphir zur Stärkung des Herzens an.] – [Vgl. *Psychologie und Alchemie,* Abb. 128, 231.]

[5] *Epistola ad Hermannum* in: *Theatrum chemicum* (1622) V, p. 899 [Saphirblüte].

[6] [l. c.]

[7] [*Selecta hieroglyphica*, p. 7 f.]

sich nicht nur im Alter des Baumes, sondern auch in der Beschaffenheit von dessen Frucht, nämlich dem Stein, aus. Er ist, wie die Frucht, zugleich Samen, und obschon die Alchemisten immer wieder das Sterben des Weizenkornes in der Erde betonen, ist der Stein trotz seiner Samennatur «unverweslich» (incorruptibilis). Er stellt, wie der Mensch, ein ewiges und zugleich immer sterbliches Wesen dar.

Bild 18

323 Hier ist ein Anfangszustand dargestellt, in welchem der Baum trotz seiner kosmischen Natur sich nicht von der Erde zu erheben vermag. Es handelt sich um eine regressive Entwicklung, die wahrscheinlich darauf beruht, daß der Baum zwar eine natürliche Tendenz hat, von der Erde weg in den kosmischen Raum mit seinen astronomischen und meteorischen Erscheinungen zu wachsen, aber damit droht, in eine fremde, unirdische Welt hinaufzureichen und eine Verbindung mit jenseitigen Dingen herzustellen, welche der natürliche Mensch mit seinem erdgebundenen Verstand fürchtet. Durch das Höhenwachstum des Baumes wird nicht nur eine vermeintliche irdische Sicherheit gefährdet, sondern auch eine geistig-moralische Indolenz und Trägheit gestört, weil der Baum in neue Zeiten und Räume wächst, in denen man ohne neue und erhebliche Anpassungsleistungen nicht auskommt. Es ist nicht bloß klägliche Feigheit, sondern zum guten Teil auch berechtigte Angst, welche vor einer anspruchsvollen Zukunft warnen, ohne daß man die Ansprüche wahrnehmen oder die Gefahren der Nichterfüllung kennen würde. Der anscheinend unbegründete ängstliche Widerstand und Widerwillen kann daher nur allzuleicht wegrationalisiert und mit einiger absichtlicher Nachhilfe wie ein lästiges Insekt vertrieben werden. Hieraus ergibt sich dann eben die psychische Situation, welche unser Bild darstellt, nämlich ein zurückgewendetes Wachstum, welches die vermeintlich sichere Erde in zunehmende Unruhe versetzt. Es entstehen dann sekundäre Phantasien, die, je nach Veranlagung, sich mehr um Sexualität oder um den Machtwillen oder um beides drehen. Früher oder später kommt es infolgedessen zur Bildung neurotischer Symptome und zu der fast unvermeidlichen Versuchung, daß Arzt sowohl als Patient diese Phantasien als ursächlich ernst nehmen und damit die eigentliche Aufgabe übersehen.

1. Individuelle Darstellungen des Baumsymbols

Bild 19

Diese Darstellung zeigt, daß Abbildung 18 kein Unikum ist. Hier handelt es sich allerdings nicht mehr um eine unbewußte Regression, sondern um eine Bewußtwerdung derselben, weshalb der Baum einen menschlichen Kopf hat. Es ist aus dem Bilde nicht ersichtlich, ob diese hexenartige Baumnymphe nach der Erde greift oder sich widerwillig von ihr erhebt. Dies entspricht völlig der Zwiespältigkeit des Bewußtseinszustandes. Die daneben stehenden aufrechten Bäume weisen aber darauf hin, daß innen oder außen Beispiele davon, wie Bäume eigentlich wachsen sollten, vorhanden und wahrnehmbar sind. Die Zeichnerin hat den Baum als Hexe und das regressive Wachstum als Ursache magischer Wirkungen nefaster Natur verstanden.

Bild 20

Der Baum steht isoliert und in souveräner Stellung auf einem Berge. Er ist beblättert und birgt in seinem Stamm eine Puppe, deren Hülle aus vielfarbigen Flecken besteht. Die Urheberin dieses Bildes wird dadurch an das Harlekin-Motiv erinnert. Das Narrengewand zeigt an, daß die Zeichnerin das Gefühl hat, es mit etwas Närrischem und Irrationalem zu tun zu haben. Es ist ihr bewußt, dabei an Picasso, dessen Stil anscheinend vom Gewande des Harlekin suggeriert wurde, gedacht zu haben. Die Assoziation hat wohl einen tieferen Sinn als den einer oberflächlichen Ideenverbindung. Es ist der gleiche Eindruck, der die regressive Entwicklung in den beiden vorausgehenden Fällen verschuldet hat: es handelt sich ja in der Tat um ein Geschehen, welches dem modernen Verstand nicht geringe Schwierigkeiten bereitet, und ich habe nicht wenige Patienten gesehen, welche ihrer Angst vor einer derartigen autonomen Entwicklung gewisser psychischer Inhalte offenen Ausdruck verliehen. Gerade in solchen Fällen ist es dann von höchstem therapeutischem Werte, wenn man dem Patienten die Historizität seiner scheinbar einzigartigen und unassimilierbaren Erlebnisse nachweisen kann. Wenn ein Patient die Unausweichlichkeit seiner inneren Entwicklung zu empfinden beginnt, so kann ihn leicht die Panik überfallen, daß er rettungslos einem Abgleiten in nicht mehr verstehbare Tollheit ausgeliefert sei. Es ist mir mehr als einmal vorgekommen, daß ich in einem solchen Fall nach dem Bücherschaft gegriffen, einen alten Alchemisten heruntergeholt und dem Patienten sein erschreckendes Phantasiebild in jener Form gezeigt habe, in welcher es schon vor vierhundert Jahren gedruckt wurde. Das wirkt beruhigend, denn der Patient sieht, daß er sich keineswegs allein in einer fremden Welt, von der niemand etwas versteht, befindet, sondern daß er zum großen Strom der historischen Menschheit gehört, welche schon lange und unzählige Male erlebt hat, was er als seine nur persönliche, pathologische Ausgefallenheit betrachtet. Die Puppe enthält eine menschliche Gestalt im Schlafzustand. Es ist der Mensch, der sich wie eine Insektenlarve in ein neues Wesen verwandelt.

Bild 21

326 Die im Stamm verborgene menschliche Gestalt zeigt einesteils die Identität des Baumes mit dem Menschen, anderenteils verhält sie sich zum Baume wie das Kind zur Mutter. Letzteres stimmt mit der traditionellen weiblich-mütterlichen Bedeutung des Baumes überein.

Bild 22

327 Hier ist eine weitere Stufe dargestellt, wo die schlafende Gestalt erwacht, zur Hälfte sich vom Baum trennt und sich mit dem Löwen, das heißt mit den Tieren überhaupt, in Beziehung setzt. Damit ist der «Baumgeborene» nicht nur als Naturwesen, sondern auch als Urmensch, der als αὐτόχθονος baumartig aus dem Boden wächst, charakterisiert. Die δενδρῖτις (Baumnymphe) ist in diesem Fall eine Eva, die nicht aus der Seite Adams genommen wurde, sondern selbständig aus dem Baume ins Dasein getreten ist. Durch dieses Symbol wird evidenterweise nicht nur die Einseitigkeit und Unnatürlichkeit des Nur-Kulturmenschen, sondern im besonderen auch die durch den biblischen Mythus insinuierte sekundäre Entstehung der Eva kompensiert.

Bild 23

328 Die Dendritis (Nymphe) trägt die Sonne und ist eine durchaus lichte Gestalt. Das Wellenband im Hintergrund ist rot und besteht aus lebendigem Blut, welches den Hain der Wandlung umfließt. Damit wird angedeutet, daß der Wandlungsprozeß keine luftige Phantasie, sondern ein Vorgang ist, der bis ins Somatische hinabreicht oder sogar in diesem seinen Ursprung nimmt.

Bild 24

Diese Zeichnung vereinigt verschiedene Motive der vorausgehenden Bilder, legt aber besonderen Nachdruck auf das Licht- oder Sonnensymbol. Es wird als Quaternität dargestellt. Diese wird umflossen von vier Flüssen, von denen jeder eine besondere Farbe hat. Sie fließen herunter von vier himmlischen das heißt «metaphysischen» Bergen (wie die Zeichnerin angibt). Wir fanden die vier Berge bereits angedeutet in Abbildung 6. Sie kommen ebenfalls in der Zeichnung eines männlichen Patienten vor, die ich in *«Psychologie und Alchemie»*[8] erwähnt habe. Die viererlei Flüssigkeiten sind im Codex Vossianus Leiden 29 dargestellt[9]. In allen diesen Fällen bin ich für die Vielzahl ebensowenig verantwortlich wie für alle alchemistischen, gnostischen und sonstigen mythischen Quaternitäten. Meine Kritiker scheinen komischerweise der Meinung zu huldigen, daß ich eine besondere Vorliebe für die Vierzahl hätte und sie deshalb überall fände. Sie sollten nur einmal einen alchemistischen Traktat zur Hand nehmen, – aber das ist offenbar zu anstrengend. Da «Wissenschaftlichkeit» zu neunzig Prozent aus Vorurteil besteht, braucht es regelmäßig sehr lange, bis Tatsachen gesehen werden.

Die Vierzahl ist, wie die Quadratur des Zirkels, nicht zufällig, darum haben wir, um ein auch meinen Kritikern bekanntes Beispiel vorzuführen, nicht drei Himmelsrichtungen und auch nicht fünf, sondern eben gerade vier. Daß die Zahl 4 überdies spezielle mathematische Eigenschaften besitzt, will ich nur andeuten. Unser Bild legt vermöge der Quaternität ein besonderes Gewicht auf das Lichtsymbol und amplifiziert dieses zugleich in solcher Weise, daß man unschwer erkennt, was damit gemeint ist: es handelt sich sozusagen um den Empfang der Ganzheit, das heißt um eine intuitive Erfassung des Selbst.

Bild 25

Das Bild betrifft ein noch späteres Stadium, in welchem die weibliche Gestalt nicht mehr bloß Empfängerin oder Trägerin des Lichtsymbols beziehungsweise des Mandalas ist, sondern als in dasselbe einbezogen erscheint. Die Persönlichkeit ist hier in höherem Grade affiziert als in Bild 24. Damit erhöht sich auch die Gefahr der Identifikation mit dem Selbst, die nicht als gering zu

---

[8] [Paragr. 217.]
[9] Reproduziert in: *Psychologie und Alchemie,* Abb. 140.

veranschlagen ist. Jeder, der eine derartige Entwicklung durchläuft, wird sich zum mindesten versucht fühlen, das Ziel seiner Erlebnisse und Bemühungen in einem Einswerden mit dem Selbst zu erblicken. Dafür gibt es überdies suggestive Vorlagen. Im vorliegenden Fall besteht diese Möglichkeit durchaus. Es sind aber Faktoren im Bilde vorhanden, welche eine Unterscheidung des Ich vom Selbst ermöglichen: die Urheberin des Bildes ist Amerikanerin und beeinflußt von der Mythologie der Puebloindianer: daher die Maiskolben, welche die weibliche Gestalt als Göttin charakterisieren. Sie wird von der Schlange gewissermaßen an den Baum gefesselt und bildet damit eine Entsprechung zum Crucifixus, welcher ebenfalls als Selbst an die irdische Menschheit geopfert, wie Prometheus an den Felsen gefesselt ist. Der Bemühung des Menschen zur Ganzheit entspricht, wie der Mythus es darstellt, auf der unbewußten Seite ein freiwilliges Opfer des Selbst an die Unfreiheit und Gebundenheit der irdischen Existenz. Ich will hier nur auf diese Entsprechung hinweisen, ohne sie weiter auszuführen.

332 Es ist also in diesem Bilde so viel von göttlichem Mythus angedeutet, daß das Bewußtsein, wenn es nicht ganz verblendet ist (wofür keine Anzeichen vorliegen), leicht zwischen Ich und Selbst unterscheiden kann. In diesem Stadium ist es angezeigt und wichtig, daß man keiner Inflation verfällt, denn eine solche stellt sich unfehlbar mit allen ihren sehr unangenehmen Folgen ein, wenn man in dem Momente, wo das Selbst erkennbar wird, sich dieser Erkenntnis dadurch verschließt, daß man sich mit ersterem identifiziert. Wenn nämlich die natürlicherweise vorhandene Identität mit dem Selbst erkennbar wird, so bietet sich eine Möglichkeit zur Befreiung aus einem Zustand der Unbewußtheit. Wird aber diese Möglichkeit übersehen beziehungsweise nicht benützt, so bleibt es nicht etwa beim bisherigen Zustand, sondern es entsteht eine Verdrängung mit Dissoziation der Persönlichkeit. Der Fortschritt in der Entwicklung, welcher der Erkenntnis möglich gewesen wäre, verwandelt sich in einen Rückschritt. Es handelt sich bei dieser Erkenntnis, wie ich betonen muß, nicht bloß um einen intellektuellen Akt, sondern darüber hinaus auch um eine moralische Tat, neben welcher das Erkenntnismäßige in den Hintergrund treten kann. Deshalb beobachtet man die gleichen Folgeerscheinungen auch in jenen Fällen, wo sich einer aus minderwertigen Motiven, die er sich nicht zugibt, um eine ihm vom Schicksal gestellte Aufgabe herumdrückt.

333 Ich möchte noch auf eine weitere Eigentümlichkeit unseres Bildes aufmerksam machen: der Baum hat kein Laub, und seine Zweige können ebenso-

gut Wurzeln sein. Sein eigentlicher Lebensvorgang ist auf die Mitte, auf die menschliche Gestalt, die seine Blüte und Frucht darstellt, konzentriert. Auf diese Weise ist ein Mensch, der im Unteren wie im Oberen wurzelt, quasi ein ebenso aufrechter wie umgekehrter Baum. Das Ziel ist nicht die Höhe, sondern die Mitte.

Bild 26

Die im vorigen Bild entwickelte Idee stellt sich in diesem Falle in etwas variierter Form dar. Es handelt sich wirklich um Selbstdarstellung der Idee, denn das Bewußtsein der Urheberin folgt nur einem vagen Gefühl, das sich im Akte des Zeichnens allmählich verdeutlicht. Das Bewußtsein wäre keinesfalls imstande, vorher in einem klaren Begriffe zu formulieren, was ausgedrückt werden soll. Die Struktur des Bildes ist, wie die Zeichnung andeutet, ein viergeteiltes Mandala mit einem nach unten verschobenen Mittelpunkt, der unter den Füßen der Gestalt liegt. Letztere steht in der oberen Hälfte und gehört also zum Lichtreich. Es entspricht einer Umkehrung des traditionellen christlichen Kreuzes, dessen langer Balken unten ist. Daraus ergibt sich der Schluß, daß das Selbst zunächst als eine lichte Idealfigur realisiert wurde, welche aber eine Umkehrung des christlichen Kreuzes darstellt. Der Mittelpunkt des letzteren ist nach oben verschoben, wodurch der unbewußten Tendenz zur Mitte ein oberes Ziel gesetzt wird. Der nach unten gerichtete Blick der Gestalt zeigt, daß ihr Ziel unten liegt. Der kurze Balken des (Licht-)Kreuzes steht auf der schwarzen Erde, und die Gestalt hält in der linken Hand einen schwarzen Fisch, welcher der dunkeln Sphäre entstammt. Charakteristisch ist die mudrâ-artige[10], zögernde Haltung der rechten Hand, welche sich auf den von links (vom Unbewußten) her kommenden Fisch bezieht. Die Patientin ist indisch (das heißt theosophisch) beeinflußt, daher die mudrâ. Der Fisch hat sōtēr-Bedeutung, ob er nun christlich oder indisch (als Fisch des Manu oder als avatâra des Vishnu) gedacht ist. Es besteht begründete Vermutung (siehe unten, Bild 29), daß die Patientin aus der *Bhagavadgîtâ* schöpft; es heißt dort: «Among fishes I am Makara[11].» Dieser ist ein Delphin oder eine Art von Leviathan, der im Svâdhishthâna-Chakra erscheint. Dieses Zentrum liegt in der Blasengegend und ist durch den Fisch und den Mond als Wasserregion ge-

---

[10] Mudrâ [skrt.] = rituelle oder magische Geste.
[11] X, 42 [Unter den Fischen bin ich Makara].

kennzeichnet. Da die Chakren des tantrischen Yoga vermutlich alten Bewußtseinslokalisationen gleichkommen, wie zum Beispiel Anâhata den φρένες der Griechen [12], so ist Svâdhishthâna wohl die früheste. Dieser Region entspringt das Fischsymbol mit seinem urzeitlichen Numen. Es erinnert an die «Tage der Schöpfung», das heißt an die Zeit der Bewußtseinsentstehung, wo die Ureinheit des Seins noch kaum durch das Dämmerlicht der psychischen Reflexion gestört war und der Mensch wie ein Fisch im Meere des Unbewußten schwamm. In diesem Sinne bedeutet der Fisch eine Wiederherstellung des pleromatischen Paradieszustandes oder, in der Sprache des tibetanischen Tantrismus, des Bardozustandes [13].

335 Die Pflanzen zu Füßen der Gestalt wurzeln eigentlich in der Luft. Der Baum beziehungsweise die Dendritis und die Pflanzen sind von der Erde abgehoben oder, was wahrscheinlicher ist, im Begriffe, auf die Erde herunterzukommen. Darauf würde auch der Fisch als Abgesandter der Tiefe hindeuten. Diese Situation ist nach meiner Erfahrung ungewöhnlich und dürfte auf theosophischer Beeinflussung beruhen, denn für die (westliche) Theosophie ist die Erfüllung des Bewußtseins mit Idealvorstellungen charakteristisch, nicht aber die Konfrontation mit dem Schatten und der Dunkelwelt. Man wird aber nicht hell dadurch, daß man sich Helles vorstellt, sondern dadurch, daß man Dunkles bewußtmacht. Letzteres aber ist unangenehm und daher nicht populär.

Bild 27

336 Diese Darstellung ist im Gegensatz zum vorhergehenden Bild ausgesprochen westlich, obschon sie zum Archetypus der göttlichen Geburt aus dem Baume oder der Lotosblüte gehört. Die archaische Pflanzenwelt des Karbon veranschaulicht die Stimmung, in der sich die Zeichnerin befand, als sie die Geburt des Selbst intuitiv erfaßte. Die menschliche Gestalt, die aus der archaischen Pflanze hervorwächst, ist die Vereinigung und Quintessenz der vier Köpfe an der Basis, entsprechend der alchemistischen Anschauung vom «lapis ex IV elementis compositus» [14]. Die Empfindung des Archetypus verleiht dem Erlebnis den Charakter des Uralten und seit jeher Vorhandenen. Die Sechszahl

[12] Vgl. zur Chakrenlehre AVALON, *The Serpent Power,* und zu φρένες ONIANS, *The Origins of European Thought,* p. 14 ff.
[13] EVANS-WENTZ, *Das tibetanische Totenbuch.* p. 47 ff.
[14] [... aus den vier Elementen zusammengesetzten Stein.]

der Wachstumsstufen scheint, wie so vieles andere im Bereiche der Phantasietätigkeit, rein zufällig zu sein. Man darf sich jedoch daran erinnern, daß die Sechszahl (senarius) schon im Altertum als «aptissimus generationi» (am meisten zur Erzeugung geeignet) galt[15].

Bild 28

Diese Darstellung stammt von derselben Patientin wie Bild 26. Die weibliche Gestalt, welche die Baumkrone trägt, befindet sich in sitzender Stellung, was eine Verschiebung nach unten andeutet. Die schwarze Erde, die in Bild 26 weit unter ihren Füßen lag, befindet sich jetzt in ihrem Leibe als schwarze Kugel, und zwar in der Gegend des manipūra-chakra, welches mit dem plexus solaris koinzidiert. (Die alchemistische Parallele hiezu ist der sol niger, die schwarze Sonne[16].) Das will soviel heißen, als daß das dunkle Prinzip beziehungsweise der Schatten integriert wurde und jetzt als eine Art Zentrum im Leibe empfunden wird. Möglicherweise hängt diese Integration mit der eucharistischen Bedeutung des Fisches zusammen: das Essen des Fisches bewirkt eine participation mystique mit dem Gotte[17].

Der Baum ist von vielen Vögeln umflattert. Insofern der Vogel als Luftwesen den beschwingten Gedanken veranschaulicht, müssen wir aus dieser Darstellung schließen, daß in dem Maße, in welchem der Mittelpunkt nach unten verschoben wurde, die menschliche Gestalt sich von der Gedankenwelt löste, und infolgedessen kehrten die Gedanken zu ihrem natürlichen Zustande zurück. Mensch und Gedanke waren zuvor identisch, wodurch ersterer von der Erde abgehoben wurde, wie wenn er selber ein Luftwesen wäre, und letzterer hatte die Freiheit seines Fluges verloren, da er das Gewicht eines ganzen Menschen schwebend erhalten mußte.

Bild 29

Dieselbe Patientin. Der Prozeß der Abtrennung der Gedankenwelt von der weiblichen Gestalt setzt sich hier fort. Mit einem gewissen Triumph offenbart

---

[15] PHILO IUDAEUS, *De mundi opificio* [*Opera* I, p. 2].
[16] Synonym mit caput corvi (Rabenhaupt) und nigredo (Schwärze). Im Zustand der Dunkelheit herrscht (principatum tenet) die «anima media natura» (die Weltseele), ungefähr das, was ich als «kollektives Unbewußtes» bezeichne. Zu sol niger siehe MYLIUS, *Philosophia reformata*, p. 19.
[17] Vgl. *Aion,* Paragr. 175 ff.

sich ein männlicher Dämon[18], der offenbar plötzlich erwacht ist (Awake my soul!): es ist der Animus, die Personifikation des männlichen Denkens (beziehungsweise der Männlichkeit überhaupt) in einer Frau. Ihr früherer Suspensionszustand entpuppt sich hier als eine Animusbesessenheit, die jetzt von ihr abfällt. Es ist eine Befreiung für ihr weibliches Bewußtsein sowohl wie für ihren Animus, voneinander unterschieden zu sein. Der Satz: «I am the Game of the gambler» dürfte wohl der *Bhagavadgîtâ* entstammen: «I am the game of dice[19].» Dies sagt Krishna von sich selber. Der Abschnitt, in dem sich die Aussage findet, beginnt mit den Worten der Gottheit: «I am the self, O Gudâkesha! seated in the hearts of all beings. I am the beginning and the middle and the end also of all beings. I am Vishnu among the Âdityas[20], the beaming sun among the shining (bodies).»

340 Wie Krishna hier sich als das Würfelspiel bezeichnet, so stellt schon im *Śatapatha-Brâhmana* des *Yajur-Veda* Agni dasselbe dar. Es heißt dort: «He (the Adhvaryu[21]) throws down the dice, with ‹Hallowed by Svâhâ[22], strive ye with Sûrya's[23] rays for the middlemost place among brethren!› For that gaming-ground is the same as ‹ample Agni›, and those dice are his coals, thus it is him (Agni) he thereby pleases[24].»

341 Beide Textstellen setzen nicht nur den Gott, sondern auch das Licht beziehungsweise Sonne und Feuer in Beziehung zum Würfelspiel. Ebenso heißt es in den Hymnen des *Atharva-Veda*: «(The brilliancy) that is in the chariot, the dice, in the strength of the bull; in the wind, Parganya[25], and in the fire of Va-

---

[18] Damit ist der griechische δαίμων gemeint, und nicht ein christlicher Teufel.

[19] [Ich bin das Spiel des Spielers.] X, 42 [Ich bin das Würfelspiel]. (*Sacred Books of the East* VIII, p. 91) Ich hatte leider keine Gelegenheit mehr, die Patientin selber über die Herkunft dieses Satzes zu befragen. Ich weiß aber, daß sie die *Bhagavadgîtâ* gekannt hat.

[20] Solare Götter. [Ich bin das Selbst, o Gudâkesha! das im Herzen aller Dinge wohnt. Ich bin der Anfang und die Mitte und auch das Ende aller Wesen. Ich bin Vishnu unter den Âdityas; die strahlende Sonne unter den Leuchtenden.]

[21] Der Priester, der die Gebete des *Yajurveda* rezitiert.

[22] Svâhâ gehört zu den heiligen Silben. Sie wird gesprochen bei der Rezitation des *Veda* während Gewittern, *Âpastamba*, I, 4, 12 (*Sacred Books of the East* II, p. 45), und bei den Opfern an die Götter (l. c., p. 48).

[23] Sûrya = Sonne.

[24] *Fourth Brâhmana*, 23 (*Sacred Books* XLI, p. 112). [Er (der Adhvaryu) wirft den Würfel, mit ‹Geweiht von Svâhâ, strebe vorwärts mit Sûryas Strahlen nach dem Platz ganz in der Mitte unter Brüdern!› Denn dieser Spielgrund ist derselbe wie der ‹weite Agni›, und diese Würfel sind seine Kohlen, darum wird er (Agni) dadurch erfreut.]

[25] Regengott.

runa[26]». Der «Glanz» entspricht dem, was die primitive Psychologie als «mana» bezeichnet, und was die Psychologie des Unbewußten «Libidobesetzung» oder «emotionalen Wert» oder «Gefühlsbetonung» nennt. In puncto der emotionalen Intensität, welche für das primitive Bewußtsein einen ausschlaggebenden Faktor darstellt, können die verschiedensten Dinge, wie der Regen, der Sturm, das Feuer, die Kraft des Stieres und das leidenschaftliche Würfelspiel identisch sein. In der emotionalen Intensität koinzidieren Spieler und Spiel.

Diese Überlegung dürfte den Charakter unseres Bildes, welcher Befreiung, Aufatmung und Entlastung ausdrückt, erklären. Die Patientin empfindet diesen Moment offenbar als ein göttliches Numen. Wie unser *Bhagavadgîtâ*-Text zeigt, ist Krishna das Selbst, mit dem sich der Animus in diesem Falle identifiziert. Diese Identität ergibt sich fast regelmäßig dann, wenn der Schatten, das heißt die dunkle Seite, nicht genügend eingesehen wird. Wie jeder Archetypus hat auch der Animus ein Janusgesicht und überdies die Beschränktheit eines bloß männlichen Prinzips. Er ist infolgedessen nicht geeignet, die Ganzheit des Gottes beziehungsweise des Selbst darzustellen. Er muß sich mit einer Vorstufe oder Zwischenstellung begnügen. Die für die indische Theosophie charakteristischen Verallgemeinerungen haben meiner Patientin allerdings geholfen, den Animus wenigstens vorübergehend auf dem Wege eines psychologischen Kurzschlusses mit der Ganzheit zu identifizieren beziehungsweise an deren Stelle zu setzen.

Bild 30

Das gleiche Motiv wie in Bild 29 wird hier in differenzierter Form dargestellt. Die Stilisierung des blätterlosen Baumes deutet auf starke Abstraktion, ebenso die gnomenhafte männliche Gestalt in einer Art von Mönchskutte. Die ausgestreckten Arme drücken Gleichgewicht der beiden Seiten und das Kreuzmotiv aus. Die Zweideutigkeit der Gestalt wird hervorgehoben einerseits durch den von oben herunterkommenden Vogel[27], der zugleich eine phantastische Blume ist, und andererseits durch einen Pfeil, der, wie ersichtlich, phallisch gedacht ist und von unten aus dem Wurzelgeflecht emporeringt. Damit erscheint die Gestalt des Dämons sowohl als ein Gleichgewicht

---

[26] *Sacred Books* XLII, VI, 38, p. 116. [(Der Glanz) der im Wagen ist, im Würfel, in der Kraft des Stiers; im Wind, Parganya, und im Feuer Varunas.]
[27] Vgl. dazu den Storch auf dem Baum. (Siehe unten [Paragr. 415 ff.].)

von Rechts und Links, wie auch als eine Vereinigung von Intellekt und Sexualität, wie der alchemistische Mercurius duplex, der als lapis eine Quaternität (nämlich der vier Elemente) darstellt. Das Band um den Globus erinnert an das merkurielle Band, das ich in *«Gestaltungen des Unbewußten»* [28] erläutert habe. Dort wurde es von der Zeichnerin selber als Quecksilber aufgefaßt.

344 Der Begriff des alchemistischen Mercurius entstammt ausschließlich der männlichen Psychologie und stellt diese auch dar, nämlich den für den Mann charakteristischen Gegensatz zwischen Nous und Sexualität, welcher des verbindenden weiblichen Eros ermangelt. Die Animusgestalt unseres Bildes ist ein Stück rein männlicher Psychologie, das sich im Verlaufe des Individuationsprozesses aus einer weiblichen Psyche herausgeschält hat.

Bild 31

345 Die Zeichnerin ist dieselbe wie im vorhergehenden Bild. Der Baum selber wird hier zu einer Art Lotuspflanze und -blüte. Auf letzterer erhebt sich die gnomenhafte Gestalt, an die Göttergeburt im Lotus erinnernd. Es liegen auch hier östliche Einflüsse vor, aber von anderer Art als bei der Zeichnerin von Bild 29. Es handelt sich nicht um indische Theosophie, die im Westen angelernt und anempfunden wurde, sondern um die Tatsache, daß die Zeichnerin der Bilder 30 und 31 selber im Osten geboren ist, ohne dessen Theosophie bewußt aufgenommen zu haben. Um so mehr aber ist sie innerlich davon durchdrungen, und zwar in einem Maße, welches ihr seelisches Gleichgewicht erheblich störte.

346 Die Weiterentwicklung in diesem Bilde besteht darin, daß der Dämon sichtlich zurücktritt, dafür aber erfährt die Krone des Baumes eine reiche Ausgestaltung: Blätter und Blüten erscheinen, und es bildet sich ein Kranz, eine corona, um ein leuchtendes, blumenartiges Zentrum. Die Alchemisten gebrauchten hiefür die Bezeichnung «corona» oder «diadema cordis tui» [29] und meinten damit ein Symbol der Vollendung. Die Krone (corona!) erscheint hier als «Krönung» des durch den Baum dargestellten Entwicklungsprozesses. Sie ist ein Mandala, die «goldene Blüte» der chinesischen und der «flos saphyricus» der westlichen Alchemie. Der Animus vertritt in diesem Bilde nicht mehr das Selbst, sondern dieses löst sich von ihm und «transzendiert» ihn.

---

[28] [*Zur Empirie des Individuationsprozesses,* Kommentar zu Bild 3, Paragr. 545 ff.]
[29] [Diadem deines Herzens.]

1. Individuelle Darstellungen des Baumsymbols

Bild 32

Ich gebe diese Darstellung nur mit Zögern wieder, weil sie im Gegensatz zu allen anderen nicht mehr «rein», das heißt frei von allen Beeinflussungen durch Gelesenes und Gehörtes ist. Sie ist in ihrem Material wenigstens präjudiziert. Sie ist nichtsdestoweniger «authentisch», insofern sie spontan entstanden ist und das innere Erlebnis in der gleichen Weise zum Ausdruck bringt wie alle anderen, nur eben viel deutlicher und plastischer, weil ihr passendere Vorstellungen zu Gebote standen. Infolgedessen vereinigt sich in diesem Bilde eine ganze Menge von symbolischem Material, welches ich hier nicht mehr kommentieren will, weil es in seinen wesentlichen Bestandteilen teils in der Literatur, teils in dieser Untersuchung bereits erörtert wurde. Die Zusammenfassung als «Baum» oder Pflanze ist allerdings originell. Ich möchte mit diesem Beispiel nur zeigen, was für einen Einfluß ein gewisses Maß an Kenntnis der Symbolik auf derartige Gestaltungen ausübt.

An den Schluß meiner Bilderserie will ich ein literarisches Beispiel einer spontan entstandenen Baumsymbolik setzen: Ein moderner französischer Dichter, der mir persönlich unbekannt ist, NOËL PIERRE, hat in einer Gedichtfolge, genannt *«Soleil Noir»,* ein authentisches Erlebnis des Unbewußten beschrieben. Im XXVI./XXVII. Gesang erscheint der Baum:

> Une foule compacte s'y pressait
> Des quatre directions. Je m'y mêlais.
> Je remarquais que nous roulions en spirale,
> Un tourbillon dans l'entonnoir nous aspirait.
> Dans l'axe, un catalpa gigantesque
> Où pendaient les cœurs des morts,
> A chaque fourche avait élu résidence
> Un petit sage qui m'observait en clignotant.
> ---------------
> Jusqu'au fond, où s'étalent les lagunes.
> Quelle quiétude, au Nœud des Choses!
> Sous l'arbre de ma Vie, le Dernier Fleuve
> Entoure une Ile où s'érige
> Dans les brumes un cube de roche grise
> Une Forteresse, la Capitale des Mondes.[30]

---

[30] [Eine dichte Menge drängte sich / aus allen vier Enden. Ich mischte mich unter sie. Ich merkte, wie wir uns spiralig wälzten – ein Wirbel im Trichter, der uns einsog. / In der Achse

349   Die Charakteristika dieser Schilderung sind: 1. Universaler Mittelpunkt der Menschheit. 2. Spiralige Rotation³¹. 3. Lebens- und Totenbaum. 4. Herz als Lebens- und Wesenszentrum des Menschen in Verbindung mit dem Baume³². 5. Die Naturweisheit in Zwerggestalt. 6. Insel als Ort des Lebensbaumes. 7. Cubus = Stein der Philosophen = Schatz, über dem der Baum wächst.

349a   Damit will ich diesen Teil meiner Arbeit abschließen, um im zweiten Teil zu beschreiben, wie sich der hier in modernen individuellen Beispielen geschilderte Prozeß in einem historischen Material darstellt.

2. BEITRÄGE ZUR GESCHICHTE UND DEUTUNG DES BAUMSYMBOLS

A. DER BAUM ALS ARCHETYPISCHES BILD

350 Nachdem im ersten Teil Beispiele für moderne, spontan entstandene Baumsymbole dargestellt wurden, möchte ich im zweiten Teil dieser Untersuchung einiges über den historischen Hintergrund derselben sagen und damit den Titel dieser Schrift «Der philosophische Baum» rechtfertigen. Obschon es nämlich jedem Kenner der Materie ohne weiteres einleuchtet, daß meine individuellen Beispiele nichts anderes darstellen als Sonderfälle der allgemein verbreiteten Baumsymbolik, so ist es für die Deutung der individuellen Symbole doch von Belang, um deren unmittelbare Vorgeschichte zu wissen. Wie alle archetypischen Symbole, so durchläuft auch das Baumsymbol mit der Zeit eine gewisse Bedeutungsentwicklung, welche sich vom ursprünglichen Sinn des Schamanenbaums weit entfernt hat, wennschon gewisse wesentliche Grundzüge sich als unveränderlich erweisen. Die einer archetypischen Vorstellung zugrunde liegende *psychoide* Form behält ihren Charakter auf allen Stufen bei, obgleich sie empirisch unendlicher Variationen fähig ist. Wenn-

eine Riesenkatalpa, an der die Herzen der Toten hingen, / jede Astgabel hatte sich ein kleiner Weiser zur Wohnstatt gewählt, der mich mit Augenwinkern musterte. Bis auf den Grund, wo die Lagunen sich erstrecken: welche Stille im Knoten der Dinge! / Unterm Baum meines Lebens umfließt der letzte Fluß eine Insel / wo im Dunst ein Würfel aus grauem Fels steht, eine Festung, der Welten Hauptstadt. – *Schwarze Sonne*.]

[31] Öfters durch die Schlange dargestellt.
[32] Vgl. Abb. 15 und Batamärchen. (Siehe unten [Paragr. 401].)

schon die äußere Gestalt des Baumes im Laufe der Zeit sich in vielfacher Hinsicht gewandelt hat, so äußert sich der Reichtum und das Leben eines Symbols doch mehr im Wandel seiner Bedeutung. Darum gehören zur Phänomenologie des Baumsymbols vor allem dessen Bedeutungsaspekte. Die durchschnittlich häufigsten, auf den Sinn bezüglichen Assoziationen sind wohl Wachstum, Leben, Entfaltung der Form in physischer und geistiger Hinsicht, Entwicklung, Wachstum von unten nach oben und vice versa, der Mutteraspekt (Schutz, Schatten, Dach, Früchte zur Nahrung, Lebensquelle, Festigkeit, Dauer, Verwurzelung, auch: Nicht-von-der-Stelle-Können), Alter, Persönlichkeit[33] und schließlich Tod und Wiedergeburt.

Diese Charakterisierung ist der Niederschlag einer vieljährigen Erfahrung von Aussagen untersuchter Einzelfälle. Auch dem Laien, der meine Darstellung liest, wird es auffallen, wieviel von Märchen, Mythus und Poesie in solchen Bildern erscheint. In dieser Hinsicht ist es nun erstaunlich, wie relativ selten die befragten Individuen sich bewußt auf Quellen dieser Art beziehen. Als Gründe hiefür ergeben sich: 1. Es wird im allgemeinen wenig oder gar nicht an die Ursprünge von Traumbildern gedacht, und noch weniger an Mythenmotive. 2. Die Quellen sind vergessen worden. 3. Die Quellen waren überhaupt nie bewußt: es handelt sich um archetypische Neuschöpfungen.

Letztere Möglichkeit ist viel weniger selten, als man meinen könnte: sie kommt im Gegenteil so häufig vor, daß zur Aufklärung der Spontanprodukte des Unbewußten vergleichende Symbolforschung unumgänglich wurde. Die gewöhnliche Auffassung, daß Mythologeme[34] (respektive mythische Motive) immer traditionsgebunden seien, hat sich als ungenügend erwiesen, indem solche irgendwo, zu irgendwelcher Zeit und bei irgendwelchen Individuen ohne alle Tradition spontan wiederentstehen können. Ein Bild ist dann als archetypisch aufzufassen, wenn es in identischer Form und Bedeutung in den Dokumenten der Menschheitsgeschichte nachgewiesen werden kann. Dabei sind zwei Extreme zu unterscheiden: 1. Das Bild ist deutlich, das heißt bewußt traditionsgebunden. 2. Es ist unzweifelhaft autochthon, das heißt es

---

[33] Im Traum des Nebukadnezar wird der König selber durch den Baum dargestellt. In Übereinstimmung mit sehr alten bzw. primitiven Vorstellungen stellt der Baum sogar in concreto das Leben des Menschen dar; z. B. wird bei der Geburt des Kindes ein Baum gepflanzt, dessen Schicksale identisch sind mit denen des zugehörigen Individuums: «Typus igitur nostrae conditionis fit arbor et speculum» [Der Baum wird daher Bild und Spiegel unseres menschlichen Daseins]. (ALCIATI, *Emblemata cum commentariis*, p. 888 b)

[34] Dazu ist auch die Sprachfigur zu rechnen.

besteht keine Möglichkeit oder auch nur Wahrscheinlichkeit einer Tradition[35]. Zwischen diesen beiden Möglichkeiten finden sich alle Grade von Mischung der beiden Faktoren.

353 Infolge der kollektiven Natur des Bildes ist es häufig unmöglich, die Bedeutung derselben aus dem Assoziationsmaterial eines Individuums in seinem ganzen Umfang festzustellen. Insofern aber eine solche Feststellung für die praktischen Zwecke der Therapie belangreich ist, so ergibt sich auch aus diesem Grunde die Notwendigkeit vergleichender Symbolforschung für die medizinische Psychologie[36]. Zu diesem Zwecke muß die Forschung auf jene Zeiten der Menschheitsgeschichte zurückgreifen, wo noch ungehemmte Symbolbildung, das heißt wo noch keine Erkenntniskritik der Anschauungsbildung stattfand, und wo infolgedessen an sich unbekannte Tatbestände in bestimmten Anschauungsformen ausgedrückt wurden. Die uns zeitlich am nächsten liegende Epoche dieser Art ist die der mittelalterlichen Naturphilosophie, welche im 17. Jahrhundert ihren Höhepunkt überschritt und im 18. Jahrhundert der kritischen Wissenschaft allmählich das Feld räumte. Ihre bedeutendste Entwicklung erreichte sie in der Alchemie beziehungsweise der Hermetischen Philosophie. In diese mündeten, wie in ein Sammelbecken, die dauerhaftesten, respektive wichtigsten Mythologeme der antiken Vorzeit. Sie war – und das ist bezeichnend – hauptsächlich eine Philosophie der Ärzte[37].

B. DER BAUM IM TRAKTAT DES IODOCUS GREVERUS

354 Ich möchte nun im folgenden darstellen, wie sich die Phänomenologie des Baumes im Medium der unmittelbar hinter uns liegenden geistigen Epoche abbildet. HOLMBERG[38], der eine umfangreiche Studie über den Baum des Le-

---

[35] Dieser Nachweis ist insofern nicht immer leicht, als die Tradition oft unbewußt geworden ist, jedoch kryptomnestisch wieder erinnert wird.

[36] Es handelt sich um ein ähnliches Verhältnis wie das der vergleichenden zur menschlichen Anatomie, nur mit dem Unterschied, daß in der Psychologie die vergleichenden Feststellungen nicht nur theoretische, sondern auch unmittelbar praktische Bedeutung haben.

[37] Man darf wohl so sagen, indem nicht nur sehr viele der bekannten Alchemisten Ärzte waren, sondern auch die Chemie wesentlich φαρμακοποιία bedeutete. Das Gesuchte war nicht nur das aurum philosophicum s. potabile, sondern auch die medicina catholica, die panacea und das ἀλεξιφάρμακον (Gegengift).

[38] *Der Baum des Lebens,* p. 9.

bens verfaßt hat, sagt von ihm, daß er «die großartigste Sagenschöpfung des Menschengeschlechtes» sei, womit er der Tatsache Ausdruck verleiht, daß der Baum zu jenen Mythologemen gehört, die eine zentrale Stellung einnehmen und bei universaler Verbreitung überall den größten Beziehungsreichtum aufweisen. In den alchemistischen Texten des Mittelalters erscheint der Baum häufig und stellt im allgemeinen das Wachstum und die Verwandlung der Arkansubstanz in das aurum philosophicum (oder was immer die Bezeichnung des Zieles ist) dar. So heißt es im *Traktat des Pelagios*: Zosimos habe gesagt (vom Wandlungsprozeß sprechend), daß er sei wie «ein gepflegter Baum, eine getränkte Pflanze, die infolge reichlichen Wassers in Gärung übergehend und durch die Feuchtigkeit und Wärme der Luft wachsend, zum Blühen gelange und vermöge der großen Süßigkeit und der Beschaffenheit (ποιότητι) der Natur Früchte bringe»[39].

Ein typisches Beispiel hiefür ist der Traktat des IODOCUS GREVERUS, der 1588 zum erstenmal in Leiden gedruckt erschien[40]. Das ganze Opus ist hier dargestellt als das Säen und Aufziehen des Baumes in einem wohlbehüteten Garten, in den nichts Fremdes einbrechen darf. Der Boden, in den gesät wird, besteht aus gereinigtem Mercurius. Saturnus, Jupiter, Mars und Venus bilden den Stamm (oder die Stämme) des Baumes, und Sonne und Mond enthalten die Samen derselben[41]. Diese Planetennamen bezeichnen quasi die entsprechenden Metalle. Was aber damit gemeint ist, kann man aus der einschränkenden Bemerkung des Autors sehen: «Non enim in hoc opus ingreditur aurum vulgi, nec Mercurius vulgi, nec argenti vulgi, nec quidvis aliud vulgare, sed Philosophorum». (Es geht nämlich in dieses Werk kein gewöhnliches Gold, auch kein gewöhnliches Quecksilber, kein gewöhnliches Silber, noch irgend etwas sonstiges Gewöhnliches ein, sondern nur die ⟨Metalle usw.⟩ der Philosophen.)[42] Die Ingredienzien des Werkes können also irgendwelche

---

[39] BERTHELOT, *Alch. grecs* IV, I, 12, pp. 250/261.
[40] Der Titel lautet *Secretum nobilissimum et verissimum venerabilis viri, domini Iodoci Greveri presbyteri* in: *Theatr. chem.* (1602) III, p. 783 ff.
[41] l. c., p. 784. Der Text hat: «Saturnus, Jupiter, etc. sunt trunci», was heißen kann, daß es vielerlei Stämme gebe oder daß der jeweilige Stamm aus den vier bestünde. Offenbar war sich MICHAEL MAIER, der den GREVER zitiert (*Symbola aureae mensae*, p. 269), darüber auch nicht im klaren, denn er schreibt letzterem die Ansicht zu, daß Mercurius die Wurzel, Saturnus usw. Stamm und Äste, Sonne und Mond die Blüten und Früchte des Baumes seien. MAIER versteht die vier meines Erachtens richtig als die klassische Tetrasomie (siehe unten).
[42] GREVERUS, l. c., p. 785.

sein. Auf alle Fälle sind es *Imaginationen,* auch wenn sie äußerlich durch chemische Stoffe ausgedrückt waren. Die Planetennamen bezeichnen ja schließlich nicht nur Metalle, sondern auch, wie jedem Alchemisten bekannt war, (astrologische) Temperamente, also psychische Faktoren. Diese bestehen in triebhaften Veranlagungen, die Anlaß zu spezifischen Phantasien und Begehren geben und auf diese Weise ihren Charakter erkennen lassen. Die Habsucht als ein ursprüngliches Motiv der königlichen Kunst ist auch noch im «aurum non vulgi» ersichtlich, obschon gerade hier auch der Umschlag der Motivation und die Verschiebung des Ziels auf eine andere Ebene erkennbar werden. In der Parabel, die den Schluß des Traktates bildet, sagt der alte Weise passenderweise zum Adepten: «Depone, fili, mundanarum concupiscentiarum illecebras.» (Lege von dir, mein Sohn, die Lockungen weltlicher Begierden.)[43] Auch wenn, was des öfteren unzweifelhaft ist, die von einem Autor angegebene Prozedur nichts anderes als die Erzeugung des gewöhnlichen Goldes bezweckt, so drängt sich doch, der bewußten Einstellung des Adepten entgegen, der psychische Sinn seiner Operation in der von ihm verwendeten symbolischen Nomenklatur durch. Im GREVERschen Traktat ist auch diese Stufe überwunden und unmißverständlich zugegeben, daß das Ziel des Opus «nicht von dieser Welt» ist. Dementsprechend bekennt der Autor in der «Conclusio» seiner Schrift vom «universus processus operis nostri»[44], daß er ein «Donum namque Dei est, habens mysterium individuae unionis sanctae Trinitatis. O scientiam praeclarissimam, quae est theatrum universae naturae, eiusque anatomia, astrologia terrestris[45], argumentum omnipotentiae Dei, testimonium resurrectionis mortuorum, exemplum remissionis peccatorum, infallibile futuri iudicii experimentum, et speculum aeternae beatitudinis![46]»

Ein moderner Leser dieser hymnischen Lobpreisung kann nicht umhin, sie als übertrieben und unangemessen zu empfinden, denn es ist nicht leicht ein-

[43] l. c., p. 808.
[44] «Der gesamte Prozeß unseres Werkes» [l. c., p. 809].
[45] Die «anatomia» und «astrologia terrestris» sind spezifische Paracelsische Begriffe; deren Verwendung bedeutet daher einen terminus a quo für die Entstehung des GREVERschen Traktates in der zweiten Hälfte des 16. Jhs.
[46] [l. c.] «... ein Geschenk Gottes ist, welches das Geheimnis der unteilbaren Einheit der heiligen Trinität enthält. O herrlichste Wissenschaft, welche die Schaubühne der gesamten Natur und deren Struktur und irdisches Firmament ist, ein Beweis der Allmacht Gottes, ein Zeugnis der Totenauferstehung, ein Beispiel der Sündenvergebung, eine unfehlbare Probe des zukünftigen Gerichtes und ein Spiegel der ewigen Seligkeit!» Ich habe astrologia im Sinne des PARACELSUS mit «Firmament» (im Menschen) übersetzt.

zusehen, wieso zum Beispiel die Einheit der heiligen Trinität in der alchemistischen scientia enthalten sein soll. Diese enthusiastischen Vergleiche mit den Mysterien der Religion haben schon im Mittelalter Anstoß erregt[47]. Sie sind keine Seltenheit, sondern werden im 17. Jahrhundert sogar zum Leitmotiv gewisser Traktate, die aber ihre Vorläufer schon im 13. und 14. Jahrhundert haben. Sie sind meines Erachtens nicht immer als captatio benevolentiae zu verstehen, auch nicht als schwindelhafte Mystifizierung, sondern die Autoren haben sich dabei etwas gedacht. Sie erkannten offenkundig einen Parallelismus zwischen dem alchymischen Prozeß und den religiösen Vorstellungen, eine Beziehung, die uns allerdings nicht ohne weiteres einleuchten will. Eine Brücke zwischen diesen beiden so extrem verschiedenen Gebieten läßt sich nur schlagen, wenn wir das Dritte, das beide gemeinsam haben, in Betracht ziehen: das tertium comparationis ist das *Psychologische*. Der Alchemist hätte sich natürlich ebenso entrüstet gegen die Zumutung, daß seine Vorstellungen von der chemischen Materie Phantasien seien, gewehrt, wie der Metaphysiker von heute, der auch noch meint, daß seine Aussagen mehr seien als Anthropomorphismen. Wie der Alchemist zwischen den Dingen an und für sich und den Vorstellungen, die er sich von ihnen machte, nicht unterscheiden konnte, so glaubt der Metaphysiker auch heute noch, daß seine Anschauungen ihren metaphysischen Gegenstand gültig ausdrücken. Es ist beiden offenbar nie aufgefallen, daß über ihre Gegenstände von jeher die allerverschiedensten Auffassungen herrschten. Im Notfall begnügte man sich damit, daß der andere natürlich unrecht hatte. Im Gegensatz zu den Metaphysikern und insbesondere den Theologen bekunden die Alchemisten keine polemischen Tendenzen, sondern beklagen sich höchstens über die Dunkelheit eines ihnen unverständlichen Autors.

Es leuchtet jedem vernünftigen Menschen ein, daß wir es in beiden Fällen in erster Linie mit Phantasievorstellungen zu tun haben, womit keineswegs gesagt ist, daß deren unerkannter Gegenstand nicht existiere. Gleichgültig, worauf sich Phantasievorstellungen beziehen, immer sind sie von denselben psychischen Gesetzen angeordnet, nämlich von den *Archetypen*. Das haben die Alchemisten in ihrer Art bemerkt, wenn sie auf dem Parallelismus ihrer und

---

[47] Vgl. die Weigerung des Basler Druckers Conrad Waldkirch, die *Aurora consurgens* I abzudrucken. Vgl. *Psychologie und Alchemie* [Paragr. 464. Die *Aurora* wurde von MARIE-LOUISE V. FRANZ als Band III von *Mysterium Coniunctionis* in kommentierter Übersetzung herausgegeben].

der religiösen Anschauungen bestehen: GREVERUS vergleicht seinen synthetischen Prozeß mit der Trinität. Der gemeinsame Archetypus ist in diesem Falle die Dreizahl. Als Paracelsist muß er die zugrunde liegende Paracelsische Triade – Sulfur, Sal und Mercurius – kennen. (Der Schwefel gehört zur Sonne beziehungsweise vertritt diese, und in dem gleichen Verhältnis steht das Salz zum Monde.) Er erwähnt aber von einer Synthese dieser Art nichts[48]. Sonne und Mond liefern die Samen, die in die Erde (= Mercurius) gesät werden. Wohl aber bilden die vier übrigen Planeten den Stamm. Die vier, die zum Einen vereinigt werden, deuten auf die Tetrasomie der griechischen Alchemie, wo sie den Planeten entsprechend Blei, Zinn, Eisen und Kupfer darstellen[49]. GREVERUS hat also in seinem Prozeß der Henosis (Einigung respektive Zusammensetzung), wie ihn auch MICHAEL MAIER[50] richtig versteht, nicht etwa die drei Paracelsischen Grundsubstanzen zum Gegenstande, sondern die alte Tetrasomie, die er in seiner conclusio mit der «individua unio sanctae Trinitatis»[51] vergleicht. Die Dreiheit Sonne, Mond und Mercurius bildet bei ihm den point de départ, sozusagen die Ausgangsmaterie, insofern sie den Samen des Baumes und die Erde, in den er gesät wird, bedeutet. Dies ist die sogenannte «coniunctio triptativa». Hier aber handelt es sich um die «coniunctio tetraptiva»[52], indem die vier zur «individua unio» geeint werden. Wir begegnen damit einem charakteristischen Beispiel des Dilemmas von Drei und Vier, das als *Axiom der Maria Prophetissa* in der Alchemie bekanntlich eine große Rolle spielt[53].

---

[48] Er erwähnt zwar aurum, argentum und mercurius als Anfangsingredienzien, die vorher zu präparieren bzw. zu reinigen seien, «ut vulgaria ⟨fiant⟩ physica» (!) [damit das Gemeine physisch werde], wobei «physisch» die Bedeutung von «non vulgi», das heißt symbolisch, hat (l. c., p. 786).

[49] BERTHELOT, *Les Origines de l'alchimie*, p. 59.

[50] [Vgl. Paragr. 355, Anm. 41 dieser Abhandlung.]

[51] l. c., p. 909 [unteilbaren Einheit der Heiligen Dreifaltigkeit].

[52] «Triptativa coniunctio: id est, trinitatis unio fit ex corpore, spiritu et anima... Sic ista trinitas in essentia est unitas: quia coaeternae simul sunt et coaequales. Tetraptiva coniunctio dicitur principiorum correctio» [Die dreifache Vereinigung: das heißt die Einheit der Dreifaltigkeit, besteht aus Körper, Geist und Seele... So ist diese Dreifaltigkeit ihrem Wesen nach eine Einheit: da sie zusammen ewig und gleich sind. Die vierfache Vereinigung heißt die Verbesserung der Prinzipien]. Sie wird «laudabilissima coniunctio» (höchst lobenswerte Vereinigung) genannt, da sie durch die Vereinigung der vier Elemente den lapis erzeugt. (*Scala philosophorum* in: *Artis auriferae* II, p. 138)

[53] *Psychologie und Alchemie*, Paragr. 26 und 209.

C. DIE TETRASOMIE

Es handelt sich bei der Tetrasomie um die Reduktion respektive Synthese eines Gegensatzquaternios zum Einen. Schon die Planetennamen deuten zwei Wohltäter (♃ und ♀) und zwei Übeltäter (♄ und ♂) an, also zwei Dyaden, wie dies bei der alchemistischen Quaternität häufig der Fall ist[54]. In ähnlicher Weise formuliert ZOSIMOS die Art, wie die Wandlung, die zur Bereitung der tinctura nötig ist, vollzogen werden soll, folgendermaßen: «Il vous faut une terre formée de deux corps et une eau formée de deux natures pour l'arroser. Lorsque l'eau a été mélangée à la terre ..., il faut que le soleil agisse sur cette argile et la transforme en pierre. Cette pierre doit être brûlée et c'est la combustion qui fera sortir le secret de cette matière, c'est-à-dire son esprit, lequel est la teinture[55] recherchée par les philosophes[56].» Wie der Text zeigt, handelt es sich bei der Synthese um die Vereinigung einer doppelten Dyas. Dies drückt sich besonders deutlich aus in einer anderen archetypischen Form der gleichen Idee, nämlich im Schema der königlichen Hochzeit, welche dem Typus des cross-cousin-marriage folgt[57].

Der lapis wird in der Regel aus der Vierheit der Elemente beziehungsweise der Achtheit der Elemente und der Qualitäten[58] zusammengesetzt. Ebenso ist der seit alters als «quadratus» bezeichnete Mercurius die Arkansubstanz, durch deren Wandlung der lapis (oder was immer der Name des erstrebten Zieles ist) erzeugt wird. So heißt es in der Anrufung beziehungsweise Beschwörung des Hermes im Philtrokatadesmos (Liebeszauber) des Astrampsychus: «Deine Namen im Himmel lauten ... Das sind die (Namen) in den vier Ecken des Himmels. Ich kenne auch deine Gestalten, die sind: im Osten hast du die Gestalt eines Ibis, im Westen hast du die Gestalt eines Hundskopfaffen, im Norden hast du die Gestalt einer Schlange, aber im Süden hast du die Gestalt eines

---

[54] «Et duo [sic] sunt terrae et duae aquae in nostro opere» [Und es gibt zweierlei Erde und zweierlei Wasser in unserem Werk]. (*Scala phil.*, l.c., p. 137)

[55] Es ist hier anzumerken, daß die Tinktur ein «feuriges und luftförmiges Gift» ist, wie es im Buch des KRATES heißt. (BERTHELOT, *La Chimie au moyen âge* III, p. 67)

[56] l.c., p. 82. [Es bedarf einer Erde, die aus zwei Körpern, und eines Wassers, das aus zwei Naturen besteht, um sie zu begießen. Wenn das Wasser sich mit der Erde vermischt hat, muß die Sonne auf diesen Lehm einwirken und ihn in Stein umwandeln. Dieser Stein muß gebrannt werden, und es ist das Gebranntwerden, welches das Geheimnis aus diesem Stoff hervorbringen wird, das heißt seinen Geist, der die von den Philosophen gesuchte Tinktur ist.]

[57] Siehe hiezu *Die Psychologie der Übertragung*, Kp. II.

[58] Kalt-warm, trocken-feucht.

Wolfes. Deine Pflanze ist die Traube [59], die da ist die Olive [60]. Ich kenne auch dein Holz: das vom Ebenbaum (ἐβεννίνου)» usw. [61].

Mercurius, der Vierfache, ist auch der Baum beziehungsweise dessen spiritus vegetativus. Der hellenistische Hermes ist einerseits ein allumfassender Gott, wie die obigen Attribute zeigen, andererseits als Hermes Trismegistus die Erzautorität der Alchemisten. Die vier Gestalten des Hermes im ägyptischen Hellenismus sind klare Abkömmlinge der vier Horussöhne. Schon in den *Pyramidentexten* der V. und VI. Dynastie ist ein Gott mit vier Gesichtern erwähnt [62]. Diese beziehen sich offenkundig auf die vier Himmelsrichtungen, das heißt der Gott ist allsehend. Im Kapitel CXII des *Totenbuches* kommt vermutlich derselbe Gott als der Widder von Mendes mit vier Köpfen vor [63]. Der ursprüngliche Horus, der das Antlitz des Himmels darstellte, hatte langes Haar, das über das Gesicht herunterhing. Diese Haarsträhnen traten in Beziehung zu den vier Säulen des Shu, welche die viereckige Himmelsplatte stützen. Später entstand eine Beziehung der vier Säulen zu den vier Söhnen des Horus, welche die alten Götter der vier Himmelsrichtungen ersetzten. Hapi entsprach dem Norden, Tuamutef dem Osten, Amset dem Süden und Qebhsennuf dem Westen. Sie spielen im Totenkult eine große Rolle, indem sie über dem Leben des Toten in der Unterwelt wachen. Seine zwei Arme waren mit Hapi und Tuamutef, und seine Beine mit Amset und Qebhsennuf verbunden. Die vier bestanden aus zwei Dyaden, wie auch aus dem Text des *Totenbuchs* hervorgeht: «Then said Horus to Rā, ‹Give me two divine breth-

---

[59] «Vitis» ist der philosophische Baum bis in die späte Alchemie hinein. «Vindemia» (Weinlese) bezeichnet das opus. Ein Ostanes-Zitat (bei ZOSIMOS in: BERTHELOT, *Alch. grecs*, III, VI, 5, pp. 121/129) sagt: Ἀπόθλιψον τὴν σταφυλήν (presse die Traube aus). «... sanguis hominis, et succus uvae rubeus est ignis noster [das Blut des Menschen und der rote Saft der Traube ist unser Feuer]. (HOGHELANDE, *De alchemiae difficultatibus* in: *Theatr. chem.*, 1602, I, p. 202) «Uva Hermetis» = aqua permanens (RULANDUS, *Lex. alch.*, s. v. «uvae», p. 463). Zu «vitis vera» vgl. die Umdeutung in: *Aurora consurgens* (*Art. aurif.* I, p. 186) «Vinum» ist ein häufiges Synonym der aqua permanens. Ἑρμῆς βοτρυχίτης = Winzer (BERTHELOT, *Alch. grecs*, VI, V, 3, pp. 404/389).

[60] Die Olive ist insofern ein Äquivalent der Traube, als sie auch ausgepreßt wird und einen ebenso geschätzten Saft liefert wie letztere.

[61] PREISENDANZ, *Papyri graecae magicae* II, p. 45 f.

[62] Text Pepi I: «Homage to thee, O thou who hast four faces which rest and look in turn upon what is in Kenset ...!» [Ehre dir, o du, der du vier Gesichter hast, welche bald ruhen, bald auf das blicken, was in Kenset ist!] (BUDGE, *The Gods of the Egyptians* I, p. 85) Kenset ist der erste Nomos (Gau) Ägyptens, nämlich die Gegend des ersten Kataraktes (l. c. II, p. 42).

[63] Abbildung l. c. II, p. 311.

ren in the city of Pe and two divine brethren in the city of Nekhen, who (have sprung) from my body›» usw.[64]. Die Vierheit ist überhaupt ein Leitmotiv des Totenrituals: vier Männer ziehen den Sarg mit den vier Kanopen, es sind vier Opfertiere, alle Werkzeuge und Gefäße sind vierfach. Formeln und Gebete wurden viermal wiederholt usw.[65]. Daraus geht deutlich hervor, daß die Vierheit für den Toten besonders wichtig war: die vier Horussöhne mußten offenbar dafür sorgen, daß die Vierheit das heißt die Ganzheit des Toten gewährleistet blieb. Horus zeugte seine Söhne mit seiner Mutter Isis. Das Inzestmotiv, das in die christliche Tradition übergeht und bis in die spätmittelalterliche Alchemie hineinreicht, beginnt also schon in der hohen Antiquität Ägyptens. Eine beliebte Abbildung stellt die Horussöhne als auf einem Lotos vor ihrem Großvater Osiris stehend dar, dabei hat Mestha[66] einen Menschenkopf, Hapi den Kopf eines Affen, Tuamutef den eines Schakals und Qebhsennuf den eines Habichts.

Die Analogie der Ezechielvision (1. und 10.) ist in die Augen springend. Hier sind es die vier Cherube, die «wie Menschengestalten anzusehen» waren. Jeder der Cherube hat vier Gesichter, ein Menschen-, ein Löwen-, ein Stier- und ein Adlergesicht, das heißt wie bei den Horussöhnen sind ein Viertel menschlich und drei Viertel tierisch. Im Liebeszauber des Astrampsychus sind dagegen alle vier tierisch, was wohl mit der magischen Absicht der Formel zusammenhängt[67].

Entsprechend der oben festgestellten Tendenz zur Vervielfachung der Vier im Ägyptischen, sind es in der Ezechielvision vier mal vier Gesichter[68]. Außerdem ist noch jedem Cherub ein Rad zugeteilt. Die vier Räder wurden in den späteren Kommentaren als Merkabah, als «Wagen» gedeutet[69], in Überein-

---

[64] [Da sagte Horus zu Ra, «Gib mir zwei göttliche Brüder in der Stadt Pe und zwei göttliche Brüder in der Stadt Nekhen, die aus meinem Leib hervorgegangen sind»] (l. c. I, pp. 497 und 210).

[65] l. c. I, p. 491.

[66] Eine spätere Form statt Amset.

[67] Der eine Menschenkopf deutet auf die Bewußtheit eines Aspektes bzw. einer Funktion der individuellen Psyche hin. Horus als aufgehende Sonne ist der Erleuchter, ebenso bedeutet die Ezechielvision eine Erleuchtung. Die Magie dagegen setzt zu ihrer Wirksamkeit immer *Unbewußtheit* voraus. Das könnte die Abwesenheit des Menschengesichtes erklären.

[68] Vgl. die Symbolik des Selbst, dessen Totalität durch vier Quaternionen charakterisiert ist. (*Aion*, Kp. XIV, 5)

[69] In Indien sind sogar die alten Pagoden steinerne Wagen, auf denen die Götter thronen. In *Dan.* 7,9 sitzt der Hochbetagte auf einem Thron(-Wagen).

stimmung mit *Ezechiel* 43,3, wo der Prophet selber die Räder als Wagen auffaßt. Entsprechend den vier Säulen des Shu und den vier Horussöhnen als Göttern der Kardinalpunkte, welche die Platte des Himmelsbodens tragen, liegt über den Häuptern der Cherube «eine feste Platte, schimmernd wie furchtbarer Kristall» (1,22). Darauf stand der Thron dessen, der «wie ein Mensch anzusehen» (1,26) war, entsprechend dem Osiris, der mit Hilfe des älteren Horus und des Seth die Himmelsplatte erklommen hatte.

363 Die vier Flügel der Cherube erinnern an die den Sarg des Pharao beschützenden geflügelten weiblichen Genien. Jedem der Horussöhne war nämlich eine weibliche Entsprechung beigegeben, welche dieselbe bewahrende Funktion wie die ersteren hatte. Die Cherube sind ebenfalls beschützende Genien, wie aus *Ezechiel* 28,14 und 16 hervorgeht[70]. Die apotropäische Bedeutung der Vierheit zeigt sich auch darin, daß Ezechiel (l.c., 9,4) auf Geheiß des Herrn ein «Kreuz» auf die Stirne der Gerechten zeichnen soll, um sie vor dem Strafgericht zu schützen. Es ist hier offenkundig das Zeichen des Gottes, der das Attribut der Quaternität hat. Das Kreuz kennzeichnet *seine* Schützlinge. Als Gottesattribut sowohl wie an und für sich bedeutet die Quaternität und auch das Kreuz *Ganzheit*. So heißt es bei PAULINUS NOLANUS:

> ... qui cruce dispensa per quattuor extima ligni
> quattuor adtingit dimensum partibus orbem,
> ut trahat ad vitam populos ex omnibus oris.
> Et quia morte crucis cunctis deus omnia Christus
> extat in exortum vitae finemque malorum,
> alpha crucem circumstat et ω, tribus utraque virgis
> littera diversam trina ratione figuram
> perficiens, quia perfectum est mens una, triplex vis[71].

364 In der spontanen Symbolik des Unbewußten bezieht sich das Kreuz als Vierheit auf das Selbst, also auf die Ganzheit des Menschen[72]. Dieses Kreuz-

---

[70] «Dem schützenden Cherub gesellte ich dich bei» usw.

[71] *Carmina*, XVIII, Verse 640ff., p. 140. [... der auf dem ausgebreiteten Kreuz durch die vier Enden des Holzes den Erdkreis in den vier Himmelsrichtungen berührt, um die Völker von überallher zum Leben zu ziehen. Und weil Christus durch den Tod am Kreuz allen alles geworden ist, damit Leben entstehe und das Übel ein Ende nehme, stehen Alpha und Omega beim Kreuz, zwei Buchstaben, die beide mit je drei Strichen eine dreifache Figur ausmachen, denn das Vollkommene ist *ein* Sinn von dreifacher Wirkung.]

[72] Vgl. dazu meine Ausführungen *Über Mandalasymbolik*.

zeichen ist also ein Hinweis auf die heilsame Wirkung der Ganzheit beziehungsweise der Ganzmachung.

Bei Daniels Gottesvision treten ebenfalls vier Tiere auf, wobei das erste aussah wie ein Löwe, «wie ein Mensch auf zwei Füße gestellt, und Menschenverstand ward ihm gegeben». Das zweite Tier war wie ein Bär, das dritte wie ein Panther und das vierte war ein gehörntes, monströses Raubtier[73]. Nur die Sonderbehandlung des Löwen erinnert noch an das menschliche Viertel des Tetramorphos. Alle vier aber sind Raubtiere, das heißt der Begierde verfallene psychische Funktionen, die damit ihren Engelscharakter einbüßen und in schlimmem Sinne dämonisch werden. Es ist der negative und destruktive Aspekt der vier Engel Gottes, die seine nächste Umgebung bilden, wie das *Buch Henoch* ausweist. Es handelt sich bei dieser Regression zwar nicht um Magie, sondern um die Dämonisierung der Menschen, das heißt einzelner mächtiger Individuen. Dementsprechend bedeuten die vier Tiere vier Könige auf Erden. Die Deutung (7,18) aber fährt fort: «... und die Heiligen des Höchsten werden das Reich empfangen, und sie werden das Reich behalten auf immer und ewig.» Diese überraschende Deutung geht, wie das Verstandesattribut des Löwen, noch von der positiven Erscheinung der vier aus und bezieht sich auf einen glückseligen, beschützten Zustand der Welt, in welchem im Himmel vier beschützende Engelwesen, auf Erden vier gerechte Könige walten und die Heiligen das Reich besitzen. Dieser Zustand aber ist im Schwinden begriffen, denn am anderen Ende der Viererreihe hat das vierte Tier monströse Formen angenommen, hat zehn Hörner der Macht und repräsentiert ein viertes Reich, das «die ganze Erde verschlingen» wird, das heißt eine monströse Machtgier wird das menschliche Viertel wieder unbewußt machen. Dies ist ein psychologischer Vorgang, den man individuell sowohl wie kollektiv leider nur zu häufig beobachten kann. Er hat sich in der Geschichte der Menschheit unzählige Male wiederholt.

Über *Daniel* und *Henoch* dringt die Vierheit der Gottessöhne schon frühzeitig in die christliche Vorstellungswelt ein. Es sind die drei Synoptiker und der eine Johannes, welchen die Symbole der Cherubim als Embleme zugedacht werden. Die vier Evangelien sind sozusagen die Säulen des Thrones Christi, und der Tetramorphos wird im Mittelalter zum Reittier der Ecclesia. Ganz besonders aber hat sich die gnostische Spekulation der Vierheit angenommen. Dieses Thema ist dermaßen umfangreich, daß es hier nicht des näheren behan-

---

[73] *Dan.* 7,4 ff.

delt werden kann. Ich mache nur aufmerksam auf die Synonymität von Christus, Logos und Hermes[74] und die Abstammung des Jesus von der sogenannten «zweiten Tetras»[75] bei den Valentinianern. «So wahrt unser herr in seiner viertheiligkeit die form der heiligen tetraktys und besteht aus 1. dem geistigen, was von der Achamoth, 2. dem seelischen, was vom weltschöpfer stammt, 3. aus dem mit unsagbarer kunst bereiteten leibe, und 4. dem göttlichen, ‹dem heiland›[76].»

367 Die alchemistische Tetrasomie und ihre Zusammensetzung zur Einheit haben also eine lange Vorgeschichte, die weit über die Pythagoräische Tetraktys in das ägyptische Altertum zurückgeht. Aus den Daten dieser Geschichte läßt sich unschwer erkennen, daß wir es hier mit dem Archetypus eines vierteiligen Ganzheitsbildes zu tun haben. Die hieraus hervorgehenden Vorstellungen sind jeweils zentraler Natur, kennzeichnen daher göttliche Gestalten und übertragen letzteren Charakter auch auf die Arkanstoffe der Alchemie.

368 Es steht einer empirischen Psychologie nicht an, über die mögliche metaphysische Bedeutung dieses Archetypus zu spekulieren. Sie kann nur darauf hinweisen, daß in spontanen psychischen Produkten, wie Träumen, Phantasien usw., derselbe Archetypus am Werke ist und im Prinzip die gleichen Gestalten, Bedeutungen und Bewertungen autochthon wieder hervorbringt. Jedermann, der mit unvoreingenommenem Blicke die Serie der obigen individuellen Baumbilder betrachtet, kann sich von der Richtigkeit meiner Schlußfolgerung überzeugen.

D. ÜBER DAS GANZHEITSBILD IN DER ALCHEMIE

369 Kehren wir nach diesem Exkurs über die Geschichte der hermetischen Vierheit zu der Frage der auf der Tetrasomie beruhenden Ganzheitsbilder der Alchemisten zurück.

370 Eines der häufigsten und wichtigsten arcana ist die sogenannte aqua permanens, das ὕδωρ θεῖον der Griechen. Dies ist, nach übereinstimmendem Zeugnis der älteren und neueren Alchemie, ein Aspekt des Mercurius, und von diesem «göttlichen Wasser» sagt ZOSIMOS in dem Fragment Περὶ τοῦ θείου

---

[74] HIPPOLYTUS, *Elenchos*, V, 7, 29, p. 85.
[75] l. c., VI, 51, p. 183.
[76] USENER, *Das Weihnachtsfest*, p. 149.

ὕδατος: «Das ist das göttliche und große Mysterium, das gesuchte. Das ist nämlich das Ganze (τοῦτο γάρ ἐστι τὸ πᾶν). Und aus ihm ist das Ganze und durch dasselbe ist das Ganze. Zwei Naturen, ein Wesen (οὐσία). Das Eine ⟨Wesen⟩ aber zieht das Eine an. Und das Eine beherrscht das Eine. Dieses ist das silberne Wasser, das mannweibliche, das immer flieht... Es wird nämlich nicht beherrscht. Das ist das Ganze in allem. Und es hat Leben und Geist und ist zerstörend (ἀναιρετικόν)[77].»

In bezug auf die zentrale Bedeutung der aqua permanens muß ich den Leser auf meine früheren Arbeiten verweisen[78]. Das «Wasser» ist ebensosehr das arcanum der Alchemie, wie der «Mercurius», der «lapis», der «filius Philosophorum» usw. Es ist, wie diese, ein Ganzheitsbild, und wie wir aus obigem Zosimoszitat ersehen, war es dies schon in der griechischen Alchemie des 3. Jahrhunderts p. Chr. n. Unser Text ist in dieser Hinsicht unzweideutig: das Wasser ist das Ganze. Es ist das ἀργύριον ὕδωρ das heißt Hydrargyrum, das Quecksilber, aber auch nicht das ὕδωρ ἀεικίνητον (das immerbewegte Wasser), das heißt das gewöhnliche Quecksilber, das die lateinische Alchemie als «Mercurius crudus» vom «Mercurius non vulgi» unterschied. Bei ZOSIMOS ist, wie wir wissen, das «Quecksilber» aber ein πνεῦμα (Geist)[79].

Das «Ganze» des ZOSIMOS ist ein Mikrokosmos, das heißt das All oder das Ganze (τὸ πᾶν) im kleinsten materiellen Punkt, und findet sich daher in jedem belebten und unbelebten Ding. Weil der Mikrokosmos mit dem Makrokosmos identisch ist, so zieht ersterer den letzteren an, wodurch eine Art von Apokatastasis, eine Wiederherstellung alles Vereinzelten zur ursprünglichen Ganzheit, bewerkstelligt wird. So wird «jegliches Korn zum Weizen und alles Metall zu Gold», wie der MEISTER ECKHART sagt, und der kleine, einzelne Mensch wird zum «großen Menschen», zum «homo maximus» oder Anthropos, das heißt zum Selbst. Was im «physischen» Sinne die alchemische Transmutation zum Golde ist, das bewirkt im moralischen Sinne die Selbsterkenntnis, welche eine Wiedererinnerung des ganzheitlichen Menschen bedeutet[80]. So sagt zum Beispiel schon OLYMPIODOR, indem er die Ermahnung des Zosimos an Theosebeia zitiert: «Beruhige deinen Körper und beschwichtige deine Leidenschaften, und indem du dich selber so lenkst, wirst du das Göttliche zu

---

[77] BERTHELOT, *Alch. grecs,* III, IX, 1 f., pp. 143 f./146. Zu «zerstörend» vgl. oben die giftige Tinktur.
[78] *Psychologie und Alchemie,* Paragr. 336 f.
[79] BERTHELOT, l. c., III, VI, 5, pp. 129 f./121 f. Vgl. dazu *Der Geist Mercurius,* Paragr. 264 f.
[80] Siehe dazu meine ausführlichere Darstellung in: *Aion,* Paragr. 250 ff.

dir rufen, und in Wahrheit wird das Göttliche, das überall ist[81], zu dir kommen. Wenn du aber dich selbst erkennst, so wirst du auch den wahrhaft einen Gott erkennen[82].» Damit übereinstimmend sagt HIPPOLYTUS in seiner Darstellung der christlichen Doktrin: «Und du wirst in der Gesellschaft Gottes und ein Miterbe Christi sein. ... Denn du bist Gott geworden (γέγονας γὰρ θεός). Was du als Mensch an Leiden erduldetest, das hast du gegeben, weil du Mensch bist, was aber dem Gotte folgt, das gebietet dir der Gott zu geben, dann wenn du zu Gott gemacht wurdest (θεοποιηθῆς) als Unsterblicher gezeugt (γεννηθείς). Das ist das «Erkenne dich selbst» (τὸ γνῶθι σεαυτόν), nämlich indem du den Gott, der dich gemacht hat, erkennst. Denn das Sichselber-Erkennen wird zugleich mit dem Erkanntwerden dem zuteil, der von Ihm berufen wurde[83].»

Der Traktat des IODOCUS GREVER hat mir zu diesem Exkurs über die weitreichenden Bedeutungsbeziehungen des Baumes Anlaß gegeben, und ich hielt es für angezeigt, diese allgemeinen Aspekte einer Darstellung und Erörterung des alchemistischen Baumes vorangehen zu lassen. Eine solchermaßen allgemeine Orientierung dürfte dem Leser behilflich sein, in dem unvermeidlichen Gewirr der alchemistischen Meinungen und Phantasien den Blick auf das Ganze nicht zu verlieren. Die Darstellung wird leider nicht erleichtert durch die Anführung zahlreicher Parallelen aus anderen Gebieten der Geistesgeschichte. Letztere sind jedoch unerläßlich, da die alchemistischen Anschauungen zum großen Teil sich von unbewußten archetypischen Voraussetzungen herleiten, welche auch den Vorstellungen anderer Geistesgebiete zugrunde liegen.

---

[81] Der unmittelbar vorangehende Text bemerkt, daß Gott «überall» sei und «nicht am kleinsten Orte, wie der Dämon» (οὐκ ἐν τόπῳ ἐλαχίστῳ, ὡς τὸ δαιμόνιον). Damit wird als Charakter der Gottheit die Unbeschränktheit, als Kennzeichen des Dämons dagegen die (lokale) *Beschränktheit* hervorgehoben. Damit würde der Mikrokosmos unter den Begriff des Dämonischen fallen, und psychologisch würde dies heißen, daß das Ich als äußerste Vereinzelung und Abspaltung von Gott Anwartschaft darauf hat, zum Dämon zu werden, sobald es durch Egozentrismus seine Unabhängigkeit von Gott betont. In diesem Fall wird nämlich die göttliche Dynamis des Selbst, welche mit derjenigen des Alls (πᾶν) identisch ist, in den Dienst des Ich gestellt, und damit wird letzteres dämonisiert. Daraus erklärt sich die magisch-suggestive Persönlichkeit jener historischen Figuren, welche JACOB BURCKHARDT als die «großen Ruinierer» bezeichnet hat. Exempla sunt odiosa!
[82] BERTHELOT, l. c., II, IV, 26, pp. 90 f./83 f. OLYMPIODOR lebte anfangs des 5. Jh. n. Chr.
[83] HIPPOLYTUS, *Elenchos*, X, 34,4, p. 293.

E. ÜBER WESEN UND ENTSTEHUNG DES PHILOSOPHISCHEN BAUMES

Ich habe in meinem Buche «*Psychologie und Alchemie*» der Projektion psychischer Inhalte (Halluzination, Vision usw.) ein besonderes Kapitel gewidmet und kann es mir daher ersparen, in diesem Zusammenhang auf die spontane Entstehung des Baumsymbols bei den Alchemisten zurückzukommen. Der Adept sieht Äste und Zweige in der Retorte[84], worin sein Baum wächst und blüht[85]. Es wird ihm geraten, dessen Wachstum zu kontemplieren, das heißt mit aktiver Imagination zu unterstützen. Die Vision ist «quaerenda» (zu suchen)[86]. Der Baum wird «präpariert» wie das Salz[87]. Wie der Baum im Wasser wächst, so wird er darin auch putrifiziert, «verbrannt» oder mit Wasser «abgekühlt»[88]. Er wird als Eiche[89], Weinstock[90] und Myrte bezeichnet. Von der Myrte sagt DJĀBIR IBN HAYYĀN: «Sachez que le myrte, c'est la feuille et la tige; c'est une racine sans être une racine. C'est à la fois une racine et une branche. Quant à être une racine, c'est une racine sans contredit, si on l'oppose aux feuilles et aux fruits. Elle est détachée du tronc et fait partie des racines profon-

---

[84] «Cum corpus fuerit solutum, apparebunt aliquando rami duo, aliquando rami tres, aliquando plures» [Wenn der Körper aufgelöst sein wird, werden bald zwei Zweige, bald drei, bald mehrere Zweige erscheinen]. (HOGHELANDE, *De alch. diff.* in: *Theatr. chem.*, 1602, I, p. 165)

[85] «...ut in vitro vescet in modum arboris», «in suo vitro fecit crescere in altum cum floribus discoloratis» [damit es in seinem Gefäß gedeihe wie ein Baum – er läßt es in seiner Retorte emporwachsen mit farblosen Blüten] (RIPLAEUS, *Opera*, p. 86). «...arbor philosophica ramis suis floruit» [der philosophische Baum stand mit seinem Geäst in Blüte] (*Introitus apertus* in: *Musaeum hermeticum*, p. 694).

[86] «Lilii auctor Senior dicit visionem eius ⟨vasis⟩ magis quaerendam quam scripturam»(!) [Senior, der Verfasser des ‹Lilium› sagt, die Vision sei mehr zu erstreben als die Schrift] (HOGHELANDE, l. c., p. 199). Vgl. auch *Psychologie und Alchemie*, Paragr. 357ff.

[87] Nach einer Schilderung der praeparatio salis. «Sal et arbor fieri potest in humido commodoque aliquo loco» [Salz und Baum können an jedem feuchten und geeigneten Ort entstehen]. (*Gloria mundi* in: *Mus. herm.*, p. 216)

[88] RIPLAEUS, *Opera*, pp. 39 und 46; *Tractatus aureus* in: *Mus. herm.*, p. 39.

[89] RIPLAEUS, l. c., p. 46.

[90] «Vitis arborea» auf der *Ripley Scrowle* (British Museum, Ms. Sloane 5025). «An ignoratis quod tota divina pagina parabolicè procedit? Nam Christus filius Dei modum servavit eundem et dixit: Ego sum Vitis vera» [Wißt ihr etwa nicht, daß die ganze göttliche Schrift in Parabeln vorgeht? Denn Christus, der Sohn Gottes, hielt es ebenso und sagte: Ich bin der wahre Weinstock] (*Aurora consurgens* in: *Art. aurif.* I, p. 186). «Vitis sapientum» (l. c., p. 193, und *Tract. aureus* in: *Theatr. chem.*, 1613, IV, p. 695).

des.» Die Myrte ist «⟨ce⟩ que Marie⁹¹ appelle les échelons de l'or; que Démocrite nomme l'oiseau vert... On l'a nommée ainsi à cause de sa couleur verte et parce qu'elle est pareille au myrte, en ce qu'elle conserve longtemps sa couleur verte, malgré les alternatives de froid et de chaleur⁹².» Er hat sieben Zweige⁹³.

375 DORNEUS sagt vom Baum:

«Nachdem die Natur die mineralische Wurzel des Baumes in der Mitte ihrer Gebärmutter gepflanzt hat, respektive den Stein, der die Metalle hervorbringen soll, den Edelstein, das Salz, den Alaun, das Vitriol, die Salzquelle, die süße, kalte oder warme, den Korallenbaum oder die Marcasita⁹⁴, und seinen Stamm in die Erde gestellt hat, wird dieser in verschiedene Äste geteilt, deren Substanzform, ⟨nämlich⟩ der Zweige und des Stammes, eine Flüssigkeit ist, nicht in der Art des Wassers, nicht des Öles, nicht des ⟨feuchten⟩ Gipses⁹⁵ und nicht des Schleimes, und nicht anders ist über das aus der Erde geborene Holz zu denken, welches nicht Erde ist, obschon aus dieser entstanden. ⟨Die Äste⟩ breiten sich ja so aus, daß der eine vom anderen mit einem Zwischenraum zweier oder dreier Klimate und ebenso vieler Regionen getrennt ist: von Deutschland bisweilen bis nach Ungarn und darüber hinaus. Auf diese Weise sind die Äste verschiedener Bäume in den ganzen Erdball verzweigt, wie sich im menschlichen Körper die Adern in verschiedene Glieder, die voneinander getrennt sind, erstrecken.»

⁹¹ Es handelt sich um Maria die Jüdin, die prophetissa.
⁹² [Wisset, daß die Myrte das Blatt und der Stamm ist; es ist eine Wurzel, ohne eine Wurzel zu sein. Es ist eine Wurzel und ein Ast zugleich. Zur Wurzel: Es ist unbestreitbar eine solche, wenn man sie den Blättern und den Früchten gegenüberstellt. Sie ist vom Stamm abgehoben und bildet einen Teil der tiefen Wurzeln. – Die Myrte ist, was Maria die goldenen Stufen nennt, was Democritus als den grünen Vogel bezeichnet ... Man hat ihn so genannt wegen seiner grünen Farbe und weil er der Myrte gleicht, indem diese lange ihre grüne Farbe bewahrt, trotz dem Wechsel von Kälte und Hitze.] Andeutung der «viriditas benedicta» [das gesegnete Grün] der lateinischen Alchemie. Damit wird angespielt auf die Unsterblichkeit bzw. Inkorruptibilität der Frucht des Baumes. (*Le Livre de la concentration* in: BERTHELOT, *Chimie au moyen âge* III, p. 214 f.)
⁹³ «Galenus dicit: De arbore Philosophica quae septem ramos habet ...» [Galen spricht vom philosophischen Baum, der sieben Äste hat] (*Aurora consurgens* in: *Art. aurif.* I, p. 222).
⁹⁴ «Marcasita est materia metallica immatura» [Marcasita ist unreifer Metallstoff]. (RULANDUS, *Lex. alch.*, s. v., p. 318) Chemisch ein Sammelname für die verschiedenen Pyrite (VON LIPPMANN, *Entstehung und Ausbreitung der Alchemie* I und II, s. v. Markasit).
⁹⁵ Lutum ist Gips oder Ton; letzterer wurde, mit Haaren vermengt, zum Abdichten von Deckeln auf Gefäßen verwendet (VON LIPPMANN, l. c. I, p. 663).

Die Früchte dieses Baumes fallen ab, er selber aber stirbt und verschwindet in der Erde. «Nachher ist, entsprechend der Naturbedingung, ein anderer, neuer ⟨Baum⟩ da[96].»

DORNEUS entwirft in diesem Text ein eindrucksvolles Bild von der Entstehung, der Ausbreitung, dem Tode und der Wiedergeburt des philosophischen Baumes, dessen Äste die die Erde durchziehenden «Erzadern» (venae) sind, welche zwar an voneinander entfernten Punkten der Erdrinde angeschnitten werden, aber alle zum selben ungeheuer großen Baum gehören, von dem es mehrere Exemplare zu geben scheint. Der Baum ist offenbar nach Art des Blutgefäßsystems gedacht. Er besteht zunächst selber aus einer Flüssigkeit wie das Blut, das, wenn es austritt beziehungsweise stirbt, koaguliert, das heißt fest wird, wie die Früchte des Baumes[97]. Merkwürdigerweise sind schon in der alten persischen Tradition die Metalle mit dem Blut Gayomards in Verbindung gebracht: sein in die Erde fließendes Blut verwandelte sich in die sieben Metalle[98].

An die Schilderung des Baumes schließt DORNEUS eine kurze Betrachtung an, die ich dem Leser nicht vorenthalten möchte, da sie einen bedeutenden Einblick in die Art eines in seiner Art klassischen, alchemistischen Denkens gewährt. Er schreibt:

«Dieses und ähnliches ⟨das heißt die Schilderung des Baumes⟩ geht aus der wahren ‹Physica› und aus den Quellen der wahren Philosophie hervor, aus welchen, durch die meditativen Betrachtungen der bewundernswerten Gotteswerke, die wahrhafte Erkenntnis des höchsten Urhebers und seiner Kräfte im Verstande und den geistigen Augen der Philosophierenden entsteht; nicht weniger als den fleischlichen ⟨Augen⟩ das Licht offenbar wird. Jenen ⟨Augen⟩ wird das Verborgene offenbar. Aber jener griechische Satan hat in den philosophischen Acker der wahren Weisheit, den Taumellolch[99] und seinen falschen Samen, ⟨nämlich⟩ Aristoteles, Albertus, Avi-

---

[96] *De genealogia mineralium* in: *Theatr. chem.* (1602) p. 652f. Dieser letzte Satz lautet: «... postmodum iuxta naturae conditionem adest alia recens» (scl. arbor).
[97] «Momentanea fit ipsorum ⟨scl. fructuum⟩ coagulatio» [Augenblicklich vollzieht sich deren ⟨der Früchte⟩ Verfestigung] (l. c., p. 652). Die «fructus» sind «per extremitates locustarum ab ultimae natura materiae protrusi» [die Früchte werden von der Natur an den äußersten Enden der locustae hervorgebracht]. «Locustae» sind die äußersten Sprossen der Zweige. (Vgl. RULANDUS, l. c., s. v., p. 307.) Die Form lūcusta in Handschriften scheint sich an lucus (Hain) anzulehnen (WALDE, *Lateinisches Wörterbuch,* p. 438).
[98] [Vgl. Paragr. 268 Anm. dieses Bandes.]
[99] Lolium tremulentum L.

cenna¹⁰⁰, Rasis¹⁰¹ und diese Art von Menschen gesät, welche dem Lichte Gottes und ⟨dem⟩ der Natur feind sind, welche die ganze physische Weisheit verdreht, und ⟨zwar⟩ von jener Zeit an, da sie den Namen Sophia in Philosophia umgewandelt haben¹⁰².»

378   DORNEUS ist Platoniker und fanatischer Gegner des ARISTOTELES und, wie ersichtlich, der naturwissenschaftlich orientierten Empiriker. Seine Einstellung entspricht in ihren wesentlichen Zügen derjenigen des späteren ROBERT FLUDD gegenüber JOHANNES KEPLER¹⁰³. Es ist, im Grunde genommen, der alte Universalienstreit, der Gegensatz zwischen Realismus und Nominalismus, der in unserem naturwissenschaftlichen Zeitalter in nominalistischer Richtung quasi entschieden ist. Während der naturwissenschaftliche Standpunkt sich bestrebt, auf Grund sorgfältiger Empirie die Natur aus sich selbst zu erklären, setzt sich die hermetische Philosophie zum Ziele, eine die Psyche miteinbegreifende Beschreibung und Erklärung, das heißt eine ganzheitliche Anschauung der Natur herzustellen. Der Empiriker sucht mit mehr oder weniger Erfolg, seine archetypischen Erklärungsprinzipien, das heißt seine zum Erkenntnisprozeß unerläßlichen psychischen Voraussetzungen zu vergessen oder zu verdrängen zugunsten seiner «wissenschaftlichen Objektivität». Der hermetische Philosoph aber betrachtet umgekehrt gerade die psychischen Voraussetzungen, nämlich die Archetypen, als unabdingbare Bestandteile des empirischen Weltbildes. Er ist vom Objekt noch nicht dermaßen in Anspruch genommen, daß er die fühlbare Gegenwart seiner psychischen Voraussetzung in Gestalt der als real empfundenen ewigen Ideen außer acht lassen könnte. Der empirische Nominalist dagegen hat bereits die moderne Einstellung zur Psyche, daß diese als «subjektiv» ausgeschaltet werden müsse und könne, indem deren Inhalte nichts als nachträglich formulierte Begriffe – flatus vocis – seien. Daher hofft er, ein vom Beobachter in jeder Hinsicht unabhängiges Weltbild erzeugen zu können. Diese Hoffnung hat sich im Verlaufe der Geschichte nur zum Teil erfüllt, wie die Ergebnisse der modernen physika-

---

¹⁰⁰ Ibn Sina (980–1037), Arzt und Gegner der Alchemie.
¹⁰¹ Auch Razes oder Rhazes genannt ist Abu Bekr Muhammed Ben Zakeriya er-Rāsī (*850–860, †925) von Irak, Arzt und Alchemist. Im Abendland bekannt sind die *Brevia excerpta ex libro luminis luminum* in: LACINIUS, *Pretiosa margarita novella,* p. 167ff.
¹⁰² *Theatr. chem.* (1602) I, p. 653.
¹⁰³ Vgl. PAULI, *Der Einfluß archetypischer Vorstellungen auf die Bildung naturwissenschaftlicher Theorien bei Kepler,* p. 147ff.

lischen Forschung erwiesen haben: der Beobachter kann nicht endgültig ausgeschaltet werden, das heißt die psychische Voraussetzung bleibt wirksam.

Man sieht nun bei DORNEUS mit aller wünschenswerten Deutlichkeit, wie der Archetypus des Baumes, der die Verästelung der Bronchien, der Blutgefäße und der Metalladern in sich begreift, auf die empirischen Daten projiziert wird und eine quasi ganzheitliche Anschauung erzeugt, welche die gesamte tote und belebte Natur und darüber hinaus noch die «geistige» Welt umfaßt. Die fanatische Verteidigung seines Standpunktes läßt erkennen, daß DORNEUS, von innerem Zweifel gekränkt, auf verlorenem Posten kämpft. Weder er noch FLUDD vermochten es, den Lauf der Dinge aufzuhalten, und heute erleben wir es, daß gerade die Vertreter der sogenannten Objektivität sich mit einer ähnlichen Affektivität gegen eine Psychologie wehren, welche die Unvermeidbarkeit der psychischen Voraussetzung dartut.

379

F. DIE DEUTUNG DES BAUMES BEI GERARDUS DORNEUS

Nach dieser vielleicht nicht ganz unnützen Abschweifung wollen wir uns wieder der DORNschen Deutung des Baumes zuwenden. In seinem Traktat *«De transmutationibus metallorum»* schreibt er:

380

«Um der Ähnlichkeit allein und nicht der Substanz willen vergleichen die Philosophen ihre Materie einem goldenen Baume von sieben Ästen, indem sie sich denken, daß er in seinem Samen die sieben Metalle einschließe, und daß ⟨diese⟩ in ⟨letzterem⟩ verborgen liegen, weshalb sie ihn ⟨das heißt den Baum als⟩ lebend (vegetabilem) bezeichnen. Sodann, nicht anders als die natürlichen Bäume zu ihrer Zeit mancherlei Blüten hervorbringen, läßt die Materie des Steines schönste Farben bei der Hervorbringung ihrer Blüten[104] sichtbar werden[105]. Ebenso haben sie gesagt, daß die Frucht ihres Baumes nach dem Himmel strebe, weil aus der philosophischen Erde eine gewisse Materie oder das Geäst eines Schwammes[106], ähnlich der Erde (terra similitudine),

---

[104] Vgl. die Auferweckung der Toten im Hades, welche wachsen wie die Blumen im Frühling. Traktat des Komarios in: BERTHELOT, *Alch. grecs,* IV, XX, 9, pp. 281/293.

[105] Dies ist eine Anspielung auf die «multi colores» der sogenannten cauda pavonis, des Pfauenschwanzes, dessen Phänomen wie eine Morgenröte der Erreichung des Zieles vorausgeht.

[106] Spongia marina, der Meerschwamm. Als eine terrestrische Entsprechung galt der Bovist. Die Spongia konnte hören und war mit Verstand begabt. Beim Abreißen soll sie einen

sich erhebt. Deshalb haben sie die Meinung vorgebracht, daß sich der Punkt, um den sich die ganze Kunst ⟨der Alchemie⟩ dreht, im Lebendigen der Natur (in vegetabilibus naturae) liege, und nicht im Lebendigen der Materie; ferner auch weil ihr Stein Seele, Körper und Geist in sich enthält, wie die Lebewesen (vegetabilia). Aus nicht sehr entlegener Ähnlichkeit haben sie diese Materie als Jungfrauenmilch und als rosafarbenes gesegnetes Blut bezeichnet, obschon solches allein den Propheten und Söhnen Gottes zukommt. Aus diesem Grunde haben die Sophisten angenommen, daß die philosophische Materie aus tierischem oder menschlichem Blute bestehe [107].»

381   DORNEUS zählt nun alle jene Substanzen auf, mit welchen die Übelberatenen (frivolis nugis seducti) operieren, wie Urin, Milch, Eier, Haare und allerhand Salze und Metalle. Diese «Sophisten» nehmen die symbolischen Bezeichnungen konkret und versuchen, aus diesen untauglichen Substanzen das magisterium herzustellen. Es sind offenbar die Chemiker jener Tage, die auf Grund eines konkretistischen Mißverständnisses mit gewöhnlichen Stoffen hantieren, während die Philosophen darum

«ihren Stein als beseelt benannt haben, weil ⟨er⟩ bei den letzten Operationen vermöge der Kraft dieses vornehmsten feurigen Mysteriums, eine dunkle (obscurus) und rote Flüssigkeit, gleich wie Blut, aus ihrer Materie und ihrem Gefäß tropfenweise ausschwitzt. Aus diesem Grunde haben sie die Voraussage gemacht, daß in den letzten Zeiten ein reinster [108] Mensch, durch welchen die Welt befreit würde, auf die Erde kommen werde, ⟨und⟩ daß dieser blutige Tropfen von rosiger oder roter Farbe ausscheiden werde, wodurch die Welt von ihrem Sündenfall erlöst würde. Gleicherweise wird auch das Blut ihres Steines, in seiner Art, die aussätzigen Metalle [109] und auch den Menschen von ansteckenden Krankheiten befreien [110]. Deshalb haben sie nicht ohne guten Grund gesagt, daß ihr Stein beseelt (animalem) sei. Darüber spricht Mercurius zu König Calid auf folgende Weise: ‹Dieses Mysterium zu kennen›, sagt er,

blutigen Saft von sich geben. Das Bluten beim Abreißen erinnert an das Geschrei des Alrauns, wenn er ausgerissen wird («... quando evelluntur a suis locis, audietur et erit rumor magnus» [wenn sie von ihrem Standort weggerissen werden, ist das hörbar, und es entsteht großer Lärm] CALID, *Liber secretorum* in: *Art. aurif.* I, p. 343). Wesentlich ist das Meergewächs (vgl. corallus).

[107] [*Congeries Paracelsicae Chemiae de transmutationibus metallorum* in: *Theatr. chem.* (1602) I, p. 583.]

[108] «Putissimus». Putus kann auch als «echt» oder «unverfälscht» wiedergegeben werden. Argentum putum ist «reines» Silber. Putus statt purus ist bezeichnend.

[109] «Leprosa metalla» sind unreine Metalle, Oxyde und Salze.

[110] Die Krankheiten der Menschen sind parallel zu der leprositas der Metalle. Der Text hat hier «liberabat». Dem Sinne nach müßte es aber «liberabit» heißen, denn es handelt sich um eine noch unerfüllte Voraussage des Adepten.

‹ist nur den Propheten Gottes erlaubt› [111]; was der Grund ist, daß der Stein als beseelt bezeichnet wird. Im Blute dieses Steines nämlich ist dessen Seele verborgen. Er wird auch aus Körper, Geist und Seele zusammengesetzt [112]. Aus ähnlichem Grunde haben sie ⟨ihn⟩ ihren Mikrokosmos genannt, weil er das Abbild (similitudinem) aller Dinge dieser Welt enthalte und daher wiederum sagen sie, er sei beseelt (animalem). Es sind nun die Unwissenden dazugekommen, welche glauben, der Stein sei dreifach und in dreifacher Art (genere) verborgen, nämlich in vegetabilischer, animalischer und mineralischer ⟨Form⟩, wodurch es geschehen ist, daß sie selbst in den Mineralien nachgeforscht haben. Diese Lehre (sententia) ist aber weit entfernt von der Meinung der Philosophen; ⟨diese⟩ nämlich stellen fest, daß ihr Stein in einerlei Gestalt (uniformiter) vegetabilisch, animalisch und mineralisch ist [113].»

Dieser bemerkenswerte Text erklärt den Baum als eine metaphorische Form der Arkansubstanz, welche als lebendes Wesen nach eigenem Gesetze entsteht, wächst, blüht und Frucht trägt wie eine Pflanze. Letztere wird parallelisiert durch die spongia marina, die in der Tiefe des Meeres wächst und gewisse Beziehungen zum Alraun zu haben scheint (siehe Fußnote oben!). Hier unterscheidet DORNEUS die vegetabilia naturae von denen der Materie. Mit letzteren sind offenbar die konkreten, stofflichen Lebewesen gemeint. Was aber die ersteren sein sollen, ist schwieriger zu verstehen. Ein Meerschwamm, der blutet, und ein Alraun, der schreit, wenn sie ausgerissen werden, sind kei-

---

[111] Das Zitat ist nicht wörtlich. Es heißt bei CALID (*Liber secretorum,* l.c., p. 325): «Scias frater, quod hoc nostrum magisterium de lapide secreto et officium honoratum, est secretum secretorum Dei, quod celavit suo populo, nec voluit ullis revelare, nisi illis, qui fideliter tanquam filij meruerunt, et qui eius bonitatem et magnitudinem cognoverunt. [Wisse, Bruder, daß dieses unser Magisterium und der ehrenvolle Dienst vom geheimen Stein das Geheimnis der Geheimnisse Gottes ist, das er seinem Volk verheimlicht hat und niemand enthüllen wollte außer jenen, die es als seine Kinder getreulich verdient und seine Güte und Größe erkannt hatten.] DORNEUS deutet den hier Sprechenden nicht unwahrscheinlich als Hermes (Trismegistus), der im folgenden erwähnt: «... discipulus meus, Musa» [mein Schüler Moses – l.c., p. 326]. Moses, der als Alchemist galt, wurde mit Musaios, dem Lehrer des Orpheus, identifiziert.

[112] DORNEUS dürfte sich hier ebenfalls auf CALID beziehen, welcher sagt (l.c., p. 342): «Nimm diesen Stein, der kein Stein ist, noch von der Natur des Steines. Auch ist er ein Stein, dessen Grundsubstanz auf dem Gipfel der Berge (in capite montium) erzeugt wird, und der Philosoph wollte ‹Berge› sagen statt ‹Lebewesen› (animalia).» Der Stein befindet sich etwa im Kopf einer Schlange oder eines Drachen oder ist das «Kopfelement» selber, wie bei ZOSIMOS. Weltberg, Weltachse, Weltbaum und homo maximus sind synonym. Vgl. hiezu HOLMBERG, *Der Baum des Lebens,* pp. 20, 21, und 25.

[113] [*Theatr. chem.* (1602) I, p. 584 f.]

ne vegetabilia materiae und kommen in der Naturkunde nicht vor, das heißt nicht in der Natur, wie wir sie kennen, wohl aber in jener umfänglicheren, Platonischen Natur, wie sie DORNEUS versteht, nämlich in einer Natur, welche psychische animalia, nämlich Mythologeme respektive Archetypen miteinschließt. Solche nämlich sind Alraune und ähnliche Gewächse. Wie konkret sich DORNEUS derartiges gedacht hat, bleibe dahingestellt. Auf alle Fälle gehört der «Stein, der kein Stein, noch von der Natur des Steines ist», in diese Kategorie.

G. DAS ROSENFARBENE BLUT UND DIE ROSE

383 Das geheimnisvolle «rosenfarbene» (rosei coloris, rosaceus) Blut kommt auch bei anderen Autoren vor: bei HEINRICH KHUNRATH[114] hat der aus dem Saturnischen Berge hervorgelockte Löwe «rosenfarbenes Bluth». Dieser Löwe, insofern er «omnia; et vincens omnia» (l. c.) bedeutet, entspricht dem πᾶν oder πάντα des ZOSIMOS, das heißt der Ganzheit. Ferner erwähnt KHUNRATH «das Catholische tewere Rosinfarbe Bluth vnd Aetherische Wasser / das aus des eingebornen Sohns der grossen Weld / mit Künstlichen gewalt eröffneten Seiten Azothisch[115] herfür geflossen; Durch dasselbe allein / und sonsten durch gar kein anders / werden Vegetabilische / Animalische und Mineralische dinge, durch abwaschung jhrer unreinigkeitten / zur höchsten Natürlichen volkommenheit Naturgemes Künstlich erhaben»[116].

384 Der «Sohn der großen Welt» (filius macrocosmi) bildet ein Äquivalent zum «filius microcosmi» Christus[117], und sein Blut ist die quinta essentia, die rote Tinktur, der «Verus rectusque duplex Mercurius, vel Gigas[118] geminae substantiae[119]... Deus à natura homo heros etc. qui coelestem spiritum in se habet, qui omnia vivificat... Unicus perfectusque Salvator omnium imperfec-

[114] *Confessio* [in: *Von hylealischen Chaos*], p. 93; ebenso p. 196 [... alles und allbesiegend].
[115] Vgl. hiezu die Erklärung von Azoth in: *Der Geist Mercurius* [Paragr. 271 dieses Bandes].
[116] l. c., p. 276.
[117] «Christus comparatur et unitur cum lapide terreno... eximius typus et viva Incarnationis Christi imago est.» [Christus wird mit dem irdischen Stein verglichen und zusammengefaßt ... er ist der erlesenste Typus und das lebendige Abbild der Fleischwerdung Christi.] (*Aquarium sapientum* in: *Mus. herm.*, p. 118)
[118] *Ps.* 18,6: «Exultavit ut gigans» [LUTHER-Bibel: «... freut sich, wie ein Held»], was auf Christus bezogen wurde.
[119] Der Text verweist auf *Mat.* 26. Offenbar meint er Vers 26 ff., nämlich die Einsetzung des Abendmahles.

torum corporum et hominum est, verus coelestisque animae medicus ... Triuna universalis essentia [120] quae Jehova appellatur [121].»

Man hat derartige (nicht allzu seltene) hymnische Ausbrüche der Alchemisten als bedauerliche Geschmacklosigkeiten getadelt oder als phantastische Überschwenglichkeiten belächelt, – wie mir scheint, zu Unrecht. Es ist den Leuten ernst, und man kann sie nur verstehen, wenn man sie ernst nimmt, so schwer es dem eigenen Vorurteil auch fallen mag. Die Alchemisten haben sich nämlich nicht vorgenommen, ihren Stein zu einem Weltheiland zu ernennen, sowenig sie beabsichtigten, eine ganze Menge bekannter und unbekannter Mythologie in denselben hineinzugeheimnissen, ebensowenig, wie wir dies mit unseren Träumen tun. Sie fanden diese Eigenschaften in ihrer Idee von einem aus den vier Elementen zusammengesetzten, die höchsten Gegensätze vereinigenden Körper vor und waren über diese Entdeckung erstaunt, wie jemand, der einen sonderbaren und eindrucksvollen Traum hatte und dann zufällig ein ihm unbekanntes Mythologem entdeckt, welches seinem Traummotiv genau entspricht. Es war daher kein Wunder, daß sie dem Stein oder der roten Tinktur, die sie für wirklich herstellbar hielten, auch die Eigenschaften zuerteilten, welche sie an der Idee eines derartigen Objektes entdeckt hatten. Auf diese Weise läßt sich ein Satz, der für die alchemistische Denkweise charakteristisch ist, leicht verstehen. Er findet sich auf der gleichen Seite, auf der unser obiges Zitat steht, und lautet: «Gleichwie, sage ich, dieser irdische (terrenus) und ⟨!⟩ Philosophische Stein zusammen mit seiner Materie viele und verschiedenartige, ja fast an die tausend Namen, wie die Rede geht, hat, weshalb er auch als wunderbar bezeichnet wird, so können diese sowie andere oben erwähnte Titel und Namen um soviel eher, ja sogar im höchsten Grade vom allmächtigen Gott und vom Höchsten Gut ausgesagt werden.» Der Autor denkt offenbar nicht an die Möglichkeit, daß er die Prädikate der Gott-

---

[120] Die «triuna essentia» ist auch dem Anonymus des *Aquarium Sapientum* nicht ganz sicher. So schreibt er: Sie «ist aus einem, eine göttliche Essenz, sodann aus zwei, aus Gott und Mensch, d. h. aus drei Personen, aus vier, nämlich aus drei Personen und einer göttlichen Essenz, gleich wie auch aus fünf, aus drei Personen und zwei Essenzen», nämlich einer göttlichen und einer menschlichen. (In: *Mus. herm.*, p. 112) Der «filius macrocosmi» scheint die Dogmatik nicht unerheblich gelockert zu haben.

[121] l. c., p. 111 f. «Der wahre und richtige doppelte Mercurius oder der Riese der Zwillingssubstanz ... Gott, von Natur Mensch, Held usw., welcher den himmlischen Geist besitzt, der alles belebt, ... der einige und vollkommene Heiland aller unvollkommenen Körper und Menschen ist der wahre und himmlische Arzt der Seele, ... die dreieinige Universalessenz, welche Jehova genannt wird.»

heit auf den Stein übertragen hat, wie unser Vorurteil anzunehmen geneigt wäre.

386 Dieser Sachverhalt weist darauf hin, daß der Stein für den Alchemisten nicht weniger als ein religiöses Urerlebnis bedeutet, das er, als guter Christ, mit seinem Glauben auseinanderzusetzen und zu vereinbaren hat. Auf diese Weise entstand jenes nicht eindeutig beantwortbare quid pro quo einer Identität oder eines Parallelismus oder gar einer Ersetzung des filius microcosmi, das heißt Christi, mit dem filius macrocosmi beziehungsweise dem lapis philosophorum.

387 Die Lapis-Christusparallele war vermutlich die Brücke, über welche die Rosenmystik in die Alchemie gelangte. Dies zeigte sich zunächst im Gebrauch des Buchtitels «Rosarium» und «Rosarius» (der Rosengärtner). Das erste «Rosarium» (es gibt eine Reihe derselben), welches 1550 zum erstenmal im Druck erschien, wird zum größeren Teil dem ARNALDUS DE VILLANOVA zugeschrieben. Es ist eine Kompilation, deren Bestandteile historisch noch nicht differenziert sind. ARNALDUS lebte und wirkte in der zweiten Hälfte des 13. Jahrhunderts. Es wird ihm neben dem «Rosarius» das «Rosarium cum figuris» zugeschrieben. Hier stellte die Rose das Symbol der Beziehung zwischen den königlichen Personen dar. Näheres hierüber findet der Leser in meinem Buch «Die Psychologie der Übertragung», wo auch die Bilder des «Rosarium» wiedergegeben sind.

388 Die gleiche Bedeutung hat die Rose bei MECHTHILD VON MAGDEBURG (Der Herr sprach zu ihr): «Schau auf mein Herz und siehe!» Eine schönste Rose von fünf Blättern bedeckte seine ganze Brust, und es sprach der Herr: «Preise mich in meinen fünf Sinnen, welche durch diese Rose angedeutet werden.» Wie weiter ausgeführt wird, sind die fünf Sinne die Vehikel der Liebe Christi zu den Menschen (zum Beispiel «per olfactum semper habet quandam amatoriam dilectionem erga hominem»)[122].

389 Die Rose gehört im geistlichen Bereich wie «hortus aromatum»[123] und «hortus conclusus»[124] als «rosa mystica»[125] zu den allegoriae Mariae, im weltlichen Bereich ist sie die hohe Geliebte, die rosa der Dichter, der «fedeli d'amore» der damaligen Zeit. Wie Maria vom heiligen BERNHARD als «me-

---

[122] *Liber gratiae spiritualis visionum et revelationum,* fol. L. IIII.
[123] ALANUS DE INSULIS, *Elucidatio in Cant. Cant.,* VI (MIGNE, P. L. CCX, col. 95) [Gewürzgarten].
[124] l. c., col. 82 [umschlossener Garten].
[125] *Lauretanische Litanei* [*Missale,* SCHOTT, p. (184) – mystische Rose].

dium terrae»[126], von RABANUS MAURUS als «civitas»[127], vom Abt GODEFRID als «castellum»[128] und als «domus divinae sapientiae»[129] und von ALANUS DE INSULIS als «acies castrorum»[130] allegorisiert wird, so hat auch die Rose die Bedeutung eines Mandalas, wie aus der Himmelsrose des «Paradiso» bei DANTE klar ersichtlich ist. Die Rose hat, wie der äquivalente indische Lotus, ausgesprochen weibliche Bedeutung. Sie ist bei MECHTHILD als Projektion ihres eigenen weiblichen Eros auf Christus zu verstehen[131].

Es scheint, als ob das «rosenfarbene» Blut des alchemistischen Erlösers[132] von der in die Alchemie eingedrungenen Rosenmystik herrühre und, in der Gestalt der roten Tinktur, die heilende beziehungsweise ganzmachende Kraft eines gewissen Eros ausdrücke. Der seltsame Konkretismus des Symbols erklärt sich aus der völligen Abwesenheit einer psychologischen Begriffssprache. Mit DORNEUS muß dieses Blut als ein «vegetabile naturae» aufgefaßt werden, im Gegensatz zum gewöhnlichen Blut, das ein «vegetabile materiae» darstellt. Wie DORNEUS sagt, ist im Blut die Seele des Steins verborgen. Da nun der Stein die Ganzheit des Menschen darstellt[133], so ist es logisch, wenn unser Autor bei der Erörterung der Arkanmaterie und ihrer blutigen Exsudation auf den «putissimus homo» zu sprechen kommt, denn um diesen handelt es sich. Er ist das arcanum, und der Stein und seine Parallele oder Präfiguration ist Christus in Gethsemane[134]. Dieser «reinste» oder «echteste» Mensch muß, gleich wie «argentum putum» reines Silber ist, in keinerlei Weise anders sein, als er ist; also ein Mensch schlechthin, der alles Menschliche kennt und hat und durch keine fremde Beeinflussung oder Beimischung verfälscht ist. Dieser Mensch wird erst «in postremis temporibus» auf Erden erscheinen, also in der Zukunft. Er kann nicht Christus sein, denn dieser hat die Welt bereits von den Folgen ihres Sündenfalls durch sein Blut erlöst, und nie hat man vernom-

---

[126] *Sermo II In Festo Pentecostes* (MIGNE, P. L. CLXXXIII, col. 327) [Mitte der Erde].
[127] *Allegoria in Sacram Scripturam* (MIGNE, P. L. CXII, col. 897) [Stadt].
[128] *Homilia III in Dominicam I Adventus* (MIGNE, P. L. CLXXIV, col. 32) [Festung].
[129] *Homilia LXIII in Vigiliam Assumptionis* (l. c., col. 957) [Haus der göttlichen Weisheit].
[130] *Elucidatio* (MIGNE, P. L. CCX, col. 91 und 94) [Schlachtordnung der Feldlager].
[131] Vgl. das Kapitel «De osculo domini», wo eine ähnliche Projektion vorliegt (l. c., fol. I, IV^r).
[132] D. h. des Löwen, der aber zum «leo de tribu Juda» (Christus) in Parallele gesetzt ist.
[133] Siehe *Psychologie und Alchemie* [«Die Lapis-Christus-Parallele»] und *Aion* [«Christus, ein Symbol des Selbst»].
[134] *Luc.* 22,44: «Et factus est sudor eius sicut guttae sanguinis» [Zürcher-Bibel: «und sein Schweiß wurde wie Blutstropfen»].

men, daß sein Blut «rosenfarben» gewesen sei. Christus ist zwar «purissimus homo», aber nicht «putissimus». Er ist zwar Mensch, aber Gott zugleich, kein «reines» Silber, sondern auch Gold, also nicht «putus». Keinesfalls handelt es sich hier um einen zukünftigen Christus und salvator microcosmi, sondern um den alchemistischen servator cosmi, die noch unbewußte Idee eines ganzheitlichen Menschen, der das bewirken soll, was der Opfertod Christi offenbar unvollendet gelassen hat, nämlich die Befreiung der Welt vom Übel. Er wird wie Christus ein erlösendes Blut ausschwitzen, aber als «vegetabile naturae» ist es «rosacei coloris», kein natürliches, das heißt gewöhnliches, sondern ein symbolisches Blut, eine Seelensubstanz, die Veranschaulichung eines gewissen Eros, der im Zeichen der Rose den Einzelnen sowie die Vielen einigt und ganzmacht, daher eine Panazee (medicina) und ein Schutzmittel (alexipharmacum) ist.

391 Wir sind aber in der zweiten Hälfte des 16. Jahrhunderts am Vorabend des Erscheinens der Rosenkreuzer, deren Wahlspruch – «Per crucem ad rosam» – bereits durchleuchtet. Die Stimmung dieses Eros hat GOETHE in seinen *«Geheimnissen»* trefflich gekennzeichnet. Dergleichen Erscheinungen, wie auch das Aufkommen der Idee und Gefühlslage der christlichen caritas (ἀγάπη)[135], deuten immer auf einen entsprechenden gesellschaftlichen Defekt hin, welchen sie kompensieren. Welches dieser Mangelzustand in der Antike war, läßt sich aus der zeitlichen Entfernung deutlich erkennen, und auch im Mittelalter mit seiner grausamen und unzuverlässigen Rechtsprechung und seinen feudalen Verhältnissen war es um die Menschenrechte und Menschenwürde übel bestellt. Man sollte meinen, daß solchen Zuständen gegenüber die christliche Nächstenliebe eben gerade an der richtigen Stelle wäre. Was aber geschieht, wenn sie blind und einsichtslos ist? Man kann aus der Besorgnis für das Seelenheil irrender Menschen sogar einen Torquemada erklären. Die Liebe allein nützt nichts, wenn sie nicht auch Verstand hat. Zum richtigen Gebrauch des letzteren braucht es ein erweitertes Bewußtsein und einen höheren Standpunkt, der den Umfang des Horizontes vergrößert. Deshalb hat sich das Christentum in seiner historischen Wirklichkeit nicht damit begnügt, die Menschen zur Nächstenliebe zu ermahnen, sondern hat auch ein geistiges Kulturpensum erfüllt, das man gar nicht überschätzen kann. Es hat damit den Menschen zu höherer Bewußtwerdung und Verantwortung erzogen. Gewiß braucht es dazu Liebe, aber eine Liebe, die mit Einsicht und Ver-

---

[135] 1. Kor. 13,4ff. [GOETHE, *Die Geheimnisse. Ein Fragment.*]

stand gepaart ist. Die Funktion des letzteren ist, Bezirke, die noch dunkel sind, zu erhellen und dem Bewußtsein durch «Begreifen» zuzuführen, und zwar außen, in der Umwelt, sowohl wie auch innen, in der Innenwelt der Seele. Je blinder die Liebe, desto triebhafter ist sie und droht mit destruktiven Folgen, denn sie ist eine Dynamis, welche der Form und der Richtung bedarf. Deshalb ist ihr ein kompensatorischer Logos zugesellt, als ein Licht, das in der Finsternis leuchtet. Ein Mensch, der seiner selbst unbewußt ist, handelt triebhaft und wird überdies genarrt von all den Illusionen, die daraus entstehen, daß ihm das, was ihm selber unbewußt ist, scheinbar von außen, nämlich als Projektion auf den Nebenmenschen, entgegentritt.

H. DER GEISTESZUSTAND DES ALCHEMISTEN

Die Alchemisten schienen obigen Sachverhalt zu ahnen; jedenfalls mischte er sich in ihr Opus. Schon im 14. Jahrhundert entdeckten sie, daß das, was sie suchten, sie nicht nur an alle möglichen geheimen Substanzen, Heilmittel und Gifte, sondern auch an vielerlei Lebewesen, Pflanzen und Tiere und schließlich an einen unbekannten mythischen Menschen, an einen Zwerg, Erd- oder Erzgeist oder gar an etwas wie einen Gottmenschen erinnerte. So schrieb in der ersten Hälfte des 14. Jahrhunderts PETRUS BONUS von Ferrara, in einem gewissen Briefe sage Rasis, «mit diesem roten Stein haben sich die Philosophen über alle anderen erhoben und haben die Zukunft vorausgesagt». «Sie haben aber nicht nur im allgemeinen prophezeit, sondern auch im einzelnen. So wußten sie, daß der Tag des Gerichtes und des Weltendes kommen muß und die Auferstehung der Toten, in welcher jede Seele mit ihrem früheren Körper vereinigt und des ferneren nicht mehr voneinander getrennt werden wird in Ewigkeit, und dann jeder Körper verherrlicht, in Unverweslichkeit und in eine Helligkeit und fast unglaubliche Feinheit übergeführt, alles Feste durchdringen wird [136], weil seine Natur dann von der Natur des Geistes wie auch von der des Körpers sein wird» usw. Von dieser Voraussetzung geht nun BONUS über auf das arcanum, von dem er schreibt:

392

---

[136] Zitat aus der *Tabula smaragdina*: «Hic est totius fortitudinis fortitudo fortis, quia vincet omnem rem subtilem, omnemque solidam penetrabit.» [Dies ist aller Stärke Kraft des Starken, da sie alles Feine überwindet und alles Feste durchdringen wird.] (*De alchemia*, p. 363)

«Es ist eine Natur, welche, wenn ihr Feuchtigkeit oder Verbrennung zustößt und sie nächtelang darin gelassen wird, dann einem Toten ähnlich scheint, und dann bedarf diese Sache des Feuers, bis der Geist dieses Körpers ausgezogen und nächtelang sich selbst überlassen wird, wie ein Mensch in seinem Grabe, und zu Staub zerfällt. Wenn dies alles geschehen ist, wird Gott ihm seine Seele und seinen Geist wiedergeben, und nachdem die Krankheit weggenommen, wird jene Sache gestärkt und nach der Durchglühung (coruscationem) verbessert, gleich wie der Mensch nach der Auferstehung stärker und jünger wird, als er in dieser Welt war... Sie ⟨die Philosophen⟩ haben also den jüngsten Tag in dieser Kunst, nämlich in der Keimung und Geburt dieses Steines gesehen, ⟨den Tag⟩ der eher wunderbar als rational ist, weil ⟨darin⟩ die Verbindung der zu verseligenden (beatificandae) Seele mit ihrem früheren Körper durch Vermittlung des Geistes und deren herrliche Dauer in Ewigkeit bewerkstelligt wird... In ähnlicher Weise haben die alten Philosophen dieser Kunst erkannt und festgestellt, daß eine Jungfrau empfangen und gebären müsse, weil bei ihnen der Stein von sich selber empfängt und geschwängert wird und sich selber gebiert... Weil sie also die Empfängnis, Schwängerung, Geburt und Ernährung dieses so wunderbaren Steines gesehen haben, haben sie ⟨daraus⟩ geschlossen, daß ein jungfräuliches Weib ohne Mann empfangen, geschwängert werden und wunderbar gebären und Jungfrau bleiben müsse wie zuvor.» Wie ALPHIDIUS sagt, «ist dieser Stein auf die Straßen hinausgeworfen, in die Wolken erhöht, wohnt in der Luft, nährt sich im Flusse und ruht auf den Gipfeln der Berge. Seine Mutter ist Jungfrau; sein Vater kennt die Frau nicht»[137]. Noch dazu haben sie auch gewußt, «quod Deus fieri debeat homo die novissima hujus Artis, in qua est operis complementum, generans et generatum fiunt omnino unum, et senex, et puer, et pater, et filius, fiunt omnino unum: ita quòd omnia vetera fiunt nova.»[138] Gott selber «hat dieses Magisterium seinen Philosophen und Propheten, deren Seelen er in seinem Paradies versammelt hat, anvertraut»[139].

393 Wie dieser Text anschaulich schildert, entdeckt PETRUS BONUS sozusagen, daß das alchemische Opus Zug um Zug den heiligen Mythus von der Zeugung, Geburt und Auferstehung des Erlösers *vorausnimmt,* denn es steht ihm

[137] Über ALPHIDIUS ist nichts bekannt. Er ist ein öfters zitierter alter Autor, der dem 12.–13. Jh. angehören dürfte. (Siehe KOPP, *Die Alchemie* II, pp. 339 und 363.)

[138] «... daß Gott am Jüngsten Tage dieser Kunst, an welchem die Vollendung des Werkes stattfindet, Mensch werden müsse; das Zeugende und das Erzeugte werden gänzlich zu *einem;* sowohl der Greis und der Knabe als auch der Vater und der Sohn werden ganz und gar eins: so, daß alles Alte neu wird.»

[139] MANGETUS, *Bibliotheca chemica curiosa* II, p. 30. Als Abfassungszeit wird 1330 angegeben. JANUS LACINIUS, der den Traktat zum erstenmal druckt (in: *Pretiosa margarita novella,* 1546, fol. 1 ff.) erwähnt (fol. 71ʳ), daß BONUS «in civitate Polae stipendiatus in provincia Histriae» [in der Stadt Pola Soldempfänger in der Provinz Histrien] um das Jahr 1338 war und (fol. 46ᵛ) ein Altersgenosse (coaetaneus) des RAYMUNDUS LULLIUS (1235–1315?) gewesen sei.

2. Beiträge zur Geschichte und Deutung des Baumsymbols 321

fest, daß die uralten Autoritäten der Kunst, nämlich Hermes Trismegistus, Moses, Platon und andere, den Prozeß schon längst gekannt und infolgedessen das Heilsgeschehen in Christus prophetisch antizipiert haben. Er ist sich in keinerlei Weise bewußt, daß der Fall unter Umständen umgekehrt liegen könnte und daß die Alchemie aus der kirchlichen Tradition schöpfte und ihre Operationen der heiligen Legende nachträglich angeglichen hätte. Der Grad seiner Unbewußtheit ist mehr als bloß erstaunlich: er ist instruktiv. Diese außergewöhnliche Blindheit weist uns nämlich darauf hin, daß ein entsprechend wirksamer Beweggrund hiefür vorhanden sein muß. Es ist nämlich nicht bei diesem ersten und einzigen Bekenntnis geblieben, sondern die nachfolgenden drei Jahrhunderte haben diese Auffassung in steigendem Maße zu der ihrigen gemacht und damit Ärgernis erregt. BONUS war ein gelehrter Scholastiker und wäre intellektuell – ganz abgesehen von seinem religiösen Glauben – wohl in der Lage gewesen, seinen anscheinenden Irrtum zu erkennen. Was ihn nämlich zu seiner Auffassung veranlaßte, war der Umstand, daß er tatsächlich aus einer älteren Quelle als der der kirchlichen Tradition schöpfte: bei der Kontemplation der chemischen Erscheinungen, die sich im Laufe seines Opus ereigneten, flossen ihm nämlich archetypische, mythologische Parallelen und Deutungen ein, wie dies schon bei den ältesten heidnischen Alchemisten der Fall war, und wie es noch heute geschieht, wenn in der Betrachtung und Erforschung gewisser Produkte des Unbewußten der Phantasie freier Lauf gelassen wird. Unter diesen Umständen nämlich melden sich Vorstellungsformen zum Worte, in denen man tatsächlich erst nachträglich Parallelen und Identitäten mit mythologischen Motiven, unter anderem auch mit christlichen, entdecken kann; Ähnlichkeiten und Gleichheiten, die man beim ersten Anblick vielleicht nicht von ferne vermutet hätte. So ist es auch den alten Adepten, die bei der Unbekanntheit des chemischen Stoffes von einer Verlegenheit in die andere gerieten, ergangen: sie mußten sich nolens volens der Übermacht numinoser Vorstellungen, welche die dunkle Leere ihres Verstandes auszufüllen trachteten, ergeben. Aus dieser Tiefe dämmerte ihnen ein Licht auf über die Natur ihres Prozesses sowohl wie dessen Zieles. Weil sie die Gesetze des chemischen Stoffes nicht kannten, so ergab sich ihnen auch aus dessen Verhalten kein Widerspruch zu ihrer archetypischen Auffassung. Sie machten zwar beiläufig einige chemische Entdeckungen, wie es nicht ausbleiben konnte, aber was sie eigentlich fanden und was sie am längsten und ausgiebigsten faszinierte, war nichts weniger als die Symbolik des Individuationsprozesses.

PETRUS BONUS war dabei einer der ersten, der nicht umhin konnte, zu erkennen, daß die alchemistischen Symbole, die auf einem so ganz anderen Wege gefunden wurden, in erstaunlicher Weise mit denen der christlichen Heilsgeschichte in Einklang standen. Bei ihrer Bemühung, das Geheimnis des Stoffes zu ergründen, waren die Adepten unvermutet ins Unbewußte geraten und wurden so, ohne sich dessen zunächst bewußt zu sein, zu den Entdeckern jenes Prozesses, der unter anderem auch der christlichen Symbolik zugrunde liegt. Es dauerte indessen nicht mehr als etwa zweihundert Jahre, bis es den Nachdenklichen unter ihnen klar wurde, welche Bewandtnis es mit dem Stein hatte. Zuerst zögernd und andeutungsweise, dann aber mit aller nur wünschenswerten Deutlichkeit offenbarte sich ihnen die Identität des Steines mit dem Menschen selber, ja sogar mit einem im Menschen befindlichen, ihm aber übergeordneten Faktor, dem «quid» des DORNEUS, welches wir heutzutage ohne Schwierigkeit als das *Selbst* erkennen können, wie ich anderenorts nachgewiesen habe[140].

395   Die Alchemisten haben auf die verschiedenste Art versucht, sich mit der christlichen Parallele auseinanderzusetzen. Eine Lösung haben sie nicht gefunden. Sie war auch nicht möglich, solange ihre Begriffssprache sich nicht von der Projektion auf den Stoff löste und psychologisch wurde. Erst die nachfolgenden Jahrhunderte mit ihrer Entwicklung der Naturwissenschaft haben den Stoff von der Projektion befreit und letztere zusammen mit der Seele überhaupt eliminiert. Aber auch heutzutage noch ist dieser Entwicklungsprozeß des Bewußtseins nicht zu seinem Ende gelangt. Zwar fällt es niemand mehr ein, dem chemischen Stoffe mythologische Eigenschaften zuzumuten. Diese Form der Projektionstätigkeit ist obsolet geworden. Sie beschränkt sich jetzt auf die persönlichen und gesellschaftlichen Beziehungen, auf soziale und politische Utopien und dergleichen mehr. Die weitere Natur hat nichts mehr zu befürchten in Gestalt mythologischer Interpretationen, wohl aber das Gebiet des Geistes, insonderheit jenes, das gemeiniglich als «Metaphysik» bezeichnet wird. Dort tummeln sich noch Mythologeme mit dem Anspruch auf absolute Wahrheit, und wer ein solches mit einiger Feierlichkeit ausspricht, glaubt damit eine gültige Feststellung gemacht zu haben und rechnet es sich sogar zum Verdienst an, jene dem beschränkten Menschenverstande gebührende Bescheidenheit, welche weiß, daß sie nicht weiß, nicht zu besitzen. Ja, sie meinen sogar, daß Gott selber bedroht sei, wenn jemand es wagt, ihre archetypischen Projektionen als das aufzufassen, was sie sind, nämlich menschli-

---

[140] Siehe *Aion,* Kp. IV f.

che Aussagen, von denen kein vernünftiger Mensch annimmt, daß sie auf nichts hindeuten; haben doch selbst die absurdesten Aussagen der Alchemie ihren Sinn, aber eben gerade nicht den, welchen die Adepten ihren Symbolen zu geben suchten, abgesehen von wenigen Ausnahmen, sondern einen, den erst die Zukunft zu formulieren vermochte. Wo immer wir es mit Mythologemen zu tun haben, ist es ratsam anzunehmen, daß sie mehr bedeuten, als sie auszusagen scheinen. Wie Träume nicht schon Bekanntes verstecken oder verhüllt aussprechen, sondern einen noch unbewußten Tatbestand so gut wie möglich zu charakterisieren versuchen, so sind auch die Mythen oder die alchemistischen Symbole keine euhemeristischen Allegorien, welche künstliche Geheimnisse darstellen. Im Gegenteil versuchen sie, natürliche Geheimnisse in die Sprache des Bewußtseins zu übersetzen und damit die allen gehörende Wahrheit bekanntzumachen. Durch die Bewußtwerdung ist das menschliche Individuum in zunehmendem Maße von der Vereinzelung bedroht, welche doch andererseits eine conditio sine qua non der Bewußtseinsdifferenzierung ist. Je mehr diese Drohung wächst, desto mehr wird die Gefahr durch die Produktion kollektiver, das heißt archetypischer Symbole, die allen gemeinsam sind, kompensiert.

Diese Tatsache drückt sich allgemein im Vorhandensein von Religionen aus, wo die Beziehung des Individuums zu Gott oder Göttern dafür sorgt, daß der Mensch die vitale Verbindung mit den regulierenden Bildern und instinktiven Kräften des Unbewußten nicht verliert. Dies gilt natürlich nur solange, als die religiösen Vorstellungen ihre Numinosität, das heißt die *Kraft des Ergreifens* nicht eingebüßt haben. Ist dieser Verlust aber einmal eingetreten, so kann er mit rationalen Mitteln nicht mehr ersetzt werden. In dieser Situation treten dann kompensierende Urbilder auf in Gestalt symbolischer Vorstellungen, wie sie zum Beispiel die Alchemie reichlich produziert oder wie unsere modernen Träume sie zur Genüge enthalten. Das Bewußtsein des Individuums reagiert auf diese Offenbarungen, bei den Alchemisten sowohl wie bei den Modernen, zunächst in der gleichen charakteristischen Weise: der Alchemist reduziert seiner Voraussetzung gemäß seine Symbole auf die chemischen Stoffe, mit denen er hantiert, der Moderne auf seine persönlichen Erlebnisse, wie dies auch FREUD in seiner Traumauffassung tut. Beide geben sich den Anschein, als ob sie wüßten, auf was für bekannte Dinge der Sinn ihrer Symbole zu reduzieren sei. Der Alchemist sowohl wie der Moderne haben beide insofern recht, als jener in seiner alchemistischen Sprache träumt und dieser in seiner Ichbefangenheit sich der psychologischen Problematik und deren Ausdrucksweise bedient. Das Vorstellungsmaterial in beiden Fällen stammt aus schon vorhandenen Bewußtseinsinhalten. Das Resultat dieser Reduktion ist wenig befriedigend; so wenig in der Tat, daß schon FREUD sich veranlaßt sah, so weit zurückzugehen wie möglich. Dabei stieß er schließlich auf eine ungemein numinose Vorstellung, nämlich auf den *Archetypus des Inzestes.* Er hat damit etwas erreicht, was dem Sinn der Symbolproduktion einigermaßen entspricht, nämlich das Innewerden jener Urbilder, die allen gehören und deshalb über die Vereinzelung des Individuums hinausführen. FREUDS dogmatische Starrheit erklärt sich aus der Tatsache, daß er der numinosen Wirkung des von ihm entdeckten Urbildes erlegen ist. Wenn wir nun mit ihm das Inzestmotiv als Ursprung und Grundlage der modernen Problematik sowohl wie der alchemistischen Symbolik annehmen, so ist damit für den Sinn der Symbole gar nichts gewonnen. Wir sind im Gegenteil in eine dunkle Sackgasse geraten, denn wir werden auf alle gegenwärtige und zukünftige Symbolik nur antworten können, daß sie von dem urtümlichen Inzest herrühre. FREUD hat tatsächlich so gedacht; er sagte einmal zu mir: «Es nimmt mich nur wunder, was die Neurotiker in Zukunft tun werden, wenn es einmal allgemein bekannt sein wird, was ihre Symbole bedeuten.»

Was die Symbole bedeuten, ist aber leider oder vielmehr glücklicherweise mehr, als man zunächst wissen kann. Ihr Sinn ist, daß sie eine mehr oder weniger unangepaßte, das heißt ihren Zweck nicht erfüllende, Bewußtseinslage kompensieren und sie in ganzheitlichem Sinne ergänzen würden, wenn sie verstanden werden könnten[141]. Wenn sie reduziert werden, so wird dadurch ihre Sinndeutung verunmöglicht. Aus diesem Grunde haben gewisse spätere Alchemisten und insbesondere die des 16. Jahrhunderts alle vulgären Stoffe perhorresziert und sie durch «symbolische», welche die Natur des Archetypus durchscheinen lassen, ersetzt. Das hieß nun nicht etwa, daß der Adept nicht mehr im Laboratorium operierte, aber er hatte ein Auge auf dem symbolischen Aspekt seiner Transmutationen. Dies entspricht genau der Situation in der modernen Psychologie des Unbewußten: die persönliche Problematik wird nicht übersehen (daß sie nicht übersehen wird, dafür sorgt in der Regel der Patient am allermeisten selber), aber der Arzt behält die symbolischen Aspekte im Auge, denn nur das, was den Patienten über sich und seine Ichbefangenheit hinausführt, bringt Heilung.

---

[141] Da archetypische Bilder numinos sind, so haben sie eine gewisse Wirkung, obschon sie nicht verstandesmäßig erfaßt werden.

I. VERSCHIEDENE ASPEKTE DES BAUMES

Was der Baum dem Alchemisten bedeutet, kann weder aus einer einzelnen Deutung, noch aus einem einzelnen Text erschlossen werden. Um zu diesem Ziel zu gelangen, muß man viele Quellen vergleichen. Wir wenden uns daher weiteren Aussagen über den Baum zu. In den mittelalterlichen Drucken finden sich öfters Abbildungen des Baumes. Ich habe einige davon in *«Psychologie und Alchemie»* reproduziert. Vorbild ist gelegentlich der Paradiesesbaum, aber statt mit Äpfeln, mit Sonn- und Mondfrüchten behangen, wie die Bäume[142] im Traktat des MICHAEL MAIER im *«Musaeum hermeticum»* (1678), oder es ist eine Art Weihnachtsbaum, geschmückt mit den sieben Planeten und umgeben von den Allegorien der sieben Prozeßphasen. Unter dem Baum stehen nicht Adam und Eva, sondern Hermes Trismegistus als Greis und der Adept als Jüngling, ersterem der rex Sol, auf dem Löwen sitzend und vom feuerspeienden Drachen begleitet, letzterem die Mondgöttin Diana, auf dem Walfisch sitzend und vom Adler begleitet, zugeordnet[143]. Der Baum ist meist beblättert, das heißt lebendig, aber oft ganz abstrakt, und stellt dann – expressis verbis – den Prozeß und dessen Phasen dar[144].

398

In der *Ripley Scrowle* haust in der Baumkrone die Paradiesesschlange in Gestalt einer Melusine – «desinit in ⟨anguem⟩ mulier formosa superne»[145] –, aber damit verbindet sich ein durchaus nicht biblisches, sondern uralt *schamanistisches* Motiv: ein Mann, vermutlich der Adept, schickt sich an, den Baum zu erklettern und begegnet dabei der von oben herunterkommenden Melusine oder Lilith. Das Erklettern des magischen Baumes bedeutet soviel wie die

399

---

[142] Aus einem «Symbolum Saturni» in: MYLIUS, *Philosophia reformata*, p. 313: «Nicht weit von dort werde ich auf eine Wiese geführt, auf welcher ein sonderbarer Garten mit verschiedenartigen und sehenswerten Bäumen gepflanzt war. Unter mehreren Bäumen aber zeigte er mir sieben mit Namen ausgezeichnete; unter diesen habe ich zwei hervorragende, höher als die anderen, wahrgenommen, von welchen der eine eine Frucht trug, gleich wie die hellste und leuchtendste Sonne, und seine Blätter waren wie Gold, der andere aber brachte schneeweiße Früchte hervor, heller leuchtend als Lilien, und seine Blätter waren wie Quecksilber. Sie wurden aber von Neptun der eine Sonnen- und der andere Mondbaum genannt.» [MAIERS Traktat heißt *Subtilis allegoria super secreta chymiae* (l. c., p. 702).]

[143] *Psychologie und Alchemie*, Abb. 188.

[144] l. c., Abb. 122 und 221.

[145] [Oben eine schöne Frau, endet sie in einer Schlange.] Ein Bild der späthellenistischen Isis, die oben die schöne Göttin mit Mauerkrone und Fackel ist, unten aber in einen Uräus ausläuft. «Anguis» [Schlange] ist meine Adaptation statt «piscis» [Fisch].

Himmelsreise des Schamanen, bei der er seine himmlische Gattin antrifft. Im christlichen Bereich des Mittelalters verwandelt sich die schamanistische Anima in eine Lilith[146], welche nach der Tradition die Paradiesesschlange und Adams erste Frau gewesen sein soll, mit welcher er die Dämonen zeugte. In diesem Bilde kreuzen sich primitive mit judäochristlichen Überlieferungen. Ich habe unter den entsprechenden modernen und individuellen Bildern nie eine Darstellung des Hinaufkletterns gesehen. Es ist mir nur als Traummotiv begegnet. Das Motiv des Auf- und Abstieges findet sich bei Modernen meist in Verbindung mit Berg oder Gebäude und ist gelegentlich maschinell (Lift, Flugzeug).

400   Das Motiv des blätterlosen oder abgestorbenen Baumes ist der Alchemie nicht geläufig, kommt aber in der judäochristlichen Tradition vor als der nach dem Sündenfall abgestorbene Paradiesesbaum. Eine alte englische Legende[147] berichtet über das, was Seth im Paradiese sah: «In der Mitte des Paradieses entsprang ein glänzender Quell, aus dem vier Ströme flossen, die die ganze Welt bewässerten. Über dem Quell stand ein großer Baum mit zahlreichen Ästen und Zweigen, aber er sah aus wie ein alter Baum, denn er hatte keine Rinde und keine Blätter. Seth erkannte, daß das der Baum sei, von dessen Früchten seine Eltern gegessen hatten, infolgedessen er nun kahl dastehe. Bei näherer Betrachtung sah Seth, wie eine nackte Schlange ohne Haut[148] sich um den Baum gewickelt hatte. Es war die Schlange, durch die Eva beredet worden war, von der verbotenen Frucht zu essen.» Als Seth einen zweiten Blick ins Paradies tun durfte, sah er, «daß mit dem Baume eine große Veränderung vorgegangen war. Er war jetzt mit Rinde und Blättern bedeckt, und auf dem Gipfel desselben lag ein neugeborenes Kindlein in Windeln gewickelt, das wegen Adams Sünde jammerte» usw., womit, wie ersichtlich, Christus als Adam secundus gemeint ist. Er befindet sich auf der bekannten Stammbaumdarstellung auf dem Gipfel des aus Adams Leibe wachsenden Baumes.

401   Der abgehauene Baum scheint ein alchemistisches Motiv zu sein. Wenig-

---

[146] Die klassische Darstellung stammt von der sogenannten *Scrowle* des SIR GEORGE RIPLEY, Canonicus von Bridlington, wohl des bedeutendsten der englischen Alchemisten (1415–1490). [Vgl. *Psychologie und Alchemie,* Abb. 257.]

[147] WÜNSCHE, *Die Sagen vom Lebensbaum und Lebenswasser,* p. 35 f. WÜNSCHE zitiert aus HORSTMANN, *Sammlung altenglischer Legenden* I, p. 124 ff. Das altenglische Gedicht stammt von 1375.

[148] Die Rindenlosigkeit des Baumes und die Hautlosigkeit der Schlange deuten auf die Identität von Baum und Schlange.

stens bildet er auf dem Frontispicium der französischen *Poliphile*-Ausgabe von 1600 das Gegenstück zum Löwen mit den abgehauenen Pfoten, der durch die Darstellung desselben in der «*Pandora*» von 1588 als alchemistisch beglaubigt ist[149]. Der kabbalistisch beeinflußte BLASIUS VIGENERUS (1523–1569?) spricht von einem «caudex arboris mortis» (Stamm des Todesbaumes), von dem ein zerstörendes rotes Licht ausgehe[150]. «Totenbaum» ist synonym mit «Sarg». In diesem Sinn wohl ist das sonderbare Rezept zu verstehen: «Accipe arborem et impone ei magnae aetatis hominem[151]». Dieses Motiv geht sehr weit zurück. Es findet sich nämlich schon im altägyptischen Batamärchen, das in einem Papyrus der 19. Dynastie erhalten ist. Dort legt der Held seine «Seele» auf die oberste Blüte einer Akazie. Sie wird, als der Baum in verräterischer Absicht umgehauen wird, in Gestalt eines Samens wiedergefunden. Damit wird der getötete Bata wiederbelebt. Als er in Gestalt eines Stieres ein zweites Mal getötet wird, wachsen aus seinem Blut zwei Perseabäume. Als auch diese umgehauen werden, befruchtet ein Holzsplitter derselben die Königin, welche einem Sohn das Leben schenkt: es ist der wiedergeborene Bata, der nunmehr zum Pharao, das heißt zu einer göttlichen Person, geworden ist. Der Baum spielt hier, wie ersichtlich, die Rolle eines Instrumentes der Wandlung[152]. Der «caudex» des VIGENERUS weist auf die Vorstellung des «abgehauenen Baumes» im *Poliphile* (1600)[153]. Dieses Bild geht wohl auf CASSIODOR zurück, welcher Christus als «arbor in passione succisa» allegorisiert[154].

Häufiger tritt der Baum als blüten- und früchtetragend auf. Der arabische Alchemist ABU'L-QĀSIM MUHAMMAD (13. Jahrhundert) beschreibt dessen viererlei Blüten als rot, zwischen weiß und schwarz, schwarz und schließlich

---

[149] Abb. 4 in: *Psychologie und Alchemie*. Entsprechende Textstellen in: *Allegoriae super librum Turbae* (*Art. aurif.* I, pp. 140 und 151). Diese Amputationen haben nichts mit einem sog. Kastrations-, sondern mit dem Zerstückelungsmotiv zu tun.

[150] *De igne et sale* in: *Theatr. chem.* (1661) VI, p. 119.

[151] [Nimm den Baum und lege in ihn einen Mann von hohem Alter.] So zitiert HOGHELANDE (*Theatr. chem.*, 1602, I, p. 162) aus der *Turba* (11.–12. Jh.), wo es im Sermo LVIII heißt: «Accipe illam albam arborem, et aedifica ei domum circumdantem, rotundam, tenebrosam, rore circumdatam, et impone ei hominem magnae aetatis, centum annorum» usw. [Nimm jenen weißen Baum und errichte um ihn herum ein Haus, rund, dunkel, von Tau bedeckt, und lege in ihn einen Mann von hohem Alter, hundertjährig] (hg. RUSKA, p. 161). Der «alte Mann» bezieht sich auf Saturnus = Blei als prima materia.

[152] PETRIE, *Egyptian Tales, translated from the Papyri,* 2nd series, XVIIIth to XIXth dynasty, p. 36ff.

[153] Siehe oben.

[154] *Historia tripartita* in: MIGNE, P. L. LXX, col. 990. Eine Parallele zur Fichte des Attis.

zwischen weiß und gelb¹⁵⁵. Die Vierfarbigkeit weist auf die vier Elemente hin, welche im alchemistischen Werk zusammengesetzt werden. Die Quaternität als ein Ganzheitssymbol bedeutet, daß das Werk die Herstellung einer allumfassenden Einheit zum Ziel hat. Das Motiv der doppelten Vierheit, nämlich der Ogdoas, ist auch in der schamanistischen Vorstellungswelt mit dem Weltbaum verknüpft: zugleich mit der Entstehung des ersten Schamanen wird der kosmische Baum mit acht Ästen gepflanzt. (Die acht Äste entsprechen den acht großen Göttern¹⁵⁶.)

Vom fruchttragenden Baum ist viel die Rede in der «*Turba*»¹⁵⁷. Seine Früchte sind von besonderer Art. In der «*Visio Arislei*» heißt es: «... qualiter haec pretiosissima arbor plantatur, cuius fructus qui comedit, non esuriet unquam¹⁵⁸.» Hiezu findet sich die Parallele in der «*Turba*»¹⁵⁹: «Dico, quod ille senex de fructibus illius arboris comedere non cessat... quosque senex ille iuvenis fiat.» Die Früchte sind hier parallel gesetzt zum panis vitae (Brot des Lebens) in *Johannes* 6, 35, weisen aber weiter zurück auf das (äthiopische) *Henochbuch* (Ende des 2. Jahrhunderts a. Chr. n.), wo es heißt, daß die Früchte des Baumes im Westland den Auserwählten zur Speise dienen werden¹⁶⁰. Die Andeutung von Tod und Wiedererneuerung ist klar. Nicht immer sind es die Früchte des Baumes, sondern die des granum frumenti, des Weizenkorns, aus welchem die Speise der Unsterblichkeit «bereitet» wird, wie es in der «*Aurora consurgens*» heißt: «Ex his enim fructibus grani (huius) cibus vitae conficitur, qui de coelo descendit¹⁶¹.» Manna, Hostie und Panazee bilden hier ein unergründliches Gemisch. Die nämliche Vorstellung einer wunderbaren geistigen Speise wird auch in der *Arisleusvision* erwähnt. Es heißt dort, daß Harfore-

---

¹⁵⁵ *Kitāb al-'ilm al-muktasab* (hg. von HOLMYARD), p. 23.
¹⁵⁶ ELIADE, *Le Chamanisme*, pp. 78 und 173.
¹⁵⁷ *Turba philosophorum* (hg. von RUSKA), pp. 127, 147 und 162.
¹⁵⁸ Cod. Berol. Qu. 584, fol. 21ᵛ (RUSKA, p. 324). Übers.: «... wie dieser kostbare Baum gepflanzt wird, ⟨von dem es heißt, daß⟩ wer dessen Früchte ißt, nie mehr hungern werde.»
¹⁵⁹ «Ich sage, daß jener Greis nicht aufhört, von den Früchten jenes Baumes zu essen, bis jener Greis zum Jüngling wird.» (Sermo LVIII, RUSKA, p. 161)
¹⁶⁰ KAUTZSCH, *Apokryphen und Pseudoepigraphen des Alten Testaments,* II, p. 254. Aus den Früchten des Sonnen- und Mondbaumes geht durch alchemische Präparation der «fructus immortalis, vitam habens et sanguinem» (die unsterbliche Frucht, die Leben und Blut hat) hervor. «Das Blut bewirkt, daß alle unfruchtbaren Bäume Frucht tragen von derselben Natur mit dem Apfel.» (MYLIUS, *Philosophia reformata*, p. 314)
¹⁶¹ [«Aus den Früchten dieses Weizenkornes wird nämlich die Speise des Lebens gemacht, die vom Himmel kommt» (hg. von v. FRANZ, Siebte Parabel, pp. 122/123).]

tus (Karpokrates), ein «Schüler des Pythagoras» und «Urheber der Nahrung» (nutrimenti autor), dem Arisleus und seinen Gefährten zu Hilfe gekommen sei, offenbar mit den Früchten des Baumes, die in dem von RUSKA edierten Codex Berolinensis erwähnt sind[162]. Im *Henochbuch* wird die Frucht des Baumes der Weisheit mit der Weintraube verglichen, was insofern von Belang ist, als im Mittelalter der philosophische Baum gerne als «vitis» (Weinstock) bezeichnet wurde, unter Beziehung auf *Johannes* 15, 1: «Ego sum vitis vera[163]». Die Früchte und die Samen des Baumes wurden auch als Sonne und Mond bezeichnet[164], wobei die beiden Paradiesesbäume der Sonne und dem Mond entsprechen[165]. Die Früchte der Sonne und des Mondes gehen vermutlich zurück auf *Deuteronomium* 33, 13 ff.: «... de pomis caeli et rore atque abysso subiacente, de pomis fructuum solis ac lunae, de vertice antiquorum montium, de pomis collium aeternorum[166].» LAURENTIUS VENTURA sagt: «Dulce pomum est odorum, floridus hic pomulus» (Süß ist der wohlriechende Apfel, von schöner Farbe dieses Äpfelchen)[167] und ARISTOTELES ALCHYMISTA sagt: «... collige fructus, quia fructus arboris seduxit nos in et per obscurum.» (Sammle die Früchte, weil die Frucht des Baumes uns zu dem Dunkeln und durch dasselbe verführt hat.)[168] Diese zweideutige Anweisung spielt auf eine Erkenntnis an, welche mit der geltenden Weltanschauung offenbar nicht auf dem besten Fuße stand.

BENEDICTUS FIGULUS nennt die Früchte «aureola Hesperidum poma ab arbore benedicta philosophica decerpenda» (der vom gesegneten philosophi-

---

[162] *Turba,* p. 324, und [JUNG,] *Psychologie und Alchemie,* Paragr. 449.

[163] So die *Ripley Scrowle* als «vitis arborea».

[164] MAIER, *Symbola aureae mensae,* p. 269, ebenso im *Secretum* des IODOCUS GREVERUS (*Theatr. chem.,* 1602, III, p. 784) und im *Summarium philosophicum* des NICOLAUS FLAMELLUS (*Mus. herm.,* p. 175). Vgl. hiezu die Erleuchtung des JOHN PORDAGE (*Sophia,* p. 10): «Alhier sahe ich die Früchte und Kräuter des Paradieses, / die mein ewiger Mensch / nunmehro essen und davon leben solte».

[165] Ähnlich wie in der Alchemie kommen diese Bäume auch im Alexander-Roman vor als «sacratissimae arbores Solis et Lunae, quae annuntiant vobis futura» [die allerheiligsten Bäume der Sonne und des Mondes, die euch das Künftige künden]. (HILKA, *Der altfranzösische Prosa-Alexander-Roman,* p. 204)

[166] Für die Alchemisten ist natürlich die Vulgata maßgebend. Der Urtext hat hier (Zürcher Bibel): «... mit dem Köstlichsten vom Himmel droben / und aus der Flut, die drunten lagert / dem Köstlichsten, was die Sonne hervorbringt / und dem Köstlichsten, was die Monde erzeugen, / mit dem Besten der uralten Berge / und dem Köstlichsten der ewigen Hügel.»

[167] *De ratione conficiendi lapidis* (*Theatr. chem.,* 1602, II, p. 274).

[168] *Tractatus* in: *Theatr. chem.* (1622) V, p. 883.

schen Baum zu pflückende goldene Hesperidenapfel) [169], womit der Baum als das Werk (opus) und die Frucht als das Resultat desselben erscheint, das heißt als das Gold, von dem der alte Meisterspruch sagt: «Aurum nostrum non est aurum vulgi.» (Unser Gold ist nicht das gemeine Gold.) [170] Ein besonderes Licht auf die Bedeutung der Frucht wirft der Satz der *«Gloria mundi»*: «Recipito ignem, vel calcem vivam, qua de Philosophi loquuntur, quod in arboribus crescat, in quo (igne) Deus ipse ardet amore divino [171].» Der goldene Hesperidenapfel stellt die Sonne dar, welche ihrerseits ebenfalls die Frucht des philosophischen Baumes ist. Gott selber wohnt in der Glut der Sonne und erscheint als die Frucht des philosophischen Baumes und damit als das Resultat des alchemistischen Werkes, dessen Verlauf durch das Wachstum des Baumes veranschaulicht wird. Diese sonderbare Aussage verliert ihre Fremdartigkeit, wenn wir uns daran erinnern, daß Zweck und Ziel des magnum opus darin bestehen, die in der Schöpfung verfangene anima mundi, das weltschaffende pneuma Gottes, aus den «Fesseln» zu erlösen. Diese Idee belebt hier den Archetypus der *Baumgeburt,* die uns hauptsächlich aus dem ägyptischen und mithrischen Vorstellungskreis bekannt ist. Es ist eine häufig vorkommende schamanistische Vorstellung, daß der Herr der Welt auf dem Gipfel des Weltbaumes wohnt [172], wozu die christliche Darstellung des Erlösers auf dem Gipfel seines Stammbaumes sozusagen eine Parallele bildet. Im Hinblick auf Bild 27, wo sich ein weiblicher Kopf aus der Blüte des Baumes erhebt, kann vielleicht der Kopf, der «wie ein Fruchtknoten in der Blüte» sitzt, auf dem Osterburkener Mithrasrelief zum Vergleich herangezogen werden [173].

Bald erscheint der Baum klein und jung, bald groß und alt, ersteres etwa als «grani tritici arbuscula» [174], letzteres als Eiche [175], ja als Weltenbaum überhaupt, insofern an ihm Sonne und Mond als Früchte erscheinen. (Siehe unten!)

---

[169] *Paradisus aureolus hermeticus.*

[170] SENIOR, *De chemia*, p. 92.

[171] «Du sollst das Feuer nehmen oder den ungelöschten Kalk, von dem die Philosophen reden, weil jenes ⟨Feuer⟩, in welchem Gott selber von göttlicher Liebe glüht, auf Bäumen wächst.» (*Mus. herm.*, p. 246)

[172] ELIADE, *Le Chamanisme*, p. 78 ff.

[173] CUMONT, *Textes et monuments figurés relatifs aux mystères de Mithra* II, p. 350, und EISLER, *Weltenmantel und Himmelszelt* II, p. 519.

[174] «Das Bäumchen des Weizenkornes» (*Instructio de arbore solari* in: *Theatr. chem.* (1661) VI, p. 168).

[175] Bei BERNARDUS TREVISANUS (*De chemico miraculo* in: *Theatr. chem.*, 1602, I, p. 800 f. u. a. a. O.).

K. STANDORT UND URSPRUNG DES BAUMES

Der philosophische Baum wächst in der Regel allein, nach ABU'L-QĀSIM (l. c.) im Westland «auf dem Meer», also vermutlich auf einer Insel. Die geheimnisvolle Mondpflanze der Adepten überhaupt ist «ad modum arboris in mari plantata»[176]. In einer bei MYLIUS berichteten Parabel[177] stehen die «Solaris arbor, et altera Lunaris» auf einer Insel im Meer und sind entstanden aus jenem wunderbaren Wasser, das mit der Kraft des Magneten aus Sonnen- und Mondstrahlen ausgezogen wurde. HEINRICH KHUNRATH sagt ähnlich: «Aus diesem Saltz Fontinlein / wechst auch herfür der Baum Solis et Lunae, der Rothe und weiße Corallen Baum unseres Meers[178].» Salz und Salz- (Meer-) Wasser haben bei KHUNRATH unter anderem die Bedeutung der mütterlichen Sophia, der Weisheit, an deren Brüsten die filii Sapientiae, die Philosophen, trinken. ABU'L-QĀSIM war in der Lage, persische Tradition zu benützen (sein Beiname AL-IRAQĪ nähert ihn Persien auch geographisch an), und zwar insbesondere die im *Bundehesh* berichtete Legende vom Baum, der im Meer Vourukasha, oder vom Baum des Lebens, der in der Quelle Ardvîçura Anahita wächst[179].

Der Baum (respektive die Wunderpflanze) hat seinen Standort auch auf Bergen. Da die Vorstellungen des *Liber Henoch* vielfach vorbildlich waren, so ist zu erwähnen, daß dort der Baum im Westland auf einem Berge steht[180]. In der «*Practica Mariae Prophetissae*»[181] ist die Wunderpflanze bezeichnet als «crescens super monticulis» (auf Hügeln wachsend). In dem arabischen Traktat des OSTANES im *Kitâb el Foçoul*[182] heißt es: «... c'est un arbre qui pousse sur les pics des montagnes.» Die Beziehung von Baum zu Berg ist nicht zufällig, sondern beruht auf einer ursprünglichen und weit verbreiteten symbolischen

---

[176] «Nach Art eines Baumes im Meer gepflanzt.» (*Allegoriae super librum Turbae* in: *Art. aurif.* I, p. 141) Offenkundige Anlehnung an den Hesperidenbaum auf einem Eiland, wo sich auch der Ambrosiaquell und der Drache befinden. – Eine Parallele hiezu ist der corallus (l. c., p. 143) und *Psychologie und Alchemie,* Paragr. 449 und Abb. 186. Im *Livre d'Heures du Duc de Berry* ist das Paradies als runde Insel im Meer dargestellt.

[177] *Philosophia reformata,* p. 313.

[178] In seiner «Confessio» [*Hyl. Chaos*], p. 270.

[179] Vgl. dazu WINDISCHMANN, *Zoroastrische Studien,* pp. 90 und 171.

[180] [KAUTZSCH, l. c. II, p. 254] Vielleicht eine Erinnerung an die Heiligtümer der semitischen Astarte auf Bergen.

[181] In: *Art. aurif.* I, p. 321.

[182] [Es ist ein Baum, der auf den Berggipfeln wächst.] Übersetzung von HOUDAS bei BERTHELOT, *Chimie au moyen âge* III, p. 117.

Identität derselben: beide sind Mittel bei der Himmelsreise des Schamanen[183]. Berg und Baum sind Symbole der Persönlichkeit beziehungsweise des Selbst, wie ich anderenorts dargetan habe, Christus zum Beispiel wird ebenso als Berg[184] wie als Baum[185] allegorisiert. Der Baum steht oft in einem Garten, in offenkundiger Erinnerung an *Genesis* 1. So finden sich im «peculiaris hortus» der seligen Insel[186] die sieben Planetenbäume. Bei NICOLAS FLAMEL (1330? bis 1418?) wächst die «summe laudata arbor» (der höchst gelobte Baum) im «hortus Philosophorum»[187].

Wie wir schon sahen, hat der Baum eine besondere Beziehung zum Wasser, Salz- oder Meerwasser und zur sogenannten aqua permanens, dem eigentlichen arcanum der Adepten. Letzteres ist, wie bekannt, der Mercurius, der mit Hg, dem mercurius crudus oder vulgaris, nicht zu verwechseln ist[188]. Mercurius ist der Baum der Metalle selber[189]. Er ist die materia prima[190], oder diese stammt von ihm[191]. Das Wasser, in dem der Baum wächst, verbrennt ihn auch[192]. Der Gott Hermes (Mercurius) «Cum ea ⟨aqua⟩ humectavit... suam arborem, cum suo vitro, fecitque crescere in altum flores[193]». Ich erwähne diese Stelle, weil hier die subtile Idee der Alchemie durchleuchtet, daß artifex

---

[183] ELIADE, *Le Chamanisme,* p. 244 f.

[184] Z. B. EPIPHANIUS, *Ancoratus* 40, p. 557. Bei AMBROSIUS [*De interpellatione Job et David,* I, IV, 17] in: MIGNE, P. L., XIV, col. 818: «Mons exiguus et magnus» [ein winziger und großer Berg].

[185] Z. B. GREGORIUS MAGNUS [*Moralia in Job,* XIX, 1] in: MIGNE, P. L. LXXVI, col. 97, als «arbor fructifera in cordibus nostris excolenda» [früchtetragender Baum, der in unseren Herzen herangezogen werden soll].

[186] In der Parabel «Symbolum Saturni» bei MYLIUS, *Phil. ref.,* p. 313. Ähnlich wie im «Hymnus de S. Paulo» bei THEODORUS STUDITES: «O beatissime, ex incunabulis effloruisti plantae instar venustae, ex horto ascetico; tu adolevisti, onustus pomis Spiritus sancti exquisitissimis.» [O Glückseliger, von der Wiege an bist du lieblichen Pflanzen gleich aus kargem Garten erblüht; du duftetest, beladen mit den erlesensten Früchten des Heiligen Geistes.] (PITRA, *Analecta sacra* I, p. 337)

[187] *Summarium philosophicum* in: *Mus. herm.,* p. 177.

[188] Siehe dazu meinen Aufsatz *Der Geist Mercurius* [Abhandlung IV dieses Bandes].

[189] FLAMELLUS [l. c.] in: *Mus. herm.* pp. 177, ebenso 175.

[190] *Der Geist Mercurius,* Paragr. 255 ff. [dieses Bandes].

[191] ABU'L-QĀSIM, l. c., p. 23.

[192] Mit der «humiditas maxime permanens» [äußerst dauerhaften Feuchtigkeit] wird der Baum des Hermes zu Asche verbrannt, wie GEORGIUS RIPLAEUS, *Opera,* p. 39 (ähnlich p. 46) sagt. «Aqua ista habet intrinsecum ignem» [Jenes Wasser hat in sich ein Feuer] (MYLIUS, *Phil. ref.,* p. 314).

[193] «Hermes hat mit dem Wasser den Baum begossen und mit seinem Glase die Blumen in

und arcanum eins und dasselbe sind. Das Wasser, das den Baum einerseits wachsen macht, andererseits aber verbrennt, ist der Mercurius, der darum duplex genannt wird, weil er die Gegensätze in sich vereint (er ist Metall und doch flüssig!). Er wird deshalb ebensowohl Wasser wie Feuer genannt. Als Saft des Baumes ist er daher auch Feuer (vergleiche dazu Bild 15), respektive der Baum ist zugleich wäßriger und feuriger Natur. Der Gnostizismus kennt den «großen Baum» des SIMON MAGUS, der aus πῦρ ὑπερουράνιον (überhimmlischem Feuer) besteht. «Aus ihm wird alles Fleisch genährt.» Es ist ein Baum, wie er dem Nebukadnezar im Traume erschien. Zweige und Blätter des Baumes verbrennen, aber «die Frucht, wenn sie fertig gebildet ist und ihre Gestalt erhalten hat, wird in eine Scheune (ἀποθήκη) gebracht und nicht ins Feuer ⟨geworfen⟩»[194]. Dieses Bild stimmt überein einerseits mit dem viel früheren πῦρ ἀεὶ ζῶον (ewig lebenden Feuer) des HERAKLIT, andererseits mit der viel späteren Bedeutung des Mercurius als Feuer und als spiritus vegetativus, der die ganze Natur belebend durchdringt, aber auch vermöge seiner feurigen Natur zerstört. Die Frucht, die «nicht ins Feuer geworfen wird», ist natürlich der Mensch, der sich bewährt hat, also im gnostischen Sinne der Pneumatiker. Eines der Synonyme des Lapis, der eben den inneren, ganzheitlichen Menschen bedeutet, ist «frumentum nostrum» (unser Getreide)[195].

Der Baum erscheint oft als metallen[196], das heißt meist als golden[197]. Die Beziehung zu den sieben Metallen bedeutet auch zugleich eine solche zu den sieben Planeten, womit der Baum zum Weltenbaum wird, dessen glänzende Früchte die Gestirne sind. MICHAEL MAIER (1568 bis 1622) schreibt die Holzteile dem ☿, die (vierfältigen) Blüten ♄ ♃ ♀ ♂ und die Früchte ☉ und ☾ zu[198].

die Höhe wachsen lassen.» (RIPLAEUS, *Duodecim portarum axiomata philosophica* in: *Theatr. chem.*, 1602, II, p. 127, und *Opera*, p. 86)

[194] HIPPOLYTUS, *Elenchos*, VI, 9, 8 ff., p. 137. Hiezu indische Parallelen und Belege bei COOMARASWAMY, *The Inverted Tree*, p. 16. Der Autor sagt: «... the Tree is a fiery pillar as seen from below a solar pillar as from above, and a pneumatic pillar throughout; it is a Tree of Light» [der Baum ist ein Feuerpfeiler, wenn man ihn von unten betrachtet, ein Sonnenpfeiler, wenn von oben, und ein durch und durch geistiger Pfeiler; er ist ein Baum aus Licht]. Der Hinweis auf das Motiv der Säule ist von Belang.

[195] *Gloria mundi* in: *Mus. herm.*, p. 240.

[196] Mercurius wird als «arbor metallorum» bezeichnet. Zur näheren Deutung des Symbols siehe DORNEUS, *Congeries Paracelsicae* in: *Theatr. chem.* (1602) I, p. 583.

[197] «Arbor aurea» im *Scriptum Alberti super arborem Aristotelis* (*Theatr. chem.*, 1602, II, p. 524), ebenso bei ABU'L-QĀSIM, l. c., p. 54, und *Consilium coniugii* in: *Ars chem.*, p. 211.

[198] *Symbola aureae mensae*, p. 269, unter Hinweis auf IODOCUS GREVERUS, l. c. (*Theatr. chem.*, 1602, III, p. 784).

Der Baum mit sieben Ästen (= sieben Planeten) wird von der «*Aurora consurgens*»[199] erwähnt und der Lunatica respektive Berissa[200] gleichgesetzt, «cuius radix est terra metallica, stipes eius rubicundus quadam nigredine perfusus: folia eius similia folijs maioranae, et sunt 30. secundùm aetatem lunae in crescentia et in decrescentia, flos eius citrinus.» Diese Beschreibung läßt deutlich erkennen, daß der Baum das ganze Opus symbolisiert. In Übereinstimmung damit sagt GERARDUS DORNEUS: «Plantetur itaque arbor ex eis ⟨planetis sive metallis⟩, cuius radix adscribatur Saturno, per quam varius ille Mercurius ac Venus truncum et ramos ascendentes, folia, floresque fructum ferentes Marti praebent[201].» Deutlich ist auch die Beziehung zum Weltenbaum, wenn DORNEUS sagt, daß die «natura mineralem radicem arboris in centro suae matricis», die Natur die Wurzel des Baumes (der Erze) in der Mitte ihrer Gebärmutter gepflanzt habe[202].

L. DER UMGEKEHRTE BAUM

410 Öfters wird der Baum als «arbor inversa» (umgekehrter Baum) bezeichnet[203]. So schreibt LAURENTIUS VENTURA (16. Jahrhundert): «... radices suarum minerarum sunt in aere, et summitates in terra. Et quando evelluntur à suis locis, auditur sonus terribilis, et sequitur timor magnus[204].» Die «*Gloria mun-*

---

[199] *Art. aurif.* I, p. 222 («... deren Wurzel Metallerde ist; der Stamm derselben ist rot mit einer gewissen Schwärze durchmischt. Ihre Blätter sind ähnlich den Blättern des Majoran, und es sind 30 entsprechend der Dauer des wachsenden und abnehmenden Mondes. Ihre Blüte ist gelb»).

[200] Diese Pflanze bezieht sich in letzter Linie auf das homerische μῶλυ, wie ich a.a.O. nachweisen werde [*Mysterium coniunctionis,* Paragr. 152]. Siehe dazu die vorzügliche Zusammenstellung bei HUGO RAHNER, *Die seelenheilende Blume.*

[201] [*De tenebris contra naturam* in: *Theatr. chem.* (1602) I] p. 533: «So möge der Baum ⟨von den Planeten oder Metallen genommen und⟩ gepflanzt werden, und dem Saturnus möge seine Wurzel zugeschrieben werden, vermöge welcher jener unbeständige Mercurius und jene Venus, in Stamm und Zweigen aufsteigend, Blätter und fruchtbringende Blüten dem Mars darbringen», d. h. dem Aries, dessen Herrscher Mars ist, also dem ersten Frühlingszodion.

[202] *De genealogia mineralium,* p. 652.

[203] Vermutlich schon in DANTES «Purgatorio», XXII, 131 ff.

[204] [*De rat. conf. lap.* in:] *Theatr. chem.* (1602) II, p. 257. Dies wird sonst von der Mandragora (resp. vom Alraun) behauptet. «... die Wurzeln ihrer Grundstoffe sind in der Luft und ihre Wipfel in der Erde. Und wenn sie von ihrem Standort ausgerissen werden, wird ein schrecklicher Laut gehört, und es folgt große Furcht.»

di» erwähnt ebenfalls, daß die Philosophen sagten, «quod radix suorum mineralium in aere, et eorumdem caput in terra siet»[205]. GEORGE RIPLEY sagt, der Baum habe seine Wurzel in der Luft[206] und anderenorts, er wurzle in der «Terra gloriosa», in der Paradieseserde beziehungsweise in der verklärten zukünftigen Welt[207]. Offensichtlich denkt VENTURA an den zauberischen Alraun, der einen Schrei ausstößt, wenn er, an den Schwanz eines schwarzen Hundes gebunden, aus der Erde gerissen wird.

Ebenso schreibt BLASIUS VIGENERUS, daß «ein Rabbi, der Sohn des Josephus Carnitolus» sage: «Die Grundlage jeglicher unterer Struktur wurzelt oben, und ihr Gipfel befindet sich hier unten wie ein umgekehrter Baum[208].» VIGENERUS kennt die Kabbala einigermaßen und vergleicht hier den philosophischen Baum mit dem Sefirothbaum, welcher in der Tat einen mystischen Weltbaum darstellt. Dieser Baum stellt ihm aber zugleich auch den Menschen dar. Die sonderbare Idee, daß dieser durch seine Haarwurzeln dem Paradies eingepflanzt sei, belegt er mit dem Hinweis auf *Canticus* 7,5: «... comae capitis tui sicut purpura regis vincta[209] canalibus», wofür die LUTHER-Bibel hat: «Das Haar auf deinem Haupt ist wie der Purpur des Königs, in Falten gebunden.» (Die «canales» sind Röhrchen, worunter man sich irgendeinen Kopfschmuck vorstellen mag[210].) KNORR VON ROSENROTH ist der Ansicht, daß der «große Baum» den Tiferet, den Bräutigam der Malchuth, bezeichne[211]. Die obere Sefira Binah wird «die Wurzel des Baumes» genannt[212]. In Binah wurzelt der Baum des Lebens. Weil er in der Mitte des Gartens stehe, heiße er auch «linea media» (mittlere Linie). Durch diese mittlere Linie, die gleichsam ein Stamm des Systems sei, bringe er das Leben von Binah herunter[213].

[205] «... daß die Wurzel ihrer Grundstoffe in der Luft und ihr Haupt in der Erde sei.» (*Mus. herm.*, pp. 240 und 270)

[206] *Opera,* p. 270.

[207] l. c., p. 279.

[208] «Rabbi Joseph Carnitoli filius... inquit. Fundamentum omnis structurae inferioris supra est affixum, et eius culmen hîc infrà est sicut arbor inversa.» [*De igne et sale* in:] *Theatr. chem.* VI, p. 39. Ebenso heißt es im *Prodromus Rhodostauroticus* (fol. V^v), die Alten hätten den Menschen ein «umgekehrtes Kraut» geheißen.

[209] Der Text im *Theatrum chemicum* hat fälschlicherweise «iuncta».

[210] Die genauere Übersetzung aus dem Urtext (Zürcher Bibel 7,6) lautet: «Die Flechten deines Hauptes sind wie Purpur; / ein König liegt gefesselt in den Schlingen.»

[211] *Cabbala denudata,* I, p. 165 ff.

[212] l. c., p. 77.

[213] l. c., p. 629.

412   Die Idee, daß der Mensch ein umgekehrter Baum sei, scheint dem Mittelalter geläufig gewesen zu sein. So heißt es in den Kommentaren zu den «Emblemata» des Humanisten ANDREAS ALCIATUS († 1550): «Inversam arborem stantem videri hominem placet Physicis, quod enim radix ibi, truncus et frondes, hic caput est et corpus reliquum cum brachijs et pedibus [214].» Es führt hier eine Linie über PLATON [215] bis zu indischen Vorstellungen. So sagt die Gottheit in der *Bhagavadgîtâ,* sie sei «wie der Himalaya unter den Bergen und wie der Asvattha unter den Bäumen». Der Asvattha (Ficus religiosa) schüttet den Unsterblichkeitstrank des Soma von oben herunter [216]. Weiter sagt die Gottheit in der *Bhagavadgîtâ* (c. XV): «They say the inexhaustible Asvattha has (its) roots above, (its) branches below; the Khandas ⟨Bücher, Teile des Veda⟩ are its leaves. He who knows it knows the Vedas. Upwards and downwards extend its branches, which are enlarged by the qualities, and the sprouts of which are sensuous objects. And downwards to this human world are continued its roots which lead on to action [217].»

413   Die alchemistischen Illustrationen, welche das Opus als Baum und die Teile des ersteren als Blätter darstellen, erinnern sehr an die indische Vorstellung

---

[214] [Die Ärzte belieben den aufrechtstehenden Menschen als umgekehrten Baum zu sehen, denn was hier Wurzel, Stamm und Laubwerk, sind dort der Kopf und der übrige Leib mit Armen und Füßen. (*Emblemata cum commentarijs,* p. 888b)]

[215] Vgl. CHWOLSOHN, *Die Ssabier und der Ssabismus* II, p. 373. Bei PLATON (*Timaios* 90 A) nur nachweisbar: ὡς ὄντας (ἡμᾶς) φυτὸν οὐκ ἔγγειον ἀλλ' οὐράνιον [in Anbetracht, daß wir keine irdische, sondern eine himmlische Pflanze sind]. Bei VETTIUS VALENS, *Anthologiarum,* IX, p. 330, 23. *Orphic fragment* (hg. KERN) Nr. 228a: Ψυχὴ δ'ἀνθρ'ωποισι ἀπ'αἰθέρος ἐρρίζωται [aber die Seele des Menschen ist im Äther verwurzelt].

[216] *Khândogya-Upanishad,* VIII, 5, 3 (*Sacred Books of the East* I, p. 132). Im *Satapatha-Brâhmana* (*Sacred Books* XLIV, p. 317) heißt es: «‹The Nyagrodha with cups› – for when the Gods were performing sacrifice, they tilted over those Soma cups, and turned downwards, they took root, whence the Nyagrodhas (ficus indica), when turned downwards (nyak) take root (roha).» [‹Der Nyagrodha mit Schalen› – denn als die Götter Opfer brachten, kippten sie diese Somaschalen, und nach unten gewendet, schlugen sie Wurzel, weshalb die Nyagrodhas, wenn nach unten gewendet, Wurzel schlagen.] Der Ašvattha ist der Sitz der Götter. (*Hymns of the Atharvaveda,* I, V, 4 (*Sacred Books* XLII, p. 4). Vgl. hiezu COOMARASWAMY, *The Inverted Tree,* p. 12 ff.

[217] [Man sagt, der unerschöpfliche Ašvattha habe seine Wurzeln oben, sein Geäst unten; die Khandas sind seine Blätter. Wer ihn kennt, kennt die Vedas. Aufwärts und abwärts erstrecken sich seine Äste, die erweitert werden um die Eigenschaften und deren Sprossen sinnenhafte Objekte sind. Und abwärts bis zu dieser Menschenwelt setzen sich seine Wurzeln fort, die zum Handeln weiterführen.] *Sacred Books* VIII, cp. 111, p. 15.

von der Erlösung durch das «Wissen», das heißt durch die Erwerbung der im *Veda* niedergelegten Erkenntnis. Im Indischen sproßt der Baum von oben nach unten, in der Alchemie dagegen wächst er (in den Darstellungen wenigstens) von unten nach oben, und zwar nach den Bildern der «*Pretiosa margarita novella*»[218] von 1546 in spargelähnlicher Gestalt. Das gleiche Motiv findet sich auch in einem meiner oben angeführten Fälle (Bild 27). Das eindrucksvolle Heraufdrängen der jungen Spargelspitzen schildert in der Tat das Hineinwachsen vordem unbewußter Inhalte ins Bewußtsein mit großer Anschaulichkeit. In beiden Fällen, in der östlichen wie in der westlichen Psychologie, handelt es sich um den Lebensprozeß sowohl wie um einen Erkenntnis- beziehungsweise Erleuchtungsvorgang, den man mit intellektuellem Verständnis zwar erfassen, aber nicht verwechseln kann.

Der Baum als Schatzhüter kommt in dem alchemistischen Märchen «Der Geist in der Flasche» vor. Er enthält den Schatz, der in der Frucht erscheint; daher ist er das Symbol für das opus der Chrysopoee, der ars aurifera, überhaupt, und zwar nach dem von HERCULES[219] formulierten Prinzip: «Hoc autem magisterium ex una primùm radice procedit, quae postmodum in plures res expanditur, et iterum ad unum revertitur[220].» GEORGIUS RIPLAEUS vergleicht den artifex mit Noah, der den Weinstock pflegte[221]. In ähnlichem Sinne verwendet DJĀBIR die «mystische Myrte»[222], und HERMES die «Vitis sapientum»[223] (Weinstock der Weisen). HOGHELANDE sagt: «Quidam fructus exeunt à perfectissima arbore primo vere et in exitus initio florent[224]», woraus hervorgeht, daß das Leben des Baumes zugleich das opus darstellt,

---

[218] LACINIUS, *Pretiosa margarita novella,* **V.

[219] Kaiser Herakleios von Byzanz (610–641).

[220] «Dieses Magisterium aber geht am Anfang aus *einer* Wurzel hervor, die sich nachher in mehrere Substanzen ausdehnt und wiederum zu der einen zurückkehrt.» (MORIENUS, *De transmutatione metallorum* in: *Art. aurif.* II, p. 25 f.)

[221] RIPLAEUS, *Opera,* p. 46.

[222] BERTHELOT, *Chimie au moyen âge* III, p. 244 ff.

[223] Bei HOGHELANDE zitiert [*De alch. diff.* (*Theatr. chem.,* 1602, I, p. 164)]. Die «vindemia Hermetis» [Weinlese des Hermes] geht zurück auf ein Ostaneszitat bei ZOSIMOS (BERTHELOT, *Alch. grecs,* III, VI, 5, pp. 129/121).

[224] «Gewisse Früchte gehen im ersten Frühling von dem vollkommensten Baume aus und blühen am Anfang des Endes» (l. c., p. 164). HOGHELANDE [l. c.] verweist auf die *Turba* (Sermo LVIII), wo Balgus gefragt wird: «Cur arborem dimisisti narrare, cuius fructum qui comedit, non esuriet unquam?» [Warum hast du es unterlassen, von dem Baum zu erzählen, dessen Früchte den, der sie ißt, nie wieder hungrig werden lassen?] (Hg. RUSKA, p. 161).

welches bekanntlich mit den Jahreszeiten zusammenfällt[225]. Daß die Früchte im Frühling erscheinen, die Blüten aber im Herbst, dürfte mit dem Motiv der Umkehrung (arbor inversa) und dem «opus contra naturam» zusammenhängen. Die *«Allegoriae sapientum supra librum Turbae»* geben die Vorschrift: «Item planta hanc arborem super lapidem, ne ventorum cursus timeat, ut volatilia coeli veniant, et supra ramos eius gignant, inde enim sapientia surgit[226].» Auch hier stellt der Baum das eigentliche Gerüst und arcanum des opus dar. Dieses Geheimnis ist der vielgerühmte thesaurus thesaurorum. Wie die arbor metallorum sieben Äste besitzt, so auch der Baum der Kontemplation, wie ein Traktat *«De arbore contemplationis»* zeigt[227]. Der Baum ist hier eine Palme mit sieben Zweigen, und auf jedem Zweig sitzt ein Vogel: «pavo (unleserlich), cignus, (h)arpia, filomena, hyrundo, fenix», außerdem je eine Blüte, «viola, gladiola, lilium, rosa, crocus, solsequium, flos(..?)», welche alle moralische Bedeutung haben. Diese Vorstellungen sind denen der Alchemisten sehr ähnlich. Letztere haben ihren Baum in der Retorte kontempliert, wo ihn (nach der *«Chymischen Hochzeit»*) ein Engel hält.

M. VOGEL UND SCHLANGE

415 Wie oben erwähnt, haben die Vögel eine besondere Beziehung zum Baume. Das *«Scriptum Alberti»* sagt, daß Alexander auf seiner großen Reise einen gewissen Baum gefunden hätte, der seine viriditas gloriosa *innen* gehabt habe. Auf diesem saß ein Storch, und dort baute Alexander einen goldenen Palast «et posuit terminum itineribus suis idoneum»[228]. Der Baum mit dem Vogel stellt das Werk und dessen Vollendung dar. Das Motiv wurde auch bildlich

---

[225] Das Werk beginnt im Frühling, wo die günstigsten Bedingungen bestehen (vgl. *Paracelsus als geistige Erscheinung* [Paragr. 190 ff. dieses Bandes]) und wo «elementum lapidis magnis abundat» [das Element des Steins in Überfülle vorhanden ist]. (*De rat. conf. lap.* in: *Theatr. chem.* (1602) II, p. 287) Die Beziehung des opus zum Zodiakus ist bildlich dargestellt in: *Psychologie und Alchemie,* Abb. 92.

[226] «Ebenso pflanze diesen Baum auf den Stein, auf daß er die Strömungen des Windes nicht fürchte, daß die Vögel des Himmels kommen und auf seinen Ästen zeugen; von dort nämlich erhebt sich die Weisheit.» (*Theatr. chem.* V, p. 68)

[227] MS der Basler Universitätsbibliothek (AX.128b), welche Fräulein Dr. Marie-Louise von Franz für mich nachgesehen hat. [Pfau, Storch, Harpyie, Nachtigall, Schwalbe, Phönix; Veilchen, Gladiole, Lilie, Rose, Krokus, Sonnenblume, ...?-blume.]

[228] «... und setzte seinen Reisen ein passendes Ende.» (*Theatr. chem.,* 1602, II, p. 527)

dargestellt²²⁹. Daß die Blätter des Baumes (die viriditas gloriosa) nach innen wuchsen, stellt ersichtlich wieder eine Umkehrung contra naturam dar und zugleich eine Veranschaulichung der Introversion im Zustande der Kontemplation.

In unmißverständlicher Anlehnung an die Paradieslegende hat die Schlange mit dem Baum zu tun, zunächst im allgemeinen, insofern sie recht eigentlich der Mercurius (serpens mercurialis!) ist und als chthonischer spiritus vegetativus von den Wurzeln in die Zweige aufsteigt, und insbesondere insofern sie ebenfalls das Baumnumen darstellt und als Melusine erscheint²³⁰. Der draco mercurialis ist jene geheimnisvolle Substanz, die sich im Baume verwandelt und damit dessen Leben ausmacht. Dies geht deutlich hervor aus dem oben zitierten *«Scriptum Alberti super arborem Aristotelis»*. Der Text kommentiert wahrscheinlich eine Zeichnung, die im Druck von 1602 leider nicht enthalten ist. (Es ist mir bis jetzt auch nicht gelungen, sie in einer Handschrift nachzuweisen.) Der Text beginnt mit der Feststellung: «Haec est figura caeli, quae sphaera caeli nuncupatur, quae quidem sphaera continet in se octo nobilissimas figuras scilicet figuram primam, quae primus circulus appellatur, est circulus deitatis» usw.²³¹. Aus dieser Schilderung geht hervor, daß es sich um konzentrische Kreise handelt, die von außen nach innen gezählt werden. Der erste Kreis enthält die verba divinitatis, das heißt die göttliche Weltordnung; der zweite die Siebenzahl der Planeten; der dritte die «verweslichen» (corruptibilia) und «schöpferischen» (generabilia) Elemente; der vierte einen wütenden Drachen, der aus den sieben Planeten hervorgeht (emanantem); der fünfte «das Haupt und den Tod» des Drachen. Das Haupt des Drachen «lebt in Ewigkeit», wird «vita gloriosa» (eigentlich das Leben der Seligen) genannt und «die Engel dienen ihm». Das caput draconis wird hier offenbar mit Christus identifiziert, denn «angeli serviunt ei» bezieht sich unverkennbar auf *Matthaeus* 4,11, wo Christus eben den Satan von sich gewiesen hat. Es handelt sich hier um die Lapis-Christus-Parallele, die ich in *«Psychologie und Alchemie»* ausführlich erörtert habe. Wenn aber der Drachenkopf mit Christus identifi-

---

²²⁹ Z. B. in: [REUSNER,] *Pandora,* p. 225, und *Mus. herm.,* p. 201.
²³⁰ Siehe meine Angaben in: *Psychologie und Alchemie* (Index, s. v. «Melusine»). Vgl. auch in: ANIELA JAFFÉ, *Bilder und Symbole aus E. T. A. Hoffmanns «Der goldne Topf»* das Kapitel «Die Erscheinung im Holunderbaum – Serpentina», p. 300 ff.
²³¹ «Das ist die Darstellung des Himmels, die Himmelssphäre genannt wird und die in sich die acht vornehmsten Figuren, nämlich die erste Figur, welche erster Kreis genannt wird und der Kreis der Gottheit ist, enthält.» (*Theatr. chem.,* 1602, p. 524)

ziert wird, dann muß der Drachenschwanz mit dem Antichrist beziehungsweise mit dem Teufel identisch sein. Nach unserem Text wird das ganze corpus draconis vom caput absorbiert, das heißt der Teufel wird dem Christus integriert. Der Drache bekämpfte nämlich die imago Dei, aber durch die Macht Gottes wurde diese dem Drachen eingepflanzt und bildet dessen Kopf: «... totum corpus sequitur caput, et ipsum caput odit corpus, et interficit ipsum incipiendo à cauda cum dentibus ipsum corrodere, quousque totum corpus intret in caput, et in eo permanet sempiterne[232].» Die sechste Figur stellt sechs facies (Gestalten) und zwei Tiere, nämlich Störche, dar. Die Gestalten sind vermutlich menschlicher Natur, denn eine davon sieht, wie der Text sagt, einem «Äthiopier» ähnlich[233]. Die ciconia (Storch) ist, wie es scheint, ein vas circulatorium (für zirkuläre Destillation) wie der pelecanus[234]. Die sechs facies stellen je drei Phasen der Wandlung dar und bilden mit den zwei Tieren eine Ogdoas als Symbol des Wandlungsprozesses. Die siebente Figur vermittelt, wie der Text andeutet, den Zusammenhang der verba divinitatis und der sieben Planeten mit der achten Figur, welche den goldenen Baum darstellt. Vom Inhalt der siebenten Figur wolle er lieber schweigen, meint der Autor, denn hier beginne das große Geheimnis, das nur von Gott selber geoffenbart werden kann. Hier werde der Stein gefunden, den der König in seiner Krone trägt. «Weise Frauen verbergen es, törichte Jungfrauen (aber) tragen es öffentlich zur Schau, weil sie ausgeplündert zu werden wünschen.» «Päpste, gewissenhafte Priester und Mönche lästern es, weil es ihnen so vom göttlichen Gesetze geboten wurde[235].»

Der goldene Baum der achten Figur leuchtet «ad instar fulgoris» (gleich wie ein Blitz). Der «Blitz» hat in der Alchemie (wie bei JACOB BÖHME) die Bedeutung der plötzlichen Entzückung und Erleuchtung[236]. Auf dem Baume sitzt ein Storch. Während die zwei Störche in der vorhergehenden Figur die

---

[232] «Der ganze Körper folgt dem Kopfe, und der Kopf haßt den Körper und tötet ihn, indem er vom Schwanz her anfängt, ihn zu benagen, bis der ganze Körper in den Kopf eintritt und in diesem ewig verbleibt.» (*Theatr. chem.,* l. c., p. 526)

[233] Vgl. hiezu MARIE-LOUISE V. FRANZ, *Die Passio Perpetuae,* p. 463 ff.

[234] Das Gefäß ist für die alchemische Wandlung von größter Bedeutung. Ich verweise auf meine Ausführungen in: *Psychologie und Alchemie,* s. v. «vas». Die ciconia oder storca ist eine Retorte. [Siehe Abb. 8 dieses Bandes.] (RHENANUS, *Solis e puteo emergentis,* I, 22)

[235] [*Theatr. chem.,* l. c., p. 526.]

[236] Siehe dazu meine Erläuterungen in: *Zur Empirie des Individuationsprozesses,* Paragr. 533 ff.

Destillierapparate zu zwei je dreistufigen Transmutationen darstellen, kommt dem Storch, der auf dem goldenen Baume sitzt, eine weit umfänglichere Bedeutung zu. Seit alters gilt er als «pia avis» (frommer Vogel), wie es scheint auch in der aggadischen Tradition, obschon er nach *Leviticus* 11,19 zu den unreinen Tieren gehört[237]. Seine Frömmigkeit dürfte sich auf *Jeremias* 7,7 berufen: «Selbst der Storch am Himmel kennt seine Zeiten, ... aber mein Volk will nichts wissen von der Ordnung des Herrn.» Er ist schon in der römischen Kaiserzeit eine Allegorie der pietas, und in der christlichen Tradition ist er eine allegoria des Christus iudex (Richters), indem er die Schlangen vertilgt. Wie die Schlange oder der Drache das chthonische Numen des Baumes, so stellt er das geistige Prinzip desselben dar und symbolisiert damit den Anthropos[238]. Zu den Vorläufern der alchemistischen ciconia gehört wohl auch der Storch Adebar der germanischen Mythologie, welcher die im Brunnen der Hulda erneuerten Seelen der Abgeschiedenen wieder zur Erde bringt. Hier wie dort ist also der Storch mit der seelischen Wandlung verbunden[239]. Die Attribuierung des «*Scriptum*» an ALBERTUS MAGNUS ist höchst unwahrscheinlich. Die Art und Weise, wie es den philosophischen Baum erläutert, dürfte kaum vor das 16. Jahrhundert zurückgehen.

N. DAS WEIBLICHE NUMEN DES BAUMES

Dem Baume kommt als Stätte der Wandlung und Erneuerung weiblich-mütterliche Bedeutung zu. Wir sahen bereits, daß das Baumnumen (*Ripley Scrowle*) eine Melusine ist. In der «*Pandora*» ist der Stamm des Baumes ein gekröntes, nacktes Weib, das in beiden Händen Fackeln hält. Auf ihrem Kopfe sitzt der Adler im Geäst des Baumes[240]. In hellenistischen Darstellungen hat Isis das Attribut der Fackel und die Gestalt einer Melusine. Fernere Attribute sind der Weinstock und die Palme. Leto und Maria[241] gebären unter der Palme, wie auch Maya bei der Geburt des Buddha vom heiligen Baume mütterlich beschattet wird. Im altägyptischen Märchen gibt der Baum dem Bata Wiedergeburt. Adam sei, nach den Hebräern, aus «arboris vitae gleba» (der Erde des

418

---

[237] GRÜNBAUM, *Jüdisch-deutsche Chrestomathie*, p. 174.
[238] Siehe PICINELLUS, *Mundus symbolicus*, s. v. «ciconia», p. 281 a.
[239] WÜNSCHE, *Die Sagen vom Lebensbaum und Lebenswasser*, p. 85 f.
[240] [REUSNER, l. c.,] p. 225. [Vgl. dazu *Psychologie und Alchemie,* Abb. 231.]
[241] Sure XIX des *Koran* [p. 253].

Lebensbaumes), der sogenannten «roten Damaszenererde» geschaffen worden[242]. Nach dieser Legende steht Adam in ähnlicher Beziehung zum Lebensbaum wie Buddha zum Bodhibaum, welcher zu gleicher Zeit mit ersterem entstanden ist.

419 Die weiblich-mütterliche Natur des Baumes zeigt sich auch in seiner Beziehung zur Sapientia. Der Baum der Erkenntnis (*Genesis* 2) ist im *Buch Henoch* der der Weisheit, dessen Frucht der Weintraube gleicht[243]. In der Lehre der Barbelioten bei IRENAEUS heißt es, daß der Autogenes zuletzt den «hominem perfectum et verum», den sie auch Adamas nennen, hervorgebracht habe. Mit diesem wurde zugleich die vollkommene Erkenntnis geschaffen und mit ihm verbunden. «Ex Anthropo autem et Gnosi natum lignum, quod et ipsum Gnosin vocant» (aus dem Menschen ⟨dem vollkommenen⟩ und der Erkenntnis sei das Holz ⟨das heißt der Baum⟩ geworden, den sie auch Gnosis nennen)[244]. Auch hier begegnen wir der gleichen Verbindung des Menschen mit dem Baume wie bei Adam und Buddha. Ein ähnlicher Zusammenhang findet sich in den «*Acta Archelai*»: «Illa autem arbor quae est in paradiso, ex qua agnoscitur bonum, ipse est Jesus et scientia eius quae est in mundo.» (Jener Baum aber, der im Paradies ist, aus welchem das Gute erkannt wird, dieser ist Jesus und sein Wissen, das in der Welt ist[245].) «Inde ⟨id est ex arbore⟩ enim sapientia surgit» (von da ⟨nämlich vom Baume⟩ erhebt sich die Weisheit), sagen die «*Allegoriae sapientum*»[246].

420 Die Alchemie hat ähnliche Vorstellungen vom Baum. Wir haben schon gesehen, daß sie den Menschen als «arbor inversa» auffaßt; eine Anschauung, die sie mit der Kabbala gemeinsam hat. In den *Pirkē R. Elieser* heißt es: «Es lehrt R. Zehira, indem er sagt: ‹von der Frucht des Baumes›, nicht aber dieses Baumes, sondern des Menschen, der einem Baume ähnlich ist» (qui similis est arbori)[247]. In der JUSTIN-Gnosis sind die Bäume des Gartens Eden Engel, und der Baum des Lebens ist der Engel Baruch, der dritte der väterlichen Engel, und der Baum der Erkenntnis des Guten und des Bösen ist der dritte der müt-

---

[242] STEEBUS, *Coelum Sephiroticum*, p. 49.
[243] KAUTZSCH, *Apokryphen und Pseudoepigraphen des Alten Testaments,* II, p. 256 [32,3].
[244] *Contra omnes haereses,* I, 29, 3.
[245] HEGEMONIUS, *Acta Archelai,* hg. BEESON, p. 18, Z. 15 ff.
[246] *Theatr. chem.* V, p. 68.
[247] GANZ, *Chronologia sacro-profana.* Hierin sind enthalten die «Pirke vel capitula R. Elieser. Ex Haebraeo in Latinum translata per Guilielmum Henricum Vorstium». Die Pirkē stammen aus dem 7.–8. Jh. Rabbi Elieser gehört ins 2. Jh.

terlichen Engel, der Naas²⁴⁸. Dieser Teilung der Baumseele in eine männliche und eine weibliche Gestalt entspricht der alchemistische Mercurius als Lebensprinzip des Baumes, denn er ist als Hermaphroditus doppelt²⁴⁹. Das oben erwähnte Bild in der «*Pandora*», wo der Stamm durch eine weibliche Gestalt dargestellt ist, deutet auf den Mercurius in seiner weiblichen Rolle hin, zu welcher der Charakter der Weisheit gehört, wie auch zum männlichen Aspekt, welcher durch die Gestalt des Senex (Greis) beziehungsweise Hermes Trismegistus veranschaulicht wird.

O. DER BAUM ALS STEIN

Wie Baum und Mensch zentrale Symbole der Alchemie sind, so auch der Lapis in seiner Doppelbedeutung als prima und ultima materia. Wie schon erwähnt, heißt es in den «*Allegoriae*»: «Item planta hanc arborem super lapidem, ne ventorum cursus timeat» usw. Es scheint hier eine Anspielung auf *Matthaeus* 7,26f. vorzuliegen, nämlich auf das Haus, das auf Sand gebaut war und zusammenstürzte, als der Regen kam und die Winde bliesen. Der Stein könnte daher zunächst nur die sichere Grundlage in der richtigen prima materia bedeuten. Der Kontext weist aber auf die symbolische Bedeutung des Steines hin, wie aus den beiden vorausgehenden Sätzen ersichtlich ist²⁵⁰. 421

«Die prima materia ist eine aqua unctuosa (ein öliges Wasser) und ist der philosophische Stein, aus dem sich Zweige unendlich vermehren»²⁵¹. Hier ist der Stein selber als Baum und als die «feuchte Substanz» (ὑγρὰ οὐσία der Gnostiker) respektive «öliges Wasser» (Wasser und Öl mischen sich nicht!) verstanden. Letzteres stellt die Doppelnatur beziehungsweise Gegensätzlichkeit des Mercurius duplex dar. 422

---

²⁴⁸ HIPPOLYTUS, *Elenchos*, V, 26, 6, p. 127. Naas, die Schlange, ist die prima materia der Naassener, «eine feuchte Substanz», wie das Wasser des THALES. Sie liegt allen Dingen zugrunde und enthält alles. Sie ist wie der Fluß von Eden, der sich in vier Quellen teilt (l.c., V, 9, 13ff., p. 100f.).

²⁴⁹ Siehe *Der Geist Mercurius* [Paragr. 268ff. dieses Bandes].

²⁵⁰ [Pflanze diesen Baum über dem Stein, damit er das Toben der Winde nicht fürchte.] – «Item accipe sapientiam vi intensissimam et ex ea vitam hauries aeternam, donec tuus ⟨lapis⟩ congeletur, ac tua pigredo exeat, tunc inde vita fit.» [Ergreife daher die Weisheit mit dringlichster Kraft, und aus ihr wirst du ewiges Leben schöpfen, bis dein ⟨Stein⟩ sich verfestigt und deine Trägheit vergeht, woraus dann Leben entsteht.] (*Theatr. chem.* V, p. 68)

²⁵¹ Statt «rami infiniti multiplicantur» lese ich «infinite». (MYLIUS, *Phil. ref.*, p. 260)

423 In ähnlicher Weise sagt das «*Consilium coniugii*», Senior kommentierend: «Der Stein der Weisen ist also aus sich und wird in sich selber vervollkommnet. Er ist nämlich der Baum, dessen Zweige, Blätter, Blüten und Früchte aus ihm und durch ihn und für ihn sind, und er ist selber ganz oder das Ganze (tota vel totum) und nichts anderes[252].» Der Baum ist also identisch mit dem Stein und ein Ganzheitssymbol wie dieser. HEINRICH KHUNRATH sagt: «Von sich selbst / aus jhme / in jhme und durch sich selbst / wird volbracht und verfertiget der Stein der Weisen. / Dann es ist nur Einer: gleich einem Baum (sagt Senior) dessen Würtzeln Stam Este Zweige Bletter / Blüet und Früchte / von jhme seind / durch jhn / aus jhme / an jhme / und alle von einem Samen herkommen. Er ist Ales selbst / nichts frembdes macht jhn[253].»

424 Im arabischen *Buche des Ostanes* findet sich eine Beschreibung der Arkanmaterie, beziehungsweise des Wassers in verschiedenen Gestalten, erst ein weißes, dann ein schwarzes, ein rotes, und schließlich eine brennbare Flüssigkeit oder ein Feuer, das sich an (gewissen) Steinen in Persien entzündet.

«... c'est un arbre», fährt der Text fort, «qui pousse sur les pics des montagnes; c'est un jeune homme né en Egypte; c'est un prince sorti de l'Andalousie, qui veut le tourment des chercheurs. Il a tué leurs chefs ... Les savants sont impuissants à le combattre. Je ne vois contre lui d'autre arme que la résignation, d'autre destrier que la science, d'autre bouclier que l'intelligence. Si le chercheur se trouve vis-à-vis de lui avec ces trois armes et qu'il le tue, il redeviendra vivant après sa mort, il perdra tout pouvoir contre lui et il donnera au chercheur la plus haute puissance, en sorte que celui-ci arrivera au but de ses désirs[254].»

425 Das Kapitel, in welchem dieser Text steht, beginnt mit den Worten: «Le Sage a dit: Ce qu'il faut d'abord à l'étudiant, c'est qu'il connaisse la pierre, ob-

---

[252] In: *Ars chem.*, p. 160.
[253] «Confessio» in: *Von hyl. Chaos*, p. 20 f.
[254] [... es ist ein Baum, der auf den Berggipfeln wächst; es ist ein junger Mann, von Ägypten gebürtig; es ist ein Prinz, der aus Andalusien stammt und die Qual der Suchenden will. Er hat ihre Führer getötet... Die Gelehrten sind außerstande, ihn zu bekämpfen. Ich weiß ihm gegenüber keine andere Waffe als die Ergebung, kein anderes Schlachtroß als die Wissenschaft, keinen Schild als das Verständnis. Wenn der Suchende ihm gegenübersteht mit diesen drei Waffen und ihn tötet, wird er nach seinem Tode wieder lebendig werden, er wird jede Macht über ihn verlieren und dem Suchenden höchste Gewalt verleihen, so daß dieser ans Ziel seiner Wünsche gelangen wird. – Der Weise hat gesagt: ‹Was der Forschende als erstes braucht, ist die Kenntnis des *Steins,* Gegenstand der Bestrebungen der Alten›.] BERTHELOT, *Chimie au moyen âge* III, p. 117.

jet des aspirations des Anciens.» Das Wasser, der Baum, der junge Ägypter und der andalusische Prinz beziehen sich auf den Stein. Wasser, Baum und Mensch erscheinen hier als Synonyme des Lapis. Der Prinz ist ein bedeutendes Symbol, das eigentlich näherer Aufklärung bedarf. Es scheint nämlich, daß hier ein archetypisches Motiv anklingt, dem wir schon im *Gilgameshepos* begegnen. Dort handelt es sich um Enkidu, den chthonischen Menschen und Schatten des Gilgamesh, der von den Göttern auf Anstiften der beleidigten Ishtar geschaffen wurde, um letzteren zu verderben – «il veut le tourment des chercheurs». Er ist ihr Feind und hat ihre «chefs», das heißt Meister und Autoritäten, getötet.

Dieses Motiv des feindlichen Lapis wird in den *«Allegoriae Sapientum»*, wörtlich formuliert in folgender Weise: «... nisi lapis tuus fuerit inimicus ad optatum non pervenies²⁵⁵.» Dieser Feind tritt in der Alchemie überall als giftiger oder feuerspeiender Drache oder auch als Löwe auf. Letzterem müssen die Tatzen abgehauen²⁵⁶, und ersterer muß getötet werden oder tötet sich selber oder frißt sich selber auf nach dem Grundsatz des DEMOCRITUS (Alchymista): «Die Natur überwindet die Natur²⁵⁷.»

Zur Tötung der Autoritäten kann man nicht umhin, sich des verfänglichen Bildes in der *«Pandora»* zu erinnern²⁵⁸: eine Melusine durchsticht mit der Lanze die Seite Christi. Die Melusine entspricht der gnostischen Edem und stellt den weiblichen Aspekt des Mercurius dar, nämlich jenen weiblichen Nous (den Naas der Naassener), der als Schlange im Paradies die ersten Eltern verführte. Als Parallele hiezu ist die oben zitierte Stelle aus ARISTOTELES (Alchymista) zu erwähnen: «... sammle die Früchte, weil die Frucht des Baumes uns zum Dunkeln und durch dasselbe verführt hat²⁵⁹.» Diese Anweisung steht in klarem Widerspruch zu der Bibel und der kirchlichen Autorität. Man muß wohl annehmen, daß etwas derartiges nur von jemand, der sich in bewußtem Gegensatz zur Tradition empfand, ausgesprochen werden konnte.

---

²⁵⁵ «... wenn dein Stein kein Feind ist, so wirst du nicht zum gewünschten Ziele gelangen.» (*Theatr. chem.* V, p. 67)

²⁵⁶ Entsprechende Abbildung in: [REUSNER,] *Pandora*, p. 227 [ferner *Psychologie und Alchemie*, Abb. 4].

²⁵⁷ ἡ γὰρ φύσις τὴν φύσιν τέρπει καὶ ἡ φύσις τὴν φύσιν κρατεῖ καὶ ἡ φύσις τὴν φύσιν νικᾷ [Die Natur freut sich der Natur, die Natur überwindet die Natur, die Natur besiegt die Natur.] (BERTHELOT, *Alch. grecs,* I, III, 12, pp. 20/20)

²⁵⁸ p. 249. Das Bild ist reproduziert in: *Paracelsus als geistige Erscheinung* [Abb. 5 dieses Bandes].

²⁵⁹ *Tractatus Aristotelis alchymistae ad Alexandrum* in: *Theatr. chem.* V, p. 883.

428   Die Beziehung auf das *Gilgameshepos* ist insofern nicht uninteressant, als OSTANES als ein Perser und Zeitgenosse Alexanders des Großen gilt. Zur (anfänglichen) Feindschaft des Enkidu sowohl als des andalusischen Prinzen und des Lapis überhaupt kommt als weitere Parallele die Chadirlegende[260] in Betracht. Chadir, der ein Gesandter Allahs ist, erschreckt Moses zunächst durch seine Missetaten. Als visionäres Erlebnis oder als symbolische Lehrerzählung betrachtet, stellt diese Legende die Beziehung des Moses einerseits zu seinem Schatten, dem Diener Josua ben Nûn, und andererseits zum Selbst, Chadir, dar[261]. Letzteres gilt ebenso für den Lapis und seine Synonyme. Psychologisch will dies soviel bedeuten, als daß die erste Begegnung mit dem Selbst alle jene negativen Eigenschaften aufweisen kann, welche für den unvorbereiteten Zusammenstoß mit dem Unbewußten fast in der Regel charakteristisch sind[262]. Die Gefahr besteht in der Möglichkeit einer fatalen Überschwemmung durch das Unbewußte, welche im schlimmen Falle psychotischer Natur ist, nämlich dann, wenn das Bewußtsein weder intellektuell noch moralisch den Einbruch unbewußter Inhalte auffangen kann.

P. DIE GEFÄHRLICHKEIT DER KUNST

429   Die «*Aurora consurgens*» sagt in bezug auf die Gefahren, die dem artifex drohen, daß viele, welche «die Lehren der Weisen nicht verstehen, wegen ihrer Unwissenheit zugrunde gegangen sind, weil sie der geistigen Einsicht entbehrten»[263]. THEOBALD DE HOGHELANDE ist der Ansicht, daß «die ganze Kunst mit Recht für schwierig und gefährlich gehalten werde, und daß jeder-

---

[260] *Koran*, Sure XVIII.
[261] Vgl. meine Analyse in: *Über Wiedergeburt* [Paragr. 240 ff.].
[262] Ich verweise auf meine Ausführungen in: *Aion* [Paragr. 13 ff.].
[263] «O quam multi non intelligunt dicta sapientum, hi perierunt propter eorum insipientiam, quia caruerunt intellectu spirituali». (*Aurora consurgens* I, in: RHENANUS, *Harmoniae imperscrutabilis chymo-philosophicae decades* [hg. M.-L. V. FRANZ, pp. 100/101]. «Hoc est ergo magnum signum, in cuius investigatione nonnulli perierunt» [Dies ist nämlich ein großes Zeichen, bei dessen Erforschung nicht wenige umgekommen sind]. (*Rosarium philosophorum* in: *Art. aurif.* II, p. 264) «Scitote sapientiae investigatores, quod huius artis fundamentum, propter quod multi perierunt, unum quidem esse omnibus naturis fortius et sublimius» [Wisset, ihr Erforscher der Weisheit, daß nämlich die Grundlage dieser Kunst, um derentwillen viele umgekommen sind, eine stärkere und erhabenere ist als alle anderen Naturen]. (*Turba phil.* in: *Art. aurif.* I, p. 83)

2. Beiträge zur Geschichte und Deutung des Baumsymbols 347

mann, der nicht unvorsichtig ist, sie als höchst verderblich vermeiden werde»[264]. Ähnlich fühlt AEGIDIUS DE VADIS, wenn er sagt: «Ich verschweige diese Wissenschaft, welche den größten Teil der Leute, die in ihr arbeiten, in Verwirrung führt, deshalb, weil es ganz und gar wenige sind, welche (ihr Ziel) finden, unzählige aber, die durch sie ins Verderben gestürzt werden[265].» Der alte HALY sagt: «Lapis noster est vita ei qui ipsum scit et eius factum: et qui nesciverit et non fecit, et non certificabitur[266] quando nascetur, aut putabit alium lapidem, iam paravit se morti[267]». Daß es sich dabei nicht etwa nur um die Gefahr der Vergiftung[268] oder von Explosionen handelt, geht aus einer Bemerkung desselben Autors hervor. Sie läßt deutlich die Gefahr geistiger Komplikationen erkennen: «Cautus sit in diaboli illusionibus dignoscendis et praecavendis, qui se chemisticis operationibus saepius immiscet, ut operantes circa vana et inutilia detineat praetermissis naturae operibus[269].» Er begründet diese Gefahr mit einem Alphidiuszitat, welches lautet: «Hic lapis a loco gloriosissimo sublimi maximi terroris procedit, qui multos sapientes neci

---

[264] [*De alch. diff.* in:] *Theatr. chem.* (1602) I, p. 146.

[265] *Dialogus inter naturam et filium philosophorum* in: *Theatr. chem.* (1602) II, p. 116f.

[266] Certificare = Sicherung geben, donner assurance (DU CANGE, *Glossarium*, s. v. «certificatio»).

[267] «Unser Stein ist für den, der ihn kennt und weiß, wie er gemacht wird, Leben, und wer ihn nicht kennt und nicht gemacht hat und dem keine Sicherung gegeben ist, wenn der Stein entstehen soll, oder der glauben wird, es sei ein anderer Stein, der hat sich schon zum Tode bereitgemacht.» (Haly-Zitat in: HOGHELANDE, l. c., in: *Theatr. chem.*, 1602, I, p. 204.)

[268] Diese Gefahr war bekannt: Die *Aurora consurgens* spricht von den «odores et vapores mali mentem laborantis inficientes» [üblen Gerüchen und Dämpfen, die den Geist des Laboranten infizieren] (l. c., p. 179). Es ist aber bezeichnenderweise der *Geist* des Laboranten, der gefährdet ist. «⟨Opus⟩ propter igneos, sulphureosque quos secum adfert halitus, periculosissimum.» [⟨Das Werk⟩ ist wegen der feurigen und schwefligen Dünste, die es mit sich bringt, äußerst gefährlich.] (DEE, *Monas hieroglyphica* in: *Theatr. chem.*, 1602, II, p. 222) «⟨Aqua divina:⟩ do plagam in faciem suam: id est, laesionem, quae edentatos facit, et multas infirmitates generat per fumum» [Ich ⟨das göttliche Wasser⟩ versetze ihm einen Schlag ins Gesicht: das heißt, eine Verwundung, die zahnlos macht und durch Dunst viele Gebresten verursacht]. (*Rosinus ad Sarratantam* in: *Art. aurif.* I, p. 293) Sie scheinen die Quecksilbervergiftung gekannt zu haben. «... a principio lapis est sicut toxicum mortificans.» [Von Anfang an ist der Stein wie ein tödliches Gift.] (VENTURA, *De rat. conf. lap.* in: *Theatr. chem.*, 1602, II, p. 293)

[269] «Er möge vorsichtig die Täuschungen des Teufels erkennen und verhüten, welcher sich öfters in die chemischen Operationen einmischt, um die Laboranten mit eiteln und unnützen Dingen aufzuhalten, unter Übergehung des Werkes der Natur.» ([*Theatr. chem.* 1602, I] p. 140.)

dedit²⁷⁰.» Er führt auch ein Moyseszitat an: «Dieses Werk ⟨der Wandlung⟩ geschieht so plötzlich wie die Wolken, die vom Himmel kommen», und fügt bei (Micreriszitat): «Wenn du diesen Prozeß (opus) plötzlich siehst, so werden dich Verwunderung, Schrecken und Zittern befallen; operiere daher vorsichtig²⁷¹.»

430 Der *«Liber Platonis quartorum»* erwähnt ebenfalls die Gefahr von seiten dämonischer Mächte: «Zu einer gewissen Stunde der Präparation wird eine Art von Geistern dem Werke entgegenarbeiten, und zu anderer Zeit wird diese Gegenwirkung nicht vorhanden sein²⁷².» Am deutlichsten wohl spricht sich OLYMPIODOR (6. Jahrhundert) aus: «Und dazu flößt der Dämon Ophiuchos, vom Gesuchten abhaltend, überall herumkriechend, innen und außen, Nachlässigkeit ein, bald Unterlassungen herbeiführend, bald Angst, bald Mangel an Vorbereitung, andere Male sucht er uns durch Unglück in ⟨unseren⟩ Unternehmungen und durch Schaden wegzuhalten²⁷³.» Auch erwähnt er, daß das Blei von einem Dämon besessen sei, der die Leute verrückt mache²⁷⁴.

431 Der Stein oder das Wunder, welches der Alchemist erwartete oder erlebte, muß eine höchst numinose Angelegenheit gewesen sein. Daher erklärt sich auch seine heilige Scheu vor dem Geheimnis und der Möglichkeit der Profanierung desselben. «Nomen lapidis patefacere», sagt DE HOGHELANDE, «nemo potest sub animae suae condemnatione, quia coram Deo rationem reddere non posset²⁷⁵.» Diese Überzeugung ist ernst zu nehmen. Sein Traktat *«De alchemiae difficultatibus»* ist die Schrift eines ehrlichen und vernünftigen Mannes und unterscheidet sich vorteilhaft vom prahlerischen Obskurantismus anderer, insbesondere der Lullischen Traktate. Dunkel bleibt nur, welchen unter den «mille nomina» des Steins er nicht veröffentlichen will. Der Stein ist ja die große Verlegenheit der Alchemie, denn er ist nie hergestellt worden, und deshalb wußte niemand anzugeben, was er in Tat und Wahrheit ist. Es sei denn – und das scheint mir am wahrscheinlichsten –, daß er ein *psychisches Er-*

---

²⁷⁰ «Dieser Stein stammt von einem hohen, glorreichen Orte höchsten Schreckens, welcher vielen Weisen den Tod gebracht hat» (l. c., p. 179).
²⁷¹ l. c., p. 204.
²⁷² *Theatr. chem.* V, p. 141.
²⁷³ BERTHELOT, *Alch. grecs,* II, IV, 28 pp. 92/86.
²⁷⁴ l. c., II, IV, 43 und 64 pp. 104/106.
²⁷⁵ «Niemand kann den Namen des Steines preisgeben, ohne die Verdammnis seiner Seele zu riskieren, weil er vor Gott keine Rechenschaft geben könnte» (l. c., p. 179).

lebnis ist, worin auch der Grund zu der mehrfach geäußerten Angst vor Geistesstörung liegt.

WEI PO-YANG, anscheinend der älteste uns bekannte chinesische Alchemist des 2. Jahrhunderts der christlichen Ära, beschreibt in sehr instruktiver Weise die gefährlichen Folgen eines Irrtums beim Werke. Nach einem kurzen Résumé des letzteren schildert er den «chên-jen», den wahren oder vollständigen Menschen, welcher Anfang und Ende des Werkes ist: «He is and he is not. He resembles a vast pool of water, suddenly sinking and suddenly floating.» In ihm, der als eine materielle Substanz erscheint (ähnlich wie die substantielle «veritas» bei DORNEUS[276]), mischen sich das Viereckige, das Runde, der Durchmesser und die Dimensionen «and restrain one another. Having been in existence before the beginning of the heavens and the earth: lordly, lordly, high and revered»[277]. Wir begegnen also auch hier jenem Eindruck höchster Numinosität, den wir bei den abendländischen Alchemisten festgestellt haben.

Der Autor spricht sodann von einem ummauerten, allseits geschlossenen Bezirk, dessen Inneres aus Labyrinthen besteht, welche miteinander verbunden sind: «The protection is so complete as to turn back all that is devilish and undesirable». In diesem Zustand sei es wünschenswert, daß das Denken (das sich ja doch nur in den altgewohnten Bahnen bewegt) aufhöre «and worries are preposterous». «Das göttliche ch'i (ätherische Essenz) füllt die Viertel ⟨quarters: wohl die Quartiere des inneren Bezirkes⟩ und *kann nicht zurückgehalten werden.* Wer immer es zurückhalten kann, wird gedeihen, und der, welcher es verliert, wird zugrunde gehen.» Letzterer wird nämlich die «falsche Methode» anwenden: er wird sich in allem nach dem Lauf der Sterne und der Planeten richten und sein Leben nach dem Lauf der Sonne ordnen, mit anderen Worten ein nach chinesischen Begriffen vernünftig geordnetes Leben führen. Aber das Tao des yin (des Weiblichen) ist damit gar nicht einverstanden, das heißt in unserer Sprache, daß das Unbewußte mit den Ordnungsprinzipien des Bewußtseins nicht übereinstimmt (das Unbewußte hat beim Man-

---

[276] *Aion,* Paragr. 248 f. und 261 ff.

[277] *An Ancient Chinese Treatise on Alchemy,* p. 237 ff. [Zitate nacheinander: Er ist und er ist nicht. Er gleicht einem weiten Wasserbecken; plötzlich sinkt er unter, und plötzlich schwimmt er obenauf. (Cp. XIX, p. 237) – ... und halten einander in Schranken. Er war da vor Anfang des Himmels und der Erde: edel, edel, erhaben und verehrt (l. c., p. 238) – Der Schutz ist so vollständig, daß er alles abhält, was teuflisch und unerwünscht ist: Sorgen sind unsinnig. (Cp. XX, p. 238) – Unheil wird der schwarzen Masse widerfahren (Cp. XXI, p. 238).]

ne weibliches Vorzeichen!). Wenn der Adept von hier an sein Leben nach den traditionell als vernünftig geltenden Regeln einrichtet, begibt er sich in Gefahr: «disaster will come to the black mass». Die «schwarze Masse» ist die «massa confusa», das «Chaos» und die «nigredo» der abendländischen Alchemie, also die prima materia, die außen schwarz und innen weiß ist, wie das Blei. Sie ist der in der Dunkelheit verborgene chên-jen, der ganzheitliche Mensch, der durch die vernünftige und korrekte Lebensordnung bedroht ist, das heißt die Individuation wird dadurch behindert oder auf Abwege gedrängt. Das ch'i, die Quintessenz (das rosafarbene Blut der europäischen Alchemie), läßt sich nicht «zurückhalten», das heißt das Selbst drängt darnach, sich zu manifestieren und droht das Bewußtsein zu überwältigen[278], was schwerwiegende Folgen nach sich zieht. Diese Gefahr ist für den westlichen Adepten besonders groß, denn seine historische Erziehung in und durch die imitatio Christi führt ihn direkt dazu, das Ausschwitzen der Seelensubstanz beziehungsweise des rosafarbenen Blutes in Analogie zu Christus sogar als seine Aufgabe zu betrachten. Er wird mit anderen Worten sich moralisch verpflichtet fühlen, den Anspruch des Selbst auf Manifestationen zu verwirklichen, unbekümmert darum, ob er vom Selbst überfordert ist. Es scheint ihm ja eben, daß sein Gott und daher sein höchstes Moralprinzip dieses «Selbstopfer» von ihm fordere. In der Tat ist es ein Selbstopfer, eine wahrhafte θυσία des Selbst, wenn der Mensch dem Drange desselben hemmungslos nachgibt und dabei zugrunde geht, denn dann hat auch das Selbst das Spiel verloren, indem es den Menschen vernichtet, der ihm Gefäß sein sollte. Diese Gefahr tritt ein, wie der chinesische Meister sehr richtig bemerkt, wenn die bewußte Lebensordnung mit ihren traditionellen, moralischen und vernünftigen Prinzipien auch in einem Momente durchgeführt wird, wo es sich um etwas anderes als das soziale Leben, nämlich um die Integration des Unbewußten, also um die Individuation handelt.

WEI PO-YANG gibt nun eine drastische Schilderung der physiologischen und psychischen Folgeerscheinungen: «Verdauungsgase werden im Magen und Gedärm Geräusche erzeugen. Die richtige Essenz ⟨ch'i⟩ wird man ausatmen und die üble einatmen. Tage und Nächte werden schlaflos vorübergehen, Monat um Monat. Der Körper wird sich erschöpfen und Grund dazu geben, daß man als verrückt betrachtet wird. Die hundert Pulse werden unruhig werden und so heftig zu sieden beginnen, daß Geist und Körper keinen

---

[278] Näheres hiezu in: *Aion,* Paragr. 45.

Frieden mehr finden.» Es wird auch wirkungslos bleiben, wenn man (entsprechend der Bewußtseinsmoral) «einen Tempel errichtet, fleißig darin wacht und morgens und abends Opfergaben zum Altar bringt. Geisterhafte Dinge werden ihm erscheinen, die er bis in den Traum hinein bewundern wird. So gerät er in die Versuchung, sich darüber zu freuen und sich einzubilden, daß er damit seiner Langlebigkeit versichert sei [279]. Aber plötzlich wird er vom Tod vor der Zeit überfallen.» Der Autor fügt die Moral bei: «Ein unbedeutender Irrtum hat so zu einem großen Unglück geführt.» Die abendländische Alchemie ist mit ihren Einsichten nicht so tief gedrungen. Immerhin ist sie sich der subtilen Gefahren des Werkes bewußt, und sie weiß, daß gewisse hohe Ansprüche nicht nur an die Intelligenz, sondern auch an die moralische Qualität des Adepten gestellt sind. So heißt es in der Einladung zur königlichen Hochzeit bei CHRISTIAN ROSENCREUTZ:

> Halt Wacht,
> Dich selbst betracht,
> Wirstu dich nit fleißig baden,
> Die Hochzeit kan dir schaden.
> Schad hat, wer hie verzeucht,
> Hüet sich wer ist zu Leicht [280].

Wie aus den Ereignissen, die in der *Chymischen Hochzeit* stattfinden, hervorgeht, handelt es sich nicht nur um die Wandlung und Verbindung des königlichen Paares, sondern auch um eine parallele Individuation des Adepten. Die Vereinigung mit dem *Schatten* und mit der *Anima* bedeutet eine Schwierigkeit, die wahrlich nicht leicht zu nehmen ist. Die dabei in Erscheinung tretende Gegensatzproblematik führt infolge der Unbeantwortbarkeit der aufgeworfenen Fragen zur Konstellation kompensierender archetypischer Inhalte, das heißt zu numinosen Erlebnissen. Was wir in der komplexen Psychologie erst spät entdeckten, darüber war sich die Alchemie trotz der Beschränktheit ihrer intellektuellen Mittel schon längst «symbolice» im klaren. LAURENTIUS VENTURA hat diese Erkenntnis mit wenigen Worten ausgesprochen: «⟨Operis perfectio⟩ Non est enim in potestate artificis, sed cui vult ipse

---

[279] Dies sind typische Inflationssymptome. Jemand mit einem bekannten Namen versicherte mir, er werde sehr lange leben, er brauche mindestens 150 Jahre. Das Jahr darauf war er tot. Die Inflation war auch dem Laien sichtbar.
[280] *Chymische Hochzeit*, p. 3.

Deus clementissimus largitur. Et in hoc puncto totum est periculum[281].» Wir dürfen hiezu anmerken, daß «clementissimus» wohl als ein apotropäischer Euphemismus zu gelten hat.

Q. VERSTEHEN ALS ABWEHRMITTEL

436 Kehren wir nach diesen Ausführungen über die Gefahren, die dem Adepten drohen, wieder zu unserem OSTANES-Texte zurück! Die Adepten wissen, daß sie dem Lapis in der Gestalt des Andalusischen Fürsten keinen Widerstand leisten können. Der Lapis erscheint zunächst stärker als sie, und der Text sagt, daß sie nur drei «Waffen» hätten, nämlich vor allem die «Resignation», sodann als «Schlachtroß» die «Wissenschaft» und als «Schild» den Verstand. Man ersieht aus dieser Äußerung, daß sie einerseits eine Politik der non-resistance für angezeigt hielten und andererseits zu Wissen und Intelligenz oder Verstand ihre Zuflucht nahmen. Die Übermacht des Lapis ist durch den Satz beglaubigt: «Philosophus non est Magister lapidis, sed potius minister[282].» Es handelt sich also offenbar um Unterwerfung an die Übermacht, aber mit reservierten Verstandesmitteln, welche es dem Adepten schließlich doch ermöglichen, den Fürsten zu töten. Man greift wohl nicht fehl, wenn man annimmt, daß die Adepten versucht haben, auf Grund ihres Wissens jenes anscheinend Unüberwindliche zu *verstehen* und dadurch dessen Bann zu brechen. Dies ist ja nicht nur ein bekanntes Märchenmotiv (Rumpelstilzchen!), sondern auch eine uralt primitive Annahme, daß der, welcher den geheimen Namen errät, Macht über dessen Träger erlangt. In der Psychotherapie ist es eine bekannte Tatsache, daß häufig neurotische Symptome, die unangreifbar scheinen, durch das Bewußtmachen und Verstehen (und Erleben) der ihnen zugrunde liegenden Inhalte unschädlich gemacht werden. Es ist verständlich, wenn die Energie, welche das Symptom bisher unterhalten hat, nunmehr zur Verfügung des Bewußtseins steht, was sich in Form einer Erhöhung des Lebensgefühls einerseits und einer Verminderung beziehungsweise Unterdrückung von unnützen Hemmungen und sonstigen Störungen andererseits äußert.

---

[281] Die Vollendung des Werkes «liegt nicht in der Macht des Adepten, sondern Gott der Barmherzige verleiht sie, wem er will. Und auf diesem Punkte beruht die ganze Gefahr.» ([*De rat. conf. lap.* in:] *Theatr. chem.,* 1602, II, p. 338)

[282] «Der Philosoph ist nicht der Meister des Steines, sondern eher dessen Diener.» [*Ros. phil.* in: *Art. aurif.* II, p. 356]

2. Beiträge zur Geschichte und Deutung des Baumsymbols

Wenn man unseren Text verstehen will, so muß man an derartige Erfahrungen denken. Sie stellen sich ja überall dort ein, wo bisher unbewußte numinose Inhalte auf irgendeine Weise, sei es spontan, sei es durch Anwendung irgendwelcher Methoden, zum Bewußtsein kommen. Wie magische Texte es immer tun, macht auch der unsrige die Annahme, daß die Macht des gebannten Dämons integral auf den Adepten übergehe. Der Versuchung, ebenso zu denken, kann auch das moderne Bewußtsein kaum widerstehen. Man nimmt daher gerne an, daß man psychische Inhalte durch Einsicht völlig «erledigen» könne. Das trifft aber nur einigermaßen zu bei Inhalten, die sowieso wenig bedeuten. Numinose Vorstellungskomplexe können zwar veranlaßt werden, ihre Gestalt zu wechseln; aber ihr numinoser Gehalt, der sich in vielerlei Formen auszudrücken vermag, verschwindet nicht in dem Sinne, daß er gänzlich unwirksam gemacht werden könnte. Es eignet ihm nämlich eine Autonomie, die, wenn unterdrückt oder systematisch ignoriert, mit negativem Vorzeichen, das heißt destruktiv, an einer anderen Stelle wieder zum Vorschein kommt. Der Teufel, den der Zauberer zu seinem Dienst gezwungen wähnt, holt ihn am Ende doch, das heißt es lohnt sich nicht, den Dämon zu eigenen Zwecken als familiaris benutzen zu wollen; im Gegenteil muß die Autonomie dieser vieldeutigen Figur «religiose» im Auge behalten werden. Von ihr geht nämlich die schicksalbestimmende Kraft aus, welche die Individuation erzwingt. Die Alchemisten haben darum nicht gezögert, ihrem Stein geradezu göttliche Eigenschaften beizumessen und ihn als Mikrokosmos und Mensch parallel zu Christus zu setzen – «et in hoc puncto totum est periculum»[283]. Man kann und soll dieses Numen wegen der Gefahr der eigenen seelischen Zerstörung nicht in den engeren Kreis menschlicher Reichweite hineinzwängen wollen, denn es ist zum mindesten mehr als das menschliche Bewußtsein und mehr als der von diesem abhängige Wille.

Wie der Alchemist gelegentlich eine gewisse Neigung bekundet, die vom Unbewußten hervorgebrachten Symbole als zwingende Zaubernamen zu benutzen, so verwendet der Moderne in analoger Weise intellektuelle Begriffe zum umgekehrten Zwecke, nämlich um das Unbewußte zu vernichten, als ob man mit Vernunft und Intellekt die autonome Tatsache des Unbewußten aus der Welt schaffen könnte. Komischerweise habe ich Kritiker, die gerade mir es zutrauen, daß ich durch intellektuelle Begriffe die lebendige Seele ersetze. Ich verstehe nicht, wie diese Leute es fertigbringen, zu überse-

---

[283] [Vgl. Paragr. 435 Anm. 281.]

hen, daß meinen Begriffen empirische Tatsachen zugrunde liegen, und daß erstere mithin nichts anderes darstellen als Namen für gewisse Erfahrungsgebiete. Ich würde ein derartiges Mißverständnis begreifen, wenn ich es unterlassen hätte, die Tatsachen, auf die ich mich berufe, darzustellen. Es wird aber von seiten dieser Kritik geflissentlich übersehen, daß ich von Tatsachen und von der wirklichen Seele rede und keine philosophische Begriffsakrobatik treibe.

R. DAS MOTIV DER QUAL

439 Unser arabischer Text gibt uns einen wertvollen Einblick in die Phänomenologie des Individuationsprozesses, wie ihn die Alchemisten erlebten. Besonders interessant ist die Erwähnung der Qual, welche der Lapis dem artifex bereitet. In den abendländischen Texten tritt dieses Motiv ebenfalls auf, aber in umgekehrter Form, indem der Gequälte nicht der Laborant, sondern vielmehr der Mercurius, also der Lapis-Baum-Prinz ist. Diese Umkehrung weist darauf hin, daß der artifex zu quälen vermeint, während er selber der Gequälte ist. Dies kommt ihm dann allerdings später zum Bewußtsein, wenn er die Gefahren des Werkes zu seinem eigenen Schaden entdeckt hat. Als Beispiel für die projizierte Qual ist die ZOSIMOS-Vision charakteristisch [284]. In der «*Turba*» heißt es: «Nehmet den alten, schwarzen Geist und zerstöret und quälet [285] mit ihm die Körper, bis sie verändert werden [286].» An einer anderen Stelle antwortet ein Philosoph der Versammlung: «Darum weil die gequälte Substanz (cruciata res), wenn sie im Körper untergetaucht wird, diesen in eine unveränderliche und unzerstörbare Natur verwandelt [287].» Zweideutig ist die Antwort des Mundus in Sermo XVIII: «Wie viele sind es doch, welche diese Anwendungen [288] erforschen und ⟨auch⟩ gewisse finden, aber die Qualen (poenas) [289] nicht aushalten können, darum weil sie ⟨die Anwendungen⟩ vermindert werden [290].»

---

[284] Siehe meine Ausführungen hierüber in diesem Bande.
[285] «Diruite et cruciate.»
[286] Hg. RUSKA, p. 152. [Obige Übersetzung von JUNG.]
[287] l. c., p. 168.
[288] Unter den «applicationes» sind (Arkan-)Stoffe zu verstehen, wie die im Text erwähnte «gumma» (= aqua permanens).
[289] Entsprechend den κολάσεις des ZOSIMOS.
[290] l. c., p. 127 f.

Aus diesen Zitaten ist zu ersehen, daß der Begriff der Quälung nicht eindeutig ist. Im ersten Fall werden die Körper (corpora), nämlich die zu verbessernden Rohstoffe, «gequält»; im zweiten Fall ist die gequälte Substanz zweifellos die Arkansubstanz, die meist als «res» bezeichnet wird, und im dritten sind es die Forscher selber, welche die «Qualen» nicht aushalten können. Diese sonderbare Undeutlichkeit ist nicht zufällig, sondern hat ihre tieferen Gründe.

In den alten Texten, die der *«Turba»* (-Übersetzung) zeitlich nahestehen, finden sich grausame Rezepte im Stile derjenigen der *Zauberpapyri*[291], wie zum Beispiel das Rupfen eines lebenden Hahnes[292], die Austrocknung eines Menschen über einem heißen Stein[293], das Abschneiden von Händen und Füßen[294] usw. Hier ist die Qual dem Körper zugedacht. Einer anderen Version dagegen begegnen wir in dem ebenfalls alten *«Tractatus Micreris»*[295]. Es heißt dort, daß wie der Schöpfer die Seelen von den Körpern trennt und sie richtet und belohnt, «so müssen auch wir diesen Seelen gegenüber uns der Schmeichelei bedienen (adulatione uti)[296] und sie zu den schwersten Strafen (poenis, marginale: laboribus) verurteilen». Hier äußert der interlocutor im Dialog den Zweifel, ob man den Seelen, die ja «dünn» (tenues) seien und den Körper nicht mehr bewohnten, auf diese Weise beikomme? Der Meister antwortet: «Sie (anima) müsse gequält werden (puniri) mit dem subtilsten Geistigen (tenuissimo spirituali), nämlich mit der ihr selber ähnlichen feurigen Natur. Wenn nämlich ihr Körper gequält ist (punitum est), so würde sie nicht gequält (puniretur), die Qual (cruciatus) würde sie nicht erreichen, denn sie ist von geistiger Beschaffenheit, an welche nur Geistiges rühren wird[297].»

In diesem Falle unterliegt nicht der Rohstoff der Quälung, sondern diesem ist bereits die Seele (anima) ausgezogen worden und soll nun einer geistigen Marter unterworfen werden. Die «Seele» entspricht in der Regel der Arkansubstanz, entweder der geheimen prima materia oder dem Mittel, mit dem diese gewandelt wird. PETRUS BONUS, der, wie wir gesehen haben, einer der

---

[291] Ausweidung eines lebenden Hahnes (PREISENDANZ, *Pap. Graecae mag.* I, p. 79).

[292] *Allegoriae sup. libr. Turbae* in: *Art. aurif.* I, p. 140.

[293] l. c. I, p. 139.

[294] *Visio Arislei,* l. c. I, p. 151.

[295] «Micreris» ist wohl ein durch arabische Transliteration verstümmelter Mercurius.

[296] «Adulatio» ist ein Ausdruck, der das Liebesspiel der königlichen Hochzeit bezeichnet. Hier dient sie der «Herauslockung» der Seelen.

[297] In: *Theatr. chem.* V, p. 105.

ersten mittelalterlichen Alchemisten ist, welche sich über die Reichweite ihrer Kunst Gedanken machten, sagt: Wie GEBER Schwierigkeiten in der Erwerbung der Kunst gehabt habe, «so sind auch wir ähnlicherweise während langer Zeit in die Dunkelheit gefallen (in stuporem adducti) und waren unter der Decke der Verzweiflung verborgen. Indem wir also zu uns selbst zurückkehren und uns mit den Qualen unbegrenzter Überlegung unseres Denkens martern, haben wir die Körper betrachtet». Dabei zitiert er AVICENNA, der gesagt habe, es sei unumgänglich, «daß wir diese Operation (die solutio) durch uns selber (per nos ipsos) entdecken». «Diese Dinge waren uns bekannt *vor* dem Experiment ⟨und zwar⟩ infolge ins einzelne gehender, intensiver und langer Überlegung[298].»

443 BONUS verlegt die Qual in den investigator, dessen schmerzhafte Denkanstrengungen er hervorhebt. Er trifft damit das Richtige, denn die spezifischen und bedeutsamsten Entdeckungen der Alchemie entstammen der Meditation der eigenen psychischen Vorgänge, welche ihre archetypischen Gestaltungen auf den chemischen Stoff projizierten und damit unerhörte Möglichkeiten vortäuschten. Dasselbe Vorherwissen der Resultate wird allgemein zugegeben, wie zum Beispiel auch DORNEUS sagt: «Es ist unmöglich, daß irgendeiner der Sterblichen diese Kunst versteht, wenn er nicht vorher vom göttlichen Lichte erleuchtet wird[299].»

444 Sir GEORGE RIPLEY kennt die Quälung der Stoffe ebenfalls: «Ignis contra Naturam debet excruciare corpora, ipse est draco violenter comburens, ut ignis inferni[300].» Bei diesem Autor ist die Projektion der Höllenqual offenkundig vollkommen, wie bei so vielen anderen. Erst bei den Autoren des 16. und 17. Jahrhunderts bricht die Einsicht des PETRUS BONUS wieder durch. So erklärt DORNEUS (zweite Hälfte des 16. Jahrhunderts) unzweideutig: «Unde Sophistae ... ipsum Mercurium varijs torturis persecuti sunt, aliqui sublimationibus, coagulationibus, praecipitationibus, mercurialibus aquis fortibus, etc. quae omnes erroneae viae vitandae sunt[301]». Unter die Sophisten rechnet

---

[298] LACINIUS, *Pret. marg. nov.*, fol. 45ᵛ. [Von JUNG hervorgehoben.]

[299] *Physica Trismegisti* in: *Theatr. chem.* (1602) I, p. 413.

[300] «Das unnatürliche Feuer muß die Körper quälen. Es ist selber der Drache, der heftig brennt wie Höllenfeuer.» ([*Duodecim portarum* in:] (*Theatr. chem.*, 1602, II, p. 128)

[301] «Weshalb die Sophisten diesen Mercurius mit allerhand Torturen verfolgt haben, einige mit Sublimierungen, Gerinnungen, Niederschlägen, starken merkuriellen Flüssigkeiten usw., die allesamt zu vermeidende Irrwege sind.» [*Congeries Paracelsicae* in: *Theatr. chem.*, 1602, I, p. 585]

er auch den GEBER und den ALBERTUS, «cognomento Magnus», wie er spöttisch beifügt. In seiner *«Physica Trismegisti»* erklärt er sogar die seit alters bekannte «Schwärze» (melanosis, nigredo) als eine Projektion, indem er schreibt: «⟨Hermes⟩ dicit enim a te fugiet omnis obscuritas[302], non dicit a metallis. Per obscuritatem nihil aliud intelligitur quam tenebrae morborum et aegritudinum corporis atque mentis[303].»

Viele Stellen in der *«Aurora consurgens»* I geben denselben Erfahrungen beredten Ausdruck. Im Buche des OSTANES vergießen die Philosophen Tränen über dem Stein, der in einem anderen eingeschlossen ist. Infolgedessen verliert er, benetzt von den Tränen, seine Schwärze und wird hell wie eine Perle[304]. Ein Gratianuszitat des *«Rosarium philosophorum»* sagt: «In Alchimia est quoddam corpus nobile, ... in cuius principio erit miseria cum aceto, sed in fine gaudium cum laetitia[305].» Das *«Consilium coniugii»* setzt nigredo identisch mit melancholia[306]. Vom saturnischen Blei sagt BLASIUS VIGENERUS: «Das Blei bedeutet Qualen (vexationes) und Beschwernisse, mit denen Gott uns heimsucht und zur Sinnesänderung (resipiscentiam) hinführt[307]». Man ersieht hieraus, daß diesem Adepten die Identität des Bleies, das seit alters als Arkansubstanz galt, mit dem subjektiven Zustand der Depression bewußt war. Ähnlich spricht die personifizierte prima materia in der *«Aurelia occulta»* von ihrem Bruder Saturnus, dessen Geist «melancholica passione obrutus»[308] sei.

Es ist unter diesen Umständen, in denen das Motiv der Qual und der Traurigkeit eine so große Rolle spielen, nicht unerwartet, daß der Baum auch mit dem Kreuz Christi in Verbindung gebracht wurde. Dieser Analogie kam die Tatsache entgegen, daß seit alters die Legende bestand, das Kreuzholz stamme vom Paradiesesbaum[309]. Ebenso trug die Quaternität, deren Symbol das

---

[302] *Tabula smaragdina.* [Hg. RUSKA, p. 2: «Ideo fugiat (fugiet) a te omnis obscuritas.» Ferner *Theatr. chem.* (1602) I, p. 433.]

[303] Hermes «sagt nämlich, ‹von dir wird alle Dunkelheit fliehen›; er sagt nicht ‹von den Metallen›. Unter Dunkelheit wird nichts anderes verstanden als die Finsternisse der Krankheiten und Leiden des Körpers und des Geistes» (l.c., p. 433).

[304] BERTHELOT, *Chimie au moyen âge* III, p. 118.

[305] «In der Alchemie gibt es einen gewissen edeln Körper, bei dessen Anfang Elend mit Essig, aber bei dessen Ende Freude und Heiterkeit herrschen.» (*Art. aurif.* II, p. 278)

[306] In: *Ars chem.,* p. 125 f.

[307] *De igne et sale* in: *Theatr. chem.* VI, p. 76.

[308] «Von melancholischem Leiden übermannt.» (*Theatr. chem.,* 1613, IV, p. 573)

[309] ZÖCKLER, *Das Kreuz Christi,* p. 5, und insbesondere BEOLD, *Die Schatzhöhle,* p. 35.

Kreuz ist³¹⁰, zu dieser Beziehung bei, denn der Baum besitzt die Qualität der Vierheit schon vermöge der Tatsache, daß er den Prozeß, welcher die vier Elemente vereinigt, darstellt. Die Quaternität des Baumes ist älter als die christliche Ära. Sie findet sich zum Beispiel schon in Zarathustras Vision des Baumes mit den vier Zweigen von Gold, Silber, Stahl und «gemischtem» Eisen³¹¹. Dieses Bild klingt in den späteren alchemistischen Vorstellungen von der arbor metallorum wieder an, welcher Baum seinerseits mit dem Kreuz Christi parallelisiert wurde. So erfolgt in der *Cantilena Riplaei* die Wiedererneuerung des Königs mit Hilfe der arbor Christi³¹², was natürlich Kreuzigung bedeutet. An einer anderen Stelle ist es das (königliche) Paar, das heißt die supremen Gegensätze, welche gekreuzigt werden zum Zwecke der Vereinigung und Wiedergeburt. Wie Christus gesagt hat, schreibt RIPLEY, «si exaltatus fuero, omnia ad me traham. Ab eo tempore, quo partes sunt desponsatae, quae sunt crucifixae et exanimatae contumulantur simul mas et foemina et postea revivificantur spiritu vitae». («Wenn ich erhöht sein werde, werde ich alles zu mir ziehen. Von jener Zeit an, wo die Teile, welche ans Kreuz geschlagen und entseelt sind, miteinander verlobt sind, werden Mann und Frau zugleich begraben und nachher durch den Geist des Lebens wieder belebt³¹³».)

447 Auch bei DORNEUS erscheint der Baum als Wandlungssymbol an einer religionspsychologisch sehr interessanten Stelle seiner *«Speculativa philosophia»*: «⟨Deus⟩ conclusit angelo gladium irae suae de manibus eripere, cuius loco tridentem hamum substituit aureum, gladio ad arborem suspenso: et sic mutata est ira Dei in amorem» usw.³¹⁴. Christus ist als Logos das zweischneidige Schwert, das hier den Zorn Gottes darstellt, in Anlehnung an *Apokalypse* 1, 16 («gladius utraque parte acutus»).*

---

³¹⁰ DEE, *Monas hieroglyphica* in: *Theatr. chem.* (1602) II, p. 219.

³¹¹ Vgl. dazu REITZENSTEIN UND SCHAEDER, *Studien zum antiken Synkretismus aus Iran und Griechenland,* p. 45.

³¹² *Opera,* p. 421 ff. Vgl. auch die Eiche im Bade der Erneuerung bei BERNARDUS TREVISANUS, *Von der Hermetischen Philosophia,* 4. Teil. [Ferner in: *Theatr. chem.* (1602) I, p. 800 und JUNG, *Mysterium Coniunctionis* I, Paragr. 72 f.]

³¹³ *Opera,* p. 81.

³¹⁴ Gott «hat beschlossen, dem Engel das Schwert seines Zornes aus der Hand zu nehmen und hat, nachdem das Schwert an einem Baume aufgehängt worden war, an dessen Stelle einen goldenen, dreizackigen Angelhaken gesetzt: und so hat sich der Zorn Gottes in Liebe gewandelt.» (*Theatr. chem.,* 1602, I, p. 284.)

* [Unsere Paragraphen 456 und 457 entsprechen in der angloamerikanischen Ausgabe den Paragraphen 448 und 449. Daraus ergibt sich von hier an eine Verschiebung der Paragraphen-

S. DIE BEZIEHUNG DER QUAL
ZUM PROBLEM DER KONJUNKTION

In dem oben zitierten Text bezieht sich der Angelhaken auf Christus, indem die mittelalterliche Allegorik Gottvater darstellte, wie er mit dem Crucifixus als Köder den Leviathan fängt. Der goldene Dreizack spielt auf die Trinität an. Das Gold kommt als alchemistische Andeutung mit herein, wie überhaupt die Idee der Gotteswandlung in dieser seltsamen Allegorisierung in einer tieferen Beziehung zum alchemistischen Mysterium steht. Die Vorstellung, daß Gott einen Angelhaken auswirft, ist manichäischen Ursprungs: er hat nämlich den Urmenschen als Köder für die Mächte der Finsternis ausgeworfen, um sie einzufangen. Der Urmensch wird als «Psyche» bezeichnet, bei TITUS VON BOSTRA als ψυχὴ ἁπάντων (Weltseele)[315]. Diese Psyche entspricht dem kollektiven Unbewußten, das als *Eines* durch den *einen* Urmenschen dargestellt wird.

Dieser Vorstellungskomplex hat eine innere Verwandtschaft mit den gnostischen Ideen über Sophia-Achamoth bei IRENAEUS. Es heißt dort, daß die ἐνθύμησις (Erwägung, Beherzigung) der oberen Sophia vom oberen Pleroma mit Leiden (πάθει) getrennt in die Schatten und die Räume des Leeren weggegangen sei, gedrängt von der Notwendigkeit. Außerhalb des Lichtes und des Pleroma wurde sie unförmlich und gestaltlos, wie ein Abortus, darum weil sie nichts erfaßte (das heißt sie wurde unbewußt). Der obere und am Kreuz ausgespannte Christus aber habe sich ihrer erbarmt, und durch seine Kraft (ihr) Form verliehen, welche (allerdings) nur zum Sein, nicht aber zum Bewußtsein (genügte). Hier ist es nicht nur der Urmensch, der in die Finsternis gerät und darin als Angelhaken beziehungsweise als Köder benutzt wird, sondern es ist die Weisheit, eine weibliche Gestalt, welche aus innerer Notwendigkeit und aus ἐνθύμησις das Pleroma und sein Licht verläßt, um in die Finsternis einzutauchen. Aus der Formlosigkeit, in die sie dort verfällt, rettet sie der am Kreuz ausgespannte Christus zum Teil, indem er ihr wenigstens ein geformtes Dasein, aber allerdings kein entsprechendes Bewußtsein gibt. «Nachdem er dieses vollbracht, kehrte er ⟨zum Pleroma⟩ zurück, indem er seine Kraft wegnahm, und verließ sie, damit sie, das Leiden (πάθους), das mit

ziffern um zwei bis zum Schluß des Abschnitts S. Wie gewöhnlich, können wir diese Abweichungen vom Original nicht übernehmen. – D. Hg.]

[315] Siehe BOUSSET, *Hauptprobleme der Gnosis,* p. 178.

der Trennung vom Pleroma verknüpft ist, empfindend, das Bessere begehre, indem sie einen gewissen Geruch der Unsterblichkeit, in ihr von Christus und dem Heiligen Geiste zurückgelassen, besaß[316].»

450   Bei diesen Gnostikern war es nicht der Urmensch schlechthin, welcher in der Finsternis verlorenging, sondern es ist hier eine Differenzierung eingetreten, indem die Stelle des Urmenschen gewissermaßen von der weiblichen Gestalt der Weisheit (Sophia Achamoth) eingenommen wurde. Damit war das Männliche der Gefahr des Verschlungenwerdens entrückt und blieb in der pneumatischen Lichtsphäre. Das Weibliche dagegen setzte sich, bewogen teils durch einen Akt der Erwägung, teils durch Notwendigkeit (κατ' ἀνάγκην) in Verbindung mit der äußeren Finsternis. Das Leiden, das sie befiel, bestand aus einer Kette von Emotionen, wie Trauer, Furcht, Bestürzung, Verwirrung, Sehnsucht; bald lachte sie, bald weinte sie. Aus diesen «Affekten» (διαθέσεις) ging die ganze Weltschöpfung hervor.

451   Dieser eigenartige Schöpfungsmythus ist offensichtlich «psychologisch»: er schildert in der Gestalt einer kosmischen Projektion die *Abtrennung der weiblichen Anima* von einem männlichen und geistig orientierten Bewußtsein, welches nach der Absolutheit, das heißt nach dem endgültigen Siege des Geistes über die Sinnenwelt strebte, und zwar in der damaligen heidnischen Philosophie nicht weniger als im Gnostizismus. Diese Entwicklung und Differenzierung des Bewußtseins fand ihren literarischen Niederschlag in den «*Metamorphosen*» des APULEIUS und insbesondere in seinem Märchen «*Amor und Psyche*», wie ERICH NEUMANN in seiner Analyse des letzteren gezeigt hat[317].

452   Der emotionale Zustand der in der Unbewußtheit (ἄγνοια) verlorenen Sophia, ihre Richtungs- und Formlosigkeit und die Möglichkeit ihres absoluten Verlustes beschreiben aufs genaueste den Charakter der Anima eines Mannes, der sich mit seiner einseitigen Vernunft und Geistigkeit identifiziert. Er steht in Gefahr, von seiner Anima dissoziiert zu werden und damit den Zusammenhang mit dem kompensierenden Unbewußten überhaupt zu verlieren. In einem derartigen Falle pflegt das Unbewußte Emotionen unverhältnismäßiger Natur zu produzieren, wie Gereiztheit, Unbeherrschtheit, Überheblichkeit, Minderwertigkeitsgefühle, Launen, Depressionen, Zornausbrüche und dergleichen, gepaart mit Mangel an Selbstkritik und den entsprechenden Urteilsstörungen, Mißgriffen und Verblendungen.

---

[316] [*Adversus haereses*, I, 4, 1. – Von JUNG übersetzt.]
[317] *Amor und Psyche. Ein Beitrag zur seelischen Entwicklung des Weiblichen.*

Die geistige Richtung verliert dabei den Zusammenhang mit der Wirklichkeit. Sie wird rücksichtslos, anmaßend und tyrannisch. Je unangepaßter ihre Ideologie ist, desto mehr beansprucht sie allgemeine Anerkennung und ist gesonnen, diese nötigenfalls mit Gewalt zu erzwingen. Dieser Zustand ist ein ausgesprochenes πάϑος, ein Leiden der Seele, welches allerdings zunächst als solches wegen mangelnder Introspektion nicht wahrgenommen wird, sondern erst allmählich durch ein vages malaise zum Bewußtsein kommt. Dadurch wird dieses veranlaßt, sich der Wahrnehmung zuzuwenden und zu konstatieren, daß irgend etwas nicht stimmt, ja, daß man eigentlich an etwas leide. Dies ist der Moment, in dem entweder körperliche oder psychische Symptome entstehen, welche nicht mehr aus dem Bewußtsein vertrieben werden können. In der Sprache des Mythus ausgedrückt, heißt dies: Christus (als das Prinzip der männlichen Geistigkeit) anerkennt das Leiden der Sophia (das heißt der Psyche) und gibt ihr dadurch Form, das heißt Existenz (κατ' οὐσίαν), überläßt sie aber dann sich selber, damit sie ihre Qual deutlich empfinde; das heißt das männliche Bewußtsein begnügt sich mit der Wahrnehmung des seelischen Leidens, macht sich aber den Grund desselben keineswegs bewußt, sondern überläßt die Anima der ἀγνοία, der Unbewußtheit. Dieser Vorgang ist typisch und kann auch heutzutage noch bei allen männlichen Neurosen, und nicht nur bei diesen, sondern auch bei den sogenannten Normalen, welche durch eine gewisse (meist intellektuelle) Einseitigkeit und psychologische Blindheit mit dem Unbewußten in Konflikt geraten sind, beobachtet werden.

In diesem psychologischen Mythus ist zwar der Urmensch (Christus) immer noch das Mittel, um das Dunkel zu bewältigen, aber er teilt seine Rolle mit einem ihm parallelen weiblichen Wesen, der Sophia, und der Crucifixus erscheint auch nicht mehr als Köder an der Angelrute Gottes, sondern er «erbarmt» sich der weiblichen Hälfte und der gestaltlosen Form, indem er sich ihr als der «durch das Kreuz Ausgespannte» offenbart. Der griechische Text verwendet hier einen starken Ausdruck: ἐπεκταϑέντα, welcher die Ausdehnung und Streckung besonders betont. Es ist das Bild eines Qualzustandes, das er der leidenden Sophia entgegenhält, woraus sie sein und er ihr Leiden erkennen könnte. Bevor aber diese Erkenntnis eintritt, zieht sich die männliche Geistigkeit wieder zurück in ihr Lichtreich. Dieser charakteristische Zug findet sich immer in solchen Fällen: sobald das Licht der Dunkelheit ansichtig wird und die Möglichkeit einer *Verbindung* erscheint, meldet sich der im Lichte sowohl wie im Dunkel wohnende *Machttrieb* und will nichts von seiner Position abgeben. Die helle Welt will ihr Licht nicht dämpfen, und die dunkle möchte ihre genußreichen Emotionen nicht aufgeben. Weder die eine noch die andere merkt, daß ihr Leiden eines und dasselbe ist und mit dem Bewußtwerdungsprozeß zusammenhängt. In diesem nämlich wird eine Ureinheit in zwei unversöhnliche Hälften getrennt, in das eine und das andere. Es gibt keine Bewußtheit ohne diese prinzipielle Diskrimination. Diese Zweiheit kann nicht unmittelbar aufgehoben werden ohne eine Auslöschung des Bewußtseins. Die ursprüngliche Ganzheit aber bleibt als ein Desideratum, in unserem Text als das unbedingt Begehrenswerte (ὀρεχθῇ τῶν διαφερόντων), nach dem sich die Sophia sehnt, mehr als der gnostische Christus. Es ist auch heutzutage noch so, daß dem rationalistischen und intellektuellen (sogenannten geistigen) Bewußtsein die Unterscheidung mehr liegt als die Einigung zur Ganzheit. Darum ist es das Unbewußte, welches *Ganzheitssymbole* hervorbringt[318].

Diese Symbole sind meist vierzahlig und bestehen aus zwei sich durchkreuzenden Gegensatzpaaren (zum Beispiel Rechts-Links, Oben-Unten). Durch diese vier Punkte wird ein Kreis bestimmt, welcher außer dem Punkte das einfachste Symbol der Ganzheit darstellt, daher auch das einfachste Gottesbild ist[319]. Diese Überlegung dürfte für die Deutung der besonderen Hervorhebung des Kreuzes (διὰ τοῦ σταυροῦ ἐπεκταθέντα) in Betracht kommen, denn im Kreuze wie im Baum findet die Vereinigung statt. Deshalb konnte AUGUSTINUS das Kreuz mit dem Brautbett vergleichen, und darum findet im Märchen der Held seine Braut im Wipfel des großen Baumes, wie der Schamane seine himmlische Gattin und ebenso der Alchemist. Die coniunctio ist ein Gipfel des Lebens und zugleich auch der Tod, weshalb unser Text den «Geruch der Unverweslichkeit» (ὀσμὴ ἀφθαρσίας) in diesem Zusammenhang erwähnt. Die Anima bildet eben einerseits die Brücke zum Jenseitsland der lebendigen und ewigen Urbilder, andererseits verwickelt sie den Mann durch ihre Emotionalität in die chthonische Welt und deren Vergänglichkeit.

Kehren wir nach dieser Betrachtung wieder zu unserem Ausgangspunkt zurück, nämlich zum «gladius ad arborem suspensus»[320]. Diese etwas unge-

---

[318] Vgl. hiezu *Psychologie und Alchemie,* Paragr. 122 ff., und *Zur Empirie des Individuationsprozesses.*

[319] «Deus est circulus, cuius centrum est ubique, cuius circumferentia vero nusquam.» [Gott ist ein Kreis, dessen Mittelpunkt überall, dessen Umfang aber nirgends ist. – Vgl. dazu *Mysterium Coniunctionis* I, Paragr. 40.]

[320] Dem «am Baum aufgehängten Schwert» [vgl. oben, Paragr. 447].

wöhnliche allegoria Christi ist sicher in Analogie zur am Kreuz aufgehängten Schlange entstanden. Der «serpens in ligno suspensus» ist schon bei AMBROSIUS ein «typus Christi»[321], ebenso der «anguis aëneus in cruce» bei ALBERTUS MAGNUS[322]. Christus ist als Logos mit dem Naas, der Schlange des Nous bei den Ophiten, synonym. Der Agathodaimon (der gute Geist) hatte Schlangengestalt, und die Schlange galt schon bei PHILO als das «geistigste» (πνευματικώτατον) Tier, während doch ihr kaltes Blut und ihre niedrige Gehirnorganisation eben gerade keine besondere Bewußtseinsentwicklung vermuten lassen, und umgekehrt ihre Beziehungslosigkeit zum Menschen und ihre offenkundige Unbewußtheit sie zu einem Wesen stempeln, das fremd, furchterregend und faszinierend diesem gegenübertritt und somit ein treffliches Symbol für das Unbewußte, einesteils für dessen kalte und rücksichtslose Triebhaftigkeit, anderenteils für dessen Sophianatur oder natürliche Weisheit, die in den Archetypen enthalten ist, darstellt. Die durch die chthonische Schlange repräsentierte Logosnatur Christi ist die mütterliche Weisheit der Gottes-Mutter, welche durch die Sapientia des *Alten Testamentes* präfiguriert wird. Durch dieses Symbol wird Christus eigentlich als eine Personifikation des Unbewußten in dessen ganzem Umfang charakterisiert und als solche am Baume als Opfer aufgehängt (und «vom Speer verwundet» wie Odin).

Psychologisch läßt sich dieses Schlangenopfer nicht anders verstehen, als daß es einerseits eine Überwindung des Unbewußten und andererseits ein schmerzhaftes Auf- und Darangeben einer noch sohnhaften, unbewußt an der Mutter hängenden Einstellung bedeutet. Die Alchemisten haben sich des gleichen Symbols bedient, um die Wandlung des Mercurius, der nun ganz unzweideutig das Unbewußte personifiziert[323], darzustellen[324]. In modernen Träumen ist mir dasselbe Motiv mehrfach begegnet, einmal als gekreuzigte Schlange (mit bewußter Beziehung auf das evangelische Gleichnis), ein andermal als schwarze Spinne an einem Pfahl, der sich in ein Kreuz verwandelte, aufgehängt, und ein drittes Mal als nackter, gekreuzigter Frauenkörper.

---

[321] «Die am Holz aufgehängte Schlange» (*De XLII mansionibus filiorum Israel* in: MIGNE, P. L. XVII, col. 34).
[322] «Die eherne Schlange am Kreuz»: In seinem Hymnus an die Gottesmutter «Ave praeclara maris stella». Vgl. DE GOURMONT, *Le Latin mystique,* p. 129f. [darüber ausführlicher in: *Psychologie und Alchemie,* Paragr. 481].
[323] *Der Geist Mercurius* [Paragr. 284ff. dieses Bandes].
[324] Abb. in: ELEAZAR, *Uraltes Chymisches Werck* [p. 26], (Fälschung des FLAMELschen Rindenbuches [vgl. *Mysterium Coniunctionis* II, Paragr. 257]).

T. DER BAUM ALS MENSCH

458 Wie die Vision des Zarathustra, der Traum des Nebukadnezar und der Bericht des BARDESANES (154–222 p. Chr. n.) über den Gott der Inder[325] unausgesprochene Vorbilder für die Beziehung der arbor philosophica zum Menschen sind, so gehört hiezu ebenso die alte rabbinische Idee, daß der Paradiesbaum der Mensch sei[326]. Nach ältesten Vorstellungen gehen die Menschen aus Bäumen oder Pflanzen hervor[327]. Der Baum ist sozusagen eine Wandlungsform des Menschen, indem er einerseits aus dem Urmenschen hervorgeht und andererseits zum Menschen wird[328]. Von größtem Einfluß waren natürlich die patristischen Vorstellungen von Christus als Baum oder als vitis (Weinstock)[329]. In der «*Pandora*» ist, wie erwähnt, der Baum als Frauengestalt dargestellt, durchaus entsprechend den am Anfang dieses Aufsatzes gegebenen individuellen Zeichnungen, die im Gegensatz zu den alchemistischen Bildern zum großen Teil von Frauen angefertigt wurden. Es erhebt sich hier

---

[325] Bei STOBAEUS, *Anthologium* I, 3 [I, p. 67 f.]. In einer Höhle befindet sich eine Statue mit ausgestreckten Armen (wie ein Gekreuzigter), von holzähnlichem Material, rechts männlich, links weiblich. Sie kann schwitzen und bluten.

[326] GANZ, *Chronologia sacro-profana,* p. 47, c. XXI: «Docet R. Zahira, dicens: ‹ex fructu arboris› – non vero arboris huius, sed hominis, qui similis est arbori» [Es lehrt Rabbi Zahira und spricht: ‹aus der Frucht des Baumes› – aber nicht dieses Baumes, sondern des Menschen, der dem Baume gleicht]. – «As is a tree, just such is the Lord of Trees, so, indeed is man.» [Wie ein Baum ist, gerade so ist der Herr der Bäume, so, in der Tat, ist der Mensch.] (Zitat bei COOMARASWAMY, *The Inverted Tree,* p. 28.)

[327] Nach der iranischen Überlieferung flossen die sieben Metalle aus dem Körper des Urmenschen Gayomard in die Erde. Daraus entstand die Reivaspflanze, aus welcher Mahryaγ und Mahryanaγ, die ersten Menschen, hervorkamen. Vgl. dazu die *Edda:* Ask und Embla, die ersten Menschen (CHRISTENSEN, *Les Types du Premier Homme et du Premier Roi dans l'histoire légendaire des Iraniens,* p. 35). Auf den Gilbertinseln gehen Menschen und Götter aus dem Urbaum hervor.

[328] Vgl. CHRISTENSEN, l. c., p. 18; *Bundehesh,* 15,1. Die gleiche Rolle spielen die Zeder und der Perseabaum im altägyptischen Batamärchen. Siehe JACOBSOHN, *Die dogmatische Stellung des Königs in der Theologie der alten Ägypter,* p. 13. Es ist bedauerlich, daß gerade diese religionspsychologisch interessanten Wandlungsvorgänge in der Wiedergabe des Batamärchens in der großen Sammlung altorientalischer Texte von JAMES B. PRITCHARD (*Ancient Near Eastern Texts*) unterdrückt sind.

[329] Christus als «arbor fructifera» [fruchttragender Baum] in: GREGORIUS, *Super Cantica Canticorum* (MIGNE, P. L. LXXVI, col. 97, und LXXIX, col. 495, und a. a. O., als Weinstock (*Jo.* 15,1). Auch der Tathâgata (Buddha) wird als «a tree of paradise» [ein Paradiesbaum] bezeichnet. (*Buddha-Carita* des Avagosha in: *Sacred Books of the East* XLIX, p. 157)

die Frage, wie dieses weibliche Baumwesen zu deuten sei. Gemäß dem Ergebnis unserer Untersuchung des historischen Materials ist der Baum als Anthropos beziehungsweise Selbst aufzufassen. Diese Deutung leuchtet besonders im Symbolismus des «*Scriptum Alberti*» ein und wird durch das Phantasiematerial, welches die individuellen weiblichen Zeichnungen begleitet, bestätigt. Die Deutung des weiblichen Baumnumens besteht also für die Frau zu Recht, nicht aber für den Alchemisten oder Humanisten [330], dessen weibliche Gestalt des Baumes eine offenkundige Projektion der Animafigur darstellt. Die Anima personifiziert die Weiblichkeit des Mannes, nicht aber das Selbst. Entsprechend stellt die Zeichnerin der Bilder 29 und 30 das Baumnumen als Animus dar. In beiden Fällen verdeckt das gegengeschlechtige Symbol das eigentliche Selbst. Dies ist regelmäßig dort der Fall, wo entweder das Weibliche des Mannes, also die Anima, oder das Männliche der Frau, also der Animus, noch nicht genügend differenziert und dem Bewußtsein integriert sind, das heißt das Selbst ist erst potentiell als Intuition, aber noch nicht aktuell vorhanden [331].

Insofern der Baum das opus und den Wandlungsprozeß «moralisch und physisch» (tam ethice quam physice) symbolisiert, ist es auch klar, daß er den *Lebensprozeß* überhaupt meint. Seine Identität mit Mercurius, dem spiritus vegetativus, bestätigt diese Auffassung. Da das durch den Baum dargestellte opus ein Mysterium von *Leben, Tod und Wiedergeburt* ist, so kommt auch der arbor philosophica diese Bedeutung zu und darüber hinaus noch die Eigenschaft der *Weisheit,* welche der Psychologie einen wertvollen Hinweis gibt. Schon seit alters galt der Baum als Symbol der Gnosis und der Weisheit. So sagt IRENAEUS, daß nach der Ansicht der Barbelioten aus dem Menschen (Anthropos) und der Gnosis der Baum geboren wurde, und sie nannten diesen auch Gnosis [332]. In der Gnosis des JUSTINUS wird der Offenbarungsengel Baruch als τὸ ξύλον τῆς ζωῆς bezeichnet [333], woran der zukunftwissende

---

[330] Ich verweise hier auf ULYSSES ALDROVANDUS (1522–1605) und seine Deutung des «Enigma Bolognese» (*Dendrologia,* I, p. 146). Ich habe eine kurze Darstellung und Bearbeitung des «Rätsels von Bologna» in einem Beitrag, den ich zur *Festschrift Albert Oeri* (1945) verfaßt habe. [Vgl. *Mysterium Coniunctionis* I, II/3.]

[331] Vgl. dazu die «Traumsymbole des Individuationsprozesses» in: *Psychologie und Alchemie* [II, Paragr. 44 ff.].

[332] *Adversus haereses,* I, 29,3 [p. 82]. Eine ähnliche Vorstellung ist der Feuerbaum des Simon Magus (HIPPOLYTUS, *Elenchos,* VI, 9,8, p. 137).

[333] HIPPOLYTUS, l. c., V, 26,6, p. 127.

Sonn- und Mondbaum des Alexanderromans erinnert[334]. Die kosmischen Beziehungen des Baumes als Weltbaum, Weltsäule und -achse treten sowohl bei den Alchemisten wie in den individuellen Phantasien Moderner in den Hintergrund, weil es sich hier schon in ausgesprochenem Maße um den Individuationsvorgang handelt, der nicht mehr in den Kosmos projiziert wird. Eine seltene Ausnahme dieser Regel bedeutet allerdings der von NELKEN beschriebene Fall eines schizophrenen Patienten, in dessen Weltsystem der «Urvater» der Welt einen «Lebensbaum» auf der Brust trug. Dieser hatte rote und weiße Früchte oder Kugeln, welche die Welten bedeuteten. Oben auf dem Baum saß eine Taube und noch höher ein Adler. Rot und Weiß sind die alchemistischen Farben, wobei Rot der Sonne und Weiß dem Monde entspricht. Wie im *Scriptum Alberti* der Storch, so sitzen hier Taube und Adler oben auf dem Baum. Kenntnis alchemistischer Vorlagen ist in diesem Fall ausgeschlossen[335].

460   Aus der summarischen Zusammenstellung obiger Nachweise dürfte hervorgehen, daß die spontanen Produkte des Unbewußten moderner Menschen den Archetypus des Baumes in einer Art und Weise schildern, welche den Parallelismus mit dessen historischer Gestalt deutlich erkennen lassen. Als bewußte, historische Vorlagen kommen dabei für meine Beobachtungen nur der biblische Paradiesbaum und etwa das eine oder andere Märchen in Betracht. Ich kann mich aber an keinen einzigen Fall erinnern, in dem spontan angegeben wurde, daß der Zeichner sich bewußt an die Vorstellung des Paradiesbaumes angelehnt hätte. In allen Fällen meldete sich spontan die Vorstellung des Baumes schlechthin. In jenen Fällen, in denen ein weibliches Wesen mit dem Baum in Beziehung gesetzt wurde, ist es keiner der Urheberinnen der betreffenden Bilder eingefallen, die weibliche Gestalt mit der Schlange auf dem Erkenntnisbaum in Verbindung zu bringen. Die Bilder zeigen mehr Verwandtschaft mit der antiken Vorstellung der Baumnymphe als mit der biblischen Vorlage. In der jüdischen Tradition wird die Schlange übrigens auch als Lilith gedeutet. Es besteht wohl ein starkes Vorurteil hinsichtlich der Annahme, daß gewisse Ausdrucksformen nur darum bestünden, weil in dem betreffenden Kulturkreis einmal eine Vorlage dafür entstanden sei. Wenn dem so wäre, so müßten bei uns ungefähr alle Fälle dieser Art dem Typus Paradiesbaum folgen. Wie wir gesehen haben, verhalten sich in Wirklichkeit die Din-

---

[334] Vgl. damit auch das GRIMMsche Märchen vom Geist in der Flasche, das ich in meinem Aufsatz *Der Geist Mercurius* [Paragr. 239 dieses Bandes] erläutert habe.
[335] NELKEN, *Analytische Beobachtungen über Phantasien eines Schizophrenen,* p. 541.

2. Beiträge zur Geschichte und Deutung des Baumsymbols

ge anders: die uns schon längst nicht mehr geläufige Vorstellung von Baumnymphen überwiegt den Typus Paradies- und Weihnachtsbaum; ja wir finden sogar Andeutungen des bei uns obsoleten Weltbaumes und sogar der arbor inversa, welche zwar aus der Kabbala in die Alchemie eingedrungen ist, aber sonst in unserem Kulturkreis nirgends eine Rolle spielt. Wir befinden uns aber mit unserem Material in bester Übereinstimmung mit den weit verbreiteten, relativ primitiven schamanistischen Vorstellungen von der mit dem Baume verbundenen himmlischen Schamanengattin [336]. Letztere ist eine klassische Animaprojektion. Sie gilt als die «ayami» (familiaris, Schutzgeist) der Schamanen-Vorväter. Sie ist auch die Frau des Schamanen. Ihr Gesicht ist halb schwarz, halb rot. Manchmal erscheint sie als geflügelter Tiger [337]. SPITTELER vergleicht die Herrin Seele ebenfalls mit dem Tiger [338]. Der Baum stellt recht eigentlich das Leben der himmlischen Schamanengattin dar [339]. Der Baum hat vielfach *Mutterbedeutung* [340]. Bei den Yakuten ist ein Baum mit acht Ästen der Ursprungsort des ersten Menschen. Dieser wird durch eine Frau ernährt, welche bis zur Hälfte des Körpers aus dem Stamm austritt [341]. Dieses Motiv findet sich auch unter meinen obigen Beispielen (Bild 22).

Wie mit einem weiblichen Wesen, so ist der Baum auch mit der Schlange, dem Drachen und anderen Tieren verbunden, wie zum Beispiel Yggdrasil [342], der persische Baum Gaokêrêna im Vurukashasee [343] oder der griechische Hesperidenbaum, ganz abgesehen von den noch bestehenden indischen heiligen Bäumen, in deren Schatten sich oft Dutzende von Naga- (= Schlangen-) Steinen erheben [344].

Der umgekehrte Baum spielt bei den ostsibirischen Schamanen eine große

---

[336] ELIADE, *Le Chamanisme,* pp. 81 ff., 138, 173, 310 und 312.
[337] l. c., p. 80 [7].
[338] *Prometheus und Epimetheus,* p. 25. Der Tiger symbolisiert in China das weibliche Yin.
[339] ELIADE, l. c., p. 83.
[340] l. c., pp. 118 und 173.
[341] l. c., p. 247.
[342] Eichhörnchen, Hirsch; Yggdrasil bedeutet Odins Pferd [vgl. NINCK, *Götter und Jenseitsglauben der Germanen,* p. 191: «... der Baum empfängt davon seinen Namen Yggdrasil, ‹Roß des Ygg›, d. h. des Schreckers Odins.»] Zur Mutterbedeutung des letzteren vgl. *Symbole der Wandlung,* Paragr. 367 f. und Abb. 150.
[343] *Bundehesh.* [Vgl. SPIEGEL, *Erânische Altertumskunde* I, p. 465 ff. – Näheres in: *Symbole der Wandlung,* Sachregister s. v. Vourukasha.]
[344] Z. B. vor dem Tor des Fort von Seringapatam. Vgl. insbesondere FERGUSON, *Tree and Serpent Worship.*

Rolle. KAGAROW veröffentlichte die Photographie eines derartigen Nakassä genannten Baumes aus dem Leningrader Museum. Die Wurzeln bedeuten die Haare. Am Stamm, in der Nähe der Wurzeln, ist ein Gesicht eingeschnitten, wodurch deutlich wird, daß der Baum eigentlich einen Menschen darstellt[345]. Vermutlich ist dies der Schaman selber beziehungsweise dessen größere Persönlichkeit. Bekanntlich besteigt dieser den magischen Baum, um in den Himmel, das heißt in die Oberwelt zu kommen, wo er zu seinem eigentlichen Selbst gelangt. ELIADE, der eine ausgezeichnete Darstellung des gesamten Schamanismus gegeben hat, sagt: «Le chaman esquimau ressent le besoin de ces voyages extatiques car c'est surtout pendant la transe qu'il devient véritablement lui-même: l'expérience mystique lui est nécessaire en tant que constitutive de sa propre personnalité[346].» In der Ekstase tritt häufig ein Zustand ein, in welchem der Schaman von seinen familiares, das heißt Hilfsgeistern, «besessen» wird. Durch diese Besessenheit gelangt er in den Besitz seiner «‹organes mystiques›, qui constituent en quelque sorte sa véritable et complète personnalité spirituelle», wie ELIADE schreibt[347]. Diese Meinungsäußerung bestätigt die psychologische Schlußfolgerung aus der schamanistischen Symbolik, nämlich daß es sich dabei um eine projizierte Darstellung des Individuationsprozesses handelt. Dieselbe Folgerung gilt auch, wie wir gesehen haben, für die Alchemie, und bei modernen Phantasien dieser Art läßt es sich durch die Aussagen der Urheber solcher Bilder nachweisen, daß sie damit einen vom Bewußtsein und von bewußter Willkür unabhängigen inneren Entwicklungsprozeß darzustellen versuchen. Der Prozeß besteht meist in der Vereinigung eines doppelten Gegensatzes, nämlich ein Unten (Wasser, Schwärze, Tier, Schlange usw.) mit einem Oben (Vogel, Licht, Kopf usw.), und ein Links (weiblich) mit einem Rechts (männlich). Die Gegensatzvereinigung, die in der Alchemie eine so große, ja ausschlaggebende Rolle spielt, hat für den psychischen Prozeß, der durch die Konfrontation mit dem Unbewußten ausgelöst wird, dieselbe Bedeutung, weshalb die Wahl ähnlicher oder gar identischer Symbole keineswegs erstaunlich ist.

[345] KAGAROW, *Der umgekehrte Schamanenbaum,* p. 183 ff. und Tafel II.
[346] ELIADE, l. c., p. 265. [«Der Eskimoschamane fühlt ein Bedürfnis nach diesen ekstatischen Reisen, denn in der Trance wird er am meisten er selbst; das mystische Element ist ihm unentbehrlich, denn es bildet ein Konstitutivum seiner eigenen Persönlichkeit.» (Deutsche Ausgabe, p. 281.)] Von mir hervorgehoben.
[347] l. c., p. 297 [«mystischen Organe..., die in gewissem Grad erst seine wahre und vollständige geistige Persönlichkeit ausmachen» (p. 315)].

U. DEUTUNG UND INTEGRATION DES UNBEWUSSTEN

Es ist vielerorts und – wie ich sagen muß – leider gerade bei meinen ärztlichen Kollegen erstens einmal nicht verstanden worden, wieso die von mir beschriebenen Phantasieserien zustande kommen, und zweitens, warum ich mich so sehr um eine ihnen unbekannte Symbolik mit vergleichender Forschung bemühe. Ich fürchte, daß hier dem Verständnis allerlei unkorrigierte Vorurteile im Wege stehen, vor allem die willkürliche Annahme, daß die Neurose sowohl wie der Traum aus nichts anderem als aus verdrängten (infantilen) Erinnerungen und Tendenzen bestehen, und sodann, daß die psychischen Inhalte entweder rein persönlich seien, oder, wenn unpersönlich, dann dem kollektiven Bewußtsein entstammen. 463

Psychische so gut wie somatische Störungen sind sehr komplexe Erscheinungen, die sich mit einer rein ätiologischen Theorie allein nicht erklären lassen. Neben der Ursache und dem X der individuellen Disposition muß auch der finale Aspekt der biologischen Zweckmäßigkeit, die auf psychischem Gebiet als *Sinn* formuliert werden muß, in Betracht gezogen werden. Bei den psychischen Störungen genügt das bloße Bewußtmachen der vermutlichen oder wirklichen Ursachen längst nicht immer, sondern es handelt sich bei der Therapie um eine Integration von Inhalten, die vom Bewußtsein dissoziiert sind, und zwar keineswegs immer durch Verdrängung, welche sehr häufig ein bloß sekundäres Phänomen darstellt. Gewöhnlich sogar ist es so, daß im Laufe der Entwicklung anschließend an die Pubertät sich affektive Inhalte, Tendenzen, Impulse und Phantasien zum Worte melden einem Bewußtsein gegenüber, das aus vielerlei Gründen nicht gewillt oder unfähig ist, sie zu assimilieren. Es reagiert dann mit Verdrängung in verschiedenen Formen, um die lästigen Eindringlinge loszuwerden. Dabei gilt die Regel, daß, je negativer das Bewußtsein eingestellt ist, das heißt je mehr es widerstrebt, entwertet und Angst empfindet, desto widerwärtiger, aggressiver und furchterregender der Ausdruck wird, welchen der dissoziierte psychische Inhalt annimmt. 464

Jede Form der Verständigung mit dem abgespaltenen Seelenteil ist therapeutisch wirksam. Diesen Effekt hat eine bloß vermutliche *wie* eine wirkliche Auffindung der Ursachen. Auch wenn sie eine phantastische Annahme sein sollte, so wirkt sie wenigstens suggestiv heilsam, nämlich wenn der Arzt selber daran glaubt und sich ernstlich um ein Verständnis bemüht. Zweifelt er dagegen an seiner ätiologischen Theorie, so sinken seine Erfolgschancen sofort, und er sieht sich gezwungen, wenigstens die wirklichen Gründe, welche 465 einen intelligenten Patienten sowohl wie ihn selber überzeugen, aufzufinden. Ist der Arzt kritisch veranlagt, so wird ihm diese Aufgabe gegebenenfalls zu einer schweren Last, und häufig wird er über seine Zweifel nicht hinauskommen. Damit wird aber der therapeutische Erfolg in Frage gestellt. Aus dieser Schwierigkeit erklärt sich unschwer der fanatische Doktrinarismus der FREUDschen Orthodoxie.

466 Ich will dies an einem Beispiel darstellen, das mir jüngst zugestoßen ist: Ein mir unbekannter Herr X schreibt mir, er habe meine Schrift «*Antwort auf Hiob*» gelesen, die ihn sehr interessiert und in einige Aufregung versetzt habe. Er habe sie auch seinem Freunde Y zum Lesen gegeben, und dieser habe daraufhin folgenden Traum gehabt: *Er ist wieder im Gefangenenlager und sieht, wie ein mächtiger Adler seine Kreise über dem Lager zieht, um seine Beute zu erspähen. Die Situation wird gefährlich und ängstlich, und Y überlegt sich, was man zur Abwehr unternehmen könnte. Er denkt, er könne mit einem Raketenflugzeug aufsteigen, um den bedrohlichen Raubvogel abzuschießen.* X beschreibt Y als einen rationalistisch eingestellten Intellektuellen, der längere Zeit in einem Konzentrationslager zugebracht hat. X sowohl wie Y beziehen den Traum auf den Affekt, der durch die Lektüre meiner Schrift am Vortag ausgelöst worden war. Herr Y begab sich zu Herrn X, um sich über den Traum zu beraten. X hatte die Ansicht, daß der Adler, von dem sich Y erspäht fühlte, sich auf ihn selber (X) beziehe, worauf Y entgegnete, er glaube das nicht, sondern der Adler beziehe sich vielmehr auf mich, den Autor des Buches.

467 Herr X wollte nun meine Ansicht hierüber hören. Es ist im allgemeinen eine mißliche Sache, Träume, zu denen man kein amplifizierendes Material besitzt, und dazu von Leuten, die man nicht kennt, erklären zu wollen. Wir müssen uns daher mit einigen Fragen, die durch das vorhandene Material aufgeworfen werden, begnügen. Woher zum Beispiel glaubt Herr X zu wissen, daß der Adler sich auf ihn bezieht? Aus dem, was ich dem Briefe entnehmen konnte, geht hervor, daß er seinem Freunde Y gewisse psychologische Kenntnisse vermittelt hat, sich daher ein bißchen in der Rolle eines Mentors fühlt und seinem Freunde so gewissermaßen von oben her in die Karten sieht. Jedenfalls spielt er mit dem Gedanken, Y empfinde es etwas peinlich, von ihm, dem Psychologen, ausgespäht zu sein. X ist auf diese Weise etwa in der Lage des Psychotherapeuten, der mittels der Sexualtheorie von vornherein weiß, was hinter den Neurosen und den Träumen steckt und von der hohen Warte überlegener Einsicht dem Patienten das Gefühl des Durchschautseins vermittelt. Er erwartet, in den Träumen seiner Patienten in irgendwelcher, durch die

mystische Instanz der «Zensur» erfundenen Verkleidung aufzutauchen. Auf diese Weise kommt Herr X leicht zur Vermutung, daß er der Adler sei.

Herr Y dagegen ist anderer Ansicht. Er scheint sich nicht bewußt zu sein, von X «inspiziert» oder durchschaut zu werden, sondern geht vernünftigerweise zur offensichtlichen Quelle seines Traumes zurück, nämlich zu meiner Schrift, die ihm irgendwie einen Eindruck gemacht zu haben scheint. Aus diesem Grunde wohl ernennt er den ihm unbekannten Autor, also mich, zum Adler. Man kann daraus schließen, daß er sich irgendwo so angerührt fühlte, wie wenn ihm jemand in die Karten gesehen, ihn in irgendwelchem intimen Punkt erkannt oder verstanden hätte – allerdings in einer ihm nicht unbedingt sympathischen Weise. Dieses Gefühl brauchte ihm zwar nicht bewußtgeworden zu sein, denn sonst wäre es ihm wohl kaum im Traume vorgestellt worden.

Hier steht Deutung gegen Deutung, und die eine ist so willkürlich wie die andere. Der Traum selber gibt nicht den mindesten Anlaß in der einen oder anderen Richtung. Man könnte allenfalls die Meinung vertreten, daß Y eine gewisse Scheu vor der überlegenen Einsicht seines Freundes X empfinde und ihn infolgedessen hinter der Maske des Adlers versteckt habe, um ihn nicht wiedererkennen zu müssen. Aber hat Y seinen Traum selber gemacht? FREUD hat deshalb die Existenz eines Zensors angenommen, dem diese Verwandlungskunststücke zugeschoben werden. Solchen Annahmen gegenüber stelle ich mich auf den Standpunkt, daß, wie die Erfahrung zeigt, der Traum ohne die mindeste Rücksicht auf die Gefühle des Träumers die peinlichsten und schmerzhaftesten Dinge ungescheut beim Namen nennen kann, wenn es ihm darauf ankommt. Wenn er es nicht tut, so besteht kein zureichender Grund zur Annahme, daß er etwas anderes meint, als er sagt. Ich bin darum der Ansicht, daß unser Traum «Adler» sagt und auch einen Adler meint. Damit insistiere ich gerade auf dem Aspekt der Träume, welcher diese unserer Vernunft als so unsinnig erscheinen läßt. Es wäre gewiß so viel einfacher und vernünftiger, wenn der Adler einfach der Herr X wäre.

Die Deutung ist daher nach meiner Ansicht mit der Aufgabe belastet, herauszufinden, was der Adler, abgesehen von unseren persönlichen Phantasien, bedeuten könnte. Ich rate daher dem Träumer, Nachforschungen darüber anzustellen, was der Adler an und für sich ist und was für allgemeine Bedeutungen ihm zugemessen werden. Die Lösung dieser Aufgabe führt ohne weiteres in die Symbolgeschichte, und hier begegnen wir dem konkreten Grunde, warum ich mich um dieses dem ärztlichen Konsultationszimmer anscheinend so fremde Gebiet bemühe.

471 Hat der Träumer die allgemeinen Bedeutungen des Adlers, die ihm nur zum Teil unbekannt und neu waren (vieles ist ihm schon durch Literatur und Sprache vermittelt), festgestellt, so muß er nunmehr untersuchen, in welchem Verhältnis das Vortagserlebnis, das heißt in diesem Fall die Lektüre meiner Schrift, zum Adlersymbol steht. Die Frage ist: Was hat ihn so angerührt, daß aus diesem Eindruck das Märchen von einem großen Adler, der imstande ist, einen erwachsenen Menschen zu rauben oder zu verletzen, entstehen konnte? Das Bild eines offenbar riesigen (das heißt mythischen) Vogels, der hoch oben am Himmel seine Kreise zieht und mit allsehendem Auge die Erde überblickt, ist in Ansehung des Inhaltes meiner Schrift in der Tat suggestiv, beschäftigt sich letztere doch mit dem Schicksal der Gottesvorstellung.

472 Im Traume wird Herr Y wieder ins Gefangenenlager, das unter der Kontrolle des «Adlerblicks» steht, zurückversetzt. Das bedeutet ohne weiteres eine gefürchtete Situation, die den Versuch zu einer energischen Verteidigung plausibel macht. Im Gegensatz zu dem durchaus mythischen Vogel will sich der Träumer einer höchst modernen technischen Erfindung bedienen, nämlich eines Raketenflugzeugs. Die Maschine ist einer der großen Triumphe der Ratio und des Intellekts und steht in diametralem Gegensatz zum mythischen Tier, dessen Bedrohlichkeit mit den Mitteln des rationalistischen Verstandes abgewendet werden soll. Was für eine Gefahr aber lauert in meiner Schrift für eine solchermaßen beschaffene Persönlichkeit. Die Antwort darauf fällt nicht mehr schwer, wenn man weiß, daß Herr Y Jude ist. Auf alle Fälle dürfte sich hier eine Türe zu einer Problematik öffnen, welche in ganz andere Gebiete als das persönlicher Ressentiments führt. Es handelt sich hier um jene Prinzipien, Dominanten oder Obervorstellungen, welche unsere Einstellung zu Leben und Welt regulieren, also um Weltanschauung und Glauben, welche, wie die Erfahrung zeigt, unvermeidliche psychische Phänomene sind. Sie sind sogar so unvermeidlich, daß dort, wo alte Systeme versagen, sofort neue entstehen.

473 Neurosen bedeuten, wie alle Krankheiten, verminderte Anpassung, das heißt man weicht infolge irgendwelcher Hinderungsgründe (konstitutive Schwächen oder Mängel, falsche Erziehung, schlechte Erfahrungen, ungeeignete subjektive Einstellung usw.) vor den Schwierigkeiten, die das Leben mit sich bringt, aus und gerät damit in die infantile Vorwelt zurück. Das Unbewußte kompensiert diese Regression durch Symbole, welche, wenn objektiv, das heißt durch das Mittel der vergleichenden Forschung, verstanden, jene allgemeinen Vorstellungen, die allen natürlich gewachsenen Systemen dieser Art zugrunde liegen, wieder ins Leben rufen. Dadurch kann jene Einstellungs-

veränderung, welche die Dissoziation zwischen dem Menschen, wie er ist, und dem, wie er sein sollte, überbrückt, zustande kommen.

In unserem Traumbeispiel handelt es sich um etwas Ähnliches: bei Herrn Y besteht wahrscheinlich eine Dissoziation zwischen einem extrem rationalistisch-intellektuellen Bewußtsein und einem ebenso extrem irrationalen Hintergrund, der ängstlich verdrängt wird. Diese Angst erscheint im Traume und sollte als ein der Persönlichkeit zukommender realer Tatbestand anerkannt werden, denn es ist sinnlos, zu behaupten, man habe keine Angst, wenn man unfähig ist, den Grund zur Angst zu entdecken. Das tut man jedoch in der Regel. Könnte man die Angst annehmen, so bestünde auch die Möglichkeit, ihren Grund zu entdecken und zu verstehen. In unserem Fall stellt das Symbol des Adlers diesen Grund eindrücklich dar.

Nehmen wir an, daß der Adler ein archaisches Gottesbild ist, dem gegenüber sich der Mensch in einer unfreien Lage befindet, so bedeutet es praktisch sehr wenig, ob er an einen Gott glaubt oder nicht. Die Tatsache, daß seine Psyche so veranlagt ist und solche Phänomene erzeugt, dürfte ihm völlig genügen, denn er kann seine Psyche so wenig loswerden wie seinen Körper, die beide sich nicht gegen andere umtauschen lassen. Er ist im Gefängnis seiner psychophysischen Gegebenheit, und mit dieser Tatsache muß er rechnen, ob er will oder nicht. Man kann selbstverständlich gegen die Forderungen des Körpers leben und dessen Gesundheit ruinieren, und dasselbe kann man bekanntlich auch mit der Psyche tun. Wer leben will, wird solche Kunststücke vernünftigerweise unterlassen und sich im Gegenteil jeweils sorgfältig erkundigen, wessen der Körper sowohl als die Psyche bedürfen. Von einem gewissen Bewußtseins- und Intelligenzgrade an läßt es sich nicht mehr einseitig leben, sondern die Gesamtheit der psychosomatischen Instinkte, die beim Primitiven noch natürlicherweise funktionieren, muß bewußt in Betracht gezogen werden.

Wie der Körper der Nahrung bedarf, und zwar nicht irgendwelcher, sondern nur der ihm zusagenden, so benötigt die Psyche den *Sinn* ihres Seins, und zwar ebenso nicht irgendwelchen Sinn, sondern jener Bilder und Ideen, die ihr natürlicherweise entsprechen, nämlich jener, die vom Unbewußten angeregt werden. Das Unbewußte liefert sozusagen die archetypische Form, die an sich leer und daher unvorstellbar ist. Vom Bewußtsein her aber wird sie sofort durch verwandtes oder ähnliches Vorstellungsmaterial aufgefüllt und wahrnehmbar gemacht. Aus diesem Grunde sind archetypische Vorstellungen immer örtlich, zeitlich und individuell bedingt.

477 Die Integration des Unbewußten vollzieht sich wahrscheinlich nur in seltenen Fällen spontan. In der Regel bedarf es hiezu besonderer Bemühungen, um die vom Unbewußten spontan produzierten Inhalte dem Verständnis zu erschließen. Wo bereits gewisse Allgemeinvorstellungen, die als gültig wirken oder erachtet werden, bestehen, läßt sich das Verständnis durch diese lenken, und die neuhinzugekommene Erfahrung wird dem schon bestehenden System angegliedert, beziehungsweise untergeordnet. Ein gutes Beispiel hiefür gibt die Biographie unseres nationalen Heiligen, Niklaus von Flüe, der seine erschreckende Gottesvision in langen Meditationen und mit der Beihilfe des Büchleins eines deutschen Mystikers allmählich an die Dreieinigkeit assimilierte. Oder das traditionelle System wird vom Standpunkt der gemachten Erfahrungen neu verstanden, was ebenfalls möglich ist.

478 Es ist selbstverständlich, daß alle persönlichen Affekte und Ressentiments an der Traumbildung beteiligt sind und daher aus dem Traum abgelesen werden können, womit sich die Therapie, namentlich am Anfang, meistens zu begnügen hat, denn der Patient hält es für vernünftig, daß die Träume aus seiner persönlichen Psyche stammen. Er würde es zunächst kaum verstehen, wenn man ihn auf den kollektiven Aspekt seiner Traumbilder aufmerksam machte. FREUD selber hat ja bekanntlich das Mythologem auf die personale Psychologie zu reduzieren versucht, im Widerspruch zu seiner eigenen Erkenntnis, daß die Träume Archaismen enthalten. Letztere sind aber keine persönlichen Acquisitionen, sondern zum mindesten Reste einer früheren Kollektivpsyche. Es gibt aber auch zur Bestätigung der Umkehrbarkeit psychologischer Regeln nicht wenige Patienten, welche die Allgemeinbedeutung ihrer Traumsymbole nicht nur leicht verstehen, sondern diesen Aspekt auch als therapeutisch wirksam empfinden. Die großen psychischen Heilssysteme, nämlich die Religionen, bestehen ja ebenfalls aus allgemein verbreiteten mythischen Motiven, welche nach Ursprung und Inhalt kollektiver und nicht persönlicher Natur sind. Mit Recht hat sie darum LÉVY-BRUHL als «représentations collectives» bezeichnet. Gewiß ist die bewußte Psyche persönlicher Natur, aber sie ist längst nicht das Ganze. Die psychische Grundlage des Bewußtseins, die Psyche an und für sich, ist unbewußt, und ihre Struktur ist, wie die des Körpers, allgemein, während die individuellen Merkmale nur unbedeutende Varianten darstellen. Aus diesem Grunde ist es für das unerfahrene Auge schwierig oder fast unmöglich, in einer Volksmenge schwarzer oder gelber Rasse individuelle Gesichter zu erkennen.

479 Wenn in einem Traume, wie dem vom Adler, Symbole vorkommen, wel-

che nichts an sich haben, was auf eine bestimmte Person deutet, so besteht keinerlei Grund zur Annahme, daß eine solche verhüllt wird. Im Gegenteil ist es viel wahrscheinlicher, daß der Traum meint, was er sagt. Wenn er also anscheinend verhüllt, das heißt wenn eine gewisse Person angedeutet zu sein scheint, dann besteht offenbar eine Tendenz, diese *nicht* hervortreten zu lassen, weil sie im Sinne des Traumes einen Abweg oder Irrtum bedeutet. Wenn zum Beispiel, wie dies nicht selten in weiblichen Träumen vorkommt, der Arzt als Coiffeur dargestellt wird (weil er einem «den Kopf wäscht»), so soll der Arzt damit nicht verhüllt, sondern entwertet werden. Die Patientin zieht es nämlich vor, alle Autorität anzuerkennen, weil sie nämlich ihren eigenen Kopf nicht gebrauchen will oder kann. Der Arzt soll nicht mehr Bedeutung haben als der Coiffeur, der ihr den Kopf wiederherstellt, den sie dann selber gebrauchen wird.

Wenn man also die Traumsymbole nicht auf Verhältnisse, Dinge oder Personen reduziert, welche der Arzt zum vornherein zu kennen vermeint, sondern sie als wirkliche Symbole, die auf etwas zunächst Unbekanntes hinweisen, auffaßt, dann ändert sich der ganze Charakter der analytischen Therapie: das Unbewußte wird nicht mehr auf Bekanntes und Bewußtes reduziert, wodurch die Dissoziation zwischen bewußt und unbewußt eben gerade nicht aufgehoben wird, sondern es wird als tatsächlich unbewußt anerkannt, und das Symbol wird nicht reduziert, sondern durch den Kontext, den der Träumer beibringt, und durch Vergleichung mit ähnlichen Mythologemen amplifiziert, so daß erkannt werden kann, was das Unbewußte damit intendiert. Auf diese Weise kann es integriert, und die Dissoziation überwunden werden. Die Reduktion aber führt vom Unbewußten weg und verstärkt bloß die Einseitigkeit des Bewußtseins. Dementsprechend hat auch die engere FREUDsche Schule die Ansätze ihres Meisters zu einer tieferen Erforschung des Unbewußten nicht weiter verfolgt, sondern sich mit der Reduktion begnügt.

Wie ich oben sagte, beginnt die Konfrontation mit dem Unbewußten meist im Bereiche des persönlichen Unbewußten, nämlich der persönlich erworbenen Inhalte, welche den («moralischen») Schatten ausmachen, und setzt sich fort durch archetypische Symbole, welche das kollektive Unbewußte repräsentieren. Die Konfrontation hat den Zweck, die Dissoziation aufzuheben. Um dieses therapeutische Ziel zu erreichen, veranlaßt entweder die Natur selber oder dann die ärztliche Kunsthilfe den Zusammenstoß und Konflikt der Gegensätze, ohne den eine Vereinigung nicht möglich ist. Dies bedeutet nicht nur eine Bewußtmachung des Gegensatzes, sondern auch ein

Erlebnis besonderer Art, nämlich die *Anerkennung eines fremden anderen in mir*, nämlich eines objektiv vorhandenen Anderswollenden, dessen schwer verstehbare Natur die Alchemisten mit erstaunlicher Treffsicherheit als Mercurius bezeichnet haben, wobei sie sämtliche mythologischen sowie naturkundlichen Aussagen über ihn in ihren Begriff einschlossen: er ist Gott, Dämon, Person, Sache und das zuinnerst Verborgene im Menschen, psychisch sowohl wie somatisch. Er selber ist die Quelle aller Gegensätze, er ist duplex und utriusque capax [348]. Diese evasive Größe stellt in jedem Zug das Unbewußte dar, zu dessen Konfrontation eine korrekte Auffassung der Symbole führt.

Die Auseinandersetzung mit dem Unbewußten ist einerseits ein irrationaler Erlebnisprozeß, andererseits ein Erkenntnisvorgang, weshalb die Alchemie aus zwei essentiellen Teilen besteht, nämlich dem opus im Laboratorium mit allen seinen Zwischenfällen emotionaler und dämonischer Natur, und der scientia oder theoria, welche einerseits das opus veranlaßt und leitet und andererseits die Resultate desselben deutet und eingliedert. Das Ganze dieses Prozesses, den wir heute als eine psychologische Entwicklung verstehen, wurde als der «philosophische Baum» bezeichnet, welcher «poetische» Vergleich den natürlichen Wachstumsvorgang der Psyche mit dem der Pflanze in eine nicht unzutreffende Analogie setzt. Es schien mir aus diesem Grunde angezeigt, jene psychischen Vorgänge, welche der Alchemie sowohl wie der modernen Psychologie des Unbewußten zugrunde liegen, ausführlich zu erwähnen. Es ist mir dabei bewußt, und ich hoffe, es auch meinem Leser klargemacht zu haben, daß ein bloß intellektuelles Verstehen hier nicht ausreicht. Wir gewinnen damit nämlich nur gewisse Wortbegriffe, vermissen aber deren eigentlichen Gehalt, welcher in der lebendigen und eindrücklichen Erfahrung des Prozesses an uns selber besteht. Man wird gut daran tun, sich in dieser Hinsicht keinen Illusionen hinzugeben: man kann mit keinem Verstehen von Wörtern und keinem Anempfinden wirkliche Erfahrung ersetzen. Die Alchemie hat ihre eigentliche Lebenssubstanz in dem Moment verloren, als die einen der Alchemisten vom «laboratorium» ins «oratorium», und die anderen von diesem in jenes übersiedelten, die einen, um sich in einen zunehmend vageren Mystizismus zu verirren, die anderen, um die Chemie zu entdecken. Wir bedauern die ersteren und bewundern die letzteren, und niemand fragt nach dem Schicksal der Seele, welche bei dieser Gelegenheit auf Jahrhunderte hinaus in der Versenkung verschwunden ist.

---

[348] Zwiefach – fähig zu beiderlei.

ANHANG

BILDERNACHWEIS

Zum *Kommentar zu «Das Geheimnis der Goldenen Blüte»*
Vier Stadien der Meditation. Zeichnungen aus dem *Hui Ming Ging* (Deutsche Ausgabe von 1929) pp. 38–41
[Die in der englischen Ausgabe enthaltenen «Beispiele europäischer Mandalas» wurden vom Walter-Verlag größtenteils in Bd. IX/1 der Ges. Werke und separat in «Mandala» publiziert und deshalb hier nicht aufgenommen.]
Zu *Paracelsus als geistige Erscheinung*
I   Darstellung des filius oder rex in der Gestalt des Hermaphroditen: «Rosarium. Perfectionis ostensio.» – *Rosarium philosophorum. Secunda pars Alchemiae* (1550), p. XIII^v.
II *Das Buch der heiligen Dreifaltigkeit... und Beschreibung der Heimlichkeit von Veränderung der Metallen.* Cod. Germ. 598 (1420), Staatsbibliothek, München.
III Darstellung einer Fischmahlzeit, mit einem begleitenden Bild des Hermaphroditen. – Miniatur aus *Le Livre des ansienes estoires* (13. Jh.), Ms. Add. 15268, fol. 242, British Museum, London.
IV Darstellung des Spiritus Mercurialis und seiner Wandlungen in der Gestalt eines Monstrums. – Holzschnitt in: NAZARI, G. B.: *Della Tramutatione metallica sogni tre* (1599).
V   Darstellung der Melusine als aqua permanens. – Holzschnitt in REUSNER, H.: *Pandora: Das ist die edlest Gab Gottes, oder der werde und heilsame Stein der Weysen* (1588), p. 249.
VI Darstellung der Anima als Melusine. – Variante der *Ripley Scrowle* (1588), Ms. Sloane 5025, British Museum, London.
VII Königssohn und Hermes auf dem Berge. – LAMBSPRINCK, *De lapide philosophico,* Fig. XII, in: *Musaeum hermeticum* (1678), p. 365.
VIII Darstellung des Pelikans (alchemistisches Gefäß). – RHENANUS, J.: *Solis e puteo emergentis sive dissertationis chymotechnicae libri tres* (1613).

Alle anschließend an p. 176

Zu *Der philosophische Baum*
Bilder 1–32. Zeichnungen und Malereien von Patienten in Analyse. Sammlung des Autors, ausgenommen Bild 9: GERHARD ADLER, *Studies in Analytical Psychology,* p. 12. Mit Genehmigung von Dr. G. Adler; Bilder 22, 25, 27, 30 und 31 (Stickmuster): C. G. Jung-Institut, Zürich.

Alle anschließend an p. 276

BIBLIOGRAPHIE

A. Sammlungen alchemistischer Traktate verschiedener Autoren

ALCHEMIA, DE. Nürnberg 1541.
- I Gebri Arabis *summae perfectionis* metallorum, sive perfecti magisterij libri II [pp. 20–205]
- II *Tabula smaragdina* Hermetis Trismegisti [p. 363]
- III Hortulanus: Super Tabulam smaragdinam *commentarius* [pp. 364–373]

ALCHIMIA, DE, opuscula complura veterum philosophorum. Frankfurt 1550. Siehe Bilderverzeichnis.

ARS CHEMICA, quod sit licita recte exercentibus, probationes doctissimorum iurisconsultorum. Straßburg 1566.
- I Septem tractatus seu capitula Hermetis Trismegisti, aurei [pp. 7–31]: *Tractatus aureus*
- II Hortulanus: *Commentariolus* in Tabulam smaragdinam [pp. 33–47]
- III *Consilium coniugii* de massa solis et lunae [pp. 48–263]

ARTIS AURIFERAE, quam chemiam vocant... 2 Bde. Basel 1593.

Band I
- I Allegoriae super librum Turbae [pp. 139–145]
- II Aenigmata ex visione Arislei philosophi, et allegorijs sapientum [pp. 146–154]: *Visio Arislei*
- III In Turbam philosophorum exercitationes [pp. 154–182]
- IV *Aurora consurgens*: quae dicitur aurea hora [pp. 185–246]; nur Teil II
- V Rosinus [Zosimos] ad Sarratantam episcopum [pp. 277–319]
- VI Practica Mariae Prophetissae in artem alchimicam [pp. 319–324]
- VII Calid: Liber secretorum alchemiae [pp. 325–351]
- VIII Ignotus autor de secretis lapidis [389–392]
- IX Tractatulus Avicennae [pp. 405–437]
- X Liber de arte chimica incerti authoris [pp. 575–631]

Band II
- XI Morienus Romanus: Sermo de transmutatione metallorum [pp. 7–54]
- XII Scala philosophorum [pp. 107–170]
- XIII *Rosarium philosophorum* [pp. 204–384]
- XIV Arnaldus de Villanova: Flos florum ad Regem Aragonum [470–488]

AUREUM VELLUS oder der Güldin Schatz und Kunstkammer. [o. O.] 1600.
- I [Trismosin:] Splendor solis [pp. 8–93]

II Melchior, Kardinal und Bischof von Brixen: Ein Philosophisch Werck unnd Gesprech von dem Gelben und Roten Man [pp. 299-337]

BIBLIOTHECA CHEMICA CURIOSA seu rerum ad alchemiam pertinentium thesaurus instructissimus. Hg. von Johannes Jacobus Mangetus. 2 Bde. Genf 1702.

Band I   I Hermes Trismegistus: *Tractatus aureus* de lapidis physici secreto [pp. 400-445]
II Dicta Belini [pp. 478-479]
III Lullius: *Codicillus* seu vade mecum aut Cantilena [pp. 880-911]
IV Braceschus: Lignum vitae [pp. 911-938]
V Altus: *Mutus liber,* in quo tamen tota philosophia Hermetica, figuris hieroglyphicis depingitur [Bilderfolge anschließend an p. 938]

Band II   VI Bonus: *Margarita pretiosa,* novella correctissima [pp. 1-80]
VII Rosarium philosophorum [pp. 87-119; eine andere Fassung pp. 119-133]
VIII Sendivogius, *Parabola* seu enigma philosophicum [p. 474 f.]

MUSAEUM HERMETICUM reformatum et amplificatum. Frankfurt 1678.
I *Tractatus aureus* de philosophorum lapide [pp. 1-52]
II Hydrolithus sophicus, seu *Aquarium sapientum* [pp. 73-144]
III Flamellus: Tractatus brevis, sive Summarium philosophicum [pp. 172-179]
IV Via veritatis unicae [pp. 181-201]
V *Gloria mundi* aliâs, Paradysi tabula [pp. 203-304]
VI Lamsprinck: De lapide philosophico [pp. 337-371]
VII Valentinus: Practica cum duodecim clavibus usw. De magno lapide antiquorum sapientum [pp. 377-432]
VIII Norton(us): Tractatus chymicus dictus Crede mihi sive *Ordinale* [433-532]
IX Sendivogius: Novum lumen chemicum, e naturae fonte et manuali experientia depromptum [pp. 545-600]
X Philalethes: *Introitus apertus* ad occlusum regis palatium [pp. 647-699]
XI Maier: Subtilis allegoria super secreta chymiae [pp. 701-740]
XII Philalethes: Metallorum metamorphosis [pp. 741-774]
XIII Philalethes: Brevis manuductio ad rubinum coelestem [pp. 775-798]
XIV Philalethes: Fons chemicae philosophiae [pp. 799-814]

THEATRUM CHEMICUM, praecipuos selectorum auctorum tractatus... continens. Bde. I-III Ursel 1602; Bd. IV Straßburg 1613; Bd. V 1622; Bd. VI 1661.

Band I   I Hoghelande: De alchemiae difficultatibus [pp. 121-215]
II Dorneus: *Speculativa philosophia,* gradus septem vel decem continens [pp. 255-310]
III Dorneus: Physica genesis [367-404]
IV Dorneus: Physica Hermetis Trismegisti [pp. 405-437]
V Dorneus: Physica Trithemij [pp. 437-450]
VI Dorneus: Philosophia chemica [pp. 472-517]
VII Dorneus: De tenebris contra naturam, et vita brevi [pp. 518-535]

	VIII	Dorneus: De duello animi cum corpore [pp. 535–550]
	IX	Dorneus: Congeries Paracelsicae chemiae de transmutationibus metallorum [pp. 557–646]
	X	Dorneus: De Genealogia mineralium ex Paracelso [pp. 646–671]
	XI	Penotus: De vera preaparatione et usu medicamentorum chemicorum [*De medicamentis chemicis* pp. 672–772]
	XII	Bernardus Trevisanus: De secretissimo philosophorum opere chemico [*De alchemia liber* pp. 773–803]
Band II	XIII	Aegidius de Vadis: Dialogus inter naturam et filium philosophiae [pp. 95–123]
	XIV	Penotus (alias B. à Porto Aquitanus): Philosophi artem potius occultare conati sunt quam patefacere... [*Symboltabelle* p. 123]
	XV	Riplaeus: Duodecim portarum axiomata philosophica [pp. 124–139]
	XVI	Dee: Monas hieroglyphica [pp. 218–243]
	XVII	Ventura: De ratione conficiendi lapidis [*De lapide philosophico* pp. 244–356]
	XVIII	Albertus Magnus: De alchemia [pp. 485–527]
	XIX	Albertus Magnus: Scriptum super arborem Aristotelis [pp. 524–527]
Band III	XX	Greverus: Secretum nobilissimum et verissimum [pp. 783–810]
	XXI	Melchiorius: Addam et processum sub forma missae [pp. 853–860]
Band IV	XXII	Artefius: Clavis maioris sapientiae [pp. 221–240]
	XXIII	Happelius: *Aphorismi Basiliani* sive canones Hermetici [pp. 368–371]
	XXIV	Dialogus Mercurii, alchymistae, et naturae [pp. 509–517]
	XXV	Aenigma philosophorum sive symbolum Saturni [pp. 518–524]
	XXVI	*Aurelia occulta* philosophorum [pp. 525–576]
	XXVII	Hermes Trismegistus: *Tractatus aureus* de lapidis philosophici secreto, cum scholiis [pp. 672–797]
Band V	XXVIII	Allegoriae sapientum: supra librum Turbae [pp. 64–100]
	XXIX	Tractatus Micreris suo discipulo Mirnefindo [pp. 101–113]
	XXX	Platonis liber quartorum [pp. 114–208]
	XXXI	Tractatus Aristotelis alchymistae ad Alexandrum Magnum, De lapide philosophico [pp. 880–892]
	XXXII	Epistola... ad Hermannum, De lapide philosophico [pp. 893–900]
Band VI	XXXIII	Vigenerus: Tractatus de igne et sale [pp. 1–139]
	XXXIV	Anonymus: Instructio patris ad filium de arbore solari [pp. 163–194]
	XXXV	Orthelius: Commentarius in Novum lumen chymicum Michaelis Sendivogii [pp. 397–458]

THEATRUM CHEMICUM BRITANNICUM... collected with Annotations by Elias Ashmole. London 1652.

  I Norton: The Ordinall of Alchimy [pp. 1–106]
  II Verses Belonging to an Emblematicall Scrowle: Supposed to be invented by G. Ripley [pp. 375–379]
  III Ripley: Preface to «Medulla» [pp. 389–392]

B. Allgemeine Bibliographie

ABU'L-QĀSIM MUḤAMMAD IBN AHMAD AL-'IRĀQĪ: Kitāb al-'ilm al-muktasab fī zirā'at adh-dhahab (Book of Knowledge acquired concerning the Cultivation of Gold). Übersetzt und hg. von Eric John Holmyard. Paris 1923.

ABRAHAM ELEAZAR (Abraham le Juif): Uraltes chymisches Werk usw. 2. Aufl. Leipzig 1760.

AGRICOLA, Gregorius: De animantibus subterraneis. Basel 1549.

AGRIPPA AB NETTESHEYM, Henricus Cornelius: De incertitudine et vanitate scientiarum. Köln 1584.

— De occulta philosophia libri tres. Köln 1533.

ALANUS DE INSULIS: Elucidatio in Cantica Canticorum. Migne, P. L., CCX col. 51–110.

ALBERTUS MAGNUS: De mineralibus et rebus metallicis. In: Opera omnia. Hg. Auguste et Emile Borgnet. 38 Bde. Paris 1890–1899. [Bd. V pp. 1–103]

ALCIATI, Andrea: Emblemata cum commentariis. Padua 1661.

ALDROVANDUS, Ulysses (Ulisse Aldrovandi): Dendrologiae naturalis scilicet arborum historiae libri. Frankfurt 1671.

AMBROSIUS: De interpellatione Job et David. Migne, P. L., XIV col. 798–850.

— De XLII mansionibus filiorum Israel. Migne, P. L., XVII col. 9–40.

ANGELUS SILESIUS: Des A' S' Cherubinischer Wandersmann. Nach der Ausgabe letzter Hand von 1675 hg. von Wilhelm Bölsche. 2. Aufl. Jena 1914.

APASTAMBA. In: Sacred Laws of the Āryas (Sacred Books of the East II) Oxford 1879.

Apokalypse des Elias: siehe STEINDORFF.

Apokryphen, Die, und Pseudoepigraphen des Alten Testaments. Übersetzt und hg. von E. Kautzsch. 2 Bde. [in einem]. Tübingen 1900.

[APULEIUS:] Lucii Apulei Madaurensis Platonici philosophi opera. Bd. I: Metamorphoseos sive De asino aureo. Altenburg 1778. Deutsch: Die Metamorphosen oder Der goldene Esel. Übersetzung von August Rode und Hanns Floerke. München und Leipzig 1909.

ASHVAGHOSHA. The Buddha-Karita. In: Buddhist Mahâyâna Texts, I (Sacred Books of the East XLIX) Oxford 1894.

Atharva-Veda, Hymns of the. Übersetzt und hg. von Maurice Bloomfield. (Sacred Books of the East XLII) Oxford 1897.

AUGUSTINUS (S. Aurelius Augustinus): Opera omnia. Opera et studio monachorum ordinis S. Benedicti e congregatione S. Mauri. 11 Bde. Paris 1836–1838:

— Confessionum libri tredecim. Tom. I [col. 133–410]

— De civitate Dei contra paganos libri viginti duo. Tom. VII [ganzer Band]

— De vera religione. Tom. I [col. 1205–1268]

— Dialogus quaestionum sexaginta quinque. Tom. VI [col. 1073–1100]

— Enarrationes in Psalmos. Tom. IV/1 und 2. [Enarratio II in Psalmum XXIX, 1: col. 190–204; Enarratio III in Psalmum CIII, 2: col. 1639–1664]

— Sermones ad populum. [Sermo IX «De decem chordis», col. 71–92]

— De spiritu et anima liber unus. Tom. IV [col. 1140–1212; dem AUGUSTINUS zugeschrieben]

Aurora consurgens. Ein dem Thomas von Aquin zugeschriebenes Dokument der alchemistischen Gegensatzproblematik. Hg. und kommentiert von Marie-Louise von Franz als drit-

ter Teil von C. G. JUNG, Mysterium Coniunctionis. (Psychologische Abhandlungen XII) Rascher, Zürich 1950. [*Aurora I*]
— Siehe auch (A) ARTIS AURIFERAE I, V [nur II]
AVALON, Arthur [Hg., Pseudonym für Sir John WOODROFFE]: The Serpent Power... Two works on Tantrik Yoga, translated from the Sanskrit. London 1919.

BARING-GOULD, Sabine: Curious Myths of the Middle Ages. 2. Aufl. 2 Bde. London, Oxford und Cambridge 1867/68.
Barnabas-Brief. In: The Apostolic Fathers. (The Loeb Classical Library) 2 Bde. London und New York 1914 [Bd. I, pp. 340–409]
BAYNES, Charlotta A.: A Coptic Gnostic Treatise contained in the Codex Brucianus – Bruce Ms. 96, Bodleian Library, Oxford. Cambridge 1933.
BENOIT, Pierre: L'Atlantide. Roman. Paris 1919.
BERNARDUS (Bernhard von Clairvaux): Sermones de tempore. Migne, P. L., CLXXXIII col. 35–359.
BÉROALDE DE VERVILLE, François: Le Tableau des riches inventions... qui sont représentées dans le Songe de Poliphile. Paris 1600.
— Siehe COLONNA.
— FIERZ-DAVID.
BERTHELOT, Marcellin: La Chimie au moyen âge. 3 Bde. (Histoire des Sciences) Paris 1893.
— Collection des anciens alchimistes grecs. Paris 1887/88.
— Les origines de l'alchimie. Paris 1885.
BEZOLD, Carl [Hg.]: Mě'arrath Gazzē. Die Schatzhöhle. 2 Teile. Leipzig 1883/88.
[Bhagavad Gita.] The Song Celestial, or Bhagavad Gita. Translated by Sir Edwin Arnold. London 1930.
BODENSTEIN, Adam von: Onomasticon. In: Dictionarium Theophrasti Paracelsi... a Gerardo Dorneo collectum. Frankfurt a. M. 1583.
BÖHME, Jacob: Des gottseligen, hocherleuchteten J' B' Teutonici Philosophi alle Theosophischen Schriften. 3 Bde. Amsterdam 1682:
— Viertzig Fragen von der Seelen Vrstand, Essentz, Wesen, Natur und Eigenschafft, was sie von Ewigkeit in Ewigkeit sey. Verfasset von Dr. Balthasar Walter, Liebhaber der großen Geheimnüssen, und beantwortet durch J' B'.
BONUS, Petrus: Pretiosa margarita novella de thesauro ac pretiosissimo philosophorum lapide. Hg. von Janus Lacinius. Venedig 1546. [Siehe auch (A) BIBLIOTHECA CHEMICA CURIOSA, VI.]
BOUSSET, Wilhelm: Hauptprobleme der Gnosis. (Forschungen zur Religion und Literatur des Alten und Neuen Testaments 10) Göttingen 1907.
Brahadâranyaka-Upanishad: siehe DEUSSEN, Paul: Die Geheimlehre.
BUDGE, E. A. Wallis: Amulets and Superstitions. London 1930.
— The Book of the Dead. Facsimiles of the Papyri of Hunefer, Anhai, Kerasher. [Hg.] London 1899.
— The Gods of the Egyptians. 2 Bde. London 1904.
Bundahish: in E. W. West [Hg.], Pahlavi Texts I (Sacred Books of the East V). Oxford 1880.

CAESARIUS HEISTERBACENSIS (Cäsarius von Heisterbach): Dialogus miraculorum. Hg. Josephus Strange. Köln, Bonn und Brüssel 1851.
Canticum de creatione: siehe HORSTMANN.
CARTER, Iesse Benedictus: Epitheta Deorum quae apud poetas Latinos leguntur. Supplement zu Roscher. Siehe Lexikon, Ausführliches.
CASSIODORUS, M. Aurelius: Historia tripartita. Migne, P. L., LXX col. 879–1214.
CHAUCER, Geoffrey: The Canterbury Tales. In: The Complete Works, hg. von F. N. Robinson. (Student's Cambridge Edition) Boston 1933.
CHRÉTIEN DE TROYES: siehe HILKA.
CHRISTENSEN, Arthur: Les Types du premier Homme et du premier Roi dans l'histoire légendaire des Iraniens. In: *Archives d'Etudes Orientales* XIV (Stockholm 1917).
CHWOLSOHN, Daniel: Die Ssabier und der Ssabismus. 2 Bde. Petersburg 1856.
CICERO, Marcus Tullius: De natura deorum. In: M. Tullii Ciceronis scripta quae manserunt omnia. Hg. von C. F. W. Müller, Teil IV. 2 Bde. Leipzig 1878.
Codices und Manuskripte:
    Basel, Universitätsbibliothek. AX. 128b. Enthält «De arbore contemplationis».
    — Alchymistisches Ms.
    Berlin. Codex Berolinensis Latinus 532.
    — Codex Berolinensis Latinus Q. 584.
    Leiden. Universitätsbibliothek. Codex Vossianus Chemicus 520 (29). 16. Jh.
    — London, Ms. Sloane 5025. «Four Rolls Drawn in Lübeck» (*The Ripley Scrowle*). 1588.
    — Ms. Additional 15268. «Le Livre des Ansienes Estoires». 13. Jh.
    München. Staatsbibliothek. Codex Germanicus 598. «Das Buch der heiligen Dreifaltigkeit... und Beschreibung der Heimlichkeit von Veränderung der Metallen.» 1420.
    New Haven. Yale University Library. German Alchemical Ms. (Mellon Collection) *c* 1600.
    Paris. Bibliothèque Nationale. Ms. gr. 2250.
    — — Ms. gr. 2252.
    — — Ms. gr. 2419.
    — Bibliothèque Ste. Geneviève. Ms. 2263–2264. «Lapidis philosophorum nomina».
    St. Gallen. Codex N. Vadiensis 390. Enthält die «Turba philosophorum». 15. Jh.
    — Codex Germanicus alchemicus Vadiensis. 16. Jh.
    Vatikan. Codex Vaticanus Latinus 7286. 17. Jh.
    Zürich. Zentralbibliothek. Codex Rhenoviensis 172 (aus dem Kloster Rheinau). «Aurora consurgens». 15. Jh.
COLONNA, Francesco: Hypnerotomachia Poliphili... Venedig 1499.
— Siehe BÉROALDE DE VERVILLE.
— Siehe FIERZ-DAVID.
COOMARASWAMY, Ananda K.: The Inverted Tree. In: *Quarterly Journal of the Mythic Society* XXIX (Bangalore 1938/39) pp. 111–149.
Corpus Hermeticum: siehe SCOTT.
CRAWLEY, Alfred Ernest: The Idea of the Soul. London 1909.
CUMONT, Franz: Textes et monuments figurés relatifs aux mystères de Mithra. 2 Bde. Brüssel 1896/99.
De chemia: siehe ZADITH SENIOR.

DEE, John: siehe (A) THEATRUM CHEMICUM II, XVI.
De simplicium medicamentorum facultatibus libri XI, Theodorico Gerardo interprete [col. 1012–1144].
DEURSEN, A(rie) van: Der Heilbringer. Eine ethnologische Studie über den Heilbringer bei den nordamerikanischen Indianern. Groningen, Den Haag, Batavia 1931.
DEUSSEN, Paul: Allgemeine Geschichte der Philosophie mit besonderer Berücksichtigung der Religionen. 2. Aufl. 2 Doppelbde. Leipzig 1906/15.
DIETERICH, Albrecht: Eine Mithrasliturgie. 2. Aufl. Berlin 1910.
DINAN, W.: Monumenta historica Celtica. London 1911.
DIOSCORIDES (Pedanius Dioscorides Anazarbeus): De medica materia libri VI. Lyon 1554.
DORNEUS, Gerardus: Theophrasti Paracelsi libri V De vita longa. Frankfurt a. M. 1583.
— Siehe (A) THEATRUM CHEMICUM I, II–X.
DOZY, Reinhart, und DE GOEJE, M. J.: Nouveaux documents pour l'étude de la religion des Harraniens. In: *Actes du sixième congrès international des orientalistes, 1883* (London 1885).
DU CANGE, Charles du Fresne: Glossarium ad scriptores mediae et infimae Latinitatis. 6 Bde. 1733–1736.

EISLER, Robert: Weltenmantel und Himmelszelt. Religionsgeschichtliche Untersuchungen zur Urgeschichte des antiken Weltbildes. 2 Bde. München 1910.
ELEAZAR, Abraham: siehe ABRAHAM ELEAZAR.
ELIADE, Mircea: Le Chamanisme et les techniques archaïques de l'extase. (Bibliothèque scientifique) Payot, Paris 1951. Deutsch: Schamanismus und archaische Ekstasetechnik. Rascher, Zürich 1956.
Elias-Apokalypse: siehe STEINDORFF.
[ELIEZER BEN HYRCANUS:] Pirkê de Rabbi Eliezer. Übersetzt und hg. von Gerald Friedlander. London und New York 1916.
Encyclopaedia of Religion and Ethics. Hg. von James Hastings. 13 Bde. Edinburg 1908–1926.
EPIPHANIUS: Ancoratus [Bd. I, pp. 1–149]; Panarium [Bd. I, p. 169–Bd. III, p. 496]. Hg. von Karl Holl. 3 Bde. (Griechische christliche Schriftsteller) Leipzig 1915–1933.
Esra, Buch: siehe Apokryphen, Die, und Pseudoepigraphen.
EUCHERIUS LUGDUNIENSIS (Eucherius von Lyon): Liber formularum spiritalis intelligentiae. [De spiritalibus formulis] Migne, P. L., L col. 727–772.
EUTYMIOS ZIGABENOS: Panoplia dogmatica. Migne, P. G.-L., CXXX [ganzer Bd].
EUTYCHIUS (von Alexandrien): Annales. Migne, P. G.-L., CXI col. 907–1156.
EVANS-WENTZ, E. Y.: siehe Tibetanische Totenbuch, Das.

FERGUSON, John: Bibliotheca chemica. 2 Bde. Glasgow 1906.
FERGUSON, James: Tree and Serpent Worship. London 1868.
FICINUS, Marsilius (Marsilio Ficino): De vita libri tres. Basel 1549.
FIERZ-DAVID, Linda: Der Liebestraum des Poliphilo. Ein Beitrag zur Psychologie der Renaissance und der Moderne. Rhein-Verlag, Zürich 1947.
FIGULUS, Benedictus (Benedict Torpfer): Paradisus aureolus hermeticus usw. Frankfurt a. M. 1608.
— Rosarium novum olympicum et benedictum. Basel 1608.

FIRMICUS MATERNUS, Iulius: Liber de errore profanarum religionum. Hg. K. Halm. (Corpus scriptorum ecclesiasticorum Latinorum II, 7, 8) Wien 1867.
— Siehe auch Migne, P. L., XII col. 918–1050.
FLAMEL, Nicolas: siehe (A) MUSAEUM HERMETICUM, III.
FRANZ, Marie-Louise von: Die Passio Perpetuae. In: JUNG, C. G., Aion. Siehe dort.
— Siehe Aurora consurgens.
FRAZER, Sir James George: The Golden Bough. A Study in Magic and Religion. Part I: The Magic Art, Bde. 1 und 2. Part IV: Adonis, Attis, Osiris, Bde. 5 und 6. London 1911 und 1907.
— Totemism and Exogamy. 4 Bde. London 1910.
FROBENIUS, Leo: Das Zeitalter des Sonnengottes. Berlin 1904.

GALENUS (Pergamenus): De simplicium medicamentorum facultatibus libri XI. In: Epitome Galeni Pergameni operum [col. 1012–1144]. Straßburg 1604.
GANZ, Rabbi David: Chronologia sacro-profana. Leiden 1644.
GAUDENTIUS: Sermo XIX. Migne, P. L., XX col. 981–993.
GEBER (Arabs): siehe (A) ALCHEMIA, DE, I.
[GESSNER, Conrad:] Epistolarum medicinalium C'i G'i, philosophi et medici Tigurini libri III. Zürich 1577.
GODEFRIDUS (Gottfried von Admont): Homilia III in Dominica I Adventus. Migne, P. L., CLXXIV col. 32–36.
— Homilia LXIII in Vigiliam Assumptionis. Migne, P. L., CLXXIV col. 957–959.
GOETHE, Johann Wolfgang von: Werke. Vollständige Ausgabe letzter Hand. 31 Bde. Cotta, Stuttgart 1827–1834. [Die Geheimnisse. Ein Fragment. In: Bd. XIII]
— Faust. Gesamtausgabe Insel, Leipzig 1942.
GOURMONT, Rémy de: Le Latin mystique. Les poètes de l'antiphonaire et la symbolique au moyen âge. 2. Aufl. Paris 1922.
GRAY, Ronald D.: Goethe the Alchemist. A Study of Alchemical Symbolism in Goethe's Literary and Scientific Works. University Press, Cambridge 1952.
GREGORIUS (Gregor der Große, Papst): In septem Psalmos penitentiales expositio. Migne, P. L., LXIX col. 549–658.
— Moralia in Job. Migne, P. L., LXXV col. 509, bis LXXVI col. 782.
— Super Cantica Canticorum expositio. Migne, P. L., LXXIX col. 471–548.
GRIMM, Jacob [Ludwig]: Deutsche Mythologie. 4. Ausg., hg. von Elard Hugo Meyer. 3 Bde. Gütersloh 1876–1877.
— Brüder: Kinder- und Hausmärchen. Gesammelt durch die Brüder G'. 2 Bde. Jena 1922.
GRÜNBAUM, Max: Jüdisch-deutsche Chrestomathie. Leipzig 1882.

HAGGARD, Henry Rider: She. A History of Adventure. London 1887 [und Neuausgaben].
HASTINGS, James: siehe Encyclopaedia of Religion and Ethics.
HEGEMONIUS: Acta Archelai. Hg. von Charles Henry Beeson. (Die griechischen christlichen Schriftsteller der ersten drei Jahrhunderte) Leipzig 1906.
Henoch: siehe Apokryphen, Die, und Pseudoepigraphen.

HERMES TRISMEGISTUS: siehe (A) ALCHEMIA, DE, II; ARS CHEMICA, I; BIBLIOTHECA CHEMICA CURIOSA, I; MUSAEUM HERMETICUM, I; THEATRUM CHEMICUM, XXVII.
Hermetica: siehe SCOTT.
HERMOLAUS BARBARUS: siehe MAIER, Michael: Symbola aureae mensae.
[HILDEGARD VON BINGEN:] H's Brief an Mönch Wibert von Gembloux über ihre Visionen (aus dem Jahre 1171). In: Schriften der Heiligen H' von B'. Ausgewählt und übertragen von Johannes Bühler. Leipzig 1922.
HILKA, Alfons: Der altfranzösische Prosa-Alexander-Roman nach der Berliner Bilderhandschrift. Halle 1920.
— [Hg.] Der Percevalroman (Li Contes del Graal). Von Christian von Troyes. In: Sämtliche erhaltene Werke, hg. von Wendelin Forster, V. Halle 1932.
HIPPOLYTUS: Elenchos [Refutatio omnium haeresium]. Hg. von Paul Wendland. (Die griechischen christlichen Schriftsteller der ersten drei Jahrhunderte) Leipzig 1916.
HOGHELANDE, Theobaldus de: siehe (A) THEATRUM CHEMICUM I, I.
HOLMBERG, Uno: Der Baum des Lebens. In: *Annales Academiae Scientiarum Fenicae,* Series B/XVI (Helsinki 1922/23).
HOLMYARD, Eric John: siehe ABU'L-QĀSIM.
HONORIUS (von Autun): Speculum de mysteriis ecclesiae. Migne, P.L., CLXXII col. 807–1108.
HORAZ (Quintus Horatius Flaccus): Werke. Hg. von O. Keller und A. Holder. 2 Bde. Leipzig 1899/1925.
HORUS APOLLO: Selecta hieroglyphica, sive sacrae notae Aegyptiorum et insculptae imagines. Rom 1597.
HORSTMANN, Carl: Sammlung altenglischer Legenden. 2 Bde. Heilbronn 1878/81. [«Canticum de creatione» in Bd. I, pp. 124–138].
HORTULANUS: siehe (A) ALCHEMIA, DE, III.
— Siehe (A) ARS CHEMICA, II.
Hymns of the Atharva-Veda: siehe Atharva-Veda.
HYSLOP, James H.: Science and a Future Life. Boston 1905.

I Ging. Das Buch der Wandlungen. Übersetzt und hg. von Richard Wilhelm. Jena 1924.
IGNATIUS VON LOYOLA: Exercitia spiritualia cum versione literali ex autographo Hispanico. Hg. von Joannes Roothaan. 2. Aufl. Rom 1838.
Indianermärchen: siehe Märchen, Die, der Weltliteratur.
IRENAEUS (von Lyon): S' I'i episcopi Lugdunensis contra omnes haereses libri quinque. Oxford-London 1702. [Im Buchinneren ist der übliche Titel «*Adversus* omnes haereses» verwendet.] Deutsch: Des heiligen I' fünf Bücher gegen die Häresien. (Bibliothek der Kirchenväter) Bücher I–III. Kempten und München 1912.

JACOBSOHN, Helmut: Die dogmatische Stellung des Königs in der Theologie der alten Ägypter. (Ägyptologische Forschungen VIII) Glückstadt 1939.
JAFFÉ, Aniela: Bilder und Symbole aus E.T.A. Hoffmanns Märchen «Der Goldne Topf». In: C.G. JUNG, Gestaltungen des Unbewußten. Siehe dort.

JUNG, Carl Gustav: Aion. Untersuchungen zur Symbolgeschichte. (Psychologische Abhandlungen VIII) Rascher, Zürich 1951. [Ges. Werke IX/2 (1976)]
— Antwort auf Hiob. Rascher, Zürich 1952. Neuauflagen 1953, 1961 und Pb 1967. [Ges. Werke XI (1963 und 1973)]
— Gestaltungen des Unbewußten. (Psychologische Abhandlungen VII) Rascher, Zürich 1950. [JUNGS Beiträge Ges. Werke IX/1 (1. und 2. Auflage 1976), XV (1971) und in diesem Band]
— Paracelsica. Zwei Vorlesungen über den Arzt und Philosophen Theophrastus. Rascher, Zürich 1942. [«Paracelsus als Arzt» Ges. Werke XV (1971)]
— Psychologie und Alchemie. (Psychologische Abhandlungen V) Rascher, Zürich 1944. Revidierte Neuauflage 1952. [Ges. Werke XII (1972 und 1976)]
— Psychologie und Religion. Die Terry Lectures, gehalten an der Yale University. Rascher, Zürich 1940. Neuauflagen 1942, 1947 und Pb 1962. StA Walter, Olten 1971. [Ges. Werke XI (1963 und 1973)]
— Die Psychologie der Übertragung. Erläutert anhand einer alchemistischen Bilderserie. Für Ärzte und praktische Psychologen. Rascher, Zürich 1946. [Ges. Werke XVI (1958 und 1976)]
— Psychologische Typen. Rascher, Zürich 1921. Neuauflagen: 1925, 1930, 1937, 1940, 1942, 1947 und 1950. [Ges. Werke VI (1960, 1967 und 1971)]
— Das Rätsel von Bologna: siehe OERI.
— Symbole der Wandlung. Analyse des Vorspiels zu einer Schizophrenie. Rascher, Zürich 1952. 4., umgearbeitete Auflage von: Wandlungen und Symbole der Libido (1912). [Ges. Werke V (1973)]
— Symbolik des Geistes. Studien über psychische Phänomenologie, mit einem Beitrag von Riwkah Schärf. (Psychologische Abhandlungen VI) Rascher, Zürich 1948. Neuauflage 1953. [JUNGS Beiträge Ges. Werke IX/1 (1976 1. und 2. Auflage) und XI (1963 und 1973) und in diesem Band]
— Theoretische Überlegungen zum Wesen des Psychischen. Erstmals als «Der Geist der Psychologie» in: *Eranos-Jahrbuch* 1946 (Rhein-Verlag, Zürich 1947). Bearbeitet in: Von den Wurzeln des Bewußtseins. Siehe dort.
— Versuch einer psychologischen Deutung des Trinitätsdogmas. In: Symbolik des Geistes. Siehe dort. [Ges. Werke XI (1963 und 1973)]
— Von den Wurzeln des Bewußtseins. Studien über den Archetypus. (Psychologische Abhandlungen IX) Rascher, Zürich 1954. [Ges. Werke VIII (1967 und 1977), IX/1 (1976 1. und 2. Auflage) und XI (1963 und 1973) und dieser Band]
— Das Wandlungssymbol in der Messe. In: Von den Wurzeln des Bewußtseins. Siehe dort. [Ges. Werke XI (1963 und 1973)]
— Über die Archetypen des kollektiven Unbewußten. In: *Eranos-Jahrbuch* 1934 (Rhein-Verlag, Zürich 1935). Bearbeitet in: Von den Wurzeln des Bewußtseins. Siehe dort. [Ges. Werke IX/1 (1. und 2. Auflage 1976)]
— Über Mandalasymbolik. In: Gestaltungen des Unbewußten. Siehe dort. [Ges. Werke IX/1 (1. und 2. Auflage 1976)]
— Über die Psychologie der Dementia praecox. Ein Versuch. Carl Marhold, Halle 1907. [Ges. Werke III (1968)]

— Über Wiedergeburt. In : Gestaltungen des Unbewußten. Siehe dort. [Ges. Werke IX/1 (1. und 2. Auflage 1976)]
— Zum Gedächtnis Richard Wilhelms. In: Das Geheimnis der Goldenen Blüte. Ein chinesisches Lebensbuch. 2. Auflage. Rascher, Zürich 1938 und weitere. [Ges. Werke XV (1970)]
— Zur Empirie des Individuationsprozesses. In: Gestaltungen des Unbewußten. Siehe dort. [Ges. Werke IX/1 (1. und 2. Auflage 1976)]
— Zur Phänomenologie des Geistes im Märchen. In: Symbolik des Geistes. Siehe dort. [Ges. Werke IX/1 (1. und 2. Auflage 1976)]
— Zur Psychologie östlicher Meditation. In: Symbolik des Geistes. Siehe dort. [Ges. Werke XI (1963 und 1973)]
— und PAULI, Wolfgang: Naturerklärung und Psyche. (Studien aus dem C. G. Jung-Institut IV) Rascher, Zürich 1952. [JUNGS Beitrag Ges. Werke VIII (1967 und 1977)]
— Siehe Tibetanische Totenbuch, Das.
— Siehe WILHELM, Richard.

KAGAROW, Eugen: Der umgekehrte Schamanenbaum. In: *Archiv für Religionswissenschaft* XXVII (Leipzig und Berlin 1929) pp. 183–185.
KERN, Otto [Hg.]: siehe Orphicorum fragmenta.
KHUNRATH, Henricus: Amphitheatrum sapientiae aeternae. Hanau 1609.
— Von hylealischen, das ist, primaterialischen catholischen oder algemeinem natürlichen Chaos. Magdeburg 1597.
KIRCHER, Athanasius: Mundus subterraneus, in XII libros digestus. Amsterdam 1678. 2 Bde.
KNORR VON ROSENROTH, Christian [Hg.]: Kabbala denudata seu Doctrina Hebraeorum. 2 Bde. Sulzbach und Frankfurt 1677/84.
KNUCHEL, Eduard Fritz: Die Umwandlung in Kult, Magie und Rechtsbrauch. (Schriften der Schweizerischen Gesellschaft für Volkskunde 15) Basel 1919.
KOPP, Hermann: Die Alchemie in älterer und neuerer Zeit. 2 Bde. Heidelberg 1886.
Koran, Der. Aus dem Arabischen wortgetreu übersetzt und mit erläuternden Anmerkungen versehen von L. Ullmann. 4. Aufl. Bielefeld 1857.
KRICKEBERG, W.: siehe Märchen, Die, der Weltliteratur.
KINDT-Kiefer, Johann Jakob: Untersuchung über die Fundamentalstruktur der staatlichen Ganzheit. Diss. Universität Zürich. Bern 1940.
KRUEGER, Gustav: Das Dogma von der Dreieinigkeit und Gottmenschheit in seiner geschichtlichen Entwicklung dargestellt. (Lebensfragen. Schriften und Reden, hg. von Heinrich Weinel) Tübingen 1905.

LACINIUS, Janus: siehe BONUS.
LAMBSPRINCK: siehe (A) MUSAEUM HERMETICUM, VI.
LAZARELUS, Lodovicus: siehe REITZENSTEIN, Richard: Poimandres.
LÉVY-BRUHL L(ucien): Les Fonctions mentales dans les sociétés inférieures. (Travaux de l'année sociologique) 2. Aufl. Paris 1912.
Lexikon, Ausführliches, der griechischen und römischen Mythologie. Hg. von W. H. Roscher u. a. 11 Bde. Leipzig 1884–1890.

LIPPMANN, Edmund O. von: Entstehung und Ausbreitung der Alchemie. 3 Bde. Berlin 1919–1954.
LULLIUS, RAYMUNDUS: siehe BIBLIOTHECA CHEMICA CURIOSA I, III.

MAIER, Michael(is): De circulo physico, quadrato, hoc est auro usw. Oppenheim 1616.
— Secretioris naturae secretorum *Scrutinium chymicum*. Frankfurt a. M. 1687.
— Symbola aureae mensae duodecim nationum. Frankfurt a. M. 1617.
— «Subtilis allegoria super secreta chymiae»: siehe (A) MUSAEUM HERMETICUM, XI.
MAITLAND, Edward: Anna Kingsford, her Life, Letters, Diary, and Work. 2 Bde. London 1896.
Maitrâyana-Brâhmana-Upanishad. Part II. Übersetzt von Max Müller. (Sacred Books of the East XV) Oxford 1900.
MANGETUS, Jacobus Johannes [Hg.]: siehe (A) BIBLIOTHECA CHEMICA CURIOSA.
Märchen, Die, der Weltliteratur. Hg. von Friedrich von der Leyen und Paul Zaunert. Eugen Diederichs, Jena. Zitierte Bände:
— Indianermärchen aus Nordamerika. Hg. von Walter Krickeberg. 1924.
— Märchen der Azteken, Inka, Maya und Muiska. Hg. von Walter Krickeberg. 1928.
MARSILIUS FICINUS: siehe FICINUS.
MARTIAL (Marcus Valerius Martialis): Epigrammata. Hg. von Walter Gebert. Leipzig 1896.
MATTHEWS, Washington: The Mountain Chant. In: *Fifth Annual Report of the U.S. Bureau of American Ethnology* (Washington 1887) pp. 379–467.
MEAD, G. R. S.: The Doctrine of the Subtle Body in Western Tradition. An Outline of What the Philosophers Thought and Christians Taught on the Subject. London 1919.
MECHTHILD VON MAGDEBURG: Liber gratiae spiritualis. Venedig 1578.
MELCHIOR VON BRIXEN: siehe (A) AUREUM VELLUS, II.
MELCHIOR CIBINENSIS: siehe (A) THEATRUM CHEMICUM III, XXI.
MICHELSPACHER, Steffan: Cabala, speculum artis et naturae, in alchymia. Augsburg 1654. (Deutsch: Cabala, Spiegel der Kunst und Natur. In: Alchymia. Augsburg 1616)
MIGNE, Jacques Paul [Hg.]: Patrologiae cursus completus: Patrologia Latina [P. L.]. 221 Bde. Paris 1844–1864. Patrologia Graeca [P. G.]. 166 Bde. Paris 1857–1866.
Missale Romanum. Das Meßbuch der hl. Kirche, lateinisch und deutsch, mit liturgischen Erklärungen. Hg. von P. Anselm Schott. 19. Aufl. Freiburg i. Br. 1914.
MORIENUS ROMANUS: siehe (A) ARTIS AURIFERAE, XI.
MYLIUS, Johann Daniel: Philosophia reformata continens libros binos. Frankfurt a. M. 1622.

NAZARI, Giovanni Battista: Della Tramutatione metallica sogni tre. Brescia 1599.
NELKEN, Jan: Analytische Beobachtungen über Phantasien eines Schizophrenen. In: Jahrbuch für psychoanalytische und psychopathologische Forschungen IV (Leipzig und Wien 1912) pp. 504–562.
NEUMANN, Erich: Apuleius: Amor und Psyche. Ein Beitrag zur seelischen Entwicklung des Weiblichen. Rascher, Zürich 1952.
NIETZSCHE, Friedrich: Also sprach Zarathustra. Ein Buch für Alle und Keinen. Werke VI. Leipzig 1901.
NINCK, Martin: Wodan und germanischer Schicksalsglaube. Jena 1935.

NORTON, Thomas: siehe (A) MUSAEUM HERMETICUM, VIII, und THEATRUM CHEMICUM BRITANNICUM, I.

[OERI, Albert:] Festschrift für A'O' zum 21.9.1945. Basel 1945.
ONIANS, Richard Broxton: The Origins of European Thought about the Body, the Mind, the Soul, the World, Time, and Fate. University Press, Cambridge 1951.
Orphicorum fragmenta. Hg. von Otto Kern. Berlin 1922.
ORTHELIUS: siehe (A) THEATRUM CHEMICUM VI, XXXV.

Pandora, das ist die edelst Gab Gottes usw. Hg. von H. Reusner. Basel [1588].
PANTHEUS: Ars transmutationis metallicae. Venedig 1519.
Papyri Graecae magicae. Die griechischen Zauberpapyri. Hg. und übersetzt von Karl Preisendanz. 2 Bde. Berlin 1928/31.
PARACELSUS (Theophrastus Bombastus von Hohenheim): Bücher und Schriften. Hg. von Johannes Huser [HUSER]. 2 Bde. Basel 1589/91.
— Sämtliche Werke. Hg. von Karl Sudhoff [SUDHOFF] und Wilhelm Matthiesen. 15 Bde. München und Berlin 1922–1935.
In diesem Band zitierte Texte:
— Archidoxis magicae. HUSER II, pp. 544–573.
— Astronomia magna. SUHOFF XII, pp. 1–444.
— Das Buch Meteorum. HUSER II, pp. 69–96.
— Caput de morbis somnii. SUDHOFF IX, pp. 359–362.
— De caducis. SUDHOFF VIII, pp. 263–308; HUSER I, pp. 589–607.
— De morbis amentium. HUSER I, pp. 486–506.
— De natura rerum. SUDHOFF XI, pp. 309–403.
— De nymphis. SUDHOFF XIV, pp. 115–151. Siehe auch: Liber de nymphis usw. [unten].
— De pestilitate. HUSER I, pp. 326–356.
— De podagricis. HUSER I, pp. 563–577.
— De pygmaeis. Siehe: Liber de nymphis usw. [unten].
— De religione perpetua. SUDHOFF 2. Abt./I, pp. 89–107.
— De sanguine ultra mortem. HUSER II, pp. 267–271.
— De tartaro: Fragmenta anatomiae. SUDHOFF III, pp. 461–476.
— De vita longa. SUDHOFF III, pp. 247–292. Einzelausgabe hg. von Adam von Bodenstein. Basel 1562(?). Siehe auch DORNEUS.
— Fragmenta. SUDHOFF III, pp. 292–380.
— Fragmenta medica. HUSER I, pp. 131–169.
— Labyrinthus medicorum errantium. SUDHOFF XI, pp. 161–221.
— Liber Azoth. HUSER II, pp. 519–543.
— Liber de nymphis, sylphis, pygmaeis, et salamandris, et de ceteris spiritibus. HUSER II, pp. 180–192.
— Das Buch Paragranum. Hg. von Franz Strunz [STRUNZ]. Leipzig 1903.
— Paramirum primum. SUDHOFF I, pp. 163–239.
— Philosophia ad Athenienses. HUSER II, pp. 1–19.
— Von der Astronomey. HUSER I, pp. 212–218.

— Von den dreyen ersten essentiis. HUSER I, pp. 323–326.
— Von erkantnus des Gestirns. SUDHOFF XII, pp. 495–498.
— Siehe BODENSTEIN.
— Siehe DORNEUS.
PAULI, Wolfgang: Der Einfluß archetypischer Vorstellungen auf die Bildung naturwissenschaftlicher Theorien bei Kepler. In JUNG UND PAULI: Naturerklärung und Psyche. Siehe dort.
PAULINUS (von Nola): Poemata. Migne P. L., LXI col. 437–710.
[PAUSANIAS:] Pausaniae Graeciae descriptio. Hg. C. S. Siebelis. 5 Bde. Leipzig 1822–1827. Deutsch: P' Beschreibung von Griechenland. Übersetzt von J. H. Chr. Schubart. (Langenscheidtsche Bibliothek sämtlicher griechischen und römischen Klassiker, 37 und 38) 4. Aufl. 2 Bde. Berlin und Stuttgart 1855–1907.
PENOTUS: siehe (A) THEATRUM CHEMICUM I, XI, und II, XIV.
PERNETY: Dictionnaire mytho-hermétique. Paris 1787.
— Les Fables égyptiennes et grecques dévoilées et réduites au même principe, avec une explication des hiéroglyphes et de la Guerre de Troye. 2 Bde. Paris 1758.
PETRIE, William Flinders: Egyptian Tales, translated from the Papyri. 2. Serie. London 1895.
PHILALETHES, Eirenaeus: siehe (A) MUSAEUM HERMETICUM, X, XII, XIII und XIV.
[PHILO IUDAEUS ALEXANDRINUS:] Ph'i A'i libellus de opificio mundi. Hg. von Leopoldus Cohn. (Breslauer philologische Abhandlungen IV/4) Breslau 1889.
PICINELLUS (Picinello) Philippus: Mundus symbolicus. Köln 1681.
PICUS MIRANDULAE, Ioannes (Pico della Mirandola): Opera omnia. Basel 1557. In diesem Band zitiert:
— De arte cabalistica [pp. 733–900].
— Heptaplus [pp. 11–62].
PIERRE, Noël: Soleil noir. Paris 1952.
Pirkê de Rabbi Eliezer: siehe ELIEZER BEN HYRCANUS.
PITRA, Giovanni Battista [Hg.]: Analecta sacra spicilegio Solesmensi praeparata. 8 Bde. Paris 1876–1891.
PLATO (Pseud.): siehe (A) THEATRUM CHEMICUM V, XXX.
POMPONIUS MELA: De situ orbis. Siehe DINAN.
PORDAGE, John: Ein gründlich philosophisch Sendschreiben vom rechten und wahren Steine der Weißheit. In: ROTH-SCHOLTZ, Friedrich: DEUTSCHES THEATRUM CHEMICUM. 3 Bde. Nürnberg 1728–1732. [Band I, pp. 557–596].
— Sophia: das ist/Die holdseelige ewige Jungfrau der göttlichen Weisheit usw. Übersetzung. Amsterdam 1699.
PREISENDANZ, Karl: siehe Papyri Graecae magicae.
PRELLER, Ludwig: Griechische Mythologie. 2 Bde. Leipzig 1854.
PREUSCHEN, Erwin [Hg.]: Antilegomena. Die Reste der außerkanonischen und urchristlichen Überlieferungen. Gießen 1901.
PRISCILLIANUS: [Opera] P'i quae supersunt. Hg. von Georg Schepss. (Corpus scriptorum ecclesiasticorum Latinorum XVIII) Wien, Prag und Leipzig 1889.
PRITCHARD, James B. [Hg.]: Ancient Near Eastern Texts Relating to the Old Testament. Princeton 1950.

Prodromus Rhodostauroticus, Parergi philosophici usw. [o. O.] 1620. [Enthält: Verus Hermes.]

PSELLUS, Michael(is): De daemonibus. Iamblichus de mysteriis Aegyptiorum usw. Hg. von Marsilio Ficino. Venedig 1497. [Fol. N–N vi^v]

RABANUS MAURUS: Allegoriae in Sacram Scripturam. Migne P. L., CXII col. 849–1088.

RAHNER, Hugo: Die seelenheilende Blume. Moly und Mandragore in antiker und christlicher Symbolik. In: *Eranos-Jahrbuch* 1944 (Rhein-Verlag, Zürich 1945). Ferner in: Griechische Mythen in christlicher Deutung. Gesammelte Aufsätze von H' R'. Rhein-Verlag, Zürich 1945.

REITZENSTEIN, Richard: Alchemistische Lehrschriften und Märchen bei den Arabern. (Religionsgeschichtliche Lehrschriften und Vorarbeiten XIX/2) Gießen 1923.

— Poimandres. Studien zur griechisch-ägyptischen und frühchristlichen Literatur. Leipzig 1904.

— und H. SCHAEDER: Studien zum antiken Synkretismus aus Iran und Griechenland. (Studien der Bibliothek Warburg VII) Berlin 1926.

REUSNER, Hieronymus: siehe Pandora.

RHENANUS, Johannes: Solis e puteo emergentis sive dissertationis chymotechnicae libri tres. Frankfurt a. M. 1613.

RIPLAEUS, Georgius (George Ripley): Opera omnia chemica. Kassel 1649.

— Chymische Schriften. Erfurt 1624.

— Siehe (A) THEATRUM CHEMICUM II, XV, und THEATRUM CHEMICUM BRITANNICUM, II und III.

ROSCHER, Wilhelm Heinrich: siehe Lexikon, Ausführliches.

[ROSENCREUTZ, Christian:] Chymische Hochzeit Christiani R' anno 1459. Nach der zu Straßburg bei Lazari Zetzners seel. Erben im Jahr 1616 erschienenen Ausgabe originalgetreu neugedruckt. Hg. von Ferdinand Maack. Berlin 1913.

RULANDUS, Martinus: Lexicon alchemiae sive dictionarium alchemisticum. Frankfurt a. M. 1612.

RUPESCISSA, Joannes de: La Vertu et la propriété de la quintessence de toutes choses. Lyon 1581.

RUSKA, Julius: Tabula smaragdina. Ein Beitrag zur Geschichte der hermetischen Literatur. Heidelberg 1926.

— Turba philosophorum. Ein Beitrag zur Geschichte der Alchemie. (Quellen und Studien zur Geschichte der Naturwissenschaften und der Medizin I) Berlin 1931.

SCALIGER, Joseph Justus: Animadversiones in Chronologia Eusebii. In: Thesaurus temporum, Eusebii... chronicorum canonum... libri duo. [o. O.] 1606.

SCHEVILL, Margaret E.: Beautiful on the Earth. Hazel Dreis Editions, Santa Fe, New Mexico 1947.

SCHOPENHAUER, Arthur: Über die vierfache Wurzel des Satzes vom zureichenden Grunde. Eine philosophische Abhandlung. In: Sämtliche Werke in 6 Bänden. Hg. von Eduard Grisebach. Band III.

SCHREBER, Daniel Paul: Denkwürdigkeiten eines Nervenkranken, nebst Nachträgen und einem Anhang. Leipzig 1903.
SCHWEITZER, Bernhard: Herakles. Tübingen 1922.
SCOTT, Walter [Hg.]: Hermetica. 4 Bde. Oxford 1924–1936.
SENDIVOGIUS, Michael: siehe (A) THEATRUM CHEMICUM IV, XXIV; BIBLIOTHECA CHEMICA CURIOSA II, VIII; MUSAEUM HERMETICUM, IX.
— Tripus chemicus. Straßburg 1628.
SENIOR: siehe ZADITH.
Shatapatha-Brâhmana. Edited and translated by Julius Eggeling. (Sacred Books of the East XII, XXVI, XLI, XLIII, XLIV) Oxford 1882–1900.
SPENCE, Lewis: The Gods of Mexico. London 1923.
SPENCER, Baldwin, and F. J. GILLEN: The Northern Tribes of Central Australia. London 1904.
SPIEGEL, Friedrich: Erânische Altertumskunde. 3 Bde. Leipzig 1871–1878.
SPIELREIN, Sabine: Über den psychologischen Inhalt eines Falles von Schizophrenie (Dementia praecox). In: *Jahrbuch für psychoanalytische und psychopathologische Forschungen* III (Leipzig und Wien 1912) pp. 329–400.
SPITTELER, Carl: Prometheus und Epimetheus. Ein Gleichnis. Jena 1923.
STEEB(IUS), Johann(es) Christoph(orus): Coelum Sephiroticum Hebraeorum per portas intelligentiae Moysi revelatas usw. Mainz 1679.
STEINDORFF, Georg [Hg.]: Die Apokalypse des Elias. (Texte und Untersuchungen, N. S. 2: 3) Leipzig 1899.
STEINEN, Karl von den: Unter den Naturvölkern Zentral-Brasiliens. Berlin 1894.
STEVENSON, James: Ceremonial of Hasjelti Dailjis and Mythical Sand Painting of the Navajo Indians. In: *Eight Annual Report of the U.S. Bureau of American Ethnology 1886–87* (Washington 1891) pp. 229–285.
STOBAEUS, Johannes: Anthologium. Hg. von Kurt Wachsmuth und Otto Hense. 5 Bde. Berlin 1884–1912.
SZEBENY: siehe MELCHIOR CIBINENSIS.

TABERNAEMONTANUS, Jacob Theodorus: Kräuterbuch. 2 Bde. Offenbach 1731.
Tabula smaragdina: siehe HERMES TRISMEGISTUS und RUSKA.
TALBOT, Amaury: In the Shadow of the Bush. London 1912.
Tibetanische Totenbuch, Das. Aus der englischen Fassung des Lam Kazi Dava Samdup. Hg. von W. Y. Evans-Wentz. Mit einem psychologischen Kommentar von C. G. JUNG. Zürich und Leipzig 1936. Neuauflagen Olten 1971, 1973, 1975, 1977, l978.
TRISMOSIN, Salomon: siehe (A) AUREUM VELLUS, I.
Turba philosophorum: siehe RUSKA.

USENER, Hermann: Das Weihnachtsfest. (Religionsgeschichtliche Untersuchungen) 2. Aufl. Bonn 1911.

VALENTINUS, Basilius: siehe (A) MUSAEUM HERMETICUM, VII.
VECERIUS, Conrad: siehe BARING-GOULD.

Vedanta-Sutras. Translated by George Thibaut. (Sacred Books of the East XXXIV, XXXVIII, XLVIII) Oxford 1890–1904.

VENTURA, Laurentius: De ratione conficiendi lapidis philosophici. Basel 1571.
— Siehe (A) THEATRUM CHEMICUM II, XVII.

Verus Hermes: siehe Prodromus Rhodostauroticus.

VETTIUS, Valens: Anthologiarum libri. Hg. von Wilhelm Kroll. Berlin 1908.

VIGENERUS, Blasius (Blaise de Vigenère): siehe (A) THEATRUM CHEMICUM VI, XXXIII.

WALDE, Alois: Lateinisches etymologisches Wörterbuch. (Indogermanische Bibliothek 2/I) 2. Aufl. Heidelberg 1910.

Wasserstein der Weysen, das ist, Ein chymisch Tractätlein. Frankfurt a. M. 1619.

[WEI PO-YANG:] An Ancient Chinese Treatise on Alchemy entitled TS'AN T'ung Ch'i, written by Wei Po-Yang about 142 A.D. Translated by Lu-ch'iang Wu und Tenney L. Davis. In: *Isis* XVIII (Brügge 1932) pp. 210–289.

WELLS, Herbert George: Christa Alberta's Father. Tauchnitz, Leipzig 1926.

WILHELM, Richard, und C. G. JUNG: Das Geheimnis der Goldenen Blüte. Ein chinesisches Lebensbuch. Mit einem europäischen Kommentar von C. G. JUNG. Dornverlag, München 1929. Neuausgabe Rascher, Zürich 1938. Neuauflagen 1939, 1944, 1948, 1957 und 1977. [JUNGS Beitrag in diesem Band.]

WINDISCHMANN, Friedrich: Zoroastrische Studien. Berlin 1863.

WÜNSCHE, August: Die Sagen von Lebensbaum und Lebenswasser. (Ex Oriente Lux) I/2,3. Leipzig 1905.

ZADITH SENIOR: siehe (A) BIBLIOTHECA CHEMICA CURIOSA.

ZÖCKLER, OTTO: Das Kreuz Christi. Religionshistorische und kirchlich-archäologische Untersuchungen. Zugleich ein Beitrag zur Philosophie der Geschichte. Gütersloh 1875.

PERSONENREGISTER

Abraham le Juif / A. Eleazar 233, 239 [127], 363 [324]
Abu Bekr Muhammed Ben Zakeriya er-Rāsī s. Rhazes
Abu'l Qāsim Muḥammad Ibn Aḥmad Al-Irāqī 156 [103], 245 [171], 327 f., 331, 332 [191], 333 [197]
Aegidius de Vadis 232 [71], 236 [93], 247
Agricola, Gregorius 103 [157]
Agrippa von Nettesheim 130, 133, 145 ff., 175 [187], 176 [190], 201 [246], 205, 207
Alanus de Insulis 316 [123], 317
Albertus Magnus 139 [33], 156 [97], 309, 333 [197], 338 f., 341, 357, 363, 365, 366
Alciati, Andrea / Alciatus 293 [33], 336
Aldrovandus, Ulysses 365 [330]
Al-Irāqī s. Abu'l Qāsim
Alexander der Große 338, 346
Alexander à Suchten 145
Alphidius 320, 347
Ambrosius 332 [184], 363
Andreae, Johann Valentin s. Rosencreutz
Angelus Silesius 132 f., 134
Apollonius von Tyana, Pseudo- (s. auch *Dicta Belini*) 87, 142, 238
Apuleius 72 [15], 204 [255], 360
Archelaus (s. auch *Acta Archelai*) 139 [33]
Arisleus (s. auch *Visio Arislei*) 329
Aristoteles 35, 131, 269, 309 f.
Aristoteles Alchymista 329, 345
Arnaldus de Villanova 87, 132, 139 [33], 316
Artephius 244
Ashvagosha 364 [329]
Augustinus, Hl. 265 ff., 362
Avalon, Arthur 32 [19], 286 [12]
Avicenna / Ibn Sina (s. auch *Tractatulus Avicennae*) 132, 233, 309 f., 310 [100], 356

Bardesanes 364
Baring-Gould, Sabine 198 [239], [240]
Basilides 252
Basilius Valentinus s. Valentinus Basilius
Baynes, Charlotta Augusta 192 [230]
Beeson, C. H. (Hg.) 342 [245]
Benoît, Pierre 110
Bernardus Trevisanus 236 [94], 247 [195], 252 [228], 330 [175], 358 [312]
Bernhard, hl. 316 f.
Béroalde de Verville, François (s. auch *Poliphili Hypnerotomachia*) 170 [157]
Berthelot, Marcellin 67 [1, 2], 68 [6], 72 [15], 74 [21], 76 [25], 80 [52], 82 [54, 60-62], 83 [64], 85 [76], 87 [90], 88 [95], 92 [110], 98 [149], 103 [158, 159], 105 [167-169], [171, 172], 106 [174], 109 [182], 110 [186], 112 [200], 117 [217], 145 [51], 147 [57], 156 [101], 157 [105], 168 [148], 171 [160], 174 [178, 179], 181 [198], 223 [23], 225, 227 [39], 234, 235 [86-90], 240 [136], 244 [165], [170], 245 [171], 295 [39], 298 [49], 299 [55], 300 [59], 305 [77, 79], 306 [82], 308 [92], 311 [104], 331 [182], 337 [222, 223], 344, 345 [257], 348 [273-275], 357 [304]
Bezold, Otto (Hg.) 357 [309]
Bodenstein, Adam von 129, 131 [17], 135, 149, 150 [75], 151 [77], 160 [115], 173 [172], 176, 183 [201, 202], 184 [204], 193, 207 [258]
Böhme, Jacob 30, 340
Bonus, Petrus (s. auch Lacinius) 319 ff., 337, 355 f.
Bostra, Titus von 359
Bousset, Wilhelm 149 [72], 246 [190], 250 [220], 359 [315]
Braceschus, Johannes 159 [114]
Budge, Wallis 30 [12], 82 [57], 88 [94], 175 [184], 300 [62]
Burckhardt, Jacob 134, 306 [81]

Personenregister

Carter, J. B. 207 [260]
Cäsarius von Heisterbach 96, 218
Cassiodorus, M. Aurelius 327
Chaucer, Geoffrey 103 f.
Chrétien de Troyes 242 [156]
Christensen, Arthur 239 [129], 364 [327, 328]
Christianos (Berthelot) 168
Chwolsohn, Daniel 68 [4], 243 [159], 336 [215]
Cibinensis s. Szebeny
Cicero, Marcus Tullius 240
Colonna, Francesco (s. auch *Poliphili Hypnerotomachia*) 203
Coomaraswamy, Ananda K. 333 [194], 336 [216], 364 [326]
Cornelius Agrippa s. Agrippa von Nettesheim
Crafftheim, Crato von 135, 145
Crawley, Alfred Ernest 162 [127]
Cumont, Franz 330 [173]

Dante Alighieri 159 [114], 196, 253, 317, 334 [203]
Davis, T. L. 142 [45]
Dee, John 175 [184], 239 [126], 347 [268], 358 [310]
Demokritos/Pseudo-D. 75, 85, 86 [82], 114, 167, 180 f., 244, 308, 345
Deursen, Arie van 111 [189, 190, 192]
Deussen, Paul 225 [26], 266 [257]
Dieterich, Albrecht 78 [36]
Dinan, W. (Hg.) 198 [242]
Dioscorides 175 [187], 176 [190]
Dioskoros (Berthelot) 156 [101]
Djābir ibn Hayyān 234 [80], 307, 337
Dorneus, Gerardus 81, 93, 96, 131 [17], 140 [37], 148 [65], 151 [77], 157 [104], 159 [114], 162, 169 ff., 174, 176, 184 [208], 186 f., 188 [222], 189, 191 [228], 192 [229], 193–208, 227 [41], 234, 236, 238, 245 [171], 249 [202], 252 [231], 254, 308 ff., 311–314, 317, 322, 333 [196], 334, 349, 356 ff.
Dozy, R. und de Goeje, M. J. 244
Du Cange, Charles du Fresne 167 [145], 347 [266]

Eisler, Robert 330 [173]
Eleazar s. Abraham le Juif
Eliade, Mircea 78 [37], 112 [198, 199], 328 [156], 330 [172], 332 [183], 367 [336, 337, 339–341], 368

Elieser Ben Hyrcanus, Rabbi 342 [247]
Empedokles 215
Epiphanius 97 [147], 166, 207, 242 [155], 246 [188], 332 [184]
Eucherius von Lyon 116 [212]
Eulogius von Alexandrien 216
Euripides 78
Eutychius 68 [4]
Euthymios Zigadenos 242 [154]
Evans-Wentz, W. Y. 33 [21], 286 [13]

Ferguson, Johann 159 [114], 248 [199]
Fergusson, James 367 [344]
Ficino, Marsilio 147, 151 [76], 242 [153]
Figulus, Benedictus 168, 229, 329
Firmicus Maternus, Iulius 78 [38]
Flamel, Nicolas/Flamellus 233, 236 [101], 329 [164], 332, 363 [324]
Fludd, Robert 310 f.
Franciscus Epimetheus, Pseudonym für Reusner, H. s. d.
Franz, Marie-Louise von 72 [15], 77 [31], 87 [87], 106 [173], 111 [187], 168 [149], 238 [113], 297 [47], 328 [161], 338 [227], 340 [233], 346 [263]
Frazer, Sir James George 79 [40–43], 108 [177], 109 [180], 214 [3]
Freud, Sigmund/F.sche Schule 42, 50, 91, 262, 323 f., 370 f., 374 f.
Frobenius, Leo 112

Galenus 132, 152 [79], 308 [93]
Ganz, Rabbi David 364 [326]
Gaudentius 116 [212]
Geber (arab.) 206, 226, 229 [54], 356 f.
Geley, Gustave 58 [37]
Geßner, Conrad 135, 145 f.
Gillen, F. J. s. Spencer
Godefridus, Abt 317
Goeje, M. J. de s. Dozy, Reinhart
Goethe, J. W. von 17, 33 [22], 77, 89 [98], 100, 127, 134, 136 [26], 141, 144, 152 [82], 182 [200], 191, 196, 199, 204 [255], 263, 271, 318
Gourmont, Rémy de 363 [322]
Gray, Ronald D. 77 [32]

Gregor XIV., Papst 269
Gregorius Magnus, hl. 246 [188], 364 [329]
Greverus, Iodocus 294–298, 306, 329 [164], 333 [198]
Grimm, J. und W. 198 [237], 213, 279, 366 [334]
Grünbaum, Max 341 [237]
Gu De 56

Haggard, Henry Rider 110 [184]
Hapelius, Nikolaus Niger 233 [74, 79], 238 [118]
Hapsberg, Ludwig Wolfgang von 149
Harforetus s. Karpokrates
Hastings, James 108 [177]
Hegemonius 342
Helia Artista 139 [33]
Hennecke, Edgar (Hg.) 97 [145], 261 [250]
Herakleios von Byzanz, Kaiser 337
Herakleon, H.iten 97
Heraklit 333
Hercules s. Herakleios von Byzanz
Hermolaus Barbarus 85
Hildegard von Bingen 35 f.
Hilka, Alfons 242 [156], 329 [165]
Hinkle, Beatrice 34 [23]
Hippolytus 85, 97 [145], 164, 165 [139], 166, 215 [7], 246 [183], 250, 304 [74, 75], 306, 333 [194], 343 [248], 365 [332, 333]
Hoghelande, Theobald de 95 [130], 117 [217], 156 [98, 102], 157 [106], 226 [28, 31], 231, 234 [80], 300 [59], 307 [84, 86], 327 [151], 337, 346, 347 [267], 348
Hölderlin, Friedrich 266
Holmberg, Uno 294 f., 313 [112]
Holmyard, Eric John (Hg.) 156 [103], 245 [171], 328 [155]
Honorius von Autun 97 [145]
Horapollo Niliacus 279
Horatius 205 [256]
Horstmann, Carl 326 [147]
Hortulanus 77 [31], 114 [209], 158 [112]
Huser, Johann (Hg.) 128 [2], 129 [5, 6], 130 [8, 10], 131 [13, 14], 132 [18-20], 138 [28, 29], 146, 148 [62], 151 [77]
Hyslop, James H. 49 [33]

Ibn Al-Nadīm 257 [243]
Ibn Sina s. Avicenna
Ignatius von Loyola 96, 184 [208], 236 [102], 262
Irenaeus (von Lyon) 342, 359 f., 365

Jacobi, Jolande 177 [194]
Jacobsohn, Helmuth 82 [58], 364 [328]
Jaffé, Aniela 9, 229 [55], 339 [230]
James, William 49 [33]
Jesus (s. auch Christus) 61, 115 f., 184 [208], 261, 304, 342
Jung, Carl Gustav (s. auch Arzt und Patient, Patientenbilder)
– als Traummotiv 370 ff.
– *Aion* 9, 84 [69, 71], 90 [100], 98 [148], 105 [170], 274 [2], 287 [17], 301 [68], 305 [80], 317 [133], 322 [140], 346 [262], 349 [276], 350 [278]
– *Antwort auf Hiob* 370 ff.
– *Die Beziehungen zwischen dem Ich und dem Unbewußten* 47 [31], 258 [245],
– *Erinnerungen, Träume, Gedanken* 9
– *Erlösungsvorstellungen in der Alchemie* (s. auch *Psychologie und Alchemie*) 139 [32], 156 [94]
– *Der Geist Mercurius* (Kapitel in diesem Band) 106 [175], 305 [79], 314 [114], 332 [188, 190], 343 [249], 363 [323], 366 [334]
– *Der Geist der Psychologie* 96 [138], 236 [102], 242
– *Gestaltungen des Unbewußten* 273, 290
– *Mandalas* 30 [11], 273 [1]
– *Mysterium Coniunctionis* 9, 93 [117], 239 [127], 297 [47], 334 [200], 358 [312], 362 [319], 363 [324], 365 [330]
– *Nachruf auf R. Wilhelm* 11, 15
– *Paracelsica* 9, 123, 125–126
– *Paracelsus als Arzt* 9, 123, 125
– *Paracelsus als geistige Erscheinung* (Kapitel in diesem Band) 123, 125, 239 [128], 338 [225], 345 [258]
– *Psychologie und Alchemie* 9, 14 [1], 68 [5], 74 [22], 76 [30], 77, 80 [47], 85 [75], 90 [100], 93 [115], 105 [171], 113 [203, 205], 116 [214], 139 [32], 156 [94], 163 [130], 170 [157], 171 [160], 178 [195], 187 [211], 190 [227], 192 [230], 214 [4], 215 [5, 8], 239 [128], 248 [198],

Jung, C. G. (Fortsetzung)
250 [219], 254 [239], 274, 283, 297 [47], 298 [53], 305 [78], 307, 317 [133], 325, 326 [146], 327 [149], 329 [162], 331 [176], 338 [225], 339, 340 [234], 341 [240], 345 [256], 362 [318], 363 [322], 365 [331]
- *Psychologie und Religion* 102 [154], 189 [223]
- *Die Psychologie der Übertragung* 9, 96 [137], 177 [193], 299 [57], 316
- *Die psychologischen Grundlagen des Geisterglaubens* 183 [203]
- *Psychologische Typen* 30 [10], 48 [32], 102 [153], 188 [215], 258 [245]
- *Das Rätsel von Bologna* 219 [19], 365 [330]
- *Symbole der Wandlung* 9, 78 [37], 134 [23], 149 [71], 250 [214], 367 [342, 343]
- *Symbolik des Geistes* 211
- *Traumsymbole des Individuationsprozesses* 171 [160]
- *Theoretische Überlegungen zum Wesen des Psychischen* 96 [140]
- *Über die Archetypen des kollektiven Unbewußten* 198 [243]
- *Über Mandalasymbolik* 30 [11], 273 [1], 302 [71]
- *Über die Psychologie und Pathologie sogenannter okkulter Phänomene* 31 [16]
- *Über Wiedergeburt* 346 [261]
- *Versuch einer psychologischen Deutung des Trinitätsdogmas* 171 [160], 259 [247]
- *Von den Wurzeln des Bewußtseins* 65, 271
- *Das Wandlungssymbol in der Messe* 9, 78 [37], 79, 80 [46], 90 [100, 101], 93 [114, 120], 96
- *Zur Empirie des Individuationsprozesses* 30 [11, 13], 273 [1], 290 [28], 340 [236], 362 [318]
- *Zur Phänomenologie des Geistes im Märchen* 258 [246]
- mit R. Wilhelm: *Das Geheimnis der Goldenen Blüte* (Kapitel in diesem Band) 225, 258 [245]

Justinus Martyr 116 [212]

Kagarow, Eugen 368
Kant, Immanuel 62
Karpokrates/Harforetus 328f.
Kautzsch, E. (Hg.) 162 [118], 166 [142], 168 [150], 195 [235], 238 [123], 328 [160], 331 [180], 342 [243]

Kékulé von Stradonitz, August 120
Kepler, Johannes 135, 310
Kern, Otto (Hg.) 336 [215]
Khunrath, Heinrich 107, 143, 170 [156], 227 [33], 236 [106], 238, 240, 245 ff., 249 [203], 253 [236], 314, 331, 344
Kindt-Kiefer, Johann Jakob 188 [216]
Kingsford, Anna 34
Kircher, Athanasius 103 [157]
Klages, Ludwig 19
Knorr von Rosenroth, Christian 335
Knuchel, Eduard Fritz 32 [20]
Komarios (s. auch *K. traktat*) 75
Konstantin, Kaiser 139
Kopp, Hermann 320 [137]
Krickeberg, W. 111 [193-196], 112 [197]
Krüger, Gustav 216 [11]

Lacinius, Janus (Hg.) 76 [26], 310 [101], 320 [139], 337 [218], 356 [298]
Lambsprinck 92 [110], Bild VI
Laplace, Pierre Simon Marquis de 44
Laxinius s. Lacinius, Janus
Lazarelus, Lodovicus 208
Lévy-Bruhl, Lucien 52f., 102 [153], 374
Lilius 166 [142]
Lippmann, Edmund O. von 165 [140], 308 [94, 95]
Liu Hua Yang 11, 28f., 31, 37, 45, 46, 52, 60
Lu Ch'Iang Wu 142 [45]
Lü Dsu 25, 27
Ludwig II. von Bayern 214
Lullius, Raymundus 139 [33], 159 [114], 206, 245, 252 [231], 320 [139], 348

Maier, Michael 77 [31], 81, 85 [79], 88 [96], 91 [106], 92 [110], 95, 163–167, 168, 180 [197], 243 [161], 246 [179], 248 f., 295 [41], 298, 325, 329 [164], 333
Maitland, Edward 34
Mangetus, Johannes Jacobus (Hg.) (s. auch *Bibl. chem. curiosa*) 142 [42], 159 [114], 238 [122], 243 [160], 252 [231], 253 [237], 320 [139]
Martial (Marcus Valerius Martialis) 240
Matthews, Washington 31 [15]

Mead, G. R. S. 116 [213]
Mechthild von Magdeburg 316 f.
Meier, C. A. 120 [220]
Meister Eckhart 25, 58, 130 [7], 305
Melchior von Brixen s. *Aureum vellus*
Melchior Cibinensis s. Szebeny
Melchior von Hermannstadt s. Szebeny
Michelspacher, Steffan 215 [5]
Migne, Jacques Paul (Hg.) 242 [154], 246 [188], 316 [123], 317 [126-130], 327 [154], 332 [184, 185], 363 [321], 364 [329]
Morienus Romanus 139 [33], 337 [220]
Mylius, Johann Daniel 81, 95, 96, 142 [45], 143 [49], 156 [99, 100], 172, 227 [32, 36, 41], 232; 233, 236 [94, 98], 238, 240 f., 244 [167], 245 [171, 175], 246 [180], 247, 252 [228], 287 [16], 325 [142], 328 [160], 331, 332 [186, 192], 343 [251]

Nazari, Giovanni Battista 74 [23]
Nebukadnezar 22, 293 [33], 333, 364
Nelken, Jan 366
Neumann, Erich 360
Newton, Sir Isaac 77
Nietzsche, Friedrich 60, 110, 134, 144
Niklaus von Flüe 374
Ninck, Martin 367 [342]
Nolanus s. Paulinus
Norton, Thomas (s. auch *Theatrum chem. Brit.*) 218 [15], 222 [22]

Olympiodor 82, 92 [110], 117 [217], 145 [51], 157 [105], 223 [23], 305, 306 [82], 348
Onians, Richard Broxton 286 [12]
Oporin(us), Johannes 135 f., 150
Orthelius s. *Theatrum chemicum*
Ostanes 88 [95], 174, 234, 265 [254], 300 [59], 331, 337 [223], 344, 346, 352, 354, 357

Pantheus 246 [181]
Paracelsus (Theophrastus Bombastus von Hohenheim) 123–209, 238, 254, 296 [45, 46], 298
– *Anatomiae liber primus* 148 [67, 68]
– *Apokalypsis Hermetis* 146

– *Archidoxis magicae* 138 [30]
– *Argumentum... Von der himmlischen Wirkung* 131 [11]
– *Astronomia magna* 147
– *Das Buch Paragranum/Liber Paragranum* 127, 140, 148, 198 [241], 207 [258]
– *Das buch der philosophei des himlischen firmaments* 130 [10]
– *Caput de morbis somnii* 129 [6]
– *De caducis* 128 [2], 132 [20]
– *De incertitudine et vanitate scientiarum* 133
– *De morbis amentium* 138 [29]
– *De morbis somnii* 130 [9]
– *De natura rerum* 140 [35]
– *De nymphis* 131 [15], 162
– *De pygmaeis* s. *De nymphis*
– *De pestilitate* 130 [10], 138 [28], 184 [206]
– *De podagricis liber* 129 [6], 131 [14], 147 [56]
– *De religione perpetua* 146 f.
– *De vita longa* 140 [37], 149–176, 180, 183 [201], 184 [207, 208], 187 [212], 193–195, 199 [244]
– *Fragmenta anatomiae* 176 [188]
– *Fragmenta medica* 130 [8], 152 [79]
– *Fragmentarische Ausarbeitungen zu Anatomie und Physiologie* 148 [69]
– *Labyrinthus medicorum* 129 [4], 130 [10], 131 [13]
– *Liber Azoth* 142 [40], 157 [111], 162 [118, 122-126], 184 [205], 192 [229]
– *Liber de nymphis, sylphis, pygmaeis et salamandris* s. *De nymphis*
– *Liber Paragranum* s. *Das Buch P.*
– *Liber de sanguine* 162
– *Paramirum de quinque entibus morborum* 129, 131 [12], 138 [29]
– *Philosophia ad Athenienses* 162 [120]
– *Philosophia sagax* 131 f.
– *Von den dreyen ersten essentiis* 148 [66]
– *Von erkantnus des gestirns* 129 [3]
– *Von der himmlischen Wirkung* s. *Argumentum...*
Parmenides 86
Patritius 269
Pauli, Wolfgang 310 [103]
Paulinus Nolanus 302

Paulus, hl. (s. auch *Bibel*) 35, 59f., 172 [168], 229
Pausanias 108 [178]
Penotus 231, 242 [152], 249, 251
Pernety, A. J. 159 [114], 186 [209]
Petasios 82, 117 [217], 223
Petrie, W. F. 327 [152]
Philaletha / Philalethes Eirenaeus (*Mus. herm.*) 227 [40], 228 [47, 48], 229 [52], 231 [64], 232 [72], 236 [96], 237 [111], 239 [131], 247 [195], 249 [210], 307 [85]
Philo Iudaeus 149, 287 [15], 363
Picasso, Pablo 281
Picinellus, Philippus 175 [186], 341 [238]
Pico della Mirandola, Johannes 146, 147, 148 [64], 154 [87], 190 [226]
Pierre, Noël 291
Piper, Leonora 49
Pitra, Jean-Baptiste (Hg.) 83 [63], 332 [186]
Platon 34, 86, 157, 233, 321, 336
– , Pseudo- s. *Liber quartorum*
Poliphilo (s. auch *Poliphili Hypnerotomachia*) 159 [114]
Pomponius Mela 198
Pordage, John 177 [193], 329 [164]
Preisendanz, Karl 143 [46, 47], 181 [199], 211, 244 [170], 245 [171], 300 [61], 355 [291]
Preller, Ludwig 78 [35], 246 [186]
Preuschen, Erwin (Hg.) 116 [212]
Priscillian 113
Pritchard, James B. 364 [328]
Psellus, Michael 242
Pythagoras, pythagoräisch 304, 329

Rabanus Maurus 317
Rahner, Hugo 334 [200]
Rasis s. Rhazes
Raymundus s. Lullius
Razes s. Rhazes
Raziel 154 [87]
Reinach, Salomon 240 [138]
Reitzenstein, Richard 81 [53], 208 [263], 224, 240 [137], 247 [192], 250
– und Schaeder, H. 99 [152], 240 [134], 358 [311]

Reusner, Hieronymus 163 [129, 130], 279, 327, 339 [229], 341, 343, 345, 364, Bild IV
Rhazes/Razes/Rasis 132, 159 [114], 310, 319
Rhenanus, Johannes 340 [234], 346 [263], Bild VII
Rimas s. Zosimos
Ripley, George/Riplaeus (s. auch *Ripley Scrowle*) 93 [117], 231 [60], 234 [81], 246, 249 [204, 209], 253 [233], 307 [85, 88-90], 329 [163], 332 [192, 193], 335, 337, 356, 358
Romanus, hl. 83 [63]
Roquetaillade, Jean de la s. Rupescissa
Roscher, W. H. 159 [114], 240 [142]
Rosencreutz, Christian (Andreae, J. V.) 100, 203, 235, 249, 338, 351
Rosinus s. Zosimos
Rulandus, Martinus 85, 86 [86], 151 [78], 152 [79], 154 [83-85], 155 [91], 156 [92], 157 [110], 160, 163 [129], 172 [168], 173 [172], 174, 175 [183], 176, 187 ff., 195, 238 [114], 239 [125], 279 [4], 300 [59], 308 [94], 309 [97]
Rupescissa, Johannes de 98, 139 [33], 156 [98], 168 [146], 238, 248 [199]
Rusca, Julius 74 [23], 84, 86 f., 92 [110], 114 [209], 116 [212], 117 [216, 217], 156 [102], 158 [112], 171, 245, 251 [223], 257 [243], 327 [151], 328, 329, 337 [224], 354 f., 357 [302]

Saint-Exupéry, Antoine de Bild 2
Saxo Grammaticus 108
Scaliger, Joseph Justus 154 [87]
Schaeder, H. s. Reitzenstein, R.
Schevill, Margaret E. 110 [183]
Schmieder, K. C. 224
Schopenhauer, Arthur 94, 188 [216], 216, 257
Schreber, D. P. 45 [28]
Schweitzer, Bernhard 240 [139], 243 [158]
Scott, Walter (Hg.) 81 [53], 87 [92]
Sendivogius, Michael 74 [23], 249 [212]
Senior s. Zadith
Senn, Gustav 371
Sidgwick, Mrs. Henry 49 [33]
Simon Magus (s. auch Baum des S. M.) 278, 333
Sokrates 86

Spence, Lewis 90 [100], Bild 8
Spencer, W. R. und F. J. Gillen 108 [176]
Spiegel, Friedrich 367 [343]
Spielrein, Sabina 78 [37]
Spitteler, Carl 190, 367
Steebus, Christophorus 85, 92 [109], 171 [161-164], 233 [77, 78], 234 [83], 342 [242]
Steindorff, Georg (Hg.) 79, 112 [201]
Steinen, Karl von den 225
Stevenson, James 31 [15]
Stirner, Max (Pseudonym für Kaspar Schmidt) 134
Stobaeus, Johannes 364 [325]
Strunz, Franz (Hg.) 127 [1], 140 [36], 148 [62, 63, 65], 198 [241], 207 [258]
Sudhoff, Karl (Hg.) 129 [3, 5, 6], 130 [9, 10], 131 [11, 15], 132 [18], 138 [30], 140 [35], 142 [40], 147 [56, 60, 61], 148 [66-69], 149 [73], 150 [75], 151 [77], 152 [79, 80], 157 [109, 111], 160 [117], 162 [118-126], 172 [168], 173 [170, 174], 174 [176, 177], 175 [185, 187], 176 [188, 190], 183 [201, 202], 184 [204-208], 187 [212], 189 [224], 192 [229], 199 [244], 200 [245]
Sylvester II., Papst 90 [102]
Synesios 156 [101]
Szebeny, Nicolas Melchior (Cibinensis) 139, 177 f.

Tabernaemontanus, Jacobus Theodorus 152 [79], 173 [173], 176 [190]
Talbot, Amaury 219
Tertullian 61
Thales 343 [248]
Theodorus Studites 332 [186]
Thomas von Aquino, hl. 139

Torquemada Thomas de 318
Trevisanus Bernardus s. Bernardus
Trismosin, Salomon 76 [26], 103 [156], 238 [124]

Urstisius (Hg.) 198 [240]
Usener, Hermann 304 [76]

Valentinus s. Valentinianer
Valentinus Basilius 227 [40], 231 [63], 234 [82], 236 [97], 239 [130], 245 [171]
Vecerius, Conrad 198
Ventura, Laurentius 95, 232 [70], 234, 244 [168], 252 [231], 329, 334 f., 347 [268], 351 f.
Vettius, Valens 336 [215]
Vigenerus, Blasius 327, 335, 357

Walde, Alois 309 [97]
Waldkirch, Conrad 139, 297 [47]
Wei Po-Yang 142 [45], 244, 349 f.
Wells, H. G. 45 [28]
Wendland, Paul (Hg.) 250 [216]
Wilhelm, Richard (s. auch Jung, C. G. – R. Wilhelm) 9, 11, 13 f., 16, 20, 28, 46 ff., 57 [36], 225
– , Nachruf auf s. Jung, C. G.
Wilhelm, Salomé 11
Windischmann, Friedrich 331 [179]
Wünsche, August 326 [147], 341 [239]

Zadith, Senior 91 [106], 279, 330 [170], 344
Zöckler, Otto 357 [309]
Zosimos von Panopolis 65–121, 147, 235, 239, 240, 244, 257 [243], 295, 299, 300 [59], 304 f., 313 [112], 314, 337 [223], 354

SACHREGISTER

Alpha und Omega/A und Ω 241, 302 [71]
Abendland s. Europa
Abendmahl (s. auch Kommunion) 188, 236, 314 [119]
Aberglaube 17, 58 [37], 138, 178 f.
Abhäutung (s. auch Skalp) 68, 70, 73, 79 f., 97 [145]
Abstraktion 289
Achamoth (s. auch Sophia) 304
Achse (s. auch Welta.) 291
Acta Archelai s. Hegemonius
Adam 89, 91 [104], 129 [6], 147 f., 154 [87], 156 f., 190 [226], 245 [171], 341 f.
– in der Alchemie 186, 252 [231]
– und Eva 93 [113], 105, 162, 238, 277, 282, 325 f., 345, Bilder IV; 32
– Kadmon/Cadmon 147, 239
– , mystischer 157
– secundus/zweiter 89 f., 190 [226], 252, 326
– , Wiedergeburt von 165
– , zweiter s. secundus
Adamas 342
Adebar 341
Adech (Parac. Term.) 148, 184, 186 f., 189 ff., 193 ff., 199 f., 202
Adhvaryu 288
Âditya 288
Adler 203, 219, 301, 325, 341, 366, 370 ff.
«Aenigma Bononiense» 219 [19]
Aenigma philosophorum (Theatr. chem.) 245 [177]
Affe 299, 301
Affekt (s. auch Gefühl) 21, 24, 42 f., 47, 49, 53, 58, 91, 360, 370, 374
– -ivität 311
agape/ἀγάπη (s. auch Liebe) 318
Agathodaimon 71, 75 [24], 82 [59]

agnata fides (s. auch Glaube) 188
Agni, 288
ἀγνοία 361
Ägypten, ä.isch 30, 82 f., 88, 90 f., 161, 231, 249, 300 ff., 304, 327, 330, 344 f.
Ahnen (s. auch Geist) 109
– -seele 108
Ahura Mazda 99
Akazien s. Baum
Alabaster 70, 73
Alaun 308, 311 [106]
albedo 76, 233
Alchemie, a.stisch 9, 29, 72 [15], 75 ff., 80 f., 83 ff., 86 [86], 88 f., 92 f., 96 ff., 101 ff., 106 ff., 113 ff., 117 f., 120, 125, 127, 132, 135, 137, 138–140, 141 f., 145 ff., 148 [67], 150, 152, 155, 158, 161, 163, 165 [139], 168, 171 [160], 175 [184], 190, 191 f., 198, 200, 208, 209, 213 [1], 215, 218, 222 ff., 230, 238 [120], 239, 244 f., 248, 259 [216], 254 ff., 258, 264, 273 ff., 278 f., 283, 286 f., 290, 294, 296 ff., 300, 304–306, 309, 312, 316, 321, 332, 337, 342 f., 345, 349 ff., 356, 358 f., 366 ff., 376
– , antike 116
– , arabische 250
– , chinesische 9, 142 [45], 224, 225, 290, 349 f.
– , Erlöser in 317
– , gnostische Elemente in 239
– , griechische/heidnische 107 f., 224, 250, 298, 305, 321
– , lateinische (s. auch Harran) 226, 305, 308
– , mittelalterliche 14, 111, 117 [216], 139, 144, 301
– und Mythologie 321
– und Natur 180

Sachregister

– , philosophische 142 f., 152 [79, 82], 166, 168, 180, 199, 206, 208, 311 ff., 315
– Prozeß/opus/Mysterium 32, 67, 74, 78, 94, 115, 139, 144, 152, 155 f., 159 [114], 172, 175, 178 f., 186, 190, 192 f., 199, 200, 206–208, 217, 222, 226, 246, 253, 254, 256, 278, 295 ff., 299 [54], 300 [59], 312, 319 ff., 324 f., 328, 330, 334, 336 ff., 346–352, 354, 356, 358 f., 365, 376
– , Quaternität in (s. auch d.) 299
– , Sprache der 116, 152 [82], 186, 206, 246, 322 f.
– Symbolik/Allegorisierung 89, 97, 107, 118, 323 f., 326, 359
– Texte/Traktate 14, 67–73, 74, 79, 82, 102 f., 114, 117 [216], 150, 167, 215, 225, 283, 295, 297, 354
– und Traum s. d.
Alchemist(en)/«Philosophen» 9, 67, 74 f., 77, 100, 117, 120, 135 [24], 140, 146, 149, 156, 166 f., 174 [178], 178, 182, 187, 190 f., 198 f., 207, 216, 222 f., 226, 228 ff., 233, 235, 237, 243, 253 f., 256, 268, 280 f., 290, 294 [37], 295 ff., 307, 312, 315 f., 319–324, 338, 348, 353 ff., 362 f., 365 f., 376
Alchemistisches Manuskript s. Codices
Alcheringazeit 109 [181]
aleph 241
Alexander-Roman 329 [165], 366
Alexipharmakon/ἄλεξιφάρμακον 112, 115, 151, 253, 294 [37], 318
All s. Universum
Allah 346
Allegoriae sapientum (*Theatr. chem.*) 93, 342 f., 345
Allegoriae super librum Turbae (*Art. aurif.*) 84, 94 [123], 117 [216], 217 [12], 242, 244 [168], 327 [149], 331 [176], 338, 355 [292]
Allegorie 74, 101, 139
– und Symbol 323
Alptraum 162
Alraun 313 f., 334 [204], 335
Altar 67 ff., 71 ff., 78, 81
Alte, der (s. auch Greis) 71, 327 [151]

Alter, das 293
Ambra 176 [190], 207
Ambrosia 331 [176]
Amnaël 83, 91, 235
amor (s. auch Liebe) 159 [114], 194, 207
Amset 300 f.
Amulette 135, 138
Amygdalos 97 [145]
Anâhata 286
Anachmus (Parac. Term.) 176, 189
Analytische Psychologie s. d.
anatomia terrestris 296
Anatomie 294 [36]
Andalusischer Prinz/Fürst 344 f., 352, 354
Angelhaken 358 f., 361
Angst 280 f., 349, 369, 373
Aniadus (Parac. Term.) 173 ff., 183 f., 186 f., 189, 194 f., 203, 208
Anima/anima 46–51, 96, 105, 110, 114, 148 [67], 152 [82], 162, 183, 197, 201 [246], 230, 232, 277, 326, 351, 361 f., Bild V
– aquina 75
– , Archetyp der s. d.
– -besessenheit 201 [246]
– , Definition der 48
– des Mannes 360, 365
– media natura 75, 232, 233, 287 [16]
– mundi (s. auch Weltseele) 75, 144 [50], 157, 218, 233, 330
– -projektion 365, 367
– rationalis 233 f., 262
– des Stoffes 170 [157]
– , weibliche 360
animal (Eigenschaft der lapis), a.isch 186, 312 ff.
– -isches Prinzip 277, 313
Animismus, animistisch 219
Animus 46–51, 188, 288 ff.
– , Archetyp des s. d.
– als Bewußtsein s. d.
– der Frau 365
– als Geist s. d.
Anthos/Anthera 141
Anthropomorphismus 264, 297, 301

Anthropos 112, 148, 157, 189, 191 f., 195, 199, 224, 239, 244, 305, 341, 365
– , Christus als s. d.
– photeinos/ἄνθρωπος φωτεινός 147
– , Theos/θεός ἄνθρωπος 164
Antichristus 260, 340
Antike, die 147, 177, 181, 318
Antimessias 80, 112
Antimimos 117 [217]
Antimon 165
anus/After 239 f.
Äon/Ä.enlehre 243
Âpastamba 288 [22]
Apfel s. Frucht
Aphrodite (s. auch Venus) 202 f., 235, 245
– Ourania 208
Apokalypse, apokalyptisch (s. auch *Bibel – Offenbarung*) 202
Apokalypse des Elias 79, 80, 112
Apokatastasis 305
Apokryphen, nicht-kanonische s. *Bibel*
apotropäische Kraft 33
aqua alba 226
– argenti/silbernes Wasser 81, 305
– aurea 227
– divina/ὕδωρ θεῖον 75, 227, 235, 304, 347 [268]
– mercurialis 159 [114], 228
– nostra 83, 86 [85], 232, 276
– permanens 75 f., 84, 86 [86], 88 [96], 95, 148 [67], 170 [157], 245, 300 [59], 304 f., 332, 354 [288], Bild IV
– pura 170 [157]
– septies distillata 227
– sicca 226
– unctuosa 343
– vitae 88 [96], 226
Aquarium sapientum (*Musaeum herm.*) 226 [29], 228 [44, 45, 49], 233 [76], 236 [94, 100], 241, 253 [234, 235], 314 [117], 315 [120]
Aquaster (Parac. Term.) 155–158, 161, 184, 187, 191
aqueum subtile 227
arbor aurea s. Baum, goldener
– inversa s. Baum, umgekehrter
– metallorum 358
– philosophica (s. auch Baum, philosophischer) 99, 258, 364 f., Bild II
– sapientiae 249
arcanum s. Arkansubstanz
archai 30, 189
Archaik, archaisch 58 [37], 261, 286, 373, Bild 27
Archaïsmen 374
Archetyp, a.isch 77 [33], 94, 157 [109], 188 f., 191, 206, 265, 273, 289, 293, 297 ff., 306, 310, 314, 321 ff., 345, 351, 356, 363, 373, 375
– des Alten Weisen (s. auch Weise, der) 198
– , Anima (s. auch d.) 48, 197 f.
– des Animus (s. auch d.) 289
– des Baumes s. d.
– , Christus als s. d.
– der Ganzheit (s. auch d.) 304
– des Geistes 258
– der göttlichen Geburt 286
– des Inzestes (s. auch d.) 324
– des Selbst (s. auch d.) 96
Archeus 148, 160
Archont(en) 108 [179], 243–248
Ardvîçura Anahita 331
Ares (Parac. Begriff) (s. auch Mars) 155 [89], 156, 159–161, 185, 197
– (mythol. Gestalt) (s. auch Mars) 159 [114]
Areté/Ἀρετή 67
argentum putum (s. auch Silber) 312 [108], 317
– vivum 86 [85], 88 [96], 119 [219], 148 [67], 152 [79], 226, 298 [48]
Arianer, Arianismus 146
Aries s. Tierkreis
Aristoteles-Brief (*Theatr. chem.*) 141 f., 165 [139], 226, 239 [133]
Arizona 109
Arkadien 249
Arkanlehre 131 [16], 139 f., 141–145, 149
Arkansubstanz/A.mittel/arcanum 80 ff., 85, 90 f., 93 [113], 95, 104 [166], 114, 116 [212, 215], 117 [216], 140, 151, 152 [79], 163–167, 173, 176 [190], 177, 184 [208], 194, 206, 223, 226 f.,

Arkansubstanz (Forts.)
230, 232, 234f., 244 [170], 249, 252–254, 259, 295, 299, 304f., 313, 317, 319, 332f., 338, 344, 354 [288], 355, 357
Arkanterminologie (s. auch alchemist. Sprache) 206
Aromatika 176 [190]
Aron 147
Arran, Stein von 109
ars aurifera s. Goldmacherei
Ars chemica (s. auch Bibliographie A) 91 [105], 92 [111], 94 [123], 96 [141], 98 [150], 104 [165], 114 [209], 119 [219], 144 [50], 172 [166], 236 [104], 253 [237], 333 [197], 344 [252], 357 [306]
artifex/operator (s. auch alchemist. Prozeß) 98, 193, 248, 254, 332, 337, 346, 354
Artis auriferae... (s. auch Bibliogr. A) 68 [6], 76 [25, 27], 77 [31], 82 [56], 84 [68], 86 [85], 87 [88, 89], 88 [96], 92 [110], 94 [123], 95 [127], 103 [160, 161], 104 [163, 166], 114 [209], 117 [216], 139 [31], 140 [34], 142 [42-44], 143 [47], 157 [107], 166 [142], 227 [34, 38, 41], 231 [56, 57, 62, 65], 234 [80], 236 [98, 105], 237 [110], 239 [126, 131, 133], 240 [135], 242 [152, 156], 243 [157], 244 [167, 168, 170], 245 [171, 174], 251 [221], 252 [229, 230], 253 [233, 237, 238], 257 [244], 298 [52], 300 [59], 307 [90], 308 [93], 311 [106], 327 [149], 331 [176, 181], 334 [199], 337 [220], 346 [263], 347 [268], 352 [282], 355 [292], 357 [305]
arunquiltha 108
Arzneimittel (s. auch Heilmittel, Medicina, Mumia, Panazee) 140, 141, 151, 170, 186, 198, 294 [37], 318, 328
Arzt 20, 22, 127ff., 131ff., 135ff., 140, 177f., 208, 209, 262, 336 [214], 371
– und Patient (s. auch Psychotherapie) 14, 20, 22f., 28, 31f., 45, 52, 54f., 136, 138, 145, 273, 280ff., 324, 369f., 375
asat 237 [109]
Ask und Embla 364 [327]
Askari (Eingeborener in Nigeria) 219
Assimilation 21, 42ff., 46, 201 [246], 264, 274, 369, 374
Assoziation 281, 293f.
Assumptio s. Himmelfahrt

Astarte (s. auch Ishtar) 202, 250, 331 [180]
Aster/ἀστήρ (s. auch Gestirn) 141
Astrampsychus 299, 301
astrologia terrestris 296
Astrologie (s. auch Horoskop, Mercurius) 43, 104, 132, 135, 141, 175, 243–248, 255, 296, 333
– , griechisch-ägyptische 175 [184]
Astronomie 135, 255f., 280
Astrum/astrum (Parac. Term.) 141, 144, 155
Asvattha/Ficus religiosa s. Baum
Atem/Atmung 35, 58 [37]
Athanar, Bild IV
Atharva-Veda s. *Veda(s)*
Athen 79, 108 [179]
Äther, ä.isch 85, 181, 235
Atman/âtman 191, 239, 257, 266
Attika, attisch 79
Attis 79, 327 [154]
Auf- und Abstieg (s. auch Himmel) 326
Auferstehung 72, 76, 82, 87, 114 [209], 320
Auferstehungsleib 107, 187
Aufklärung 53
Auge(n) 29, 30, 33, 68f., 71f., 80, 96, 118, 236, 309, 372
– , verbundene 215
Aurea hora (*Art. aurif.*) 139f.
Aurelia occulta (*Theatr. chem.*) 81, 89, 93 [113], 216, 236f., 241, 244, 245 [172], 252 [225, 226], 357
Aureum vellus (s. auch Bibliogr. A) 76 [26], 103 [156], 238 [124]
Aurora consurgens (*Art. aurif.*) 77 [31], 86f., 95, 106, 139 [31], 168, 227 [38, 41], 231 [56], 238 [113], 239 [133], 297 [47], 300 [59], 307 [90], 308 [93], 328, 334, 346, 347 [268], 357
aurum non vulgi 186, 296, 298 [48], 330
– nostrum 330
– philosophicum 294 [37], 295
– potabile 193, 294 [37]
– vitreum s. Goldglas
Australien 108, 109 [181]
autochthonos/αὐτόχθονος 282
Autoerotik, a.isch 274

Autogenes 342
Autonomie 21, 42ff., 46f., 50, 58, 353
Autorität 375
avatâra 285
ayami 367
Azoth 241, 314
Azteken 79

Balsam (s. auch Einbalsamierung) 151ff., 171
Baobab s. Baum
baptismos s. Taufe
Bär 303
Barbelioten s. Gnosis – Barbelo-
Bardo Tödol/Tibetanisches Totenbuch 33, 37, 43
Bardozustand 286
Barnabasbrief s. Apokryphen
Baruch, Engel 342, 365
Basuto, die 112
Baum (s. auch arbor) 9, 74 [23], 99, 203, 213–215, 216, 219–221, 257, 325–330, 354, 362, Bilder 1–32
– , Akazien- 327
– , alchemistischer s. philosophischer
– als archetypisches Bild 292–294, 311, 330, 366
– als Arkansubstanz 313
– , Asvattha-/Ficus religiosa 336
– Baobab, Bild 2
– , blätterloser/toter 278, 284, 289, 326, Bild 25
– , Bodhi- 342
– , Braut auf 362
– und Christus s. d.
– , Eben- 300
– Eiche 213f., 217, 219, 222, 279, 307, 330, 358 [312]
– der Erkenntnis s. B. des Paradieses
– , Feuer- 278
– Fichte 327 [154]
– , Frucht- (s. auch Frucht) 186, 328, 332 [185], 364 [329]
– Gaokêrêna 367

– , goldener/arbor aurea 311, 340f., Bild 4
– des Guten u. des Bösen 342
– der Hesperiden 277, 329f., 331 [176], 367
– , Hochklettern auf 325f., 368, Bilder 9, 11
– der Kontemplation (s. auch d.) 338
– , Korallen- 308, 331
– , Lebens-/arbor vitae 93, 271, 291f., 293 [33], 294f., 331, 335, 341f., 366
– , Licht- 275
– , magischer 325, 368
– und Mensch s. d.
– , Mond- 325 [142], 328 [160], 366
– als Mutter 367
– Nakassä 368
– , Nyagrodha-/Ficus Indica 336 [216]
– -nymphe s. d.
– , Oji- 219f.
– Palme 338, 341
– des Paradieses 156, 162, 214 [4], 219, 258, 277, 325f., 342, 357, 364, 366f., Bild 11
– , Persea- 327, 364 [328]
– als Pflanze (s. auch d.) 291
– , philosophischer 271–376
– – , historische Darstellung des 307–311, 325f.
– , rindenloser 326
– der Sapientia (s. auch d.) 278
– , Schamanen- 292, Bild 2
– , Sefiroth- 335
– des Simon Magus 333, 365 [332]
– , Sonnen- 325 [142], 328 [160], 366
– -stamm 368
– – , Frau als/im (s. auch Nymphe) 281, 282, 283ff., 287, 341, 343, 364f., 367, Bilder 22, 23, 24, 25, 26, 27, 28
– – , Mann als/im Bilder 29, 30, 31
– – , Puppe im (s. auch d.) Bilder 20, 21
– , Stamm- 326, 330
– und Stein 343–346
– -symbolik 258, 273–292, 292–376
– , Toten-/Todes- 292, 327
– , umgekehrter/arbor inversa 334–338, 342, 367
– , Ursprung des 331–334

Sachregister

Baum (Forts.)
- , Weihnachts- 274, 276, 325, 367, Bild 3
- Weinstock s. Wein
- der Weisheit (s. auch B. der Sapientia) 329, 342
- , Welt-/kosmischer 258, 274, 276, 278, 313 [112], 328, 330, 333 ff., 366 f., Bilder 2, 4, 8, 30
- , Wunder- 278
- -wurzel s. d.
- Yggdrasil 367
- Zeder 364 [328]

Beati Thomae Aurea hora s. *Harmoniae imperscrutabilis...*
Beelzebub 162, 247
Befreiung (s. auch Erlösung) 284, 289, 318
Befruchtung 239 [129], 249, 327
Begattung 254
Begehrlichkeit/Begierde 175 [186], 296, 303
Behandlung s. Psychotherapie
Beilager (s. auch coniunctio) 139, 159 [114]
Benedictio fontis 76, 82, 88, 94
Benzolring 120
Berg 215 [5], 245 f., 276, 281, 283, 313 [112], 314, 320, 326, 331 f., 336, 344, Bilder VI; 24
Berissa (Pflanze) 334
Beseelung, Beseeltheit 164, 277, 312 f.
Besessenheit 42, 44, 223, 368
Bethlehem 79 [39]
Bewußtheit (s. auch Obsession) 23 f., 36, 52, 82, 100, 200, 209, 262, 362, Bild 19
- , Vor- 191
Bewußtmachung 29, 286, 352, 369, 375
Bewußtsein 19, 21, 22 ff., 28 f., 31 ff., 36, 37–46, 48, 50, 51–56, 59 ff., 63, 75, 78, 90 f., 94, 96 [140], 99 f., 101 f., 105 f., 118, 134, 170 [155, 157], 188 f., 191, 195, 205, 217, 220, 248, 256 ff., 260 ff., 268, 275, 277, 281, 284 ff., 318 f., 322 ff., 337, 349 ff., 359 ff., 365, 368 f., 373 ff., Bild 3
- , Inhalte des s. d.
- , kollektives 369
- , persönliches 274
- , primitives 289

- und Unbewußtes/bewußt-unbewußt 21 ff., 29, 53, 59, 201, 375
Bewußtseinspsychologie s. Psychologie
Bewußtwerdung 63, 94, 170 [155], 262, 281, 318, 323, 362
Beya und Gabricus 103 f.
Bezoar 176 [190]
Bhagavadgîtâ 285, 288, 289, 336
Bibel, biblisch (in der traditionellen Reihenfolge) 80, 114 [208], 282, 307 [90], 329 [166], 345
- Altes Testament 363
- - *Genesis/1. Mos.* 85, 87, 91, 154 [87], 254, 267, 332, 342
- - *Leviticus/3. Mos.* 341
- - *Deuteronomium/5. Mos.* 329
- - *Buch Hiob* 260
- - *Psalter* 164 [131, 133–136], 165 [138], 166 [141], 268 [262], 314 [118]
- - *Canticus/Hohelied* 335
- - *Jesaja* 165 [137]
- - *Jeremias* 341
- - *Ezechiel* 172 [168], 301 f.
- - *Daniel* 22, 149, 301 [69], 303
- Neues Testament
- - Evangelien 76 [28], 261, 303
- - - *Matthäus* 46, 118, 236, 260 [248], 314 [119], 339, 343
- - - *Lukas* 118, 172 [168], 262, 317 [134]
- - - *Johannes* 97 [145], 113, 114, 116 [212], 241 [149], 261, 303, 328, 329
- - Paulus-Briefe 59 f.
- - - *Römer* 60 [39]
- - - *1. Korinther* 119, 318 [135]
- - - *Galater* 59, 60
- - - *1. Thessalonicher* 265
- - *Hebräerbrief* 93 [119]
- - *Offenbarung/Apokalypse* 80, 202 [248], 203 [250, 251], 208, 218 [14, 18], 220 [21], 242, 260 [249], 358
- Apokryphen, nicht-kanonische, alttestamentliche
- - *4. Buch Esra* 149, 166 [142], 238
- - *Buch Henoch* 149, 162 [118], 168 [150], 195 [235], 303, 328 f., 331, 342

Bibel, biblisch (Forts.)
— Apokryphen, neutestamentliche
— — *Barnabasbrief* 97
— — *Logion zu Lukas* (Codex Bezae) 261 f.
Bibliotheca chemica curiosa (s. auch Bibliogr. A) 74 [23], 95 [125], 142 [42], 159 [114], 238 [122], 252 [231], 253 [237], 320 [139]
Bild (s. auch Patientenbilder) 58, 373
—, Ur- s. d.
Binah 335
Biologie, b.isch 261, 369
Birseck 109
Blase 285
blau s. Farben
Blei 32, 69, 71, 73, 79, 82 f., 99 f., 117 [217], 145 [51], 223, 237, 245, 298, 327 [151], 348, 350, 357
Blinder, Blindheit 215
Blitz 172, 240, 340
Blume/Blüte 30 ff., 70, 89, 156, 176, 289, 295 [41], 311, 327, 330, 332 [192], 334, 338, Bilder 1, 5, 27, 31, 32
Blut 68, 71 f., 80, 86 [86], 93 [113, 121], 102, 162, 282, 300 [59], 309, 311 ff., 314–319, 328 [160], 350, Bild 23
Bodhi-Baum s. d.
Bogumilen 242 [154], 248
Bororos, die s. Indianer
Böse, das/das Übel (s. auch Gut und B.) 166, 184 [208], 208, 216 f., 229, 242, 247, 302 [71], 318
Braut, Bräutigam 108, 238, 245 [171], 335, 362
Brevis manuductio s. Philaletha
Bruder, B.paar (s. auch Horus-Söhne) 111, 186, 264 [252], 301 [64]
Brunnen 103, 114 [209], 116, 275
Buch des El-Habîb (Berthelot) 76 [25], 92 [110], 98
Buch des Krates (Berthelot) 74 [21], 105, 235, 244 [170], 245 [171], 299 [55]
Buddha (s. auch Tathâgata) 261, 341 f.
Buddhismus, buddhistisch 37, 51, 216, 250, 261
—, Mahayana 37
—, tibetanischer 31

bull s. Stier
Bundahisn/Bundehesh 240, 331, 364 [328], 367 [343]
Burgäschisee 109
Burma 108
Bythos 97 [146]

Cadmon s. Adam Kadmon
Cagastrum, cagastrisch (Parac. Term.) 141 f., 157, 184, 186
Calid s. Kalid
Canticus s. Bibel
caput s. Kopf
caritas s. Liebe
Cäsarenwahnsinn 22
cauda pavonis 172 [169], 174 [180], 311 [105]
cervus fugitivus s. Hirsch
Chadir 346
Chakra, Chakrensystem 286
—, manipūra- 287
—, Svâdhishthâna- 285, 286
Chaos 87, 94, 139, 152 [82], 159 [114], 238, 246, 252, 256, 350
Charakter 296
Chemie, chemisch (s. auch Alchemie) 75, 101, 120, 135, 139 f., 179, 209, 215, 223 ff., 244, 254 f., 294 [37], 296 f., 312, 321 f., 349, 356, 376
chên-jen 349 f.
Chermes s. Purpur
Cherub 98, 301 ff., Bild 32
Cheyri 152, 173, 175, 207 [258]
ch'i 349 f.
Chimäre 159 [114]
China, ch.esisch (s. auch Alchemie – chinesische) 16 ff., 20, 22, 23, 27, 28, 30 [14], 33, 37, 47 f., 52, 54 f., 79, 367 [338]
chorea S. Vitii s. cura Vitistae
Christentum, christlich 19, 27, 30, 43, 54, 56 f., 60, 78, 100, 125, 128, 131, 137 ff., 145, 167, 171 [160], 174, 177 f., 181, 202 ff., 206 ff., 209, 216 ff., 248, 251, 259, 261, 263, 285, 301, 303, 316, 318, 321 f., 326, 330, 341
Christus (s. auch Jesus) 30, 78, 79 [39], 90, 93 [121], 106, 116 [212], 129 [4], 130, 144, 147 [52],

Sachregister

Christus (Forts.)
154[87], 252, 263, 265, 303, 306, 314[118], 317f., 320, 339f., 345, 350, 360f.
- als Adam Bild IV
- , Allegorien von 363, Bild IV
- als Anthropos 192
- als Archetypus 264f.
- als/und Baum 216, 327, 332, 357, 364
- als Berg 332
- als Erlöser/Salvator mundi 143f., 179, 260, 317f.
- als filius microcosmi 314, 316
- - philosophorum 143, 146
- , Fleisch gewordener/Inkarnation von 114[209], 116[212], 253, 314[117]
- in Gethsemane 317
- der Gnostiker 362
- , Gottheit von 106, 146
- als Gottmensch 143f., 318f.
- , Himmelfahrt von 116[212]
- , Historizität von 60f.
- , humanitas von 116[212]
- , innerer 35, 107
- iudex 341
- -kind 111, 326
- , Kreuz/Crucifix von/gekreuzigter 284, 302[71], 357ff., 361
- als lapis 106, 113, 139, 143, 258f., 314[117], 316, 317[133], 339, 353
- , Leib/Körper von 97, 107, 157f., 304
- als Logos 93, 262, 304, 358, 363
- als Löwe (alleg.) 246
- als Mensch 146
- , Menschwerdung von 320[138]
- und Mercurius/Hermes 236, 241f., 251ff., 258, 304
- , Opfer/Selbstopfer von 217, 243, 284, 318, 350, 363
- , Passion von 117[216]
- als Pelikan 97
- als Reigenführer der Gestirne 244[166]
- und Selbst 259, 264, 317[133]
- als Sohn Gottes 114[209], 132, 143, 145, 216, 242, 307[90]
- als Sohn des Menschen 59f., 107, 114[209], 184[208], 242[152], 260
- -symbol 60f.
- als Weinstock s. d.
- , Worte von 261
Chrysopoee s. Goldmacherei
chthonisch, das Ch. e. (s. auch Erde, Hermes Chthonios) 47, 229, 240, 242, 250, 339, 341, 345, 362, Bild II
churinga 108, 111[191], 112
Chymische Hochzeit s. Rosencreutz, Christian
ciconia s. Storch
Cinnabre, Méridien du (s. auch Sonnen-Meridian) 72[15]
Circe 110
circumambulatio 32
Codex Bezae (s. auch *Bibel* – Apokryphen): 261[250]
Codices und Manuskripte
- Basel Univ. bibl. AX 128 b. *De arbore contemplationis:* 338[227]
- - *Alchymistisches Ms.:* 163[129]
- Berlin. Codex Berolinensis Latinus Q. 584: 328[158], 329
- Leiden. Univ. bibl. Codex Vossianus 520(29): 93[116], 250[213], 283
- London. British Mus. Add. 15268: Bild I
- - Ms. Sloane 5025 (s. auch Ripley Scrowle): 307[90], Bild V
- München. Staatsbibl. Codex Germanicus 598: 163[129, 130], Bild III
- Paris. Bibl. Nat. Ms. gr. 2250: 174[179]
- - Ms. gr. 2252: 73[19]
- - Ms. gr. 2419: 247[192]
- - Bibl. Ste-Geneviève Ms. 2263–64: 186[209]
- St. Gallen. Ms. 390/Vadiana/15.Jh.: 84[71]
- - Codex Germanicus alchemicus Vadiensis. 16.Jh.: 163[129]
- Vatikan. Codex Vaticanus Latinus 7286: 93[115]
- Zürich. ZB Codex Rhenovacensis 172: 163[129], 168[149], 239[133], 250[213]
coelum s. Himmel

Sachregister

Coiffeur (Traummotiv) 375
coincidentia oppositorum s. Gegensätze
Columbia, c.nisch 112
complexio oppositorum (s. auch Gegensätze) 259
coniunctio (s. auch Konjunktion) 139, 159 [114], 173, 175 [184], 181, 201, 203, 362, Bild IV
- animae cum corpore Bild V
- oppositorum (s. auch Gegensätze – Vereinigung) 170 [157]
- von Sol und Luna 154 [86], 181
- sponsi et sponsae (s. auch hieros gamos) 103
- sulphur und mercurius 159 [114]
- supercoelestis 173
- tetraptiva 298
- triptativa 298
consideratio 184 [208]
Consilium coniugii (*Ars chemica*) 91 [105], 92, 94 [123], 96 [141], 98, 104, 114 [209], 119 [219], 144 [50], 171, 236 [104], 333 [197], 344, 357
contemplatio 184 [208]
corona s. Kranz, Krone
corpus astrale 141, 171, 187, 188 [218]
- coeleste/himmlischer Körper 155, 177
- glorificationis 146, 187
- lucidum 171
- mysticum 116 [213], 119, 148 [67]
- nostrum 232
Corpus Hermeticum 81, 87, 226, 244
creatio ex nihilo 221, 254
cross-cousin-marriage s. Heiratsquaternio
Crucifixus s. Christus – Kreuz
cobus s. Würfel
Cupido (s. auch Eros) 93, 249, 265
cura Vitistae 138 [29]

Daemogorgon Daimorgon Demorgon (Mars genannt) 159 [114]
Daimon/Dämon, d.isch 44f., 46f., 49, 117 [217], 135, 143, 145, 180, 190, 198, 218, 220, 222f., 235, 249, 258, 261f., 288ff., 303, 306 [81], 326, 348, 353, 376, Bild 30

Dämonologie 50
Dampf 227f., 231
Daniel-Buch s. *Bibel*
De alchimia (s. auch Bibliogr. A) 158 [112], 166 [143], 229 [54], 319 [136]
De arbore contemplationis s. Codices und Mss.
De arte chimica (*Art. aurif.*) 114 [209], 239 [131]
De chemia s. Zadith Senior
De igne et sale s. Vigenerus, Blasius
De lapide philosophico (*Mus. herm.*) s. Lambsprinck
Dea Natura 109
Déesse Raison 262
Defäkationsakt 165 [139], 239 [133], 250
Dekalog 206
Dekapitation 80
Delphi 233
Delphin 285
Demiurg 240 [136], 241 [146], 247, 250
Dendritis/δενδρῖτις s. Nymphe
Denken s. Funktion, Gedanken
Depression s. Schwermut
depuratio s. Reinigung
Destillation/distillatio 156, 167–172, 340f., Bilder II, VII
Deukalion und Pyrrha 110
Deus s. Gott
- absconditus 106, 116, 117, 259
- in homine 107
- terrenus/terrestris 186, 252, 259
Deuteronomium s. *Bibel*
Deutung, psychologische 74–78
- , symbolische 73, 74–78
- , Traum- s. d.
Dharmakaya 43
Diabolus 242
Diamantenleib 29, 53, 58
Diana 325
Dicta Belini (*Art. aurif.*) 142, 245
- (*Bibl. chem. cur.*) 238, 253 [237]
- (*Theatr. chem.*) 217 [12]
dienstbarer Geist s. familiaris
Dionysos 78
Disposition 21

Sachregister

Dissoziation (s. auch Spaltung) 91, 284, 360, 373, 375
divisio 76 [30]
Dogma, d.tisch 100, 217, 240, 260
- der Assumptio Beatae Virginis Mariae 107
- der Conceptio immaculata 107
domus sapientiae 192
- thesaurorum 96
Donner 70
Doppelwesen, D.heit (s. auch Mercurius duplex) 110, 277
«double personnalité» 43
Drache/draco 31, 70, 72 [15], 73, 88, 91, 92 [110], 94, 96f., 99, 148 [67], 218, 229, 236f., 242, 247, 260, 276ff., 313 [112], 325, 331 [176], 339ff., 345, 356, 367, Bilder 9, 14
draco Mercurialis s. Mercurius – Drache
Dreieck 203, 243
Dreieinigkeit, Heilige (s. auch Trinität) 107, 114 [209], 242, 253, 258, 298 [51, 52], 374
Dreifaltigkeit s. Dreieinigkeit
Dreiheit 203 [254] 240–243, 254, 298
Dreiköpfigkeit 159 [114], 241
Dreizack 358f.
Druiden 135
Dschang Scheng Schu s. *Das Geheimnis der Goldenen Blüte*
Dualismus 261
Dualität 35
Dunkelmänner 218
Dunkle, das, Dunkelheit (s. auch Finsternis) 19, 32, 181, 253 [237], 258f., 286, 287 [16], 289, 329, 345, 350, 356f., 361
Durdales 178
Dyade s. Zweiheit

Ebenbaum s. Baum
Eber 197
Ebionäer 242 [155]
Ecclesia s. Kirche
Echidna 163 [129]
Edda 364 [327]
Edelstein s. Stein
Edem 345

Eden s. Paradies
Edfu-Text 82
Edochinum (Parac. Term.) 148 [65], 184, 186
eherner Mann 69ff., 100, 103, 218
Ei 75, 76 [25], 91f., 97, 171f., 237, 312, Bild 32
- , Welt- 92
Eiche s. Baum
Eichhörnchen 367 [342]
Einbalsamierung 69, 73
Eine, das/Einheit 31f., 167–172, 190 [226], 195, 202, 240–243, 251, 254, 297ff., 304f., 328, 359
Eingeweide 108
Einsamkeit/Alleinsein 199
Eisen/siderisch 99, 159 [114], 171, 237, 298, 358
Eklipse 88 [96]
Ekstase 17, 42, 48, 368
Element(e) (s. auch einzelne E.) 68 [6], 70, 76, 91f., 94, 102, 104f., 131, 141 [38], 146, 148, 152f., 155, 160, 169f., 172, 181, 187ff., 195, 215, 227, 236f., 245f., 286, 290, 298 [52], 299, 315, 328, 358
- bei Paracelsus 186
Elias 152 [82] 154, 172 [168], 187
Eliasapokalypse s. *Apokalypse des E.*
elixir vitae s. Lebenselixir
Emanation 195, 254
Embryo 59
Emotion, e.al, E.ität (s. auch Gefühl) 19, 49, 53, 128, 185, 277, 289, 360, 362
Empfinden s. Funktion
Empirie, e.isch, Empiriker (s. auch Psychologie, empirische) 15, 255, 292, 310f., 354, 376
Enantiodromie 263
Engel 43, 82ff., 90f., 93, 107, 131, 147 [51], 162 [118], 190 [226], 195 [235], 202, 203, 215 [5], 235, 259, 303, 338f., 342f., 358, 365
- , gefallener (s. auch Luzifer, Satan) 260
Enkidu 345f.
ennoia 81
Enoch 148 [65], 152 [82], 154, 155, 168, 172 [168], 186, 229 [51]

Enoch (Forts.)
- -dianus (Parac. Term.) 148 [65], 155 [91], 160, 173, 184 [208], 186, 189
Enos 154 [87]
Entelechie 35
enthymesis/ἐνθύμησις 359
Epigramma Mercurio philosophico dicatum (*Mus. herm.*) 249
Epimetheus 105, 367 [338]
Epistola ad Hermannum (*Theatr. chem.*) 244 [170], 279 [5, 6]
Eranos-Tagung 211
Erde, irdisch 180 f., 252, 280 f., 284, Bild IV; 8
- Boden 215, 217, 239 [129], 240, 276, 280, 285 ff.
- chthonisch 19, 231
- , Damaszener- 342
- als Element (s. auch d.) 181, 215, 236, 238, 253 [237]
- und Himmel s. d.
- kosmisch 102, 218, 267
- als Materie 226 [30], 237, 299, 311, 315, 341
- , Mutter 239 [129]
- mythologisch/Erdgöttin 109, Bild 8
- als Planet/Globus/Erdkugel 159 [114], 168, 229, 243, 274, 290, 302 [71], 308, Bilder 2, 26, 30
- , Rinde/Oberfläche der, Bild 7
- Scholle/Acker 276, 279 f., 298, 308 f., 334 f., 364 [327], Bilder 18, 19
- Welt 112, 229, 326
Erdgeist 134, 159 [114], 319
Erdgöttin s. Erde – mythol.
Erfahrung s. Empirie
Erinnerung, infantile 369
Erleuchtung (s. auch illuminatio) 94, 234, 248, 301 [67], 337, 340
Erlöser/Heiland (s. auch Christus) 143, 154 [87], 251 f., 254, 304, 315 [121], 330
Erlösung 107, 120, 149, 163, 166, 179, 203, 204 [255], 224, 312, 337
Eros 19, 49, 177, 249, 265, 290, 317 f.
erster Mensch s. d.

Erz (s. auch eherner Mann) 84, 238 [120], 319, 334
Eschatologie 262
Esel 204 [255]
Esra-Vision s. *Bibel* – Apokryphen
essentia 315 [120]
- ignea 161
- quinta (s. auch Quinta e.) 96
- triuna 315
Essig 86, 95
Estsánatlehi 109
Ethnologie 16
Eucharistie 179, 287
Eucheten 242, 248
Euphorion (im *Faust*) 196
Europa, Europäer, europäisch/Westen 16–20, 23, 27, 45, 53, 108
Eva 252 [231]
- , Adam und s. d.
Evangelien s. *Bibel*
Evangelist(en) 30, 203 [254]
ewig, E.keit 113, 159 [114], 168, 174, 201, 255, 279 f., 298 [52], 319 f., 339
Exercitationes in Turbam (*Art. aurif.*) 68 [6], 76 [25], 92 [110], 252 [229], 253 [233, 238], 346 [263]
Exercitia spiritualia s. Ignatius v. Loyola
Existenz 284
exkretorischer Akt s. Defäkationsakt
Exorzisierung 180
Experiment, e.ell 51
extractio animae 80
Ezechiel (s. auch *Bibel*) 279, Bild 32

Fackel 325 [145], 341
familiaris/dienstbarer Geist 199, 222, 244, 263, 278, 353, 367, 368, Bild 14
Farben 37, 45, 72 [15], 84, 172, 237, 283, 311
- blau 250 [216]
- gelb 31, 69, 103, 142 [45], 152 [79], 328, 334
- golden 245
- grün 89, 109, 111, 237, 245 [171], 246, 278, 308, Bild 14
- purpur 31, 60, 167, 335
- rosa 312, 314–319, 350

Sachregister

Farben (Forts.)
- rot 71, 86, 103, 108, 172, 237, 245 [171], 246, 276, 282, 300 [59], 312, 319, 327, 331, 334, 342, 344, 366 f., Bilder 5, 6
- schwarz (s. auch nigredo) 103 [156], 118 f., 285, 287, 327, 334 f., 344, 350, 354, 363, 367 f.
- weiß 47, 69, 72 f., 89, 103 [156], 118 f., 149, 226 f., 233, 325 [142], 327 f., 331, 344, 350, 366

fascinosum 188
Faust 134, 144, 199, 263
Faust 1. und 2. Teil s. Goethe
Feind 345
Felsen 102, 284
Feuer (s. auch Flamme) 32, 37, 68, 70 f., 73, 75, 80, 82 f., 86 [85, 86], 87, 88 [96], 92 f., 95, 119, 144 [50], 156, 159 ff., 167 ff., 181, 235, 236 f., 247 [195], 288 f., 299 [55], 300 [59], 320, 325, 330 [171], 333, 347 [268], Bild 5
- -geist 183
- , Höllen- 228 f.
- , Mercurius als s. d.
- -qual 156, 166, 355
Fichte s. Baum
fides s. Glaube
Fihrist s. Ibn Al-Nadīm
filius canis 250 [216]
- macrocosmi (s. auch lapis) 107, 186, 242 [152], 251, 257, 314, 316
- microcosmi (s. auch Christus) 107, 314
- philosophorum 139, 142 ff., 145, 147, 161, 170, 189 [223], 305
- regius 163–167, Bilder II, VI
- sapientiae 139, 142, 161, 167
- unicus/unigenitus s. Monogenes
Finsternis (s. auch Dunkle, das) 67, 89, 118, 142, 146, 166, 170, 172 [168], 359 f.
- , Licht der 180–183
- , Mächte der 359
Firmament s. Himmel
Fisch 84, 158, 197, 214, 285 ff., 325 [145], Bild 32
- -mahlzeit Bild I

Flamme/flammula (s. auch Feuer) 175, 196, 275 f., 278, Bild 15
Flasche s. Gefäß
Fledermaus Bild II
Fleisch 68, 73, 93, 102, 105, 107, 112, 333
Fliegen, Fähigkeit zum 112
flores (in der Alchemie) 141
flos saphyricus 290
Flügel, geflügelt 84, 173 [175], 250, 302, 367
Flugzeug (Traummotiv) 326, 372
Fluß s. Strom
Folter 80, 356
Fortpflanzung 54, 108
Frau (s. auch Weib) 48 f., 276, 283 f., Bild 8
Freiheit 134
Freudsche Schule s. Freud, Sigmund
Frucht (s. auch Baum) 277, 280, 285, 295 [41], 307, 308 [92], 309, 311, 325 ff., 332 [186], 333 f., 337 f., 342, 345, 364 [326], 366
Fruchtbarkeit, F.sgebräuche 79, 111 [191]
Frühling 172–176, 182, 196, 202, 265, 274, 275, 338 [225]
Fuchs 215 [5]
Fühlen (s. auch Funktion, Gefühl) 188
fulminatio 172 [168]
Funktionen, psychische 19, 50, 189, 195, 201 [246], 301 [67], 303
- Denken 188
- Empfinden 188
- Fühlen 188
- Intuition 188
Furcht (s. auch Angst) 21

Gabricus s. Beya und
Galaterbrief s. *Bibel*
Galathea (im *Faust*) 199
373Gallien, gallisch 240
game s. Spiel
Gamonymus (Parac. Term.) 181
Ganzheit/Totalität (s. auch Archetyp der G.) 94, 107, 113, 157, 188 ff., 201 f., 243, 257, 264, 283 f., 289, 301 ff., 304–306, 314, 317 f., 328, 333, 344, 350, 362
Gaokêrêna s. Baum

Garodman 240
Garten (s. auch Paradies) 316 [124], 325 [142], 332, 355
Gayomard 149, 239 [129], 309, 364 [327]
Gebet 301
Geburt/gebären 54, 89, 109, 184, 187, 238, 243, 279, 286, 290, 293 [33], 320, 341
– , Baum- 330
Gedanken 279, 287 f.
Gefangenenlager s. Konzentrationslager
Gefäß/Krug (s. auch Schale, vas) 81, 82, 83, 92, 95 ff., 102, 216–219, 257, 307 [85], 312, 340 [234], Bilder IV, VI, VII; 32
Gefühl (s. auch Affekt, Emotion) 16, 60
Gefühlsbetonung 289
Gegensätze 19, 23, 29, 34, 58 [37], 83, 228 f., 235, 239, 254, 259, 290, 333, 343, 362, 376, Bild 11
– , Koinzidenz der/coincidentia oppositorum 228
– , Spannung der 128, 134, 260 f., 375
– , Trennung der 261, Bild 10
– , Vereinigung der (s. auch coniunctio oppositorum) 30, 110, 181 f., 251, 274, 276 f., 290, 315, 351, 358, 362, 368, 375, Bilder 10, 12, 32
Gegensatzquaternio 299
Geheimlehre 150 f., 192, 208
Geheimnis 29, 67 [3], 77, 83 [67], 84, 90, 95, 105, 107, 110, 114, 116, 146, 158, 169 f., 195, 208, 214 f., 219, 249, 257, 279, 296, 299, 313 [111], 322 f., 338, 340, 348
Das Geheimnis der Goldenen Blüte s. Jung, C. G. – Wilhelm, R.
Geist, g.ig 19, 36, 47 ff., 52, 58 [37], 73, 81, 83, 85 ff., 99, 107, 112, 131, 144, 152 [82], 155, 187, 189, 191, 195, 201, 209, 218, 219–221, 232, 235, 251, 255, 274 f., 279 f., 311, 314, 315 [121], 319, 322, 341, 347 [268], 355, 360 ff.
– , Ahnen- 43, 108
– in der Alchemie 116 [213], 143, 354
– als animus 188
– , Archetyp des s. d.
– , böser 216 f., 219 ff., 258

– dienstbarer s. familiaris
– als Gespenst s. d.
– , Gott als 116
– Gottes/pneuma Gottes 132, 152 [82], 233, 330
– , Heiliger 85, 88 [93], 100, 114, 120, 130 f., 146, 177, 180, 216, 233 f., 248, 258, 332 [86], 360
– , Hilfs- s. familiaris
– und Körper 68 f., 73, 86, 114 [209], 159 [114], 232 f., 237, 253 [238], 298 [52], 320, 350
– und Leben s. d.
– als Luft 184 [208]
– und Natur 203–206
– als Nous/νοῦς s. d.
– Pneuma/πνεῦμα, pneumatisch (s. auch Mensch, pneumatisch) 68, 84 f., 97, 231, 234, 265 [254], 277, 305, 360
– und Seele 127, 159 [114], 230–235, 253 [238], 304, Bild VI
– als Spuk s. d.
– im Stein 112 f.
– und Stoff 158, 232, 233
– der Toten 214 [3]
– , Welt- (s. auch spiritus mundi) 181, 231
Geisterreich (s. auch Gespenst, Spuk) 183
Geisteskranke, der, Geisteskrankheit 31, 35 [24], 43, 137 [27], 170, 265
gelb s. Farben
geminus s. Zwilling
Genesis s. Bibel
Genitale 162
Geomantie 135
Gericht, Jüngstes/Großes/Jüngster Tag 112, 114 [209], 296, 319, 320 [318]
Geschichte, Menschheitsg. 294
Geschlecht 34
Gesetz 61, 256, 261
Gesicht(er) 33, 300 f.
Gespenst 47, 351
Gestirn(e) (s. auch Stern) 83 [66], 89, 130, 141, 147, 160, 169, 241, 244, 267, 333
Gesundheit (s. auch Heil) 112
Gethsemane s. Christus in

Sachregister

Getreide 82 [56]
Gewalt 83
Gift/Vergiftung 237, 247, 299 [55], 319, 347
Gigas s. Riese
Gilbertinsel 364 [327]
Gilgamesh 345
Gilgamesh-Epos 345 f.
Glanz 288 f.
Glas 218, 222
Glauben 17, 42, 54, 115, 127, 178, 180, 188, 195, 259 f., 316, 321, 372 f.
– und Wissen 131, 209
Glaubensbekenntnis 208, 217
Globus s. Erde – Planet
Gloria mundi (*Mus. herm.*) 102 [155], 227 [33, 37], 229 [53], 238 [112], 244 [170], 307 [87], 330, 333 [195], 334 f.
Gnade 60, 120, 208
Gnom 289 f., Bilder VI; 31
Gnosis, Gnostiker, gnostisch, Gnostizismus 13, 14, 30, 67, 93, 113, 148 [66], 149, 166, 207 f., 215 [7], 224, 239, 243, 246 f., 250 f., 283, 303, 333, 342, 345, 359 f., 362, 365
–, Barbelo 148 [66], 342, 365
–, Justinus 342, 365
–, Valentinianische s. d.
Gold, g.en (s. auch aurum, Baum, Farben) 31 f., 70, 73, 80 f., 86, 90, 99, 112, 114 [209], 139, 151, 152 [79], 168, 172 [168], 176, 219, 221, 237, 239 [129], 243 f., 249, 252, 271, 275, 295, 305, 308, 318, 325 [142], 330, 333, 338, 358 f., Bild 4
– -blume 58, 60, 290, Bild II
– -glas 218
– -keim 257
– -macherei/G.kunst/ars aurifera 58 [37], 83, 101, 140, 179, 193, 224, 254, 295 f., 305, 315, 337
–, philosophisches 252
– -schmied 224
– -tinktur s. d.
– -wasser 105 [172]
– -enes Zeitalter 187
Gott/Götter 21, 28, 35, 37, 43 ff., 53, 57 f., 60 ff., 93, 98 [151], 106, 109 f., 113, 116, 127, 131 ff., 136, 143 f., 159 [114], 169, 175, 178, 181, 190 [226], 217, 220, 222, 228 f., 237, 239, 241 f., 252, 254, 265, 267, 287 ff., 306, 315 [121], 328, 330, 345, 348, 350, 357, 359, 364, 374, 376
–, Allmacht von 296
– als Arkansubstanz 234, 253
–, Gegensatz zu 254
– mit vier Gesichtern 300
– als Kreis 362 [319]
– und Mensch 44 f., 87, 105, 132 ff., 137, 144, 175, 190 [226], 234, 267 [259-261], 268, 315 [120], 323, 373
– -mensch s. Christus als Gottmensch
–, Natur- 169
–, Offenbarungs- 199, 269
–, Schöpfer, 144, 149, 217, 221, 241 f., 256, 258, 265 [255], 266 f., 304, 309, 366
–, Sohn G.es s. Christus
– Vater 216, 234
–, Widerspruch in 161
Götterbote 249, 263
Gottesatem 157
Gottesbild/simulacrum Dei/Gottesvorstellung 171, 259, 362, 372 f.
Gotteskindschaft 60
Gottesmutter s. Maria, Jungfrau
Gottesreich 115 [211], 118, 279, 303
Gottessohn s. Christus
Gottessöhne (s. auch Satan) 260, 303, 312
Gotteswandlung 359
Gotteswort 131, 190 [226], 215 [7]
Göttin 284
Gottkönig 112
göttlich – menschlich 241
Göttliche, das/Göttlichkeit 69, 175, 178, 305 f.
Gottsucher 120
Grab 203
Gretchen (im *Faust*) 199
Greif 72 [15]
Greis/uralt 237, 239, 245, 249 [208], 250, 268, 320 [138], 325, 327 [151], 328, 343

Griechen 161, 286
Griechische Zauberpapyri s. Papyrus
Großer Bär s. Sternbild
Großer Pariser Zauberpapyrus (s. auch Papyrus) 181
grün s. Farben
Guarini (Parac. Term.) 183
Gudākesha 288 [20]
gui 47
Gut und Böse (s. auch Baum des G.) 158, 203 [254], 217, 221, 229, 236, 242, 247

Haar 102, 312, 335, 368
Habicht 301
Hades (s. auch Unterwelt) 87, 174, 311 [104]
Hahn/Henne (s. auch Huhn) 250, 355
Halbmensch – Halbtier 197 f.
Halluzination 42, 220, 307
Hamadryas (s. auch Nymphe – Baum) 219 [19]
Hapi 300 f.
Häretiker, Häresiologie 13, 113, 207 f., 248
Harlekin 281
Harmoniae imperscrutabilis... 77 [31]
Harmonie 68
Harran, Schule von, H.iter 90 [101, 102], 167 [144], 226, 234, 244
Hase 215 [5]
Hauchkörper (s. auch subtle body) 58, 255
Hauchseele 232
Haut 80
Hebräer (s. auch Juden) 241
Hebräerbrief s. *Bibel*
Heidentum, heidnisch 129 f., 132, 138 f., 177, 181, 209, 218, 222, 248, 263, 268
Heil (s. auch Erlösung) 114 [209], 164, 318
– -bringer (s. auch Erlöser) 111
Heil, H.en, H.ung (s. auch Arzt, Gesundheit) 14, 108, 140, 151, 198, 317, 324
– -kraft/H.methode (s. auch Therapie) 14, 140, 221
– -kraut 175
– -kunst (s. auch Arzt) 127, 133, 198
– -mittel (s. auch Alexipharmakon, Arzneimittel, medicina, Panazee) 112, 115,
141 [38], 170, 173 f., 180 [197], 185, 192 [229], 279, 319
Heiland s. Erlöser
Heilige, der/die Heiligen 43, 112, 202, 303
heiliger Bezirk s. temenos
Heiliger Geist s. d.
Heilsgeschichte (s. auch Christus) 260, 320 ff.
Heilung s. Heil
Heiratsquaternio/cross-cousin-marriage 299
Hekate 240
Held/Heros 109 f., 278, 314, 315 [121], Bild 14, 15
Helena (im *Faust*) 196
Helios s. Sonne – myth.
Hellenismus, hellenistisch 113, 116
Hemmung(en) 352
Henoch s. Enoch
Henoch-Buch s. *Bibel* – Apokryphen
Henosis, Prozeß der 298
Hera 78
Herakles 110
Hermaphrodit, h.isch 139, 154, 157, 159 [114], 186, 237 f., 245, 253, 279, 343, Bilder I, II, III, IV
Hermeneut 249
Hermes (s. auch Mercurius, vas Hermetis) 68 [4], 139, 211, 213, 218, 222, 228, 231, 236, 239, 245 [171], 248–252, 253, 269, 299 f., 332
– Botrychites/βοτρυχίτης 300 [59]
– Chthonios/χθόνιος 250, 265
– als Führer/ὁδηγός 248
– ithyphallikos 245, 249
– Kyllenios 93, 249, 250, 265
– und Mercurius s. d.
– Mystagogos s. d.
– Psychopompos 89
– -stab/caduceus 227
– tetracephalus 243
– tricephalus 240, 243
– Trismegistos/τρισμέγιστος 85, 139 [33], 172, 198, 240 [136], 259, 279, 300, 304, 313 [111], 321, 325, 343, 257
– – , Mysterium des 213

Sachregister

Hermes (Forts.)
- , Weinlese des 337 [223]
- Weinstock der Weisen 337
- -zeichen/Merkursymbol 218, 243

Hermes Trismegistos/hermetische Literatur (s. auch *Tractatus aureus*) 114 [209], 139, 142, 167

Hermetisches Gefäß s. vas Hermetis

Heros, Heroen s. Held
- , Kultur- 111

Herz, allegorisch 29, 31, 47, 52, 157, 171, 184 f., 238, 291 f.
- anatomisch 47, 78 f., 184 f., 279

Hesperiden s. Baum

Hexe, H.rei 138, 162, 281

Hieroglyphen 244

hieros gamos/Hierosgamos (s. auch Hochzeit) 139, 181, 200–203, 277
- von Mars und Venus 159 [114], 203

Hierourgos/ἱερουργός s. Priester

Himalaya 336

Himmel, allegorisch 28 [7], 29, 30 [14], 31, 47, 52, 148, 157, 173 [172], 174, 184 [207], 190 [226], 228 f., 238, 241, 247, 299, 311, 315 [121]
- astronomisch 245
- , Aufstieg in/Abstieg vom 114, 116 [212], 158, 170, 237, 251
- und Erde/himmlisch-irdisch 70, 114, 170, 176, 181, 237, 240, 251, 303, 336 [215], 349
- -fahrt (s. auch Christi H.) 111, 187
- – Mariae/Assumptio 107, 163
- kosmisch/Firmament 81, 96, 98, 155, 169 ff., 238, 267, 299, 339
- metaphysisch 234 f., 283
- mythologisch 109 f., 112, 300, 302, 326
- , über-/supracoelestis 92, 160, 171, 173, 233

Himmelskörper (s. auch Mond, Sonne) 141, Bild 4

Himmelsreise s. Reise

Himmelsrichtungen/Kardinalpunkte 30, 188 f., 299 f., 302, Bild 25

Hinduismus 261

Hiob (s. auch *Bibel*) 260

Hiranyagarbha (s. auch Goldkeim) 257

Hirsch 230, 367 [342]

Hochzeit (s. auch coniunctio, hieros gamos, Heiratsquaternio) 181 f., 196, 202
- , chymische (s. auch Rosencreutz, Christian) 139, 142, 154, 208, 277
- , himmlische (s. auch hieros gamos) 183
- , königliche 299, 351, 355 [296]
- des Lammes 202 f.
- , mystische 175

Höhle 79 [39], 165 [139], 246, 275, 364 [325]

Hölle 107, 228, 240, 356

Holz 300, 308, 342

homo altus 186
- maior 168, 199, 202
- maximus 148 [65], 187–191, 199, 305, 313 [112]
- philosophicus 252

Homunculus 68 f., 71, 79, 93 f., 99 f., 113, 140, 158, 178, 218

Honig 173 [171]

Hopi s. Indianer

Hormanuthi 83

Horn, gehörnt 303

Horoskop (s. auch Astrologie) 135, 147 [56]

hortus s. Garten
- aromatum s. Maria-Allegorien
- conclusus s. Maria-Allegorien

Horus 30, 83 f., 300 ff.
- -söhne 30, 300 f.

Hostie 328

Huhn/pullus (s. auch Hahn) 172

Hui Ming Ging s. Li Hua Yang

Hulda, Brunnen von 341

Humanist 365

humidum album 227
- radicale 75, 84, 86 [86], 96, 156, 171, 227, 230

hun 46 ff.

Hund 82 [56], 100, 104, 250 [216], 278, 335

Hundskopfaffe s. Affe

Hydrargyrum/ὕδωρ ἀργύριον/Hg (s. auch Quecksilber) 226 f., 257, 305, 332

hygra/ὑγρά 168

hyle/ὕλη, hylisch 141, 251

Hysterie 42

I Ging 18, 20, 22
Ibis 299
Ich 42, 53, 59, 133 f., 191, 200, 201 [246], 257, 265 ff., 274, 284, 306 [81], 323 f.
- -persönlichkeit 274
Idaeus (Parac. Term.) 176
Idechtrum (Parac. Term.) 148
Idee(n) 43, 310, 373
Identifikation 274, 283 f., 289, 360
Identität 102, 258 [245], 282, 284, 289, 316, 322
Ides/Ideus (Parac. Term.) 148
ignis (s. auch Feuer) 170 [157], 276, 356
- mercurialis s. Mercurius – Feuer
Iliaster/Yliastrum (Parac. Term.) 123, 141, 142 [40], 148 f., 150–155, 156, 157 f., 160, 167, 172 f., 184, 186 f.
- , Namenvariationen von 152 [82]
illuminatio (s. auch Erleuchtung) 94, 131
Iloch (Parac. Term.) 173 f.
Imagination/imaginatio 21, 155, 174, 178, 184 f., 187, 188, 194, 195, 197, 199, 201 [247], 296
- , aktive 69 [10], 184 [208], 307
Imago 48
- Dei 267 [261], 340
Imitatio Christi 61
«Imperator-Gruppe» 49
Indianer
- , Bororo 225
- , Hopi 240
- , Irokesen 111
- , Natchez 111
- , Navajo 109
- , nordamerikanische 198
- , Pueblo 31, 284
- , Shuswap 79 [43]
- , Sioux 111
- Taospueblos 111
- , Thompson- 79 [43]
- , Wichita 111
Indien, indisch, Inder 108, 149, 198, 225, 250, 257, 285, 289, 301 [69], 333 [194], 336 f., 364, 367 [344], Bild VI
Individuation, I.sprozeß 36, 118, 155, 160, 195–200, 214 f., 216, 219, 248, 254, 257 f., 274, 276, 290, 321, 350 f., 353, 354, 366, 368, Bild 24
Individuum, individuell 203, 263, 294, 303, 323 f.
infantil (s. auch Erinnerung) 372
inflatio/Inflation 234, 284, 351 [279]
Inhalt(e) 51, 52, 75, 91
- , affektive 369
- , archetypische 351
- des Bewußtseins 45, 47, 188, 324
- , bewußtseinsfähige 21
- , dissoziierte 369
- , Kollektiv- 255
- , numinose 353
- , projizierte 178
- , psychische/seelische 42, 45, 102, 220 f., 281, 307, 310, 352 f., 369
- , subjektive 225
- des Unbewußten 42 ff., 55, 91, 102, 214, 220, 230, 264, 273, 337, 346, 353, 374 f.
- , verdrängte 44
Initiation 78 [37], 101
Inkarnation (s. auch Christus – Fleisch gewordener) 37 [27]
Inkubation 117
Insekt Bild 25
Insel 109, 274, 291 f., Bilder 1, 23
inspiratio 234
Instinkt, i.iv 15, 18, 19, 21, 25, 53 ff., 205, 323, 373
- -losigkeit 21, 22
Instructio de arbore solari (Theatr. chem.) 330 [174]
Integration 350, 365, 369–376
Intellekt, i.uell 19, 44, 290, 337, 353, 361 f., 372 f.
Intelligenz 19, 351 f., 373
Introitus apertus s. Philaletha, Eirenaeus
Introspektion 189, 361
Introversion 339
Intuition (s. auch Funktion) 19, 275, 365
Invokation 244
Inzest (s. auch Archetyp des I.) 250 f., 301, 324
Ion 68, 89 f., 91, 94

Sachregister

Iran (s. auch Persien) 149, 364 [327]
Irokesen s. Indianer
Irrationale, das 281, 373, 376
Ishtar/Istar (s. auch Astarte) 250, 345
Isis 83, 90, 301, 325 [145]
Isis und Horus (Berthelot) 82 f., 91, 235
Isolation 281
Israel 261
Istar s. Ishtar
ithyphallisch (s. auch Hermes i., Phallos) 250

Jahreszeiten (s. auch Frühling) 188 f., 338
Jaldabaoth 241 [146], 246
Jehova 241, 315
Jenseits 280, 362
Jeremias s. Bibel
Jerusalem, himmlisches 218
Jesahach/Jesihach/Jesinach (Parac. Term.) 187
Jesaja s. Bibel
Jesuitenorden 28
Johannes-Evangelium s. Bibel
Jona, Prophet 162
Jonier 68 [4]
Jordan 83 [63]
Joshua ben Nûn (Legendenfigur) 346
Judentum, jüdisch (s. auch Hebräer) 261, 326, 366, 372
– – christlich 91
Jugend 175
Jûnân ben Merqûlius (Sohn des Merkur) 68 [4]
Jungfrau, j.lich 111, 143, 320, 340
– -enmilch 226 [30], 312
– Maria s. d.
– , Schlangen- 163
Jüngling/iuvenis 237, 239, 249 [208], 320 [138], 325, 328, Bild 32
Jupiter 172 [168], 295

Ka 112
Kabbala, kabbalistisch 133, 139, 146 f., 149, 154 [87], 190 [226], 247, 327, 335, 342, 367
Kalid/Calid 86 [85], 311 [106], 312, 313 [111, 112]
Kalkutta 108 [177]

Karbon 286
Kardinalpunkte s. Himmelsrichtungen
Karsamstag 76 [28], 88
Kastration 327 [149]
kasuistisches Material (s. auch Arzt – Patient) 273
Katharer 248
Katholizismus, katholisch 208
Katze Bild 32
Keim/Lebensk. 95, 168, 169 [153], 171, 233
Keimblase 31 f.
Kelten, die, keltisch 135, 198
Kenset s. Ägypten
Khāndogya – Upanishad s. d.
Kind s. Neugeborene
Kirche als Institution, kirchlich 27, 100, 106, 128, 132, 177 f., 180, 192, 206–208, 248 [199], 279, 303, 321, 345
Knabe s. Jüngling
Knochen 68, 73, 102
Kochen 69, 72 f., 75, 78, 84
Kohabitation (s. auch Beilager) 250
kollektiv, K.um (s. auch Unbewußtes) 203, 263, 294, 303, 323, 374
Komariostraktat (Berthelot) 87, 105, 109 [182], 174 f., 311 [104]
Kommunion 175, 177
Kompensation 255, 263, 323 f., 351, 360, 372
– , biologische 78
Komplementarität 263
Komplex 42
– , autonomer 58
– , Mutter- s. d.
– , psychologischer 264
komplexe Psychologie s. d.
Konfession s. Glaubensbekenntnis
Konflikt 128, 136 f., 361
König 90 [100], 93, 186, 247, 252, 293 [33], 303, 340, 358
Königliche Kunst s. Alchemie
Konjunktion (astrol.) (s. auch coniunctio) 88 [96], 92, 172–176, 250, 359–363
Kontemplation (s. auch Baum der K.) 37, 321, 339

Konzentrationslager/Gefangenenlager 370, 372
Kopf (s. auch Dreiköpfigkeit) 23, 68, 79 f., 83, 90, 96, 98 f., 101, 117 [216], 281, 286, 300, 313 [112], 330, 335 f., 339 f., 368, 375, Bild 28
– , Tier- 301
Koralle s. Baum
Koran 341 [241], 346 [260]
Korintherbrief s. *Bibel*
Körper (s. auch corpus, Fleisch, Leib) 20, 53, 58 [37], 59, 68, 72, 76, 84 f., 102, 105 f., 111, 113 ff., 139, 151 f., 161, 167 f., 172 f., 180 [197], 184, 187, 215, 217, 231, 277, 288, 299, 305, 307 [84], 308, 315 [121], 354 ff., 357 [305]
– Christi s. d.
– – Geist s. d.
– – – Seele 298 [52], 312 f., 320, 373
– -seele/«Seele der Körper» 47, 156, 232
– und Seele s. d.
Korybas 250
Kosmos, kosmisch (s. auch Baum – kosmisch, Makrok., Universum) 70, 149, 240 [136], 256, 275 f., 280, 360, 366, Bilder 18, 20
Kraft 39, 85
Kranke, der 112
Krankheit 129, 135, 138, 151, 178, 198, 312, 320, 357, 372
– , Heilung von s. d.
Kranz 290
kratēr (s. auch Gefäß) 81
Krates s. *Buch des K.*
Kreis 30, 37, 94, 170 f., 175 [184], 181, 243, 244 [170], 252, 339, 362
– -bewegung 30–36
– -lauf 33, 95 [125]
– – von Leben/Geburt und Tod 88 f., 113 f., 117
– , magischer 30, 32
Kreuz (s. auch Christus) 30, 285, 289, 302, 357 ff., 361 ff., Bilder 26, 31
– , Frau am 363
Krishna 288 f.
Kristall 112, 302

Krokodil 88 [94], 277, Bild 10
Krone, gekrönt 89 f., 290, 325 [145], 340, Bilder 14, 32
Kronos 85, 246
Kryptomnesie 294 [35]
Kugel 287, 366, Bilder 4, 25
Kult, k.isch 45, 139
– -instrument 108
Kulturheros s. Heros
Kunst (s. auch alchemistischer Prozeß) 67, 69, 73, 82 f., 95
Kupfer 73, 99, 203, 237, 298
Kyllenios s. Hermes

labor Sophiae 191
Labyrinth 349
Lakonien 108
Ladanum/ladanum 176 [190], 207
Lamm 202, Bild 22
lapis/Lapis (s. auch Stein) 75, 84, 94 f., 97, 106 f., 112 f., 116 [213], 161, 189 [223], 190, 194 [233], 231, 243, 252 [231], 253, 257 ff., 264, 266 [258], 286, 298 [52], 299, 305, 312, 333, 338, 343–346, 347 f., 352, 354, Bild IV
– aethereus 115
– , Christus als s. d.
– als filius unius diei 266 [258]
– Lydius 80
– und Mensch s. d.
– philosophorum 80, 103, 112, 139, 140, 143, 186, 215, 218, 257, 259 f., 292, 315 f., 344
– – , Benennung/Definition der 186
Laudanum (Parac. Term.) 176
Lauretanische Litanei 316 [125]
Leben 19, 29, 31 ff., 54, 58 [37], 59, 87, 152 [82], 195, 277, 285, 293, 302 [71], 343 [250], 347
– , Definition des 151
– , ewiges 115 f., 188 [222], 343 [250]
– und Geist 305
– , langes/vita longa 153 ff., 159 [114], 161, 168, 172 ff., 176, 184, 187, 188 [222], 194 f., 208, 351
– und Tod 362

Sachregister 423

Leben (Forts.)
– – und Wiedergeburt 365
Lebensbaum s. Baum
Lebenselixir 58 [37], 151, 186, 193
Lebensgeist 158
Lebenskraft 79, 175, 183, 233
Lebenslauf 197
Lebensprinzip 152, 216, 232
Lebensprozeß 337, 343, 365
Lebenssubstanz 155
Lebenswasser s. aqua vitae
Leber 47
Lehm s. Erde – Materie
Leib (s. auch Körper) 119, 173, 253 [238]
–, Geist- 40
–, mystischer (s. auch corpus mysticum) 119 [219]
–, pneumatischer 59
–, unsterblicher 29
Leiden s. Qual
Leidenschaft(en) 305
Leto 341
Leuchter, siebenarmiger, Bild 3
Leukadia 108
Leviathan 285, 359
Leviticus s. Bibel
Liber de arte chimica s. De arte chimica
Liber definitionum Rosini 257
Liber quartorum/Platonis liber quartorum (Theatr. chem.) 95, 96 [136], 98, 157 [108], 234, 244, 246 [184], 247, 348
Libidobesetzung 289
Licht/φῶς 25, 28 [7], 29, 30 [14], 32 f., 34 f., 37, 38, 43, 51, 68, 70, 83 [63], 85, 89, 94, 105, 118 f., 142, 144, 149, 171, 181, 186, 228, 233, 252 f., 259, 266, 268 f., 278, 283, 285, 288, 327, 359 f., 368, Bilder 3, 7, 8, 25, 27, 32
– -bringer/φοσφόρος 245, 266
– und Dunkel/Finsternis (s. auch d.) 33, 142, 261 f., 266, 275, 286, 361 f.
– der Natur s. d.
– -symbolik 170 [155]
Liebe/caritas/ἀγάπη (s. auch amor) 207, 318 f.

–, göttliche 229, 316, 330 [171], 358
–, Nächsten-/amor proximi 188, 206, 208, 318
Liebesgöttin s. Aphrodite
Liebesspiel 355 [296]
Liebeszauber s. Zauber
Lift (Traummotiv) 326
Lilith 219 [19], 258, 325 f., 366
Livre d'heures du Duc de Berry 331 [176]
locus s. Raum
Logos 48 f., 93, 97 [145], 241, 250, 319
–, Christus als s. d.
–, Mercurius als s. d.
– spermatikos 48
Longinus Bild IV
Lotos/Lotus 286, 290, 301, 317
Löwe 82 [56], 164, 203, 218, 237, 245 [171], 246, 282, 301, 303, 314, 317 [132], 325, 327, 345, Bilder 22, 25
Luft 173 [172], 184, 218, 231–232, 236, 245 [171], 251, 253 [237], 286 f., 299 [55], 320, 334 f.
Lukas-Evangelium s. Bibel
lumen naturae s. Natur
Luna (s. auch Mond) 95, 139, 169, 244 [170], Bild IV
Lunatica (Pflanze) 334
Lungenatmung 261
Lust 47
Luzifer 242, 247, 266, 268 f.

Macht (s. auch Trieb) 112, 280, 303
Macrocosmos s. Makrokosmos
Magie, magisch (s. auch Baum) 32 f., 36, 100, 108 f., 129 f., 132–138, 142 [40], 143, 145, 209, 222, 244, 263, 281, 301, 303, 306 [81], 353
–, Wort- 137 f.
magnale s. Frühling
Magnesia 226 [30], 244 [170], 249
Magnet 331
Magus (s. auch Magie) 257 [243]
maior homo s. homo maior
Mahryaγ und Mahryanaγ 364 [327]
Mais 284, Bild 25

Sachregister

Maitrâyana-Brâhmana-Upanishad s. *Upanishad*
Maja 46, 105
Makara 285
Makrokosmos/Macrokosmos 104, 106, 143, 171, 186, 233, 238, 253, 279, 305
Malchuth 335
maleficus 190, 247
malum s. Böse, das
mana 108, 289
Mandäismus 250
Mandala 30ff., 36, 107, 267 [261], 273, 283, 285, 290, 317, Bild 31
Mandragora 334 [204]
Mani, M.chäismus 79, 113, 359
Manipûra-chakra s. Chakra
Mann, männlich, das M.e 22, 46, 47, 83, 91, 109 [182], 247, 289f., 360ff.
– und Weib/Frau, männlich-weiblich 48f., 88, 107, 110, 157, 237f., 277, 288, 350, 358, 364 [325], 365, 368
– -weibliche, das (s. auch Hermaphrodit) 305
Manna 328
Mantik 134
Manu 285
Marcasita 308
Märchen, M.motive 111, 213–223, 293, 352, 362, 366, 372
– *Amor und Psyche* s. Apuleius
–, Bata- 292 [32], 327, 341, 364 [328]
– vom Geist in der Flasche 213–214, 216–219, 221, 223, 257f., 279, 337, 366 [334]
– Rumpelstilzchen 352
mare nostrum 166, 254 [240]
Maria, die Jüdin/«soror Moisis»/M. Prophetissa 95, 308
–, Axiom der 171 [160], 187, 243, 298, Bild II
Maria, Jungfrau (s. auch Himmelfahrt) 114 [209], 157f., 163, 175, 233, 242 [152], 251, 276, 341, 363
– -Allegorien 276, 316f.
– als maris stella 276, 363 [322]
Mars, astrologisch 159 [114], 175, 295, 334

– Medizin (s. auch Ares – Parac. Begriff) 159 [114]
– mythologisch (s. auch Ares – myth.) 104, 159 [114]
Marsias 79
massa confusa 350
Massenpsychose s. Psychose
Mater gloriosa 204 [255]
– natura s. Mutter Natur
materia medica 140
– prima s. d.
Materie, M.alität (s. auch Stoff) 105 ff., 116, 117 [216], 141, 146, 156, 159 [114], 165, 205, 238, 252, 256, 297, 311 ff., 317
Matriarchat 109f.
Matthäus-Evangelium s. *Bibel*
Maya 341
mediator 110, 253
medicina 94, 176 [191], 318
– catholica 112, 253, 294 [37]
Meditation/meditatio 38–41, 155, 184 [208], 256, 356, 374
Medium, m.istische Erscheinungen 43, 49 [33]
Medizin, m.isch (s. auch medicina) 95 [124], 109, 127, 136, 163 [129], 173, 175, 279
–, chemische 140, 209
Meer 31f., 52, 102, 109, 156, 164, 214, 267, 274, 276, 286, 313, 331f., Bilder V; 1, 8
– -schwamm/spongia marina 311
Megalithikum s. Steinzeit
Melancholie/melancholia capitis 112, 173, 357
Melanesien 108
Melchior, Kardinal von Brixen: Gespräch von dem Gelben und Roten Mann (Aureum vellus) 103 [156]
Melchisedek 154 [87]
Melissa 173, 175
Melothesien 102
Melusine/Melosine 156, 158, 160f., 161–163, 178, 183, 193ff., 195–200, 202f., 219 [19], 258, 325, 339, 341, 345, Bilder IV, V
–, Sage der 197, 201 [246]

Mendes, Widder von s. d.
Menhir 112
mens (s. auch Geist) 116 [213]
Mensch 35, 62 f., 69, 105, 108, 130 f., 147 [51], 148, 154 [87], 201 [247], 252, 262, 264, 267, 277, 282, 285, 315 [121], 317, 335 f.
– im alchemistischen Prozeß (s. auch d.) 159 [114], 160 ff., 173, 186 f., 196, 199, 256, 319
– und Baum 342, 364–368
– , cholerischer 159 [114]
– , dämonischer 303
– Ebenbild Gottes 141 [38]
– , Erschaffung/Erzeugung des 82 [56], 95, 190 [226], 282, 341 f.
– , erster (s. auch Adam, Ask, Mahryaγ, Paar-erstes) 367
– , ewiger 200–203, 329 [164]
– , fleischlicher/σαρκινός 105
– , Gestirn- 147, 186, 188 [218]
– und Gott s. d.
– , großer s. homo maximus, innerer M.
– , himmlischer 149
– , höherer/hoher (s. auch homo altus) 61, 155, 238
– , hylischer 251
– , innerer/großer 97 [145, 146], 99 f., 106, 113, 118, 155, 168, 170, 173, 177, 182, 186 f., 189, 200, 333
– und Kosmos/Makrok. 104
– , Kultur- 282
– und lapis 322, 345, 353
– , Licht- 116 [214], 147
– als Mikrokosmos 102, 171, 184, 186, 217, 353
– und Natur 144, 178
– , die Naturen des 183–187, 216, 233
– , natürlicher 204, 217, 280
– , pneumatischer/geistiger 54, 105 f., 147 [52], 168, 177, 251, 333
– , schöpferischer (s. auch artifex) 268
– , sterblicher/natürlicher 186, 189
– und Tier s. d.
– , Über- 144

– , Ur- 97 [146], 109, 145–149, 157, 184 [208], 186, 189, 192, 203, 239 [127], 282, 359 ff., 364, Bild IV
– , vollkommener 34, 342, 349 f.
– -werdung (s. auch Christus) 60
Menschenrechte 318
Menschensohn s. Christus – Sohn
Menschheit 114 [209], 284, 292
– , Geschichte der 303
Mephistopheles 93, 100, 152 [82], 222
Mercurius (s. auch Merkur) 9, 68 [4], 74 [23], 84 f., 86 [86], 88 [96], 92 f., 100, 107, 139, 148 [67], 149, 152 [82], 153, 163, 198, 213 [1], 217 [12], 218, 219 [19], 222, 231, 235, 257, 264, 277 f., 290, 295 [41], 298, 300, 305, 312, 332, 334, 363, 365, 376
– als Adam Kadmon s. d.
– und Archontenlehre 243–248
– und Astrologie 243–248
– und Christus s. d.
– als Drache/draco mercurialis/Schlange (s. auch serpens mercur.) 339
– duplex/Doppelnatur des 88 [96], 236–240, 263, 277, 290, 314, 315 [121], 333, 343, 345, 376
– als Einheit und Dreiheit 240–243
– als Erde 298
– als Feuer 227–229, 333
– als Führer/ὁδηγός/Mystagog 215 [5], 244, 249
– , Geist 211–269, 279
– als Hermaphrodit 237
– und Hermes 248–252, 265, 332
– als «der hohe Mensch» 238 f.
– als homo 238
– als lapis (s. auch d.) 239 [133], 240, 259, 265, 290, 354
– als Lichtgestalt 265
– als Logos 241
– als mare nostrum s. d.
– in metaphysischem Sinn 234–235
– noster 232, 237
– philosophicus/philosophischer 226 ff., 230, 237 f.

Mercurius (Forts.)
- Psychopompos 240
- quadratus (s. auch Vierheit) 299
- als Quecksilber (s. auch d.) 226–227, 230, 295, 305
- als Saturn (s. auch d.) 245 ff.
- als Seele 230–235
- als sulphur 247
- tricephalus/triunus/ternarius 240, 258
- als Unbewußtes-Archetyp 265
- und Venus 244 f.
- vulgaris/crudus 237, 332
- als Wasser 226–227, 304
- , weiblicher s. M.duplex
Meridian s. Sonne
Merkabah 301
Merkur (s. auch Hermes, Mercurius) 95, 142, 218, 246, 252 [231]
- , Planet 243 f., 246
Mesopotamien 250
Messe 139, 178 f.
Mestha s. Amset
Metall 65, 72, 75, 81, 99 ff., 103, 112, 155 [91], 159 [114], 165 [140], 179, 218, 221, 237, 239 [129], 246 [179], 252, 295 f., 305, 308 f., 311 f., 332 ff., 338, 357, 364 [327]
Metaphysik, m.isch 15, 56 ff., 61, 297, 304, 322
metasomatosis 84
Metatron 149
Meteor 280
Methode 17, 25, 70, 73
- , alchemistische 29
Metropolis s. Stadt
Mexico 90 [100], Bild 8
- , Alt- 111
Mikrokosmos 91, 103, 143, 152, 154, 171, 233, 237 f., 305, 306 [81], 313, 318
Milch (s. auch Jungfrauenmilch) 312
Mineral/mineralia 85, 104 [163], 114 [209], 152 [79], 215, 313, 314
Missale Romanum 76 [28], 88 [93], 316 [125]
Mithras 108, 330
- -relief von Osterburken 330

Mitte/Mittelpunkt (s. auch Zentrum) 30–36, 41, 168, 252, 285, 287, 292
Mittelalter- m.lich (s. auch Alchemie – mittelalt.) 19, 27, 30, 118, 179, 297, 318, 326, 336
Mitternacht s. Sonne
Mogulzeit 250
Moly/μῶλυ 334 [200]
Monakris 240
Monas/Monade 91, 240 [136]
Mönch 289
Mond (s. auch Luna, Sonne und M.) 52, 81 [49], 85 [74], 88 [96], 96, 139, 157, 169 [153], 175 [184], 181, 211, 244 f., 250, 266, 285, 298, 334
- -baum s. d.
- -göttin 325
- -pflanze 331
- , Voll- 244 [170]
Monogenes 115, 192 [230], 193, 242 [152], 253
Monolith 94
Monotheismus 44
Monstrum (s. auch Ungeheuer) 88 [95], 157, 238, 303
Moos/muscus 176, 207
Moral, m.isch 203 [254], 205 f., 220, 263, 280, 284, 305, 350 f., 365
Morgane 202
Morgen (Name des lapis) 186
mortificatio 68 [5], 76 [25], 90, 92 [110]
Moses (s. auch *Bibel*) 129 [6], 147, 313 [111], 321, 346
mudrâ 285
Mumia (Arzneimittel) 151, 172
Mumia (einbalsamierter Körper) 151
mundus archetypus 191
- intelligibilis 234
- rationalis 253
Musaeum hermeticum (s. auch Bibliogr. A) 92 [107, 110], 102 [155], 117 [217], 226 [29], 227 [33, 35, 40, 42, 43], 228 [46-49], 229 [52], 231 [61, 63], 232 [69, 72], 233 [76], 234 [82], 236 [94, 96, 97, 100, 101, 103], 237 [111], 239 [130, 131], 241 [147], 244 [170], 245 [171], 247 [195], 249 [205, 210], 307 [85, 87], 314 [117],

Musaeum hermeticum (Forts.)
315 [120, 121], 325, 329 [164], 330 [171], 332 [187, 189],
333 [195], 335 [205], 339 [229], Bild VI
Musaios 313 [111]
muscus s. Moos
Mutter, mütterlich 110, 237, 254, 282, 293,
367
– -bild 128
– Ecclesia/Kirche 128, 133
– und Kind 282
– -komplex 110
– mythologisch 111, 250
– Natur 128, 133, 167
– , persönliche 128
– und Sohn s. d.
– , Tötung der 111, 117 [216]
Mutus liber (*Bibl. chem. cur.*) 215 [5]
Myrte 307 f., 337
Mystagogos 89, 249, Bild VI
Myste, der 72 [15], 81, 89
Mysterien 72, 83, 89, 116, 162, 204 [255], 218,
249, 297
– , dionysische 78
Mysterium 110, 114 [209], 117, 142, 176–179,
208, 235, 243, 305, 312, 365
– , Natur- 177
Mystik, M.er, mystisch 35, 88, 97, 101,
116 [215], 118, 127, 140, 152 [82], 166, 229, 243,
248, 254, 316 f., 368, 371, 374
– Reise s. d.
Mystizismus 376
Mythologem 77 [33], 182, 293 ff., 314, 322 f.,
374 f.
Mythologie, m.isch 49 f., 179, 224, 284, 315,
321 f., 376
– , germanische 341
Mythos, mythisch 21, 161, 219, 278, 283 f.,
293, 323, 361, 372, 374
– , Helden- 278, Bild 14
– , Schöpfungs- 360

Naas s. Schlange
Naassener, die 164, 250 [218], 343 [248], 345
Nabu 250 f.

Nachahmung Christi s. Imitatio Ch.
Nächstenliebe s. Liebe
Nacht (s. auch Tag und N.) 22, 33, 266
Nacktheit 61
Naga-Stein s. d.
Nakassä s. Baum
Namen, geheimer 352
Narr(en) 281
Natchez s. Indianer
Natur (s. auch mater natura) 67, 69 f., 99,
131, 152, 159 [114], 179, 181 ff., 209, 217, 232,
237, 249, 251 ff., 259, 277, 296, 308, 310 ff.,
314, 333 f., 345, 375
– , außerhalb der/übernatürlich 184
– als Eigenschaft (s. auch Mensch – die Naturen des) 68 [6], 84, 91, 104, 319 f., 355
– und Geist s. d.
– , Göttin s. Dea Natura
– und Kunst 178 [196]
– , Licht der/lumen naturae 127–149, 180 f.,
183, 189, 205 f., 208, 228 f., 237, 256, 266,
269
– -mächte 135
– und Mensch s. d.
– , Mutter (s. auch Dea Natura) 254
– , Platonische 314
– und Psyche 179
– als Wandlung 181
– -wesen 282
natura abscondita 106
Naturen (s. auch Elemente) 84, 104, 299,
305, 317, 346 [263]
Naturwissenschaft, n.lich 101, 118, 127, 131,
144, 177, 179, 262, 310, 314, 322, 376
Navajo s. Indianer
Nekhen 301
Nekromantie 135
Neologismus s. Sprache
Nessel/Brenn. 175 ff., 196
Nephritstadt 31, 60
Neptun (s. auch Saturn) 325 [142]
Neugeborene, der 214 [3], 326
Neugeburt (s. auch Wiedergeburt) 39
Neuplatonismus 147, 148 [67], 234

Neurose, neurotisch (s. auch Zwangsn.) 21, 22, 23, 44, 53, 58, 78, 265, 280, 324, 352, 361, 369f., 372
Nigerien 219
nigredo/melanosis 76, 184 [208], 287 [16], 350, 357
Nikodemus 114
– -gespräch s. *Bibel – Johannesevangelium*
Nikotheos 85
Nil, N.tal (s. auch Ägypten) 82, 112, 234, 265 [254]
nirdvandva 23
Nixe 164
Noah 337
Nominalismus 310
Norden s. Himmelsrichtungen
Nostoch (Parac. Term.) 173, 175
nous/Nous/νοῦς 81, 116, 290, 345, 363
Novum lumen (*Mus. herm.*) 227 [33]
numen/Numinose, das 216, 239 [129], 257, 286, 289, 321, 323f., 339, 341–343, 348f., 351ff., 365
Nyagrodha/Ficus Indica s. Baum
Nymphe 161f., 178, 249
–, Baum-/δενδρῖτις (s. auch Hamadryas) 281f., 286, 366f.
Nymphidida (Parac. Term.) 183, 194

oben – unten 362, 368, Bild 6
Objekt (s. auch Subjekt – O.) 102, 310
– -ivität 310f.
Obsession 265
Obskurantismus 348
Ochse 79, 203
Odin 363, 367 [342]
Offenbarung 127–149, 180, 228, 249, 253, 365
Offenbarung s. *Bibel*
Ogdoas 171, 328, 340
Oji-Baum s. d.
Okeanos 85
Öl 308, 343
Olive 300
Olymp 45

Omega-Element 80, 85
Omphale 110
Opfer, O.handlung 78–100, 101, 284, 288 [22], 336 [216], 351
– Christi s. d.
– -priester 67 [3]
–, Schlangen- 363
–, Selbst- (s. auch Christus) 115
–, Tier- 53, 78, 301
Ophiten 363
Ophiuchos 348
Opium 176 [191]
opus alchymicum s. Alchemie – Prozeß
– divinum 139, 179
Orestes 108
Orgiasmus 78
Orpheus 313 [111]
Osiris 82, 301f.
Osten, östlich, ö.-westlich (s. auch Himmelsrichtungen) 16–20, 23, 31f., 43, 45, 51, 54, 56, 60, 62f., 186, 290, 337, 350
Ouroboros/οὐροβόρος 88, 92 [110], 94, 100, 115f., 148 [67], 251f., 279, Bild 17

Paar (s. auch Bruder-P.) 92, 351, 358
–, erstes Menschen- (s. auch Urmensch) 364 [327]
Padmanaba 250
Padmanabhapura, Tempel von 250
Pagoyum (Parac. Term.) 129, 132, 138, 178
Paläolithikum s. Steinzeit
Palme s. Baum
Pan 249
Panazee (s. auch Arzneimittel, Heilmittel) 112, 115
Pandora 105, 123
Pandora s. Reusner, Hieronymus
Panik 281
panis vitae 328
Panther 303
Papyrus, P.texte 143, 167, 181, 199, 211, 244 [170], 245 [171], 327, 355
Pā-ra-da 225 [26]
Paradies/Eden (s. auch Baum des P., Schlan-

Paradies/Eden (Forts.)
ge des P.) 92 f., 147 [57], 156, 162, 168, 174, 183, 192, 216, 248, 252, 258, 286, 320, 326, 329 [164], 331 [176], 335, 339, 343, Bilder 22, 24
Paraklet 248
Parapsychologie 48 f., 58 [37]
Paredros/πάρεδρος 143 [46], 199, 244, Bild V
Parganya 288
participation mystique 52 f., 55, 60, 102, 224, 287
Patagonien 79
pater mirabilis 186
Pathologie, p.isch 118, 282
Patient(en) (s. auch Arzt und P.) 374
–, Bilder von 273–292, 304, Bilder 1–32
Patristik 364
Paulicianer (Häretiker) 248
Paulus-Briefe s. Bibel
Pazifik 112
Pe 301
peccatum originale s. Sünde
Pelicanus 168
Pelikan, philosophischer (s. auch Christus) 96, Bilder II, VII
peregrinatio 248
peregrinus microcosmus (Parac. Term.) 173
Perle 151, 279
Persea-Baum s. d.
Persien, persisch (s. auch Iran) 250, 261, 344, 367
Persona 201 [246]
Personifikation 43, 46, 47, 49 f., 90, 101–105, 113, 128, 139, 143, 158, 159 [114], 196, 244, 288, 357, 363, 365
Persönlichkeit (s. auch Ichp.) 23, 25, 27, 30, 33, 42 f., 45, 47, 53, 100, 200, 214 f., 257, 283 f., 293, 332, 368, 372
Peru 112
Pfahlbau 109
Pfauenschwanz s. cauda pavonis
Pfeil 289
Pfeiler s. Säule
Pferd 367 [342]

Pflanze 31 f., 53, 70, 85, 179, 215, 253 [237], 267, 273, 286, 313, 319, 332 [186], 334 [200], 364, 376
–, Reivas- 364 [327]
Phallus, phallisch (s. auch Hermes ithyphallicus) 250, 289, Bild 30
Phänomenologie 13
Phantasie/phantasia 26, 30, 32, 51, 160, 174, 188, 195, 199 f., 214, 225, 255, 273, 280 ff., 287, 296 f., 304, 321, 365 f., 368, 369, 371
Pharao 302, 327
Pharmakognosie 138
Pharmakon athanasias/φάρμακον ἀθανασίας s. auch Panazee) 115, 174
Pharmakopöe/φαρμακοποιία 138, 294 [37]
Pherekydes, Bild 2
«Philosophen» s. Alchemisten
Philosophie, ph.isch 107, 110, 125 f., 127, 131, 137, 140 [37], 146, 188 [219], 192, 201, 310, 354
–, alchemistische (s. auch d.) 225 [26], 309
–, der Ärzte 294
–, chinesische 16, 20, 48, 54, 57 [36]
–, heidnische 360
–, hermetische 152 [82], 269, 294, 310
–, indische 161
–, Natur- (s. auch Spagyrus) 88, 113, 179, 224, 294
–, östliche 16, 20, 57
–, Paracelsische 125, 141, 152 [82]
Philosophia chemica (Theatr. chem.) 234 [81]
Philtrokatadesmos s. Liebeszauber
Phobie 45, 265
Phönix 245 [171]
φῶς 147 [57]
φρένες 286
Phryger, die 97 [145]
Phylogenetik 261
Physik/Physica 309
–, moderne 310
Physiologie 183, 350
Physis 116
physisch – psychisch/geistig 58 [37], 101, 167, 254, 293, 305, 365, 376
φύτωρ 233

pietas 341
Pirkē R. Elieser 342
Planeten (s. auch Erde, Merkur, Saturn, Venus) 141, 159 [114], 168, 243, 295 f., 298 f., 325, 332 ff., 339 f., 349
– -geist, Bild V
Platonis liber quartorum s. *Liber quartorum*
Pleroma, p.tisch 97 [146], 278, 286, 359 f.
plexus solaris 45, 287
pneuma s. Geist
Pneumatiker, die 97 [145]
po-Seele 47 f.
Poesie 293
Poimandres 81
Poliphili, Hypnerotomachia 159 [114], 170 [157], 175, 177, 196, 203, 327
Polytheismus 55, 261
Pomambra (Parac. Term.) 176
ponderatio 184 [208]
Pornographica 250
praesagium (s. auch Weissagung) 158
Practica Mariae (*Art. aurif.*) (s. auch Maria, die Jüdin) 95, 331
Prajapati 149
Pretiosa margarita novella s. Bonus, Petrus
Priester/ἱερουργός 67 ff., 72 f., 76, 78, 89, 94, 111, 288 [21], 340
– ἱεροφάντης (s. auch Prophet) 67 [3]
–, Isis- 203 [255]
prima materia 68 [5], 75, 82, 96, 102, 104 [164], 117 [217], 139, 152 [82], 153, 156, 158, 166, 190 f., 225, 238, 245, 252 ff., 327 [151], 332, 343, 350, 355, 357, Bild VI
primitiv, der P.e 18, 21, 42, 53, 58 [37], 59, 219 f., 293 [33], 373
principium individuationis s. Individuation
– mundi 86
Prinz s. Andalusischer
Prodromus Rhodostauroticus 335 [208]
Projektion 33, 43, 44 f., 48, 52 f., 59, 75, 98 f., 101 ff., 118, 120, 156, 178, 190, 196, 220, 224 f., 230, 248, 255 f., 261, 307, 311, 317, 319, 322, 354, 356 f., 360, 366, 368
Prometheus 105, 284, 367 [338]

pronoia/πρόνοια 240
Prophet, p.isch, Prophezeiung (s. auch Weissagung) 67 [3], 312 f., 319 ff.
Protestantismus, protestantisch 56, 61
protoplastus/Protoplastus 148 f., 186
Protothoma 148
providence s. Vorsehung
Prüfstein 80
Psalter s. *Bibel*
Psyche (s. auch Seele) 20 f., 43, 48, 50 f., 102, 179, 221, 232, 301 [67], 310, 359, 361, 373 f.
–, Kollektiv- 374
–, männliche 290
–, Wachstum der 376
–, weibliche 290
Psychiater, Psychiatrie 20, 42, 137
psychisch, das P.e. 19, 21, 26, 37, 42 ff., 47, 50, 54, 58 [37], 59, 62, 74, 90, 94, 96, 99, 101 f., 107, 116 [213], 117 [217], 135, 155, 157 f., 162, 178 f., 183, 185, 189 f., 196 f., 205, 225, 230, 235, 248, 255 f., 261 ff., 265, 280, 286, 296, 304, 310 f., 348, 350, 356, 368 f., 372, 374, 376
– Inhalte s. d.
psychogene Störung 42 f., 178
psychoide Erscheinung 292
Psychologe, der (s. auch Arzt und Patient) 37, 42, 47 f., 54, 60, 77, 225, 370
Psychologie, p.isch 18, 21, 29, 48 ff., 53 f., 56 f., 58 [37], 59, 61 f., 67, 94, 99 f., 113, 118, 119, 126, 134, 152 [82], 168, 170 [155], 178 f., 180, 184 [208], 186, 188, 199 f., 202, 205, 215, 216, 219, 225, 228, 234, 239, 253 [237], 255, 257, 259, 261, 263 f., 269, 274, 289 f., 294 [36], 297, 303, 306 [81], 311, 317, 322 f., 346, 360 f., 363, 365, 368, 370, 376
–, akademische 13
– der Alchemie 104
–, Analytische 375
–, antike 101
–, Bewußtseins- 77
–, empirische 209, 304
–, Komplexe 113, 351
–, medizinische 13, 294

Psychologie (Forts.)
- , moderne 20–28, 102, 120 f., 193, 224, 324, 376
- , ohne Seele 256
- , östliche 337
- , personale 374
- , praktische 224
- , primitive 102, 289
- , Religions- s. d.
- des Unbewußten 100, 209, 289, 324, 376
- , wissenschaftliche 51
Psychologismus 56 ff.
Psychopompos (s. auch Hermes) 89, 152 [82], 250 [216], 269
Psychose, psychotisch 42, 346
- , Massen- 44
Psychosomatik 373
Psychotherapie, p.isch 14, 20, 52, 56, 78, 91, 209, 224, 262, 273, 281, 294, 352, 369 f., 374 f.
Pubertät 369
Pueblo s. Indianer
puer s. Jüngling
Punkt 171 f.
Puppe 281 f., Bilder 20, 21
Purāna (s)
- , *Upa-* 225 [26]
- - , *Maheshvara-* 225 [26]
purpur s. Farben
Purusha 149, 191, 239
Putrefactio/putrefactio 92 [110], 151 [77], 307
Pyramidentexte 300
Pythagoräische Tetraktys s. d.
Python 233

Quadrat 243
- -ur des Zirkels 96, 107, 192, 283
- -us 299
Qual/Leiden/πάθος 68, 75, 79 f., 89, 117, 354–358, 359–363
Qualitäten .102, 299
Quaternarius/quaternarisch 170 [156], 188 f.
Quaternio (s. auch Gegensatzqu., Heiratsqu.) 301 [68]

Quaternität 107, 187–191, 192, 208, 243, 283, 290, 298, 302, 328, 357 f., Bild 24
Quebhsennuf 300 f.
Quecksilber (s. auch Hydrargyrum, Mercurius) 82 [56], 99, 119 [219], 139, 159 [114], 225 [26], 226–227, 230, 235, 243, 245 f., 290, 295, 305, 325 [142], 347 [268]
- , -system, indisches 225
Quelle 70, 73, 76 [28], 94, 116 [212], 197, 326, 331, 343 [248]
- , Lebens- 94, 114 [209], 186, 293
Quest 120
Quetzalcoatl 111
quinta essentia/Quintessenz 131, 146, 151 f., 171, 186, 189 [223], 190, 195, 203, 216, 220, 238, 241, 257, 286, 314, 350

Rā 300, 301 [64]
rabbinische Tradition 91 [104], 364
Rabe 103 [156], 219, 247, 287 [16]
Rad 30, 33, 301 f.
Ratio, r.nal, R.ismus 21, 30, 255, 262, 323, 362, 372 f.
Raum (s. auch Zeit und R.) 187
Realismus 310
Rechteck 243
rechts – links 362, 364 [325], 368
Reduktion 323 f., 375
Reflexvorgänge 205
Regen 110, 114 [210], 289
- -bogen, Bilder 26, 29
- -gott 288 [25]
Regression 280 f., 303, 372, Bild 19
Reich Gottes s. Gottesreich
Reichtum 112, 219
Reinigung/depuratio 155 f., 159 [114], 160, 168, 170, 173, 298 [48]
Reise, mystische/Himmelsr. 248, 326, 332, 368
religio medica 141
Religion, religiös 43 ff., 54 ff., 60 f., 120, 126, 127, 134, 136, 181, 188, 248, 269, 297 f., 316, 321, 323, 374
- , östliche/orientalische 16 f., 55, 60
- , primitive 16

Religionsgeschichte, r.lich 16, 224
Religionspsychologie 364 [328]
représentation collective 374
Ressentiment 372, 374
revenant 47
reverberatio 184 [208]
Rhodesien 36
Riese/Gigas 314, 315 [121]
Ring, Bild 10
Ripley Scrowle 219 [19], 231, 307 [90], 325, 326 [146], 341, Bild V
Ritus, Riten, 61, 76, 90 [100]
Rom, römische Zeit 118
Römerbrief s. *Bibel*
rosa s. Farben
Rosarium cum figuris s. Arnaldus de Villanova
Rosarium philosophorum (*De alchimia*) 166 [143]
Rosarium philosophorum (*Art. aurif.*) 76 [27], 77 [31], 82 [56], 86 [85], 87, 94 f., 142 [42, 44], 143 [47], 157 [107], 163 [129], 166 [142], 173 [175], 227 [34], 231, 234 [80], 236 [105], 237, 239 [126], 240 [135], 242 [152], 243, 244 [167, 170], 245 [171], 251 [221], 252 [230], 253 [237], 316, 346 [263], 352 [282], 357, Bilder II, III
Rosarius s. Arnaldus de Villanova
Rose 203 [255], 314–319
Rosenkreuzer, die 318
Rosinus ad Sarratantam (*Art. aurif.*) 104 [163], 239 [133], 245 [171], 347 [268]
Rost 156, 159 [114]
rot s. Farben
Rotation 292, Bild VII
rotundum s. rund
rund, das R.e/sphärisch 34, 73, 80, 83 ff., 92, 94, 96, 98, 139, 156 f., 211, 218, 331 [176], 349
Rundung/Rundheit 81, 171

Sabäer, sabäisch 68 [4], 243
Sabbat 268
Sakrament 139 [31], 174, 177, 188, 206–208
Šakyamuni s. Buddha
Sal/Salz (s. auch Balsam) 151, 152 [82], 153, 159 [114], 165 [140], 245, 252, 298, 307 f., 312, 331 f.

Salamanca 135
Salamander 156, 161, 183, 229
Saldini (Parac. Term.) 183
Salomon 147
salvator (s. auch Christus – Erlöser) 186, 253, 269
Salz s. Sal
Samen (s. auch sperma) 85, 152 [82], 154 [87], 169, 232, 238, 241, 280, 295, 298, 311, 327, 329
Saphir 207, 279, Bilder 16, 17
sapientia/Sapientia (s. auch Baum der S., Maria-Allegorien) 142, 147, 248, 342, 363
sarx/σάρξ (s. auch Fleisch) 105
Satan 91 [104], 129 [6], 130, 159 [114], 253 f., 260, 309, 339
– -aël 242
Saturn, s.isch 74 [23], 85 [74], 93, 142, 144 [50], 145 [51], 146, 158, 159 [114], 172 f., 190, 239, 241 [146], 245 ff., 268, 295, 314, 327 [151], 334, 357
– -tag/dies S.i 246 [191], 268
Saturnia, Pflanze 246
Säule 300, 302 f., 333 [194]
– , Welt- 366
Scaiolae, scaiolisch (Parac. Term.) 157, 176 [189], 187 ff., 192, 193 ff., 199 f.
Scala philosophorum (*Art. aurif.*) 298 [52], 299 [54]
Schakal 301
Schale (s. auch Gefäß) 67 f., 70, 72 f., 78, 81
Schamanismus, schamanistisch (s. auch Baum) 78 [37], 112, 273, 325 f., 328, 330, 332, 367 f.
– , himmlische Braut im 362, 367
Schatten (psych. Begriff) 262, 264, 286 f., 289, 293, 345 f., 351, 375
Schatz 219, 277 ff., 292, 337, Bilder 14, 15
– -hüter 337
Schêli 29
schen 47 f.
Schicksal 25, 27 f., 49, 109 f., 197, 209, 284, 293 [33], 353, 376
Schildkröte 111, Bild 25
Schizophrenie 37, 42, 78 [37], 118, 366

Schlachtung 97 [145]
Schlaf/S.ende, der 71 f., 117, 129 [6], 130, 215, 275, 282
Schlange 85, 88 [96], 92 f., 96, 99, 101, 115 f., 158, 162, 165 [139], 197 ff., 240 f., 277 f., 284, 292 [31], 299, 313 [112], 325 [145], 326 [148], 338–341, 363, 367 f., Bilder II: 12, 22, 25, 32
– , Agathodaimon- 116, 363
– , chthonische 363
– , delphische 233
– , gekreuzigte 363
– , Gift- 151
– , Merkur- s. serpens mercurialis
– des Moses 116
– Naas 343, 345, 363
– Naga 367
– des Nous/der Ophiten 363
– , Ouroboros s. d.
– , Paradies- 219, 258, 325 f., 339, 345, 366
– , Soter- 116
– , Vision von 203 [102]
Schlangenzeichen 233
Schlüssel 278, Bild 13
Schnee 226 [30], 233
Scholastik, S.er 321
schöpferisch, das S.e 188 [218], 209, 339
Schöpfung (s. auch creatio ex nihilo) 149, 217, 233, 240 [136], 246 [191], 254, 260, 266, 360
Schöpfungstage 266, 268 [264]
Schuld 217
Schwan Bild 32
Schwangerschaft/Schwängerung 111, 187, 233, 243, 320
schwarz s. Farben
Schwefel/sulphur (s. auch coniunctio sulphur und mercurius) 82, 152 [82], 153, 161, 238, 247, 297, 347 [268]
Schwein Bild 22
Schwermut/Depression (s. auch Melancholie) 190, 357, 360
Schwert/gladius 68, 70, 72, 73, 75, 89, 91 ff., 247, 358, 362
Schwester 245 [171]

scientia 142
– hominis 268
Scriptum Alberti s. Albertus Magnus
Scylla und Charybdis 164
Seele, seelisch (s. auch Psyche) 13, 19 ff., 24, 28, 33, 42, 48 f., 56 ff., 62, 79 f., 87, 92, 96, 98 [151], 105, 112 f., 114 [209], 121, 132, 139, 144 f., 152 [82], 158, 162, 164 [136], 175, 178 f., 180, 182, 183 ff., 191, 197, 200, 202, 216 ff., 221, 232–234, 235, 250 [218], 253 [238], 255, 259, 261 f., 266, 275, 277, 318 f., 322, 327, 336 [215], 348, 350, 353 ff., 376
– , Ahnen- s. d.
– , Erschaffung der 95
– und Geist s. d.
– , Kollektiv- 257 [242]
– , Körper- s. d.
– und Körper 185 f., 253 [238], 257, 298 [52], 319
– , Lebens- 234
– , Teil der 369
– , Toten- s. d.
– , Welt- (s. auch anima mundi) 85 f., 139, 146, 233, 287 [16], 359
Sefiroth, Sefira s. Baum
Sein 160, 286, 359
Selbst, das (s. auch Archetyp des S.) 53, 97, 110, 113, 157, 161, 172, 191 f., 203, 214 f., 219, 239, 254, 257, 258 [245], 259, 264, 266, 267 [261], 273, 283 ff., 288 [20], 289 f., 301 [68], 302, 305, 306 [81], 322, 332, 346, 350, 365, 368
– , Christus als s. d.
– -symbol 273, 283
– -werdung 216
Selbstbefruchtung 88
Selbstdarstellung 285
Selbsterkenntnis 34, 105, 266 f., 305 f.
Selbsterzeugung s. Zeugung
Selbstopfer s. Christus – Opfer
Sena, Insel/Senae 198
senex (s. auch Greis) 250, 268
– , Draco 139 [130]
Senfkorn 279
separatio 76, 92 [110]

Septem tractatus... Hermetis s. *Tractatus aureus* (*Ars chem.*)
Seringapatam 367 [344]
serpens mercurialis 76, 91, 159 [114], 162 f., 198, 218, 278, 339
servator 186, 253, 269, 318
servus/dienstbarer Geist 198 f.
– fugitivus 230
Seth 154 [87], 302, 326
Sexualität 42, 280, 290
Sexualtheorie (s. auch Freud) 370
Shakti 105, 200, 250
Shatapatha-Brâhmana 198, 288, 336 [216]
Shiva 225 [26], 250
Shu 300, 302
Shuswap s. Indianer
Sibylla Erythraea 249
Sieden (s. auch Kochen) 69, 73, 84
Silber (s. auch aqua argenti, argentum) 70, 73, 83, 99, 114 [209], 139, 172 [168], 226 [27], 245, 295, 312 [108], 317 f., 358
simulacrum Dei s. Gottesbild
sing 33, 48 f.
sing-hui 29 [8]
– -ming 32, 33, 49
Sinn 28, 302 [71], 324, 369, 373
Sinnesorgane 171, 237, 316
Sinneswahrnehmung 188
Sioux s. Indianer
Sirene 162 [118], 198
Skalp, S.ierung (s. auch Abhäutung) 79 f.
Skorpion 151
Skythen 79
Sohar 149
Sohn (s. auch Christus) 111, 186, 242
– und Mutter 128, 249 [208], 250, 363
Sol (s. auch coniunctio, Sonne) 139, 169, 172 f., Bild IV
– niger 287
– novus 260
– , Rex 325
solificatio 89
Soma, somatisch/σῶμα (s. auch Körper) 105, 114, 282, 376

Soma-Trank s. Unsterblichkeitstrank
Somnanbulismus 31 [16], 33, 42
Sonne/ἥλιος 33, 73, 74 [23], 81, 85 [74], 88 [96], 90, 99, 139, 169 [153], 170 ff., 175 [184], 184, 237, 243, 245, 251, 268 [262], 275, 278, 282 f., 288, 298 f., 301 [67], 330, 349, Bilder 4, 12, 13, 17, 23, 24
– astrologisch 159 [114]
– , Meridian/Mittagsstand der 72 [15], 80, 83, 90
– , Mitternachts- 72 [15]
– und Mond 92, 109 f., 244, 295, 298, 325, 329 ff., 366, Bild 32
– mythologisch/Helios 81
Sonnenbaum s. Baum
Sonnengott 90 [100]
Sonnenrad 36
Sophia (s. auch Weisheit) 208, 310, 331, 359 ff.
– -Achamoth 359 f.
Sophisten 312, 356
sōtēr (s. auch Erlöser) 285
Sozietät 22
spagirica foetura 170
Spagyrus, spagyrisch 129, 152 [79], 170
Spaltung (s. auch Dissoziation, Schizophrenie) 43, 45, 262
speculatio 188, 195
Speculum veritatis (Codex Vatic.) 93
Speien, Speichel 68, 108
Speise, geistige/S. des Lebens 328
sperma mundi (s. auch Samen) 156
Sphären, sphärisch 141 [38], 218, 244 [166]
Spiel, S.er 288 f.
Spinne 363
Spirale 291 f.
spiritus (s. auch Geist) 84, 87, 167, 230 ff., 234
– aquae 156
– mercurii (s. auch Mercurius – Geist) 145 [51], 148 [67], 152, 170 [157], 172, 222, 257
– mundi (s. auch Weltgeist) 232
– Phytonis 233
– seminalis 232

Sachregister

spiritus (Forts.)
- vegetativus 216, 222, 232, 257, 300, 333, 339, 365
- vitae 141, 148 [67]

Spiritus Sanctus s. Geist, Heiliger
splendido liquori 92
Splendor solis (Aureum vellus) 80, 238
spongia marina s. Meerschwamm
Sprache/Neologismen des Paracelsus 137 f., 141, 152 [82], 154, 187, 206, 211, 215
- , Geheim- (s. auch Alchemie − Sprache) 177

Spuk (s. auch Gespenst) 47 f., 53, 157 f., 162, 169, 178, 197
Stadt, Ewige (s. auch Maria-Allegorien) 192
Stahl 99, 358
Stein (s. auch lapis) 70, 73, 75, 77, 94, 95 [124], 97, 102, 104 f., 113, 114 [209], 119, 135 [24], 144 [50], 159 [114], 165 [139], 200, 231, 235, 252, 253 [237, 238], 256 f., 260, 265 [254], 280, 299, 308, 311 ff., 315 ff., 319 f., 322, 340, 353, 355, 357
- von Arran s. d.
- und Baum s. d.
- , Edel- 109, 111 f., 207 [258], 279, 308
- , Feuer- 111
- -geburt 108, 110
- , Naga- 367
- , Roll- 109
- , Schwur- 109
- -symbolik 105−113
- der Weisen s. lapis philosophorum
- -zeit, megalithische 112
- − − , paläolithische 112
stella matutina (s. auch Stern) 266
sterblich, S.keit/Vergänglichkeit (s. auch Unsterblichkeit) 280, 362
Stern (s. auch Gestirne, Planet) 70, 96, 111, 159 [114], 173 [172], 181, 201 [247], 255, 266, 349, Bild 13
- , Abend- 266
- , Morgen- 245, 266
- -bild 159 [114]
Stier (s. auch Tierkreis) 288 f., 301, 327

Stoff, s.lich (s. auch Materie) 75, 99, 120, 156, 158, 186, 191, 255 f., 313, 322 f.
- , Ur- 144
Stoiker 95
Storch 289 [27], 338, 340 f., 366
Störung, psychische 190, 352, 369
- , psychogene s. d.
- , somatische 369
Strafe 68 f., 71 f., 79 f., 117
- , Höllen- 80
Strom/Fluß 102, 168, 192, 283, 291, 320, 326, 343 [248], Bild 24
Subjekt − Objekt s.iv − o.iv 53, 221, 224, 310, 372
subliminale psych. Erscheinungen 162
subtle body (s. auch Hauchkörper) 54, 116 [213], 232
Sucht 46
Süden s. Himmelsrichtungen
sulcus primigenius 32
Sulphur s. Schwefel
Sünde
- , Ur-/Sündenfall 217, 312, 317, 326
- , Vergebung der 296
Sûrya 288
Svadhisthâna-chakra s. Chakra
Svâhâ 288
Symbol, s.isch 9, 21, 28, 30 f., 36, 57 ff., 61, 79, 93, 107, 113, 118, 157, 203 [254], 205, 249, 251, 255, 259, 296, 298 [48], 312, 317, 322, 324, 331, 353, 362, 368, 372 f., 375 f.
- und Allegorie s. d.
- , Definition des 182
- -forschung, vergleichende 293 f., 372
- -geschichte 371
- , Sinn des 324
Symbolik 32, 62, 77, 93 f., 105−113, 215, 279, 302, 321 f., 369
- , alchemistische s. d.
- , hermetische 259
- , schamanistische s. d.
Symbolismus 183, 206, 259, 365
Symmetrie, s.isch 273 f.
Symptom(e) 45, 352

Symptom(e) (Forts.)
– , körperliche 361
– , neurotische 352
– , psychische 361
Synkretismus, hellenistischer 113, 116, 250 [218]
Synoptiker (s. auch *Bibel* – Evangelien) 261, 303
Syrena (Parac. Term.) 162, 198
Syzigie 250

Tabu 61, 108
Tabula smaragdina 114 [209], 116 [212], 158, 244 [167], 251, 319 [136]
Tag, Jüngster s. Gericht
– und Nacht 33, 47, 191, 253 [237], 266
Tai I Gin Hua Dsung Dschï s. *Das Geheimnis der Goldenen Blüte*
Talisman 135
Tantrismus (s. auch Yoga) 250
– , tibetanischer 286
Tanz, das T.en 31, 120
Tao, t.istisch 14, 25 [3], 28–29, 33, 48, 61f., 349
Taospueblos s. Indianer
Tapas 34
Tathâgata (Buddha) 364 [329]
Tau 83 [63], 93, 96, 114, 173 [171], 327 [151]
Taube 100, 103 [156], 366
Taufe/baptismos 76, 81, 87, 114 [209], 188
– , Feuer- 106
Taurus s. Tierkreis
tausendäugig s. Vieläugigkeit
Technik 144
Tehom 254
Teilsystem 42 ff., 46, 50
Telepathie, t.isch 157 [110], 158
temenos/heiliger Bezirk 32 f.
Tempel 70, 73, 94, 96, 99, 215 [5]
Temperamente (astr.) 296
templum (s. auch Tempel) 32
Teoqualo 90 [100]
Ternarius 170 [156], 240, 249
Tetraktys 30, 304

Tetramorphos 303
Tetras 304
Tetrasomie 295 [41], 298, 299–304
Teufel 17, 42, 92, 100, 117 [217], 129 [5, 6], 130 f., 144, 162, 190, 203 [254], 219, 221, 229, 242, 247, 254, 259, 263 f., 266, 288, 340, 347 [269], 353
Tezcatlipocâ 90 [100]
thau (Buchstabe) 241
Theatrum chemicum (s. auch Bibliogr. A) 81 [50, 51], 89 [99], 93 [113, 118], 95 [129-131, 133, 134], 96 [142, 143], 97 [144], 98 [151], 104 [164], 117 [217], 139 [31], 141 [38], 156 [98], 157 [104, 108], 165 [139], 169 [151, 152], 170 [154], 171 [158, 159], 175 [184], 178 [195], 216 [9], 217 [12], 223 [24], 226 [28], 227 [41], 231 [58], 232 [66, 70, 71], 233 [74, 79], 234 [80, 81, 84, 85], 236 [92-95, 107], 238 [115, 120], 239 [126, 133], 241 [148, 150], 242 [152], 244 [162, 164, 166, 168, 170], 245 [172, 177], 246 [184], 247 [193, 195], 249 [202, 207, 211], 251 [222], 252 [224, 227, 228, 231], 253 [232, 233], 279 [5, 6], 295 [40], 300 [59], 307 [84, 90], 309 [96], 310 [102], 312 [107], 313 [113], 327 [150, 151], 329 [164, 167, 168], 330 [174, 175], 332 [193], 333 [196-198], 334 [201, 204], 335 [208, 209], 338 [225, 226, 228], 339 [231], 340 [232, 235], 342 [246], 343 [250], 345 [255, 259], 347 [264, 265, 267-269], 348 [272], 352 [281], 355 [297], 356 [299-301], 357 [302, 307, 308], 358 [310, 312, 314]
Theatrum chemicum Britannicum (s. auch Bibliogr. A) 218 [15], 246 [180]
Theologie 107, 152 [82], 265, 297
Theophanie 83 [63]
theoria 376
Theosebeia 115 [211]
Theosophie, th.isch 17, 285 f., 289 f.
Therapie s. Psychoth.
Thereniabin (Parac. Term.) 173, 175
theriomorph 203 [254]
Thessalonicherbrief s. *Bibel*
Theutius s. Thoth
Thompson s. Indianer
Thoth 105, 231, 249
Thron 301 [69], 302 f.
Tiamat-Welt 254, 256
Tibetanisches Totenbuch s. *Bardo Tödol*

Sachregister

Tier 72 [15], 85, 108, 130, 179, 267, 282, 303, 319, 363, 367f., Bilder 24, 25
– , Mensch und 21, 53, 234, 301, 303
– , Raub- 303
Tierkreis 141 [38], 338
– Ariete/Aries 175, 186, 334 [201]
– Taurus/Stier 175 [184]
– Widder 159 [114]
Tiferet 335
Tiger 367
Timaios s. Platon
Tinktur, rote T. 102, 112, 179, 186, 222, 227, 252, 299, 305 [77], 314f., 317
Titan(e) 78
Tod 54, 58 [37], 89, 113f., 115 [211], 117, 167, 181, 184, 186, 195, 199, 237, 293, 309, 328, 339, 351
– Leben und s. d.
– , nach dem 46ff., 58 [37], 344
Tollheit (s. auch Wahn) 281
Tortur s. Folter
Totalität s. Ganzheit
Totemahnen 108
Tote(n), die 43, 76, 174, 291, 301
– , Auferstehung der 296, 319
– , Erweckung/Wiederbelebung der 87, 111, 311 [104]
– -kult/-ritual 300f.
– -seele 341
Totenbuch, Ägyptisches 300
– , *Tibetanisches* s. *Bardo Tödol*
Tötung (s. auch mortificatio) 75, 92 [110], 345
Toxcatlfest 90 [100]
Toxin 42
Tractatulus Avicennae (*Art. aurif.*) 88 [96], 226
Tractatus aureus (*Ars chem.*) 156 [93], 167, 253 [237]
Tractatus aureus Hermetis (*Bibl. chem. cur.*) 95, 142, 163 [129]
Tractatus aureus (*Mus. herm.*) 227 [33, 35, 43], 231 [61], 232 [69], 234 [82], 236 [103], 252 [228], 307 [88]
Tractatus aureus cum scholiis (*Theatr. chem.*) 96f., 241, 243, 249, 252 [224, 227], 253 [232, 233], 307 [90], 329 [168]

Tractatus Micreris (*Theatr. chem.*) 232 [70], 238 [120], 355
Tradition, t.ell 131, 293f., 321, 345, 374
Trance 368
transitus 113
Transmutation 140, 305, 341
Trarames (Parac. Term.) 157, 178f.
Traube/Weint. 300, 329, 342
Traum, Träume 74, 77, 89, 99, 101, 107, 113, 117, 120, 130, 196f., 244, 265, 293, 304, 323, 351, 369, 374f.
– und Alchemie 315, 323
– -deutung 79, 120, 214, 370ff., 375
– – , Amplifikation bei der 370, 375
– – , subjektive 74f.
– , gottgesandter 117
– , isolierter 370, 373
– , moderne 363
– -motive 326
– und Mythologie 315, 323, 374
– des Nebukadnesar s. d.
– , Ort im 214
– -symbolik 77, 374f.
– -vision s. d.
– , Vortag des 372
Travancore 250
tremendum 220
Trias/Triade 107, 159 [114], 240, 298, Bild II
tricephalus (s. auch Mercurius) 240, 254
Trickster-Figur 223, 254
Trieb, T.haftigkeit 21, 91, 159 [114], 217, 296, 319, 363
– , Macht- 361
Trinität, trinitarisch (s. auch Dreieinigkeit) 43, 107, 159 [114], 171 [160], 203 [254], 208, 240, 242, 260, 296ff., 259
triunus s. essentia
Tuamutef 300f.
Tugend 67 [1], 79
Turba philosophorum s. Ruska, Julius
Türkis (s. auch Edelsteine) 109ff.
Typhon 82, 83, 240
Typologie, psychologische 94

Übel, das s. Böse, das
Überbewußtes 205
Uitzilopochtli 90 [100]
unbewußt, das U.e 21 ff., 32, 36, 37, 42 ff., 46, 48, 50 f., 52 f., 55 f., 59, 62, 75, 77, 81, 94, 98, 102, 110, 113, 118, 134, 137, 158, 162, 166, 170 [157], 183, 191–193, 199 f., 201 [246], 202 f., 205, 206, 214 f., 217, 220 f., 224 f., 230, 242 f., 255 f., 258 ff., 263 f., 268, 273, 277, 281, 284 ff., 291, 293, 302 f., 306, 319, 321 ff., 346, 349 f., 353, 359 ff., 366, 368, 369–376, Bilder V; 8, 9
– und Bewußtsein s. d.
– , Inhalte des s. d.
– , kollektives 13, 14, 15, 21, 36, 37, 197, 225, 241, 248, 254 f., 258, 287 [16], 359, 375
– – , Definition des 21
– als kompensierende Funktion 205
– , persönliches 374 f.
– , Psychologie des s. d.
Unbewußtheit 23, 53, 99, 110, 136, 143, 192, 284, 301 [67], 321, 360 f., 363
Ungeheuer 109
Unicorn 113
Universalienstreit 310
Universum/All/Weltall (s. auch Kosmos) 67, 96, 102, 144, 157, 215 [7], 218, 305, 306 [81]
unkörperlich/ἀσώματον 235
Unsterblichkeit 54, 109 f., 112, 152 [82], 186, 189, 195, 207, 234, 308 [92], 328, 360
– , Trank der 336
unterirdisch (s. auch chthonisch) 135, 250
Unterwelt (s. auch Hades) 87, 218, 260, 276, 300
– , Götter der 240
Upanishad(en) 257
– , Khāndogya- 237 [109], 336 [216]
– , Maitrâyana-Brâhmana- 257 [242]
Uräus (s. auch Schlange) 325 [145]
Urbild (s. auch Archetyp) 21, 22, 323 f., 362
Ureltern s. Adam, Eva
Urin 312
Urmensch s. Mensch
Ursprung 85, 110

Ursünde s. Sünde
Urtica urena s. Nessel
Urvashi und Pururavas, Sage von 198
Urzeit s. Zeit
uterus 82, 143
Utopie 262, 322
uva s. Traube

Valentinianer (s. auch Valentinus) 304
vapor terrae (s. auch Dampf) 156
Varuna 288 f.
vas (s. auch Gefäß) 92, 94, 340
– cerebri 96
– Hermetis 81 f., 94 f., 98, 218
– naturale 95
– pellicanicum 96
Vater 186, 237
– -mutter 239 [130]
– , Gott- 114 [209]
– und Sohn 148, 197, 320 [138]
Veda(s) 288 [22], 336 f.
– , Atharva- 288, 336 [216]
– , Yajur- 288
Vedânta-Sûtras 257 [242]
vegetabilia 312 ff., 317 f.
Vegetation 239 [129]
Venus (s. auch Aphrodite) 208, 235
– armata 207
– astrologisch 175 [184], 176, 194 f., 201, 207
– Cypris 203 [253]
– magistra 208
– und Mercurius s. d.
– mythologisch 104, 159 [114], 176 [190], 202 f., 203, 204 [255], 207, 245 [171], 249
– , Planet 244 f., 295, 334
– , Tag der/dies Veneris 268
verba divinitatis 340
Verbrennung 68, 73, 78, 144 [50], 156 [93], 320, 332 f.
Verdrängung, verdrängt 24, 42, 44, 50, 54, 91, 284, 310, 369, 373
Vernunft 45 f., 48, 105, 205, 234, 262 f., 265, 353, 360
Verrücktheit 117 [217], 145 [51], 348, 350

Sachregister

Verstand/Verstehen 70, 142 [40], 352–354, 372, 374, 376
Verus Hermes 92 [112], 233 [75], 239 [130], 247 f.
Verwandlung (s. auch Wandlung) 22, 68, 75 f., 78, 84, 99, 107, 111 f., 117, 179, 195, 198 f., 248, 282, 295, 371
Via veritatis (*Mus. herm.*) 227 [42]
Vieläugigkeit 96, 97 [145], 215 [7], 236
Vielheit 202
Viereck, v.ig 211, 279, 300, 349
Vierheit 301 ff., 328, 358
Vierteiligkeit 148 [66], 189, 195, 304
Vierteilung 76, 92, 94, 267 [261], 285
vinum s. Wein
Viola (petrae lutea) 207
virgo/v. castissima 198, 232, 245
viriditas
– benedicta 308 [92]
– gloriosa 338 f.
Vishnu 285, 288
Visio Arislei (*Art. aurif.*) 68 [6], 74 [21, 23], 103 [161], 328, 355 [294]
Vision (s. auch Zosimos v. Panopolis) 35, 65–121, 162, 166 [142], 187, 196 f., 218, 244, 307, 354, 358, 364, 374
vita aerea 184
– cosmografica 187
– gloriosa 339
– longa s. Leben, langes
vitis s. Weinstock
Vitriol 308
vitrum s. Glas
Vogel 130, 172, 222 f., 278 f., 287, 289, 308, 338–341, 368, 372, Bilder 13, 22, 25, 28, 30, 32
Vollendung 290, 338
Vollkommenheit (s. auch Ganzheit, Mensch, vollkommener) 139, 195, 302 [71]
vomitus 250
Vorsehung 28
Vourukasha, Meer/See 331, 367
Vulgata s. *Bibel*

Wachsmännchen 138

Wachstum 32, 273, 280 f., 293, 376, Bild 3
Wagen 301 f.
–, feuriger 187
–, Triumph- 250
Wahn, W.idee, W.sinn (s. auch Cäsarenwahnsinn) 42, 44 f., 223
Wald 213–215, 219, Bild 27
– -dämon 218
Walfisch 162, 176 [190], 325
Wandlung (s. auch Verw.) 68 [5], 69, 74 [23], 75 [24], 79 ff., 84, 87, 93 f., 99, 101, 110, 117, 152 [82], 162, 165 f., 167, 175, 176–179, 182, 196, 199 f., 223, 230, 246, 248, 251 f., 254, 259, 263, 282, 295, 299, 327, 340 f., 348, 351, 358, 363 ff., Bild 23
Warmblütigkeit 261
Wasser (s. auch aqua) 32, 67 ff., 73, 75 f., 81 [49], 82 ff., 91 f., 94 f., 98, 114 [209], 115 [210], 117, 120, 156 f., 161 f., 164, 168, 170 f., 174 f., 181, 183 f., 191, 195 f., 199, 200, 202, 214, 218, 226–227, 233, 235, 236 ff., 245 f., 276, 285, 299, 305, 307 f., 314, 331 ff., 343 ff., 368, Bilder 5, 6, 8, 10, 32
–, feuriges 98 [148], 275 f., 332 [192], 344
– und Geist 113 f.
– -gestirn s. Aquaster
–, göttliches 82, 85 f., 91 [106], 113, 116, 117, 119 f.
–, Mercurius als s. d.
–, philosophisches 74 [23], 95, 117
– -symbolik 113–116
–, Tauf- s. d.
Wasserstein der Weysen 116 [215], 117 [216], 118 f.
Weg 28 f., 37–51, 71, 157
Weib, w.lich, das W.e (s. auch Frau, Mann-Weib) 19, 47 ff., 105, 237 f., 282, 287, 290, 317, 341–343, 349, 359 f., 365 f.
Weihnachtsbaum s. Baum
Wein, W.lese/vinum, vindemia 300 [59]
– -stock, wahrer W./vitis, v. vera 300 [59], 307 [90], 329, 337, 341, 364
– -traube s. Traube
Weise, der (s. auch Archetyp des W.) 37, 159 [114], 200, 237, 291 f., 296

Weisheit (s. auch Baum der W., labor Sophiae, Sophia) 30, 86, 95, 147, 170, 189, 192, 200, 309, 331, 338 [226], 342f., 359f., 363, 365
weiß s. Farben
Weissagung (s. auch praesagium, Prophet) 130
Weizenkorn/frumentum 280, 305, 328, 330 [174], 333
Welt 58, 92, 132, 181, 195, 199
– -achse 274, 276, 313 [112], 366, Bild 2
– -all s. Universum
– -anschauung 264, 372
– -baum s. d.
– -berg s. d.
– -ende (s. auch Eschatologie) 319
– , Erde als s. d.
– , Erschaffung der s. d.
– -geist s. Geist
– -materie 107
– -schöpfer s. Gott als Schöpfer
– -schöpfung s. d.
– -seele s. d.
– , Sinnen- 360
– , Um- 201 [246], 319
Wesen/οὐσία 146, 216, 305
Westen s. Europa, Himmelsrichtungen
Wichita s. Indianer
Wichtelmännchen 103
Widder 300
Wiedergeburt 76 [28], 79, 82, 88 [93], 113f., 115 [211], 181, 237, 293, 309, 328, 341, 358
Willen 21, 22f., 30, 36, 42, 53, 265
Wind 97 [145], 181, 231, 288, 338 [226], 343 [250]
– -gott 231, 240
Wirklichkeit 58
Wissenschaft, w.lich/scientia 16f., 42, 144, 269, 296, 310, 344, 376
Wochentagsnamen (s. auch Saturn, Venus) 268
Wolf 159 [114], 160, 300
Wolke 46, 52, 320
Wortmagie s. Magie
Wotan 218, 222

wu wei 25
Wunder 101, 348
– -baum s. Baum
– -pflanze 331
Würfel/cubus 288, 291
– -spiel s. Spiel
Wurzel/ῥιζώματα 215, 216f., 219, 257, 276ff., 285f., 289, 295 [41], 307f., 334f., 336 [216], 337 [220], 339, 344, 368, Bilder 2, 9, 12, 16, 18, 19, 26

Yajnavalkya 266
Yajur-Veda s. *Veda(s)*
Yakuten, die 367
Yang 22, 46
– – Yin 22, 33
Yggdrasil s. Baum
Yin (s. auch Yang) 19, 22, 47, 349, 367 [338]
Yoga 17, 46, 51, 58 [37], 184 [208]
– , buddhistischer 44
– , chinesischer 14, 23, 37, 54
– , Kundalini, indischer 32
– , tantrischer 286
Yolkaiestsan 109

Zahlen, Z.symbolik 171 [160], 237
– 1/unus (s. auch Eine, das) 171, 216, 243, Bilder II; 13
– 2 (s. auch Dualität, Paar, Zweiheit) 35, 92, 171, 236–240, 276, 277, 299f., 315 [120], 340, 362
– 3 (s. auch Dreieinigkeit, Dreiheit, Trias) 71, 83 [63], 84, 107, 159 [114], 171, 187, 203, 216, 243, 283, 298, 302 [71], 315 [120], 340, Bilder II; 32
– 4 (s. auch Elemente, Quaternität, Tetraktys, Vierheit, Viertelung) 30, 36, 68 [6], 72, 84, 91, 94, 99, 104f., 107, 109f., 148, 152 [79], 156f., 168ff., 171, 187ff., 192, 195, 243, 276, 279, 283, 286, 291, 295 [41], 298ff., 315 [120], 326, 343 [248], 362, Bilder 13, 24, 25, 27, 32
– 5 37, 109, 276, 283, 315 [120], 316
– 6 98, 286f., 340, Bild 27

Zahlen, Z.symbolik (Forts.)
- 7 71f., 85, 144, 168, 227, 244 [166], 308, 311, 325, 332ff., 338ff., 364 [327]
- 8 (s. auch Ogdoas) 299, 328, 339f., 367
- 9 171, 198
- 10 303
- 14 82
- 15 67
- 16 301
- 25 37
- 40 250

Zarathustra (s. auch Nietzsche, F.) 99, 144, 358, 364
Zauber, Z.er 53, 100, 135, 138, 181, 216, 221f., 263, 335, 353
- , Blut- 93 [113]
- , Liebes- 299, 301
- -papyri, Griechische s. Papyrus
- -sprüche 20, 136 [26], 182
Zeder s. Baum
Zeichnen, Zeichnung 30f., 273–292, 364f.
- von Patienten s. Patientenbilder
Zeit 187
- -alter, goldenes s. d.
- und Raum 187

- , Ur- 109 [181], Bild 27
Zensur in d. Psychoanalyse 371
Zentrum (s. auch Mitte) 32, 156f., 167–172, 184, 205, 216, 285, 287, 290, 292, Bild 31
Zerfleischung 68, 78, 94
Zerreißung 68, 75
Zerspaltung s. Schizophrenie, Spaltung
Zerstückelung 78f., 82, 94, 97 [145], 101, 327 [149]
Zerteilung/Zergliederung 68, 70, 73, 76, 91f.
Zeugung/Erzeugung 54, 111, 233, 243f., 287, 320 [138]
- , Selbst- 242, 254, 279, 320
Zeus 45, 108
- βασιλεύς 240
- triops 240 [141]
Zinn 237, 298
Zodiakus s. Tierkreis
Zorn, Z. Gottes 47, 93, 358, 360
Zukunft, Vorauswissen der (s. auch praesagium, Weissagung) 198
Zwangsneurose 42, 45
Zweiheit/Dyaden 202, 234, 254, 264, 299f.
Zwerg (s. auch Gnom) 292, 319
Zwillinge 109ff., 236, 315 [121]